국제경영

김주헌 최창범
이재혁 전용욱

북 넷

머리말

최근 국제무역 및 통상과 관련된 국제경영환경은 큰 변화와 격동의 시기를 맞고 있다. 그동안 이어져온 다자주의 원칙과 자유무역의 움직임이 동력을 상당부분 잃어버리고 오히려 그 반대방향으로의 변화와 사건들이 이어지고 있는 것이다. 자유무역질서를 이끌어 왔다고도 볼 수 있는 미국이 현재 그 반대 움직임의 중심에 서 있다는 사실이 아이러니로 다가오고 있다. 그 이면에는 미국과 중국 간의 패권경쟁이 자리잡고 있는 것으로 분석되기도 하지만, 미국의 통상정책이 상대국가를 불문하고 크게 변하고 있는 것이 사실인 것 같다.

우리에게 익히 알려진 대로 NAFTA는 재협상을 통해 USMCA로 명칭까지 변경되었고, 한미 FTA 역시 재협상의 과정을 거쳤으며, 보다 구체적인 사례로 한국세탁기의 미국수입에 대해 취해진 세이프가드(safeguard)조치는 삼성과 엘지 등 해당 기업은 물론 한국경제전체에 큰 충격으로 다가오기도 하였다. 그렇다고 미국의 세탁기 경쟁업체에 꼭 유리한 결과가 나타난 것도 아니다. 물론 삼성전자와 엘지전자가 미국내 세탁기 공장건설을 서두른 것은 적어도 미국의 입장에서는 트럼프 행정부의 의도가 빛을 발한 것이라 할 수 있을 것이다.

보다 최근에는 일본정부가 한국에 대해 반도체 핵심부품(소재) 수출규제조치를 발표한 바도 있다. 전략적 품목수출에 대한 허가신청을 면제해 주는 이른바 화이트 국가리스트에서 한국을 제외할 가능성도 있다고 한다. 중국이 사드배치를 이유로 한국기업의 대중국활동과 중국인들의 한국관광에 다양한 형태의 제약을 가해 온 지도 꽤 오래되었으며 여전히 진행중이다.

특정 국가를 염두에 둔 것이든 전반적인 국제통상정책의 변화든, 또한 경제적 동기에 의해 주도되든 정치 · 외교적 배경이 더 크게 자리잡고 있든, 이러한 주요국 정부의 정책변화는 이들 국가와 직접 관련이 있는 기업은 물론 간접적으로 연결되어 있는 모든 기업들에게 심각한 우려를 불러일으키며 대응조치강구를 요구하고 있다. 글로벌 분업체계에 익숙해 있고 이에 기초해 수출입과 해외직접투자 등을 결정하는 기업입장에서 분업연결고리, 즉 가치사슬(value chain)에 장애가 발생하는 것은 매우 어려운 상황에 직면하는 것이다. 가치사슬의 재구축에 많은 시간과 비용이 수반될 수 있기 때문이다. 때로는 가치사슬변경이 불가능할 수도 있다. 특정 국가나 기업이 원자재/소재/부품을 독점적으로 공급하는 경우가 그렇다. 대외 의존도가 유난히 높은 한국경제의 입장에서는 정부와 기업이 지혜와 힘을 그 어느 때보다도 많이 모아야 할 시점이다.

국제경영학 교재로 사용될 수 있도록 집필된 이 책은 다양하게 전개되는 글로벌 경영환경의 변화를 이해하고 여기에 기업이 어떻게 대응해야 하는가에 대한 이론적 체계를 제공해 줄 것이다. 또한 다양한 실제사례들을 소개함으로써 국제경영현장을 이해하는 데 도움을 줄 것이다. 이번의 『국제경영』은 그동안 다른 출판사를 통해 소개되었던 『글로벌경영』의 후속판이라 할 수 있으며, 3인 공저에서 고려대학교 이재혁 교수가 추가되어 4인 공저가 되었다. 내용상으로는 각종 통계자료와 사례를 최근것들로 바꾸고 글로벌 경영환경의 변화를 반영하려(update) 노력했으며, 외형적으로는 가독성을 높이고 출판계의 최근 트렌드를 반영하고자 하였다. 물론 후자는 이 책의 출판을 새롭게 담당한 '북넷'의 기획력과 디자인 감수성 덕분이라 할 수 있다. 이 책의 출판을 맡아주신 도서출판 북넷의 류재식 사장님과 직원분들께 감사의 마음을 전한다. 물론 이 책의 부족함이나 개선의 책임은 전적으로 저자들의 몫이다. 본서를 교재나 부교재로 사용하여 강의를 담당하시는 교수님들과 수강학생들, 그리고 일반독자들의 의견과 제안을 지속적으로 반영하여 보다 좋은 책으로 발전할 수 있도록 최선의 노력을 기울이겠다. 감사합니다.

2019년 7월

저자 일동

차 례

제 2 장 기업의 국제화와 다국적기업에 대한 이해

제 2 부 국제경영환경과 관리

제 3 장 국제통상환경과 관리

제 8 장 수출 및 라이슨싱

제 4 부 국제경영전략

제 10 장 글로벌 경영전략

제 11 장 글로벌 경쟁전략

제 1 부

국제경영과 다국적기업

제 1 장

국제경영과 국제경영학에 대한 이해

학습목표

오늘날의 거의 모든 기업은 직접 국제경영활동에 참여하고 있거나 직·간접적으로 국제경쟁에 노출되어 있기 때문에 국제경영활동과 관련되어 있다. 따라서 국제적인 기업경영환경에 대한 이해는 물론 국제경영활동과 관련된 제반사항에 대한 이해가 필수적인 과제로 등장하고 있다. 본 장은 국제경영과 이를 다루는 국제경영학이 무엇인지에 대한 개괄적인 이해를 목표로 하고 있다. 본 장의 학습목표를 구체적으로 열거하면 다음과 같다.

- 국제경영의 개념과 필요성을 이해한다.
- 국제경영활동의 주요 주체인 다국적기업, 혹은 국제기업의 개념을 개괄적으로 이해한다.
- 국제경영학의 연구대상과 필요성을 이해한다.
- 국제경영학에서 다루는 주요 영역은 무엇인지 이해한다.

도입사례

한국기업의 국제화, 외국기업의 한국화

우리나라 수출이 2011년 연간 5000억 달러시대에 접어들었다. 전 세계 8번째 일이다. 수입규모도 이와 비슷하여 총 무역액 역시 2011년 12월 5일 기준으로 1조 달러를 돌파했으며, 2018년 말 기준으로 총 무역액은 1조 1400억 달러에 이른다(수출 6049억 달러, 수입 5352억 달러). 글로벌시장에서 두각을 나타내고 있는 우리나라의 대표적 기업인 삼성(전자)과 현대(자동차)도 인터브랜드사가 조사한 2018년 브랜드 가치순위에서 각각 6위(599억 달러)와 36위(135억 달러)에 오르면서 지속적인 성장세를 보여 주었다. 이들 두 회사를 포함한 우리나라의 많은 기업들은 수출을 통해, 또는 해외 현지생산과 판매를 통해 성장과 수익을 창출하며, 이 과정에서 한국경제는 물론 현지경제에 기여하고 있다.

그렇다면 한국에 들어와 있는 외국기업들은 어떠한가? 농심켈로그 씨리얼과 한국네슬레 테이스터스 초이스 커피한잔으로 하는 아침식사, 애플의 아이폰, 점심식사 후의 스타벅스, 유한킴벌리의 크리넥스, 한국P&G의 아이보리 비누, 한국휴렛팩커드의 레이저프린터⋯ 우리의 일상생활 속에서 떼려야 뗄 수 없이 흔히 접하게 되는 외국제품들이다. 우리 주변에는 이보다 훨씬 많은 외국제품이 널려 있다. 이들 중 상당수는 한국기업과 손잡거나 단독법인형태로 들어온 외국기업이 국내에서 생산한 것들이다. 합작에서 단독투자로 전환한 사례도 많다. 아침식탁에 오르는 반찬 중 상당수는 외국계 할인점에서 사온것들이다. 화장지, 샴푸, 치약, 건전지, 음료 등 생활용품에서 전기전자, 기계, 금속 등 산업용품, 그리고 유통, 컨설팅, 서비스에 이르기까지 외국기업은 구석구석을 파고들고 있다. 몇몇 분야는 아예 외국기업 중심의 격전장으로 변하고 있다.

물밀듯 몰려오는 외국기업은 우리에게 어떤 존재인가? 우리가 원하든 원치않든 삶의 일부로 자리잡기 시작한 외국기업에 대한 국민들의 시각은 부정적인 것과 긍정적인 것이 있다. 부정적인 시각은 거대자본과 세계적인 브랜드를 이용한 시장지배, 국내경쟁사의 도산촉발에 주로 근거를 두고 있다. 임금착취라는 고전적인 이유는 거의 사라진 대신, 시장지배에 대한 염려 등을 바탕으로 한 배타적 시각이 아직 남아 있다. 최근에는 '먹튀배당' 논란이 일기도 했다. 상당수 외국인 투자기업들이 국내에서 벌어들인 돈을 국내에 재투자하지 않고 대부분을 배당을 통해 외국본사로 보내고 있다는 것이다. 게다가 일부는 국내에 단 한푼도 기부를 하지 않은 것으로 드러나 한국시장을 단순히 '돈벌이용'으로만 여기고 있다는 비난을 받기도 한다.

그러나 한국에 진출한 외국기업이 외환위기를 넘는 동반자였고 동시에 고용창출과 성장의 기관차역할을 하는 고마운 존재로 받아들이는 시각도 부쩍늘고 있다. 외국기업의 진출없이 외환위기 극복이 불가능했다는 것은 두말할 필요도 없다. 이런 인식이 뿌리내리면서 외국기업은 이제 점령군이 아니라 어려움을 넘을 수 있도록 도와주는 친구라는 인식이 급속히 확산되고 있는 것이다.

실제 한국에 진출한 기업들은 한국인의 복잡한 정서를 십분이해, 세심한 전략을 짜고 있다. 전략은 한 마디로 글로컬라이제이션(glocalization)으로 요약된다. 글로벌라이제이션(globalization, 세계화)과 로컬라이제이션(localization, 현지화)의 합성어인 이 말은 다국적기업의 글로벌화된 첨단경영 노하우를 십분활용하되 철저한 현지화를 통해 현지인과 동화하는 것. 특히 현지화에 많은 노력을 기울이고 있다. 예컨대 종업원은 물론 경영진 대부분을 한국인으로 채우고, 환경보호나 사회복지활동을 펴며, 원부자재의 상당부분을 한국에서 구매하는 등 한국에 기여하는 기업으로 뿌리내리려 노력하고 있다.

또 한국시장에 팔기만 하는 것이 아니라 적극적으로 수출에 나서 외화벌이의 역군이 되려고 힘쓰고 있다. 대한상공회의소의 조사(2005년 말)에 따르면 수출보다 한국내수만 하거나(30.8%) 내수비중이 수출보다 큰(44.0%) 기업은 74.8%였으며, 수출비중이 더 크거나(18.8%) 전량수출하는(4.0%) 기업은 22.8%였고, 나머지 2.4%는 내수와 수출이 반반이라는 응답이었다. 한국산 제품을 많이 수출하는 외국계기업의 한 임원은 "한국공장의 기술력은 까다로운 한국고객들의 취향을 만족시킬 정도라 전세계에서 통할 수 있다는 게 본사의 평가이며, 앞으로도 한국을 테스트마켓과 생산기지로 이용할 생각"이라고 말했다. 다른 외국계 기업의 임원 역시 "한국은 정보기술(IT) 인프라가 잘 되어 있고 우수한 인력이 많을 뿐 아니라 소비자들이 유행에 민감하다는 장점이 있다"고 말하고 있다.

외국기업은 수출, 고용, 구매 등의 측면뿐 아니라 첨단기술과 경영을 전수한다는 측면에서도 긍정적으로 평가되고 있다. 이들은 세계적인 기술력을 접목시키고 있으며, 인사, 조직, 마케팅, 재무 등의 분야에서 앞선 경영기법으로 한국기업에 자극을 주고 있다. 슬림 앤드 플랫(slim & flat) 조직으로 의사결정단계를 2-3 단계로 대폭 단축시키거나, 아예 담당자에게 결재권을 주기도 한다. 이러한 방식은 스피드경영을 가능케 해 신속한 대응과 공격적 경영을 하게 해준다. 또 연봉제와 스톡옵션제를 비롯한 소득면에서의 인센티브제 도입과 재무 및 위험관리의 선진기법 등을 도입, 벤치마킹대상이 되고 있다. 특히 철저한 소비자중심의 경영은 한국기업들이 눈여겨 볼 대목이다.

외국기업진출의 중요성이 날로 커지면서 진출을 촉진하기 위한 노력도 가속되고 있다. 원스톱 서비스나 외국인 전용공단조성 등이 그것이다. 각 지방자치단체는 나름대로 외국기업유치 노력을 펴고 있다. 산업통상자원부는 '외국기업의 날'을 제정하여 매년 기념식을 개최하며 한국경제에 기여가 큰 외국계 기업임직원을 포상하고 있다. 하지만 여전히 세부적인 부분에서는 걸림돌이 너무 많다. 남아 있는 규제도 아직 많다. 외국기업유치를 더욱 촉진하려면 어떻게 해야 하나? 외국기업경영자들은 공통적으로 배타적인 분위기의 조기불식과 한국기업의 투명경영정착을 꼽는다. 특히 외국기업이 돈을 벌어 가는 것을 배아파해서는 안된다고 지적한다. 오히려 외국기업이 한국에 들어와서 이익을 많이 남겼다는 소문이 퍼질 때 외국기업들은 아무리 말려도 돈을 싸들고 들어올 것이라는 주장이다. IBM재팬과 도요타 USA중에서 도요타 USA가 더 미국적인 기업이라는 인식이 한국에서도 적용되어 확산될 때 외국기업 진출속도가 더욱 빨라질 것이라고 보는 것이다.

자료원: 대한상공회의소 보도자료(2006년 1월 6일), 한국무역협회 주간 무역리뷰(2006년 6월 12일), 매일경제(2011년 9월 8일), 연합뉴스(2014년 8월 27일), 산업통상자원부 보도자료(2014년 10월 30일), www.interbrand.com(2018), 일반 뉴스자료 등을 참조하여 각색하거나 요약정리함

01 기업의 국제경영활동

1.1 국제경영의 의미

국제경영이란 간단히 말해 두 개 이상의 국가와 관련하여 이루어지는 모든 기업활동, 혹은 이를 경영하는 활동을 말한다. 다시 말해 기업의 모든 경영활동이 순수하게 국내에서만 이루어지지 않는다면 이 기업은 국제경영에 참여하고 있다고 볼 수 있다. 사실 오늘날의 거의 모든 기업은 직·간접적으로 국제경영활동과 관련되어 있다고 해도 과언이 아니며, 일반인들의 일상생활 역시 기업의 국제활동과 밀접하게 관련되어 있다. 원자재나 부품, 완제품 등을 해외에서 직접, 혹은 다른 기업을 통해 조달하거나 판매하는 것은 물론, 순수하게 국내에서 생산하여 국내에서 판매한다 하더라도 해외에서 수입된 제품과 경쟁할 수 있기 때문이다. 다시 말해 세계경제의 개방화나 글로벌화가 진전되면서 수출과 해외생산과 같이 직접적이고 가시적인 국제경영활동에 참여하지 않더라도, 해외시장의 동향이나 외국기업의 활동에 직·간접적으로 노출되어 있다는 점에서 오늘날 대부분의 기업은 국제경영활동과 관련되어 있다고 보아야 할 것이다.

외부적으로 드러나는 가장 대표적인 국제경영활동의 형태는 수출입과 해외 현지생산활동이다. 수출의 경우 해외시장조사, 수출통관, 금융, 현지유통을 포함한 마케팅활동 등이 주요 경영활동의 내용이며, 담당인력에 대한 교육을 포함한 인사관리도 주요과제가 된다. 현지생산의 경우에는 진출지역 및 국가선정, 합작 또는 단독투자결정, 생산, 재무, 마케팅, 인사 등 현지에서의 구체적인 경영활동 등이 포함된다. 무역과 현지생산 외에도 라이슨싱, 프랜차이징, 턴키(turnkey)계약 등의 계약방식, 관광, 수송, 보험 등의 각종 국제서비스 활동도 국제경영의 주요 형태라 할 수 있다.

1.2 국제경영의 필요성

(1) 기업입장에서의 기본적 필요성

국제경영활동은 기본적으로 국내시장이 존재하지 않거나 목표로 하는 기업성장과 이익을 뒷받침할 만큼 충분히 크지 못할 경우, 그리고 규제나 경쟁, 위험분산 등의 이유로 해외진출이 바람직하다고 판단될 경우에 발생한다. 또한 원자재, 부품, 자금, 인력 등 투입요소를 국내에서 조달하는 것이 불가능, 혹은 부족하거나 덜 효율적이기 때문에 발생한다.

우선 매출액증대 등 기업성장과 관련된 국제경영의 필요성 혹은 목표에 대해 살펴보자. 기업의 매출은 그 기업이 제공하는 제품 및 서비스에 대한 소비자의 관심과 구매의도, 그리고 구매능력에 달려 있다. 소비자의 수나 구매능력의 크기가 국내시장이라는 단일국가보다는 세계시장이 더 크다는 것은 두말할 필요도 없는 사실이며, 따라서 기업은 적어도 부분적으로라도 국내를 벗어난 세계시장을 대상으로 할 때 매출액 증대의 가능성이 높아진다. 특히 국내시장이 협소하거나 제품수명주기(product life cycle)상의 성숙기나 쇠퇴기에 도달한 경우, 그리고 국내경쟁이 치열할 경우 등에는 국제경영활동의 필요성이 더 높게 된다. 시장이 확대되어 매출액이 증가할 경우 이익도 증가할 가능성이 높다.

투입요소조달(sourcing)측면에서 보면 오늘날 많은 기업들이 원자재, 부품, 완제품, 서비스 등을 해외에서 조달하는 현상을 볼 수 있다. 기술이나 자본 역시 마찬가지이다. 이러한 투입요소들은 국내로 유입되어 활용되기도 하지만 해외현지, 혹은 제3국으로 이전되어 활용되기도 한다. 투입요소 해외조달의 주요 이유 중 하나는 비용을 절감할 수 있기 때문이다. 원자재가 풍부한 국가, 인건비가 저렴한 국가 등에서 원자재나 부품을 조달하거나 최종 조립과정을 거친다면 생산원가를 절감할 수 있다. 해외조달의 또 다른 이유는 국내조달이 원천적으로 불가능하거나 부족할 경우가 있다는 점이다. 우리나라 정유업계가 원유를 해외에서 조달하고 있는 것은 대표적 예다. 특정한 기술이 국내에 개발되어 있지 않을 때 해당 기술을 도입하거나(licensing), 기술습득을 목표로 해외에 진출하는 경우도 여기에 해당된다.

국제경영활동의 필요성은 시장확보와 투입요소조달이라는 두 가지 주요 측면외에 지리적 다변화(diversification), 혹은 위험분산이라는 측면에서도 제기된다. 각 국가의 경기순환(business cycle)이 다를 수 있기 때문에 한 국가에서만 경영활동을 전개하는 것보다는 다양한 국가로 확대해 나가는 것이 위험분산에 도움이 될 수 있다. 한 국가의 경기침체에 따른 매출액 감소를 호경기인 다른 국가에서 보충할 수 있기 때문이다. 이러한 논리는 매출액의 안정적 확보는 물론 투입요소의 조달측면에서도 그대로 적용될 수 있다.

(2) 거시환경의 변화

기업이 국제경영활동을 증가시키는 또 하나의 이유는 변화하는 기업환경에 적응하고 대응하기 위해서이다. 기업의 국제화, 혹은 국제경영활동 확산을 촉진하거나 여기에 영향을 미치는 거시환경요인들로는 세계주의의 확산, 지역주의의 심화, 기술보호주의의 강화, 범세계적 경쟁체제의 도래, 신흥경제권의 부상, 자국경영환경의 악화 등을 들 수 있다. 또한 세계주의의 확산이라는 최근까지의 추세와 달리 미국을 중심으로 하는 보호무역주의 움직임 역시 기업의 국제경영활동에 지대한 영향을 미치는 거시환경요인이다.

1) 세계주의 확산

기업의 경영활동에 포괄적인 영향을 미치는 중요한 거시적 환경변화의 하나는 그 기업이 속한 산업 및 관련산업의 글로벌화(globalization), 혹은 세계주의(globalism)의 확산추세다. 세계주의는 WTO와 같이 다자간 협상을 바탕으로 전세계시장을 하나로 통합하려는 움직임으로서 각종 무역 및 투자장벽을 철폐하고 각국 시장을 개방하여 자유무역주의를 확대하려는 흐름이다. 이에 따라 시장 및 소비자, 경쟁, 마케팅, 생산 등 모든 여건과 활동이 개별국가차원에서, 혹은 국경을 전제로 하여 고려되고 분석되기보다는 전세계를 하나의 커다란 시장으로 인식할 필요성이 점점 증가하고 있다. 따라서 기업은 이러한 거시환경의 글로벌화에 대응하지 못하면 경쟁에서 도태될 수밖에 없으며 경영활동의 국제화와 글로벌화에 더욱 박차를 가하게 된다.

George Yip(1992)은 한 산업의 글로벌화를 촉진하는 요인들로 시장요인, 비용요인, 정부요인, 경쟁요인 등 네 가지를 들고 있다 (<그림 1-1> 참조). 각 요인이 영향을 미치는 정도나 형태는 산업에 따라 달라질 수 있으며 시간의 흐름에 따라서도 변화할

그림 1-1 산업 글로벌화의 촉진요인

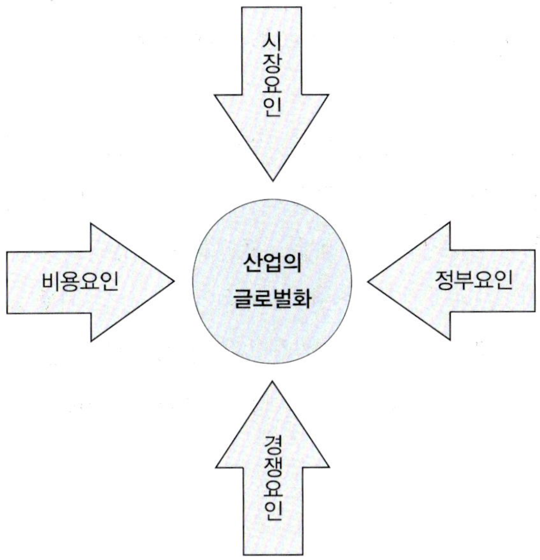

자료원: George S. Yip 저, 국제경영연구회 역, 「국제화시대의 세계경영전략(*Total Global Strategy*)」, 김영사, 1994, p. 35.

수 있다. 글로벌화의 시장요인은 소비자행동, 유통경로구조, 마케팅의 특성에 따라 달라질 수 있으며, 비용요인은 사업의 경제적 특성에 영향을 받는다. 정부요인은 개별국가들의 법규에 따라 결정되며, 경쟁요인은 경쟁자의 행동에 따라 달라진다. 이들 네 요인에 대해 설명하면 다음과 같다.

첫째, 시장요인의 변화로는 우선 국가간 1인당 소득수준의 격차가 좁혀지고 생활패턴 및 소비자 기호가 동질화되는 국가간 수렴현상을 들 수 있다. 첨단정보통신 및 멀티미디어 기술의 발달과 소비자들의 국제여행증가로 글로벌 브랜드를 선호하는 글로벌 소비자들이 늘고있는 것이다. 글로벌 또는 지역별 유통망이 증가하는 것도 중요한 요인이다. 이러한 추세에 대응하는 기업의 글로벌 브랜드, 글로벌 광고전략은 소비자의 글로벌화를 더욱 가속화하고 있다.

둘째, 비용요인으로서는 기술혁신이 가속화되며 규모의 경제를 위한 계속적인 노력이 이루어진다는 점을 들 수 있다. 제품수명에 비해 제품개발비용이 급증하고 생산능력과 저임노동력을 보유한 신흥공업국이 등장하는 현상은 비용을 줄이기 위한 생산 글로벌화의 필요성을 제기하며 또한 그 여건을 제공해 주고 있다.

셋째, 정부요인으로는 국가간의 경제적 장벽의 완화와 국가간 협조를 들 수 있다.

WTO발족에 따른 관세 및 비관세장벽의 축소, 외국인투자에 대한 규제완화 등은 경제적 국경을 낮추어 주는 대표적인 글로벌화 요인이다. 또한 동구권 국가 및 중국 등의 시장경제체제로의 변화, 국제기술표준의 제정 등도 글로벌화를 촉진하는 정부요인들이다.

넷째, 경쟁요인으로는 세계 무역량이 지속적으로 증가하면서 서로 다른 국가에 있는 경쟁자들 간의 경쟁관계가 치열해지고 있다는 점을 들 수 있다. 아울러 위에서 언급한 여러 요인들의 변화에 대한 반응으로 많은 기업들이 글로벌전략을 추구하고 있다는 점도 글로벌화를 연쇄적으로 촉진하는 요인이 된다. 기업들의 글로벌시장참여, 글로벌제품과 서비스, 글로벌마케팅, 글로벌입지결정, 국제적인 인수·합병과 전략적 제휴 등 다양한 글로벌전략이 나타나면서 기업간 경쟁의 글로벌경쟁이 더욱 가속화되고 있는 것이다.

2) 지역주의 심화

지역주의는 EU나 NAFTA처럼 협정지역 내에서 관세 및 비관세장벽을 철폐하여 물적 및 인적흐름을 자유화하지만 협정지역 이외의 국가에 대해서는 상대적으로 더 높은 무역장벽을 쌓는 폐쇄적인 경제블록이다. WTO를 중심으로 다자간 자유무역주의가 강화되고 있지만 보호무역주의가 여전히 세력을 펼치고 있음에 따라 지역적으로 인접하거나 이해관계를 같이 하는 나라들끼리 자유무역을 실현함으로써 공동의 번영을 추구하고자 하는 움직임이 활발하게 전개되어 왔다. 대표적인 경우로는 유럽연합(EU), 북미자유무역협정(NAFTA), 아세안자유무역지대(AFTA) 등이 있는데, WTO에 따르면 2019년 1월 기준으로 GATT 및 WTO에 신고되어 발효중인 지역경제협정(RTAs, Regional Trade Agreements) 수는 470여개에 이르고 있다. 이들 중 90% 이상이 자유무역협정(FTAs) 또는 부분적인 지역경제협약이며 관세동맹은 10%미만이다.[1)]

경제블록의 경우 역내기업들은 협정지역내의 관세 및 비관세장벽의 철폐, 자본과 인력의 자유로운 이동보장 등으로 역내에서의 경쟁력이 강화되는 반면 역외기업들은 덤핑제소나 로컬 콘텐트(local contents) 규제와 같은 각종 무역 및 투자장벽에 따른 차별대우로 인해 오히려 역내에서의 경쟁력이 악화될 가능성이 크다. 이에 따라 역외기업들은 현지직접투자를 통해 적극적으로 역내기업화를 도모하게 되고 국제화를 빠르

---

1) WTO 홈페이지 참조(www.wto.org)

게 추진하고 있다.

3) 기술보호주의 강화

기술혁신이 가속화되면서 기술개발 및 혁신능력이 중요한 경쟁우위로 등장하고 있다. 누가 먼저 신제품을 출하하여 시장을 선점하느냐 하는 시간경쟁이 가속화되면서 세계 주요 기업들은 경쟁기업과도 핵심기술을 공동으로 연구개발하는 한편, 특허권 침해소송 등을 통해 자신의 기술을 적극 보호하고 있다. 이에 따라 기업들 간에 국제적인 전략적 제휴가 급증하고 있으며, 해외연구개발센터를 활발하게 설립하고 있다.

자국내의 연구개발자원과 능력만으로는 필요한 기술을 적시에 적은 비용으로 확보할 수 없기 때문에 해외기업들과 공동연구개발, 합작투자, 크로스 라이선싱(cross-licensing) 등을 통해 제휴하고 있으며, 주요 지역에 연구개발센터를 설립하거나 현지 연구소들과 공동연구를 추진하고 있다.

4) 범세계적 경쟁체제 도래

전세계시장이 통합되면서 세계 주요 기업들은 주요 시장에서 동시에 경쟁할 수 있는 범세계적인 경쟁체제를 구축하고 있다. 북미, EU, 일본 등과 같은 주요 지역에 직접투자를 통해 현지경영체제를 확립하고 이들을 상호 연계시킴으로써 국제경쟁력을 제고시키고 있다. 트라이어드(Triad) 체제를 구축하여 국제경쟁력 제고를 도모하고 있는 것은 한 예다. 트라이어드체제는 3각 경쟁체제로서 전세계시장을 북미-남미, EU-동유럽, 일본-아시아 등과 같이 3개 지역으로 크게 구분한 다음 각각의 지역에 현지경영체제를 구축하고 이들을 상호 연계시키는 글로벌 경쟁체제의 한 유형이다. 미국기업의 경우 본거지인 북미-남미지역에서 확고한 기반을 구축하고 여기서 형성된 경쟁력을 바탕으로 EU-동유럽지역과 일본-아시아지역에 현지경영체제를 구축하는 한편, 이들 3개 지역을 연계함으로써 국제경쟁력 향상을 도모하고 있다.

범세계적 경쟁체제를 구축하는 이유는 범세계적인 네트워킹을 통하여 공정간, 제품간 국제분업을 이룩함으로써 세계경영자원과 시장을 최대한 활용하고 범위의 경제와 규모의 경제를 획득할 수 있기 때문이다. 기업들이 범세계적인 경쟁체제를 구축하는 과정에서 기업의 국제화가 한층 빨라지고 있다.

5) 신흥경제권(Emerging Economies)의 부상

기존의 개발도상국들 중 상대적으로 빠른 경제성장속도를 보이며 세계경제의 주요 국가로 자리매김하고 있는 이른바 신흥경제권의 부상은 기업의 국제경영활동에 새로운 기회가 되는 동시에 위협요인으로 작용하기도 한다. 이들 국가는 경제성장에 따른 소득 및 수요의 증가로 신흥시장(emerging markets)으로서의 의미를 가지기도 하지만, 자국시장 혹은 해외시장에서 새롭게 주요 경쟁자로 부상하는 기업들의 근거지가 되기도 한다.

신흥경제권(emerging economies)을 대표적으로 지칭하는 용어로 BRICs가 있는데 이는 브라질, 러시아, 인도, 중국 등 4개국을 의미한다. 그러나 신흥경제권은 학계, 언론계 등 다양한 분야의 다양한 사람들에 의해 서로 다르게 분류되고 있으며 이에 따라 다양한 약어(acronyms)로 칭해지고 있다. BRICs에 남아프리카 공화국이 추가된 BRICS, 대한민국이 추가된 BRICK, 멕시코, 인도네시아, 대한민국(South Korea), 터키 등을 지칭하는 MIST 등이 예다.

6) 자국 경영환경의 악화

시장성숙과 포화, WTO체제 출범에 따른 시장개방, 임금상승과 노사분규, 자국정부의 규제정책 등으로 인해 자국내의 경영환경이 악화되자 이를 보완하기 위해 각국의 기업들은 적극적인 해외진출을 모색하고 있다. 자국시장의 성숙과 보급률 포화 등으로 인해 기업들은 해당제품이 시장도입 또는 성장기에 있는 지역으로 진출하고 있다. 또한 시장개방이 가속화되면서 외국경쟁기업이 진입하자 이에 대응하기 위해 경쟁기업의 주력시장으로 적극 진출하고 있다. 예를 들면 한국가전업체의 경우 국내시장의 주요 가전제품 보급률이 100%를 넘어서자, 그리고 외국경쟁업체들이 대거 진입하자 중국시장을 제2의 내수시장으로 보고 적극 진출하고 있다. 한편, 경제성장으로 노동자의 임금이 큰 폭으로 상승하고 환율의 평가절상이 이루어지면 가격경쟁력이 약화되기 때문에 기업들은 생산기지를 저임금국가로 이전하고 있다. 또한 환경과 경쟁 등에 대한 정부규제와 각종 인허가와 행정절차가 비효율적일 경우 이를 회피하기 위해 기업활동을 적극 지원하는 지역으로 진출하기도 한다. 결국 기업은 시장확대 및 투입요소의 효율적 조달, 그리고 지리적 다변화를 통한 위험분산이라는 기본적인 필요성과 함께, 산업 및 경제의 글로벌화라는 거시환경변화에 대한 대응으로 국제경영활동을 더욱 강화해 나가고 있다.

국제경영활동을 적극적이고 본격적으로 수행하는 기업은 물론이려니와 그렇지 않은 기업이라 하더라도 국제경영에 대한 최소한의 이해는 필수적이다. 왜냐하면 국내시장을 주요 무대로 삼고있는 기업이라 해도 외국기업의 직접적인 국내진출에 따른 영향은 물론 세계경제의 글로벌화에 따라 세계 곳곳에서 활동하고 있는 기업들로부터도 직·간접적인 영향을 받을 수밖에 없기 때문이다.

7) 보호무역주의

앞에서 설명한 세계주의 확산이라는 큰 흐름이 이어져 온 가운데 최근 미국을 중심으로 보호무역주의라 볼 수 있는 움직임들이 나타나고 있다. 트럼프 행정부 출범이후 국내산업보호와 고용창출이라는 목표와 국제정치학적 고려 아래 다양한 형태의 보호무역정책이 추진되고 있는 것이다. 그동안 자유무역과 세계주의를 이끌어 왔다고도 볼 수 있는 미국으로서는 큰 변화가 아닐 수 없다.

이러한 움직임이 얼마나 지속될 지는 지켜봐야 하겠지만 각국 정부나 기업들은 여기에 대응하는 통상정책과 글로벌전략을 수립하기에 여념이 없는 형편이다. NAFTA와 한미 FTA 재협상, 미국과 중국의 통상마찰과 협상 등은 정부차원에서 벌어지는 일들이고, 한국세탁기에 부과된 긴급수입제한조치(safeguard)에 대응하여 미국내 공장건설을 앞당긴 삼성전자와 LG전자의 전략은 기업차원에서 일어나는 일들이다. 최근 한국기업을 비롯한 많은 외국기업들이 미국내 투자를 늘리는 현상은 미국의 보호무역주의 움직임과 무관치 않다.

02 국제기업과 국제경영

2.1 국제기업과 국제경영

국제경영활동은 일반 민간기업은 물론 국영기업에 의해서도 수행된다. 물론 민간기업은 영리를 목적으로 국제경영활동을 수행하지만 국영기업은 반드시 영리를 목적으로 하지는 않는다. 그렇다면 국제경영활동을 수행하는 기업은 모두 국제기업이라고 부를 수 있을까? 예를 들어 위에서 대표적인 국제경영활동의 하나로 설명한 수출을 소규모로 하고 있는 기업을 국제기업으로 볼 수 있을 것인가? 물론 이에 대한 명확한 대답은 하기 어렵다. 국제기업을 객관적인 기준에 의해 명확하게 정의하는 것이 불가능하기 때문이다.

모든 기업은 다양한 형태의 국제경영활동 중 일부를 부분적으로 수행할 수 있다. 그러나 일반적으로 국제경영활동을 수행하는 모든 기업을 국제기업으로 부르지는 않는다. 사실 국제기업이라는 용어도 일반적으로 많이 사용되지는 않는다. '상당한 정도'의 국제경영활동을 수행하는 기업을 의미하는 것으로 여기서 잠시 사용하고 있을 뿐이다. 일반적으로 많이 사용되는 용어로 다국적기업, 초국적기업, 글로벌기업 등이 있으나 이들이 각각 무엇을 의미하고 서로 어떻게 다른지 객관적인 기준이 있는 것은 아니다. 다만 여기서는 아주 작은 소규모기업이라 하더라도 부분적으로 국제경영활동을 수행할 수 있으며 이것이 곧 국제기업 혹은 다국적기업 등을 의미하는 것은 아니라는 점만 밝히기로 한다. 국제기업이 국제경영활동뿐만 아니라 국내경영활동도 수행하고 있음은 물론이다. 국제경영활동을 본격적으로 수행하는 다국적기업 및 유사용어에 대해서는 아래에서 간략하게 설명하고 제2장에서 보다 상세하게 설명하기로 하자.

2.2 다국적기업

생산기지로서든 시장으로서든 전세계를 대상으로 국제경영활동을 수행하는 기업을 일컫는 가장 대표적인 용어는 다국적기업(MNC, multinational corporation)이다. 그러나 제2장에서 설명하는 대로 다국적기업의 정의는 간단하게 내리기 쉽지 않다. 예를 들어 몇 개국 이상에서 생산 혹은 마케팅활동을 전개해야 다국적기업이라 부를 수 있는지, 아니면 총생산이나 총매출액 중 어느 정도 비율이상을 해외에서 창출해야 하는지, 아니면 또 다른 어떤 기준이 있는지, 아니면 여러 기준을 동시에 만족시켜야 하는지 등에 따라 다양한 정의가 가능하다. 그러나 일반적으로 우리가 떠올리는 다국적기업의 모습은 대개 대기업이면서 생산 및 마케팅활동의 해외비중이 상당히 높고, 자금조달이나 경영자충원도 국내원천에 국한되지 않으며, 기본적인 경영방침이나 시각이 국내지향적 성격을 벗어나는 기업이라고 할 수 있을 것이다.

똑같이 다국적기업으로 번역되면서 MNC와 유사한 영어용어로 MNE(multinational enterprise)가 있다. 이 두 용어는 큰 구별없이 거의 같은 뜻으로 사용되고 있다고 보면 된다. 한편 UN을 중심으로 사용되고 있는 또 하나의 유사한 용어로 초국적기업(TNC, transnational corporation)이 있다. 초국적기업 및 해외직접투자(FDI, foreign direct investment)와 관련된 모든 문제에 대한 UN내의 논의기구는 UN무역개발기구(UNCTAD, United Nations Conference on Trade and Development)이다.

또한 비교적 최근 들어 사용되기 시작한 용어인 세계기업(global company)은 역시 국제경영활동을 본격적으로 수행하는 기업이되, 전세계에 흩어져 이루어지고 있는 국제경영활동을 범세계적인 관점에서 통합(global integration)하여 수행하는 특성이 강조된 용어라고 할 수 있다. 이에 상반되는 개념으로 국가별 반응기업(multidomestic company)을 들 수 있는데, 이는 국제경영활동을 세계적 관점에서의 통합보다는 개별국가의 현지특성에 맞게 독립적으로 수행하는 특성이 강조된 개념이라고 보면 된다.

결국 국제경영활동을 주로 담당하는 기업을 일컫는 다양한 용어들이 있지만 이들을 포괄적으로 의미하는 용어는 다국적기업(MNC)이 가장 대표적이라고 할 수 있으며, 본서에서도 필요에 따라 다른 용어들을 같이 사용하되 이를 주로 사용할 것이다.

03 국제경영학

3.1 국제경영학의 연구대상 및 의의

국제경영학(International Business)이란 기업의 국제경영활동, 그리고 국제기업의 활동과 관련된 제반문제를 다루는 학문이다. 국제경영학의 대상을 국제경영활동이나 국제기업 둘 중의 하나로 국한하지 않는 것은 이미 앞에서 설명한 대로 국제경영활동을 수행하는 모든 기업들을 국제기업 혹은 다국적기업으로 부르지 않고, 다국적기업이라고 해도 국제경영활동만 수행하는 것이 아니라 국내활동도 수행하기 때문이다. 국제기업 혹은 다국적기업을 연구대상으로 국한하면 일반적으로 다국적기업이라 부를 수 없는 기업의 국제경영활동이 연구대상에서 제외되며, 국제경영활동을 연구대상으로 국한하면 국내활동을 포함한 다국적기업의 종합적인 경영활동에 대한 체계적인 접근이 불가능해진다.

따라서 국제경영학은 국제경영이나 국제기업과 관련된 제반현상을 포괄적으로 다루는 학문으로 정의할 필요가 있으며, 국제적인 경영환경은 물론 서로 다른 각 국가별 정책 및 환경의 이해를 기반으로 해야 하기 때문에 매우 거시적이며 종합적인 접근을 필요로 한다. 보다 구체적인 국제경영학의 연구대상 및 내용에 대해서는 아래 제3항에서 설명하기로 하자.

3.2 국제경영학의 정체성 및 필요성

국제경영활동은 국내환경과는 본질적으로 판이하게 다른 국제환경 및 복수국가의 개별적 환경속에서 전개되기 때문에 추가적인 이해와 국내와는 다른 접근을 필요로 한다. 즉, 정치, 경제적 측면에서의 국제관계는 물론 경영활동의 무대가 되는 개별국가의 정치, 경제, 사회문화, 법적환경의 제약을 받기 때문에 이러한 환경에 대한 이해와 적절한 대응이 필요한 것이다. 따라서 국제경영학은 다양한 환경을 지닌 복수국가를 대상으로 이루어지는 경영활동을 연구대상으로 한다는 점에서 독특성을 가진다. 국제경영학의 특성 및 필요성을 보다 구체적으로 설명하면 다음과 같다.

첫째, 기업환경은 경영활동의 제약요인인 동시에 기회요인이 되기도 한다. 따라서 효율적인 경영을 위해서는 이러한 환경에 대한 철저한 이해와 분석이 필요하다. 국제경영학의 출발은 바로 이러한 국가간 환경의 차이를 인식하고 이해하는 것에서 이루어진다. 그리고 여기에 대응하는 적절한 경영활동 및 경영방식의 대안을 모색하고 선정하는 과정에 대한 연구 또한 필요하다.

둘째, 국제경영학은 재화와 용역의 국가간 이전을 전제로 한다는 점에서 독특성을 지닌다. 완제품을 수출입의 형태로 이전할 수도 있으며, 기술만을 라이슨싱의 형태로 이전할 수도 있고, 자본, 기술, 경영 등을 직접투자(FDI)라는 복합적인 형태로 이전할 수도 있다. 물론 간단히 언급한 이 세 가지 형태에도 구체적으로는 매우 다양한 방식이 존재한다. 따라서 이러한 다양한 이전방식에 대한 이해와 함께 이전방법결정에 영향을 미치는 국제기구 및 협약, 각국의 정책 및 환경, 기업의 내부요인 등에 대한 종합적인 검토가 필요하다.

셋째, 국제경영활동은 복수의 국가를 대상으로 동시에 이루어지기 때문에 국가간 활동의 조정(coordination)과 통합(integration)이라는 새로운 과제를 제시한다. 기업의 자체조직은 물론 각국의 다른 기업과 연계된 네트워크형태의 조직으로 확대될 경우 이러한 거대조직 및 활동의 조정과 통합은 매우 중요하면서도 어려운 과제가 된다. 이러한 과제를 인식하고 해결을 모색하는 것이 국제경영학의 또 하나의 독특한 연구대상이다.

그러나 학문으로서의 국제경영학에 대한 접근은 최근 들어 부분적인 변화가 있는 것도 사실이다. 독립된 분야로 인식하기보다는 전통적인 경영학의 각 분야에서 관심영역을 확대하여 국제경영활동을 이해하고 연구하는 추세가 있는 것이다. 예를 들면 마케팅분야에서 국제마케팅활동을 다루고 재무관리분야에서 국제재무관리를 다루는 식이다. 이러한 추세는 세계경제의 글로벌화 추세와 무관하지 않다. 즉, 국제화, 글로벌화, 국제경영이라는 것이 이제는 별도의 접근을 필요로 하는 새로운 현상이 아니라 일반화된 당연한 현상이기 때문에 기존의 경영학분야에서 각각 다룰 수 있다고 보는 것이다. 그러나 기존의 경영학분야에서 다루어지지 않는 부분이 여전히 존재하며, 여러 분야를 국제적 시각에서 종합적으로 접근할 필요성이 존재하기 때문에 국제경영학의 학문적 가치와 필요성은 계속 남게 된다.

3.3 국제경영학의 내용 및 구성

(1) 국제기업환경

국제경영 및 국제경영학의 가장 큰 특성 중 하나가 국가간 환경의 차이라는 점은 이미 위에서 설명한 바 있다. 따라서 국제경영활동의 기회 및 제약요인이 되는 국제기업환경에 대한 이해는 국제경영학, 특히 도입부에서의 주요 내용이 된다. 국제기업환경은 대개 경제적 환경, 법·정치적 환경, 사회문화적 환경 등으로 구분하여 다루는데 환경차이 자체는 물론 이러한 차이에 어떻게 대응하느냐 하는 것이 주요 과제가 된다.

우선 경제적 환경에서는 기업활동에 영향을 미치는 주요 환경요인을 파악하고 이들이 국가별로 어떻게 다른지 이해하는 것이 필요하다. 또한 특정 국가에 국한되지 않는 국제경제환경, 예를 들어 WTO와 같은 국제기구, 지역경제통합, 다자간 협상 등도 기업의 국제경영활동에 영향을 미치는 주요 환경요인으로 인식해야 한다.

법·정치적 환경 역시 개별국가 차원과 국제관계차원 모두에서 파악되고 이해되어야 한다. 과거에 비해 정치적 위험은 많이 줄어든 것이 사실이지만 아직도 상당수 국가에서는 정치적 불안이나 위험으로 인해 기업이 주도적으로 효율적인 경영활동을 전개하는 것이 불가능할 수도 있으며, 이미 투자한 생산시설이나 경영활동자체를 포기해야 하는 상황이 올 수도 있음을 인식해야 한다. 상이한 국가간의 법체계, 대(對)정부관계 관행 및 절차, 외국기업에 대한 국수주의적, 민족주의적 성향 등도 법·정치적 환경에서 다루어야 할 주요 내용이다.

사회문화적 환경도 전반적인 국제경영활동에 영향을 미치지만 기능분야 중에서는 노사관계 및 인적자원관리, 그리고 마케팅분야에서 가장 직접적인 영향을 미친다고 볼 수 있다. 이는 사회문화적 환경이 가치관 및 태도, 행동양식 등 인간의 기본적인 사고와 행동과 관련이 있으며, 이 두 분야는 바로 직원과 소비자라는 인간을 주로 상대하기 때문이다. 물론 사회문화적 환경은 이 외에도 진입방식결정, 조직구조, 경영방식, 전략 등 국제경영활동 모든 측면에 영향을 미치며 따라서 중요하게 고려되어야 할 환경요인이다.

(2) 시장진입방법

수입을 제외한 국제경영활동에 있어 일차적으로 내려야 할 경영의사결정은 시장선택과 진입방법결정이다. 이 중 진입방법(entry mode, 혹은 mode of operation) 결정은 기업의 경영자원투입과 직결되어 있고 시장진입의 성패를 가늠할 수도 있다는 점에서 매우 중요하게 다루어진다. 앞에서 잠시 언급했지만 가장 기본적인 시장진입방법의 형태는 수출, 라이슨싱, 직접투자 등이다. 진입방법과 관련하여 국제경영학에서 다루는 내용은 각 진입방법의 특성과 이의 선택문제다.

수출(export)은 국제경영활동 초기에 대표적으로 선택되는 시장진입방법이다. 바이어선정, 신용장관리, 통관 및 수송 등 실무적인 문제들에 대한 기본적인 이해가 필요하며, 상표결정을 포함한 마케팅믹스결정 등 마케팅측면에서의 논의가 주로 이루어진다.

국제무역이론에 대한 이해도 필요하지만 이 분야는 대개 국제경영학에서 직접 다루어지지 않고 국제경제학이나 무역이론 등 경제학분야에서 다룬다.

라이슨싱(licensing)은 프랜차이징(franchising)과 함께 이른바 계약방식에 의한 시장진입방법의 대표적 형태다. 이러한 방식의 특징 및 장단점, 이 방식이 선호되는 상황 등을 중심으로 다루어진다.

직접투자(FDI)는 인적, 물적자원의 투입이 가장 많고 그만큼 이익창출기회와 동시에 위험도 많은 시장진입방식이다. 직접투자의 기본적인 형태와 각각의 특성, 직접투자를 설명하는 이론, 투자국(home country)과 투자대상국(host country)에 미치는 영향 등이 다루어진다. 직접투자의 한 형태인 합작투자(joint venture)나 인수(acquisition) 등에 대해서는 별도로 상세히 다루어지기도 한다.

(3) 기능별접근

경영학의 전통적인 기능분야, 즉 생산, 마케팅, 재무, 인적자원관리, 조직, 회계학 등은 국제경영학에서도 다루어진다. 이들 중 생산관리는 부품생산 및 조립의 국제적 입지결정문제, 인적자원관리는 국제인력의 선발, 교육훈련, 평가 및 보상문제, 조직은 기업의 국제조직구조 및 본사－자회사관계, 회계학은 외화환산과 관련된 문제 등을 중심으로 비교적 간략하게 다루어지며, 국제마케팅이나 국제재무관리는 독립된 과목으로 비교적 상세하게 다루어지는 편이다.

국제마케팅에서는 국제경영학에서 다루는 시장진입방법을 포함하여 해외시장조사, 해외시장 세분화, 국제마케팅믹스 프로그램 및 이의 표준화와 현지적응화 문제 등을 주요 내용으로 다룬다. 한편 국제재무관리는 국제금융환경, 환율결정 등 거시적 환경은 물론 국제자금조달, 환위험관리 등 기업차원에서의 관리문제 등을 다루게 된다. 국제마케팅이나 국제재무관리는 독립된 과목으로서는 이러한 문제들을 비교적 상세하게 다루지만 국제경영학 과목에서는 중심내용만 비교적 간단하게 다루는 것이 일반적이다.

(4) 국제경영전략

국제경영전략 혹은 글로벌 경영전략에서는 경영전략에서 일반적으로 다루어지는 기초개념 및 전략모델 외에 글로벌차원에서 맞게되는 추가적인 과제와 현상들을 다룬다.

글로벌차원에서의 배치와 조정(configuration and coordination)문제, 글로벌통합(global integration)문제, 글로벌 전략적 제휴(global strategic alliance)와 관련된 파트너 선정 및 경쟁과 협력문제 등이 주요 추가적 과제들이다.

(5) 기 타

이상에서 설명한 국제경영학의 내용은 대개 학부수준에서 다루어지는 것들이며, 대학원수준에서는 이러한 내용을 더욱 세분화하여 다루게 된다. 예를 들면 다국적기업론, 해외직접투자론, 국제경영전략 등이 별도의 과목으로 다루어질 수 있다.

또한 위에서 언급하지 않은 내용중에서는 국제비교 경영론을 들 수 있는데 여기서는 국가간 경영시스템 및 방식의 차이나 경영환경의 차이 등이 비교분석되며, 경영방식과 환경의 적합성 문제 등이 다루어진다.

3.4 본서의 구성 및 접근방법

본서는 총 4부 12장으로 구성되어 있다. '제1부 국제경영과 다국적기업'(1~2장)은 본서의 서론에 해당하는 부분으로서, 국제경영이란 무엇인지, 그리고 국제경영활동의 주요 주체인 다국적기업은 무엇인지에 대해 설명한다. '제2부 국제경영환경과 관리'(3~6장)에서는 기업의 국제경영활동에 영향을 미치는 제반환경요인들을 살펴보고, 이에 대한 기업의 대응을 다룬다. '제3부 해외시장진입전략'(7~9장)에서는 국제경영활동의 주요 무대가 되는 해외시장에 진입하는 방법, 즉 진입방법(entry mode) 문제를 다룬다. 마지막으로 '제4부 국제경영전략'(10~12장)에서는 전반적인 글로벌전략, 경쟁전략, 제휴전략 등 국제경영활동을 종합적인 시각에서 조망하는 경영전략문제를 설명한다. 본서에서 다루는 내용을 각 장별로 설명하면 다음과 같다.

'제1장 국제경영과 국제경영학에 대한 이해'에서는 국제경영의 의미와 필요성을 설명하고, 학문으로서의 국제경영학에 대해 연구대상, 정체성 및 필요성, 일반적인 연구내용 등을 중심으로 설명한다.

'제2장 기업의 국제화와 다국적기업에 대한 이해'는 국제경영활동의 주요 주체인 다국적기업(MNC, multinational corporation)에 대해 전반적인 사항을 설명한다. 우선 그 개념 및 정의를 살펴보고 세계 다국적기업의 현황을 설명한다. 그리고 이러한 다국적기업이 어떠한 경로와 과정을 거쳐 국제화되는지, 기본적인 조직구조는 어떤 모습을 띠고 있는지 설명한다. 아울러 다수의 국가시장을 대상으로 전개되는 국제경영활동의 기본적인 경영방식 혹은 접근방법에 대한 설명도 이루어진다.

기업의 국제경영활동에 영향을 미치는 환경요인과 이에 대한 기업의 대응을 다루는 '제2부 국제 경영환경과 관리'는 4개의 장으로 구성되어 있다. '제3장 국제통상환경과 관리'에서는 세계무역기구(WTO, World Trade Organization)를 중심으로 하는 다자간 무역협상 및 기구, 북미자유무역협정(NAFTA, North American Free Trade Agreement, 현재는 USMCA)과 같은 지역경제통합체의 형성배경과 시사점 등을 논의한다. 아울러 국제통상마찰과 이에 대한 대응문제도 다루어진다.

'제4장 국제금융환경과 관리'에서는 환율과 환율표기방법 그리고 서울외환시장에서 달러의 수요와 공급에 영향을 미치는 국제거래들을 살펴본다. 아울러 환율변화에 따른 환위험과 이러한 위험을 관리하는 방법에 대해서도 살펴본다.

'제5장 국제문화환경과 관리'는 국가간 문화적 환경의 차이가 기업의 국제경영활동에 어떤 영향을 미치는지를 다룬다. 우선 문화적 환경에 대한 기본적 이해를 위해 문화의 개념과 구분기준 등을 설명하고, 이러한 문화적 환경차이에 어떻게 대응해야 하는가를 살펴본다. 문화적 환경차이에 대한 대응은 국제협상, 커뮤니케이션, 인적자원관리, 마케팅 등의 측면에서 다루어진다.

'제6장 국제정치환경과 관리'에서는 정치적 위험의 유형과 원천, 측정과 평가, 관리방안 등을 살펴본다. 국제정치적 환경의 변천과정도 개략적으로 다루어진다.

'제3부 해외시장진입전략'은 3개의 장으로 구성되어 있다. 진입방법의 선택은 대규모의 자원투입을 수반할 수 있으며 단기적인 변경이 쉽지 않기 때문에 매우 신중하게 접근해야 하는 전략적 의사결정이다. '제7장 해외시장진입방법의 일반적 유형'에서는 시장진입방법결정이 갖는 전략적 의의와 진입방법의 일반적 유형에 대해 개괄적으로 설명한다. 그리고 진입방법결정에 영향을 미치는 요인들에 대해서도 설명한다.

'제8장 수출 및 라이슨싱'에서는 제3장에서 개략적으로 설명한 수출과 라이슨싱에 대해 보다 상세하게 설명하고 있다. 수출에 대해서는 전략적 동기 및 전략적 대안을 설명하고 특별한 형태라 할 수 있는 대응무역에 대해서도 설명한다. 수출업무의 실무적 측면도 주요 절차와 개념중심으로 다루어지는데, 수출입계약의 기본내용인 가격조건, 지급조건, 그리고 신용장에 대해서 설명될 것이다. 라이슨싱에 대해서는 개념과 의의,

장단점, 비용/수익분석 등을 다루고, 라이슨싱계약의 주요 내용도 설명된다.

'제9장 해외직접투자'에서는 역시 제7장에서 간략히 설명한 해외직접투자(FDI, foreign direct investment)에 대해 보다 상세하게 설명한다. 우선 FDI의 전략적 동기를 설명한 후 FDI를 설명하는 주요 이론이 소개된다. 제7장에서 간략하게 소개된 FDI의 유형 중 합작투자와 인수·합병(M&A)에 대해서는 상세한 설명이 이루어질 것이다. 한편 FDI는 투자대상국(host country)은 물론 투자국(home country)에도 많은 영향을 미치는데, 9장 후반부에서는 FDI가 국가에 미치는 영향 및 효과를 설명하고 FDI와 관련된 정부의 정책에 대해서 설명할 것이다.

'제4부 국제경영전략'은 3개의 장으로 구성되어 있다. 우선 '제10장 글로벌 경영전략'에서는 글로벌 경영전략의 배경이 되는 기초개념 및 이론 등을 살펴본다. 이러한 기초개념을 토대로 글로벌 경영전략의 모델들을 설명하고 글로벌 경영전략의 수립절차도 살펴본다.

'제11장 글로벌 경쟁전략'에서는 산업구조분석, 자사의 핵심역량 및 경쟁우위분석, 경쟁자 분석 등 경쟁전략수립에 필요한 주요 요소들을 설명한다. 이와 함께 시장선도기업과 후발기업의 경쟁전략이 어떻게 다른지에 대해서도 살펴본다.

마지막으로 '제12장 글로벌 제휴전략'에서는 점차 일반적 모델로 제시되고 있는 전략적 제휴문제를 다룬다. 제휴전략의 개념과 의의, 제휴의 목적과 유형, 그리고 제휴전략의 성공요인 등이 중점적으로 설명될 것이다.

본서는 이론적인 설명과 함께 다양한 국제경영사례들을 소개함으로써 독자들로 하여금 기업의 국제경영활동에 대한 실질적 이해를 보다 용이하게 할 수 있도록 접근하고 있다. 사례는 크게 세 가지 유형으로 구분된다. 우선 각 장의 서두에 소개되는 '도입사례'는 해당 장의 내용을 개괄적으로 보여주거나 주요 주제와 관련된 내용을 보여주는 국내외 기업의 사례 혹은 환경을 다루고 있다. 본문 중간중간에 삽입된 '국제경영 이야기'는 본문내용과 관련된 사건(episode)이나 사례를 간략하게 기술하고 있어 독자들이 본문내용을 이해하는 데 도움이 될 것이다. 마지막으로 몇몇 장의 말미에 소개되는 '경영사례연구'는 학생들로 하여금 논리적 근거제시와 함께 경영관련 의사결정을 하도록 하는 상황을 제시하고 있다. 제한된 정보지만 이에 근거하여 의사결정을 해야 하는 상황을 체험하고, 그런 결정의 논리와 반대논리를 토론을 통해 학습하는 기회가 될 것이다.

토의과제

1. 기업의 국제경영활동은 어떤 필요성에 의해 이루어지는지 설명하시오.
2. 산업의 글로벌화를 촉진하는 요인들은 무엇인지 조지 입(George Yip)의 분류방법에 따라 설명하시오.
3. 다국적기업을 어떻게 정의해야 하는지 각자의 견해에 따라 설명해 보시오.
4. 국제경영학은 왜 공부하고 연구해야 하는지 그 필요성을 설명하시오.

참고문헌

- 강태구, 국제경영, 4판, 박영사, 2012.
- 이장로, 신만수, 국제경영, 7판, 무역경영사, 2018.
- 장세진, 글로벌경영, 8판, 박영사, 2017.
- 전용욱, 국제화를 위한 조직과 개인의 과제, 삼성정신문화연구소, 1994.
- Daniels, John, Lee Radebaugh & Daniel Sullivan, *International Business: Environments and Operations*, 15th ed., Pearson, 2015.
- Hill, Charles W. L., *International Business: Competing in the Global Marketplace*, 10th ed., McGraw-Hill, 2015.
- Yip, George S. 저, 국제경영연구회 역, 국제화시대의 세계경영전략(Total Global Strategy), 김영사, 1994.

제 2 장

기업의 국제화와 다국적기업에 대한 이해

학습 목표

기업들은 일반적으로 진출지역의 다변화, 진입방법의 고도화, 진출제품의 다각화 등을 기본축으로 국제경영활동을 단계적으로 확대시켜 나가고 있다. 이러한 방향속에서 가치사슬활동들을 해외로 이전하는 한편, 이들을 세계적인 차원에서 통합하여 운영하고 있다. 즉, 기업들은 수출단계 → 현지판매단계 → 현지생산단계 → 자기완결형 해외사업단계 → 세계적 통합단계 등의 과정을 통해 다국적기업으로 성장하고 있다.

다국적기업은 2개국 이상에서 경영활동을 전개하는 기업으로서 국가경제발전과 세계경제에 많은 영향을 미치고 있다. '2018 포춘 글로벌 500'자료에 의하면, 매출액 기준으로 선정된 세계 500개 기업들의 총매출규모는 미국 GDP의 2/3정도를 차지하고 있으며, 전 세계에 걸쳐 약 2,800여만명을 고용하고 있고, '포춘 글로벌 500'에 포함된 기업을 1개 이상 보유한 국가는 33개국이다. 두드러진 점은 2008년 29개에 불과하던 중국기업은 10년 만에 111개 기업이 포함되면서 미국(126개 기업)을 턱밑까지 추격하고 있다는 것이다. 일본은 53개로서 미국, 중국 다음으로 많은 기업을 진입시켰지만, 2위 중국의 절반에 간신히 미치는 규모이다. 제2장에서는 다음 내용을 이해하는 것을 목표로 한다.

- 기업의 국제화과정과 성장단계를 이해한다.
- 다국적기업이 어떠한 기업인가를 이해한다.
- 다국적기업의 조직구조를 이해한다.
- 다국적기업의 글로벌 경영방식을 이해한다.

도입사례

KORENS(코렌스) : 20여년간 EGR 개발해 품질인정받은 강소기업…BMW 화재로 위기맞아

BMW의 주력 중형세단인 520d를 포함한 디젤차들에서 2018년 7월부터 집중적으로 화재가 발생하고 있다. BMW와 국토교통부는 지난달 10만 6317대에 대한 자발적 리콜을 결정하면서 디젤차에 탑재되는 EGR의 결함으로 화재가 발생했다고 밝혔다. 코렌스(KORENS)는 디젤차에 탑재되는 EGR(배기가스재순환장치)의 모듈과 쿨러 등 주요 부품을 생산하는 한국업체다. 최근 잇따라 화재가 발생한 BMW의 디젤차에 대해 정부가 운행정지명령을 내린 가운데 사고원인으로 지목된 EGR모듈은 한국기업인 코렌스가 납품한 것으로 알려졌다.

지난 1990년 대일금속이라는 이름으로 설립된 코렌스(KORENS)는 1993년부터 EGR 튜브를 개발해 판매했다. 2002년 EGR 쿨러를 양산했고 2003년에는 국내최초로 EGR 시스템의 국산화에도 성공했다. 현대·기아차를 포함한 국내 주요 완성차업체가 생산하는 차량에 코렌스의 EGR 쿨러가 탑재된다. 포드 등 여러 해외기업들에게도 EGR 관련 주요부품을 수출하고 있다.

코렌스는 지난 2008년 중국에 생산시설과 연구소를 세웠다. 2012년 독일 프랑크푸르트, 2013년 미국 디트로이트에도 현지연구소를 만든데 이어 2016년에는 미국 앨라배마에도 현지공장을 설립하는 등 해외시장에 대한 투자도 확대하고 있다. 코렌스는 쿨러와 밸브 등 EGR에 들어가는 부품 뿐아니라 EGR 시스템모듈의 제작에도 나서고 있다. BMW를 비롯해 쌍용자동차와 상하이자동차 등에도 코렌스가 만든 EGR 시스템모듈이 탑재된다. 대다수 완성차업체들은 주로 보쉬, 델파이 등 글로벌시장을 주도하는 해외부품업체들이나 모토닉 등 국내대형 1차 협력사들로부터 EGR 모듈을 공급받고 있다.

○ 車 업계 "BMW-韓 부품업계 '윈윈' 모범사례, 폄하해선 안 돼"

자동차업계에서는 이번 BMW 화재사고에 코렌스가 얽힌데 대해 안타깝다는 반응이 많다. 또 화재의 근본원인을 명확히 규명하고 책임을 확실히 가려야 되겠지만, 그 동안 외국완성차기업과 국내부품업체간 협력의 모범사례로 꼽혀왔던 BMW의 노력까지 폄하돼선 안 된다는 목소리도 나오고 있다. BMW코리아는 지난 2000년 김효준 대표이사 취임 후 국내시장에 상당한 규모의 투자를 지속했고 국내부품업체와 독일본사와의 '연결고리'역할도 해 왔다. 지난해 BMW의 한국산 부품조달 규모는 누적계약기준으로 11조원을 넘어섰다. 이는 한국에 진출한 외국기업을 통틀어 최상위수준에 해당된다. 코렌스는 지난 2009년 6500만유로(약 835억원) 규모의 EGR부품 공급계약을 체결하면서 BMW와 인연을 맺었다. 그 동안 코렌스가 여러 글로벌 완성차업체들로 고객사 범위를 넓히고 독일 프랑크푸르트에 현지법인을 설립하며 활발하게 해외에 진출한 데도 BMW의 역할이 컸다.

출처: 조선일보, 2018년 8월 16일

01 기업의 국제화방향과 단계

1.1 국제화의 기본방향

기업은 진출지역의 다변화, 진입방법의 고도화, 진출제품의 다각화 등의 세 가지 기본축을 바탕으로 국내기업에서 세계기업으로 변모해 나간다. 대부분의 기업들은 해외시장에 대한 경험지식의 부족으로 인해 장기간에 걸쳐 점진적이고 단계적이며 순차적으로 국제화를 추진하고 있다. 그러나 기업에 따라서는 단기간내에 빠른 속도로 일정단계를 거치지 않고 국제화를 도모하는 경우도 있다.

(1) 진출지역의 다변화

기업들은 해외시장진출에 따르는 불확실성에 대처하기 위하여 심리적 거리감이 가까운 국가부터 진입하고 있다. 기업의 국제화는 일련의 학습과정으로서 해외시장진출에 따라 겪게 되는 외국비용을 감소시키기 위해 문화와 정치경제환경이 유사한 국가부터 순차적으로 해외시장을 개척하고 있다. 해외직접투자의 경우에도 초기단계에서는 지리적으로 가깝고 문화적으로 유사한 국가에 우선적으로 진출하게 되며 경험을 축적할수록 문화적인 요인보다는 경제적 요인에 의해 투자입지를 선정한다. 이는 시장간의 특성이 유사할수록 기술, 마케팅, 인적자원 등을 보다 용이하게 이전할 수 있기 때문이다. 또한 현지국가 특유의 경험과 지식을 활용할 수 있기 때문에 자회사가 이미 설립된 국가에 투자하는 경향이 높다.

그러나 기업들이 반드시 문화적 거리감에 따라 순차적으로 해외시장을 확대하는 것은 아니다. 또한 해외직접투자가 증가한다고해서 문화적 거리감이 가까운 국가에서 먼 국가로 해외직접투자가 확대되는 것은 아닌 경우도 많이 나타나고 있다. 따라서 기업의 해외직접투자는 경제적인 합리성에 바탕을 둔 문화적인 학습과정이라고 할 수 있다.

(2) 진입방법의 고도화

기업들은 단계적으로 해외시장진입방법을 고도화시켜 나간다. 일반적으로 해외시장에 대한 지식부족과 불확실성을 회피하려는 의도 때문에 기업들은 비정규적 수출→대리인을 통한 수출→현지판매→현지생산 등의 단계를 거쳐 진입방법을 고도화시켜 나간다. 즉, 기업은 해외시장진출을 통해 경험지식을 점진적으로 획득하고 축적하면서 이를 바탕으로 기업이 감당할 수 있는 위험범위 내에서 해외시장개입을 점증적으로 증대시켜 나간다.

그림 2-1 기업의 국제화 기본방향

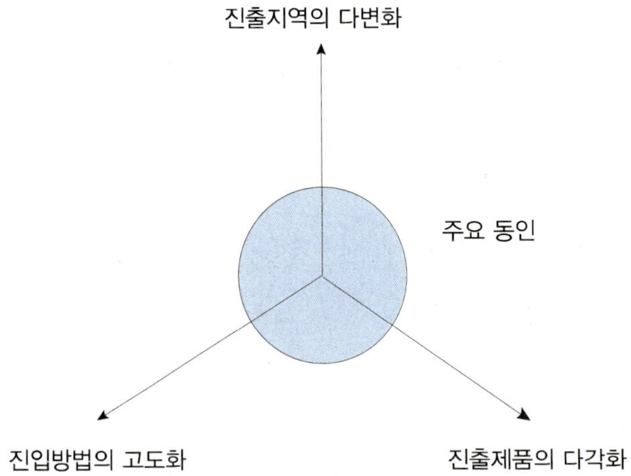

또한 현지에 대한 자원투입이 많아질수록 위험이 증가하기 때문에 기업은 간접수출 → 직접수출 → 현지판매 → 현지생산 등의 일정단계를 거쳐 현지시장에 대한 개입을 제고시켜 나간다(Root, 1994). 따라서 기업은 치밀한 전략적 고려하에서 국제화를 도모하는 것이 아니라 환경변화에 순응적이고 점진적으로 적응해가면서 해외시장에 대한 개입수준을 높여나가는 것이다. 하지만 기업의 자원능력이 커서 위험감당능력이 충분히 큰 경우, 시장이 안정적이고 동질적이어서 자원투입을 급격히 증가시켜도 위험이 높아지지 않는 경우, 기타 시장에서의 경험이 풍부하여 자원투입증가에 따르는 위험에 충분히 대처할 수 있는 경우에는 해외시장진출시 비약적인 형태로 해외시장개입을 늘리는 경우도 많다.

이와 같이 기업은 시장환경변화에 따라 전략적으로 대응하기 때문에 현지시장에 대한 수출이 증가하고 경험이 축적된다고 해서 반드시 다음 단계로 시장진입방법이 고도화되는 것은 아니다. 시장진입방법의 고도화는 영업환경, 산업구조, 기업의 마케팅전략 등의 요인에 따라서 결정되는 것이지 수출이 증대한다고 해서 일정단계에 따라 현지시장에 대한 개입수준이 자동적으로 증대되는 것은 아니다.

(3) 진출제품의 다각화

기업들은 가장 경쟁력이 높은 제품이나 사업부문부터 진출하여 실패위험을 줄이는 한편 현지시장에 대한 경험과 지식을 지속적으로 축적하면서 장기적으로는 경쟁력이 낮은 사업이나 제품까지도 진출하는 경향이 있다. 일본전자기업들은 장기적인 관점에서 경쟁력이 높은 사업부문부터 미국에 직접투자하면서 내부능력을 축적한 결과 경쟁력이 낮은 사업부문도 미국에 직접투자할 수 있었다(Chang, 1995). 이는 특정국가에 대한 해외직접투자가 증가하면서 현지특유의 지식과 경험이 축적되어 진출에 따르는 외국비용을 감소시켜 주기 때문이다. 그러나 임금상승, 공해규제, 환율인하 등의 요인으로 입지우위가 약화될 경우 비교열위화되고 있는 제품이나 사업부문부터 해외합작투자하는 일본기업들의 투자행태를 놓고 볼 때 진출제품의 다각화가 반드시 경쟁력의 순서에 따라 이루어지는 것은 아니다.

이상에서 고찰한 바와 같이 기업은 전반적으로 점진적인 과정을 거쳐 해외시장을 확대하고 동시장에 대한 진입방법을 고도화시켜 나가는 한편 경쟁우위가 높은 제품부터 현지생산한다고 볼 수 있다. 하지만 기업의 국제화과정이 반드시 일정순서와 단계를 따르지 않는 경우도 있다.

1.2 국제화모델

(1) 일반모델

일반적으로 기업의 국제화는 <그림 2−2>에서 보는 바와 같이 5단계를 따라서 진행된다.

그림 2-2 기업의 일반적인 국제화단계

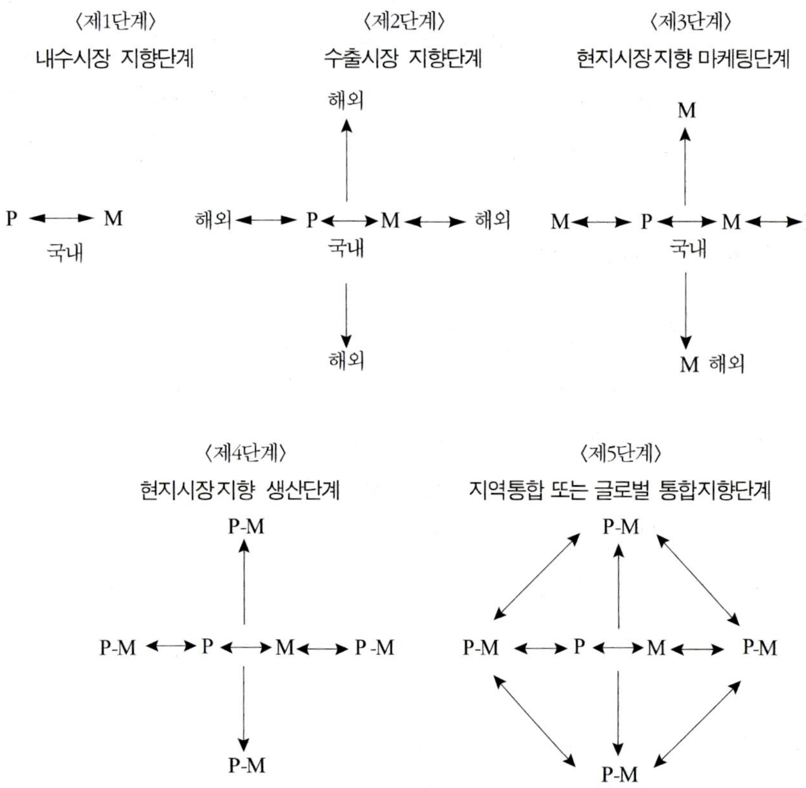

제1단계는 내수시장 지향단계로서 대부분의 생산과 마케팅활동이 국내시장을 겨냥하여 일어나며 해외시장에 대한 수요는 간헐적으로 수용되는 단계이다.

제2단계는 수출시장 지향단계로서 기업이 해외시장의 중요성을 인식함에 따라 해외시장의 중요성이 증가하고 그에 따라 국내시장보다 해외시장에 자원배분을 많이 하며 국내생산능력 중 일부분을 해외시장을 위해 따로 할당해 놓는 경우이다. 이때 해외마케팅 활동은 아직 초보적인 단계로서 주로 해외바이어에 의존한다.

제3단계는 현지시장지향 마케팅단계로서 현지바이어에 의존하기보다는 자체적인 브랜드관리를 위해 독자적인 현지판매법인 등을 설립하여 국내에서 생산된 수출품의 현지판매에 적극적으로 개입하는 단계이다.

제4단계는 현지시장지향 생산단계로서 기업은 이제 현지마케팅 뿐만 아니라 자체적인 생산시설을 현지에 직접설립하여 현지에서 필요한 제품을 생산 및 판매하는 단계이다.

제5단계는 국제화의 진전에 따라 복수의 해외생산 및 판매법인들이 존재할 경우 산재한 이들 생산과 영업활동을 지역별로 묶거나 지역과 지역을 연결하여 지역통합 내지 글로벌통합을 지향하는 단계를 말한다.

(2) 매킨지모델

세계적인 컨설팅회사인 매킨지가 제시한 모델로서 판매, 생산, 연구개발 등의 가치창출활동이 어떠한 순서에 따라 해외로 이전되는가에 초점을 맞추어 기업의 국제화단계를 수출 → 현지판매 → 현지생산 → 자기완결형 해외사업 → 세계적 통합 등의 5단계로 나누고 있다.

제1단계는 수출단계로서 본국내에서 연구개발부터 판매에 이르기까지 모든 기능을 유기적인 시스템으로 운영하고, 종합무역상사나 현지대리점을 활용하여 수출시장을 개척한다.

제2단계는 현지판매단계로서 주요 수출대상국에 현지판매법인을 설립하고 직접유통과정에 참여하거나 브랜드를 관리하는 단계이다.

제3단계는 현지생산단계로서 주요 시장에서 현지판매뿐만 아니라 현지생산도 도모하여 판매 및 생산기능을 현지로 이전하는 단계이다.

제4단계는 자기완결형 해외사업단계로서 생산과 판매뿐만 아니라 재무, 연구개발, 인사, 구매 등 완전한 사업단위를 현지에 이전하는 단계를 말하며 현지화가 핵심과제이다.

제5단계는 세계적인 통합단계로서 전세계에 산재해 있는 자회사들의 활동, 기능, 자원 등을 범세계적인 관점에서 조정 및 통합운영한다. 일반적으로 연구개발, 기업문화 및 재무자원을 공유하게 된다.

그림 2-3 매킨지의 기업 국제화모델

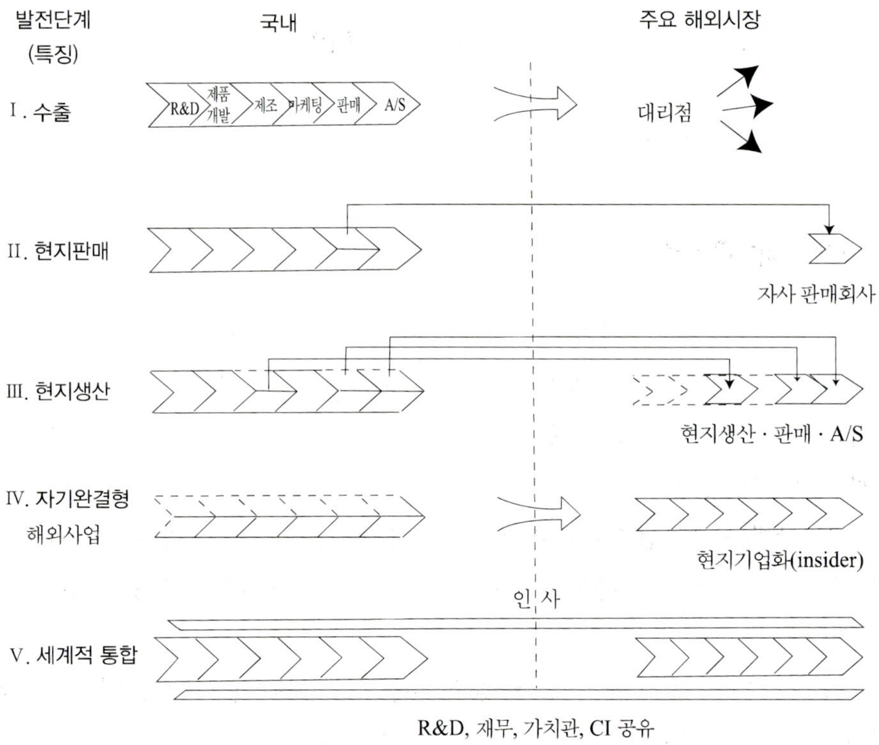

02 다국적기업의 의의와 현황

2.1 다국적기업의 의의

기업의 국제화가 진전되면서 국내기업은 다국적기업으로 변모해 나간다. 오늘날처럼 기업의 해외직접투자가 활발한 경우 대기업뿐만 아니라 중소기업 또는 창업한지 얼마되지 않은 벤처기업도 해외직접투자를 하게 되면 다국적기업이 될 수 있다. 해외 자회사를 1개 이상 보유하면 기업의 국적이 2개 이상이 되기 때문에 다국적기업이라고 할 수 있다. 다국적기업(MNC, multinational corporation)은 말 그대로 여러 개의 국적을 가진 기업을 뜻하는 것으로서 해외직접투자를 통해 현지판매법인 또는 현지생산법인을 소유한 기업을 말한다. 즉, 2개국 이상에서 경영활동을 하는 기업으로서 1개 이상의 해외자회사를 보유한 기업을 의미한다.

사실 오늘날 일부 소규모기업을 제외하고는 거의 대부분의 기업들이 해외직접투자를 하고 따라서 거의 모든 기업을 다국적기업으로 부를 수 있기 때문에 일반기업과 다국적기업을 구분하는 것이 점점 무의미해지고 있다. 이에 더 나아가 학자들은 일반적으로 해외직접투자를 한 기업중에서 일정기준을 갖춘 기업들을 다국적기업으로 정하여 다국적화 정도를 논의하기도 한다. 예를 들면 국제화정도(해외법인 수, 주주의 국적, 최고경영진의 국적 등), 국제화성과(해외매출액비중, 해외자산비중, 해외종업원 수 비중 등), 국제화행태(경영관점이나 사고방식) 등을 측정기준으로 기업의 다국적화 정도를 판단하기도 한다. 하지만 어떠한 기업을 다국적기업으로 간주해야 하는가에 대해서는 학자마다 그 기준이 다르고, 각각의 기준마다 한계가 있기 때문에 통일된 기준은 없다. 일반적으로 해외현지법인의 수(미국의 하버드대학 다국적기업 연구프로젝트에서는 대기업으로서 해외제조법인이 6개 이상일 경우를 다국적기업으로 간주하였음), 해외자산규모(유엔무역개발회의 UNCTAD가 세계 100대 초국적기업의 순위를 정하는 기준), 총 매출액(포춘이 글로벌 500대 기업의 순위를 정하는 기준) 등을 가지고 다국적기업의 순위를 정하기도 한다.

세계경제의 통합과 산업의 글로벌화가 가속화되면서 해외직접투자가 활발하게 전개되고 있고 그결과 기업의 국제화 즉, 다국적화가 심화되고 있다. 수십 개의 국가에서 현지법인을 설립운영하고, 주식도 현지상장하기 때문에 그리고 임직원의 국적이 다양하기 때문에 기업의 국적을 명확하게 구분하는 것이 매우 어려울 정도로 기업의 다국적화가 심화되고 있다. 이처럼 다국적화가 크게 진전된 기업들은 세계적인 차원에서 필요에 따라 본사의 입지와 국적을 바꾸기도 하기 때문에 국적이 없는 기업(無國籍企業, stateless corporation), 또는 국적을 초월한 기업(超國籍企業, transnational corporation) 등으로 불리고 있다. 예를 들면 스웨덴의 Asea와 스위스의 Brown Boveri가 1987년 합병하여 탄생한 ABB는 산업용 전기기계분야의 세계적인 다국적기업으로서 기업활동의 편의상 스위스 쮸리히에 본사를 두고 있을 뿐이며, 본사의 국적과 관계없이 활동하고 있다. 합병 당시 전세계 약 21만 명의 임직원 중에서 본사직원은 100명에 불과하며, 임직원의 국적은 스위스, 스웨덴, 독일 등으로 다양하다. 영어를 사내공용어로 사용하고 미국 달러기준으로 대차대조표를 작성하고 있다. 전세계적으로 인수합병을 전개하고 있으며, 철저하게 현지화를 추구하면서도 세계화된 기업으로 활동하고 있다.

무국적기업은 20세기 후반의 가장 중요한 기업형태로서 국경과 관계없이 무역과 투자활동을 전개하면서 국적과 관계없이 의사결정을 내리는 기업을 말한다. 현재 본국과 전혀 관계없이 활동하는 기업은 소수에 불과하지만 이들 무국적기업의 형태가 21세기에는 일반적인 기업형태가 될 것으로 전망하는 학자도 상당수 있다. 미국, 일본, 유럽연합의 몇몇 거대기업들은 자신들의 정체성을 드러내지 않고, 주요 현지국가나 지역에서 카멜레온처럼 변신하여 현지기업으로 인정받는 한편 전세계적으로는 가장 적합한 입지에 공장과 연구소를 배치하고 있다.

이들 거대기업들이 이윤극대화를 위해 국적과 관계없이 활동하면서 '누가 진정한 우리나라 기업인가?'에 대한 논란이 1990년대 미국에서 벌어졌다. 당시 로버트 라이히 하버드대학교 교수는 해외에서 제품개발하여 미국으로 수입하면서 성장을 추구하는 미국기업들에게 더 이상 세금, 자금 및 연구개발 등을 지원하지 말아야 한다고 주장하였다. 반면에 외국기업이라 하더라도 미국에 투자하여 미국인을 고용하여 연구개발, 제품생산 및 판매를 하는 기업들은 진정으로 미국국민의 경쟁력과 소득수준을 향상시키기 때문에 이들 기업들에게 각종 지원을 하고 이들로부터 군수물자를 조달해야 한다고 주장하였다(Reich, 1990).

국제경영 이야기 2-1

어느 기업이 진정한 다국적기업인가?

대기업 사장 4명이 다음과 같이 자신의 회사를 다국적기업이라고 주장하고 있다.

사장 A : 우리 회사는 다국적기업이다. 우리 회사는 100여개 국가에서 제품을 판매하고 있으며, 17개국 이상에서 제품을 생산하고 있다. 또한 3개국에서 연구개발활동을 하고 있으며, 국내외를 가리지 않고 동일한 기준에서 새로운 투자사업을 평가 및 추진하고 있다. 물론 자회사는 본사에서 파견나간 주재원들이 경영하고 있다.

사장 B : 우리 회사는 다국적기업이다. 해외자회사 임직원 중에서 현지인이 아닌 사람은 1%에 지나지 않는다. 모든 주요 시장에 있는 해외자회사의 최고경영자는 현지인을 기용하고 있다. 물론 본사의 주요 직책은 거의 전부 우리나라 사람이다.

사장 C : 우리 회사는 다국적기업이다. 우리 회사의 제품사업부 책임자는 세계적인 관점에서 이익을 추구하고 있다. 국내시장과 해외시장을 구별하지 않고 제품을 생산 및 판매하고 있으며, 세계적인 수익을 바탕으로 평가받고 있다. 하지만 제품사업부 책임자는 대개 국내영업활동만 하다가 승진하였기 때문에 외국소비자의 욕구도 기본적으로는 국내소비자의 욕구와 같다고 생각하는 경향이 크다.

사장 D : 우리 회사는 다국적기업이다. 본사 최고경영진의 국적이 다양하여 최소한 18개가 넘는다. 또한 최고경영진은 대부분 2개 언어 이상을 구사하고 있으며, 본사 스탭의 약 30%는 외국인이다. 물론 의결권을 가진 주주의 대부분이 우리나라 사람이기 때문에 본국의 이익에 대해 항상 신중하게 고려하고 있다.

2.2 다국적기업 현황

미국의 비즈니스 매거진 포춘(Fortune)은 매년 "글로벌 500대 기업순위"를 조사하여 발표하고 있다. 글로벌 500대 기업순위는 전세계 기업들을 대상으로 매출액을 기준으로 산정한다. 일반적으로 기업의 가치는 매출액, 자산규모, 이익, 주가 등 다양한 기준으로 평가될 수 있는데, 포춘은 193개 UN 회원국 기업들의 전년도 매출액을 기준으로 "글로벌 500대 기업순위" 를 산정한다.

'2018 포춘 글로벌 500' 자료에 의하면, 매출액기준으로 선정된 세계 500개 기업들의 총매출규모는 미국 GDP의 2/3정도를 차지하고 있으며, 전 세계에 걸쳐 약 2,800여만명을 고용하고 있고, '포춘 글로벌 500' 에 포함된 기업을 1개 이상 보유한 국가는 33개국이다. 두드러진 점은 2008년 29개에 불과하던 중국기업은 10년만에 111개 기업이 포함되면서 미국(126개 기업)을 턱밑까지 추격하고 있다는 것이다. 일본은 53개로서 미국, 중국 다음으로 많은 기업을 진입시켰지만, 2위 중국의 절반에 간신히 미치는 규모이다. 한국은 국별순위 7위로서 15개 기업을 진입시켰다.

2018 포춘 글로벌 500대 기업에 중국기업이 111곳이나 대거 포진하면서 조만간 미국기업 숫자를 따라잡을 것이란 관측이다. 그러나 매출규모면에서 500대 기업에 오른 것 이외에는 해외매출비중, 해외자회사수, 수익률 등 글로벌기업이 갖춰야 할 요건에선 턱없이 낮다는 평가다. 또한 글로벌 500대 기업에 이름을 올린 중국기업(111개사) 중에서 80%가 국영기업이고, 20%만이 민영기업인데, 중국정부의 주도로 부실 국유기업들을 통폐합해 인위적으로 몸집을 키운 것이 중국기업수를 늘리는데 주효했다는 평이다. 사실 포춘 상위권에 오른 중국기업 대부분이 은행, 부동산, 석유, 전기, 통신 등 독과점 분야에 치중돼 있어 매출규모가 클 수밖에 없다. 중국은 먼저 규모를 키우면서

그림 2-4 '포춘 세계 500대기업' 상위5개국 변동 추이 (1995-2018)

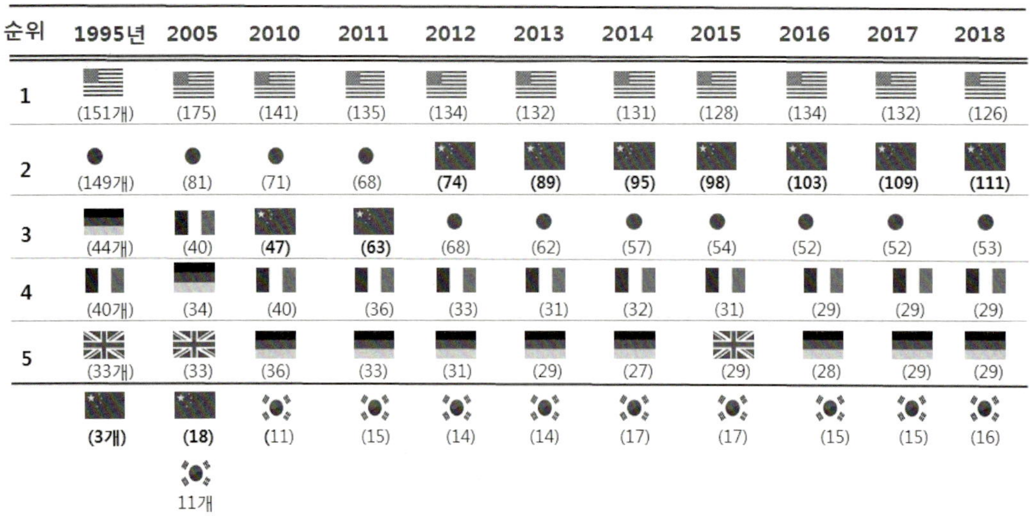

자료원: Fortune Global 500, 1995-2018.

국제화를 진행한다는 전략을 뚜렷이 보여주고 있는 것이다.

<그림 2-4>는 '포춘 세계 500대 기업'의 상위 5개국 변동추이(1995-2018)를 보여주고 있다. 미국은 1995년부터 2018년까지 23년 동안 변함없이 1위 자리를 놓치지 않는 저력을 보여주고 있다. 명실상부한 패권국가의 면모이다. 하지만 일본은 1990년대 후반부터 세계시장에서 자국기업들의 위세가 급격히 줄어들기 시작한다. 1990년부터 길고 긴 불황기에 진입한 일본은 1995년 까지도 149개 기업을 진입시키며, 1위 미국(151개)과 근소한 차이로 2위를 유지했다. 그 당시까지도 미국기업들은 일본기업들을 벤치마킹하며 일본기업들의 국제경쟁력 원천을 파악하려 애썼다. 하지만 불황기의 정점에 있던 2000년 일본기업들은 세계시장에서 그 위세는 급격히 감소하였음을 <그림 2-4>는 보여주고 있다. 1위 미국과의 격차가 벌어지기 시작하면서, 마침내 2012년에는 중국에게 2위 자리를 빼앗긴다. 그러나 그 후 2018년까지 꾸준히 3위 자리를 지켜내고 있다. 2위 중국기업들의 성장세는 거침이 없다. 중국은 2018년 111개의 자국기업들을 진입시키면서 1위 미국(126개 기업)의 추월을 노리고 있다. 2017년 중국과의 무역전쟁을 선포한 미국이 세계시장에서 중국기업들의 위세를 경계할 만하다. 프랑스는 2005년 3위 자리에 오른적이 있으나, 1995년 이후로 꾸준히 4위 자리를 지키고 있다.

표 2-1 '2018 포춘 세계 500' 한국기업 순위

※ ( ) 안은 글로벌 500 세계 순위

순위	회사				
1 (12)	삼성전자	⇑3	9 (380)	현대모비스	⇓57
2 (78)	현대자동차	–	10 (421)	삼성생명	⇓8
3 (84)	SK 홀딩스	⇑11	11 (438)	GS 칼텍스	⇑48
4 (178)	LG전자	⇑23	12 (442)	SK하이닉스	처음 진입
5 (184)	포스코	⇑24	13 (458)	삼성중공업	⇓11
6 (188)	한국전력	⇓11	14 (471)	KB 금융	처음 진입
7 (219)	기아자동차	⇓11	15 (483)	LG Display	⇓4
8 (244)	한화	⇑22	16 (493)	CJ	처음 진입

한국은 2010년 이후로 매년 평균 15개 기업들을 "포춘 세계 500대 기업"진입시키면서 국가별 순위 7~8위권을 지켜내고 있다. <표 2-1>은 '2018 포춘글로벌 500 기업'진입에 성공한 16개의 한국기업들 순위를 보여주고 있다. 삼성전자는 전년보다 3단계 상승하며, 마침내 글로벌 Top12 순위진입에 성공하였다. 현대자동차는 전년도와 순위변동없이 78위를 지키고 있다. SK하이닉스, KB금융, CJ는 글로벌 500순위의 최초진입에 성공한 기업들이다.

그림 2-5 〈포춘 세계 500〉의 상위 10개사 (1995-2016)

자료원: 포춘글로벌 500, 1995~2018.

<그림 2-5>는 포춘 500대 기업에 포함된 글로벌기업 중에서도 상위 10개사의 1995~2018 기간 동안의 순위변동상황을 보여주고 있다. 1995년에는 매출액기준 상위 10개사에 6개의 일본기업들이 포함되었는데, 이는 당시 세계시장에서 일본기업들의 위세를 단적으로 보여주는 순위이다. 하지만 2000년대초 길고 긴 불황기의 정점에 있던 일본은 자국기업들의 위세가 급격히 감소하기 시작하며, 2000년 중반이후로는 매출액기준 글로벌순위 상위 10대 기업에 1-2개의 기업만을 포함시키는데 그친다. 일본기업들의 빈 자리를 처음에는 미국기업들이 채우기 시작하더니 나중에는 중국기업들이 미국기업들을 제치고 상위 10개사 순위에 진입한다. 중국은 2010년 이후 꾸준히 3개의 기업들을 글로벌순위 상위 10대 기업에 진입시키고 있다. 중국 글로벌기업들은 아직은 광대한 중국내수시장에 의존하여 성장하는 패턴을 보이기 때문에 무늬만 글로벌기업이라는 평을 받기는 하지만 중국은 먼저 기업규모를 키우면서 해외시장침투를 늘리겠다는 전략이다. 기업규모가 커지면 해외시장진출에 수반되는 위험을 감당할 능력이 커지는 것은 사실이다.

03 다국적기업의 조직

다국적기업은 일반적으로 점진적이고 단계적으로 성장하고 있다. 국제화초기에는 현지시장을 잘 모르고 위험이 높기 때문에 수출을 통해 현지시장에 진입하여 활동하다가 어느 정도 경험이 축적되면 현지자회사를 설립 및 운영하게 된다. 이어서 해외생산 및 판매제품과 진출국가가 늘어나면서 다국적기업의 조직 또한 변모하게 된다. 기업의 국제화가 진전되면서 다국적기업의 조직구조가 어떻게 바뀌는지를 단계적으로 살펴보면 다음과 같다.

3.1 수출부서 조직구조

내수위주로 성장하던 기업이 수출물량이 늘어나면서 이를 전담할 조직을 영업부산하에 두는 조직구조를 말한다. 처음에는 수출과 또는 수출부서를 조직하여 해외시장을 개척 및 확대하다가 수출제품이 늘어나고 수출지역이 다변화되기 시작하면 수출부서 조직이 제품별 또는 지역별로 분화된다. 예를 들면 영업부서 조직이 국내영업부서와 해외영업부서로 구분되고, 해외영업부서는 지역을 기준으로 수출1부, 수출2부, 해외지사 등으로 세분화되거나 아니면 제품을 기준으로 A제품 수출부, B제품 수출부, 해외지사 등으로 세분화된다.

3.2 국제사업부 조직구조

수출제품과 지역이 다양화되고 해외생산 또는 판매법인이 늘어나면서 해외영업의 비중이 상당 수준 제고되면 해외영업부서는 국제사업부(또는 해외사업본부)로 확대 개편된다.

국제사업부는 제품별 또는 지역별로 조직되고 기업의 해외영업을 총괄하며 일반적으로 임원이 부서장을 맡게 된다. 독자적인 사업주체로서 담당임원은 해외영업에 대한 사항을 총괄하며, 해외영업성과에 따라 평가받게 된다. 예를 들면 <그림 2−6>에서 보는 바와 같이 제품별 사업부에 국제사업부가 추가된 조직구조이다. 국제사업부는 해외영업관리, 지역별(또는 제품별)부서, 해외법인과 지사 등으로 조직된다.

국제사업부 조직은 내수위주의 조직구조이기 때문에 주요 의사결정권한은 거의 대

그림 2−6 국제사업부 조직구조

- 시장
  - A제품 사업부
  - B제품 사업부
  - C제품 사업부
  - 국제사업부
    - 해외영업관리: 해외기획부, 해외마케팅부, 해외서비스부, 해외법제실
    - A제품 해외영업: 미주부, 아주부, 구주부, 기타 지역
    - B제품 해외영업: 미주부, 아주부, 구주부, 기타 지역
    - C제품 해외영업: 미주부, 아주부, 구주부, 기타 지역
    - 해외법인과 지사

부분 국내의 제품별 사업부에 집중되어 있다. 즉, 내수영업을 관할하는 제품별 사업부가 회사의 중심으로서의 역할을 하는 반면 국제사업부는 인력과 자금이 이전보다 대폭 확충되었다 하더라도 여전히 해외영업에만 국한된 의사결정을 행사한다. 따라서 A제품의 해외영업과 관련하여 국내의 A제품 사업부지원이 필요하더라도 단지 협력을 요청할 수 만 있다. A제품 사업부의 장이 해야할 일의 우선순위에서 국제사업부의 요청사항은 후순위로 밀려나기 쉽다. 왜냐하면, A제품의 해외판매성과는 A제품 사업부의 장이 아니라 국제사업부의 장에게 귀속되기 때문이다.

3.3 글로벌사업부 조직구조

해외사업의 비중이 점증하고 기업의 손익과 성장에 미치는 영향이 커지면 국제사업부 조직은 글로벌사업부 조직으로 확대개편된다.

이때 기업의 국제경영활동정도, 국제경영능력과 경험, 해외상품 다각화정도, 해외시장 다변화정도 등에 따라 제품별 글로벌사업부제, 지역별 글로벌사업부제, 글로벌 매트릭스 조직 등을 선택하여 기업특성에 맞는 기업구조를 만들어 운용한다.

그림 2-7 제품별 글로벌사업부제 조직구조

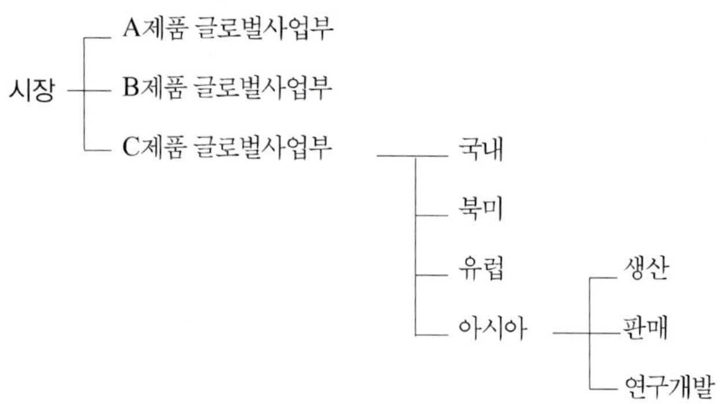

(1) 제품별 글로벌사업부제

국내영업과 해외영업이 분리되어 있는 국제사업부 조직구조와 달리 제품별 글로벌

사업부제 조직은 개별제품사업부가 국내영업과 해외영업을 함께 관리한다.

해외생산법인의 수와 비중이 증가하고 개별제품사업부에서 차지하는 해외사업의 비중이 커지게 되면 개별 제품사업부가 국내외 생산과 판매를 구분하지 않고 범세계적인 차원에서 경쟁을 전개하는 것이 효과적이기 때문이다. 즉, 개별제품사업부가 보유하고 있는 연구개발능력과 기술을 최대한 활용하여 전세계시장을 대상으로 표준화된 제품을 대량생산함으로써 규모의 경제를 이룩하고 생산비용을 낮출 수 있기 때문이다. 하지만 지역특성에 맞게 제품의 생산과 판매를 현지화하기에는 한계가 있다.

(2) 지역별 글로벌사업부제

지역별 글로벌사업부제는 전세계지역을 몇 개의 주요 지역으로 구분하고 각각의 지역사업부가 생산, 판매 및 연구개발 등을 책임지는 조직구조이다. 예를 들면 최고경영자 산하에 국내지역, 북미지역, 유럽지역, 아시아지역, 중국지역, 중남미지역 등의 지역사업부를 라인조직으로 두고 이들 지역사업부가 독자적으로 사업을 전개하는 방식이다.

지역별 글로벌사업부제는 담당지역의 특성에 맞추어 제품의 생산과 마케팅을 현지화시킬 수 있는 장점이 있는 반면 의사결정권한이 지역사업부에 있기 때문에 개별제품의 글로벌표준화 가능성이 간과되고 제품전문지식의 축적 및 활용이 어려운 단점이 있다. 또한 전사적인 차원이 아닌 특정지역차원에서 경영의사결정이 내려질 가능성이 높다.

(3) 글로벌 매트릭스 조직구조

매트릭스 조직은 제품과 지역부문이 연결되어 관리되는 조직형태로서 해당 사업부가 제품측면과 지역측면을 함께 같은 비중으로 관리하기 때문에 제품과 지역차원에서 발생하는 경영문제를 유연하게 관리할 수 있는 장점이 있다. 제품별 조직구조에 따르는 경영의 현지적응화 문제와 지역별 조직구조에 따르는 경영의 글로벌 표준화문제 등을 해결할 수 있는 조직형태이다.

지역과 관련된 문제는 상위지역 사업부로부터 제품과 관련된 문제는 상위제품 사업부로부터 도움을 받아 해결할 수 있기 때문이다. 하지만 해당 사업부의 관리자는 제품별 상급관리자와 지역별 상급관리자의 통제를 함께 받아야 하는 조직구조로 인해 상당

그림 2-8 글로벌 매트릭스 조직구도

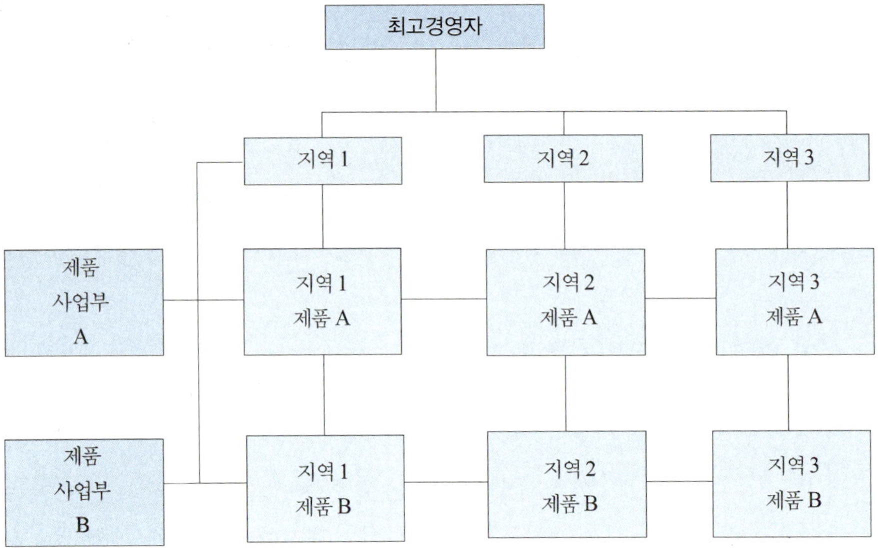

히 복잡하고 경우에 따라서는 혼란스러운 조직형태이다.

특히 제품별 상급관리자와 지역별 상급관리자의 의견이 다를 경우 많은 혼란이 생기며, 제품별 조직 또는 지역별 조직구조에서 매트릭스 조직구조로 바뀌는 초창기에 많은 문제가 발생하기도 한다. 따라서 ABB와 같은 일부기업의 경우를 제외하고는 기대했던 효과를 보지 못하는 경우가 많다.

이상에서 살펴본 바와 같이 다국적기업은 근본적으로 제품별 사업부제에 내재되어 있는 글로벌통합의 논리와 지역별 사업부제에 내재되어 있는 현지적응화의 논리를 어떻게 추구할 것인가에 따라 제품별 글로벌사업부제, 지역별 글로벌사업부제, 글로벌 매트릭스 조직구조 등을 선택하고 있다. 따라서 글로벌통합의 중요성이 클수록 제품별 글로벌사업부제를, 현지적응화의 중요성이 클수록 지역별 글로벌사업부제를 중심으로 조직을 구성할 것이며, 양자를 동시에 추구할 경우에는 글로벌 매트릭스 조직구조의 형태를 추구할 것이다.

04 다국적기업의 경영방식

다국적기업은 본사와 수많은 해외자회사들로 구성되어 있기 때문에 본사와 자회사관계, 자회사와 자회사관계 등이 다국적기업의 경영성과에 미치는 영향이 매우 크다. 특히 본사가 여러 개의 제품별 또는 지역별 사업부로 구성되어 있어서 이들 각각의 사업부와 해외자회사의 이해관계를 어떻게 조정통합하느냐에 따라서 다국적기업 전체의 경영성과는 차이가 날 것이다.

다국적기업은 앞서 살펴본 바와 같이 글로벌화의 논리와 현지화의 논리를 동시에 추구하는 조직으로서 글로벌화의 논리를 중시하면 본사가 막강한 권한을 행사하여 강력하게 해외자회사를 통제 및 조정하게 된다. 반면에 현지화의 논리를 중시하면 해외자회사에게 권한과 책임을 이양하고 본사는 주로 재무적인 통제에 국한하게 된다. 이와 같이 다국적기업이 개개의 해외자회사를 통제하고 조정하는 방식은 결국 의사결정권이 본사에 집중되어 있느냐 아니면 해외자회사에 분산되어 있느냐의 문제로 볼 수 있다. 의사결정권한의 집중 또는 분산은 또한 해외자회사의 어느 부문을 바탕으로 통제하고 조정할 것인가와 관련이 있다. 의사결정권한이 본사에 집중되어 있으면 해외자회사들은 경영전략, 재무, 생산, 마케팅, 구매, 인사, 기술개발 등 거의 모든 부문에서 본사의 지시나 명령에 의존하게 된다. 이에 비해 의사결정권한이 분권화되어 있으면 해외자회사들은 재무성과 부문을 제외한 거의 모든 부문에서 자율적으로 의사결정을 하게 된다. 다국적기업은 대부분의 경우 해외자회사들의 역량에 따라 자율적인 권한을 증대시키면서 세계적인 차원에서 통합운영하고 있기 때문에 궁극적으로는 차별화된 글로벌 네트워크조직을 지향하고 있다.

4.1 펄뮤터모델

펄뮤터는 다국적기업이 지향하는 목표, 통제방식, 의사소통, 자원배분, 전략, 구조 및 문화 등에 따라 다국적기업의 경영방식을 크게 네 가지로 구분하였으며, 이상적인 방식으로서 세계지향방식을 제시하고 있다(Chakravarthy & Perlmutter, 1985).

(1) 본국지향(Ethnocentric)방식

본사 차원에서의 수익성(경제성)을 추구하기 때문에 본사가 대부분의 의사결정권을 장악하고 있으며, 톱다운방식으로 해외자회사를 운영하고 있다. 해외자회사는 본사의 가치관과 경영방식을 거의 그대로 따르고 있으며, 본사에서 파견나온 주재원이 의사결정권을 장악하고 있기 때문에 자율성이 거의 없다. 대부분의 일본과 한국 다국적기업들이 채택하고 있는 경영방식으로서 강력한 본사 통제를 바탕으로 글로벌 효율성을 추구할 수 있는 장점이 있지만 해외자회사의 성장과 역량구축에는 한계가 있다.

(2) 현지지향(Polycentric)방식

현지국의 경영환경이 본국과 매우 다르다는 가정 아래 현지자회사의 경영을 현지관리자에게 맡기는 경영방식이다. 해외자회사는 자급자족하는 방식으로 경영을 하기 때문에 본사로부터의 지원이나 간섭이 거의 없다. 본사는 주로 재무적인 성과를 기준으로 해외자회사를 평가하며, 본사와 해외자회사 또는 해외자회사들 상호간 의사소통이나 거래관계가 거의 없다. 주로 유럽과 미국의 다국적기업이 채택하고 있는 경영방식으로서 자율성을 바탕으로 현지적응할 수 있는 장점이 있지만 해외자회사들이 각개약진하기 때문에 글로벌 효율성을 추구하는 데에는 한계가 있다.

(3) 지역지향(Regiocentric)방식

경제조건이나 경영환경이 유사한 국가들을 하나의 지역으로 묶어서 지역중심으로 경영하는 방식이다. 국가단위의 현지지향방식은 규모의 경제를 추구하는데 한계가 크기 때문에 환경이 유사한 국가들을 묶어 지역단위로 경영을 현지화하는 방식이다. 지역단위의 현지지향방식으로서 본사로부터 상당한 폭의 의사결정권한을 이양받은 지역본사가 지역내의 현지자회사들을 통괄한다.

(4) 세계지향(Geocentric)방식

글로벌 효율성과 현지적응성을 동시에 추구하는 경영방식으로서 본사와 해외자회사들이 유기적으로 연결되어 글로벌한 국제분업 및 협력체제를 구축한다. 본사와 해외자회사는 대등한 입장에서 상호간에 정보와 자원을 교환하면서 적극 협력하기 때문에 상호 의존관계가 심화된다. 세계적인 핵심역량이 있으면 해외자회사들도 해당 사업 또는 기능에서 세계적인 주도권을 확보하고 리더십을 갖는다. 따라서 세계지향방식으로 경영할수록 본사와 자회사를 실질적으로 구분하는 것이 어려워진다. 대부분의 선진다국적기업들이 추구하는 경영방식이다.

표 2-2 EPRG 모델

기업의 지향성	EPRG형식			
	본국지향(E)	현지지향(P)	지역지향(R)	세계지향(G)
사 명	수익성(경제성)	현지국의 수용(정당성)	수익성과 현지국의 수용(경제성과 정당성)	수익성과 현지국의 수용(경제성과 정당성)
의사 결정방식	Top-down	Bottom-up(각 자회사는 현지의 목적에 근거하여 결정)	지역 내 자회사 간의 상호적 결정	회사의 모든 수준에서 상호 간에 협의하여결정
의사소통	대량의 명령·지령·공문이 본사에서 나옴. 계층적	본사·자회사 간의 커뮤니케이션은 대부분 없음	지역내에서의 수평·수직의 커뮤니케이션	전사적인 수평·수직적 커뮤니케이션
자원배분	투자기회는 본사에서 결정	자급적이고 자회사간 배분이 없음	지역본부가 본사로 부터의 가이드라인을 하부에 시달	세계규모의 프로젝트(배분은 지역본부와 본사경영자에 의해 영향받음)
전 략	세계통합적	현지적응적	지역통합적이고 현지적응적	세계통합적이고 현지 적응적
구 조	계층적 제품사업 부제	자율적인 국별단위를 갖는 계층적 지역사업부제	매트릭스를 통해 연결되는 제품·지역 매트릭스 조직	제조직의 네트워크(이해관계자와 경쟁기업을 포함)
문 화	본국	현지국	지역	세계

4.2 바트렛과 고샬의 모델

바트렛과 고샬은 기업이 추구하는 전략목표에 따라 다국적기업의 경영방식을 네 가지로 구분하였으며, 이상적인 유형으로서 글로벌 네트워크형을 제시하고 있다.

(1) 범세계적 효율추구형

세계전체를 단일시장으로 간주하고 대량생산을 통한 규모의 경제를 유지함으로써 가격측면에서의 경쟁우위를 확보하고자 하는 유형이다. 이 유형은 대부분의 전략적 자산과 자원을 본사에 집중시킴으로써 각 해외거점들을 중앙집권적으로 운영하여 규모의 경제를 확보할 수 있다. 하지만 현지시장의 요구에 신속하게 대처할 수 없는 단점이 있다.

그림 2-9 범세계적 효율추구형

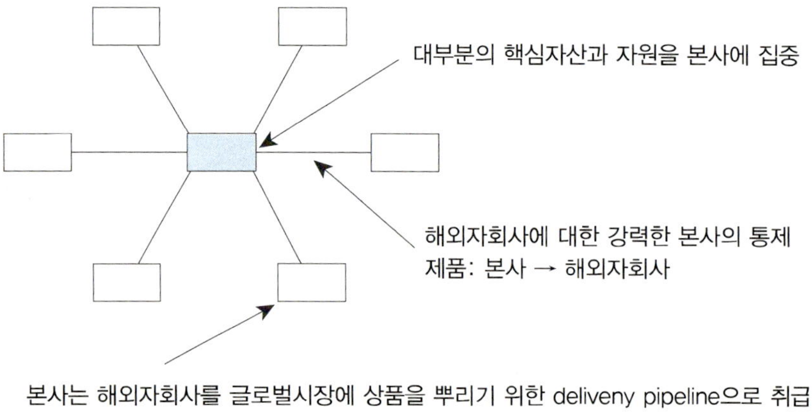

(2) 현지적응형

자원과 책임을 분산하여 각 지역에 자기 완결형조직을 구축하고 각지역의 특성에 민감하고도 유연하게 반응한다. 따라서 해외거점들은 독립적인 개체로 운영되며, 통제와 조정은 형식적인 구조나 체계보다는 개인적인 관계와 비공식적인 접촉을 통해서 이루어진다. 이와 같이 각 지역의 필요에는 신속하게 대처할 수 있으나 해외거점들 간의 원활한 의사소통이 이루어지지 않아 이들 거점들 간에 정보와 경험을 공유하지 못하는 단점이 있다.

그림 2-10 현지적응형

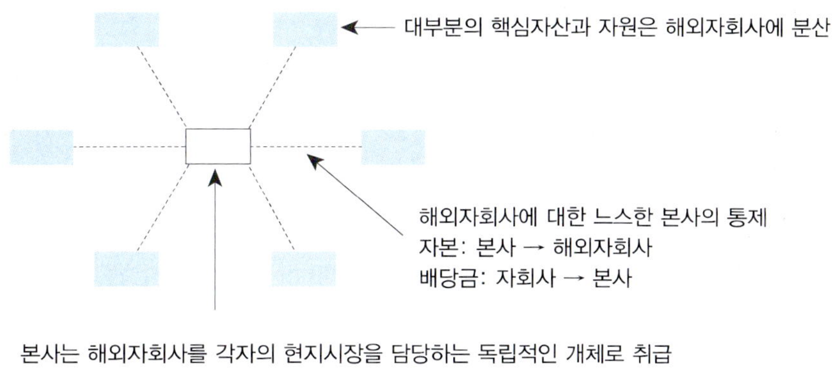

(3) 지식이전형

모회사의 노하우를 해외거점에 이전시켜 해외사업을 확장시키는 유형이다. 해외자회사는 모회사에서 개발된 기능, 자원, 아이디어 등을 지역시장에 적용시키는 매체로서 어느 정도 자율적으로 운영되나 모회사에 대한 의존도가 매우 높기 때문에 본사의 통제와 조정역할이 현지적응형보다 강하다. 범세계적 효율추구형과 현지적응형의 중간 형태라고 할 수 있다.

그림 2-11 지식이전형

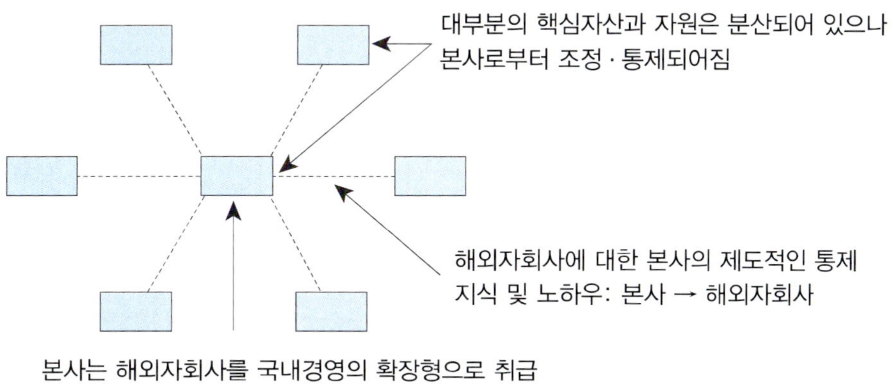

(4) 글로벌 네트워크형

통합된 네트워크조직을 바탕으로 전술한 세 가지 유형의 전략목표인 범세계적인 효율성, 현지적응력, 혁신능력 등을 동시에 달성하고자 한다. 자원과 기능을 상호 의존적인 형태로 각 해외거점에 분산시키는 동시에 통합하며, 각 거점들이 차별화되고 전문화된 역할을 수행하도록 만든다. 이와 더불어 어느 거점에서나 정보와 경험을 창조하며 이들을 공유한다. 그 결과 전세계에 분산되어 있는 자원은 독립적이며 전문화되어 있고, 해외자회사는 본사와 상호 의존적이며 통합된 세계조직에 차별화된 공헌을 한다. 또한 개발된 지식들을 본사와 자회사가 서로 공유한다.

그림 2-12 글로벌 네트워크형

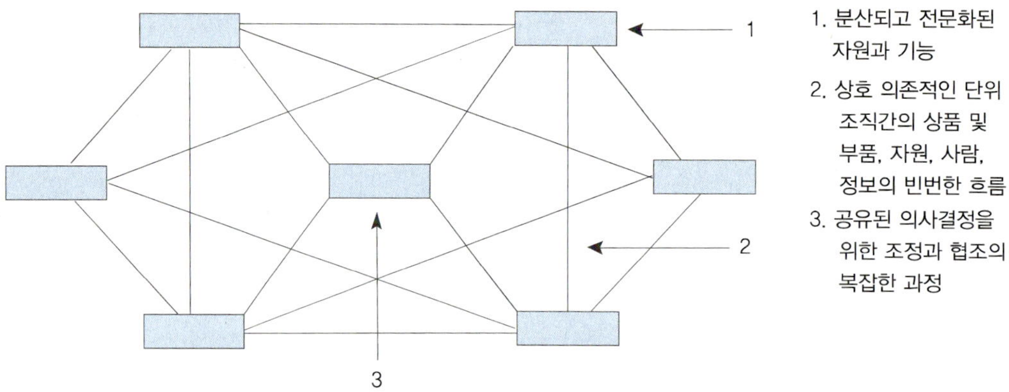

토의과제

1. 한국대표산업에 속한 주요 기업들의 국제화과정을 살펴보시오.
2. 대기업과 중소기업의 국제화과정의 차이를 논의하시오
3. 다국적기업의 조직구조결정요인에 대해 설명해 보시오.
4. 다국적기업의 경영방식의 변화에 영향을 미치는 요인들에 대해 생각해 보시오.

참고문헌

- 전용욱 · 윤동진, "한국가전기업의 국제화과정에 대한 탐색적 연구: 전략적 경직성하에서 성장추구과정", 「경영학연구」, 제 27권 제2호, 1998, pp. 541~561.
- Bartlett, B. A. & Ghoshal, S., *Managing Across Borders,* Harvard Business School, 1989.
- Chakravarthy, B. S. & Perlmutter, H. V., "Strategic Planning for A Global Business", *Columbia Journal of World Business,* Summer 1985. pp. 3~10.
- Flores, R. G. & Ruth V. Aguilera, "Globalization and Location Choice: An Analysis of US Multinational Firms in 1980 and 2000," *Journal of International Business Studies*, 38(7), 2007, pp.1187–1210
- Fransson, A. & Lars Håkanson & Peter W Liesch, "The Underdetermined Knowledge–based Theory of the MNC," *Journal of International Business Studies*, 42(3), 2011, pp.427–435
- Jonsson, A. & Nicolai J Foss, "International Expansion through Flexible Replication: Learning from the Internationalization Experience of IKEA," *Journal of International Business Studies*, 42(9), 2011, pp.1079–1102
- Kostova, T. & Kendall Roth & M. Tina Dacin, "Institutional Theory in the Study of Multinational Corporations: A Critique and New Directions," *Academy of Management Review*, 33(4), 2008, pp.994–1006
- Reich, R. B., "Who Is Us?", *Harvard Business Review,* Jan–Feb, 1990. pp. 53~64.
- Root, F, *Entry Strategies for International Markets,* Lexington, 1994.

제 2 부

국제경영환경과 관리

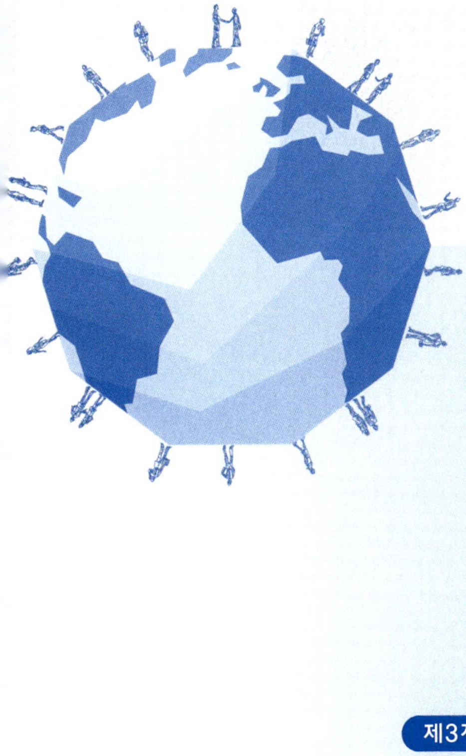

제 3 장

국제통상환경과 관리

학습 목표

국제통상환경을 지배하는 이념은 자유무역(free trade)이다. 자유무역의 이념은 무역장벽을 낮추어 국가간 자유로운 무역을 보장해야 한다는 것이다. 이를 실현하기 위해 국제사회는 두 가지 수준에서 노력을 기울여 왔다. 첫째는 글로벌한 수준(global level)에서 GATT/WTO라는 국제기구를 설립하여 자유무역을 촉진하기 위한 게임의 룰(rule)을 정하고 시행하려는 노력을 기울여 왔다. 룰세팅(rule setting)을 통해 자유무역의 틀(framework)을 제공하는 것이다. 둘째는 지역수준에서 특정지역내 국가들이 글로벌한 수준보다 더 심화된 자유무역을 실현하려는 노력을 기울여 왔다. 북미의 USMCA(NAFTA), 유럽의 EU, 남미의 MERCOSUR, 동남아시아의 ASEAN이 대표적인 지역경제 통합체이다.

글로벌한 수준에서 또는 지역수준에서 자유무역을 실현하기 위한 국제사회의 노력이 확대되면서 기업들 간의 국제경쟁이 한층 치열해지고 있다. 관세 및 비관세장벽 등과 같은 보호장벽이 낮아지면서 "국제경쟁력"이 기업의 생존과 성장을 좌우하는 요인으로 작용하고 있다.

본 장에서는 국제통상환경의 변화에 대해 알아보고 이들 환경이 기업의 국제경영활동에 미치는 영향과 통상마찰을 효과적으로 관리하는 방안을 살펴보고자 한다.

- 글로벌한 수준에서 자유무역을 실현하려는 노력에서 설립된 GATT/WTO체제에 대해 알아보자.
- 지역수준에서 역내국가간 더 심화된 자유무역을 추진하기 위해 결성된 지역경제 통합체에 대해 알아보자.
- 국가간 통상마찰이 발생하는 배경과 그 위험을 관리하는 방안을 모색해 보자.

도입사례

1980년대 후반부터 지속되온 세계화와 자유무역기조가 본격적인 조정 국면에 접어들어. . .

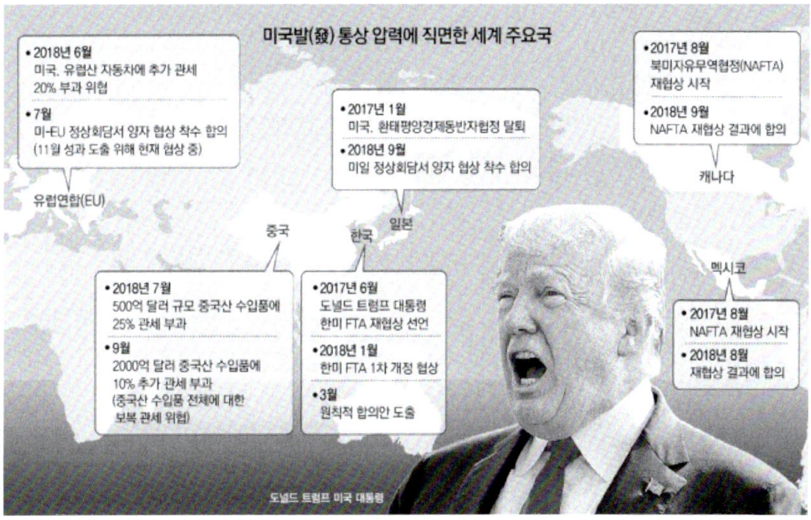

○ **'트럼프 대통령이 세계무역기구(WTO)를 밧줄로 묶었다.'**

2018년 10월부터 WTO의 분쟁해결절차가 사실상 중단된 것을 두고 미국 월스트리트저널 등 외신은 이렇게 지적했다. 지난달 WTO 상소기구의 슈리 바부 체키탄 세르반싱 위원(모리셔스)의 임기가 끝났지만 미국이 신규위원선임을 반대하면서 상소기구 위원 7명 중 4명이 공석이 됐기 때문이다. 상소기구판결은 사건마다 인적구성을 달리한 3명의 위원이 돌아가면서 맡도록 돼 있기 때문에 핵심기능이 마비될 우려가 커지고 있다.

전문가들은 관세철폐를 주창하며 1995년 출범한 WTO가 처한 현 상황이 글로벌 통상질서가 자유무역에서 관리무역으로 변하고 있음을 잘 보여주는 단면이라고 진단한다.

○ **거세지는 미국의 통상압력과 확산되는 갈등**

미국발(發) 통상압력은 세계 각국을 동시 다발적으로 겨냥하고 있다.

올 2월 미국이 수입철강제품에 무역확장법 232조를 적용한 이후 각국이 대응책을 내놓는 과정에서 갈등은 점점 확산되고 있다. 미국으로 수출되던 철강물량이 다른 나라로 향하면서 각국은 잇달아 세이프가드(긴급수입제한)를 검토하거나 실시하고 있다. 유럽연합(EU)은 미국의 조치직후 세이프가드 조사를 개시해 7월부터 잠정조치를 발동했다. 캐나다, 인도, 터키, 유라시아경제연합(EAEU) 등도 철강에 관한 세이프가드 조치를 검토하고 있다. WTO는 각국이 특정 상품수입급증 등으로 자국산업이 위기에 처했을 때 수입제한 등 세이프가드를 취할 수 있도록 허용하고 있다.

○ **'다자 – 자유무역'에서 '양자 – 관리무역'으로**

미국은 WTO뿐만 아니라 북미자유무역협정(NAFTA), 환태평양경제동반자협정(TPP) 등 다자체제에 대한 불신을 잇달아 드러내며 다자체제 대신 양자협상을 통한 자국이익 챙기기에 나서고 있다.

이 같은 자국우선주의는 이제 더 이상 미국 도널드 트럼프정부만의 주장이 아니다. 미중 무역전쟁의 당사국인 중국뿐 아니라 독일, 일본 등 강대국과 인도, 브라질 등 신흥국들이 통상이익을 '관리'하기 시작한 것이다.

일례로 '보이지 않는 관세'로 불리는 기술규제(TBT)가 전 세계적으로 늘고 있다. 기술규제는 각국 정부가 기술표준이나 안전기준 등 국내규제를 통해 해외제품이 국내에 들어오기 어렵도록 하는 역할을 한다. 국가기술표준원에 따르면 WTO 회원국이 기술규제를 실시하겠다고 WTO에 알린 건수는 2017년 2585건으로 역대 최고치였다. 외국의 기술규제가 자국수출에 부정적 영향을 미친다고 보고 이의를 제기하는 '특정 무역현안'도 178건으로 가장 많았다. 이 가운데 약 60%는 WTO에 알리지 않은 채 실시된 '숨은 규제'였다.

이에 대해 선진국은 신흥국이 시장개방시기를 늦추면서 기술유출, 지식재산권 침해 등 부당한 방법으로 이득을 챙기려 한다고 본다. 반면 신흥국은 선진국들이 세계화와 자유무역의 과실을 챙기기만 하고 기술이전 등으로 개도국에 이를 나눠주지 않으려 한다고 비판한다. 허윤 서강대 국제대학원 교수는 "1980년대 후반부터 지속돼온 세계화와 자유무역기조가 본격적인 조정국면에 접어들었다"고 말했다.

자료 : 동아일보, 2018년 10월 8일

01 글로벌한 수준에서의 자유무역

통상은 국가간의 상품 및 서비스의 교역활동으로서 무역과 근본적으로 동일한 개념이지만 보다 포괄적인 의미를 포함하고 있다. 즉, 무역의 경우는 일반적으로 상품과 서비스, 그리고 기술 등의 국제적 이동인 수출과 수입을 지칭하는데 반하여, 통상은 수출입을 지원하는 지원활동(정부간 대외교섭활동과 무역업계의 통상진흥을 위한 각종 지원활동)까지를 포함하는 광의의 개념이다.

국제통상의 범위는 GATT체제 하에서는 공산품(manufactured goods)의 교역위주였으나 1995년 출범한 WTO체제 하에서는 농산물(1차 산업)과 서비스(3차 산업), 지적재산권(무형자산)의 교역까지 포함하여 더욱 확대되었다. 최근에는 수출입과 관련된 활동의 시각에서 환경 · 노동 · 기술 · 경쟁규범까지를 통상정책의 범위에 포함하여 그 복잡성을 더하고 있다.

국제통상환경을 지배해온 이념은 자유무역주의이다. 시대의 흐름에 따라 자유무역을 제한하는 보호무역주의가 득세할 때도 있었지만 전반적으로 국가 간 통상을 지배해온 이념은 자유무역주의이다. 1945년 2차 세계대전 직후 세계 각국은 그 동안의 보호무역주의를 반성하고 자유무역주의 이념을 채택하게 되면서, 국제사회는 자유무역의 사상을 전파하고 실천할 실행기구로서 GATT를 출범시키게 된다.

1.1 GATT체제의 출범

2차 세계대전 종전직후 국가간 교역의 촉진을 위해 설립이 논의되었던 국제무역기구(International Trade Organization)가 결국 미국의 반대로 설립이 무산되면서, ITO 헌장초안중 일부인 관세 및 무역에 관한 규정을 발췌하여 1947년 제네바에서 23개국 대표들이 서명하게되는데, 이것이 GATT라 불리는 '관세 및 무역에 관한 일반협정(General Agreement on Tariffs and Trade)'이다. 국제무역의 틀(framework)로서의 역할을 하는 GATT 협정문이 1948년 1월 1일 발효됨으로써 GATT체제가 정식출범하게 된다. 이로써 미국의 반대로 설립이 무산됐던 ITO 대신에 GATT가 국제무역의 틀로서의 역할을 하게 된 것이다.

국가간 교역을 촉진하기 위한 목적에서 설립된 GATT는 자유무역이라는 이념을 기반으로 하고 있다. 자유무역에 대한 이론적 논의를 최초 시작한 학자는 경제학의 창시자로 불리는 Adam Smith(1729-1790)이다. 곧이어 David Ricardo(1772-1823)가 "비교우위(comparative advantage)이론"을 개발하여 자유무역의 이론적 토대를 공고히 하였다. David Ricardo는 국가 간에 정부의 간섭없이 자유로운 무역이 허용된다면 무역 당사국들 모두에게 이익이 된다는 점을 이론적으로 보여주었다는데 의의가 있다.

현실적인 관점에서 자유무역의 논리를 이야기 해보자. 자유무역 하에서는 외국기업과의 경쟁에서 패배한 기업 또는 산업과 승리한 기업 또는 산업으로 나뉘는데, 승리한 산업에 속한 기업들은 외국기업의 국내시장진출에 대한 반격으로 무역상대국에 공격적으로 진출하여 해외시장 점유율을 증대시키고 기업규모도 더욱 커져 소위 "글로벌기업"으로 성장하게 된다. 반면, 외국기업과의 경쟁에서 패배한 기업들은 시장에서 퇴출당하거나 기업규모가 축소되는 과정에서 상당한 고통을 겪는다. 이때 시장은 자본과 인력의 재배치라는 본연의 기능을 수행한다. 시장은 패배한 기업 또는 산업에 묶여있던 자본과 인력들을 외국기업과의 경쟁과정에서 국제경쟁력을 획득한 기업과 산업으로 재배치시킨다. 국가전체적으로 자원이 더욱 효율적으로 배분되는 결과를 가져오게 되고 이는 GNI(Gross Natioal Income)의 향상으로 이어진다는 논리이다. 대규모의 자원재배치가 요구되는 경우에는 정부가 시장에 직접개입하여 쇠퇴한 산업 또는 국제경쟁력을 상실한 기업들을 통폐합하고 구조조정하면서 거액의 세금을 투입하는 경우가 많다. 이들 기업들에게 다시 한번 외국기업들과 경쟁할 기회를 주자는 것이다. 하지만 이처럼 기업에 거액의 세금을 투자하기 보다는 창업과 직업교육 등을 통해서 이들 산업 또는 기업에 속했던 해고노동자들을 재배치하는데 거액의 세금을 투입해야 한다는 주장이 있다. 1992년부터 2000년까지 미국을 이끌었던 클린턴 행정부의 선거운동슬로건이 "People First"였다. 국제경쟁력을 상실한 자국기업을 구제하는데 거액의 세금을 투입하기 보다는 그 기업에 속했던 해고노동자들의 창업과 재교육에 거액의 세금을 투입하겠다는 것이 "People First" 슬로건이 전하는 메시지였다. 한편 핀란드경제의 큰 축을 담당했던 노키아가 국제경쟁력을 상실하고 쇠퇴해갈 무렵 핀란드정부는 이미 국제경쟁력을 상실한 노키아를 구제하는데 거액의 세금을 투입하는 대신, 노키아에서 대량해고된 노동자 및 기술자들을 창업과 재교육 등 다른 국제경쟁력이 있는 산업에 재배치되도록 하는데 거액의 세금을 투입한 바 있다. 요약하면, 자유무역은 자본과 인력의 재배치를 통해 경제운용의 효율성을 높이는 데 기여한다는 것이다.

자유무역을 실현하기 위해서는 이론적으로는 정부의 간섭을 최소화해야 하는데, 정부간섭없이 자유로운 국제경쟁에 맡길 수 있는 국가는 많지 않을 것이다. 이러한 각국 정부의 우려를 덜기 위해서는 공정한 게임의 룰(rule)이 필요한데, 룰 세팅(rule setting)을 통해 자유무역의 틀(framework)을 제공하는 역할을 하는 것이 GATT 이다. GATT에서 운영하는 룰 중에서 중요한 세 가지 일반원칙에 대해 알아보자.

첫 번째 일반원칙은 호혜주의(reciprocity)이다. 협상당사국들이 서로 동등한 크기의 혜택 또는 양보를 서로 주고받는 것을 원칙으로 해야 한다는 것이다. 즉, 협상당사국 중 어느 한 국가가 먼저 상대방제품의 수입을 늘려주기로 했다면, 상대국정부도 동등한 가치의 제품을 수입해야 한다는 것으로서, 서로 양허의 균형(balance of concessions)을 맞추어야 한다는 원칙이다. 호혜주의는 관세를 낮추기 위한 회원국들 간의 협상원칙으로서 중요한 역할을 해왔다.

두 번째 일반원칙은 무차별주의(nondiscrimination)이다. 관세를 부과함에 있어서 다른 회원국들에 차별을 두지 말고 모든 회원국들을 동등하게 대우해야 한다는 것이다. 예를 들어, EU가 한국산 TV에 대해서만 수입관세를 낮추어 특혜를 준다면 이는 무차별주의 원칙의 위반이다. 한국산 TV와 똑같이 EU로 수입되는 모든 TV에 대해도 차별없이 수입관세를 낮추어, 모든 회원국들을 동등하게 대우해야 한다는 것이다. 무차별주의 원칙은 모든 회원국들이 최혜국대우를 받아야 한다는 최혜국 대우원칙(the most favored nation(MFN) principle)으로도 불린다. 회원국 A국이 B국에게 관세장벽을 낮추거나 없애는 특혜를 부여할 때 이러한 혜택이 회원국 모두에게 무차별적으로 부여되어야 자유무역이 확대된다는 것인데, 특정 회원국에게만 부여하는 최상의 혜택을 다른 모든 회원국에게도 차별없이 동등하게 최상의 혜택을 부여한다는 의미에서 최혜국 대우원칙이라고도 한다. 이 원칙은 상호주의 원칙과 함께 회원국들 간에 관세장벽을 낮추는데 큰 기여를 했다.

세 번째 일반원칙은 다자주의(multilateral)이다. 이 원칙은 분쟁해결방식과 무역협상방식에 적용되었다. 먼저, 회원국들 간에 발생하는 분쟁해결방식에서의 다자주의는 국가 간 무역분쟁과 마찰이 발생할 경우에 분쟁당사국 뿐만 아니라 이해관계가 있는 모든 국가가 협상에 참여하여 분쟁을 해결하여야 한다는 원칙이다. 예를 들면 한국과 미국 간에 소고기수입을 놓고 한미통상마찰이 발생할 경우 한국과 같이 소고기를 수입하

표 3-1 GATT/WTO 체제하에서의 다자간 무역협상

Round		기 간	회원국 수	선진국 간에 평균관세 인하율(%)
GATT	1. Geneva	1947	23	20
	2. Annecy	1949	23	2
	3. Torguay	1950-51	32	3
	4. Geneva	1955-56	33	2.5
	5. Dillon	1960-61	39	4
	6. Kennedy	1963-67	74	35
	7. Tokyo	1973-79	99	33
	8. Uruguay	1986-94	117	36
WTO	9. Doha	2001~현재	165	

자료원: B. Hoekman & M. Kostecki *The Political Economy of the World Trading System, From GATT to WTO*, Oxford, UK: Oxford University Press, 1995, Table 1.2, pp.16-17; Douglas Irwin, *Free Trade under Fire*, Princeton, NJ: Princeton University Press, 2002, Table 5.3, p.164

는 국가들과 미국과 같이 소고기를 수출하는 국가들이 모두 함께 모여 소고기무역에 따르는 문제를 해결해야 한다는 것이다. 그러나 무역분쟁 당사국들이 분쟁해결의 효율성을 이유로 쌍무주의(bilateral)를 선호하면서 분쟁해결에서의 다자주의원칙은 지켜지지 않았다. 다자주의원칙이 지켜진 경우는 관세인하를 위한 회원들 간의 협상방식에서이다. 이 원칙은 회원국들 간에 협상의제의 결정 및 타결 등 관세인하협상에서 성공적으로 적용되어왔다. <표 3-1>에서 볼 수 있듯이, 1948년 GATT 출범이래 8차에 걸친 다자간 무역협상 즉, 라운드를 통해 선진국들 간에 관세를 지속적으로 낮추어 자유무역의 실현에 기여해 왔다. GATT 회원국수도 창립시의 23개국에서 GATT 체제하에서의 마지막 다자간 무역협상인 우루과이 라운드때에는 117개국으로 5배가 증가하였다.

GATT의 역할은 룰세팅을 통해 자유무역의 틀(framework)을 제공하는 것이다. 그러나 강대국들은 자국의 이해관계에 따라 GATT가 정한 국제무역에서의 게임의 룰을 빈번히 위반하곤 했다. 이는 GATT가 룰을 위반한 회원국을 제재할 수 있는 권한이 없었던 한계에 기인하다. GATT가 정한 자유무역 틀의 유지를 위해서도 회원국간 무역분쟁을 조정·중재하고 제재할 수 있는 권한을 회원국으로부터 위임받을 필요가 있었다.

GATT의 또 다른 한계는 공산품위주의 국제무역에만 초점을 맞추어 농산물(1차 산업)과 서비스(3차 산업), 지적재산권(무형자산)에 대한 국제무역의 요구를 담아내지 못했다는 것이다. 특히, 서비스(3차 산업)와 지적재산권(무형자산)에서의 국제무역이

GATT의 자유무역 틀속에 적절히 반영되지 못했다. GATT의 이러한 한계를 극복하기 위하여 1995년 GATT를 대체하는 좀 더 강력한 국제무역기구로서 WTO(세계무역기구, World Trade Organization)가 출범하게 된다.

1.2 WTO체제의 출범

(1) WTO

1995년 1월 1일 Uruguay Round(UR)협상의 결과로 WTO협정이 발효되면서 세계무역은 GATT체제에서 보다 확장된 새로운 국제무역의 틀(framework)속에서 움직이게 되었다. WTO는 GATT의 자유무역이념 원칙을 계승하면서도 공정한 무역(fair trade)질서를 특히 강조하고 있다. 즉, 공정하지 못한 경쟁상태에서 무역이 이루어지고 이로 인해 피해를 입은 국가는 무역상대국에게 불공정 경쟁조치를 시정하도록 요구할 수 있어야 한다는 것이다. GATT체제 하에서부터 규제되어온 대표적인 불공정 무역행위로는 덤핑(dumping)과 정부보조금(subsidies)이 있다. 덤핑은 생산원가 이하로 수출가격을 책정하여 해외시장에 수출하는 것으로서, 가격경쟁에서 불리한 위치에 놓이게 되는 상대국 경쟁기업들에게 피해를 주게 된다.

또 다른 불공정 무역행위는 자국기업에 대한 정부보조금이다. 정부보조금은 현금지원 이외에도 세제혜택, 낮은 이자율의 특혜대출, 국내기업에만 특혜적인 정부정책 등 다양한 형태를 통해 지급된다. 자국정부로 부터 보조금을 받아 생산한 제품을 수출할 경우, 상대국 경쟁기업은 가격경쟁에서 불리한 위치에 놓이게 된다. 결국에는 생산원가 이하로 수출하는 덤핑제품이나, 자국정부의 보조금지원으로 인해 인위적으로 가격경쟁력을 높인 제품과 국제시장에서 경쟁하는 것은 공정하지 못하다는 것이다. 최근 미국 트럼프 행정부에서 시작된 중국과의 무역전쟁의 배경에는 정부보조금을 기반으로 한 중국기업들의 약탈적인 불공정 경쟁행위가 있다. 중국정부는 국영기업들(SOEs: State-Owned Enterprises)을 앞세워 경쟁국기업들이 매칭해 줄 수 없는 현저히 낮은 가격으로 국제시장에 제품을 쏟아내어 경쟁국기업들을 고사시키는 전략을 구사해 왔다. 대표적인 예로, LCD 산업에서 한국기업들을 몰아낸 경우, 태양광산업에서 미국, 유럽과 한국기업들을 몰아낸 경우이다. 이 같은 약탈적인 불공정 경쟁행위는 중국정부의 보조금이 있었기 때문에 가능한 것이다. WTO가 이 같은 중국국영기업들의 약탈적이고도 불공정한 경쟁행위를 통제하는데 실패하고 있다는 것이 트럼프 행정부의 시각이고, 미국이 직접 중국과의 무역전쟁을 시작한 배경중 하나이기도 하다.

세계 각국의 기업들이 동일한 조건하에서 제품을 만들어 경쟁해야 한다는 공정무역(fair trade)의 개념은 WTO체제에서 더욱 강조되어 왔다. 최근 선진국들은 신흥국들(emerging market countries)도 환경보호정책, 노동정책, 경쟁정책(반독점금지법) 등의 기준을 국제적인 수준으로 높여야 한다고 주장하고 있다. 이 주장은 WTO체제의 출범과 더불어 선진국 노동자들을 중심으로 그 요구가 커지고 있는데, 신흥국들도 국제수준의 환경기준(environmental standards) 및 노동기준(labor standards)을 준수하여 생산된 상품과 서비스만을 교역하여야 한다는 것이다.

한편 GATT체제 하에서는 국제무역이 공산품(manufactured goods)위주였으나 1995년 출범한 WTO체제 하에서는 농산물(1차 산업)과 서비스(3차 산업), 지적재산권(무형자산)의 교역까지 포함하도록 국제무역의 틀이 확대되었다. <표 3-2>는 GATT와 WTO의 주요 차이를 요약하여 보여주고 있다. <그림 3-1>은 대부분의 개발도상국들을 포함한 165개 WTO회원국들의 지리적 분포를 보여주고 있다.

WTO체제에서의 국제무역의 틀은 GATT의 세 가지 일반원칙에 더하여 다음의 세 가지 원칙을 추가하고 있다. 첫째는 내국민대우원칙(National Treatment)이다.

표 3-2 GATT와 WTO 비교

구 분	GATT	WTO
기구성격	국제협정	국제기구
협상 중점산업	공산품(2차 산업)	농산물(1차 산업), 서비스(2차 산업), 지적재산권
기구를 구성하는 주요 협정	GATT	GATT 1994 GATS(General Agreement on Trade in Service) TRIPS(Agreement on Trade-Related Aspects of Intellectual Property Rights)
활동분야	관세인하	관세/비관세장벽철폐, 정부보조금 운용기준강화, 회색무역규제조치철폐
분쟁해결절차	상설분쟁해결기구없이 주로 권고안 제시	상설분쟁해결기구와 상소기구신설, 분쟁해결절차강화 및 명료화

그림 3-1 WTO의 회원국

자료원: WTO 웹사이트(www.wto.org)

외국상품이 국내에 수입된 후에는 국내 동종상품에 비하여 세제나 기타 경쟁관계에 영향을 미치는 법 또는 규제에 있어서 불리한 대우를 받아서는 안 된다는 원칙이다. 둘째는 외국상품과 서비스공급자가 국내시장에서 국내상품과 서비스공급자보다 열악한 대우를 받지않도록 보장하는 시장접근(Market Access)보장원칙이다. 세째는 국가안전보장에 관한 내용, 법집행에 위해가 되는 사항, 영업상의 비밀 등 특정한 경우를 제외하고 국제무역과 관련된 모든 법령과 규칙들은 명료해야 하고 공개되어야 한다는 투명성(Transparancy)의 원칙이다.

<그림 3-2>의 WTO 조직도를 보면, 최고의결기관으로 2년마다 개최되는 각료회의(Ministerial Conference)는 최고결정기관으로의 기능을 갖는다. 각료회의가 열리지 않는 해에는 일반이사회(General Council)가 최고결정기관으로 기능하여 각료회의의 업무를 처리한다. 최고의결기관인 각료회의는 1996년 싱가포르에서의 제1차 각료회의를 시작으로 통상 2년마다 개최되고 2020년 제12차 각료회의는 카자흐스탄의 수도 아스타나에서 예정되어 있다(<그림 3-3>).

한편, 일반이사회 산하에는 상품교역이사회, 서비스교역이사회, 지적재산권이사회, 분쟁해결기구, 무역정책평가기구가 설치되어 있다. WTO를 구성하는 3대 주요 협

그림 3-2 WTO의 조직도

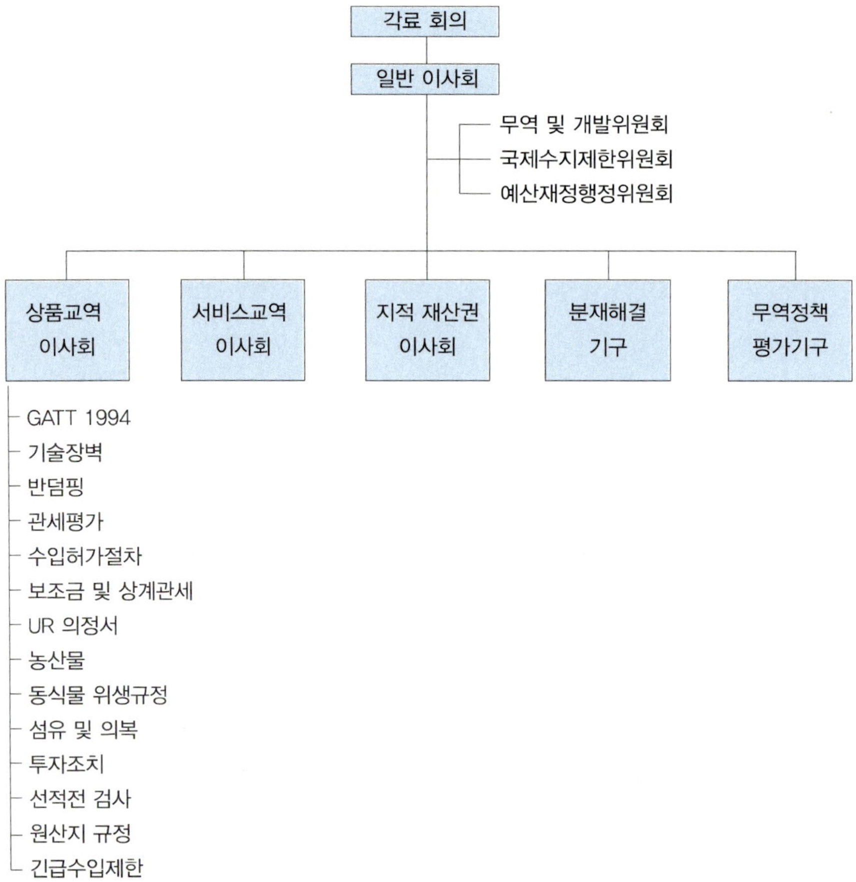

자료원: WTO 웹사이트(www.wto.org)

정은 첫째가 'GATT 1994'이다. 1947년에 체결되었고 8차에 걸친 라운드를 통해 수정·보완되어 온 GATT규범 전체가 WTO체제에 편입된 것이다. 'GATT 1994'는 기존 GATT 규범과 UR에서 새로 추가되었거나 개정된 GATT규범으로 구성되어 있다. 두 번째의 주요 협정은 서비스무역에 관한 일반협정(GATS: General Agreement on Trade in Service)이다. GATS는 정부가 구매하거나 제공하는 서비스를 제외한 모든 서비스교역을 규율하고 있다. 금융, 건설, 통신, 항공, 해운, 교통, 회계, 법률, 교육서비스 등을 포함한다. 세 번째의 주요 협정은 지적재산권협정(TRIPS: Agreement on Trade－Related Aspects of Intellectual Property Rights)이다. 지적재산권의 국가간 교역은 이 협정의

그림 3-3 WTO 각료회의(Ministerial Conference)

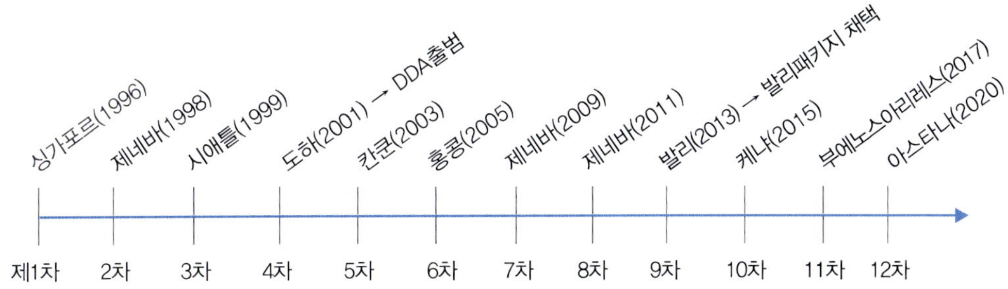

규제를 받게된다. 원래 이 협정은 불법복제상품의 유통을 방지하기 위한 단순한 목적에서 출발하였으나, 결과적으로 모든 지적재산권 분야를 망라하는 지적재산권에 관한 포괄협정이 되었다. 따라서 이 협정은 지금까지 등장한 어떤 협약보다 더 강력하고 포괄적인 보호기준을 제시하고 있다. 이 협정에 따라 WTO 회원국들은 자국의 입법과정을 통해 저작권, 상표권, 특허권, 의장권, 지리적 표시, 집적회로설계, 영업비밀 등 7개의 지적재산을 높은 수준으로 보호하고 권리행사에 대한 절차를 정비하도록 의무화하고 있다.

(2) 도하개발 어젠다(DDA)의 타결실패

도하개발 어젠다(DDA: Doha Development Agenda)는 2001년 11월 카타르 도하에서 개최된 제4차 WTO 각료회의에서 출범한 다자간 무역협상체이다. DDA는 제8차 다자간 무역협상인 우루과이 라운드에 이어 제9차 다자간 무역협상이며, WTO출범 이후에는 첫 번째 다자간 무역협상이다. "라운드(round)" 대신에 "개발(development)"이라는 이름이 붙은 것은 지금까지의 다자간협상들과는 달리 선진국들보다는 개도국들의 요구에 중점을 두어 다자간 협상의 의제를 정하자는 개도국들의 주장을 반영했기 때문이다. 2001년 카타르의 수도도하에서 개최된 4차 각료회의에서 회원국들은 농업, 비농업, 서비스, 무역규범 등의 협상의제와 방식을 담은 선언문을 채택하고 새로운 다자간 무역협상인 DDA의 출범에 합의하였다.

2019년 현재 도하개발 어젠더(DDA) 또는 도하라운드(Doha Round)는 교착상태에 빠져 아직도 최종합의안을 도출하지 못하고 있다. 합의안 도출에 실패한 주요 이유는 개도국들의 요구에 선진국들이 합의를 해주지 않기 때문이다. 합의에 실패한 중요한 이유는 다음과 같다. 첫째, 농업부문에서 광범위하게 지급되고 있는 정부보조금(subsidies)의 중단 또는 대폭축소를 개도국들이 요구하고 있는데, 선진국들이 이에 동의해 주지 않고 있다. 둘째, 선진국들이 자국산업보호를 위해 개도국 수입품에 대하여 부과하는 덤핑판정이 너무 빈번하게 발생한다는 점이다. 덤핑판정을 받은 제품은 징벌적 관세를 부과받기 때문에 사실상 수출이 중단되는 타격을 입는다. 개도국들의 이 같은 덤핑판정완화요구에 선진국들은 자국산업보호를 이유로 합의에 난색을 표하고 있다. 이처럼 선진국들이 합의안 도출에 적극적이지 않은 이유는 이미 선진국들 간에는 평균 관세율이 충분히 낮아져 있어서 추가적인 합의안 도출로 인한 이익이 선진국입장에서는 크지 않기 때문이다.

셋째, 도하라운드의 합의안 도출전망이 밝지않은 또 다른 요인은 미국 트럼프 행정부의 강력한 보호무역정책으로의 전환이다. 트럼프 행정부의 대외정책전환은 자유무역의 이념을 실현하려는 WTO와 충돌할 수밖에 없다. 2017년 트럼프 대통령 취임 이후 미국은 강력한 보호무역주의 정책을 채택하고 있는데, 이는 트럼프 대통령이 당선되는데 결정적 역할을 한 지역인 러스트 벨트(Rust Belt)에 위치한 미국 노동자들의 요구에 부응한 것이다. 러스트 벨트는 미국의 중서부와 북동부지역의 쇠락한 산업지대인 펜실베니아, 웨스트버지니아, 오하이오, 인디애나, 일리노이주를 포함한다. 세계경제포럼의 회장인 클라우스 슈밥(Klaus Schwab)은 그의 저서 <제4차 산업혁명>에서 1990년의 디트로이트와 2014년의 실리콘밸리를 금액으로 환산해 비교하고 있다. 1990년 디트로이트 3대 대기업의 시가총액은 360억 달러, 매출은 2,500억 달러, 근로자는 120만명에 이르렀다고 한다. 그런데, 2014년 실리콘밸리에서 가장 큰 기업 세 곳의 경우 시가총액은 1조 9,000억 달러로 훨씬 높고 매출은 디트로이트와 비슷한 2,470억 달러이나, 근로자수는 디트로이트의 약 1/10인 13만 7,000명이라고 한다. 즉, 2014년 실리콘밸리는 24년전의 디트로이트와 비교하여 훨씬 적게 고용을 하면서도 훨씬 더 많은 이익을 내고 있는 것이다. 바로 이 부분이 트럼프의 선거구호인 아메리카 퍼스트(America First)를 부르짖으며 미국의 제조업부활과 보호무역을 주장하게 된 배경이다. 이런 상황에서 도하라운드(Doha Round)의 타결을 기대하는 것은 바보일 것이다.

02 지역수준에서의 자유무역

2.1 지역경제통합의 유형

자유무역을 촉진하기위해 국제사회는 GATT/WTO라는 국제기구의 설립(GATT=1948년) 및 확장(WTO=1995년)을 통해 글로벌한 수준(global level)에서 자유무역의 틀을 제공해 왔다. 한편, 지역수준(regional level)에서도 특정지역내 국가들 간에 글로벌한 수준보다 더 심화된 형태의 자유무역을 실현하려는 노력들이 있어 왔다. <그림 3-4>는 지역수준에서 좀 더 심화된 형태의 자유무역을 실현하려는 지역무역협정(RTA: Regional Trade Agreement) 수의 증가를 보여주고 있다. RTA는 1995년 WTO의 설립이후 최초 증가하기 시작하여 2000년 이후부터 급속히 증가하고 있는 추세이다. 지역수준에서의 이 같은 자유무역을 향한 노력의 확산은 WTO를 통한 글로벌수준에서의 자유무역 심화노력에 어려움이 많다는 것에 대한 반증이기도 하다. 사실 선진국들을 중심으로 운용되었던 GATT 체제는 회원들 간의 무역협상이 8번의 라운드를 거치는 동안 비교적 신속히 타결되었다. 반면 WTO체제 하에서는 그 동안의 경제발전으로 경제력(economic power)을 키운 신흥국들이 목소리를 내기 시작하면서, 주요 무역의제의 협상에서부터 선진국들과의 마찰을 일으키며 협상타결을 어렵게 하고 있다. WTO체제하에서 시작된 최초의 다자간 무역협상인 도하(Doha)라운드가 2001년에 시작되어 2019년 현재까지도 타결되지 못하고 정체되어 있는 것은 선진국들과 신흥국들 간의 팽팽한 대결에 기인하고 있다해도 과언이 아니다. 이처럼 WTO의 테두리 안에서 회원국들 간에 무역과 투자를 자유화하려는 노력이 지지부진해 짐에 따라, 특정지역에 있는 몇몇 국가들을 중심으로 자기들끼리 무역과 투자를 자유화하려는 지역무역협정(RTA)의 증가추세는 더욱 가속화하고 있다. 유럽의 EU, 북미의 USMCA(NAFTA), 동남아시아의 ASEAN FTA, 남아메리카의 MERCOSUR가 RTA를 통해서 결성된 대표적인 지역경제통합체이다.

사실 지역무역협정(RTA)은 특혜 무역협정으로서 WTO의 룰인 최혜국대우원칙(Most Favoured Nations Principle)에 정면으로 위배된다. 하지만 GATT/WTO는 특정

그림 3-4 지역무역협정(RTA: Regional Trade Agreement)의 증가추세(1948~2018)

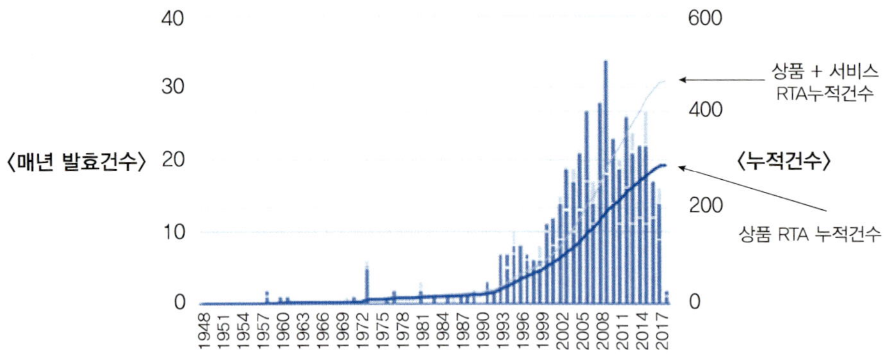

Recent Notifications			
RTA Name	Coverage	Data of notification	Data of entry into force
Peru–Honduras	Goods & Services	Oct 11 2018	Jan 1 2017
Turkey–Singapore	Goods & Services	Sep 14 2018	Oct 1 2017
China–Georgia	Goods & Sercices	Apr 5 2018	Jan 1 2018
El salvador–Ecuador	Goods	Mar 22 2018	Nov 16 2017
Southem Common Market(MERCOSUR)–Egypt	Goods	Feb 19 2018	Sep 1 2017

자료원: WTO 웹사이트(www.wto.org)

조건하에서 이를 예외적으로 허용하고 있다. GATT 제24조와 GATS 제5조는 지역무역협정(RTA)을 맺은 회원국들 사이에는 완전하게 자유무역을 실현할 것과 비회원국들에 대해서는 기존의 무역장벽을 현상태로 유지하거나 완화해야 한다는 조건을 충족시킬 때 예외적으로 지역무역협정(RTA)을 인정하고 있다.

RTA를 통한 지역경제통합은 지리적, 문화적, 경제적으로 유사하거나 관련이 깊은 특정지역내의 여러 국가들이 각종무역 및 투자장벽을 완화하거나 철폐하여 제품, 서비스, 생산요소 등이 자유롭게 이동하도록 허용하는 것을 말한다. 경제통합의 수준이 낮은 자유무역협정(FTA)단계의 경제통합체부터 보다 심화된 형태의 지역경제통합체인 관세동맹 → 공동시장 → 완전경제통합체인 경제동맹으로 구분할 수 있다. 그러나 어떤 형태의 지역무역협정(RTA)이 체결되든지 간에 역외국기업들한테 주는 메시지는 명확하다. 역외국기업들은 지역경제통합체 안으로 들어오지 않으면 역내시장으로의 접근에서 차별을 받을 것이라는 것이다. 1994년 북미자유무역협정이 체결되면서 수출을 통해 미국시장을 공략하던 많은 아시아 기업들은 역외기업으로서 차별받지 않기 위하여 USMCA(NAFTA)내로 생산공장을 이전한 바 있다. 그때 많은 외국기업들이 미국대신에 또 다른 NAFTA 회원국인 멕시코에 생산공장을 위치시키긴 했지만, 사실 USMCA (NAFTA)에서 어떤 역내국가에 생산공장을 위치시킬지는 투자자의 재량이다. <그림 3-5>는 영국이 EU탈퇴를 선언한 이후 런던소재 금융기관들이 영국에서 EU역내 국가로 이전하겠다고 선언한 기업들의 리스트를 보여주고 있다. 이들 금융기관들은 기업 내부사정에 따라 독일의 프랑크푸르트, 프랑스의 파리, 네덜란드의 암스테르담, 아일랜드의 더블린, 룩셈부르크 등으로 이전을 계획중이다. 런던소재 금융기관의 이전목적은 EU역내로 이전함으로써 역외기업으로서 받는 차별을 극복하기 위함이다. 영국은 EU탈퇴로 인해 유럽에서 금융중심지로서의 지위를 상실할지도 모른다.

역내국가간 경제통합의 수준이 가장 낮은 첫 단계의 지역무역협정(RTA)은 자유무역협정(FTA: Free Trade Agreement)이다. FTA는 역내회원국들 사이의 무역장벽을 완

그림 3-5 영국의 EU탈퇴로 인한 런던소재 금융기관 에소더스

자료원: 매일경제 2018. 11. 01

화 또는 철폐하여 역내국들 간에 자유무역을 통해 교역을 증진하려는 지역경제통합체이다. 역내회원국들은 역외국들과의 무역에 대해서 개별적으로 관세를 부과하는 등 독자적인 무역정책을 실시한다. FTA에서 중요한 규정은 역내에서 생산된 제품이 FTA 혜택을 받을 수 있도록 하는 원산지규정(Rules of Origin)이다. 이 원산지규정을 충족할 경우에만 역내산으로 인정하여 해당 제품에 대하여 역내국가 간에 이동시에 무관세라는 특혜혜택을 준다. 이는 역외기업이 차별을 받지 않기 위하여 생산공장을 역내로 이전하여 소위 "무늬만 역내산"인 제품을 만들어 특혜관세혜택을 받는 것을 막기위한 조치이다. 예를 들어, 제품원가 중 현지에서 조달한 부품, 원료 또는 노동비 등을 포함하는 원가의 현지조달율인 로컬 콘텐츠(local contents)가 총원가에서 60% 또는 70% 이상일 경우에만 역내산으로 인정하는 경우 등이다. 총원가 또는 총부가가치의 60% 또는 70%로 표시되는 로컬 콘텐츠 규정은 FTA협정마다 다르다. FTA에 속하는 대표적인 지역무역협정은 유럽연합(EU)에 가입하지 않은 노르웨이, 스위스, 리히텐슈타인, 아이슬랜드 4개국이 결성한 유럽자유무역연합(EFTA: European Free Trade Association)과 미국, 캐나다, 멕시코 3개국이 결성한 미국－캐나다－멕시코협정(USMCA: United States－Mexico－Canada Agreement), 동남아시아 10개국이 결성한 아세안 자유무역협정(ASEAN Free Trade Agreement) 등이다.

한편, 2000년 이후 체결된 FTA는 협정의 대상범위가 넓다. 역내국들 간에 상품에 대한 관세철폐 이외에도 서비스 및 투자자유화까지 포괄하는 것이 추세이다. 그밖에 지적재산권, 정부조달, 경쟁정책, 무역구제제도 등 정책부문까지도 협정대상으로 하는 경우도 많다. 그동안 GATT/WTO의 다자간 무역협상으로 인하여 WTO 회원국들 간에 평균적인 관세수준이 낮아지면서 다른 분야로 협력영역을 늘려가게 된 것도 이같은 FTA 협상범위확대의 한 원인이라고 할 수 있다.

자유무역협정(FTA)보다 한 단계 더 심화된 경제통합의 형태가 관세동맹(Customs Union)이다. 관세동맹은 FTA처럼 역내회원국들 간의 무역장벽을 완화 또는 철폐하여 회원국들 간에 자유무역을 통해 교역을 증진시키는 것외에, 역외국들에 대하여 공동의 관세장벽을 시행하는 지역경제통합체이다. 관세동맹에서는 역내국들 간에 관세수입의 배분이슈가 존재할 수 있다. 대표적인 관세동맹으로는 남미공동시장인 메르코수르(MERCOSUR)와 벨기에, 네덜란드 및 룩셈부르크가 결성한 베네룩스관세동맹이 있다.

공동시장(Common Market)은 재화와 서비스의 자유로운 이동뿐만 아니라 생산요소까지도 역내회원국 간에 자유롭게 이동하도록 허용하는 지역경제통합체이다. 역내국들

간에 상품과 서비스의 무역을 자유화하고 역외국들에 대하여는 공동의 통상정책을 실시하는 한편 생산요소인 노동과 자본, 기술이 자유롭게 이동하도록 허용한다. 공동시장단계의 지역경제통합제가 결성되면, 역내국들의 노동자와 투자자들은 어느 국가에서든지 자유롭게 취업하거나 투자할 수 있으며, 기술도 자유롭게 사고팔 수 있다. 대표적인 공동시장으로서는 유럽연합(EU)의 직전단계인 EEC(European Economic Community)이다.

경제동맹(Economic Union)은 재화와 서비스 및 생산요소의 자유로운 이동에 추가하여 회원국들 간의 경제정책까지도 상호조정하는 등 공동의 경제정책의 시행을 목표로 하는 가장 심화된 지역경제통합체로서 "완전경제통합(Single Market)"이라고도 불린다. 회원국들은 역내에 새로이 중앙은행을 설립하여 회원국들이 모두 공통으로 사용하는 화폐를 발행한다. 회원국들이 원래 소유하고 있던 중앙은행들은 더 이상 자국화폐를 발행할 수 없고, 따라서 통화정책의 권한도 포기한다. 통화정책 이외의 경제정책을 수립하고 시행하는 초국가적 기구를 설립하여 역내회원국들이 경쟁정책을 실행할 때 가이드라인이 될 수 있는 공동의 경제정책을 수립 및 시행한다. 대표적인 경제동맹으로서는 유럽연합(EU)이 있다. 완전경제통합(single Market)은 회원국들이 경제적으로는 하나의 국가처럼 운영되는 형태로서 지역경제통합의 마지막단계이다. 회원국들이

그림 3-6 지역경제통합단계

경제주권을 완전히 포기하고 초국가기구를 설립하여 각종 경제정책을 시행하는 것을 의미한다. 유럽연합은 현재 "완전경제통합"을 목표로 하고 있다. <그림 3-6>은 지금까지 논의한 지역경제통합의 단계들을 요약한 그림이다.

2.2 EU

2002년 1월부터 EU지역에서 단일통화인 유로(Euro)가 본격유통되기 시작하면서 유럽연합은 지역경제통합의 마지막단계인 경제동맹(Economic Union)의 단계에 진입하였다. EU회원국들의 국민들은 유럽연합 어느 지역에서나 자유롭게 왕래하면서 취업하고 동일한 통화로 거래하는 유럽연합시민이다. 기업이나 은행들도 자국내에서 사업을 하는 것과 같이 유럽연합 어디에서든지 아무런 제약없이 사업을 영위할 수 있다. 2002년 유럽연합 15개 회원국중 영국, 스웨덴 및 덴마크를 제외한 12개국에서 유로(Euro)가 전면 통용되기 시작하면서 역내에서 발생하는 경제거래에 대하여 환율변동에 따르는 위험과 비용을 완전히 회피할 수 있게 되었다. 1952년 8월 출범한 유럽석탄철강공동체로부터 시작하여 점진적으로 진전된 경제통합의 단계를 밟아온 EU는 관세동맹(Customs Union)과 공동시장(Common Market)의 단계를 거쳐 2002년부터 단일통화인 유로(Euro)의 도입을 계기로 "완전경제통합"이라고도 불리는 경제동맹의 단계로 진입하였다. 유럽연합회원국들이 경제적으로 하나의 국가처럼 운영되는 형태로서, 상당수준의 경제주권을 포기한 회원국들은 유럽중앙은행(European Central Bank), 유럽투자은행(European Investment Bank), 유럽특허청(European Patent Office), 유럽경제사회위원회(European Economic and Social Committee) 등 초국가기구의 설립을 통해 공동의 경제정책을 펴나가고 있다.

EU는 2019년 기준 유럽지역 28개국 - 영국=27개국이 회원으로 가입하고 있는 거대 지역경제통합체이다(<그림 3-7>). 영국은 2016년 국민투표를 통해 EU탈퇴를 결의하고, 2019년 EU와의 탈퇴협상을 마무리 중에 있다. EU는 서유럽 15개 회원국(1986년 기준)을 기반으로 발전하다가, 1989년 말부터 시작된 공산주의 붕괴로 인해 동유럽국가들이 새로이 가입하면서 거대 지역경제통합체가 되었다. EU의 초기회원국인 서유럽 15개은 영국, 프랑스, 독일, 이탈리아, 스페인, 포르투갈, 벨기에, 네덜란드, 룩셈부르크,

덴마크, 아일랜드, 그리스, 오스트리아, 핀란드, 스웨덴이다. 공산주의 붕괴후 2004년에 새로이 가입한 동유럽 10개국은 폴란드, 헝가리, 체코, 슬로바키아, 슬로베니아, 리투아니아, 라트비아, 에스토니아, 키프로스, 몰타이다. 2007년 불가리아와 루마니아가 추가 가입하였고, 2013년 7월 크로아티아가 가입함으로써 2019년 현재 회원국 수가 총 28개국－영국＝27개국 이다.

2002년 당시 15개 유럽연합 회원국 중 12개국에서 유럽단일통화인 유로(Euro)가 전면유통되면서 시작된 유로존(eurozone)은 유럽연합회원국들이 27개국으로 늘어나면서 19개국으로 확대되었다. 추후에 유로존에 합류한 7개국은 슬로바키아, 슬로베니아, 라트비아, 리투아니아, 에스토니아, 키프로스, 몰타이다. EU 초기회원국인 서유럽 15개국 중 덴마크, 스웨덴, 영국은 2019년 현재까지도 유로를 사용하지 않고 자국통화를 고집하고 있다. 단일화폐의 사용으로 유럽연합 19개국의 소비자가격이 곧바로 비교되고 수렴되면서 기업들간 경쟁이 한층 치열해지고, 연간상당한 규모의 환전비용과 환위험이

그림 3-7 28개국-영국=27개국 EU 회원국 지도

자료원: EU 웹사이트(http://europa.eu)

제거됨으로써 기업경영의 효율성이 증대되었다. 특히 환위험의 제거로 유럽연합 19개국내에서 상품과 서비스, 노동과 자본, 기술과 경영기법 등의 자유로운 이동이 확대되면서 경제통합이 가속화되고 역내교역의 비중이 높아지고 있다. 19개국으로 구성된 유로존을 보유한 유럽연합은 명실상부한 단일시장으로서 역내시장확대와 경제성장을 도모하고 있다. 유로는 달러와 함께 기축통화로서의 위상이 제고되고 있어, 각국 중앙은행들이 대외준비통화로서 유로의 비중을 점차 늘려가고 있는 한편 무역결제통화로서의 유로의 사용도 증가하고 있다.

유럽연합은 미국 및 중국과 더불어 3대 세계경제 중심축의 하나로서 2018년 기준 전체인구는 5억 8백만명, GNI는 18조 달러에 이른다 (<그림 3-8> 참조).

2.3 USMCA

2018년 11월 30일, 아르헨티나에서 열린 G-20 정상회의에서 USMCA(United States-Mexico-Canada Agreement, 미국-캐나다-멕시코협정) 서명식이 열렸다. 이로써 1994년부터 시작된 NAFTA는 미국의 요구로 새로이 개정된 자유무역협정(FTA, Free Trade Agreement)인 USMCA로 대체되었다.

1994년부터 시작된 USMCA는 미국과 캐나다, 멕시코 3국의 무역장벽을 단계적으로 철폐하여 북미 3국을 자유무역권으로 묶는 3국간의 체결된 자유무역협정(FTA)이다. USMCA는 가장 낮은 수준의 경제통합단계인 자유무역협정(FTA)으로서 1994년 1월 공식발효되었고, 멕시코의 값싼 노동력, 캐나다의 풍부한 천연자원, 미국의 자본과 기술을 결합해 상호 경제성장을 도모하자는 것이다. 특히 캐나다의 풍부한 천연자원이란 석유를 말하는데, 미국은 캐나다에서 생산된 석유의 독점구매권을 획득하는 대신에 캐나다기업들은 미국시장에 대한 무관세접근권을 획득하는 것이다. USMCA의 결성동기는 1992년 공동시장(common market)의 결성을 계기로 경제통합을 가속화하고 있는 유럽연합과 일본을 중심으로 경제성장에 성공한 아시아 국가들과의 경쟁에 대응하기 위한 목적이었다. 특히 미국기업들이 멕시코의 저렴한 노동력을 활용한다면 저임금을 무기로 삼는 아시아 국가들을 충분히 견제할 수 있다고 판단했던 것이다. 1994년 이후부터 멕시코로 미국기업들의 생산공장이전이 줄을 이었던 것은 물론이다. 2001년 중

그림 3-8 NAFTA, EU, 미국, 중국 간의 경제규모 비교

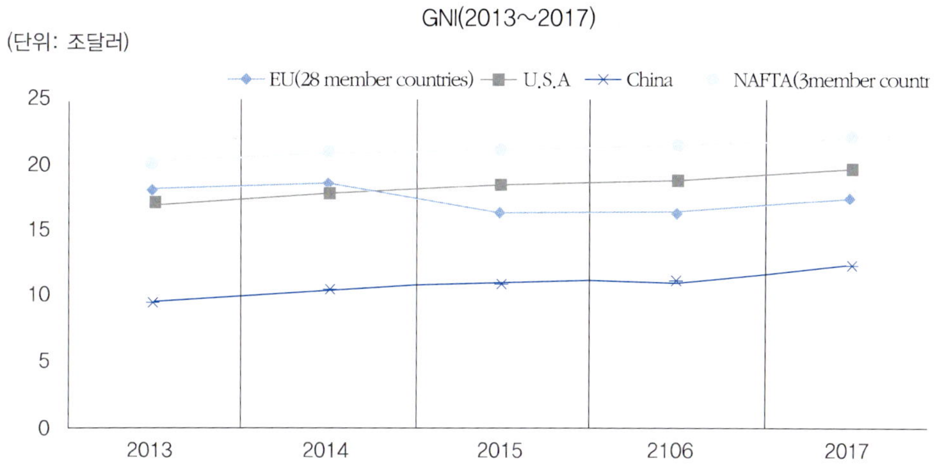

자료원: Kosis.kr

국의 WTO가입을 계기로 멕시코보다도 노동비가 더욱 저렴한 중국으로 생산거점을 옮긴 미국기업들도 많았지만, 미국과의 지리적 근접성은 멕시코를 계속 주요 생산거점으로 삼기에 충분했다. USMCA는 2018년 기준 인구 4억 9천만명, GDP 22조 8천억 달러에 이르는 세계 최대규모의 지역경제통합체이다(<그림 3-8>).

선진국과 개도국 간에 체결된 최초의 자유무역협정(FTA)인 USMCA는 FTA로 인한 긍정적인 측면보다는 부정적 측면에서 세계인의 이목을 끌었다. 본래부터 멕시코기업보다 경쟁우위에 있었던 미국기업들은 양국간의 경제통합을 계기로 아무런 제약없이 멕시코에 진출하면서 현지멕시코 기업들을 시장에서 몰아내기에 바빴다. 미국기업들과의 경쟁에서 소수의 멕시코 기업들만이 살아남는 처참한 결과를 가져왔다. 하지만 멕시코와는 다른 측면에서 미국도 USMCA로 인해 깊은 상처를 입기는 마찬가지였다. 2016년 대통령 선거운동 당시 트럼프는 NAFTA를 "재앙적인 무역협정"이라 했다. 대통령 취임 후 NAFTA의 재협상결과로 2018년 말에 최종타결된 USMCA를 통해 트럼프는 멕시코로부터 미국민의 일자리와 공장을 다시 미국으로 되돌리겠다고 공언하였다. 1994년 당시 서유럽선진국 15개국으로 구성된 유럽연합은 10년후인 2004년에 개도국인 동유럽의 구공산권 국가들을 유럽연합의 경제권에 편입시켰다. 그러나 서유럽선진국들도 개도국인 동유럽국가들에게 일자리를 빼앗기는 경험을 한바 있었지만 미국만

큼 두드러지지는 않았다. 한 예로, GE에서 20년 동안 CEO로 재임한 잭 웰치는 경영계에서는 경영의 달인으로 존경받았지만, 노동계에서는 미국내 GE 생산공장을 멕시코로 대거이전하며 미국노동자들의 일자리를 빼앗은 최악의 경영자 중 한명으로 평가받는다. 요약하면, USMCA로 인해 3국간에 교역과 투자가 증가하여 각국의 경제성장을 견인하고 있지만, 3국 모두 경쟁력을 갖추지 못한 기업이나 근로자는 문을 닫거나 실질임금이 하락하는 어려움을 겪고 있다.

USMCA협정의 주요 내용은 관세 및 비관세장벽 등 무역장벽의 철폐, 조국간 자유로운 투자, 본국으로의 송금자유화, 지적재산권보호, 통일된 노동 및 환경기준적용 등이다. USMCA협정의 주요 내용을 살펴보면 다음과 같다.

첫째, 협정국들은 관세 및 비관세장벽을 철폐한다. 1994년 1월을 기점으로 최장 15년까지 상품별로 관세인하를 점진적으로 시행한 결과, 2019년 현재 모든 품목의 교역이 3국간에 무관세로 이루어지고 있다. 둘째, 원산지규정에서는 멕시코, 캐나다 및 미국산 부품사용 비중이 시장거래가격기준 60% 이상(순비용기준일 경우 50%)일 경우에만 "역내산"으로 간주한다. 단, 자동차의 경우는 2018년 트럼프 행정부의 재협상결과 이 기준을 75%로 올렸다. 셋째, 협정국들은 상호 수출의무나 현지부품 사용의무 등과 같은 투자이행조건을 부과할 수 없으며, 본국으로의 송금자유도 보장한다. 넷째, 협정국들은 내국민대우원칙에 의해 지적재산권을 적절하게 보호해야 한다. 다섯째, 협정국들은 역내수입품에 대해 자국의 반덤핑법과 상계관세법을 적용할 수 있으며, 긴급수입제한조치를 취할 수 있다. 여섯째, 협정국들은 각국의 대표들이 참여하는 노동협력위원회와 환경협력위원회를 구성하여 노동과 환경에 대한 통일된 기준을 정하고 준수하도록 한다.

2018년 트럼프 행정부의 재협상결과 자동차산업의 경우는 원산지규정을 강화하여, 역외국의 자동차기업들이 USMCA 국가내에서 생산한 자동차를 "역내산"으로 인정받기 위해서는 현재보다 훨씬 많은 현지생산부품을 사용해야 한다. 또한, 트럼프 행정부는 USMCA협정에 "일몰조항"을 추가하여 매 5년마다 한번씩 USMCA협정 존속여부를 협정당사국들이 검토 및 협상하도록 했다. 미국은 또한 캐나다와 멕시코에 대해 중국과 자유무역협정을 체결할 수 없도록 하는 조항을 추가하여 중국의 반발을 사기도 했다. 이는 중국을 적극 견제하겠다는 미국의 의도를 분명히 한 것이다.

2.4 기타 지역의 경제통합

(1) 아세안 자유무역협정(AFTA)

역사와 문화적 배경이 상이한 수많은 국가들로 구성되어 있는 아시아지역은 1990년대까지 지역경제통합에 대한 논의가 부진한 편이었다. 하지만 2000년대 들어서면서 아시아지역의 경제성장과 중국의 시장개방 등으로 아시아 국가들 간의 경제교류가 활성화되고, EU과 VSMCA 등과 같은 지역주의가 심화되면서 아시아 국가들 간의 경제통합 논의가 활발하게 전개되고 있다. 아직은 EU나 VSMCA협정의 경우처럼 지역경제통합이 크게 진전된 것은 아니지만 아세안을 중심으로 지역경제가 광범위하게 통합되고 있다.

아세안 10개국은 2002년 1월부터 공식적으로 아세안자유무역협정(AFTA, ASEAN Free Trade Agreement)을 공식발효하고 회원국간 무역자유화를 적극 추진하고 있다. 본래 인도차이나 지역의 공산화를 막기위한 안보동맹으로 1967년 결성된 아세안(ASEAN, Association of Southeast Asian Nations)은 소련의 해체로 안보위협이 사라지자 회원국을 확대하는 한편 역내무역의 자유화를 도모하였다. 기존 가맹국이었던 브루나이, 인도네시아, 말레이시아, 필리핀, 싱가포르, 태국 등 6개국에서 베트남, 미얀마, 라오스, 캄보디아 등 4개국을 회원국으로 받아들여 10개국으로 확대하였다. 하지만 역내교역비중이 낮고 국제무역에서 역내국가간 보완관계보다는 경쟁관계에 있기 때문에 무역자유화가 크게 진전되지 못하였다.

아세안 10개 회원국들은 1992년 정상회담에서 2008년부터 AFTA를 공식발효하기로 합의하였으나 EU와 VSMCA 등을 의식하여 일정을 앞당겨 2002년 1월부터 AFTA협정을 공식발효하게 되었다. 우선 회원국들의 개별사정을 감안하여 아세안창설국가 6개국은 2002년 1월부터 나머지 4개국은 2006년 1월부터 합류하였다. 이에 따라 6개국은 2002년 1월부터 일부품목을 제외하고 대부분의 제품에 대한 역내수입관세율을 5%이하로 낮추고 2005년까지 완전폐지하기로 하였다. 한편, 2004년 11월 중국과 아세안 10개국간 FTA가 공식발효됨으로써 아시아 지역에서 13억의 중국인구와 6억 7천의 아세안 인구 등 총 18억 인구를 한데 묶는 거대경제권이 출범하였다. 2007년 6월 아세안은 또한 한국과도 FTA를 공식발효하였다. <그림 3-9>는 아세안 10개국의 현황을 보여주고 있다.

그림 3-9 아세안 10개국 현황

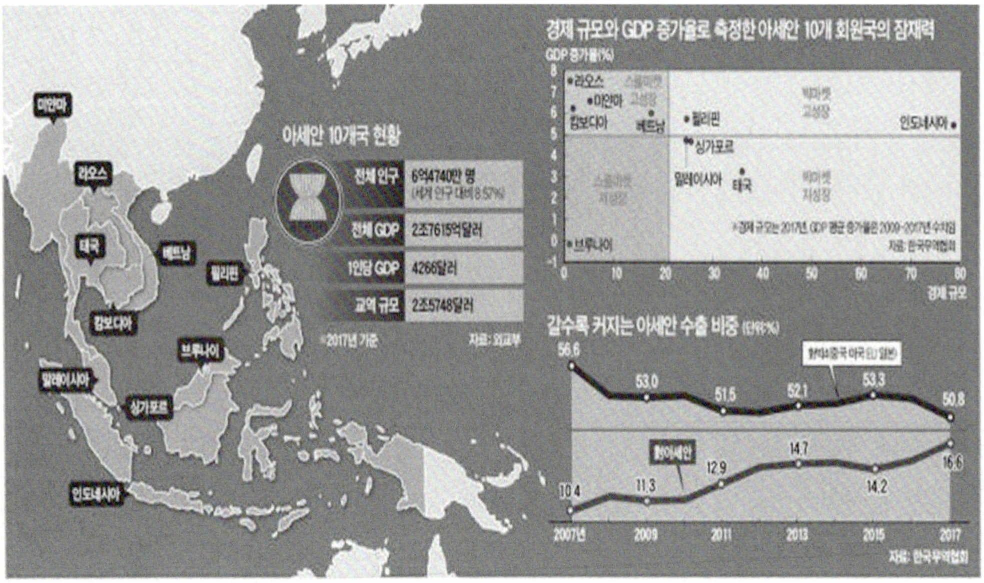

자료원: 한국경제, 2018. 11. 13.

(2) 아시아태평양 경제협의체(APEC)

한국, 중국 및 일본을 비롯한 아시아 국가들은 1980년대부터 지역경제의 자유화와 경제협력을 도모하기 위해 다양한 방식으로 논의를 전개하는 과정에서 미국, 캐나다, 칠레 등이 참여를 요구하자 이들을 포함하여 1990년 18개국이 참여하는 아시아태평양 경제협의체(APEC, Asia Pacific Economic Cooperation)를 발족하였다. APEC는 태평양 연안국가들 간의 경제협력방안을 논의하기 위한 협의체로서 회원국들 간의 무역과 투자의 자유화를 위한 구체적인 프로그램을 도출하기 위해 노력하고 있다.

(3) 남미공동시장(MERCOSUR, 메코수르)

1988년 브라질과 아르헨티나가 체결한 자유무역협정이 우루과이와 파라과이로 확대되어 운영되고 있는 메코수르(MERCOSUR, 남미공동시장)는 일종의 관세동맹으로서 비회원국들에 대한 대외공동관세제도를 채택 및 운영하면서 나름의 성과를 거두고 있다. 'Mercado Comun del Sur'라는 원어의 줄임말로 직역하면 '남쪽(Sur)의 공동(Comun)시장(Mercado)'을 말한다. 1995년 1월 1일부터 역내의 모든 관세를 철폐했으며, USMCA와 함께 아메리카 대륙을 대표하는 경제공동체로 꼽히고 있다. 2018년 기준 역내총생산(GDP) 4조 달러, 인구 2억 7천만의 규모로서, 중남미전체로 자유무역협정을 확대하기 위해 노력하고 있다. 칠레, 볼리비아, 페루외에도 2004년부터 멕시코와 베네수엘라가 준회원국으로 참가하고 있다. 또한 2007년 12월 이스라엘과 FTA를 공식체결하였으며, EU, 중동, 아시아, 아프리카 국가들과의 FTA협정을 적극 추진하고 있다.

(4) 한국의 지역경제통합

한국은 그동안 WTO체제의 다자주의를 주장하면서 어떠한 경제통합에도 가입하지 않고 있다가 2004년 4월 칠레와 처음으로 FTA를 시작하면서 쌍무주의방식의 지역경제통합에 적극 참여하기 시작하였다. 칠레와의 FTA를 시발로 한국은 14건의 FTA를 더 성사시킴으로써, 2019년 현재 총 15건의 FTA에서 52개국과 자유무역협정을 체결 · 발효시켰다(<그림 3-10>).

그림 3-10 한국의 FTA 발효현황

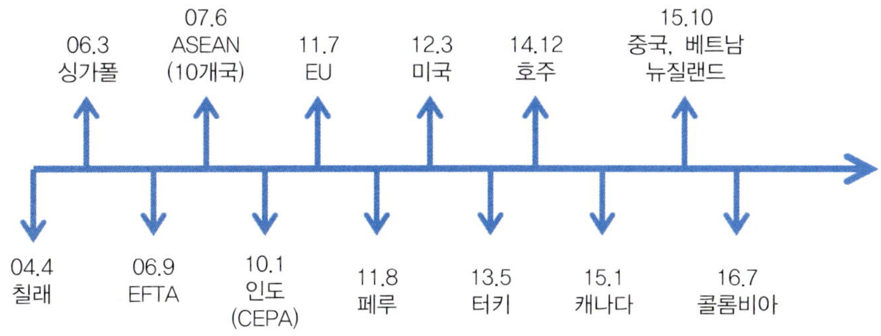

한국은 칠래와의 FTA(2004년 발효)를 시작으로 싱가포르(2006년 발효), EFTA(2006년 발효), ASEAN(2009년 발효), 인도(2010년 발효), EU(2010년 발효), 페루(2011년 발효), 미국(2012년 발효), 터키(2013년 발효), 호주(2014년 발효), 캐나다(2015년 발효), 중국(2015년 발효), 베트남(2015년 발효), 뉴질랜드(2015년 발효), 콜롬비아(2016년 발효)등 총 15건의 FTA를 맺어왔다. 그 외에도 현재 FTA를 협상하고 있는 국가는

GCC(Gulf Cooperation Council: 사우디, 쿠웨이트, 바레인, 오만, UAE, 카타르 등이 체결한 관세동맹형태의 경제협력체), 멕시코 등이며, 공동연구 또는 검토중인 국가는 일본, MERCOSUR, 이스라엘, 몽골 등이다.

FTA조류에 늦게 합류한 한국은 한·EU FTA와 한·미 FTA체결을 계기로 이른바 거대경제권과의 FTA체결을 가속화하면서 10대 교역국 대부분과 FTA를 체결하였거나 체결을 추진하고 있는 상황이다. 이와 같이 동시 다발적으로 FTA를 적극적으로 추진하는 이유는 한국경제의 무역의존도가 매우 높은 상황에서 수출시장을 확보하기 위함이다. 또한 FTA 추진시 특정지역 또는 국가에 치우친 FTA는 특정산업에 지나치게 개방의 부담이 집중된다는 측면도 고려하였기 때문에 FTA 체결국가를 공격적으로 늘리고 있다.

03 통상마찰의 위험과 관리

3.1 통상마찰의 배경과 요인

(1) 비교열위 산업과 구조조정

2000년대 초반부터 BRICs(브라질, 러시아, 인도, 중국) 국가들을 중심으로한 신흥국들이 세계경제의 중요한 축으로 등장한다. 이들 신흥국들이 선진국시장으로의 수출에 의존한 성장전략을 택하면서 선진국들과의 무역마찰은 불가피해졌다. 특히 신흥국들이 경쟁적으로 선진국시장으로의 수출을 늘리면서, 선진국의 비교열위 산업에 속한 기업들과 근로자들이 커다란 피해를 보게 되었다. 자유무역이론은 신속하고 원활한 국내산업의 구조조정을 가정하고 있지만, 현실적으로는 시장개방속도에 맞게 구조조정이 이루어지지 못하면서 선진국 비교열위 산업들의 국내생산이 감소하고 실업률이 증가하게 된다. 이에 따라 비교열위 산업에 종사하는 기업과 근로자들은 자국정부에 수입규제와 산업보호를 요구하고, 산업피해문제를 정치적인 쟁점으로 부각시키게 된다. 이때 이들은 신흥국기업들이 덤핑을 하거나 외국정부로부터 보조금을 받았다는 이유로 또는 자신들의 지적재산권을 침해하였다는 이유로 WTO협정 또는 자국의 통상법을 근거로 각종 제재조치를 요구하게 되면서 통상마찰이 발생하게 된다.

선진국들 간의 경쟁에서도 비교열위 산업의 보호이슈는 발생한다. 2018년 11월 26일 미국최대의 자동차회사인 GM은 전기차 및 자율주행차의 투자에 필요한 현금유동성 확보를 위해 2019년에 북미지역에서 5곳, 해외에서 2곳의 공장가동을 중단하고, 북미지역에서만 북미근로자의 15%인 1만 4천여명에 달하는 감원을 실시할 계획이라고 밝혔다. 2009년 GM의 파산이후 최대규모이다. GM의 이같은 구조조정결정은 일본 자동차회사들과 경쟁에서 밀리면서 급감하고 있는 북미지역에서의 가솔린엔진 자동차판매 때문이다. 경쟁력을 잃어가는 가솔린엔진 차량에 대한 생산 및 투자를 대폭줄이고 대신에 친환경차인 전기차와 자율주행차로 GM의 사업영역을 재조정하겠다는 것이다. 이에 반응하여 트럼프 행정부는 미국생산 가솔린엔진 차량의 보호를 위해 수입자동차에 대하여 25%의 관세를 부과하겠다는 가능성을 계속언급하는 한편, GM에게는 북미에서의 공장폐쇄 및 감원결정을 철회해 줄 것을 요청하고 있다. 만일 가솔린엔진 차량영역에서 경쟁력을 상실해 가는 GM을 수입자동차들로부터 보호하기 위해 25%의 관세를 부과한다면 일본 및 EU와의 통상마칠을 야기할 것은 불을 보듯 뻔하다. 이처럼 국제경쟁력을 상실해 가는 비교열위 산업의 보호는 무역상대국과의 통상마찰을 야기하는 주요 원인이다.

(2) 장치산업의 공급과잉과 경기침체

철강·알루미늄이나 화학·자동차와 같은 중화학공업들은 한번 투자가 일어나면 대규모로 투자가 진행되는 장치산업들로서 주기적으로 세계적인 공급과잉과 해소를 반복하는 경향을 보이는 산업이다. 이들 장치산업들은 세계경제 호황기에는 생산설비를 대폭 확장하여 확장된 수요에 대응한다. 그러나 세계경제 침체기에는 생산설비의 가동율을 낮추어 세계적인 공급량을 줄여야 함에도 불구하고 그러지 못하고 공급과잉을 초래한다. 장치산업의 특성상 높은 고정비 때문에 최대한 제품가격을 낮추어 팔더라도 공장가동율을 유지하는 것이 이득이기 때문이다. 세계적인 공급과잉이 결국에는 국가간 통상마찰을 불러오는 것은 당연하다.

과잉생산과 해소의 사이클이 확대된 시기에 신흥국기업들이 대거진입하면서 생산규모가 세계적으로 대폭증가한 것은 2000년대 초반이다. 이들 장치산업을 중심으로 세계적 공급과잉위협이 상존하는 상황에서, 세계경제가 경기침체기에 진입하게 되면 공급과잉을 해소하기 위해 신흥국기업들을 중심으로 선진국으로의 수출을 공격적으로 추진하면서 선진국들과의 통상마찰을 야기 한다. 선진국들은 신흥국제품들의 급증으로 국내산업이 커다란 피해를 입게되자 세이프가드 조항을 발동하여 자국산업을 보호하거나, 반덤핑관세 또는 상계관세 등을 발동한다.

(3) 공정무역과 글로벌 스탠더드

WTO체제의 출범으로 관세 및 비관세장벽이 낮아지면서 신흥국상품들이 선진국시장을 잠식하게되자 선진국들은 자유무역보다 공정무역을 강조하면서 수세에 몰린 선진국기업을 방어하는 수단으로 이용하고 있다. 공정한 조건하에서 자유무역이 이루어져야 한다는 주장을 바탕으로 반덤핑제소, 보조금에 대한 상계관세부과, 특허권 침해소송 등을 활용하였다. 특히, 환경 · 노동 · 반독점 등의 기준을 국제적으로 통일시켜 같은 조건하에서 제품을 만들어 수출해야 한다고 주장하였다. 이에 따라 신흥국제품에 대해 반덤핑제소와 특허권 침해소송 등이 급증하고, 국제적인 환경이나 노동기준을 충족시키지 못한 상태에서 제조 및 수출되는 제품에 대해 규제하려는 움직임들이 가시화되면서 통상마찰이 늘어나고 있다.

3.2 한국통상마찰의 현황과 특징

대외지향적인 산업화정책으로 인해 한국경제의 무역의존도는 매우 높다. 특히 한국은 거의 모든 부문이 수출산업에서 세계적인 규모의 설비투자를 감행하였고, 대량생산체제를 갖추면서 협소한 내수시장의 한계를 보완하기 위해 대량수출을 추진하였다. 그 결과 단기간내에 수출이 집중되는 경향이 나타나면서 선진국으로부터 수많은 무역규제를 받게되었고 주요 국가와의 통상마찰은 기업의 생존과 성장에 커다란 타격을 주는 경우가 많았다.

(1) 수입규제 추이

한국제품에 대한 수입규제 추이를 바탕으로 한국이 외국과 통상마찰을 어떻게 겪었는지를 살펴보면 다음과 같다. 우선 수입규제 대상산업의 변화추이를 살펴보면 한국의 주력산업의 변천과 같다. 1970~80년대까지는 섬유와 신발 등의 경공업분야에서 수입규제를 받다가 1980~90년대에는 주력수출제품이었던 철강과 전자제품으로 확대되었다. 이어서 20000년 이후에는 자본 및 기술집약적인 제품인 반도체, 화학, 고부가 철강제품 등에 대한 수입규제가 증가하였다. 수입규제 국가는 거의 대부분 미국과 EU 등의 선진국이었으나, 2000년대 들어서는 중국·인도·브라질, 터키 등 신흥국들의 수입규제도 늘어나고 있다. <표 3-3>에 의하면, 2018년 10월 기준 우리나라 제품에 대한 수입규제는 25개국에서 194건에 이르고 있다. 이 중 실제 발효된 수입규제는 169건이며, 25건은 아직 조사가 진행중이다. 국가별로 보면 미국이 39건으로 가장 많고, 인도(29건), 중국(16건), 터키(15건), 캐나다(13건), 브라질(11건) 등이 뒤를 잇는다. 품목별

표 3-3 한국산 제품에 대한 수입규제

□ 2018.10.2일 기준 25개국 총 194건(규제중 169건, 조사중 25건)

분 류	건 수	반덤핑 (Anti-Dumping)	상계관세 (Countervailing Duties)	세이프가드 (Safeguard)
조사중	25	17	2	6
규제중	169	137	7	25
합 계	194	154	9	31

□ 국가별

분 류	건수	미국	인도	터키	중국	캐나다	브라질	태국	호주	인니	말련	기타
조사중	25	3	3	4	3	3	0	0	1	0	0	7
규제중	169	36	26	11	13	10	11	8	6	7	6	36
합 계	194	39	29	15	16	13	11	8	7	7	6	43

□ 품목별

분류	계	철강/금속	화학	플라스틱/고무	섬유	전기전자	기계	기타
조사중	25	10	5	7	2	0	0	1
규제중	169	84	33	20	10	7	4	11
합 계	194	94	38	27	12	7	4	12

로는 미중무역전쟁의 핵심품목인 철강 · 금속이 94건이고, 화학제품(38건), 플라스틱 · 고무(27건), 섬유(12건), 전기 · 전자(7건) 등의 순이다. 유형별로는 반덤핑관세가 154건, 세이프가드 31건, 상계관세 9건 등이다. 특히 세이프가드 대상인 31건이 모두 발효될 경우 10억달러(1조 1,300억원) 규모를 뛰어 넘는 한국산제품이 영향을 받을 수 있어 정부의 적극적인 대응이 요구되고 있다.

(2) 수입규제방식

1) 긴급수입제한제도(세이프가드, Safeguard)

긴급수입제한제도(세이프가드)는 특정물품의 수입이 급증하여 국내산업이 심각한 피해를 입거나 그러한 우려가 있을 경우 이를 구제하기 위해 수입국이 관세를 인상하거나 수량규제를 하는 것을 말한다. 이때 긴급수입제한조치는 반덤핑행위나 보조금지급 등과 같은 불공정 무역행위에서 비롯된 것이 아니므로 수출국은 수입국에게 적절한 보상을 받기위한 협의를 요청할 수 있다.

한국도 1997년 외환위기 이후 수입시장이 대폭 개방되면서, 무역위원회를 설치하고 특정제품의 수입급증에 의해 국내산업이 피해를 입었을 경우 관세인상이나 수량규제 등을 통해 이를 구제하고 있다.

2) 반덤핑관세와 상계관세

반덤핑조치란 특정물품의 수출가격이 내수가격보다 낮은 덤핑이 이루어지고, 덤핑된 제품의 수입에 의해 수입국의 관련산업이 피해를 입었을 경우 해당물품에 대해 덤핑마진(내수가격과 수출가격의 차이) 범위내에서 관세를 부과하여 피해를 입고있는 수입국산업을 구제하려는 조치이다. 수입국산업에 피해를 주는 덤핑수출은 불공정한 무역행위이기 때문에 WTO는 이를 시정하고 적절한 경쟁환경을 유지하기 위해 각 회원국이 반덤핑조치를 발동할 권리를 특별히 인정하고 있다. 과거반덤핑조치는 미국, EU, 캐나다, 호주 등 선진국들이 주로 발동하였으나 최근에는 멕시코와 브라질 등 신흥국들도 발동하는 경우가 늘고 있다.

상계조치는 특정국가가 보조금을 지급하여 인위적으로 수출가격을 낮춤으로써 해당제품 수입국의 국내산업에 피해를 야기한 경우 수출국에서 지급한 보조금을 상쇄할 목적으로 관세를 부과하여 피해를 입은 수입국산업을 구제하려는 조치이다. 보조금은 국가정책을 실현하려는 하나의 수단으로서 협의의 보조금공여, 조세감면, 저리융자, 수출신용 등의 다양한 형태로 교부되고 있으며, 무역왜곡효과가 큰 수출보조금을 특히 금지하고 있다. WTO에서는 보조금을 적색보조금(금지보조금으로서 수출보조금과 국산품우선 사용보조금), 황색보조금(상계가능한 보조금으로서 적색과 녹색보조금을 제외한 보조금), 녹색보조금(허용보조금으로서 연구개발보조금, 지역개발보조금, 환경보조금 및 일반이용 가능한 보조금)으로 나누고 황색보조금에 의해 수입국산업이 현저한 피해를 입었을 경우 상계관세부과로 피해를 구제할 수 있다.

3) 지적재산권 보호

불충분한 혹은 부적절한 지적재산권의 보호로 인해 초래되는 무역왜곡효과를 상쇄하기 위해 지적재산권을 침해하여 제조된 제품이 수입되었을 경우 피해사실이 입증되지 않은 경우에도 수입금지조치나 관세양허철회 등의 구제조치를 취할 수 있다. 미국은 스페셜 301조를 바탕으로 미국의 지적재산권을 침해한 국가를 연례적으로 심사하여 우선협상국으로 지정하고 그후 통상법 301조에 의한 조사를 하고 이어서 해당 국가제품의 수입배제 또는 금지조치를 하고 있다.

통상법 301조는 교역상대국의 불공정 무역관행을 시정하기 위해 협상하는 과정에서 소기의 성과를 거두지 못하는 경우 상대국에 대해 불공정 무역관행에 의해 피해를 입은 정도만큼 일방적으로 보복조치를 취할 수 있는 제도이다. 불공정 무역관행에는 제품과 서비스의 교역뿐만 아니라 지적재산권의 보호, 수출산업의 육성정책, 부당노동행위, 반경쟁적 관행 등이 포함된다.

3.3 통상위험관리

(1) 제품시장 영역의 조정

1) 수출제품 다각화

반덤핑관세나 상계관세부과, 관세인상이나 수량규제와 같은 긴급수입제한조치의 시행 등으로 수입규제가 실시되면 규제대상이 아닌 제품으로 다각화를 도모한다. 예를 들면 소형컬러TV에 대한 반덤핑관세부과에 대해 한국가전업체들은 중대형 컬러TV로 다각화하여 주력수출품목을 전환하였다. 일본기업들도 수입규제를 당하게되면 제품다각화를 통해 주력수출품목의 전환에 성공함으로써 수입규제에 따른 부정적인 효과를 최소화하였다. 예를 들면 과거 일본자동차 업체들은 미국과의 통상마찰로 인해 연 230만대 이하로 수출자율규제를 당하게 되자 소형차에서 중대형차로 주력수출품목을 전환하여 성공을 거뒀다.

2) 수출시장 다변화

수입규제를 당하면 해당제품을 팔 수 있는 다른 해외시장을 개척한다. 한국기업들은 우선 미국시장을 개척하다가 수입규제를 당하면 서유럽시장으로 주력수출시장을 다변화함으로써 미국과의 통상마찰에 따르는 위험을 줄여 나갔다. 예를 들면 한국가전업체들은 주력수출제품에 대한 수입규제의 순서에 따라 주력수출시장을 미국→서유럽→신흥국 등의 순서로 다변화하였다.

(2) 경쟁우위강화

1) 생산성향상과 원가절감

수입규제품목의 생산성을 향상시키고 원가를 절감함으로써 국제경쟁력을 강화한다. 경쟁우위를 확보하면 반덤핑관세 또는 상계관세를 물더라도 그만큼 피해를 줄일 수 있기 때문이다. 한국가전업체들은 미국과 EU로부터 수입규제를 받을 때마다 생산성향상운동과 원가절감운동을 전개하여 수입규제에 따르는 손해를 줄여왔다.

2) 연구개발투자와 특허기능강화

지적소유권 침해소송을 받은 경우 장기적인 관점에서 연구개발투자를 강화하고 특허부서기능을 확충하여 국내외 특허출원을 늘려 나간다.

3) 통상부서확대

통상마찰을 전담하는 부서를 만들고 국제변호사, 특허전담변호사, 국제협상전문가 등을 고용하고 내부통상인재를 육성한다.

4) 글로벌 네트워크구축

장기적으로 소품종 대량생산체제에서 다품종 소량생산체제로 전환하고, 글로벌생산 및 판매체제를 구축하여 특정국가가 수입규제하면 글로벌차원의 소싱전략을 구사하는 등의 역량을 강화한다.

(3) 전략적 대응

1) 수입규제원인의 제거

수출가격을 인상하거나 시판가격을 인하하여 덤핑마진을 축소하거나 정부보조금을 허용가능한 보조금으로 전환하는 방식을 통해 수입규제의 원인을 제거한다. 같은 모델이라도 수출모델과 내수모델을 달리하여 가격을 달리 책정하는 정책의 타당성을 제시하거나 직접적인 수출금융지원보다는 연구개발이나 환경보전기술개발을 위한 지원으로 보조금지원정책을 전환하는 것도 타당한 통상위험관리방안이라 하겠다.

2) 수출자제와 수입증대

통상마찰이 발생하지 않도록 단기간내에 집중적으로 수출을 도모하는 관행을 고치는 한편 수입규제가 발생하면 수출물량을 줄이고 공급부족에 따른 가격상승을 유도한다. 또한 구매사절단 파견이나 자국시장 개방확대를 바탕으로 수입규제 상대국과의 무역역조를 일부줄이는 한편 우호적인 분위기를 조성하여 유리한 판정을 유도한다. 한국은 과거 미국과의 통상마찰이 심화되자 담배와 금융시장 등을 추가로 개방하여 통상협력을 강화하였다.

3) 전략적 제휴증대

현지기업과의 전략적 제휴를 체결 및 강화하여 통상마찰의 정도를 완화한다. 예를 들면 LG전자는 미국의 컬러TV 반덤핑제소업체인 제니스의 지분을 일부인수하고 공동으로 평면TV기술을 개발하는 등의 제휴를 통해 반덤핑제소철회를 유도한 적이 있다. 일본의 도시바도 과거 미국과의 반도체무역마찰이 심화될 때 미국의 모토로라와 합작투자와 제품분업을 통한 전략적 제휴관계를 체결하여 미국과의 통상마찰위험을 줄여나갔다. 특허권 침해소송의 경우 일정액의 로열티를 지불하고 크로스 라이센싱을 맺어 판정이전에 당사자간 화해하는 방법도 있다.

4) 현지투자증대

수입규제를 받는 품목을 현지생산하고 로컬콘텐트 비율을 제고하여 통상마찰위험을 회피하고 있다. 삼성전자와 LG전자 등은 미국컬러 TV의 반덤핑제소에 대해 미국 록스베리와 헌츠빌에 각각 컬러TV공장을 건설하고 수입규제를 회피하였다.

5) 현지소비자 단체와의 유대강화

수입규제품목을 사용하는 기업이나 소비자단체들과 공조하여 수입규제 움직임을 사전에 차단하거나 산업피해 판정이 나지않도록 노력한다. 예를 들면 현대자동차는 과거 캐나다의 반덤핑제소에 대해 캐나다 소비자 기업성과공조를 바탕으로 무피해판정을 얻어내는 성과를 거두었다. 한국의 메모리 반도체업체들은 미국의 반도체 장비업체들과 메모리 수요업체들과 공조하여 메모리에 대한 수입규제는 미국 최종제품의 가격상승과 반도체장비의 수출둔화를 초래한다는 점을 역설하여 반덤핑제소의 문제점을 널리 알렸다.

토의과제

1. GATT의 세 가지 기본원칙을 설명하시오.
2. WTO의 세 가지 기본협약을 설명하시오.
3. 지역경제통합의 유형에 대해 설명하시오.
4. 통상마찰이 발생하는 요인과 대응방안에 대해 설명하시오.
5. 한미 FTA의 경제적 파급효과에 대해 설명하시오.

참고문헌

- Arregle, J-L. & Toyah L. Miller & Michael A. Hitt & Paul W. Beamish, "Do regions matter? An integrated institutional and semiglobalization perspective on the internationalization of MNEs," *Strategic Management Journal*, 34, 2013, pp. 910-934
- Flammer, C., "Does product market competition foster corporate social responsibility? Evidence from trade liberalization," *Strategic Management Journal*, 35, 2014.
- Kali, R. & Javier Reyes, "The architecture of globalization: a network approach to international economic integration." *Journal of International Business Studies*, 38(4), 2007, pp. 595~620
- Kumaraswamy, Arun & Mudambi, Ram & Saranga, Haritha & Tripathy, Arindam, "Catch-up strategies in the Indian auto components industry: Domestic firms' responses to market liberalization," *Journal of International Business Studies*. 43(4), 2012. pp. 368-395
- Rugman, A. M. & Chang Hoon Oh, "Why the Home Region Matters: Location and Regional Multinationals," *British Journal of Management*, 24(3), 2013, pp. 463-479
- Wiersema, M. F. & Harry P. Bowen, "Corporate diversification: The impact of foreign competition, industry globalization, and product diversification," *Strategic Management Journal*, 29, 2008, pp. 115-132

제4장

국제금융환경과 관리

학습 목표

국제경영이 국내경영과 다른 점 중의 하나는 국제거래를 수행하는 기업들은 환위험(foreign exchange risk)에 노출된다는 점이다. 대부분의 국제거래는 미국 달러화(US$)로 결제되기 때문에 국제거래에 종사하는 기업들은 한국원화를 달러로 교환하거나, 해외에서 벌어들인 달러를 한국원화로 교환해야 한다. 그래서 달러와 한국원화의 교환비율 즉 환율(foreign exchange rate)이 중요하다. 한국은 OECD 회원국으로서 외환시장에서 시장참가자들에 의해 자율적으로 환율이 결정되도록 하고 있다. 그런데 외환시장에서 수요와 공급의 작용에 의해서 시시각각으로 변화하는 환율은 기업들에게 환율변동이라는 새로운 불확실성을 안겨주고 있다. 환율변동의 불확실성으로 인해 손해를 입을지 모르는 위험 즉, 환위험을 안고 기업들은 국제거래를 해야 한다.
환위험은 기업의 노출유형에 따라 회계적 환노출, 거래적 환노출, 경제적 환노출로 분류한다. 다국적기업들은 환위험을 관리하기 위해 기업내부의 방안(결제통화 변경, 매칭, 리딩과 래깅, 네팅, 자산부채관리 등)과 더불어 기업외부의 방안(선물환과 통화선물, 통화옵션, 통화스왑 등)을 활용하고 있다.

- 환율변동에 영향을 미치는 주요 국제거래를 이해한다.
- 환율이 자유롭게 변동하게 된 배경과 요인을 이해한다.
- 환율을 결정하는 요인을 이해한다.
- 환노출의 유형과 관리방안을 이해한다.

도입사례

유가 · 원화 동반강세. . . . . . 산업계 위기감 고조

유가와 원화의 동반강세로 산업계의 시름이 깊어지고 있다. 원·달러환율이 심리적 마지노선인 1090원 아래로 떨어진 가운데, 국제유가도 배럴당 70달러를 넘어서며 수출기업의 채산성을 악화시키고 있다. 업계에서는 삼성전자와 SK하이닉스의 경우 원·달러 환율이 10% 하락하면 영업이익은 2~3%가량 줄어드는 것으로 추정한다. 유가상승은 원자재가격인상으로 이어져 기업의 생산비를 높이기 때문에 통상 완제품이나 중간재를 생산·판매하는 기업들에 악영향을 미친다.

2018년 5월 25일 서울외환시장에서 원·달러 환율은 전날보다 1.6원 내린 1078원을 기록했다. 주요 기업들이 올해 사업계획에 반영한 1090원 내외보다 낮은 수준까지 떨어졌다. 1090원은 손익분기점을 의미해, 환율이 이보다 낮을 경우 적자위험도 커진다. 전망도 좋지 않다. 글로벌 투자은행 모건스탠리는 최근 보고서를 통해 원·달러 환율이 올해 말 1040원, 내년 1분기 1030원까지 하락할 것으로 내다봤다. 국제유가도 배럴당 70달러선의 고공행진을 이어가고 있다. 조정을 거치고 있으나, 흐름은 우상향이다. 환율과 유가가 사업에 영향을 미치는 기간은 통상 변동이 있은지 3개월 후다. 지난해 말부터 이런 분위기가 이어지고 있어, 올 상반기에는 수출은 늘어도 환차손 피해는 불가피할 전망이다. 절대적 공급부족에 있는 반도체를 제외한 전 업종이 사실상 위기에 처했다. 전차군단이 원화강세로 가격경쟁력이 퇴색됐고, 이는 수출전선의 먹구름을 예고하고 있다. 이미 1분기 실적에서 이상신호를 보인 가운데 유일하게 질주중인 반도체마저 전강후약의 전망이 나온다.

1분기 원화강세와 정제마진약세로 영업이익이 전년동기보다 20% 이상 빠진 정유업계도 긴장하는 기색이 역력하다. 정유업계는 평소 통화선도계약 등으로 환율변동위험에 대응하고 있다. 원유 역시 도입선 다변화를 추진중이다. 하지만 유가상승과 환율하락에 자체적인 노력만으로는 한계를 보인다. 석유화학업계도 석유에서 뽑아낸 나프타를 이용해 제품을 만들고 있어 원가상승을 부담스러워하는 분위기다. 업계는 상대적으로 저렴한 원재료확보에 총력을 기울이는 한편 제품가격에 원가인상분 반영을 추진중이다.

항공·해운업계도 경계의 끈을 놓치지 않고 있다. 두 업종은 유류비가 영업비용에서 차지하는 비중이 30%에 달한다. 항공업계 관계자는 "유류할증료 부과로 대응하고 있으나 최근 호조세를 보이는 여객·화물수요에 악영향을 끼칠 수 있어 안심할 상황은 아니다"고 말했다. 해운업 역시 유류비 상승분을 운임에 반영할 수 있다. 하지만 업계의 고질적 문제인 공급과잉이 여전한 상태이기 때문에 화주들이 이를 수용할 가능성은 낮다. 해운업계 관계자는 "연료비가 싼 곳으로 급유지를 바꾸거나 저속운항을 통해 연료소모를 낮추는 방식으로 대응하고 있다"고 말했다.

한편 현대경제연구원은 올초 원·달러 환율이 1% 하락할 경우 우리나라 총수출이 0.51% 감소하는 것으로 추정했다. 산업별로는 기계(−0.75%), IT(−0.57%), 자동차(−0.4%), 석유화학(−0.37%), 철강(−0.35%), 선박(−0.18%) 순이었다.

자료원: 뉴스 토마토 2018년 5월 27일

01 환 율

1.1 환율의 표기방법

국제거래에서 가장 많이 통용되는 결제통화는 미국달러화(US$)이다. 예를 들어, 중동국가들에게서 석유를 수입할 때도 미국달러로 결제를 해야하고, 한국의 가장 큰 교역상대국인 중국에 수출을 하거나 또는 수입을 할 때에도 미국달러로 결제를 해야 한다. 국제거래의 결제를 위해 한국기업들은 보유중인 한국원화(₩)를 US달러로 교환하거나, 반대로 해외에서 벌어들인 US달러를 한국원화(₩)로 교환해야 한다. 그래서 미국달러와 한국원화(₩)의 교환비율 즉, 미국달러 대비 원화환율은 국제거래를 수행하는 한국기업에게 매우 중요하다. 왜냐하면, 미국달러 대비 원화환율에 따라서 해외수입대금을 지불하기 위하여 미국달러화를 매입하는데 필요한 원화의 금액이 달라지거나, 해외수출대금으로 받은 미국달러화를 교환하여 원화로 받은 금액이 달라지기 때문이다. 한국은 OECD 회원국으로서 외환시장에서 시장참가자들에 의해 자율적으로 환율이 결정되도록 하고 있다.

환율의 첫 번째 주세인 <환율의 표기방법>에 대하여 알아보자. 환율(foreign exchange rate)이란 일정시점에서 어떤 한 나라의 통화와 다른 나라 통화의 교환비율이다. 외환시장에서 미국 1달러가 한국원화로 ₩ 1,000과 교환되고 있다고 가정해보자. 달러와 원화의 교환비율 즉, 환율을 어떻게 표기할까? 환율은 두 가지 방식으로 표기할 수 있다. 하나는 미국달러를 기준으로 한 원화표시 교환비율이고, 다른 하나는 한국원화를 기준으로 한 달러표시 교환비율이다. <표 4-1>은 미국 또는 영국의 주요 경제신문들에 게재된 세계 여러 나라 통화의 교환비율 즉, 환율을 요약하여 보여주고 있다. 환율이 “U.S. Dollar Equivalent” 와 “Currency per U.S. Dollar” 라는 두 가지 방식으로 표기되어 있음을 알 수 있다. 첫 번째 환율표기방식인, “U.S. Dollar Equivalent“ 란 외국통화 1단위에 대한 미국달러표시 교환비율을 말한다. 즉, 미국달러로 표기(US$ equivalent)한 환율표기법이다. 예를 들면, 2013년 7월 17일 수요일 한국통화(South Korea won) 1원의 미국달러 표시 교환비율은 US$ 0.0008934이다. 즉, 한국통화 1원의 미국달러 표시가격이 US$ 0.0008934라는 것이다. 스위스통화(Switzerland currency) 1 프랑(Franc)의 미국달러 표시가격 또는 교환비율은 US$ 1.0626 이다. 영국(U.K.)통화 1파운드에 대한 미국달러 표시가격은 US$ 1.5212 이다. 바로 전날의 영국(U.K.)통화 1파운드의 미국달러 표시가격은 US$ 1.5159이었다.

두 번째 환율표기 방식인 "Currency per U.S. Dollar" 란 미국통화 1단위 즉, 1 달러에 대한 외국통화표시 교환비율을 말한다. 즉, US$ 1의 가격이 외국통화로 표시할 때 얼마인가를 나타낸 것이다. 예를 들면, 2013년 7월 17일 수요일 한국통화에 대한 "Currency per U.S. Dollar" rate은 1119.36원이다. 즉, US$1의 가격 또는 US$1의 외국통화표시 교환비율이 한국통화로 1119.36원이라는 것이다. 또 US$1의 가격 또는 US$1의 외국통화표시 교환비율은 스위스통화로 0.9411 프랑(Franc)이다. 사실 US 1 달러를 기준으로 표시하는 이 환율표기법은 우리나라뿐 아니라 전 세계적으로도 가장 광범위하게 쓰이는 환율표기방식이다. <표 4-1>에서 보듯이, 미국 또는 영국의 주요 경제신문들에 게재된 환율표기방식을 보면 당일과 전일환율이 함께 표기되어 있어서 환율의 변화추이를 알 수 있게 해준다. 한국통화에 대한 전일 화요일 환율은 1110.73원이다. 전일 화요일 보다 오늘 수요일 환율 즉, US 1 달러의 가격이 1119.36원으로 전날보다 8.63원 만큼 올랐음을 알 수 있다.

지금까지 우리가 이야기한 환율은 계약일로부터 2영업일 이내에 거래가 완성되는 현물환율(spot exchange rate)이다. <표 4-1>의 몇 개국 통화를 보면 1-month forward, 3-months forward, 6-months forward 라는 환율이 있다. 정식명칭은 forward exchange rate(선물환율)인데, 이는 1개월, 3개월 또는 6개월 후에 시장이 예상하는 환율을 나타낸다. 그러면 선물환율은 어떤 경우에 이용될까? 만일 지금은 필요하지 않지만, 6개월 후에 어떤 이유로 캐나다달러가 필요하다고 하자. 현물환율을 이용하여 지금 당장 캐나다달러를 구매하여 은행에 예치해 놓았다가 6개월 후에 쓰는 방법이 있다. 또 다른 방법은 캐나다달러를 살 돈이 6개월 후에 생긴다면, 지금 확정되어 있는 6개월 만기선물환율에 의거하여 6개월 후에 캐나다달러를 사기로 지금 당장 선물계약을 맺을 수가 있다. 6개월 후에 환율이 어떻게 변할지 모르는 상황에서 오는 불확실성을 제거하여 예측가능한 거래를 할 수 있게 해준다.

물론 6개월 후의 환율이 실제로 어떻게 결정되느냐에 따라 선물계약으로 인해 손해를 볼 수도 있고 이익을 볼 수도 있다. 그러나 중요한 것은 6개월 후에 어떻게 변할지 모르는 환율로 인해 발생하는 불확실성을 선물거래를 이용하여 미리 제거함으로써, 예

표 4-1 환율표기법

Country/currency	U.S. Dollar Equivalent Wednesday July 17, 2013	U.S. Dollar Equivalent Tuesday July 16, 2013	Currency per U.S. Dollar Wednesday July 17, 2013	Currency per U.S. Dollar Tuesday July 16, 2013
Argentina peso	0.1839	0.1840	5.4384	5.4338
Australia dollar	0.9238	0.9253	1.0824	1.0808
1-mos forward	0.9218	0.9231	1.0849	1.0833
3-mos forward	0.9178	0.9193	1.0896	1.0878
6-mos forward	0.9123	0.9136	1.0962	1.0946
Bahrain dinar	2.6535	2.6519	0.3769	0.3771
Bolivia boliviano	0.1447	0.1447	6.9100	6.9100
Brazil real	0.4497	0.4437	2.2239	2.2537
Canada dollar	0.9610	0.9643	1.0406	1.0370
Chile peso	0.002009	0.001993	497.70	501.66
China yuan	0.163	0.1618	6.1345	6.1819
Colombia peso	0.0005330	0.0005319	1876.14	1880.06
Costa Rica colon	0.002005	0.002005	498.730	498.765
Czech Rep. koruna	0.05066	0.5080	19.738	19.687
Denmark krone	0.1760	0.1765	5.6824	5.6657
Ecuador U.S. dollar	1	1	1	1
Egypt pound	0.1428	0.1434	7.0015	6.9756
Euro area euro	1.3125	1.3163	0.7619	0.7597
Hong Kong dollar	0.1289	0.1289	7.7575	7.7575
Hungary forint	0.004484	0.004497	223.01	222.35
India rupee	0.01686	0.01696	59.307	58.945
Indonesia rupiah	0.0000986	0.0000970	10145	10310
Iran rial	.00008070	0.00008144	12391	12278.5
Israel shekel	0.2796	0.2809	3.5764	3.5603
Japan yen	0.010043	0.010090	99.58	99.10
1-mos forward	0.010044	0.010092	99.56	99.09
3-mos forward	0.010047	0.010095	99.53	99.06
6-mos forward	0.010055	0.010104	99.45	98.97
Jordan dinar	1.4119	1.4115	0.7083	0.7085
Kenya shilling	0.01151	0.01151	86.9	86.9
Kuwait dinar	3.5057	3.5063	0.2853	0.2852
Lebanon pound	0.0006614	0.0006642	1511.95	1505.55
Malaysia ringgit	0.3132	0.3136	3.1925	3.1891
Mexico peso	0.0802	0.07920	12.4618	12.6228
New Zealand dollar	0.7906	0.7894	1.2649	1.2668
Nigeria naira	0.006196	0.006204	161.4000	161.175
Norway krone	0.1670	0.1669	5.9891	5.9900
Pakistan rupee	0.00996	0.00996	100.37	100.37
Peru new sol	0.3625	0.3628	2.759	2.756
Philippines peso	0.0231	0.0231	43.342	43.336
Poland zloty	0.3091	0.3094	3.2350	3.2316
Romania leu	0.2951	0.2963	3.3891	3.3755
Russia ruble	0.03093	0.03085	32.327	32.413
Saudi Arabia riyal	0.2667	0.2666	3.7498	3.7505
Singapore dollar	0.7932	0.7942	1.2608	1.2592
South Africa rand	0.1018	0.1014	9.8252	9.8572
South Korea won	0.0008934	0.0009003	1119.36	1110.73
Sweden krona	0.1523	0.1519	6.5675	6.5814
Switzerland franc	1.0626	1.0649	0.9411	0.9390
1-mos forward	1.0629	1.0652	0.9408	0.9388
3-mos forward	1.0635	1.0658	0.9403	0.9383
6-mos forward	1.0646	1.0669	0.9393	0.9373
Taiwan dollar	0.03345	0.03354	29.895	29.818
Thailand baht	0.03228	0.03220	30.978	31.055
Tunisia dinar	0.6021	0.6039	1.6608	1.6559
Turkey lira	0.5232	0.5207	1.9114	1.9203
UAE dirham	0.2723	0.2722	3.673	3.6732
UK pound	1.5212	1.5159	0.6574	0.6597
1-mos forward	1.5209	1.5155	0.6575	0.6598
3-mos forward	1.5203	1.5149	0.6578	0.6601
6-mos forward	1.5196	1.5142	0.6581	0.6604
Ukraine hrywnja	8.1566	0.1226	8.1550	8.155
Uruguay peso	0.04755	0.04752	21.029	21.042
Venezuela b. fuerte	0.15748	0.15748	6.35	6.35
Vietnam dong	0.00004738	0.00004720	21105	21188

자료원: Griffin, R.W. and Pustay, M.W. International Business, 11th Ed, UK: Pearson, 2015, p. 240.

측가능한 기업경영을 할 수 있게 해준다는 것이다. 기업들이 선물환율을 실제 어떤 경우에 이용하는 지에 대한 논의는 본 장의 후반부에 기술되어 있다.

지금까지 환율은 "U.S. Dollar Equivalent" 방식과 "Currency per U.S. Dollar" 방식이라는 두 가지 방식으로 표기할 수 있다는 것을 논의했다. 그렇다면 이 두 환율표기방법 중에서 어떤 방식이 국제적으로 더 많이 쓰일까? 국제적으로 보다 널리 통용되는 환율표기법은 "Currency per U.S. Dollar" 방식이다. 이유는 US 달러가 세계 어디서나 통용되는 거의 유일한 통화이어서, US 1 달러를 기준으로 외국통화표시 환율을 사용하는 것이 국제거래의 관행이다. 우리나라도 US 1달러는 원화로 얼마인가 하는 식으로 원화표시 환율을 사용한다. 그러나 이 국제관행에도 예외는 있다. 영국(U.K.) 파운드의 경우는 US 1달러의 가격이 0.6574 파운드이고, 유로(Euro)도 US 1달러의 가격이 0.7619유로이다. 이처럼 US 1달러의 현지국통화표시 환율이 1보다 작은 경우에는 US 1 달러를 기준으로 한 환율표기법을 사용하지 않고, "U.S. Dollar Equivalent" rate을 사용한다. 따라서 국제적으로 통용되는 영국파운드의 환율표기법은 영국(U.K.)통화 1파운드의 교환비율이 미국달러로 얼마인가(￡1=US$ 1.5212) 식으로 표기된다. 유로의 경우도 마찬가지로 1Euro=US$ 1.3125 식으로 표기되는 것이 국제적인 관행이다. <표 4-1>을 보면 US 1달러를 기준으로한 외국통화표시 환율("Currency per U.S. Dollar")이 1보다 작은 경우가 영국의 파운드와 유로 이외에도 요르단, 쿠웨이트, 스위스 등의 국가통화라는 것을 알 수 있다. 이들 국가의 경우에는 환율표기법으로 미국달러표시 환율인 "U.S. Dollar Equivalent"방식을 사용한다.

1.2 환율변동의 표시방법

<그림 4-1>은 미국달러화 대비 원화표시환율의 지난 28년 동안의 변동추이를 보여주고 있다. 미국달러를 기준으로 한 원화표시환율("CURRENCY PER U.S. Dollar" rate)이 지난 28년 간에 걸쳐 전반적으로 상승하였음을 알 수 있다. 특히 1997년 외환위기를 계기로 환율이 대폭상승하였다. 이처럼 두 국가간 통화의 교환비율인 환율은 고정되어 있지 않고 변동하는데, 이때 환율이 변동하는 현상을 가리켜 통화가치의 상승 또는 하락으로 표현한다. 즉, 환율변동현상을 그 나라 통화의 가치가 "하락했다

그림 4-1 미국달러 대비 원화환율 변화추이 (1990－2018)

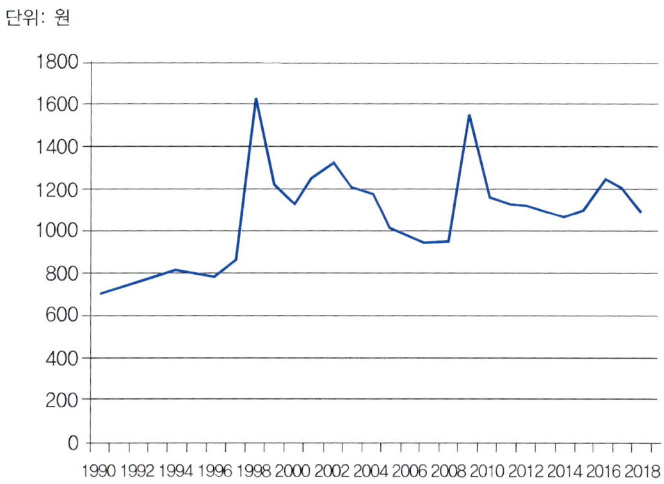

자료원: 한국은행.

(devaluation 또는 depreciation)" 또는 그 나라 통화의 가치가 "상승했다(appreciation)"라고 표현한다.

한국통화인 원화(₩)의 관점에서 보면 지난 28년간 전반적으로 미국달러화에 대하여 원화의 가치가 하락했다고 볼 수 있다. 반대로 미국통화인 달러(US$)의 입장에서 보면 원화에 대하여 달러화의 가치는 그동안 상승했다는 의미이다.

이처럼 환율이 변동(fluctuation)하는 것을 그나라 통화의 가치가 하락했다 또는 상승했다라고 표현한다. 어느 한 국가통화의 가치하락(devaluation 또는 depreciation)은 다른 말로 그 국가의 통화가 약해졌다(weak)고도 한다. 반대로 어느 한 국가통화의 가치상승(appreciation)은 그 국가의 통화가 강해졌다(strong)고 한다. 따라서 원화가 약해졌다는 것은 원화의 가치가 하락했다는 의미이고, 원화가 강해졌다는 것은 원화의 가치가 상승했다는 것을 의미한다. 평가절상 또는 평가절하라는 용어도 사용하는데, 통화의 가치가 상승하였을 경우를 평가절상이라고 하고 반대로 통화의 가치가 하락하였을 경우를 평가절하라고 한다.

통화가치가 얼마나 하락하였는지 또는 얼마나 상승하였는지는 백분율(percentage)로 표시한다. 예를 들어 환율이 US$1＝₩1,200에서 시작하여 특정기간 동안 US$1＝₩1,100원으로 변동하였다고 하자. 그러면 원화의 가치는 그 기간 동안 몇 퍼센트 상승한 것일까? 또는 달러의 가치는 몇 퍼센트하락한 것일까? 환율변동전(US$1=₩1,200)에는 ₩1,200원을 가지고 1달러를 살 수 있었으나, 환율변동후(US$1=₩1,100)에는 ₩1,200원을 가지고 1.09달러(=₩1,200 × $0.000909)를 살 수 있다(계산의 편의를 위해 소수 둘째자리 이하는 버리기로 하자). 즉, 0.09달러를 더 살 수 있게 된 것이고, 그 만큼 원화의 가치가 상승한 것이다. 달러화대비 원화의 가치상승분을 계산하면 다음과 같다.

$$\frac{\$1.09 - \$1}{\$1} = \frac{\$0.09}{\$1} = 0.09 = 9.0\%$$

이 특정기간 동안 달러화대비 원화의 가치가 9%만큼 상승했다. 즉, 원화가 달러화에 대하여 9% 평가절상된 것이다. 그렇다면 달러화의 가치도 9%만큼 하락한 것일까? 그렇지 않다. 원화대비 달러화의 가치하락분을 계산하면 다음과 같다.

$$\frac{₩1,100 - ₩1,200}{₩1,200} = \frac{-₩100}{₩1,200} = -0.083 = -8.3\%$$

이 특정기간 동안 원화대비 달러화의 가치는 8.3%만큼 하락했다. 즉, 달러화가 원화에 대하여 8.3%만큼 평가절하된 것이다.

다른 예를 들어보면 환율이 US$1=₩1,000에서 시작하여 특정기간 동안 US$1=₩1,100으로 변동하였다고 하자. 그러면 원화의 가치는 그 기간 동안 몇 퍼센트하락한 것일까? 또는 달러의 가치는 몇 퍼센트상승한 것일까? 환율변동전(US$1=₩1000)에는 1,000원을 가지고 1달러를 살 수 있었으나, 환율변동후(US$1=₩1,100)에는 1,000원을 가지고 0.9090달러(=₩ 1,000×$ 0.000909)를 살 수 있게 된다. 즉, 0.0910달러를 덜 살 수 있게 된 것이고, 그만큼 원화의 가치가 하락한 것이다. 달러화대비 원화의 가치하락분을 계산하면 다음과 같다.

$$\frac{\$0.9090 - \$1}{\$1} = \frac{-\$0.0910}{\$1} = -0.0910 = -9.1\%$$

이 특정기간 동안 달러화대비 원화의 가치가 9.1%만큼 하락한 것이다. 즉, 원화가 달러화에 대하여 9.1% 평가절하된 것이다. 이번에는 원화대비 달러화의 가치상승분을 계산하면 다음과 같다.

$$\frac{₩1,100 - ₩1,000}{₩1,000} = \frac{₩100}{₩1,000} = 0.10 = 10\%$$

이 특정기간 동안 원화대비 달러화의 가치가 10% 만큼 상승한 것이다. 즉, 달러화가 원화에 대하여 10% 평가절상된 것이다.

이번에는 환율변동이 경제주체들(수출업자, 수입업자, 소비자)에게 미치는 영향을 살펴보자. 원화의 가치가 다음과 같이 상승하였을 경우를 상정하여 보자.

$$US\$1 = ₩1,200 \Rightarrow US\$1 = ₩1,100$$

앞의 예에서 계산하였듯이, 원화의 가치는 9.0% 상승하였고, 달러화의 가치는 8.3% 하락한 것이다. 첫째, 수출기업의 입장에서 보면 이 기간 동안 원화가치의 상승은 수출에 불리하게 작용한다. 국제시장에서 미국달러로 표시한 한국상품의 가격을 그대로 유지할 경우, 8.3%만큼의 원화표시 매출감소를 격게 된다(관세와 운송료 등 제반비용이 존재하지 않는다고 가정하자). 그렇다고 경쟁이 치열한 국제시장에서 달러표시 가격을 인상한다면, 매출과 이익이 감소할 것은 뻔하다. 때문에 달러표시 가격을 인상하지 않는 경우가 많은데, 이 경우에는 한국의 수출기업은 달러표시 매출액은 동일하나 원화표시 매출액이 줄어 이익이 감소하게 된다. 수출과정에서 발생하는 제반비용이 존재하지 않는다고 가정하였을 경우에 8.3%만큼 원화표시 매출이 감소한다. 매출하락으로 인한 이익감소를 피하기 위해서는 원가절감하는 방법을 찾는 수밖에 없다. 둘째, 한국수입업자의 입장은 어떠할까? 수출업자와 상반된 입장에 있는 수입업자는 유리한 상황을 맞게 된다. 달러로 표시한 수입품의 가격이 이전과 동일하다면, 원화가치의 상승으로 동일한 원화금액으로 더 많은 수량의 수입품을 구매할 수 있어서 이익이다. 셋째, 한국소비자의 입장에서는 원화가치의 상승이 어떤 영향을 미칠까? 원화가치의 상승은 소비자에게도 유리하게 작용한다. 수입업자가 원화가치상승으로부터 얻는 이익의 전부 또는 일부를 수입상품가격을 낮추는 식으로 국내소비자들에게 돌려준다면, 수입물가가 낮아져서 소득수준의 상승없이도 한국소비자는 생활수준이 향상됨을 경험하게 된다.

이번에는 반대로 원화의 가치가 하락하였을 경우를 상정하여 보자.

US$1 = ₩ 1,000 ⇨ US$1 = ₩ 1,100

앞의 예에서 계산하였듯이 원화의 가치는 9.1%하락하고, 달러화의 가치는 10% 상승한 것이다. 첫째, 한국수출기업의 입장에서 보면, 원화의 가치하락은 수출에 유리하게 작용한다. 국제시장에서 미국달러로 표시한 한국상품의 가격을 그대로 유지할 경우, 10%만큼 원화표시 매출액이 증가한다(관세와 운송료 등 제반비용을 무시한다고 가정하자). 그러나 원화가치하락으로 인한 혜택의 일부를 외국소비자에게 돌려줄 수도 있다. 이는 해외시장에서 시장점유율을 늘리고자 하는 한국기업들이 공격적인 마케팅의 일환으로 미국달러표시 상품가격을 인하하는 경우이다. 단, 이는 상품의 가격탄력도가 어느 정도 높아야만 가능한 전략이다. 둘째, 한국수입업자의 입장은 어떠할까? 수출업자와 상반된 입장에 있는 수입업자는 불리한 상황에 처하게 된다. 달러표시 수입품의 가격이 이전과 동일하다면, 원화가치의 하락으로 인해 동일한 원화금액으로 더 적은 수량의 수입품을 구매할 수밖에 없다. 셋째, 한국소비자의 입장에서도 원화가치의 하락은 불리하다. 수입업자가 원화가치하락으로 인한 이익감소분의 전부 또는 일부를 만회하기 위하여 수입상품가격을 그만큼 올릴 것이기 때문이다. 결국 수입물가수준이 높아져서 소득수준이 함께 상승하지 않는다면 소비자는 생활수준의 하락을 경험하게 될 것이다.

1.3 환율변동에 영향을 미치는 국제거래

OECD 회원국인 한국은 외화의 수요와 공급에 따라서 외화의 가격이 자유로이 시장에서 결정되도록 하고 있다. 즉, 외환시장에서 외화의 수요와 공급의 힘에 따라서 외화의 가격인 환율이 정해진다. 그렇다면 외화의 수요와 공급을 일으키는 국제거래에는 무엇이 있을까? 한국외환시장에서 거래되는 대표적인 외화인 미국달러화를 가지고 논의해 보자.

첫째, 한국외환시장에서 달러의 수요와 공급을 일으키는 국제거래에는 국제무역(international trade in goods and services)이 있다. 국제무역이란 수입과 수출을 말하는데, 미국달러에 대한 수요는 한국기업들이 외국에서 상품과 서비스를 수입(import)하는 경우에 발생한다. 미국에서 상품과 서비스를 구매하거나, 중동산유국에서 원유를 구매하거나, 또는 중국에서 상품을 구매(한국과 중국의 상품거래는 미국달러로 결제됨)하는 등의 경우에 한국기업들은 미국달러를 필요로 하게되는데, 이때 한국외환시장에서 미국달러에 대한 수요가 발생한다. 한편 달러에 대한 공급은 한국기업들이 한국상품과 서비스를 수출(export)하는 경우에 발생한다. 한국에서 생산된 상품을 외국인들이 구매할 경우 또는 중동국가에 한국건설업체들이 진출하여 건설서비스를 판매하였을 경우에 수출대금으로 받는 미국달러가 한국외환시장에 공급된다. 달러에 대한 수요를 일으키는 수입과 달러에 대한 공급을 일으키는 수출중에서, 수입 > 수출이면 무역수지 적자라고 하고, 수입 < 수출이면 무역수지흑자라고 한다. 무역수지적자 상황에서는 외환시장에서 미국달러에 대한 초과수요현상이 발생하여 미국달러의 가격이 상승하기 쉽다. 즉, 무역수지적자는 달러대비 원화표시환율 즉, 외국달러가격의 상

그림 4-2 한국의 무역수지 추이(1991 - 2018)

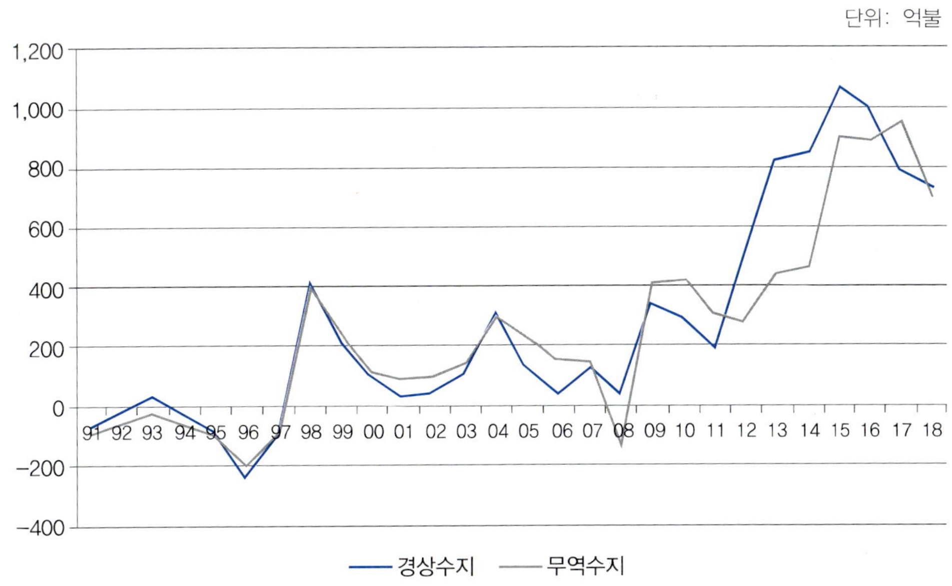

자료원: 한국은행.

승압력으로 작용한다. 반대로 무역수지흑자 상황에서는 외환시장에서 미국달러에 대한 초과공급현상이 발생하여 미국달러의 가격이 하락하기 쉽다. 즉, 무역수지흑자는 달러 대비 원화환율 즉, 미국달러가격의 하락압력으로 작용한다.

<그림 4-2>는 지난 28년 간의 우리나라의 무역수지와 경상수지추이를 보여주고 있다. 무역수지는 1997년까지는 대체로 적자를 면치 못했다가, 1998년 이후부터 흑자로 전환되었음을 알 수 있다. 2017년 952억달러 흑자에 이어 2018년에도 705억 달러의 흑자를 기록했다. 이처럼 2018년 현재까지 한국은 수입보다는 수출을 더 많이 하는 무역수지 흑자국이다. 요약하면, 무역수지흑자는 한국외환시장에서 달러의 초과공급현상을 발생시켜, 미국달러의 가치하락과 원화의 가치상승압력으로 작용한다.

둘째, 한국외환시장에서 달러의 수요와 공급을 일으키는 국제거래에는 포트폴리오 투자(portfolio investment)가 있다. 포트폴리오 투자란 주식, 채권, 국채 또는 은행의 CD 등 외국의 금융자산(financial assets)에 대한 투자를 말한다. 포트폴리오 투자에서 달러에 대한 수요는 한국기업 또는 한국인이 외국에 있는 금융자산에 투자할 경우에 발생한다. 미국정부가 발행하는 국채를 구매하거나, 미국 또는 중국의 주식시장에서 주식을 구매하거나, 또는 단지 한국보다 미국의 이자율이 높아서 미국은행에 자금을 예치하는 등의 투자활동을 위해 한국인들은 미국달러를 필요로 하게 된다. 이때 한국 외환시장에서 미국달러에 대한 수요가 발생한다.

한편 달러에 대한 공급은 외국인들이 한국에 있는 금융자산을 구매할 경우에 발생한다. 한국정부가 발행하는 국채를 구매하거나, 한국주식시장에서 주식을 구매하거나, 또는 미국보다 단지 한국의 이자율이 높아서 한국에 있는 은행에 자금을 예치하는 등의 투자활동을 위해 외국인들은 한국외환시장에서 달러를 팔고 원화를 산다. 이때 한국외환시장에 달러가 공급된다. 요약하면 한국인이 외국의 금융자산에 투자하는 거래보다 외국인이 한국의 금융자산에 투자하는 거래가 더 많게 되면, 한국외환시장에서 달러의 초과공급현상이 발생하여 달러가치의 하락과 원화가치의 상승압력을 가져오고, 그 반대인 경우에는 달러의 초과수요현상이 발생하여 달러가치가 상승하거나 원화가치가 하락하도록 작용한다. 포트폴리오 투자는 보통 1년 이하의 단기거래가 대부분이어서 달러의 초과공급을 일으킬지 아니면 달러의 초과수요를 일으킬지를 예측하기가 쉽지않다. 대부분의 선진국정부와 달리 한국정부는 한국외환시장으로의 달러유입 즉, 달러공급을 촉진하기 위하여, 한국주식시장에서 발생한 주식투자이익에 대하여 세금을 부과하지 않는다.

셋째, 한국외환시장에서 달러의 수요와 공급을 일으키는 국제거래에는 해외직접투자(foreign direct investment)가 있다. 해외직접투자란 외국에 공장을 짓거나, 부동산을 구매하는 등의 외국의 실물자산(physical assets)에 대한 투자를 말한다. 달러에 대한 수요는 한국기업 또는 한국인이 외국에 있는 실물자산을 구매할 경우에 발생한다. 한국인이 외국에 공장을 짓거나, 부동산을 구매하거나, 또는 공장설비를 새것으로 구매하는 등의 투자활동을 위해 미국달러를 필요로 하게되는데, 이때 한국외환시장에서 미국달러에 대한 수요가 발생한다. 한편, 달러에 대한 공급은 외국기업 또는 외국인이 한국에 있는 실물자산을 구매할 경우에 발생한다. 외국인이 한국에 공장을 짓거나 부동산을 구매하거나 또는 공장설비를 새것으로 구매하는 등의 투자활동을 위해 외국인들은 달러를 팔고 원화를 산다. 그러면 이때 한국외환시장에 달러가 공급된다. 요약하면 한국인이 외국의 실물자산에 투자하는 거래보다 외국인이 한국의 실물자산에 투자하는 거래가 더 많게 되면 한국외환시장에서 달러의 초과공급현상이 발생하여 달러가치의 하락과 원화가치의 상승을 초래하게 되고, 그 반대인 경우에는 달러의 초과수요현상이 발생하여 달러가치의 상승과 원화가치의 하락을 초래하게 된다.

이상에서 살펴본 세 가지의 국제거래가 한국외환시장에서 달러의 수요와 공급을 일으키는 대표적인 국제거래이다. 외환시장에서 이들 세 개의 국제거래가 상호작용하여 달러의 초과공급을 발생시킬 경우에는 달러가치하락과 원화가치상승을 초래하고, 달러의 초과수요를 발생시킬 경우에는 달러가치의 상승과 원화가치의 하락을 가져온다. 한편, 위에서 논의한 세 가지의 국제거래 중에서 환율의 단기변동에 가장 큰 영향을 미치는 국제거래는 무엇일까? 그것은 포트폴리오 투자이다. 외국인들은 한국의 금융시장환경이 변동할 때마다 민감하게 반응하여 투자하였던 금융자산을 팔고 즉시 외국으로 빠져 나가거나 반대로 새로이 한국의 금융자산에 대한 투자결정을 내리기 때문이다. 또한 세 가지의 국제거래중에서 포트폴리오 투자는 그 거래규모가 가장 커서 단기적인 환율변동 흐름을 사실상 주도한다. 이때 한국정부는 단기간에 걸친 급격한 환율변동폭을 완화시키기기 위하여 외환시장에 개입하는데 달러의 초과공급폭을 줄이기 위해서는 달러를 사들이거나, 달러의 초과수요폭을 줄이기 위해서는 달러를 팔아서 환율이 요동치는 것을 완화시키는 역할을 한다. 2019년 부터 한국정부의 외환시장개입 현황을 분기별로 투명하게 공시하도록 IMF는 의무화하고 있다.

환율의 장기적인 변동에 영향을 미치는 국제거래는 무엇일까? 그것은 해외직접투자(FDI)이다. 한국의 실물자산에 투자한 외국인들은 보통은 이들 자산을 단기간에 걸쳐 쉽게 사거나 팔거나 하지 않는다. 왜냐하면 금융자산과 달리 실물자산의 가치는 단기간에 급격하게 변동하지 않기 때문이다. 즉, 실물자산에 대한 투자는 장기투자이다. 외국인들은 장기적인 안목에서 한국의 실물자산에 투자하기 때문에 외환시장에서의 환율변동에 단기적이라기보다는 장기적으로 영향을 미친다고 볼 수 있다.

마지막으로 국제무역인 수출과 수입은 외환시장에서의 환율변동에 중기적으로 영향을 미친다고 볼 수 있다. 수출을 더 많이 했는지 또는 수입을 더 많이 했는지를 보여주는 국제수지는 보통은 단기간에 적자에서 흑자로 또는 흑자에서 적자로 쉽게 바뀌지 않는다. 왜냐하면 국제수지흑자 또는 적자는 그나라기업들의 국제경쟁력을 반영하고 있기 때문이다. 단기간에 그나라 기업들의 국제경쟁력이 매우 약해지거나 또는 매우 강해지거나 하는 현상은 잘 발생하지 않는다. 왜냐하면 그나라 기업의 국제경쟁력은 중·장기에 걸쳐서 점진적으로 강해지거나 또는 약해지는 것이 보통이기 때문이다.

02 국제금융시장

2.1 국제외환시장

(1) 의 의

외환시장은 대외지급수단인 외환이 거래되는 시장으로서 외환에 대한 수요와 공급을 바탕으로 외환의 가격인 환율이 결정된다. 즉, 외환시장에서는 개인과 기업, 외국환은행, 외환브로커, 각국의 중앙은행 등이 참여하여 달러, 유로, 엔 등의 국제결제통화들을 실시간으로 거래하는 과정에서 해당 통화의 환율이 결정된다. 예를 들면 달러 대 엔화환율이 1 : 130과 같은 방식으로 결정된다. 문제는 주요 선진국들이 자유변동환율제도를 채택하고 있기 때문에 주요국(미국, 일본, EV 등) 통화의 환율이 불확실하게 그리고 자유롭게 변동한다는 점이다. 이러한 환율변동은 기업의 경영활동에 막대한 영향을 가져다 주기 때문에 개인이나 기업들은 외환시장에 참여하여 환위험을 회피하고자 한다.

(2) 특 성

오늘날 외환시장은 24시간 범세계적으로 거래되는 시장, 대규모시장, 점두시장 등의 특성을 갖고 있으며 이를 보다 자세하게 설명하면 다음과 같다.

첫째, 1980년대부터 시작된 각국의 자본 및 외환시장에 대한 규제완화와 정보통신 기술의 발달로 인해 국제외환시장은 범세계적인 시장으로 발달하였다. 즉, 세계 주요 외환시장의 거래시간이 중복되어 있고 또한 컴퓨터 네트워크로 연결되어 있기 때문에 24시간 내내 전세계적으로 외환이 거래되고 있다. 시간상으로 가장 먼저 영업이 시작되는 호주의 시드니외환시장이 개장되면 뒤이어 도쿄, 홍콩, 싱가포르 외환시장이 개장된다. 이어서 바레인시장이 열리고 뒤를 이어 런던외환시장이 개장되고 런던시장의 점심시간이 지나면 뉴욕외환시장에서 거래가 이루어지기 시작한다. 뉴욕시장이 오후 3시가 되면 로스엔젤레스와 샌프란시스코 외환시장이 열리고 이들 시장이 오후에 접어들면 호주의 시드니시장이 다시 개장된다.

둘째, 외환시장은 세계적으로 하루 평균 약 5조 달러가 거래되는 대규모시장이다. 외환시장에서 거래되는 외환의 약 10%만이 국제무역과 국제투자와 관련하여 이루어지는 것이며, 나머지 90% 이상은 헷징을 통해 환위험을 회피하기 위한 거래이거나 투기 또는 재정거래를 통해 환차익을 얻기 위한 거래이다.

셋째, 외환시장은 일종의 장외시장으로서 은행이나 외환딜러들의 사무실에 있는 전화나 컴퓨터단말기 등을 통해 수 초 이내에 거래가 성사되는 점두시장이다. 증권거래소와 같이 특정장소에 모여 거래당사자들이 얼굴을 마주보며 거래하는 것이 아니라 컴퓨터단말기와 같은 통신수단을 통해 거래가 이루어진다.

(3) 외환거래의 종류

외환시장에서 이루어지는 전통적인 거래형태는 크게 현물환거래, 선물환거래 및 외환스왑거래가 있다.

첫째, 현물환거래(spot exchange transaction)는 모든 외환거래의 기본이 되는 거래로서 계약일로부터 제2영업일 이내에 수도결제(상품인도와 대금지불)가 되는 거래형태를 말한다. 이처럼 제2영업일 이내에 수도결제하는 이유는 세계의 주요 지역간의 시차로 인해 계약이행에 시간이 필요하기 때문이다. 현물환거래에 적용되는 환율을 현물환율(spot exchange rate)이라고 한다.

둘째, 선물환거래(forward exchange transaction)는 계약일로부터 제2영업일을 초과하는 미래의 특정시점에 거래될 환율을 미리 약정하고 해당 결제시점에 약정된 환율로 외환을 수도결제하는 거래형태를 말한다. 예를 들면 2011년 1월 8일에 30일만기 선물환 1달러를 935원에 매입하기로 약정하였다면 2월 7일에 가서 935원을 주고 1달러를 받는 거래형태를 말한다. 선물환거래에 적용되는 환율을 선물환율(forward exchange rate)이라 한다.

셋째, 외환스왑거래(foreign exchange swap)는 환위험을 제거할 목적으로 현물환시장과 선물환시장에서 동시에 반대매매를 하는 거래형태를 말한다. 예를 들면 한국외환은행은 1개월 후 선물시장에서 1,200만 엔화를 9만 9,900달러를 받고 매도한다는 조건으로, 오늘 현물시장에서 10만 달러를 주고 1,200만 엔화를 일본 미쓰비시 은행에서 매입하여 엔화환율변동에 따르는 환위험을 제거한다.

2.2 국제신용시장

(1) 의의와 구분

국제신용시장은 자금의 조달과 운용이 국제적으로 이루어지는 시장이다.

첫째, 신용시장은 중개기능의 여부에 따라 간접금융시장과 직접금융시장으로 구분한다. 간접금융시장은 대출시장(credit market)으로서 예를 들면 자금이 필요한 기업이 은행으로부터 필요한 자금을 대출받는 방식의 금융시장이다. 이에 비해 직접금융시장은 자본시장(capital market)으로서 예를 들면 자금이 필요한 기업이 주식이나 채권을 발행하여 필요한 자금을 확보하는 방식의 시장이다.

둘째, 신용시장은 시장참가자의 국적에 따라 국내신용시장과 국제신용시장으로 구분한다. 국내신용시장은 자금의 공급자, 수요자, 금융기관 모두가 국내거주자인데 비해 국제신용시장은 이들 중 적어도 하나가 비거주자인 경우를 말한다. 또한 국제신용시장은 적용되는 법규에 따라 외국시장과 유로시장으로 구분한다. 외국시장은 어떤 특정국가의 국내금융시장에서 국적이 다른 외국차입자가 그 국가의 발행통화로 금융거래를 할 때 관련국가의 법규와 관행에 의해 규제를 받는다. 이에 비해 유로시장은 통화발행국의 외부에서 금융거래가 이루어지기 때문에 해당 통화발행국의 법적규제나 관행에 의해 규제를 받지 않는다. 국내시장과 외국시장을 합하여 역내시장(internal market)으로 구분하고, 유로시장은 역외시장(external market)으로 구분한다.

국제신용시장은 금융중개기능에 따라 유로통화시장, 유로채시장, 외국채시장, 현지금융시장 등으로 구분할 수 있다.

표 4-2 신용(금융) 시장의 구분

장 소 / 기 능	국내신용시장	국제신용시장	
		외국시장	유로시장
직접금융시장 간접금융시장	내국사채시장 국내여신시장	외국채시장 현지금융시장	유로채시장 유로통화시장

(2) 유로통화시장

유로통화시장(Eurocurrency market)은 기능적으로는 간접금융시장에 속하고 장소적으로는 유로시장에 속하는 국제신용시장이다. 예를 들면 LG전자가 영국의 런던금융시장에서 현지은행으로부터 달러표시융자를 받을 때 이용하는 시장이다.

유로통화는 특정국의 통화가 자국의 영역을 벗어나 외국에 있는 금융기관에 예치되어 있는 통화를 말한다. 유로통화의 가장 대표적인 것이 유로달러이고, 유로통화시장의 가장 대표적인 시장이 유로달러시장이다. 유로달러는 미국 이외의 지역에 있는 금융기관에 예치되어 있는 달러자금을 말하며, 유로달러시장은 미국 이외의 지역에 있는 금융기관이 유로달러자금을 예치하고 이를 대출해 주는 시장을 말한다. 따라서 유로통화시장은 통화발행국 이외의 지역에 있는 금융기관에 예치된 유로통화자금이 금융기관, 기업, 정부 등에 대출되는 시장을 말한다. 대출이자율은 리보를 기준으로 한다.

(3) 유로채시장

유로채시장(Eurobond market)은 기능적으로는 직접금융시장에 속하고 장소적으로는 유로시장에 속하는 국제신용시장이다. 따라서 특정국의 차입자는 외국에서 제3국의 통화로 표시된 채권 즉, 유로사채를 발행하여 여러 나라의 투자자들에게 판매함으로써

국제경영 이야기 4-1

리보는? 프라임레이트는?

리보(LIBOR, London Inter-Bank Offered Rate)는 런던은행간 단기대출금리로서 대표적인 도매금리이다. 유로통화시장에서는 리보에 가산금리를 붙인 변동금리로 대출을 한다. 가산금리는 은행마진, 차입자의 신용도 및 차입자 국가의 국가위험도 등을 고려하여 결정된다. 이외에도 NIBOR(New York), TIBOR(Tokyo), SIBOR(Singapore) 등이 있으며, 유로화의 출범으로 EURIBOR(EURO)가 새로운 국제기준금리로 부상하고 있다. 리보는 런던의 16개 은행간에 형성된 금리를 평균해서 산출되고 있으며, 유리보는 브뤼셀을 중심으로 한 57개 유럽은행간 거래금리를 평균하여 산출된다.

프라임레이트(Prime Rate)는 미국 상업은행들의 대출기준금리로서 우량기업에 대한 우대대출금리를 말한다. 원래는 미국에서 대공황직후 은행이 손실을 입지 않는 최저대출금리를 가리켰다. 프라임레이트는 은행이 기업의 신용도에 따라 차등금리를 적용할 경우 가장 낮은 금리를 나타내는 것으로 한 나라 금리수준의 지표가 된다.

필요한 자금을 조달한다. 예를 들면 LG전자가 영국의 런던 금융시장에서 달러표시채권을 발행하여 자금을 조달할 때 이용하는 시장이다.

유로시장에서 직접자금을 조달하는 방식은 중장기채권을 발행하는 방식이외에도 NIF, 유로CP, MTN 등의 무담보 중단기어음을 발행하는 방식이 있다. NIF(note issuance facility)는 차입자가 발행한 단기어음을 유로은행이 약정기간 동안 일정금액 범위내에서 인수를 보증함으로써 차입자가 직접유로시장에서 필요한 자금을 조달하는 방식이다. 유로CP(commercial paper)는 차입자가 단기자금을 조달하기 위해 유로시장에서 발행하는 무담보 단기약속어음을 말한다. MTN(medium term note)은 사전에 설정된 한도내에서 금리, 만기, 표시통화 등이 상이하게 발행되는 중기어음으로서 소규모로 연속적으로 발행하여 기관투자가들에게 매각함으로써 자금을 조달하는 방식이다.

(4) 외국채시장

외국채시장(foreign bond market)은 기능적으로는 직접금융시장에 속하고 장소적으로는 역내시장에 속하는 국제신용시장이다. 따라서 특정국의 차입자는 외국에서 현지통화로 표시된 채권 즉, 외국사채를 발행하여 필요한 자금을 조달한다. 예를 들면 포스코가 일본의 도쿄 금융시장에서 엔화표시채권을 발행하여 자금을 조달할 때 이용하는 시장이다.

국제경영 이야기 4-2

채권이란?

채권이란 발행자가 소유자에게 일정기일에 일정비율의 이자를 지급하며 또한 만기에 원금을 상환하겠다고 약속하는 증서이다. 채권은 보통 부채성채권과 주식형채권으로 구분된다. 부채성채권은 고정금리부 채권(Straight Bond, 보통채)과 변동금리부 채권(Floating Rate Note)이 있으며, 주식연계형 채권에는 전환사채, 신주인수권부 사채, 주식예탁증서 등이 있다. 전환사채(CB, Convertible Bond)는 주식전환권리가 붙은 채권으로서 채권보유자는 만기에 확정이자를 지급받을 수도 있고 아니면 일정 조건하에서 발행회사의 주식으로 교환할 수도 있는 채권이다. 신주인수권부 사채(BW, Bond with Warranty)는 주식매입권리가 붙은 채권으로서 채권보유자는 만기에 확정이자를 받는 동시에 일정 조건하에서 발행회사 주식을 매입할 수 있는 채권이다. 주식예탁증서(DR, Depository Receipt)는 국내기관에 보관된 주식을 담보로 외국의 간사은행이 발행하는 별도의 예탁증서로서 외국에서 직접주식을 발행 인수하는데 따르는 문제들을 제거하면서 자금을 조달하는 방식이다.

외국사채는 발행지에 따라 명칭을 달리 부르고 있다. 양키본드(미국에서 발행되어 거래되는 외국사채), 불독본드(영국에서 발행되어 거래되는 외국사채), 사무라이본드(일본에서 발행되어 거래되는 외국사채), 아리랑본드(한국에서 발행되어 거래되는 외국사채) 등이 있다.

(5) 현지금융시장

현지금융시장은 기능적으로는 간접금융시장에 속하고 장소적으로는 외국시장에 속하는 국제신용시장이다. 예를 들면 포스코가 일본의 도쿄 금융시장에서 현지은행으로부터 엔화표시융자를 받을 때 이용하는 시장이다. 외국차입자에 대해 현지은행이 현지통화로 대출해 주는 것을 말한다.

03 환위험관리

제2차 세계대전 이후부터 고정환율제도를 이끌어온 브래튼우즈체제가 마침내 붕괴되어, 1970년대 중반이후부터 주요 선진제국들이 자유변동환율제도를 채택하게 된다. 자유변동환율제도 하에서는 환율이 매일매일 또는 시시각각 변동하게 되는데, 이러한 환율변동으로 인해 기업의 국제경영활동이 막대한 영향을 받게 된다. 특히 한국기업과 같이 대외경제활동비중이 높을수록 환율변동이 기업경영에 미치는 영향은 커진다. 예를 들어 원화의 환율이 내려가면 즉, 평가절상되면 일반적으로 국제시장에서 한국제품 가격이 상승하여 수출이 감소하는 부정적인 효과가 나타난다. 반면에 원자재수입비용이 감소하고 외화부채의 원리금 부담액이 감소하는 등의 긍정적인 효과도 나타난다. 평가절상으로 원화가치가 상승하면 또한 해외직접투자가 확대되며, 특히 해외기업에 대한 인수합병이 수월해진다.

이와 같이 환율변동에 따르는 환위험이 크기 때문에 이에 대한 적절한 관리가 필요하다. 이하에서는 환율을 결정하는 요인과 관련 변수가 무엇이며 기업은 어떠한 종류의 환위험에 노출되어 있는가를 살펴보고자 한다. 이어서 환위험을 관리할 수 있는 방안과 기법을 설명하기로 한다.

3.1 환율변동과 결정요인

변동환율제도 하에서 환율은 기본적으로 외환에 대한 수요와 공급에 의해서 외환시장에서 결정되며 수시로 변하고 있다. 외환에 대한 수요와 공급은 해당국가의 경상수지, 각국의 이자율, 물가상승률, 소득수준, 주가상승률, 정부정책 등의 다양한 요인에 의해 달라진다. 예를 들면 여타 조건이 변하지 않는다면 한국외환시장에서 달러에 대한 공급은 수출이 증가할수록 늘어나는 반면 달러에 대한 수요는 수입이 증가할수록 늘어난다.

따라서 수입이 일정한 상태에서 수출이 늘어나면 한국외환시장에 달러공급이 증가하면서 원화가치가 상승하는 즉, 원화의 대미환율이 내려가게 될 것이다. 한편 한국의 주식시장이 저평가되면 외국자본이 대거 유입되고 달러공급이 늘어나 원화가 평가절상될 것이다. 이와 같이 환율은 외환시장에서의 외회의 수요와 공급에 의해 결정되지만 장기적으로는 물가상승률, 이자율, 선물환율 등과 밀접한 관계를 갖고 있다.

국제경영 이야기 4-3

빅맥지수(BMI: Big Mac Index)

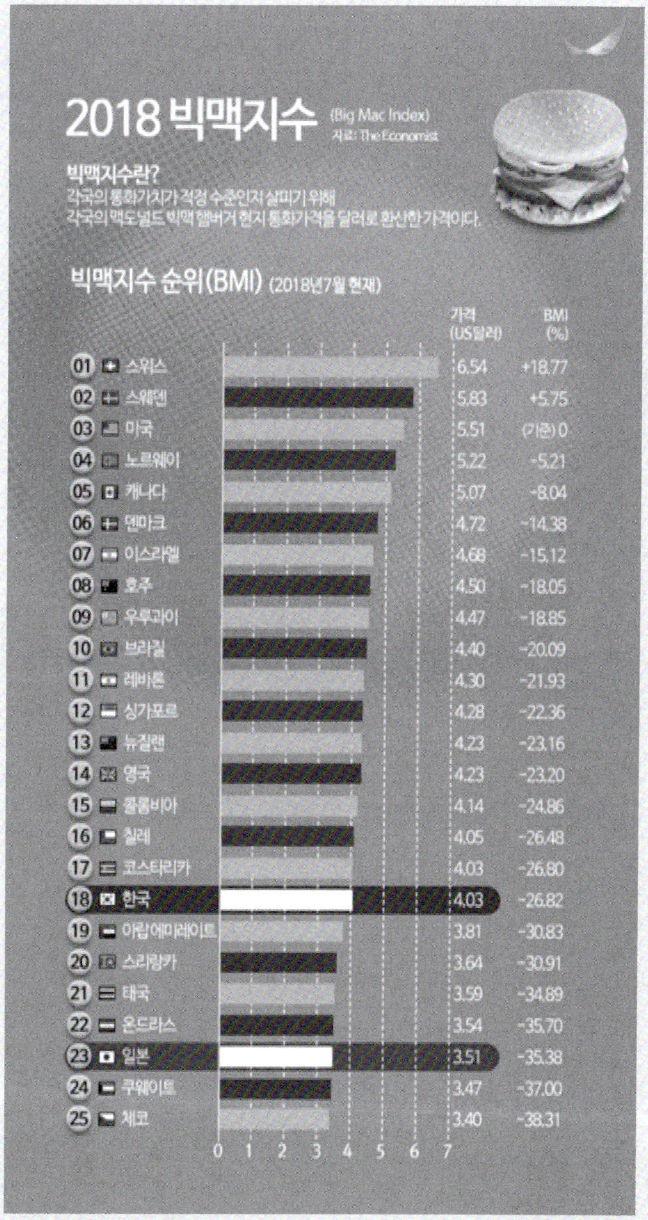

빅맥 햄버거가격으로 본 각국의 물가수준을 살펴보자. 빅맥 햄버거 현지통화가격을 2018년 7월 환율을 사용하여 미국달러로 환산한 가격과 2018년 7월 미국의 빅맥가격인 5.51 달러와 비교하여 보자. 스위스와 스웨덴에서는 빅맥

가격이 미국보다 각각 +18.77%와 +5.75% 만큼 높다. 빅맥가격을 기준으로 보면, 스위스와 스웨덴은 미국보다 물가수준이 높은 편이다. 반면, 한국과 일본에서는 빅맥가격이 미국보다 각각 -26.82%와 -35.38% 만큼 낮다. 빅맥가격을 기준으로 보면, 한구과 일본은 미국보다 물가수준이 낮은 편이다.

구매력 평가설에 의하면, 마국과의 물가수준의 차이만큼 외국통화의 가치가 올라가거나 또는 내려가도록 환율이 새로이 정해져야 한다. 즉, 스위스와 스웨덴은 미국보다 물가수준이 높은 만큼 장래에 미국달러에 대하여 화폐가치가 떨어져야 한다. 스위스는 18.77%만큼 그리고 스웨덴은 5.75% 만큼 달러 대비 자국화폐의 가치가 떨어져야 한다는 것이다. 따라서 스위스와 스웨덴의 경우 화폐가치의 하락이 반영되도록 현재의 환율이 새로이 조정되어야 한다.

한국과 일본의 경우는 빅맥가격을 기준으로 평가해보니 미국보다 물가수준이 낮았다. 따라서 한국과 일본의 화폐가치는 미국달러 대비 각각 26.82% 와 35.38% 만큼 상승하여야 한다. 한국과 일본의 경우는 화폐가치상승이 반영되도록 현재의 환율이 새로이 조정되어야 한다는 것이다.

하지만 빅백지수를 통해 구매력 평가설을 검증하고 환율변동을 예측하는 것은 무리가 많다. 무역장벽과 세금차이 등으로 인해 재정거래(arbitrage)가 발생하기 어려워 일물일가의 법칙이 엄격하게 적용되지 않기 때문이다. 다만 장기적인 환율변동추이와 방향을 간단한 지수를 통해 예측하는 데는 도움이 될 수 있다.

자료원: The Economist, 2018년 8월.

(1) 구매력 평가설

구매력 평가설(Purchasing Power Parity Theory)은 국내외 물가상승률의 차이가 미래의 현물환율을 결정한다는 것이다. 화폐의 가치는 물가상승률에 의해서 좌우되기 때문에 자국의 물가상승률이 외국의 물가상승률보다 높아지면 자국의 화폐가치가 그 만큼 떨어지고 외국화폐가치는 올라가게 된다. 이때 외국화폐의 가치가 상승한 만큼 외국화폐의 가격인 "자국화폐표시 환율"이 상승한다는 것이다.

$$[\text{환율의 변동폭}(s/S) = \text{국내물가 상승률}(p/P) - \text{외국물가 상승률}(p^*/P^*)]$$

예를 들면 미국달러 대비 원화환율이 940원의 균형상태에서 시작하여, 한국의 물가상승률이 5%, 미국의 물가상승률이 4% 발생하였다고 하자. 그러면, 원화의 구매력 즉, 원화의 가치가 달러 대비 1%만큼 떨어지게 된다. 이는 곧 달러의 가치가 원화에 대하여 1% 만큼 올라갔다는 것을 의미한다. 그러면 달러의 가치가 상승한 만큼 달러의 가격인 원화표시 환율도 940원에서 949.4원으로 결국에는 상승한다는 것이다. 이는 양국간의 물가상승률의 차이를 상쇄하는 방향으로 환율이 조정되기 때문이다.

(2) 국제피셔효과

국제피셔효과는 국내외 명목금리의 차이가 미래의 현물환율을 결정한다는 것이다. 즉, 명목금리는 물가상승률에 의해서 좌우되기 때문에 자국의 물가상승률이 외국의 물가상승률보다 높아 자국의 명목금리가 올라가면 환율이 올라간다는 것이다.

[환율의 변동폭 = 국내이자율 - 외국의 이자율]

예를 들면 원화의 대미환율이 940원으로 균형상태에 있을 때 앞으로 한국의 명목금리가 6%이고 미국의 명목금리가 5%로 변동한다면 원화의 대미환율은 940원에서 949.4원으로 상승한다는 것이다. 이는 양국간의 명목금리의 차이를 상쇄하는 방향으로 환율이 조정되기 때문이다.

피셔에 의하면 각국의 명목금리는 실질금리에다가 예상물가 상승률을 더한 것이며, 각국의 실질금리는 동일하다는 것이다(피셔효과). 실질금리가 다르다면 금리재정거래에 의해 양국의 실질금리가 같아질 때까지 저금리국가에서 고금리국가로 자본이 이동하기 때문이다. 따라서 예상물가상승률의 차이만큼 명목금리가 차이날 것이다. 예를 들면 예상물가 상승률이 한국은 5%이고 미국은 4%라면 명목금리는 한국이 미국보다 1% 높다는 것이다. 이때 예상물가상승률의 차이가 명목금리의 차이에 반영되어 미래의 현물환율의 차이를 가져온다는 것이 국제피셔효과이다.

그림 4-3 환율평가이론

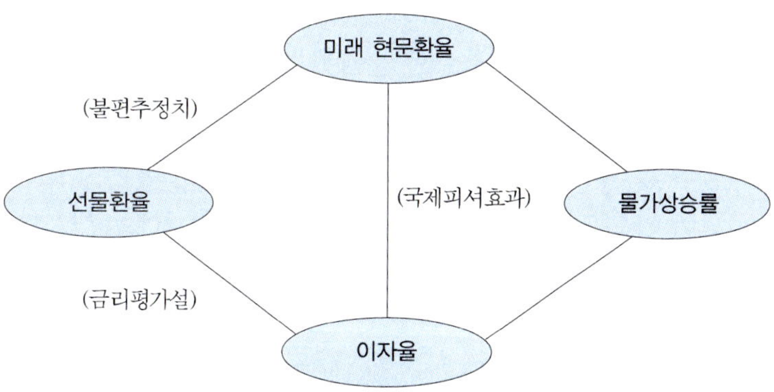

(3) 불편추정치

선물환율은 미래의 현물환율을 예측하는데 있어서 가장 좋은 예측치(불편추정치)가

된다.이는 선물환율이 양국간의 이자율의 차이를 반영하여 선물시장에서 수시로 변동하기 때문이다. 선물환율이 미래 현물환율의 불편추정치라는 의미는 선물환율이 미래의 현물환율과 같아진다는 의미가 아니라 수시로 변하는 선물환율로 미래의 현물환율을 예측하였을 때 예측오차(편차)의 합계가 0이 된다는 의미이다.

[오차(미래의 현물환율과 선물환율의 차이)의 합계 = 0]

금리평가설에 따르면 자본이동에 따른 규제와 비용이 없을 경우 금리재정거래에 의해 양국간의 이자율 차이는 선물환율의 할증 또는 할인으로 반영된다. 예를 들면 현재의 대미환율 940원, 한국의 이자율 6%, 미국이자율 5%일 경우 선물시장에서 원화의 대미선물환율은 948.95원으로 그 가치가 할인된다. 만약에 1년 선물환율이 948원으로 유지된다면 원화가치가 과대평가되어 금리재정거래가 발생하기 때문이다. 즉, 1만 달러의 자금을 보유한 미국의 투자가는 현물시장에서 1만 달러를 원화 940만원으로 바꾼다음 이자율 6%의 원화표시채권을 구입하여 1년후에 팔면 996만 4천원을 얻게 될 것이다. 이때 환율변동에 따르는 위험을 회피하기 위하여 현물시장에서 원화를 사는 것과 동시에 선물시장에서 996만 4천원을 환율 948원으로 매도하는 계약을 체결하면 약 10,511 달러를 확보하게 되어 미국에서 투자하는 것보다 11달러의 금리재정이득을 보게 된다. 따라서 현물시장에서는 달러공급이 증가하여 원화의 평가절상이 이루어지는 반면 선물시장에서는 원화의 공급이 증가하여 원화의 평가절하가 나타나면서 궁극적으로는 양국간의 이자율 차이만큼의 환율 차이가 되는 곳에서 환율은 균형을 이루게 된다.

이와 같이 선물환율이 금리재정에 의해 양국간의 이자율 차이를 반영한다고 보기 때문에 미래 현물환율의 불편추정치가 되는 것이다. 즉, 선물환율은 피셔효과와 금리평가에 의해 궁극적으로는 예상물가 상승률이 반영되어 변동한다고 보기 때문이다.

3.2 환노출

1970년대 중반 브래튼우즈체제의 붕괴로 인해 변동환율제도가 보편화되면서 기업들은 환율변동에 따르는 위험을 안게 되었다. 기업이 보유하고 있는 외화표시 자산과 부채의 가치가 환율변동에 따라 수시로 변하고, 환율변동에 의해 기업의 미래 순현금흐름이 막대한 영향을 받기 때문에 기업들은 환율변동위험을 이해하고 관리하는 방안을 강구하게 되었다. 가능하면 환위험에 노출되는 외화표시 순자산의 규모를 줄이는 한편 환위험에 노출되었을 경우 이를 회피하는 기법들을 개발하여 왔다. 또한 환율변동이 미래의 순현금흐름에 미치는 부정적인 영향을 최소화하기 위해 생산법인과 판매법인의 입지를 다변화하거나 현지화를 적극 추진하였다.

환위험은 환율변동에 따라 기업의 손익이 변동하는 위험으로서 환노출은 기업들이 이러한 환위험에 노출되어 있는 상태를 말한다. 따라서 환노출은 예상치 못한 환율변동으로 기업의 손익이 변동할 가능성을 말한다. 환노출은 환율변동시점을 기준으로 회계적 환노출, 거래적 환노출, 경제적 환노출로 구분할 수 있다.

그림 4-4 환노출의 종류

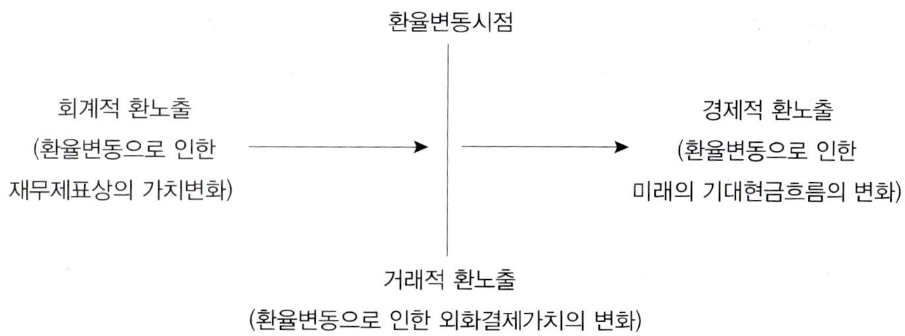

(1) 회계적 환노출

회계적 환노출(Translation Exposure)은 과거에 발생하여 종료된 외화표시거래를 현재의 환율로 환산하여 측정하기 때문에 발생한다. 대부분 해외자회사와 본사의 연결재무제표를 작성할 때 환율의 변동으로 인해 해외자회사의 재무제표상의 경영성과가 달라지는 것을 말한다. 즉, 거래발생시점의 환율과 재무제표작성시점의 환율 차이로 인해 회계장부상의 손익이 달라지는 위험으로서 실질적인 손익이 달라지는 것은 아니다. 예를 들면 한국기업이 해외현지법인의 대차대조표를 연말에 원화로 환산하여 연결재무제표를 작성할 경우 회계준칙에 따라 어떤 항목은 거래발생시점의 환율로 환산하고 어떤 항목은 재무제표작성시점의 환율로 계산하게 된다. 항목에 따라 적용환율이 다르기 때문에 회계장부상의 원화표시가치가 달라지게 된다. 이와 같이 실질적인 손익은 변하지 않는데도 불구하고 환율변동으로 인해 회계장부상의 손익이 달라지는 것이 회계적 환노출이다. 환산적 환노출이라고도 한다.

(2) 거래적 환노출

거래적 환노출(Transaction Exposure)은 미리 결정된 외화표시가격으로 재화나 서비스를 외국에 수출하거나 수입할 때 또는 외국에서 자금을 차입하거나 대출할 때 발생한다. 즉, 현재시점에서 외화표시 수출계약을 맺고 일정 기간 후에 수출대금을 받을 때 기업은 거래적 환노출을 겪는다. 예를 들면 20xx년 5월 11일 대미환율이 1,092.70일 때 포스코가 3개월 후에 수출대금 100만 달러를 받기로 하고 철강재를 미국에 수출하는 계약을 맺었다고 하자. 3개월 후인 8월 10일 대미환율이 992.70으로 변동하면 포스코는 수출대금 100만 달러를 원화로 바꾸는 과정에서 1,000만원의 환손실을 입게 된다. 이와 같이 계약시점과 결제시점이 다를 때 기업은 거래적 환노출을 겪게 된다.

(3) 경제적 환노출

경제적 환노출(Economic Exposure)은 미래의 현금흐름이 환율변동으로 인해 달라질 가능성을 말한다. 이는 환율변동에 따라 미래의 제품가격과 원자재가격 뿐만 아니라 이자율이 변동하면서 기업의 매출액이나 원가구조가 달라지기 때문이다. 예를 들면 1997년 외환위기로 인해 원화의 대미환율이 800원대에서 1,200원 수준으로 대폭 평가절하되자 한국기업의 수출이 급증하고 수익이 향상되었다. 이와 같이 경제적 환노출은 환율변동이 기업의 미래 현금흐름에 영향을 미치는 것을 말한다.

3.3 환위험관리

(1) 기업내부관리방법

1) 결제통화변경과 가격조정

환위험을 줄이기 위해 환율변동에 따라 수출입가격을 조정하거나 결제통화를 유리한 방향으로 바꾸는 방식이다. 즉, 원화가 평가절상될 때 절상폭보다 적게 수출상품가격을 인상하거나 수출시장을 다변화하는 방식이다. 또한 엔고시대에 일본에서 부품을 수입하던 한국기업들이 부품의 수입국가를 다변화하여 엔고에 따르는 환차손을 줄이는 것도 결제통화의 선택을 통해 환위험을 줄이는 방식이다.

2) 매칭(Matching)

특정시점을 기준으로 각각의 결제통화별로 유입과 유출을 일치시키거나 차액을 최소화함으로써 환노출을 없애거나 최소화하는 방식이다. 예를 들면 연말까지 100만 엔이 유입될 예정이라면 연말까지 100만 엔만큼 일본제품을 수입하거나 엔화부채를 상환하는데 사용함으로써 엔화표시 외화자산을 없애는 방식이다.

3) 리딩과 래깅(Leading & Lagging)

환율변동에 대비하여 외화자금의 결제시기를 의도적으로 앞당기거나(leading) 또는 늦춤으로써(lagging) 환차손을 최소화하거나 또는 환차익을 최대화하는 방식이다. 예를 들면 원화의 평가절하가 예상되는 경우 수출상품의 선적이나 수출환어음의 네고시기를 가급적 늦춤으로써 원화표시결제대금을 늘리려는 방식이다. 하지만 수출대금의 결제지연에 따르는 자금부담을 고려하여 선적 또는 네고시기를 결정해야 하는 한계가 있다(한국무역협회, 2002).

4) 네팅(Netting)

일정기간 동안 본사와 해외자회사간 또는 해외자회사 상호간에 발생한 채권과 채무를 서로 상계한 후 그 차액만을 수취하거나 지불하는 결제방식이다. 네팅을 이용하게 되면 환위험의 크기를 감소시킬 수 있을 뿐만 아니라 상계되는 금액에 대한 외환거래비용과 자금이체비용을 절약할 수 있다.

5) 자산부채관리(Asset Liability Management)

환율변동에 따라 외화표시자산과 부채의 포지션을 조정하는 방식이다. 즉, 평가절상이 예상되는 통화로 표시된 자산규모는 늘리는 반면 부채규모는 조기상환을 통해 줄임으로써 외화표시자산과 부채의 규모를 관리하는 방식이다. 예를 들면 외환위기 때 달러화강세가 지속되자 한국기업들은 달러보유량을 늘리거나 달러표시부채를 조기상환하여 환위험을 줄여나갔다.

(2) 기업외부관리방법

1) 선물환(Forward)과 통화선물(Futures)

선물환 또는 통화선물을 이용하여 환위험을 헷징하는 방식이다. 예를 들면 반도체 장비를 수입하는 삼성전자는 선물시장을 이용하여 원화의 평가절하에 따르는 환차손을 회피할 수 있다. 20xx년 1월 8일 현재원화의 대미현물환율이 940원이고, 3개월 선물환율이 950원일 경우 그리고 원화약세가 지속될 것이라고 예상되는 경우 현재반도체장비 수입계약을 체결하고 3개월 후에 결제해야 할 대금이 100만 달러라면 삼성전자는 선물거래를 통해 환위험을 회피할 수 있다. 선물시장에서 3개월 선물 100만 달러를 매입하여 원화의 대미환율을 950원으로 고정하면 3개월후인 4월 8일 환율이 어떻게 변동하더라도 상관없게 된다. 하지만 예상과 달리 원화가 평가절상되면 기회이익을 상실하는 위험이 있다.

2) 통화옵션(Currency Option)

특정통화를 매입하거나 매도할 수 있는 옵션을 구입하여 환위험을 회피하는 방식이다. 상기 예에서 삼성전자는 선물시장을 이용하지 않고 콜옵션을 구입하여 환차손을 회피하는 동시에 환차익을 얻을 수 있다. 삼성전자는 달러당 옵션프레미엄 10원을 주고 3개월 후에 환율 950원으로 100만 달러를 매입할 수 있는 콜옵션을 매입한다. 4월 8일 예상한대로 현물환율이 950원 이상으로 올라가면 콜옵션을 행사하여 환위험을 회피하면 되고, 예상과 달리 현물환율이 950원 미만으로 하락하면 옵션행사를 포기하고 현물시장에서 달러를 매입하면 된다.

3) 통화스왑(Currency Swap)

상호대출하거나 현물거래와 선물거래를 동시에 반대로 매매하는 스왑을 이용하여 환위험을 회피하는 방식이다. 예를 들면 미국회사와 독일회사는 유로은행의 주선에 의해 1억 달러 상당의 스왑거래를 체결하여 원리금상환에 따르는 환위험을 회피할 수 있다. 독일회사는 유럽지역에 있는 미국회사의 유로화표시 채무(현재환율 또는 계약환율 기준으로 1억 달러 상당의 유로화채무액)에 대한 원리금을 지급하며, 그 대가로 미국회사는 미국지역에 있는 독일회사의 달러화표시 채무(1억 달러)에 대한 원리금을 지급하였다. 통화스왑은 우선 계약환율을 기준으로 두 통화간의 원금크기를 동일하게 확정한 다음 원리금상환을 상호 교환하여 부담하는 방식으로 이루어지며, 장기간에 걸쳐 거액을 금융기관의 주선으로 스왑한다. 또한 두 당사자 간에 현물환매매와 동시에 이에 대응하는 선물환의 반대매매가 이루어지는 경우에는 현물환시장에서의 외국통화매입(또는 매출)거래금액과 선물환시장에서의 외국통화매출(또는 매입)거래금액이 같고 동시에 발생하므로 환노출이 없어지게 된다.

경영사례 연구

해외에 공장을 짓는데 필요한 자금을 어느 나라 통화로 조달할 것인가?

영국 런던에 있는 유럽판매 법인에서 열린 이사회미팅에서 Excel Air-Conditioning Ltd.의 회장인 Larry Squires는 다음과 같이 말했다.

"체코에 공장을 짓는데 필요한 자금을 어느 나라 통화로 조달할 것인가?"

Excel Air-Conditioning Ltd.은 캐나다에 본사를 두고 있는 캐나다회사다.

"우리는 모두 체코에 가서 예상 공장부지를 보고 왔지요? 그러면 기본부터 다시 짚어 봅시다." 재무담당이사인 Roger Parnell이 회장의 말을 이어 받으며 계속 말했다.

"우리는 캐나다 토론토에 공장이 있고, 해외에는 미국과 브라질에 공장이 있습니다. 우리는 EU를 적극공략하기 위해 체코에 공장을 세우려고 합니다. 유럽인들은 아직은 미국이나 캐나다인들 만큼 air-conditioner(에어콘 및 히터겸용기)를 많이 사용하고 있지는 않습니다. 하지만 해마다 올라가고 있는 유가를 고려할 때, 유럽인들은 단열이 더 잘 되는 건물과 더 낮은 비용으로 가동되는 air-conditioner를 필요로 하게 될 것입니다. 우리는 유럽의 air-conditioner 시장에 침투할 최적의 제품을 갖고 있습니다. 하지만 중요한 것은 가격이 시장에 알맞게 책정이 되어야겠지요."

Roger Parnell은 회의탁자를 둘러보며 계속 말을 이어갔다. "가격입니다, 여러분." "가격이 바로 우리가 EU의 회원국인 체코의 프라하라는 도시에 공장을 짓으려는 이유입니다. 그러나 우리의 브라질공장이 아직은 설립초기이어서 적자를 면치 못하고 있는 상황에서, 만일 우리가 체코공장을 짓는데 필요한 자금조달을 잘 못 한다면 우리 회사의 재정상황이 나빠질 수 있습니다. 사실 재무적 관점에서만 본다면, 우리가 덜 욕심을 부리고 캐나다의 토론토공장에서 생산된 제품을 EU로 수출하는 것이 제일 좋지요."

"이사회는 이미 체코에 공장을 설립하기로 결정했네. 이 상황에서 Roger 자네의 생각은 어떤가?" 라며 Larry Squires 회장은 끼어들었다.

Roger Parnell는 계속 말을 이어갔다. "여러분도 아시다시피, 체코에 공장을 짓는데 소요되는 비용은 총5천만 유로입니다. 이 중에서 10%는 캐나다 본사에서 제공해야 합니다. 그러면 체코의 생산법인은 5백만 유로(5천만 유로의 10%)의 자본금으로 시작하겠지요. 5천만 유로의 40%는 체코에 있는 은행에서 장기대출을 받아야 합니다. 제 생각에는 체코에 있는 은행에서 우대금리로 5년 만기 대출을 받을 수 있습니다."

"좋습니다. 그러면 나머지 절반인 2천 5백만 유로는 어디서 어떻게 조달할 예정인가요?" 라고 이사중에 한명이 질문했다.

Roger Parnell은 캐나다 모기업이 체코 이외의 국가에서 자금을 빌려서 체코공장으로 다시 빌려주는 방식을 생각하고 있었다. 그러나 문제는 어느 나라에서 자금을 빌리느냐는 것이다. 한 가지 대안은 유로존 회원국 중에 가장 낮은 이자율을 제공하는 국가에서 자금을 빌리는 것이다.

그럴 경우 그 대출금은 캐나다 모기업의 회계장부에 캐나다 달러로 기록된다. 만일 캐나다 달러가 유로에 대하여 계속 약세에 있게되면, 캐나다 달러로 표기된 그 빚의 장부가격은 계속 증가하여 캐나다 모기업의 재무재표에 좋지 않은 영향을 미칠 것이다. 2000년에 유로로 대출을 받은 어느 캐나다 회사가 2007년까지 40%의 장부상의 손실을 본적이 있다.

다른 대안은 유럽에 있는 캐나다 유로달러(Canada Eurodollar)시장에서 자금을 조달하는 것이다. 유럽에서 직접 캐나다 달러로 자금을 조달하기 때문에 모기업의 장부에도 그 만큼의 캐나다 달러로 표기된다. 그래서 유로화에 대하여 캐나다 달러의 가치가 계속 하락하는 상황에 신경을 쓸 필요가 없어진다는 장점이 있다. 하지만 반대로 캐나다 달러의 가치가 올라간다면 체코생산법인은 모기업으로부터 빌려온 돈을 나중에 캐나다 달러로 갚을 때 더 많은 비용이 든다.

유럽에서 유로로 빌릴 수 있는 가장 낮은 이자율은 1년에 12.5%이고, 캐나다 유로달러(Canada Eurodollar)시장에서 캐나다 달러로 빌릴때의 이자율은 1년에 11.5%이다.

제3의 대안은 이자율이 1년에 10%밖에 되지않는 스위스 프랑(Swiss francs)을 빌리는 것이다. 만일 캐나다 달러나 유로의 가치가 스위스 프랑에 대하여 5년의 대출기간 동안 일정하게 변동하지 않는다면 제3의 대안이 최고일 것이다. 하지만 2000년에 스위스 프랑으로 대출을 받은 어느 캐나다 회사가 스위스 프랑에 대한 캐나다 달러의 약세로 인하여 2007년까지 50%의 장부상의 손실을 본적이 있다.

회장인 Larry Squires가 말했다. "우리는 역사가 반복되리라고는 확신할 수 없지만, 앞으로 5년동안 우리고 고려하고 있는 통화의 가치가 어떻게 변화할지 예측해야 합니다. 이사회의 선택을 추천해 주세요."

출처: *The best of Dilemma & Decision from International Management, compiled by the editors of International Management*, McGraw-Hill, New York, 1985

토의과제

1. 두 가지 환율표기법에 대하여 설명해 보시오.
2. 환율변동에 영향을 미치는 국제거래에 대하여 설명해 보시오.
3. 외환시장의 특성을 서술해 보시오.
4. 환율평가이론을 설명해 보시오.
5. 빅맥환율을 갖고 한국과 주요 선진국들의 통화환율이 올라갈지 아니면 내려갈지를 살펴 보시오.
6. 기업의 겪는 환노출의 유형과 관리방안에 대해 설명해 보시오.

참고문헌

- 성용모, 국제금융시장, 탐진, 2002.
- 이장로, 해외경영 성공노하우, 무역경영사, 2000.
- 한국무역협회, 무역인을 위한 환리스크 관리가이드, 2002.
- 한국은행, BIS의 세계외환 및 장외파생상품시장 거래규모조사결과, 국제국 외환조사실 외환분석팀, 2007.9.
- Lee, S-H. & Sangcheol Song, "Host country uncertainty, intra-MNC production shifts, and subsidiary perfornmace," Strategic Management Journal, 33, 2012, pp. 1331-1340
- Li, J., "Asymmetric interactions between foreign and domestic banks: effects on market entry," *Strategic Management Journal*, 29(8), 2008, pp. 873~893

제 5 장

국제문화환경과 관리

학습목표

문화는 개인들 마음속에 내장된 일종의 정신적 소프트웨어로서 오랜 기간 동안에 걸쳐 학습된다. 문화가 다르면 사고방식과 행동이 다르기 때문에 문화가 상이한 복수의 국가에서 활동하는 다국적기업들은 문화충격에 노출될 가능성이 높다.
문화충격을 관리하기 위해서 다국적기업들은 문화차이를 분석하고 문화차이에 따르는 사고방식과 행동의 차이를 이해하고 적응하는 것이 필요하다. 즉, 다국적기업들은 국제적인 의사소통, 국제협상 및 해외주재원 파견, 현지인 관리 등에 있어서 문화적인 차이를 고려하고 현지문화에 맞게 관리하여야 할 것이다.

본 장에서는 다음 내용을 이해하는 것을 학습목표로 한다.

- 문화의 개념과 문화의 구성요소들을 이해한다.
- 홉스테드와 홀의 문화이해모형을 이해한다.
- 문화가 다른 외국인과 접촉하고 협상하는 방법을 이해한다.
- 해외주재원을 파견하고 현지인을 관리하는 방법을 이해한다.

도입사례

해외출장시 꼭 필요한 비즈니스 에티켓

중 국

<인사> 어느 나라에서든 예의를 갖추는 것은 당연하지만 유교문화를 기반으로 한 아시아권에서는 더욱 조심스러운 태도가 요구됩니다. 아시아권 국가중 특히 중국은 자부심으로 똘똘뭉친 나라이기 때문에 예의바른 자세가 정말 중요합니다. 처음 나누는 인사는 고개를 숙여 예의를 표하는 것이 좋습니다. 만약 악수로 인사할 때에는 서열이 높은 사람이 먼저 손을 내밀때까지 기다려야 합니다.

<복장> 대부분의 중국인들은 복장에 크게 신경을 쓰지 않습니다. 때문에 디자인에 대해서는 크게 제약이 없는 편일 뿐더러 넥타이 역시 착용하지 않습니다. 하지만 의류브랜드를 중요하게 생각합니다. 비즈니스 석상에서 중국인을 만난다면 녹색모자를 착용해서는 안 됩니다. 녹색모자는 아내가 바람났다는 것을 의미하는데, 흔히 중국에서는 체면이 구겨지는 일을 당했을 때 '녹색모자를 썼다'라는 표현을 씁니다.

<식사> 중국의 경우 비즈니스차원에서 이뤄진 면담이 흔히 술이 곁들어진 식사자리에서 이뤄집니다. 따라서 중국의 식사문화, 음주문화를 아는 것이 중요한데요. 중국에서는 면담을 주최한 주최자가 자리를 권하기 전 임의대로 자리에 착석하는 행동을 무례하다고 생각합니다. 주최자의 오른쪽 측을 중심으로 서열이 높은 사람 순대로 앉아 식사를 하게 됩니다. 식사자리에 술을 곁들이는 것은 중국인에게 너무 자연스러운 일인데요. 술을 권하고, 건배를 위해 자리를 자주 이동하기도 하므로 자리가 바뀌더라도 당황하지 마세요.

중국인들은 칭찬을 좋아하기 때문에 식사를 하는 도중 간간히 음식과, 주최측의 센스에 대해 칭찬을 한다면 더욱 부드러운 미팅 분위기를 조성할 수 있습니다. 마지막으로 중국에서는 음식을 모두 비우는 것을 결례라고 생각합니다. 음식의 양이 부족했다고 오해하기 때문인데요. 따라서 식사를 할 때 모든 음식을 맛보되, 조금씩 남기는 것이 좋습니다.

일 본

<인사> 일본은 상황에 따라서 하는 인사법이 다른데요. 미팅에서 일본인을 처음 만난다면 정중한 인사인 '경례'나 '최경례'를 하는 것이 좋겠습니다. 면담을 할 때나 상대방에게 경의를 표할 때 사용되는 인사법으로 상체를 30도 이상 구부리며 예의를 표합니다. 한편, 일본인은 평소 친한사람이라고 해도 스킨십을 이용한 인사는 잘 하지 않습니다. 볼 인사, 포옹은 고사하고 흔히 이뤄지는 악수는 일반적인 인사방법으로 여기지 않습니다.

<복장> 최근 일본은 편안하고 자신에게 어울리는 복장을 착용하는 경향이지만, 대기업이나 규모가 큰 기업, 정부관련 기관에서는 전통적인 비즈니스복장을 입습니다. 예를 들면 남색정장이나 회색정장에 하얀셔츠, 어두운 계열의 넥타이를 차는 것이지요. 일본은 좌식문화이기 때문에 신발을 벗어야 하는 경우가 많으므로 양말도 튀지않은 색으로 신경을 써야 할 필요가 있습니다.

<식사> 일본은 종교적 이유로 음식이나 음주와 관련된 제약은 없습니다. 다만 식사 시 젓가락을 사용하는데 주의를 해야 하는데요. 이는 일본의 화장문화 때문입니다. 일본에서는 화장을 한 후 뼈를 젓가락으로 집는데요. 이 때문에 젓가락으로 식기를 움직이거나, 장난치는 것, 젓가락으로 음식물을 찌르거나, 상대방을 가리키는 것 모두 무례한 행동으로 간주합니다.

미 국

<인사> 미국 바이어를 만날 때는 예의를 갖추되 당당하게 행동하는 것이 좋습니다. 인사를 하거나 대화할 때 상대의 눈을 바라봐야 하며, 악수 역시 너무 세게 흔들지 않는 선에서 당당하게 해야 하죠. 인사단계에 있어 한 가지 주의해야 할 점은 초면에 나이를 묻지 않아야 합니다. 특이 상대가 여성이라면 외모에 대한 평가, 결혼여부 등을 언급하는 것을 절대해서는 안될 행동입니다. 한편, 우리나라의 경우 상대방에게 받은 명함을 바지 뒷주머니에 넣는 것이 예의가 아니라고 하지만 미국에서는 무례한 행동이 아니라는 것은 우리나라와의 차이점입니다.

<복장> 우리나라와 비교했을 때 미국은 간편한 옷차림을 좋아하고 격식에 얽매이지 않는 국가인데요. 사무실에서도 캐주얼복장으로 근무하는 미국 직장인들이 많습니다. 하지만 공식적인 자리에서나 다른 국가의 손님을 만날 때는 정장을 입어 예를 표합니다. 혹, 미국으로 출장을 갔는데 주최측에서 식사를 초대한다면 드레스코드를 꼭 물어야 합니다. 미국에서는 때와 장소에 맞지 않는 옷을 입고 가는 것을 매우 무례하다고 생각하기 때문이죠.

<식사> 미국인들의 식사시간은 1시간 30분에서 2시간 정도로 꽤나 긴 편인데요. 여유를 가지고 충분한 대화를 나누는 것이 중요합니다. 식사도중 이야기 할 스포츠상식이나 미국의 헤드라인

이슈를 알아가는 것이 도움이 되겠습니다. 미국인들과 식사를 할 때 주의해야 하는 점은 그들의 음식에 손을 대거나, 본인의 음식을 남의 그릇에 옮기지 않아야 한다는 점입니다. 개인주의 성향이 강한 미국인들에게 음식을 나눠먹는 우리나라의 문화는 통하지 않습니다

러시아

＜특징＞ 러시아인들의 자긍심을 높일 수 있는 발언은 비즈니스를 성공으로 이끎. 러시아는 우정을 매우 중요하게 생각하므로 관계를 맺는것이 우선임.

＜복장＞ 외형을 중요하게 생각하는 러시아인들은 상대가 무슨 브랜드를 입었는지를 중시함. 중요한 미팅에서 정장을 제대로 갖춰 입지 않았다면 본인을 무시한다고 생각

＜약속＞ 약속시간에 자주 늦는 편이기는 하나, 비즈니스 문화가 보편화되면서 빠르게 개선. 제시간에 미팅장소에 도착하는 것이 좋으며, 혹여 러시아측에서 늦는다고 해도 이해할 필요가 있음.

출처: 잡코리아, 2016년 7월 28일

01 문 화

1.1 문화의 개념

<그림 5-1>은 문화를 인간본성 및 인간개성과 비교하여 설명하고 있다. 인간본성(human nature)이란 사람이 어느 국가나 어느 사회에 소속되어 생활하든지 간에 인간이라면 갖추게 되어 있는 보편적인 속성으로서, 인간이외의 존재와 대조시켜 구별할 매 사용하는 말이다. 또한 인간본성과 관련하여 성선설과 성악설이 존재하듯이 인간본성은 선천적으로 타고난다는 특징을 가지고 있다. 사실 감성적인 측면에서 본다면, 성선설에서 주장하듯 인간은 선할 수 있다. 이러한 인간의 감성적인 선한 면은 우리 주변에서 흔히 볼 수 있다. 예를 들면, 한 사람이 드라마를 본다고 하자. 그는 드라마속 주인공을 괴롭히는 인물을 비난하고 그에게 당하는 주인공에게 측은지심을 느낀다. 이는 자신과 상관없는 사람의 불행에 분노하고 동정심을 느끼는 인간의 선한 본성을 나타

그림 5-1 인간의 본성, 문화, 개인의 성격 간의 관계

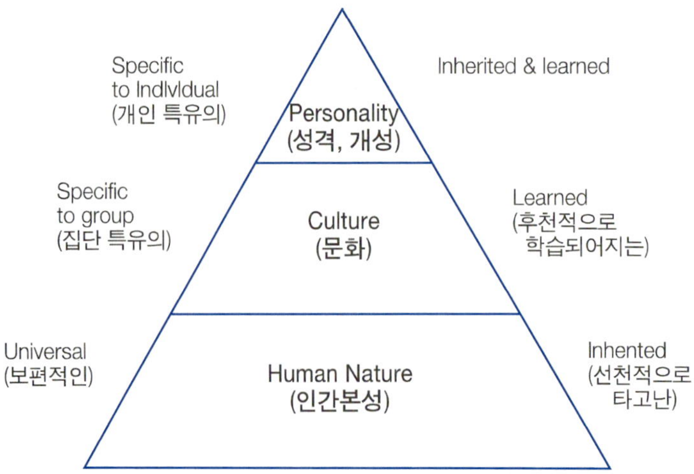

자료원: Hofstede, G., 차재호·나은영 역, 「세계의 문화와 조직」(*Cultures and Organizations: Software of the Mind*), 학지사, 1995.

낸다고 할 수 있다. 한편, 성악설에서 주장하는 인간의 악한 측면은 범죄 등에서 많이 나타난다. 남을 해친다던가, 남의 물품을 빼앗는 행위들이다. 이러한 범죄적 행위들의 궁극적 원인은 '자기만을 위한' '이기심'에 있다. 이런 인간의 이기적인 본성을 이용한 것이 오늘날의 기업들에게서 쉽게 찾아볼 수 있는 "인센티브 제도"인데, 더욱 인간을 자기만의 목표로 향해 달려가게 한다. 결국 인간은 성선설과 성악설에서 주장하는 양 측면의 본성을 어느 정도는 갖고 있다고 볼 수 있다.

문화(culture)란 인간이 자연환경을 극복하고 이용하는 과정에서 만들어지고 생겨난 물질적 및 정신적으로 가치있는 것들을 일컫는다. 이것은 보통, 물질문화(도구와 기계 등 인간생활을 편리하게 해주는 것) 와 정신문화(과학, 예술, 도덕, 교육 등 인간생활을 풍요롭게 해주는 것)로 대별되는데, 문화란 결국 인간사회가 만든 "역사적 소산"이므로, 각기 다른 역사적 배경을 갖는 사회는 서로 다른 문화를 갖고 있다고 할 수 있다. 따라서 사람들은 자기가 소속된 사회나 집단이 다르면 문화가 서로 다르다고 인식하듯이 문화란 특정집단 또는 특정사회마다 다르게 나타나는(specific to group) 현상이다. 인간의 본성이 어느 집단 또는 사회에 소속되어 있으나 상관없이 동일하게 나타나는 현상이라면, 그 인간본성이 표출되고 통제되어지는 사고의 과정은 집단 또는 사회마다 문화라는 이름으로 다르게 나타난다. 이처럼 문화란 인간의 본성과 달리 선천적으로 타고나는 것이 아니라 후천적인 학습에 의하여 (learned) 획득되어 진다. 즉, 문화란 언어와 문자를 통해 여러 세대에 걸쳐 축적되고, 이처럼 축적된 것은 학습을 통해서 다음 세대들에게 전수되어진다. 이전 세대들한테서 전수되어진 문화와 현재의 세대가 만들어낸 새로운 문화가 공존하기도 한다. 이처럼 한 문화체계 안에서 새롭게 등장하는 문화요소는 기존의 문화요소와 상호작용을 하면서 문화변동을 일으킨다.

여러 국가에 걸쳐 활동하는 다국적기업의 경영자들은 본국과 다른 국가의 문화를 어떻게 대하는 것이 좋을까? 한 마디로 말하면 다국적기업의 경영자들은 그 사회의 특수한 자연환경과 역사적, 사회적 맥락속에서 현지 문화를 이해하고 판단하려는 자세를 가져야 한다. 이처럼 문화를 대하는 태도를 문화상대주의라 하는데 이는 다른 문화를 가치있게 여기고 동경하면서 자기 문화를 상대적으로 낮게 평가하는 문화사대주의, 자기문화를 가장 우월한 것으로 보는 자문화 중심주의와 구별된다. 특히 자문화 중심주의적인 시각에서 사람들은 자신의 문화를 기준으로 삼아 문화가 비슷하면 좋은 것으로 판단하는 반면 다르면 비정상적이고 나쁜 것으로 판단하는 속성을 갖고 있다. 따라서 국제경영자들은 외국인들의 행동이나 말을 자신의 기준으로 해석하고 평가하기보다는 있는 그대로 보려고 노력해야 한다.

성격(personality)이란 어떤 집단 또는 사회에서 개인을 특징짓는 개인마다 달리 가지고 있는 행동약식이라고 할 수 있다. 성격은 부모한테서 유전적이고 선천적으로 타고나는 부분이 있고, 후천적인 학습에 의하여 형성되는 부분이 있다. 예를 들어 내향적인 성격과 외향적인 성격은 선천적으로 타고나는 면이 강하지만, 후천적인 학습과 개인의 노력에 의하여 내향적인 성격의 사람이 외향적인 성격의 소유자로 바뀌는 경우를 주위에서 흔히 볼 수 있다.

요약하면 <그림 5-1>이 보여주는 바와 같이 인간의 사고방식 및 행동양식은 세 가지 요소로부터 생겨난다고 할 수 있다. 즉, 인간으로서 타고난 본성(human nature)이 설명하는 부분이 있고, 자신이 속한 집단 또는 사회에 따라서 인간의 본성이 다르게 표출되고 통제되어 지는 문화(culture)라는 것이 설명하는 부분이 있고, 같은 집단 또는 사회안에서도 자신을 한 개인으로서 특징짓는 성격(personality)이라는 것이 설명하는 부분이 있는 것이다.

1.2 문화의 구성요소

앞 절에서 논의하였듯이 문화란 상당히 포괄적인 개념이어서 똑 부러지게 정의하기가 쉽지 않다. 따라서 문화를 정의하는 대강의 방법은 문화를 구성하는 요소들을 조사하는 것이다. <그림 5-2>는 문화를 구성하고 있는 구성요소들의 대강을 보여준다. 이 절에서는 문화의 주요 구성요소들을 중심으로 논의한다. 문화의 구성요소들 중에서 중요한 첫 번째의 것이 언어이다. 언어는 우리들로 하여금 사고를 할 수 있게 해주고, 의사소통을 할 수 있게 해준다. 따라서 언어가 다르면 사고의 방식도 의사소통의 방식도 다를 수 있다. 언어는 또한 인간의 경험을 사람에서 사람으로, 세대에서 세대로 전승될 수 있게 해준다. 언어가 없으면 기술도 축적될 수 없고, 문화도 어느 한도 이상으로는 축적될 수 없을 것이며, 복잡한 사고체계를 학습할 수도 전달할 수도 없다. 즉, 언어가 다르다면 사고체계는 물론이고 전승되고 축적되어지는 인간의 경험들도 다르게 된다. 이처럼 중요한 언어는 문화 그 자체이면서도 서로 다른 문화를 구분하는 역할을 한다. 즉, 언어가 다르면 문화도 서로 다르다. 불어와 영어를 함께 사용하는 캐나다는 불어를 사용하는 퀘벡주와 영어를 사용하는 그 외의 다른 주들간에 일체감의 차이가

그림 5-2 문화의 구성요소

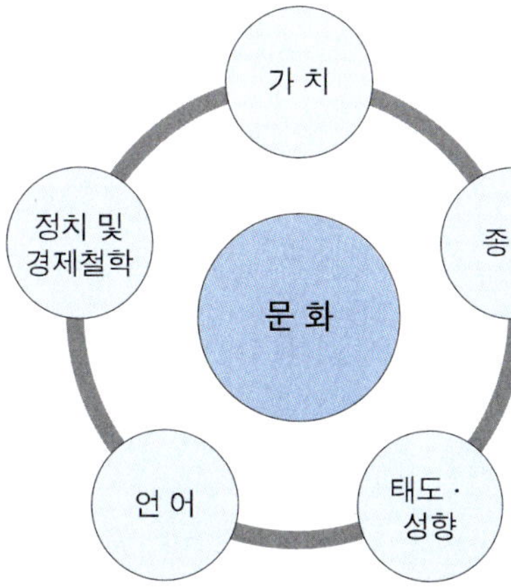

오랜 역사속에서도 현재까지도 존재하는데, 퀘벡주는 한때 캐나다로부터 독립을 요구한 역사적 경험도 가지고 있다. 이처럼 특정문화를 대표하는 언어의 중요성을 고려할 때, 현지사회에 깊숙이 발을 들여 놓는 사업을 하기를 원한다면 그 나라 현지어를 습득하는 것이 꼭 필요하다. 현지언어를 습득하지 못하면 현지사람들과 깊이 있게 어울려 섞여지내기 어렵고 현지문화를 이해하고 습득하는데 한계에 부딪친다.

언어적 차이에 대응한 다국적기업들의 현지화노력을 엿볼 수 있는 한 예가 제품명을 현지인에게 친숙한 현지이름으로 바꾸는 경우이다. 현대차는 러시아에 진출할 때 주력차종인 액센트를 쏠라리스(Solaris)라는 이름으로 바꾸었다. 쏠라리스는 러시아의 유명영화감독의 영화제목으로서 러시아인들에게 좀 더 친숙하게 다가가기 위한 현대차의 현지화 노력을 보여준다. 기아차는 유럽시장을 공략하기 위해 유럽소비자들만을 목표시장으로 한 자동차를 개발하였는데 이름을 벤가(Venga)라고 지었다. 벤가는 스페인어로 Let's go!란 뜻이다. GM자동차는 예전에 Nova라는 이름으로 남미에 시보레 승용차를 출시하였는데 판매실적부진과 함께 조롱을 받은 적이 있다. Nova라는 이름은 문자 그대로 별(star)을 의미하지만 발음상으로는 'no va'처럼 들리게 되고 이는 스페인어로 "It doesn't go"와 같은 의미가 되기 때문이었다. 한편, 중국시장에서도 현대 · 기아차는 현지인에게 친숙한 이름으로 자동차명을 바꾸려는 현지화노력을 이어갔다. 중국형 아반테의 이름은 웨이둥(悅動: 운전의 즐거움을 주는 역동적인 차를 의미), 중국형 쏘나타의 이름은 링샹('이끌다'는 뜻의 '領(령)'과 '비상'을 뜻하는 '翔(상)'이 합쳐져

'과학과 기술을 리드하고, 자유롭게 비상하는 진취적인 인생'을 의미), 중국형 포르테의 이름은 푸루디(福瑞油: 성공을 위해 진취적으로 나아감을 의미)이다. 한국의 의류업체인 이랜드는 아예 회사명칭을 이랜드에서 이리엔(衣戀: 옷을 사랑하는 기업)으로 바꾸어 중국 소비자들에게 친숙하게 다가가려는 현지화노력을 기울이고 있다. LG전자는 아프리카 최대의 시장인 나이지리아에 진출할 때, TV판매를 위해 공용어인 영어뿐만 아니라 나이지리아 3대 부족어인 이보, 요루바, 하우사를 사용하여 TV메뉴와 화면조정을 할 수 있게 했다. 이처럼 다국적기업들은 해외진출시에 언어로 인한 문화적 차이를 극복하기 위해 제품명을 현지인에게 친숙한 이름으로 바꾸어 보다 깊숙이 현지시장에 파고들려는 현지화노력을 기울이고 있다.

문화를 구성하는 두 번째 요소는 종교이다. 동일한 문화권에서 나타나는 보편적 행위뒤에는 이를 주관하는 정신적인 공통요소가 있는데 종교가 바로 그 역할을 담당한다. 인간은 모든 대상을 '성'(聖: 성스러움)과 '속'(俗: 속됨)으로 이분화하는데, '성'이라 함은 일상의 경험을 초월하는 이상적인 세계, 초자연적인 힘, 비상함과 경이로움을 불러일으키는 대상 등을 말한다. '속'이라 함은 일상적이고 평범한 대상과 관련된 인간의 경험적인 것을 의미한다. 종교란 한 마디로 성스러운 대상에 대해 믿음으로써 그 믿음속에서 사람들은 공동체의 의식을 갖고, 올바른 행위에 대한 교리 · 규범속에 상호교류하고 적응하며 결속감을 다진다. 또한 종교는 스스로의 삶의 가치를 찾고, 서로 의존하며, 어렵고 외로울 때 마음의 안정과 위안을 나누며 변고와 고통을 서로 위로하는 안식처가 되기도 한다. 이 같은 기능을 하는 종교는 이슬람문화권, 가톨릭 · 신교문화권, 불교문화권, 유교문화권, 힌두문화권 등으로 서로 다른 문화권들을 구분짓는 역할을 한다. 특정종교 문화권에서 계속적인 사업을 영위하고자 하는 다국적기업의 경영자들은 그 나라 현지의 종교를 이해하는 것이 꼭 필요하다. 왜냐하면 사람들은 같은 종교를 믿음으로써 공동체의 의식을 갖고 상호교류하고 적응하며 결속감을 다지기 때문에, 현지종교를 이해하지 못하면 현지사람들과 깊이 있고 친숙하게 어울려 지내기 힘들다. 종교적 차이에 대응한 다국적기업들의 현지화노력을 엿볼 수 있는 한 예로는 스타벅스의 사례가 있다. 스타벅스는 중동국가로는 최초로 사우디아라비아에 진출하였는데 이때 뜻밖의 어려움에 봉착하게 된다. 그것은 바로 반나체여인의 모습이 새겨진 로고때문이었다(<그림 5-3>).

그림 5-3 스타벅스 로고

사우디아라비아와 같은 이슬람을 믿는 국가들은 여성들로 하여금 온몸을 덮어 가족 이외의 사람들로부터 신체와 장신구들을 가리는 의복을 착용하도록 하고 있다. 여성의 몸을 가리는 이러한 의상을 보통 '히잡'(머리나 몸을 덮는 의상)이라 하는데, 사우디아라비아를 중심으로 걸프지역의 여성들은 검은색 히잡을 쓰고 온몸을 가리지만, 북아프

그림 5-4 사우디아라비아에서의 스타벅스 로고

리카의 여성들은 흰색이나 다양한 색의 히잡을 선호하며 얼굴을 내놓는 두건형태의 히잡을 쓰는 경우도 있다고 한다. 따라서 반나체여인의 모습이 새겨진 스타벅스 로고는 사우디아라비아의 종교적 관습에 위배되는 것이다. 결국 스타벅스는 로고에 있는 반나체여인의 모습을 지우기하고 사우디아라비아에 진출한다(<그림 5-4>).

LG전자는 중동을 포함한 이슬람을 믿는 국가에 출시하는 TV에 114장으로 구성된 코란경전이 내장된 일명 코란 TV를 만들어 대대적인 성공을 거둔바 있다. 코란 TV는 코란경전을 읽어주기까지 한다고 한다. 이슬람교도들은 이슬람성지인 '메카'를 향해 하루 5번의 기도를 하는데, 한국의 휴대폰업체들은 '메카'의 위치와 하루 다섯 번의 기도시간을 알려주는 알람기능이 내장된 휴대폰을 이들 국가에 출시하고 있다고 한다.

문화를 구성하는 세 번째 요소는 태도 · 성향이다. 특정 요소에 대한 그 나라 국민들의 태도 및 성향이 국가마다 다르게 나타내는 경우이다. 예를 들어 "명함"을 주고 받는 데에서도 그 나라 국민들의 태도차이를 알 수 있다. 일반적으로 미국인들은 명함교환을 하나의 격식으로 간주하고 나중에 다시 만날 수 있도록 하기 위한 참고자료로 생각하기 때문에 명함을 받으면 한번 훑어보고 나서 주머니에 집어 넣는다. 이에 비해 일본인들은 명함을 상대방회사와 상대방의 직위를 나타내는 중요한 자료로 간주하기 때문에 명함을 받으면 주의깊게 살펴보고 잠시동안 침묵하여 상대방 회사와 상대방 직위에

국제경영 이야기 5-1

이슬람국가에서 코란 글귀 쓰여진 옷 입으면 惡性 신성모독

한국인으로 추정되는 여성이 신성모독 논란으로 말레이시아 경찰의 추적을 받고있다고 말레이시아 일간 '더 스타' 등 현지언론이 22일 보도했다. 이슬람 경전 꾸란(코란) 글귀가 적힌 옷을 입은 것이 문제가 됐다. 쿠알라룸푸르 인근 암팡지역 수퍼마켓에서 찍힌 이 여성의 사진이 19일 SNS에 게재된 뒤 논란이 확산됐다. 여성이 입은 옷에는 꾸란 1장(알 파티하 · Al-Fatiha)으로 보이는 아랍어 구절이 적혀 있었다.

이슬람국가에서 '꾸란 무늬 옷'을 입는 것은 신성모독 중에서도 악성(惡性)으로 간주된다. 이슬람교는 '꾸란은 신이 주신 말씀이기 때문에 읽고 음미하는 경배행위 이외의 용도로 이용하는 것은 신성모독'이라고 가르치고 있다. 꾸란 무늬옷을 입은 채 거리를 다닌다는 것은 "나는 '알라의 말씀' 위에 드러눕기도 하고, '알라의 말씀'을 가지고 화장실에 가서 용변도 본다"고 대놓고 알리는 것과 다름없다는 얘기다. 앞서 지난 3월에는 인기 걸 그룹 투애니원이 비슷한 신성모독 논란에 휘말렸다. 새 앨범 수록곡에 아랍소년의 꾸란 낭송음을 갖다 썼다가 이슬람권 팬의 거센항의를 받자, 이를 사과하고 해당부분을 삭제했다.

자료: 조선일보, 2014년 07월 24일

대한 존중의 뜻을 나타낸다고 한다.

특정요소에 대한 그나라 국민들의 성향의 차이는 선호하는 "색깔"에서도 나타난다. 중국인들과 러시아인들이 좋아하는 색은 빨간색인데, 이는 공산주의를 상징하는 색깔이라기보다는 이들 두 국가의 문화적 특성에 바탕을 둔 색깔이다. 러시아의 상징과도 같은 "붉은 광장"은 15세기 말부터 크렘린정면의 광장으로 시작해서 16세기 바실리 블라제누이 성당이 건축되었고, 20세기에 레닌묘 · 역사박물관 등이 추가되어 둘러싸고 있다. 17세기 말부터 "붉은 광장"으로 이름 지어졌는데, 당시 빨간색이 왕실이 선호하는 색깔이었다고 한다. 한편, 중국에서도 아주 오래전부터 빨간색이 왕실을 상징하는 색이었다고 한다. 중국민간에서는 빨간색에 커다란 기운이 있어 괴물을 물리쳐주고 위험에서 벗어나게 도와주며 운이 좋은 일을 가져다준다고 믿어왔다고 한다. 빨간색은 상서로운 색깔이라는 믿음이 중국에서는 지금까지도 내려오고 있다. 노키아는 러시아에서 빨간색의 휴대폰을 출시하여 여성들 사이에서 선풍적인 인기를 일으킨 적이 있고, 한국의 의류업체인 이랜드는 중국시장에서 로고색상을 아예 빨간색으로 바꾸었고, LG전자는 중국에서 빨간색의 냉장고를 출시하기도 하였다. 이슬람문화권 사람들은 예언자 무함마드(영어권에서는 마호메드라 부름)가 좋아했던 초록색을 신성시하면서 좋아한다. 따라서 이슬람국가들의 국기에는 국가마다 차이는 있지만 대부분 초록색이 들어가 있다. <그림 5-5>는 메카와 메디나를 영토안에 둠으로써 '성스러운 두 사원의 수호자'가 된 사우디아라비아의 국기를 보여주고 있다. 녹색바탕에 적혀있는 글자는 샤하다라고 불리는 이슬람교의 신앙고백("알라 이외의 다른 신은 없고 무함마드는 알라의 사도이다")의 의미를 담고 있고, 칼은 초대국왕의 승리를 상징한다고 한다.

그림 5-5 사우디아라비아의 국기

현대・기아차는 크고 화려한 것을 좋아하는 중국인들의 성향에 맞추어서 중국형 아반테인 웨이둥의 길이와 폭을 기존의 아반테보다 크게 설계하고, 뒤 번호판 주변에는 광택나는 크롬도금을 하였다. 중국형 쏘나타인 링샹도 기존 쏘나타보다 길게 설계하였다. 한편, 춤과 노래를 즐기는 인도인의 성향을 반영하여 LG전자는 인도에서 출시하는 LCD TV에 500W의 강력한 사운드를 즐길 수 있는 스피커를 내장하였다. LG전자와 삼성전자가 미국시장에 출시하는 프리미엄 냉장고는 외장이 스테인레스로 되어 있는데, 이는 화려함보다는 실용성을 중시하는 미국인들의 성향을 반영한 것이다. 미국에서는 "스테인레스"소재가 보다 견고하다는 느낌을 주어 선호된다고 한다. LG 및 삼성전자 관계자들에 따르면 한국에서는 스테인레스 냉장고가 업소용으로만 만들어 진다고 한다. 이처럼 다국적기업들은 그나라 국민들의 태도 및 성향에서 비롯되는 문화적 차이를 명확히 인식하고 다양한 형태의 현지화된 제품을 만들어 보다 깊숙이 현지시장에 파고들려는 노력을 기울여야 한다.

국제경영 이야기 5-2

비즈니스 약속은 철저히

중동사람들은 약속을 잘 지키지 않는다는 인식이 퍼져있다. 틀린 말은 아니다. 우리나 서양인들 보다는 약속에 잘 늦는 편이다. 더운 곳이기에 좀 느긋하게 행동한다. 또 알라가 정해 놓은 운명에 따라 사는 사람들이기에 낙천적이기도 하다.

그러나 이런 생활습관이 모든 상황에 적용되는 것은 아니다. 중동인들은 1분이라도 먼저 가기위해 급하게 운전한다. 경적도 수시로 누른다. 자신의 이해관계가 걸려있는 일이라면 상당히 신속하게 움직인다. 돈 받을 것이 있다면 수시로 재촉한다. 관심있는 아이템이라면 한국까지도 달려온다. 부지런하다. 공무원이면서도 사업을 하는 사람도 많다. 대부분의 중동국가에서는 법적으로 이를 허용한다. 정부기관의 일에는 느리지만 자신의 사업에는 적극적이고 빠르다. 따라서 비즈니스 관련 약속은 철저히 지켜야 한다. 늦는 것이 현지에서 일상적인 일이라고 해서 외국인도 그렇게 행동하는 것은 현명하지 않다. 약속을 어기는 외국인은 신뢰받지 못한다. 한번 신뢰가 무너지면 그 소문은 아주 빠르게 현지업계에 퍼진다. 중동은 연줄로 서로 얽혀있는 비즈니스 네트워크를 가진 곳이다.

자료: LUXMEN, 매일경제, 2015년 4월, 55권

02 문화차이에 대한 이해

언어, 종교, 태도·성향 등 문화를 구성하는 각각의 구성요소들을 중심으로 국가간 문화차이를 이해하려는 방식과는 별도로 한 나라의 문화를 보다 큰 틀에서 이해하려는 시도로서 학자들은 다양한 문화이해 모형을 제시하였다. 이 절에서는 이들 중 가장 주목받는 연구로서 홉스테드(Hofstede)와 홀(Hall)의 문화이해모형을 소개한다.

이 두 학자의 문화차이 이해모형은 문화적 상대주의 관점에 근거하고 있다. 문화상대주의란 각국의 문화에는 우열이 있는 것이 아니라, 단지 가치와 규범에 대한 차이만 있을 뿐이라는 시각이다.

2.1 홉스테드의 모형

홉스테드(Hofstede)는 1968년과 1972년에 두 차례에 걸쳐 64개국에 진출해 있는 IBM 해외자회사의 종업원 약 16만 명을 대상으로 각 국가에 대한 문화유형분류를 시도하였다. 홉스테드는 연구대상으로 단 하나의 기업만을 조사한 것이 오히려 해외 각국에 흩어져 있는 비슷한 교육수준, 비슷한 업무를 수행하는 근로자들을 표본으로 추출할 수 있게 해주어서, 해외 각 지역의 문화차이를 더욱 선명하게 드러내줄 수 있었다고 하였다. 홉스테드는 다음의 네 가지 차원으로 세계 각국의 다양한 문화차이를 유형화시켰다:(1) 권력간격, (2) 개인주의 대 집단주의, (3) 남성성 대 여성성, (4) 불확실성 회피. "홉스테드(Hofstede) 모형"이라 불리는 이들 네 개의 차원은 다양한 문화를 가진 국가들을 유형화하는 틀(framework)로서의 역할을 한다. 네 개의 차원을 바탕으로 각국의 문화와 개인행동 및 조직모델의 차이를 설명하였다. 홉스테드에 따르면 종업원들의 직위, 전공, 나이, 성별 등의 변수보다 이들이 속한 문화가 업무관련태도와 가치관의 차이를 더 잘 설명해 주었으며, 국가간 문화차이의 49%는 이들 네 개의 차원으로 설명되었고, 나머지는 나라마다 특수하여 설명할 수가 없었다고 한다.

(1) 권력간격(Power Distance)

"사람들은 신체적 · 지적인 능력에서 차이가 있다"는 말은 거의 모든 사회가 인정한다. 그러나 그러한 차이로 인해 발생하는 사람들 간의 권력과 부의 불평등의 문제를 바라보는 시각은 사회마다 다르다. 지적인 능력이 뛰어나서 자기가 속한 집단에서 더 높은 지위에 오르고 더 많은 권력을 향유하는 사람들을 어떤 사회는 존경하고 당연시 한다. 이런 사회는 자신들에게 주어진 인생에 대하여 순응적이고 권력집단의 지배에 따라가는 경향을 보이며, 권력집단은 운명적으로 정해진다고 생각한다. 회사내의 조직측면에서 보면, 하위직에 있는 사람들은 상위직위의 권력집단에 속한 사람들의 말에 거의 무조건적으로 따르는 것을 당연시한다. 왜냐하면 조직내에서의 직위의 높고 낮음이란 바로 권력이 그만큼 많고 적음을 나타내는데, 이 사회에 속한 사람들은 권력 순응적이기 때문이다. 따라서 하위직위에 있는 사람들은 상위직위에 있는 사람들과 다른 의견을 내는 것을 두려워하며, 상위직위의 사람들이 하위직위의 사람들과 상의해서 결정하기보다는 가부장적으로 결정을 내려주는 것을 선호한다. 즉, 부하직원이 상사에게 의존하는 정도가 높아지는 가부장적인 의존관계를 선호한다. 홉스테드는 이런 사회를 권력간격(power distance)이 큰 사회라고 하였다. 홉스테드는 <그림 5-6>에서 한국과 일본을 권력간격이 비교적 큰 사회로 분류하고 있다. 권력간격이 아주 큰 사회는 남미국가들과 중동의 아랍국가들 그리고 동남아시아 국가들이다.

반면에 어떤 사회는 신체적 능력이나 지적능력이 뛰어난 사람들이 그렇지 못한 사람들보다 더 많은 부와 권력을 누리는 것을 당연시 하거나 존경하기 보다는 애써 무시하려는 태도를 보인다. 따라서 신체적 능력이나 지적능력이 뛰어나서 자기가 속한 집단에서 더 높은 지위에 오르고 더 많은 권력을 향유하는 사람들을 이런 사회는 그 사회가 존재하고 올바로 작동하기 위한 필요악이라고 본다. 어떤 사회든 그 사회를 이끌어 가기 위한 권력집단이 필요하기 때문이다. 사회내에서 지적능력이 뛰어난 사람들이 하는 역할과 그렇지 못한 사람들이 하는 역할은 다를 뿐이라고 생각하며, 조직내에서 직위란 단지 역할의 차이를 나타내는 것이지 그것이 권력의 높고 낮음을 나타내는 것이 아니라고 생각한다. 이런 사회는 권력 순응적이기 보다는 권력 반항적이다. 회사에서도 하위직위에 있는 사람들은 상위직위에 있는 사람들을 별로 두려워하지 않고 상사에게 쉽게 접근해서 반대의견을 낼 수 있다. 부하직원은 지시하는 상사가 아니라 상의하는 상사를 선호하여 상사에게 의존하는 정도가 약하다.

그림 5-6 권력간격과 개인주의-집단주의 차원

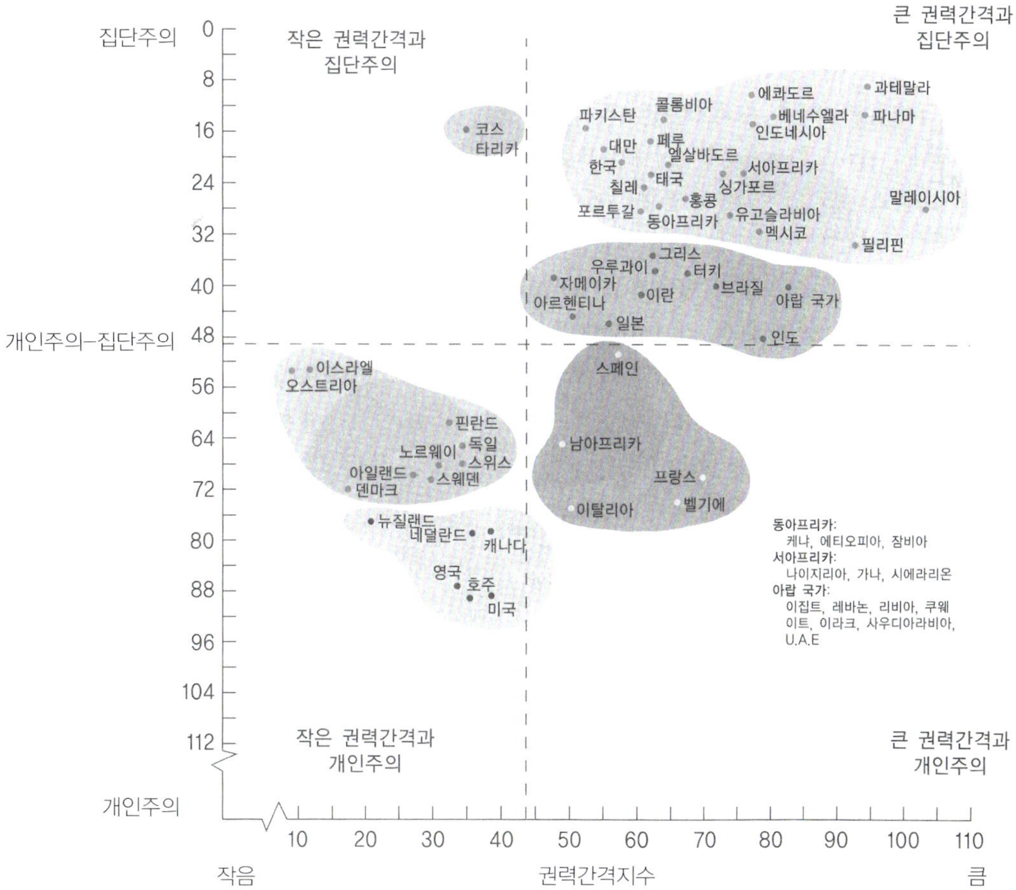

출처: http://geert-hofstede.com

이런 사회는 일반적으로 자신들에게 주어진 인생에 대하여 순응적 또는 운명적이기보다는 인생은 스스로 개척해 나가는 것이라고 생각한다. 홉스테드는 이런 사회를 권력간격이 작은 사회라고 하였다. 홉스테드는 <그림 5-6>에서 프랑스, 이탈리아, 스페인, 벨기에를 제외한 서유럽국가들 그리고 미국과 캐나다 등을 권력간격이 작은 사회로 분류하고 있다

(2) 개인주의-집단주의(Individualism-Collectivism)

<내가 나 자신을 어떻게 보는가>가 중요하다고 강조하는 사회가 개인주의 문화이고 반면에, <남이 나 자신을 어떻게 보는가>가 중요하다고 강조하는 사회가 집단주의 문화이다. 개인주의 문화에서는 자신을 주변에서 독립된 한 개인으로 인식하고 바라보기 때문에 자아인식(self-perception)이 분명하고 의식적으로 강조된다. 반면에, 집단주의 문화에서는 주변과 뒤얽혀서 자신을 인식하므로 자아에 대한 인식(self-perception)자체가 불분명하고 대신에 자신을 둘러싼 주변의 시각에서 자신을 바라보고 찾으려한다.

개인주의 문화에서는 자존감(self-respect 또는 self-esteem)을 강조하여 부모는 어려서부터 자기자녀들에게 남들보다 못한 점이 없다는 점을 강조하고 자긍심과 자신감을 심어 주려고 애쓴다. 성인이 되어서 자신의 실력이 대단치 않은 경우에도 "난 형편없어!"라며 열등감을 키우기 보다는 "괜찮아! 난 아직 이 정도야!" "뭐, 난 이래. 이게 나야"라며 자존감을 세우고 의식적으로 떳떳해 한다. 어느 수준의 사람이든 간에 그 수준에 걸맞은 대우와 대접을 받을 권리가 있는 것이다. 이처럼 타인의 생각과 입장, 권리 등을 존중하고 침해하지 않는 한 타인의 시선에 아랑곳하지 않고 자신을 중심으로 생각하고 행동하는 것이 개인주의 문화인데, 이는 바로 자존감을 바탕으로 형성된다. 반면 집단주의 문화에서는 주변과 뒤얽혀서 자신을 인식하므로 자아에 대한 인식 차체가 불분명하다. 자신의 능력이 남보다 부족한 것을 대개 수치로 여기는 것도 남들과 독립해서 자아를 인식하지 못 하고 주변 사람들과 비교한 자신 또는 주변 사람들에게 인식되어지는 자신으로서 자아를 파악하려 하기 때문이다. 또한 소속집단에 대한 연대가 약한 개인주의 문화와 달리, 집단주의 문화에서는 개인과 소속된 집단을 서로 분리하여 보지 않고 동일시하는 경향이 강하다. 때문에 자신이 속한 집단에서의 위치와 역할을 중요시하고 헌신과 충성을 다한다. 반면 개인주의 문화에서는 집단보다는 개인의 이해관계가 먼저이기 때문에 개인적인 성취와 가치를 높게 평가한다. 따라서 고용주와 피고용주 사이의 관계도 노동시장에서의 구매자와 판매자 간의 계산적인 교환관계로서 파악한다. 즉, 종업원이 일을 잘못하거나 혹은 다른 직장에서 더 많은 임금을 준다면 양자간의 고용계약관계를 끝내는 것이 사회적으로 정당하게 용인된다. 반면에 집단주의 문화를 따르는 사회에서는 직장자체가 하나의 소속집단으로 간주되며, 고용주와 피고용주 사이의 관계는 계약이 아닌 가족관계로 본다. 종업원이 회사에 충성

하는 대가로 회사는 종업원을 보호해야 한다. 이러한 부모와 자식간의 관계 때문에 종업원이 일을 잘못했다고 해서 곧바로 해고하지 않으며, 큰 잘못이 없는 한 고용을 계속 유지하려고 한다.

개인주의 문화에서 강조하는 두 번째는 독립심(independence)이다. 부모는 어려서부터 자녀들에게 자신의 일을 스스로 선택하여 처리하도록 가르친다. 이 과정에서 아이는 자아형성에 능동적이 되고 이는 곧 창의성 발달로 이어진다. 사회적으로도 창의성과 독창성을 높이 평가한다. 반면 집단주의 문화권에서는 부모가 자녀들이 할 일을 알아서 준비해주고 아이는 부모가 시키는 대로 따라가기만 하면 된다. 그것이 자녀에 대한 부모의 배려 또는 사랑이라고 여긴다. 아이에게 자신의 일을 스스로 선택하여 처리하도록 놓아 두면, 자칫 무관심한 부모로 비추어지기 쉽다. 이런 아이들은 학교에 들어가서는 선생님이 시키는 대로 따라하도록 교육받고, 성년이 되어 직장에 들어가서는 상사가 지시하는 대로 따라하도록 길들여진다. 따라서 집단주의 문화에서 훌륭한 상사란 하위직의 사람과 상의하기 보다는 가부장적으로 결정을 내려 지시하는 사람이다. 이 경우 상사가 시키는 일은 매우 잘 하지만, 자기 스스로 일을 찾아서 처리하고 남들과 다른 독창성과 창의성이 요구되는 일에는 서투르게 된다. 홉스테드는 <그림 5-6>에서 미국과 캐나다를 포함한 서유럽국가들을 개인주의 문화가 강한 사회로 분류하고, 반면 한국, 대만, 일본을 포함한 아시아국가들, 남미국가들, 아랍국가들, 그리고 아프리카 국가들을 집단주의 문화가 강한 사회로 분류하고 있다.

(3) 남성성-여성성(Masculinity-Femininity)

남성성과 여성성 문화를 구분짓는 것은 사람들의 동기유발요인의 차이이다. 남성성(masculinity) 문화에서의 사람들은 성공지향적이며, 높은 성과의 업무수행을 이상적으로 여긴다. 또한 구성원들 간의 경쟁을 인정하고 독려하며, 성공적인 경력을 쌓는 것이 중요한 사회적 가치로 강조된다. 따라서 직장분위기는 경쟁적이고 긴장감이 흐르며, 이는 때때로 직장내 구성원들 간의 갈등을 일으키는 요인이 되기도 한다. 갈등발생시 열심히 싸워서 갈등을 해결해야 한다는 정서가 있다. 즉, 남성성 문화에서 사람들의 동기유발요인은 최고가 되는 것 (be the best)이다. 홉스테드는 <그림 5-7>에서 미국과 영국을 포함한 몇몇의 서유럽국가, 남미국가들, 그리고 아시아국가 중에는 일본을 남성성 문화가 강한 것으로 분류하였다.

반면 여성성(femininity) 문화에서 사람들의 동기유발요인은 자기가 좋아하는 일을 하며 삶의 질을 추구하는 것이다. 이 문화에 속한 사람들은 남성과 여성의 평등을 중요시할 뿐만 아니라 직장내에서도 성공적인 개인의 경력을 강조하기 보다는 서로 간 조화를 중요시 한다. 갈등발생시 타협과 협상으로 해결하는 것을 선호한다. 홉스테드는 <그림 5-7>에서 한국과 대만을 포함한 아시아권 국가들, 일부 중남미국가들 그리고 서유럽의 스칸디나비아 국가들 (스웨덴, 노르웨이, 핀란드, 덴마크)을 여성성 문화가 강한 것으로 분류하였다.

(4) 불확실성 회피(Uncertainty Avoidance)

불확실성 회피정도는 불확실한 상황이나 미지의 상황으로 인해 위협을 느끼는 정도라고 볼 수 있다. 불확실성 회피경향이 강한 나라는 '다른 것은 무엇이든 위험하다'는 정서가 강한 반면 불확실성 회피경향이 약한 나라는 '다른 것은 호기심을 자아낸다'는 정서가 강하다.

불확실성 회피가 강한 문화에서는 안정적이고 예측가능한 업무환경을 선호한다. 따라서 독특한 행동이나 생각은 배척되는 경우가 많다. 즉, 엉뚱한 생각이나 행동은 허용되지 않으며, 법과 절차는 불확실성을 줄이기 위한 방법으로 고안되어 아주 세세한 것까지 규칙으로 정하려 한다. 사람들은 위험을 덜 감수하려하며 새로운 시도에 대해서 소극적인 태도를 보인다. 홉스테드는 <그림 5-7>에서 서유럽에서는 프랑스, 스페인과 독일어를 사용하는 독일, 스위스, 오스트리아와 한국, 일본, 남미국가들을 불확실성 회피가 강한 사회로 분류하였다. 삼성전자의 모토인 fast follower 전략은 무엇이든 처음으로 하기보다는 최초로 성공한 기업을 따라하는 것을 선호하는 한국인의 불확실성 회피경향을 보여주는 단적인 사례이다.

반면 불확실성 회피가 약한 문화 즉, 불확실성을 회피하려 하기보다는 수용하는 문화는 전통적인 제도나 규칙에 대해 덜 신경쓰는 경향이 있다. 규칙도 반드시 필요한 것 이외는 정해놓지 않지만 한번 정해진 규칙은 반드시 지키는 경향이 강하다. 그리고 혁신적인 생각과 행동에 대해 수용성이 높기 때문에 근본적인 혁신을 자극할 가능성이 높다. 홉스테드는 <그림 5-7>에서 미국, 영국, 캐나다, 덴마크, 스웨덴, 노르웨이 네덜란드 등의 국가들을 불확실성 회피가 약한사회로 분류하였다.

그림 5-7 남성성-여성성과 불확실성 차원

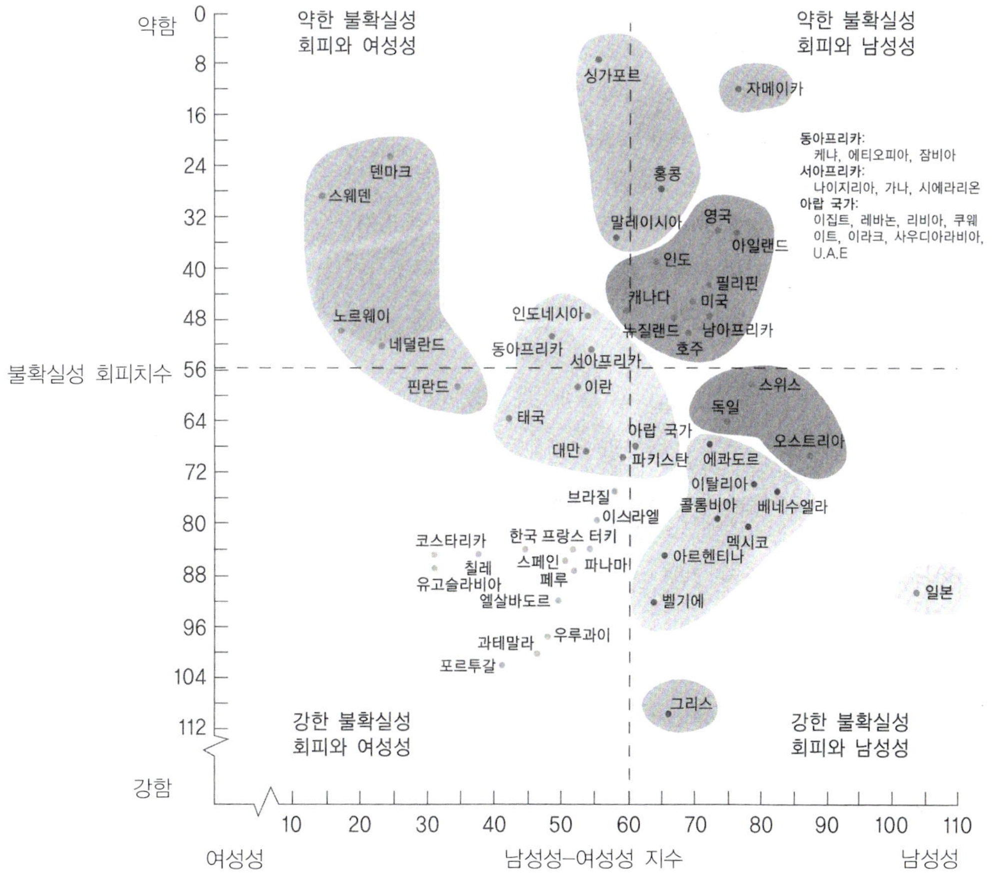

출처: http://geert-hofstede.

2.2 홀의 모형

에드워드 홀(Edward T. Hall)은 의사소통방식이 다른 두 나라는 곧 서로 다른 문화를 바탕으로 하고 있는 것이라며 의사소통(communication)과 문화간의 밀접한 관계를 강조하였다. 홀은 서로 다른 문화권에 속한 사람들끼리 의사소통을 위해서는 기능 중심의 언어습득에 그쳐서는 안 되고, 언어와 함께 그 나라의 문화와 행동양식을 동시에 습득해야 한다고 하였다. 사실 의사소통의 수단인 언어는 그 문화권 사람들의 역사가 기록되고 축적되어 있는 "문화의 총체"이어서 문화와 분리된 기능적 측면의 언어만 습득해서는 의사소통에 제약이 따른다는 것이다. 홀은 의사소통과 문화간의 밀접한 관계에 주목하여, 세계의 다양한 문화를 고맥락문화(high-context culture)와 저맥락문화(low-context culture)로 유형화하여 구분하고 있다.

고맥락문화는 의사소통에 있어서 언어적인 말과 글뿐 아니라 그말과 글이 행해지고 있는 상황을 중요시한다. 즉, 누가(who) 그말을 했으며 그 말과 글이 언제(when) 어디서(where) 어떻게(how) 행해졌는지가 의사소통에서 중요하다. 말과 글이 행해지고 있는 맥락을 이해할 줄 알아야 또는 해석할 줄 알아야 비로소 그말과 글이 전달하려는 온전한 뜻이 전달된다는 것이다. 그래서 고맥락 문화권에서는 언어적인 말과 글은 전체적인 의사소통에서 한 부분에 지나지 않는다고 여긴다. 오히려 말과 글이 행해지는 맥락 또는 상황을 통해서 전달하고자 하는 "비언어 메시지"가 의사소통에서 더 중요하게 간주된다. 이처럼 의사소통에서 상황적 단서 또는 맥락적인 단서에 많이 의존하는 국가를 고맥락문화에 속하는 나라라고 한다. 상황적 단서에 의존하여 해석되고 이해되도록 하다 보니 행해지는 말과 글이 간접적이고 함축적인 경우가 많다. 고맥락 문화권에 사는 사람들에게는 자기가 들은 말 또는 읽은 글을 바탕으로 상대방이 이야기하려는 암시적 의미(suggestive meaning) 또는 숨겨진 의미 (hidden meaning)를 유추할 수 있는 추론능력(inferential skills)이 사회적으로 중요하게 요구된다. 이처럼 "언어메시지" 보다는 상황적 단서 또는 맥락적 단서를 통해 전달하고자 하는 "비언어메시지"가 중요시되기 때문에 글을 통한 의사소통보다는 직접만나서 이야기하는 대면의사소통(face-to-face communication)을 훨씬 선호한다. 왜냐하면 글을 통한 의사소통보다는 대면의사소통이 의미전달에 훨씬 정확하고 효율적이라고 생각하기 때문이다. 주로 동양문화권에 속한 국가들이 이에 해당한다.

저맥락문화(low-context culture)에서는 "비언어메시지"보다는 "언어메시지"에 의존한 의사소통방식을 중요시한다. "비언어메시지"는 상황적 단서를 통해 전달하고자 하는 메시지이고, "언어메시지"는 주고받는 말과 글 자체의 뜻을 말한다. 거의 전적으로 "언어메시지"에 의존한 의사소통방식을 따르다보니, 의사소통 중에 오해가 없도록 저맥락문화에서의 "언어메시지"는 고맥락문화에서보다 훨씬 정교하고, 자세하고, 명확하고, 솔직하다. 이처럼 "언어메시지"에 의존한 의사소통문화는 대면의사소통보다는 글을 통한 의사소통(written communication) 문화를 발달시킨다. 왜냐하면 돈과 시간을 들여 만나지 않아도 글을 통한 의사소통으로도 충분한 경우가 많기 때문이다. 또한 저맥락문화권에 속하는 국가들에서는 회사의 업무 등을 상세히 기록하는 문서화가 발달해 있는 것이 특징이다. 주로 서양문화권에 속한 국가들이 이에 해당한다.

홀(Hall)의 모형을 홉스테드(Hofstede)모형의 ＜개인주의－집단주의＞와 관련시켜 생각해 보자. 고맥락문화에서 의사소통방식으로 중요시하는 "비언어메시지"는 개인주의보다는 집단주의 문화에서 더 광범위하게 쓰이기 쉽다. 개인주의 문화와 달리 집단주의 문화에서는 집단에 대한 소속감과 집단구성원들 간의 일체감을 강조한다. 소속감과 일체감을 키우기 위해 구성원들은 집단특유의 사회화과정을 거치면서 다양한 경험을 공유하게 되고 또한 더 광범위한 전제와 가정들을 서로 공유한다. 이처럼 구성원들 간에 공유하고 있는 경험과 전제 또는 가정이 많으면 많을수록 의사소통방식이 단순화되고 암시적 또는 함축적이 되기 쉽다. 왜냐하면 상황적 단서들을 통해 상대방이 암시하는 "비언어메시지"를 이해하고 해석하는 추론능력(inferential skills)이 집단특유의 사회화과정을 통해 자연스럽게 습득되기 때문이다. 다시 말해 구성원들 간에 공유되고 있는 유사한 경험과 기대를 바탕으로 의사소통이 이루어지고 기능적 언어들이 해석되기 때문에, 많은 말을 하지 않아도 몇 단어만으로도 의미하는 바가 무엇인지가 전달되는 고맥락문화의 특성을 보인다.

저맥락문화(low－context culture)에서 의사소통방식으로 중요시하는 "언어메시지"는 개인주의 문화에서 더욱 중요시 된다. 집단에 대한 소속감과 일체감이 약한 개인주의 문화권에서는 개인의 이해관계에 따라 집단에서의 탈퇴와 가입이 자연스럽게 발생하고 용인된다. 그러다 보니 구성원들 간의 동질성이 낮고 상호 공유하고 있는 경험이나 가정 또는 전제의 공유수준이 낮다. 이처럼 공유하고 있는 것들이 적은 사람들 간에 의사소통이 이루어지다 보니 언어표현 자체에 상세한 배경정보가 담겨있어야 한다. 다시 말해 개인주의 문화권에서는 의사전달이 상황적 단서나 맥락에 의지하기보다는 자신의 생각을 자세하고 정확하고 직접적으로 표현한 "언어메시지"에 더 의존하게 된다.

요약하면, 의사소통시에 의미전달이 말이나 글에 의존하는 부분이 클수록 저맥락문화이고, 적을수록 고맥락문화이다. 저맥락문화에서는 생각을 말 또는 글로 자세하고 정확하게 표현하기 때문에 맥락 또는 상황이 덜 중요한 반면, 고맥락문화에서는 말보다는 말을 하는 맥락 또는 상황을 중요시 여겨 상대방의 뜻을 미루어 짐작해야 할 필요성이 더 크다. 때문에 "추론능력" 또는 "눈치"는 고맥락문화의 상징적인 어휘라고 할 수 있다. 의사소통시에 "말이 필요없는 문화"가 고맥락문화이고, "말을 해야 알지"의

표 5-1 고맥락문화-저맥락문화의 의사소통 특성

	고맥락문화	저맥락문화
문화적 특성	집단주의 장기적인 인간관계지향	개인주의 단기적인 인간관계지향
의사소통방식의 특성	비언어메시지 의존 간접적, 암시적 단순함, 모호함, 의미함축적	언어메시지 의존 직접적, 명시적 자세함, 명확함, 정보전달적

문화가 저맥락문화이다.

홀(Hall)모형의 한계점은 국가간의 다양한 문화차이를 <고맥락문화-저맥락문화>라는 두 범주로 유형화하여 지나치게 단순화시키고 있을 뿐 아니라, 두 범주문화권 간의 경계가 불분명하고, 모형이 너무 지나치게 기술적이고 주관적이라는 단점이 있다. <표 5-1>은 지금까지 논의한 <고맥락문화-저맥락문화>의 의사소통 특성을 요약하고 있다.

03 이문화관리

3.1 국제협상관리

(1) 문화차이와 국제협상

기업의 국제화가 진전될수록 외국기업과의 협상이 크게 늘어나고 있다. 상품과 서비스를 수출 또는 수입하는 계약을 맺기 위해 가격이나 인도조건을 협상하거나, 현지기업과의 합작이나 제휴관계를 수립하기 위해 협상을 하는 경우가 많아지기 때문이다. 협상은 일반적으로 서로 다른 목표를 가진 당사자들이 상호 이해관계가 걸린 문제를 해결하기 위해 서로 만나서 설득하고 양보하면서 합의점을 찾아가는 과정이라고 할 수 있다. 협상은 일상적인 행위와 마찬가지로 문화의 영향을 크게 받기 때문에 문화가 다르면 협상하는 방식이 다르다. 즉, 상대방과 만나서 정보를 주고받는 의도가 다르고, 또한 상대방을 설득하고 타협하는 방식이 다르다. 예를 들면 러시아인들은 원리원칙을 내세워 거의 양보하지 않고 협상시한을 무시하는 경향이 있다. 이에 비해 미국인들은 객관적인 사실과 논리를 바탕으로 약간의 양보를 하며 협상시한을 준수하는 경향이 높다.

따라서 문화가 다른 상대방과 만나서 협상을 하게 되면 협상자체의 어려움 뿐만 아니라 문화차이에 따른 어려움이 가중되어 효과적인 협상결과를 도출하기가 어렵다. 기본적으로 국제협상은 상이한 문화간의 협상이기 때문에 효과적으로 협상하기 위해서는 문화적인 차이가 협상과정에 미치는 영향을 이해하는 것이 필요하다.

(2) 협상단계와 문화적 영향

1) 사전준비단계

문화가 다른 팀과 협상할 경우에는 준비를 많이 할수록 효과적이다. 국제협상과정에서 겪는 대부분의 문제들은 문화, 언어, 환경 등의 차이로 인해 발생하기 때문이다. 국제협상과정에서의 문화적인 차이를 이해하기 위해서 국제경영자들은 우선 자신의 협상스타일을 이해하고 이것이 협상 상대방의 협상 스타일과 어떻게 다른지를 이해하는 것이 필요하다. 따라서 국제협상을 시작하기 전에 다음과 같은 점 등을 고려하는 것이 필요하다.

- 협상과정을 경쟁과정으로 보느냐 또는 문제해결과정으로 보느냐?
- 상대방은 어떠한 협상절차와 예의를 갖고 있는가?
- 순차적인 타결방식이냐 또는 일괄타결방식을 선호하느냐?
- 어느 정도 협상 시한을 준수하느냐?

2) 관계형성단계

협상 장소에서 처음으로 만나서 서로를 이해하고 상호 존중과 신뢰를 구축하는 단계이다. 협상과 직접적인 관계가 없는 날씨나 건강 등을 주제로 담소를 나누면서 상대방을 인정하고 존중하는 인간관계를 만들어 간다. 즉, 협상과제와 협상 당사자를 의도적으로 분리하여 협상 당사자 간의 상호존중과 신뢰를 구축함으로써 협상이 원활하게 진행될 수 있도록 분위기를 만들어가는 단계이다. 상대방과 의견을 달리하거나 상대방의 제안을 거절하면서도 상대방을 인간적으로 신뢰하고 존중하기 위한 관계를 형성하는 것이 주요 목적이다.

문화마다 관계형성을 중시하는 정도가 다르다. 대인관계보다 업무관계를 중시하는 미국인들을 제외하고 대부분의 국민들은 대인관계를 모든 비즈니스의 기본으로 보고 있기 때문에 관계형성단계에서 신뢰를 형성하는 것을 매우 중시한다.

3) 정보교환단계

협상 당사자 간에 나름대로 상호 신뢰관계가 형성되면 다음으로 협상에 필요한 정보를 서로 교환하게 된다. 협상을 효과적으로 진행하기 위해서는 자신의 입장을 일방적으로 주장하기보다는 상대방의 관심사를 이해하는 것이 절대적으로 필요하다. 협상 당사자들이 서로의 입장보다는 관심사를 서로 교환하는 것이 협상 당사자 모두가 동의할 수 있는 범위를 확대시키고 만족할 수 있는 방안을 찾아나는데 효과적이기 때문이다.

문화차이에 따라 정보를 교환하는 정도가 다르다. 미국인들은 협상 상대방과 교환할 정보를 사전에 준비하고 간단명료하게 전달하는 반면 멕시코인들은 실질적인 내용이 없는 정보를 장황하게 나열한다. 프랑스인들은 논쟁을 좋아하기 때문에 정보교환보다 협상주제와 관련이 적은 내용에 대해서도 논쟁을 벌이는 경우가 많다.

4) 설득단계

정보교환을 통해 서로 상대방의 관심사와 욕구를 파악하면 서로 수용할 수 있는 대안을 제시하면서 협상 상대방을 설득하게 된다. 처음부터 자신의 입장을 바탕으로 수립한 특정안을 상대방이 수락하도록 설득하기보다는 정보교환을 바탕으로 파악한 상대방의 관심사를 고려하여 호혜적인 대안을 도출하고 이를 수락하도록 설득하는 것이 효과적이다. 즉, 정보교환을 바탕으로 상대방의 관심사와 욕구를 이해하고, 유사점과 차이점을 파악한 다음 상대방이 수용가능한 대안을 창출하여 설득하는 것이 효과적이다.

문화차이에 따라 설득하는 방식이 많이 다르다. 미국인들은 브라질사람들보다 협박이나 경고를 바탕으로 설득하는 방식을 선호하는 경향이 있다.

5) 양보와 합의단계

설득단계를 거쳐 필요한 경우 양보를 하고 합의를 도출하게 된다. 효과적인 양보방식이 무엇인지에 대해서는 뚜렷하게 알려진 바가 없지만 유능한 협상가들은 상대방의 협상 스타일을 고려하여 적절한 수준에서 양보하고 타협하는 방식을 주로 사용하고 있다.

문화차이에 따라 합의하는 방식이 다르다. 미국인들은 순차적인 타결방식을 선호하는 반면 일본인들은 일괄타결방식을 선호한다.

(3) 국제협상관리

문화가 다르면 협상하는 방식이 다르기 때문에 다국적기업의 경영자들은 협상 상대방의 문화를 고려하여 최적의 협상방식을 찾아내고 관리하여야 할 것이다. 이와 관련하여 외국기업과 성공적으로 협상하고 관리하는 방식을 제시하면 다음과 같다.

1) 일반화오류의 경계

협상 상대방 국가의 문화를 잘 파악할수록 협상 상대방의 행동을 잘 이해할 수 있고 원하는 성과를 거둘 수 있다. 하지만 상대방의 문화를 지나치게 일반화한 다음 접촉하거나 협상하게 되면 일반화에 따르는 오류를 범할 수 있다. 예를 들면 일본의 협상 상대방이 미국유학을 하였을 경우 일본문화보다는 개인적인 특성이 협상과정에 많은 영향을 미칠 것으로 유추할 수 있다.

2) 사전준비 및 유연한 태도

국제협상에 참여하기 전에 상대방문화를 연구 및 이해하는 한편 협상목적, 양보마지노선 관련정보 등을 확실하게 파악하여 효과적인 계획을 수립하도록 한다. 또한 신속한 환경변화에 따라 유연하게 협상하는 자세가 필요하다. 철저하게 준비를 하면 쓸데없이 양보를 하지 않아도 되고 유연하게 협상에 임하면 창조적인 협상안을 도출할 수 있기 때문이다.

3) 통역자 활용

상대방의 문화와 언어를 완벽하게 알지 못하면 유능한 통역자를 고용하는 것이 효과적이다. 또한 통역자를 쓰게 되면 통역하는 시간 동안 대응방안을 강구할 수 있는 이점이 있다.

4) 장기협상준비

문화와 지역차이로 인해 국제협상은 국내협상보다 장기간동안 지속된다. 맥도널드는 러시아 당국과 10년에 걸친 협상끝에 러시아에서 햄버거를 팔 수 있게 되었으며, 한국기업과 현지합작계약을 협상하는 미국인들은 보통 몇 개월 이상 한국에 머무를 각오를 하게 된다(서갑경 · 윤동진, 1996).

5) 장기적 관계모색

협상은 경쟁을 통해 승자와 패자를 가르고 승리에 따르는 이득을 승자가 독식하는 운동경기와 달리 협조를 통해 협상 참여자 모두가 승리하고 이득을 나누어 가지려는 윈윈게임이라고 볼 수 있다. 따라서 협상을 바탕으로 상생하는 계약을 체결한 다음 상호신뢰와 존경을 바탕으로 장기적인 관계를 구축하는 것이 바람직하다고 볼 수 있다. 일회적인 계약체결보다는 지속적인 관계구축에 중점을 두어야 할 것이다.

6) 유리한 협상 상황조성

멀리 떨어진 상대방 국가에서 협상을 하게 되면 많은 어려움이 따른다. 장기간 비행기여행과 낯선 환경에 따른 시차적응문제, 음식과 언어의 문제, 협상 장소와 분위기 파악문제, 협상을 단기간내에 끝내야 하는 심리적인 압박감, 회사의 지원을 받기 어려운 문제 등을 고려하여 자국 또는 제3국에서 협상하는 것이 효과적인 방안이다.

표 5-2 미국과 일본의 협상방식차이

구 분	미 국	일 본
관계 형성 단계	비교적 과업지향적이고 효율을 중시하는 미국인들은 대인관계보다는 업무를 중시하기 때문에 국제협상에서도 우호적인 대인관계를 형성하는 것보다 의례적인 인사가 끝나면 곧바로 협상에 들어가기를 바란다. 미국문화에서 유대감형성이란 대체로 통성명, 명함주고받기, '안녕하십니까' 하는 인사정도가 고작이다. 그리고 나서는 곧바로 비즈니스 협상으로 들어간다.	일본인들은 대인관계를 모든 비즈니스 협상이나 거래의 전제조건으로 보고 있기 때문에 인간관계를 형성하는데 상당한 시간을 투입한다. 거래조건이 좋아도 충분한 관계를 형성하기 전까지는 외국인과 거래를 하지 않는다. 따라서 일본기업문화에서는 거래상대방과의 인간적인 관계를 형성하고 싶어하기 때문에 퇴근후에나 주말에도 거래상대방과 함께 어울리기를 선호하는 경향이 크다.
정보 교환 단계	미국인들은 거래를 빨리 끝내기 위해 교환할 정보를 사전에 철저하게 준비하고 간단명료하게 전달한다. 지금 당장 거래를 성사시키기 위해 필요한 정보	일본인들은 정보교환을 가장 중요하게 여기고 외국협상상대방으로부터 보다 많은 정보를 얻으려고 한다. 집단적으로 의사결정하는 일본기업들은 다양한

	가 무엇인지를 알고자 하기 때문에 언제든지 공개적인 자리에서 솔직하게 자신의 정보를 교환하고자 한다.	부서들간의 내부적인 합의를 위해 보다 많은 정보와 자료가 필요하기 때문이다. 따라서 일본인들은 항상 협상상대방이 주고자하는 정보보다 많은 정보를 요구하며, 전화나 카탈로그보다는 직접방문하여 설명하고 정보를 전달하기를 바란다. 또한 협상진행속도가 느리며, 정보를 주기보다는 받으려고 한다.
설득 단계	미국인들은 설득을 가장 중요한 협상단계로 간주하고 있다. 미국인은 설득단계에 도달하기 위해 관계를 형성하고 정보를 교환하는 단계를 신속하게 마치고, 협상상대방에게 자신의 거래제의를 수락하도록 설득하기 때문이다. 현재 협상하고 있는 거래를 성사시키는 것이 대단히 중요한 협상목표이기 때문에 설득마감시간을 정해 놓고 강력하게 설득하는 특성을 보여주고 있다. '당신에게는 특별가격을 제시하는 것이다', '지금 제시한 가격은 1주일 동안만 유효합니다' 등의 방식을 통해 주문하도록 상대방에게 압력을 가한다.	일본인들은 미국인들과 달리 상대방과의 장기적인 관계를 구축하기 위해 설득보다는 정보교환을 가장 중시하며, 일정한 조건으로 타협하고자 한다. 즉, 조화로운 관계를 유지해야 하고, 체면을 손상시켜서도 안되고, 관련된 모든 사람들의 동의를 구해야 하기 때문이다. 따라서 대부분의 결정사항은 막후에서 비공식적으로 논의되며, 설득단계는 관계형성단계의 연장으로 보고 있다. 일본인들은 외국회사의 모든 제의를 자기들끼리의 내부논의를 위한 자료로 간주하고 해당제의와 관련된 모든 사항들을 같은 비중을 두고 고려한다. 시간을 두고 내부의 합의를 거쳐서 외국회사가 제의한 내용에 대해 합의안을 만들어 상대방에게 전달하기 때문에 가능하면 자신들이 제시한 합의안에 상대방이 타협하기를 바란다.
양보 합의 단계	미국인들은 협상을 일련의 순서에 입각하여 문제를 해결하는 과정으로 인식한다. 따라서 미국인들은 순차적으로 협상하며, 한 번에 하나의 사안을 논의하고 합의를 이끌어낸다. 이들은 조그만 양보를 자주하면서 이에 대한 보답으로 상대방도 양보하기를 바란다.	일본인들은 순차적인 협상방식보다는 총괄적인 협상방식을 선호한다. 모든 사안을 논의한 다음 최종적인 합의시점에 와서야 양보하는 경우가 많다

자료원: Farid Elashmawi & Philip R. Harris, 삼성국제경영연구소 옮김, 「해외비즈니스 문화를 알아야 성공한다」(*Multicultural Management*), 21세기북스, 1995. pp. 272~306.

3.2 해외주재원 파견관리

기업이 해외에서 새로 설립하거나 인수합병하는 현지법인이 늘어나면서 이들 현지법인을 운영하기 위해 현지파견되는 임직원들의 숫자도 늘어나고 있다. 이들 임직원들은 해외주재원으로 선발되어 현지자회사 또는 현지지사에 부임하게 되면 새로운 문화에 적응하는 과정을 겪게 된다. 새로운 문화에 적응하는 과정에서 필연적으로 겪는 문화충격을 극복하고 현지근무에 적응하면서 좋은 성과를 거두기도 하지만 문화충격으로 인해 해외근무에 적응하지 못하고 조기귀국하거나 좋은 성과를 거두지 못하는 경우도 많다. 또한 현지주재원 생활을 마치고 본사로 귀임하게 되는 경우에도 문화차이로 인해 새로운 문화적응과정을 겪게 된다. 소위 역문화충격을 겪으면서 본사업무에 적응하지 못하고 사직하거나 바람직한 성과를 거두지 못하는 경우도 많다. 이하에서는 해외주재원들이 현지근무하거나 본사귀임하게 되면서 겪는 문화충격과 역문화충격을 중심으로 해외주재원 파견관리방안을 살펴보고자 한다.

(1) 문화차이와 해외파견

1) 새로운 문화에의 적응

상이한 문화에 적응하는 과정은 일반적으로 U자형의 곡선으로 묘사될 수 있다. 해외주재원으로 선발되어 현지지사 또는 법인으로 부임하게되면 대부분의 경우 기대와 흥분단계 → 문화충격단계 → 현지문화적응단계 등을 거치게 된다.

① 기대와 흥분단계

해외주재원들은 처음으로 현지지사 또는 법인으로 부임하게 되면 처음 1~2개월은 커다란 기대감을 갖고 긍정적인 자세로 현지문화를 바라보게 된다. 본국과는 다른 날씨와 거리모습 등에서 약간의 흥분을 느끼면서 현지문화와 국민 등에 대해 호감을 가지게 된다. 문화적인 차이보다는 새로움에 주목하고 호감을 갖게 되는 단계이다.

② 문화충격단계

현지부임한지 2~3개월이 지나면 초기의 기대와 낭만이 차츰 사라지는 반면 문화적인 차이를 점점 더 많이 겪게 되면서 해외주재원들은 심리적으로 위축되거나 초조해지게 된다. 전임자로부터 업무를 인수인계받고 혼자서 업무를 수행하는 과정에서 또한 가족들이 합류하여 정착하는 과정에서 해외주재원들은 현지인이나 관련기관들을 직접 접촉하게 되고 문화적인 차이를 크게 느끼게 된다. 현지문화와 자주 접하게 된 해외주재원들은 현지사람들의 행동이나 태도가 의미하는 바가 무엇인지 제대로 파악하지 못하거나, 자신들의 행동이 기대하지도 못했던 결과로 나타나게 되면 당황하면서 심리적으로 매우 위축된다. 현지언어와 문화가 익숙하지 않은 상태에서 현지법인이나 지사업무를 수행해야 되고 또한 실적을 올려야 하는 압박감 속에서 굉장한 스트레스를 받게 된다. 특히 해외주재원은 익숙했던 문화와 사랑하던 친지와 친구들을 떠나 먼 이국땅에서 가치관의 충돌을 겪기 때문에 스트레스의 강도는 한층 높아지게 된다. 스트레스로 인해 당황, 좌절, 불안, 초조, 정체성 혼돈, 분노, 불면이나 위장장애, 두통 등의 충격적인 반응을 겪게 된다.

이와 같이 새로운 문화와의 접촉으로 인해 심리적으로 불안초조하거나 우울해지는 현상이 문화충격이다. 문화충격은 개인적인 특성에 따라 심각한 정도가 다르지만 거의 대부분의 해외주재원들이 현지문화에 적응하는 과정에서 겪게 되는 일반적인 현상이다. 즉, 고국의 문화를 접어두고 현지문화에 익숙해지기 시작할 무렵에 나타나는 현상으로서 현지부임한지 보통 2~4개월 동안에 겪는 현상이다. 문화충격에 따르는 스트레스를 풀기위해 해외주재원들은 규칙적으로 운동하거나 명상을 하기도 한다. 또는 주말에 현지에 있는 주재원이나 교포들과 어울려 고국음식을 먹거나 고국영화나 음악을 감상하기도 한다.

③ 현지문화적응단계

개인성격이나 직무에 따라 차이나지만 보통 3~6개월이 지나면 해외주재원들은 대부분 문화충격에 의한 '심리적인 침체기'를 벗어나 서서히 현지문화에 적응하기 시작한다. 해외주재원들은 무엇이 중요하고 어떠한 의미를 갖는지를 조금씩 배워나간다. 예

그림 5-8 문화충격 사이클

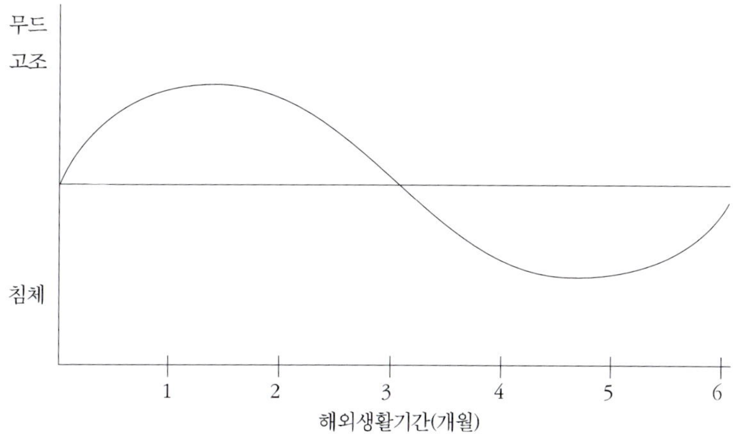

를 들면 현지인의 특정행동이 개인적인 특성에 기인하는 것인지 아니면 현지문화적인 특성에 기인하는 것인지를 구별할 수 있게 된다. 또한 일상적인 대화에 필요한 현지어를 배우기 시작한다. 이에 따라 마음의 여유를 갖게 되고 자신감이 붙으면서 현지의 미묘한 생활양식의 차이와 표현방식의 차이 등을 파악하는 정도까지 발전하여 현지인처럼 활동할 수 있게 된다.

(2) 역문화충격

보통 3~5년 정도의 현지주재원 생활을 마치고 본사로 귀임하게 되는데 이때 귀국하는 해외주재원들은 그동안의 변화를 잘 파악하지 못하고 과거의 단절된 기억에 의존하기 때문에 새로운 환경변화에 적응하는데 많은 어려움을 겪게 된다. 이는 해외주재원들이 해외에 나가 있는 동안 자신뿐만 아니라 회사와 국가도 변했다는 점을 잘 인식하지 못하고 더구나 외국에서 문화충격을 겪는 동안 고국의 좋은 면만을 기억하면서 고국에서의 생활을 이상화하였기 때문이다.

이와 같이 본사로 귀임하는 해외주재원들은 일종의 문화충격을 겪게 된다. 즉, 고국으로 돌아와서 외국인과 같은 느낌을 갖게 되는 역문화충격을 경험하면서 새로운 문화에 적응하는 과정과 유사한 단계를 거쳐 나름대로 고국문화에 적응하게 된다. 귀임초기에는 기분이 매우 고양되어 있다가 급격히 침울한 상태로 떨어지는 역문화충격을 겪은 다음 평상적인 기분으로 서서히 돌아오는 과정을 경험하게 된다. 대부분의 경우 초기의 고양된 기분은 한 달이 채 가지 않으며, 많은 사람들은 몇 시간밖에 지속되지 않는다. 이어서 침울한 단계가 비교적 빨리 시작되어 귀국한지 2~3개월 이내에 최저점에 도달한다. 그 다음 서서히 적응하여 귀국한지 6개월 정도되면 자신들의 상황을 수용하고 일상적인 감정을 유지하게 된다. 한편, 역문화충격을 겪으면서 고국의 문화에 재적응하는 과정에서 약 20%의 해외주재원들이 적응에 실패하여 이직을 고려한다고 한다. 특히 해외근무경험을 제대로 평가하여 인정해주지 않거나 해외에서 담당했던 직무보다 불만스러운 직무를 맡게 되면 실망과 더불어 의기소침하고 분노하게 된다. 해외주재원시절 담당했던 업무는 대개 흥미롭고 도전적이었지만 본사 귀임과 동시에 현지에서 누렸던 책임, 권한, 지위, 자율성 및 다양성 등을 잃어버리게 된다. 책임과 업무영역이 줄어드는 것과 함께 생소한 부서에 배치되기도 하고, 특정한 업무가 주어지지 않는 경우도 있다. 이에 따라 해외주재원들은 사회적인 문화충격 뿐만 아니라 동시에 직무복귀에 따르는 충격을 받게 된다.

(3) 해외파견관리

해외주재원들이 현지주재경험과 지식을 회사발전에 활용하기 위해서는 해외파견 단계별로 체계적인 파견관리가 필요하다(최병권, 2002).

1) 파견이전단계

첫째, 업무능력과 이문화적응능력을 보유한 인재를 선발하는 것이 중요하다. 일반적으로 거의 대부분의 기업들이 업무능력과 전문성을 가장 중요한 기준으로 해외주재원을 선발하고 약 50% 내외만이 다른 문화권에서의 생활능력을 중요한 요소로 고려하고 있는 실정이다. 하지만 현지문화에의 적응능력이 떨어질 경우 주재원이 보유한 업무능력을 제대로 발휘할 수 없기 때문에 그리고 이문화적응능력을 단기간내에 획득하기 어렵기 때문에 다른 문화를 이해하고 수용하는 능력을 보유한 인재를 선발하는 것이 필요하다.

둘째, 해외주재원과 가족들의 현지적응을 촉진하기 위한 교육이 필요하다. 해외주재원이 현지에 신속하고도 원활하게 적응하기 위해서는 현지문화에 대한 철저한 사전교육과 준비가 필요하다. 해외주재원들이 해외근무에서 느끼는 가장 큰 애로사항은 현지에서의 업무수행능력보다 현지생활과 문화에의 부적응으로 조사되고 있기 때문이다. 해외파견하기 이전에 파견예정자에게 현지국가의 주거문화, 식생활문화, 업무스타일 등에 대한 정보를 제공할 뿐만 아니라 현지국가의 문화적 가치관과 규범, 행동방식, 자녀교육, 간략하게 작성한 법규와 언어 등에 대한 정보를 알려주고 교육시키는 것이 필요하다. 이때 동반가족들도 함께 이문화적응교육과 훈련을 시키는 것이 효과적이다.

셋째, 가족문제를 고려해야 한다. 적합한 파견후보자를 발굴하였다고 해도 가족문제로 인해 파견나가지 못하거나, 현지에 적응하지 못하여 조기에 귀국하는 부작용이 발생할 수 있기 때문이다. 배우자의 직장문제, 자녀교육문제, 부모를 모시는 문제 등으로 해외파견 예정자가 현지주재원 생활에 대해 많은 어려움을 겪을 수 있기 때문이다.

2) 해외근무단계

첫째, 해외주재원이 본사와 지속적으로 커뮤니케이션할 수 있는 메커니즘을 구축하는 것이 필요하다. 해외주재원들이 해외근무 중에 가장 많이 받는 스트레스 중의 하나가 본사와 멀리 떨어져 근무하는 것에 따르는 소속감의 결여라고 할 수 있다. 이는 해외주재원들이 '본사는 지금 어떻게 돌아가고 있을까? 복귀하면 내가 일할 자리는 있는가? 동료들이 먼저 승진하지 않을까?' 등과 같은 불안과 소외감을 느끼는 경우가 많기 때문이다. 이러한 문제를 예방하기 위해 일부기업에서는 해외주재원들이 파견기간 중 매년 2~3주 정도 본국으로 돌아와 본사 사람들과 정보도 공유하고, 가족들과 휴식을 취한후에 다시 현지로 돌아가는 'Home Leave'라는 제도를 도입하여 시행하고 있다.

둘째, 해외주재원에 대한 지속적인 성과관리가 필요하다. 해외주재원들의 성과를 지속적으로 모니터링 하면서 부족한 부분에 대해서는 적극지원함으로써 이들의 성과를 향상시키도록 한다. 미국기업의 약 70%가 해외주재원들의 성과를 제대로 관리하지 못하는 문제점을 안고 있는 것으로 조사되고 있다. 따라서 해외주재원들의 사명과 목표를 명확하게 정립하고 이들의 활동이나 성과를 주기적으로 평가하는 내부시스템을 개발하여 시행하는 것이 중요하다. 예를 들면 해외자회사들을 주기적으로 방문하여 해외주재원들의 성과를 평가하는 한편 현지주재에 따르는 애로사항을 파악하고 본사차원에서 해결하는 노력이 필요하다.

3) 본사귀임단계

첫째, 해외주재원들이 본사에 복귀한 이후 신속하게 조직에 적응할 수 있도록 지원한다. 특히 해외주재하는 기간 동안 본사의 구조조정이나 사업전략의 변화로 인해 본사조직이 전반적으로 변해있을 경우 본사귀임하는 해외주재원들은 본사의 새로운 환경에 적응하기 어렵다. 해외주재원들이 본사로 복귀한 이후 빠른 시일내에 적응할 수 있도록 우선 본사조직에 적응할 수 있는 지원제도를 만들어 운용한다. 심리적 불안감을 느끼는 이들에게 회사의 상황이나 복귀한 이후 담당해야 할 업무 등에 대한 정보를 제공하는 한편 적응할 수 있는 예비기간을 두는 것이 필요하다. 복귀하자마자 곧바로 현업에 배치하기보다는 3~6개월 정도 연구조사업무를 주면서 해외주재기간 동안 획득한 경험과 지식을 정리할 시간을 주는 한편 본사사정을 스스로 파악할 수 있는 기회를 주는 것도 하나의 방안이다.

둘째, 해외주재경험을 활용할 수 있도록 파견자의 경력관리제도를 마련하는 것이 중요하다. 해외주재원들이 본사에 귀임하였을 때 자신의 해외근무경험과 지식을 활용할 수 있는 동시에 자신의 경력을 개발할 수 있는 부서로 배치하는 것이 필요하다.

3.3 현지인관리

문화가 다른 국가에 진출하게 되면 대부분의 다국적기업은 본사에서 주재원을 선발 및 파견하는 한편 현지인 관리자와 종업원을 선발하여 현지자회사를 구성하고 운영하게 된다. 이때 현지자회사 내부에 본사주재원과 현지인 종업원들이 함께 일하게 되면서 문화적인 차이와 갈등이 발생할 가능성이 높아진다. 특히 개도국에 진출하는 경우 본사주재원들은 현지문화를 인식하고 이해하는 노력보다 자신의 문화를 바탕으로 현지문화를 판단하는 경향이 높기 때문에 문화적인 갈등이 발생하는 경우가 많다. 예를 들면 동남아와 중국에 진출한 한국중소기업들은 현지의 문화와 관습을 무시하고 현지 종업원들에게 '한국적 경영방식'을 강요하다가 수많은 노사분규를 겪게 되었다. 특히 2000년대 초반 진출한 한국의 중소업체들은 한국에서 하던 관리방식을 그대로 현지에 적용하여 현지인들에게 체벌을 가하거나 무리하게 잔업을 시키다가 노사분규를 심하게 겪었다. 한국의 생산현장에서는 일상적인 체벌과 꾸지람('군대식 문화'), 신속한 업무수행('빨리빨리 문화'), 부지런하고 열성적인 근무태도('근면한 문화') 등을 현지종업원들에게 일방적으로 강요하였다가 작업현장에서 많은 문제를 겪었고, 한때 외자계기업중에서 가장 많은 노사분규를 겪는 불명예를 안게 되었다.

이하에서는 문화가 다르면 리더십과 동기부여 등이 달라지는 현상을 살펴보고 현지인들을 효율적으로 관리하는 방안을 살펴보기로 한다.

(1) 리더십관리

리더십은 사람들의 생각, 태도 및 행동에 영향을 미치는 능력을 말한다. 업무환경에 따라 적합한 리더십스타일이 다르기 때문에 리더십은 문화적인 영향을 받는다. 홉스테드는 미국의 경영학자들이 강력하게 주장한 참여에 의한 관리방식이 모든 문화에 적합한 것이 아니라는 점을 발견하였다. 권력간격이 큰 문화의 종업원들은 관리자가 지시하고 인도하기를 기대하는 반면, 자유재량적인 결정권의 이양을 불편해 한다. 이에 비해 권력간격이 작은 문화의 종업원들은 관리자들의 독단적인 행동을 싫어하는 반면, 참여적인 문제해결자로 행동하기를 원한다. 예를 들면 권력간격이 큰 문화를 가진 그리스에 진출한 미국법인에 근무하는 현지종업원들은 직장상사가 구체적으로 지시하는 것을 선호하는 반면 미국인 상사는 현지종업원들을 참여와 합의에 의해 관리하려고 하기 때문에 양자간에 갈등이 생기게 된다.

따라서 해외자회사에 근무하는 본사주재원이 현지인들을 관리할 때에는 이들의 문화적인 특성을 고려하여 이들에게 맞는 방식으로 관리하는 융통성을 가져야 할 것이다. 예를 들면 권력간격이 큰 문화에 진출하였을 경우에는 가부장적인 방식으로 현지인을 관리하는 반면 권력간격이 적은 문화에 진출하였을 경우에는 현지인과의 협의를 통해 관리하는 것이 효과적이다.

(2) 동기부여관리

동기부여이론은 인간이 왜 그들의 방식대로 행동하는지 그리고 이들의 행동을 바람직한 방향으로 유도하기 위해 어떻게 해야하는지 등을 설명하려고 노력한다. 종업원들의 동기부여 또한 문화적인 영향을 받기 때문에 이에 맞게 수정하는 것이 필요하다. 홉스테드는 그리스나 일본과 같이 불확실성에 대한 회피정도가 강한 국가에서는 미국과 같이 불확실성에 대한 회피정도가 약한 국가에 비해 자기실현의 욕구보다 안전욕구에 의해 대부분의 노동자들이 강하게 동기부여된다고 주장하였다. 왜냐하면 불확실성에 대한 회피가 강한 나라에서는 많은 종업원들이 아주 흥미롭거나 도전적인 직업보다는 직업의 안정성과 종신고용을 훨씬 더 중요하게 생각하기 때문이다. 문화에 따라 동기부여방식과 효과가 달라지기 때문에 전세계적으로 보편타당한 동기부여방식이 없다고 할 수 있다.

따라서 본사주재원들은 문화특성을 고려하여 현지인들을 동기부여시켜야 할 것이다. 예를 들면 중국에 진출한 한국기업들은 중국이 사회주의 국가로서 평등사회이고 집단주의 사회라고 잘못 이해하고 차등폭이 적은 보상방식을 채택하였다가 유능한 인재를 확보하지 못하는 어려움을 겪었다. 이에 따라 중국의 차등주의적인 문화특성을 고려하여 능력과 성과에 따라 차등폭을 확대하는 성과주의 인사관리방식을 활용하고 있다. 성과급의 비중을 높이고 성과와 보상을 연계하여 회사가 필요로 하는 핵심인력 확보에 나서고 있다. 이러한 성과중심의 인사관리제도는 중국의 대표적인 국영전자회사인 하이얼그룹에서도 '많이 일한 사람은 많이 받고, 적게 일한 사람은 적게 받으며, 일하지 않은 사람은 받지 못한다'는 원칙하에 시행되고 있다. 하이얼의 임금구조는 변동급 또는 성과급비중이 고정급비중보다 훨씬 높은 것으로 알려져 있다.

경영사례 연구

중동에서의 culture shock에 어떻게 대처해야 할까?

Zahra 건설회사(Zahra Construction Co.)의 현장소장직을 수락한 George Barry는 중동(the Middle East)에서 현장소장직을 수행하는 것이 만만치 않으리라는 예감이었다.

그는 정해진 시간안에 건설작업을 완료하여 건설공기를 엄격히 지키는 것으로 업계에서는 평판이 나있다. 그는 또한 건설작업중에 겪는 어떤 어려움도 부정하거나 비밀스런 방법으로 해결하기보다는 공개적이고 타당한 방법으로 해결해온 것을 자랑으로 삼아왔다. 예전에 한 번은 자기한테 뇌물을 제공한 사람을 주먹으로 세게때려서 입원시킨 적도 있었다.

Barry는 미국, 브라질, 한국 등에서 일한 경험은 있었으나 중동은 처음이었다. 새로운 경험을 해보고도 싶었지만, 사실 Zahra는 그가 거절할 수 없는 job offer를 했다. "우리는 두 번이나 현장소장을 바꿨어요. 그래서 이 건설프로젝트는 계획보다 현재 5달이나 늦어지고 있지요. 만일 당신이 앞으로 15개월 안에 이 건설프로젝트를 완료해준다면, 당신의 보수를 두 배로 주겠소." 라고 Zahra 사장 Hussein은 말했다. Barry는 이 job offer를 수락했고, 이 일이 끝나면 자기사업을 할 생각이었다.

Zahra의 건설프로젝트는 600병동의 대형병원과 부속건물로서 의사와 간호사들이 생활할 수 있는 아파트와 상가를 짓는 것이다. 그러나 Barry가 도착해보니, 건설현장은 난장판이었다. 건설자재들은 여기저기 나딩굴고 있고, 현장노무자들은 일하는 사람과 놀고 있는 사람들이 뒤섞여있었다. 현장소장 사무실안에는 작업의 진척상황을 보여주는 현황판하나 없었다.

그는 이런 건설현장을 전에도 접한 경험이 있었다. 이번에도 건설현장은 Barry의 지휘아래 빠르게 질서를 회복해 나아갔다. 어느 정도 건설현장의 질서를 바로 잡고나니, 건설현장에서의 부정한 거래가 드러나기 시작했다. 한 경리직원은 건설현장 인부들로부터 뇌물을 받거나, 존재하지도 않는 인부들을 장부상으로 만들어 임금을 착복하고 있었다. Barry는 이 경리직원과 다른 부정직한 거래에 연루된 사람들을 바로 해고했다. 작업명령을 고의로 거부하는 인부들도 해고했다.

서서히 건설현장의 작업에 속도가 붙기시작할 즈음에 Barry는 더 큰 문제가 기다리고 있다는 것을 깨달았다. 우선은 숙련된 일을 하도록 인도에서 고용해 온 인도인들이 숙련된 일을 할 자격도 안 되는 사람들이라는 것을 알았다. 그러나 숙련된 노동자들을 쉽게 노동시장에서 구할 수 없는 상황에서, 단지 그들을 무턱대고 해고 하기는 어려웠다. 그렇다고 이들을 훈련시키는 것은 시간도 너무 걸리고 또 훈련시킨다고 원하는 수준의 숙련노동자가 되리라는 보장도 없었다.

세부설계도면도 제때에 도착하지 않았다. 수백킬로미터 떨어져 있는 베이루트에 있는 설계사무소는 온갖핑계를 대며 세부설계도면을 제때에 건내주지 않았다. 건설자재 공급도 초과주문되어 있었다. 1200톤의 철강이 필요한데 2000톤의 철강이 배달되기도 하고, 초과배달된 수천포대의 시멘트가 건설현장 한 구석에서 썩어가고 있었다.

구매담당직원이 건설자재 공급업체로부터 뇌물을 받으며 필요이상의 주문을 하고 있다는 의심이 들었다. 그러나 그를 다른 사람으로 대체하지는 못 했다. 그는 사장 Hussein의 조카였던 것이다. 사장은 주로 해외에 나가있고 중동에는 한 달에 2－3일 정도밖에 머므르지 않았다. 마침내 Barry가 사장과 대면하여 구매담담자의 해고를 요구했을 때, 사장은 구매담당자는 자기누이의 아들이어서 해고할 수 없다고 했다. 또 Barry는 베이루트에 있는 설계회사 때문에 작업이 늦어지고 있으니 어떻게 좀 폭탄이라도 (비유적인 표현임) 떨어뜨려 달라고 하자, 사장은 그 설계회사는 자기의 가장 친한 친구중에 한명이 운영하는 회사라는 것이다. 그 설계회사 사장과 저녁 술자리를 마련한다고 해놓고 사장 Hussein은 급한 사업상의 일로 죠르단(Jordan)으로 바로 떠나버렸다.

이 모든 것에도 불구하고, Barry의 노력덕분에 이 건설프로젝트는 2.5개월이나 단축되어 계획보다 현재 2.5개월이 늦어진 상태다. Barry의 엄격한 감독하에 구매담당직원의 부조리는 많이 줄었지만 그래도 계속 되었다. 구매담당직원을 해고하지 않는 한 부조리는 계속될 것 같다. 설계회사문제는 아직도 해결되지 않았다. 일에 서툰 인도노동자들도 처음보다는 나았지만 Barry는 그들을 대체할 숙련된 노동자들을 찾아왔고 아직 구하지 못했다.

중동이라는 낯선 환경에서 이 건설프로젝트를 사장과 약속한 공기내에 완료하여 자신의 평판을 유지하기 위해 Barry는 어떤 일을 할 수 있을까?

출처: *The best of Dilemma & Decision from International Management*, compiled by the editors of International Management, McGraw－Hill, New York, 1985.

토의과제

1. 문화는 무엇이고 경영과 어떠한 관계가 있는가를 설명하시오.
2. 홉스테드의 문화차이 분석모델을 설명하시오.
3. 이문화사람들과 의사소통하고 협상하는 효과적인 방안을 설명하시오.
4. 효과적인 해외주재원 파견관리방안을 정리해보자.
5. 한국기업의 사례를 바탕으로 외국기업과 효과적으로 협상하는 방안을 모색해보자.

참고문헌

- 최병권, "해외파견인력, 체계적인 관리가 필요하다", 「LG주간경제」, 2002. 6. 19.
- Elashmawi, P & Harris, P., 삼성국제경영연구소 옮김, 「해외비즈니스 문화를 알아야 성공한다」 *(Multinational Management)*, 21세기북스, 1995.
- Hofstede, G., 차재호·나은영 역, 「세계의 문화와 조직」 *(Cultures and Organizations: Software of the Mind)*, 학지사, 1995.
- Aycan, Zeynep & Schyns, Birgit & Sun, Jian－Min & Felfe, Jörg & Saher, Noreen, "Convergence and divergence of paternalistic leadership: A cross－cultural investigation of prototypes," *Journal of International Business Studies*, 44(9), 2013. pp. 962－969.
- Lakshman, C., "Biculturalism and attributional complexity: Cross－cultural leadership effectiveness,," *Journal of International Business Studies*. 44(8), 2013. pp. 922－940.
- MA, Rong & Huang, Y－C & Shenkar O. "Social networks and opportunity recognition: A cultural comparison between Taiwan and the U.S.," *Strategic Management Journal*, 32, 2011, pp. 1183－1205.
- Redding, Gordon, "Culture, meaning, and institutions executive rationale in Germy and Japan," *Journal of International Business Studies*, 40(5), 2009. pp. 858－885.
- Ronen, Simcha1 & Shenkar, Oded, "Mapping world cultures: Cluster formation, sources and implications," *Journal of International Business Studies*, 44(9), 2013, pp. 867－897.
- Sharma, Piyush. "Consumer ethnocentrism: Reconceptualization and cross－cultural validation," *Journal of International Business Studies, 46(3), 2015, pp. 381－389.*
- Stahl, Günter & Rosalie Tung, "Towards a more balanced treatment of culture in international business studies:The need for positive cross－cultural scholarship." *Journal of International Business Studies*, 46(4), 2015, pp. 391－414.

제 6 장

국제정치환경과 관리

학습 목표

정치적 위험은 국내외 정치적 환경의 급격한 변화로 인해 다국적기업이 겪는 대표적인 위험으로서 정치적 이념이 달라지거나 사회가 불안할 경우 그리고 전쟁이나 새로운 외교관계를 맺게 될 경우 발생하며, 그 결과 현지정부의 규제조치, 경영과 자본의 현지화, 투자자산의 손실 등의 형태로 나타난다. 정치적 위험은 일반적으로 투자이전과 이후로 나누어 관리하는 방안이 있다. 본 장에서는 다음 사항을 학습하고자 한다.

- 정치적 위험의 발생요인과 다국적기업에게 미치는 영향을 이해한다.
- 정치적 위험을 관리하는 방식을 이해한다.

도입사례

화웨이 부회장 체포에… "캐나다 구스", 중국서 찬바람

고가패딩으로 유명한 캐나다 의류업체 '캐나다 구스'가 곤혹을 치르고 있다. 멍완저우 화웨이 부회장 체포사건에 불만을 품은 중국소비자들이 전례없는 불매운동을 벌이고 있어서다. 멍 부회장은 지난 12월 1일(현지시각) 유령자회사를 통해 미국의 대(對)이란제재를 위반했다는 혐의로 캐나다에서 체포됐다. 이후 10여일간 구금됐던 멍 부회장은 11일 전자발찌를 차는 등 보석조건으로 풀려나 자택에서 머물고 있지만, 중국민심은 '체포자체가 말이 안 된다'며 들끓고 있다. 캐나다 구스가 타격을 입기시작한 건 멍 부회장의 체포가 알려진 지난 5일부터다. 11일까지 닷새 동안 주가가 20% 가까이 폭락했다. 캐나다 구스주가는 뉴욕증권시장에서 지난 4일 주당 63.38달러에 거래되다가 주말부터 본격 하락세에 들어서기 시작, 11일 55.26달러에 거래를 마쳤다.

캐나다 유통솔루션업체 '리테일 어드바이저 네트웍스(RAN)'의 브루스 윈더 공동창업자는 캐나다 구스가 듣기만 해도 누구나 캐나다산이라는 것을 알 수 있는 브랜드명 때문에 쉽게 타깃이 됐다고 설명했다. 베이징 대외경제무역대 럭셔리 제품연구소의 쩡밍유에 연구원은 "원래 높은 부가가치를 지니고 국가의 문화적 배경을 나타내는 고급 브랜드는 정치적 또는 문화적 마찰이 일어나면 표적이 될 가능성이 높다"고 했다. 캐나다 구스가 최근 중국 젊은층 사이에서 큰 인기를 얻으며 주목받은 것도 한 이유다. 마윈 알리바바 회장 등 유명인사들이 캐나다 구스를 입으며 브랜드 인지도가 높아진 것이다. 캐나다 구스는 중국 수요증가에 힘입어 올해 베이징과 홍콩에 플래그십 매장을 열고 상하이에 중국법인을 신설하는 등 대대적인 중국 사업확장계획을 세우기도 했다. 대니 리스 캐나다 구스 최고경영자(CEO)는 멍 부회장이 체포되기 직전인 11월 30일 베이징을 방문해 한 언론과의 인터뷰에서 "우리는 중국에서 확실히 높은 브랜드 인지도를 갖고 있다"며 캐나다 구스의 전 세계매출에서 중국시장이 차지하는 비율이 현재 10%에서 크게 늘어날 것으로 내다봤다. 캐나다 구스가 주춤하면서 중국 의류업체들은 반사이익을 챙기고 있다. 특히 홍콩에 본사를 두고 있는 패딩 전문업체 보스덩(波司登)의 주가는 지난 5일부터 11일까지 12.5% 가량 뛰었다. 홍콩 증시상장사인 이 업체의 11일 주가는 1.62 홍콩달러로, 최근 5년 간 최고가다.

일각에서는 미국으로 향했어야 할 분노가 엉뚱하게 캐나다로 튄 것이라는 해석이 나오고 있다. 캐나다경찰이 멍 부회장을 체포한 것은 미국정부의 요청에 따른 것이기 때문이다. 중국정부는 미국과 무역분쟁휴전을 선언한 뒤, 미국에는 유화책을 구사하는 반면 캐나다에는 강공책으로 대응하고 있다. 90일 간의 무역협상기간을 갖게 된 상황에서 화웨이사태를 문제삼아봤자 득이 될 가능성이 낮기 때문으로 해석된다. 특히 미국은 산업스파이 등 해킹문제를 거듭 언급하며 중국을 압박하고 있다. 중국정부는 멍 부회장의 체포직후 캐나다 외교관 출신인 마이클 코프릭을 구금한 것으로도 알려졌다. 이와 관련, 기생-자크 전 중국주재 캐나다대사는 코프릭의 억류는 우연이 아니라며 "중국은 메시지를 보내고 싶으면 메시지를 보낸다"고 했다.

출처: 조선일보, 2018년 12월 13일

01 국제정치환경의 변화

1.1 미 · 소 패권경쟁의 종식

제2차 세계대전은 식민제국주의 시대의 종말을 가져왔다. 산업화에 성공한 서구의 자본주의 국가들은 강력한 군사력을 바탕으로 서로 경쟁적으로 아시아나 아프리카를 침탈하여 식민지배하에 두면서 자국의 정치 · 경제 · 군사적 지배권을 확장시켰다. 이같은 식민제국주의 시대의 침탈과정에서 한국도 일본의 침략으로 1910년 국권을 상실했다. 한국은 1945년 제2차 세계대전의 종전과 함께 독립하기까지 35년 동안 일본의 식민지배하에 있었다.

제2차 세계대전의 종전과 함께 세계는 미국이라는 오직 한 나라에 군사력과 경제력이 대거 집중되는 상황에 직면한다. 세계사적으로도 로마제국 이후로 그 유례를 찾아보기 힘든 경우이다. 이때 초강대국 미국에 맞서는 나라가 있었으니 바로 소련이었다. 공산주의 사상으로 무장한 소련은 우크라이나, 아르메니아 등 중앙아시아국가들을 점령하는 것은 물론 체코슬로바키아, 불가리아, 루마니아, 폴란드, 헝가리 등 동유럽국가들을 공산주의 동맹국으로 편입시켰다. 미국은 소련을 중심으로 한 공산주의 동맹국들에 맞설 동맹이 필요했다. 미국은 소련의 팽창을 막기 위해 우선 서유럽국가들을 중심으로 동맹을 만들기 시작했다. 미국이 동맹을 만드는 방식은 소련과 달랐다. 소련은 제2차 세계대전 이전의 식민제국주의 시대에서 서구열강들이 했던 것처럼, 강력한 군사력을 바탕으로 강압적인 방법으로 주변국들에 대한 지배권을 확장시켜 나갔다. 동맹국 주민들로 하여금 공산주의 소련 또는 소련의 공산주의 이념을 위해 싸우도록 해야 하는데, 이를 위해 동맹에 대한 강압적인 영향력 유지가 필수였다. 제2차 세계대전 이전인 식민제국주의 시대에는 식민지에 대해 행사하는 강압적인 영향력 유지비용이 경제적 수탈로 인한 이득에 비하면 아주 작았다. 하지만 경제적 수탈을 통해서는 동맹이 유지될 수 없기 때문에 소련은 상당한 동맹유지비용을 지불해야했다.

강압적으로 동맹을 결성한 소련과 달리, 미국은 안보와 경제적 이익을 함께 제공하면서 자발적인 동맹참여를 유도했다. 안보측면에서는 미국이 계획한 체제 즉, 자유진영에 합류하는 나라는 모두 소련으로부터 보호해 주겠다고 약속했다. 물론 소련과의 냉전은 미국이 원하는 방식으로 싸우도록 협력한다는 조건이다. 경제적 측면에서는 동맹국들에게 미국시장에 대한 접근권을 허용해주는 것이다. 제2차 세계대전 이전에는 서구열강들이 해외시장을 확보하는 방식은 군사력을 동원한 식민지개척이었다. 이처럼 확보하기 어려운 해외시장을 미국은 동맹국들에게 기꺼이 개방하겠다는 것이었고, 미국은 이를 "자유무역(free trade)"이라 이름지었다. 동맹국들은 감히 꿈도 꿔보지 못한 경제적 이익을 제안받은 것이다. 미국은 제2차 세계대전 종전 이후에는 물론이거니와 오늘날까지도 EU의 시장규모를 능가하는 세계최대시장이다. 이에 더하여 미국은 동맹국들 간의 자유무역을 위해 해상무역운송로를 보호하겠다고 약속한다.

세계최대시장에 대한 접근권 허용이라는 유혹은 1969년 소련과의 국경분쟁을 겪은 중국이 1972년 닉슨 미국대통령의 중국방문을 계기로 미국쪽으로 돌아서게 만드는 데 결정적인 역할을 했다. 중국은 산업화를 위해 미국이 필요했고, 미국은 소련한테서 중국을 분리시켜 소련의 포위를 강화할 필요가 있었다. 당시 소련은 군사과학기술 측면에서 미국에 필적할만 했지만, 중국은 아직 산업화도 이루지 못한 상태이어서 중국 그 자체로는 미국에 전혀 위협이 되지 않았다. 대만문제에 대한 이견으로 미중간 외교관계수립이 지연되어 오다가 1979년에 수교관계를 맺는다. 미국은 최대규모의 동맹을 구축하고 소련의 주변을 적대국들로 둘러싸게 되었다.

마침내 미소패권경쟁은 공식적으로는 종식을 고하게 된다. 1991년 12월 소련의 최고지도자인 미하일 고르바초프가 자국내 공화국들의 독립을 허용하면서, 소련이 해체되었기 때문이다. 소련을 대체하여 러시아가 등장하지만, 러시아는 국력과 야망으로 볼 때 소련과는 비교가 되지 않을 정도로 초라하다. 미국은 러시아를 견제하는데 더 이상 거대한 동맹체제가 필요하지 않다.

한편, 지금까지 자유무역체제가 지속되어온 것은 오로지 미국이 거대한 동맹체제를 유지해온데 따른 결과이다. 즉, 미국이 동맹체제를 유지하기 위한 수단으로 자유무역체제를 유지해온 것인데, 거대한 무역수지 적자만 안겨주는 자유무역체제에 대해서도 회의감이 드는 것이 당연하다. 결국, 미소 패권경쟁시대에 만들어진 틀(framework)에 미국이 더 이상 이득을 얻지 못하고, 그 틀의 유지비용만 부담하고 있다고 생각한다면, 그 틀은 그 수명을 다할 것이다.

국내외 정치환경의 변화는 다국적기업들의 국제경영활동에 많은 영향을 미친다. 2018년 본격 시작된 미·중 패권경쟁이 장기화할 조짐을 보이자 다국적기업들은 중국에 집중된 생산기지를 분산배치하려는 움직임을 보이고 있다. 또한 新자원민족주의와 사회주의 국가들의 개혁개방정책은 다국적기업들의 활동범위와 방식뿐만 아니라 보유자산에까지 커다란 영향을 미치고 있다. 자원민족주의의 대두로 인해 중동과 중남미의 자원산업에 진출한 다국적기업들은 현지자산을 상당부분 몰수 또는 수용당하는 어려움을 겪었다. 한편, 사회주의 국가들이 자국시장을 대폭개방하고 시장중심경제체제를 적극 수용한 결과 다국적기업들의 활동범위가 크게 확대되었다. 미소패권경쟁의 종식에 이어서 미중패권경쟁의 시작이 논의된다.

1.2 미 · 중 패권경쟁의 시작

1997년 아시아를 휩쓸었던 IMF, 2007년 미국의 서브프라임 모기지사태 그리고 2010년 그리스를 시작으로 한 유럽의 재정위기 등을 굳건히 버티고 G2로 우뚝 솟은 중국은 "태평양을 중국과 미국이 양분"할 것을 주장하며 국방비를 꾸준히 증가시켜왔다. 미국에 비하면 여전히 적은 국방비지만 미국 다음으로 세계 2위 국방비 지출국이라는 지위는 패권에 대한 분명한 도전의지를 보여준다.

"테러와의 전쟁"으로 인해 1990년대 후반부터 중동과 아프카니스탄에 군사력을 집중했던 미국은 중국의 부상을 패권위협으로 여기고, 아시아 정책을 재편성하게 된다. 미국의 오바마 행정부(2009 – 2016)는 "Rebalancing to Asia" 혹은 "Pivot to Asia" 라는 외교정책을 추진하는데 이는 아시아지역에서 중국에게 기울어진 균형을 바로 잡겠다는 내용이다. 이렇듯 중국의 부상으로 인한 미 · 중 패권경쟁은 미국의 외교전략을 변화시키고, 나아가 일본의 대중전략을 변화시키고, 더 나아가 세계무역시장을 흔들어놓고 있다.

미국은 2018년 중국과의 무역전쟁을 시작으로 본격적인 중국견제에 나섰다. 미국은 2018년 7월과 8월에 총 500억 달러(약 56조원) 규모의 중국산 수입품에 대해 25% 관세를 부과함으로서 무역전쟁의 포문을 열었다. 2019년 5월에는 2,000억달러 규모의 중국산 수입품에 25%의 권세를 부과하며 중국을 더욱 압박하였다. 중국의 경제력과 첨단기술습득추세를 그대로 두면 패권국 미국과의 격차가 점점 좁혀질 수 있다는 미국의 위기감이 깔려있다. 경제력의 성장은 곧 군사력의 성장으로 이어질 수 있기 때문이다. 이처럼 중국의 불공정 무역행위에 대한 공격을 시작으로 기술탈취와 신장-위구르인권, 대만문제 등에 대해서도 전방위적인 공세에 나서고 있다.

이 같은 미·중 패권경쟁에서 한국이 처한 입장을 잘 요약한 것은 바로 "안보는 미국에, 경제는 중국에 의존"하고 있는 현실이다. 2012년 이후부터 이미 홍콩을 포함한 중국으로의 수출액은 미국·일본·EU 3개국으로의 수출액합계를 추월했다. 이처럼 안보와 경제가 불일치하는 상황에서 국제정치환경 측면에서 특히 위험한 것은 패권경쟁의 속성인 편가르기이다. 패권경쟁이 가열될수록 한국은 선택을 강요받을 것이다. 하지만 미국과 중국 사이에서 하나를 선택하는 것이 얼마나 위험한지는 사드(Thaad)사태가 잘 보여준다. 2016년 미국의 공격무기인 사드(Thaad, 고고도 미사일 방어체계)의 한국배치발표에 중국은 한국에 대한 경제보복으로 대응했다. 또한 2019년부터 본격 추진되는 세계 각국의 5G 통신망으로의 업그레이드 사업에 미국은 중국기업인 화웨이 통신장비의 구매를 보이콧하도록 압력을 가하고 있다. 이미 일본, 영국, 호주, 뉴질랜드, 독일 등이 미국주도의 보이콧대열에 참여를 선언했다.

2018년 시작된 미중무역전쟁 이전부터 한국기업들은 중국에 편중된 생산기지를 베트남과 인도 등으로 분산배치하며 대응하고 있다. 중국의 지속적인 인건비상승으로 훨씬 이전부터 시작된 탈중국화는 2016년 사드(Thaad)의 한국배치와 중국의 경제보복으로 인해 더욱 촉진되었다. 2012년 댜오위다오(일본명 센카쿠) 영토분쟁으로 중국내에서 무차별적인 일본제품불매운동을 경험한 일본은 이미 중국에 편중된 생산기지의 재배치를 시작했었다. 그 외의 외국 다국적기업들도 미국과 중국 간의 무역전쟁이 장기화하면서 발생하는 정치적 위험을 줄이고자 중국에 집중됐던 생산기지를 여타 국가로 분산배치하려는 움직임을 보이고 있다.

1.3 新자원민족주의

자원민족주의(resource nationalism)란 자국이 보유한 천연자원에 대한 국가통제확대 및 유사시 자원무기화 정책을 지칭한다. 1960-1970년대 중동전쟁을 계기로 절정에 달했던 자원민족주의는 1990년대에 들어 폐기된 것처럼 보였으나, 2000년대 들어 원유 등을 포함한 천연자원에 대한 신흥개발도상국들의 수요급증으로 인해 자원민족주의 정책이

다시 천연자원 보유국으로 확산되고 있다.

전통적인 자원민족주의는 2차 세계대전 이전에 강대국의 식민지배를 당했던 약소국인 자원부국들이 경제적 독립을 위해 자원을 무기화한 것이었다면, 2000년 이후의 新자원민족주의는 기존 질서내에서 천연자원의 고가격혜택을 더 많이 향유하려는 실용주의적 면모가 특징이다. 2000년대 들어 신흥개발도상국들의 경제성장과 천연자원에 대한 수요증가가 공급증가를 추월하는 현상은 자원민족주의를 확신시키고 격화시키며, 다시 고조된 자원민족주의가 천연자원의 고가격을 더욱 부추기고 지속시키는 역할을 한다.

<표 6-1>은 주요국 별 新자원민족주의 현황을 보여주고 있다. 2003년 러시아는 석유 및 천연가스회사인 가즈프롬의 정부지분을 확대하여 사실상 국유화하였고, 2004년 아르헨티나는 국영에너지 회사를 설립하여 석유의 탐사 및 정제를 총괄하는 권한을 부여하였다. 또한 볼리비아의 모랄레스정권은 2006년 외국석유회사들의 석유소유권을 180일 이내에 볼리비아 국영석유회사에 이전토록했고, 베네수엘라 차베스정권 역시

표 6-1 新자원민족주의 현황

국 가	내 용
러시아	• 에너지산업 국유화(가즈프롬의 정부지분확대, 민간석유회사 흡수) • 가스수출법 제정(2006년 7월~) • 국영 가즈프롬에 PNG, LNG수출 독점권 부여
볼리비아	• 자원국유화법 제정(2006년 5월~) • 외국계 에너지기업 4곳 국유화(2008년 5월) • 외국계 민간전력회사 4곳 국유화(2010년 5월) • 원유 · 천연가스에 대한 자원세 세율인상 • 스페인 전력 및 에너지 관련 기업 5곳 국유화 (2012년)
베네수엘라	• 모든 자원에 대한 국유화 선언(2006년 4월~) • 미국기업소유의 베네수엘라 광구 국유화 발표(2010년 6월) • 금광도 국유화 계획 • 원유 · 천연가스에 대한 자원세 세율인상
아르헨티나	• 국영 에너지회사 설립하여, 가스 · 석유 탐사 및 정제사업 총괄 권한부여(2004년 10월~)
호 주	• 원유 · 천연가스에 대해 40%, 철광석 등 광물자원에 대해 30% 자원세 부과 결정 (2010년 7월~)
중 국	• 희토류 자원세 10-20배 인상 및 수출통제(2010년~) • 원유 · 천연가스세율 최대 2배 인상(2010년~)

자료: 각종 신문 매체.

2006년 천연자원에 대한 국유화를 선언했다.

중국은 2010년 희토류에 대한 자원세를 10－20배 인상하였는데, 중국자원개발기업이 세금인상분을 희토류가격에 전가하여 희토류의 국제가격이 대폭상승하였다. 희토류는 지구상에 극희미량으로 존재하는 17개 희귀원소의 통칭으로, 액정 · 노트북 · 하이브리드 자동차 등의 제조에 쓰일뿐 아니라 각종 정밀무기제조에도 필수적인 금속이다. 중국은 희토류 전세계 매장량의 약 30%를 보유하고 있으나, 현재 전세계 생산량의 90%는 중국에서 나온다. 2009년 중국은 일본과의 무역마찰에 대한 보복으로 희토류의 대일본수출을 중단함으로써 일본의 항복을 받아내기도 하였다.

이념보다는 실용주의에 기초한 新자원민족주의 현상은 세계경제의 불황기에 잠복해 있다가 호황기에 다시 나타나는 특징을 보인다.

1.4 사회주의 국가들의 개혁개방

구 소련정부가 1991년 12월말 공식적으로 공산주의 체제의 붕괴를 선언하면서 민주주의 진영과 사회주의 진영과의 냉전은 종식되었으며, 1991년 걸프만전쟁에서 승리한 미국만이 유일한 초강대국으로서 세계적인 영향력을 강력하게 행사하게 되었다. 냉전 종식과 더불어 소련연방의 해체와 독일의 통일, 구 소련과 동유럽국가들을 비롯한 사회주의 국가들의 대외시장개방과 민주화추진, 세계무역기구(WTO)의 가입 등으로 2000년대 국내외 정치체제는 많은 변화를 겪게 되었다.

구 소련을 중심으로 하는 사회주의적인 국가통제경제체제는 1985년 고르바초프가 소련공산당의 서기로 선출되고 개혁정책(페레스트로이카)과 개방정책(글라드노스트)을 적극 추진하면서 붕괴하기 시작하였다. 1980년대 중반부터 국가통제경제체제로서는 서구진영과의 막대한 경제력의 차이를 도저히 극복할 수 없다는 판단아래 구 소련은 자국시장의 대외개방과 시장경제체제의 도입을 적극 추진하였다. 이로 인해 구 소련은 더 이상 사회주의 국가들에게 자원과 식량원조를 할 수 없었고 구 소련의 원조에 많은 부분을 의존하고 있었던 동유럽을 비롯한 사회주의 국가들은 자국의 국가통제경제체제를 유지할 수 없게 되었다. 이들 국가들은 정치의 민주화와 시장경제도입이라는 개혁 및 개방정책을 적극 추진하였다. 그 결과 이미 1990년대 대외개방정책을 통해 경제성장에 성공한 중국뿐만 아니라 러시아, 동유럽국가들 인도, 베트남, 미얀마, 쿠바 등의 사회주의 국가들이 세계시장에 편입되었다.

한편 미국과 영국은 1980년대 공기업의 민영화와 각종 규제의 완화 등 시장기능의 강화를 적극 추진하였으며, 1990년대 말 외환위기를 계기로 한국을 포함한 아시아와 중남미 주요 국가들은 각종 규제를 철폐하고 시장에 대한 정부의 간섭을 줄이는 시장중심 경제체제를 확고히 하였다. 1995년 WOT의 출범과 2000년 중국의 WTO가입은 시장중심 경제체재를 강화하고 확대하는 세계 각국의 정책흐름을 가속화하였으며, 세계경제는 지구촌경제로 진전되었다.

지구촌경제의 등장으로 다국적기업들의 국제경영활동 여건은 크게 향상되었고, 국내외 정치적 변화에 따르는 위험이 이전에 비해 많이 감소되었다. 하지만 세계경제의 통합이 빠르게 진전되고 정치적 변화에 의한 영향이 단기간내에 급속도로 동시에 전세계에 파급되면서 다국적기업들은 예전보다 정치적 변화에 민감하게 되었다. 또한 사회주의 국가들이 시장을 대폭개방하고 각종 규제를 완화하고 있지만, 중국과 베트남을 포함한 일부 사회주의 국가들은 정치체제에 따르는 이원화된 체제를 추구하고 있다. 따라서 이들 국가들은 국내외 정치적인 변화에 따라 언제든지 다국적기업의 활동에 간섭하거나 영향을 줄 수 있기 때문에 다국적기업들은 이들 국가들의 정치적 변화에 보다 많은 관심을 두어야 한다.

02 정치적 위험의 유형과 원천

2.1 정치적 위험의 개념

기업은 안정적인 정치사회환경을 바탕으로 성장한다. 정치가 불안하거나 예측이 불가능할 경우 기업의 경영활동이 단절되거나 부정적인 영향을 받을 수 있기 때문이다. 각국 정부는 정치적인 행위를 바탕으로 정책을 변경하거나 법률을 개정함으로써 기업의 경영관리활동 뿐만 아니라 수익에 직접적인 영향을 미치고 있다. 예를 들면 정부는 공정거래법을 제정하여 기업의 경쟁행위를 규제하거나, 조세감면법을 통해 기업의 투자활동을 지원하기도 한다. 따라서 기존 정책의 변경이나 법률개정 등을 초래하는 정치적인 변화는 기업의 경영의사결정을 좌우하는 매우 중요한 결정요인이다. 즉, 정치적인 변화는 일종의 독립변수로서 기업의 전략적인 의사결정에 미치는 영향이 매우 크다.

예상치 못한 정치적인 변화는 다국적기업의 현지경영활동과 사업성과에 커다란 영향을 미친다. 정권교체로 인해 현지국정부가 독점금지법, 공해방지법, 회사법, 조세법, 노동법 등을 새로 제정하거나 개정할 때 이것은 다국적기업의 현지경영활동과 사업성과에 부정적인 또는 긍정적인 영향을 미친다. 이와 같이 예상치 못한 정치적인 변화에 의해서 다국적기업의 현지경영활동과 사업성과가 중대한 영향을 받는 것을 정치적 위험이라고 한다. 위험은 이익 또는 손실을 볼 가능성의 크기를 말하지만 정치적 위험의 경우에는 일반적으로 손실을 볼 가능성을 말한다. 정치적 위험은 매우 다양한 형태로 발생하지만 외국기업에 대한 현지국정부의 차별정책, 과실송금규제, 현지판매제한, 국유화, 수용과 몰수 등이 대표적인 형태라고 할 수 있다. 이들 위험은 정치적인 요인뿐만 아니라 경제적인 요인에 의해서도 발생할 수 있으나 경제적인 행위자체가 사회전체 또는 기업내부의 권력관계의 변화와 관련되어 있기 때문에 양자를 구분하지 않고 이들 위험을 포괄적인 의미에서 정치적 위험으로 간주하고 있다. 예를 들면 외환이 부족할 때 현지국정부가 외국인 투자기업의 과실송금을 규제하는 것은 경제적인 요인 때문에 발생한 것이지만 결국은 외환의 사용권한을 놓고 현지국정부와 다국적기업이 벌이는 일종의 힘겨루기라고 볼 수 있다.

한편 정치적 위험은 국가위험과 다른 개념으로서 양자를 구분하여 이해할 필요가 있다. 정치적 위험은 일반적으로 다국적기업이 해외직접투자를 하고 나서 예상치 못한 정치적인 변화로 인해 현지법인이 재산상의 손실을 입거나 경영활동상의 규제를 당하는 것이다. 이에 비해 국가위험은 다국적은행이 현지정부나 기업에게 자금을 대출해주고 나서 예상치 못한 정치 및 경제적인 변화로 인해 대출원리금을 받지 못하거나 채무를 재조정하는 것을 말한다. 이와 같이 국가위험은 다국적은행이 겪는 정치적 위험으로서 보다 제한적인 의미로 사용되어지고 있다.

표 6-2 정치적 위험과 국가위험의 비교

구 분	정치적 위험	국가위험
위험노출대상	해외직접투자기업	다국적은행
위험노출자산	현지투자한 물적 및 인적자원	외국정부와 기업에 대한 대출자산
노출위험형태	수용 및 몰수, 국유화, 외환통제, 테러와 납치, 고용규제, 현지부품 사용의무 등	채무상환불능, 상환동결, 채무재조정, 상환조건변경
노출위험기간	대부분 무기한(투자기간)	중단기(대출기간)
위험방지수단	해외투자보험 부보, 국제사업 다각화와 통합화, 투자보장협정 등	해외투자보험 부보, 국제대출의 다각화, 여신한도 설정 등

2.2 정치적 위험의 유형

정치적 위험은 현지국 정부가 다국적기업의 현지경영활동에 미치는 부정적인 영향으로서 가시도(degree of visibility)와 강압성(degree of violence)에 따라 다음과 같이 구분할 수 있다.

(1) 현지국정부의 차별적 규제

현지국정부의 차별적인 규제조치는 잘 드러나지 않고 강압적인 정도가 낮아서 정치적 위험으로 분류하지 않는 경우가 있다. 하지만 현지국정부의 차별적인 규제는 다국적기업의 현지경영활동에 커다란 영향을 미치기 때문에 중요한 정치적 위험으로 간주해야 한다.

예를 들어, 세계 각국은 내외국기업을 막론하고 기업의 독과점행위를 규제하고 있다. 그러나 현지국정부는 외국기업에 대해서는 보다 엄격하게 경쟁법을 적용하는 경향이 있다. 2014년 중국정부는 세계적 반도체제조사 퀄컴에 대해 10억 달러의 벌금을 부과하였는데, 그 이유는 "시장의 지배적 지위를 남용, 경쟁을 배척하고 제한하는 독점행위를 저질렀다"는 것이다. 이 같은 중국정부의 발표후 몇 개월이 지나서 베이징주재 유럽상공회의소(EUCCC)가 470여개 베이징에 진출한 회원사를 대상으로 설문조사를 실시하였는데, 64%의 회원사가 중국정부로부터 불공정한 대우를 받았다고 응답한 것으로 나타났다. EUCCC는 중국정부에 의하여 2013-14년 진행된 일련의 반독점조사가 불공정한 규제환경에 대한 우려에 기름을 부은 것으로 보인다고 평했다. “모든 국가가 더 강한 반독점법을 적용할 필요는 있지만, 이는 공정한 경쟁에 기반해야한다"며 "절차가 공정하고 투명해야 하며 일관성이 있어야 한다"는 것이다. 중국주재 미국상공회의소도 2014년 연례조사에 응한 477개 외국기업 가운데 57%가 중국당국이 반독점법 등 각종 규제를 자의적으로 집행한다고 답했다고 밝혔다.

다국적기업이 신흥국에서 비즈니스를 할 때 겪는 또 다른 애로사항 중의 하나는 현지국 정부기관들의 복잡하고 자의적이면서 느린 인허가절차라고 할 수 있다. 인허가기준과 절차가 명확하지 않거나 인허가업무에 대한 권한이 상부에 집중되어 있는 경우 다국적기업들은 현지경영활동에 필요한 인허가를 받기 위해 많은 시간과 노력을 투입하지 않을 수 없다. 그래서 신흥국에서 비즈니스를 하려면 중국의 꽌시 또는 중동의 와스타(wasta)와 같은 “인맥”의 개념을 이해해야 한다고 전문가들은 조언한다. 물론 꽌시와 와스타는 단순한 인맥차원을 넘어 영향력, 수수료, 때로는 뇌물까지 아우르는 폭넓은 개념이다. 한 중동전문가에 의하면 “운전면허증을 발급받더라도 담당공무원과 잘 아는 현지인 친구를 대동하고가야 면허증이 바로 나온다. 엄연히 법규에 정해진 대로 하면 되는데 매번 현지인을 통해야 하니 비효율이 이루 말할 수 없다. 하지만 싫든 좋든 와스타는 중동인들의 생활을 지배하는 개념이다. 문화적 다양성 차원에서 받아들이고 시작해야 한다”라고 조언한다.

(2) 경영의 현지화요구

현지국정부의 규제조치보다 강압성의 정도가 높은 것이 현지국정부로부터의 현지화요구이다. 다국적기업의 현지법인이 현지국경제에 미치는 영향이 클수록 현지국정부는 경영의 현지화를 요구하는 경향이 높다. 세계적인 다국적기업들의 경우 매출액이 평균적인 신흥국가들의 국민총생산액보다 높아 그 영향력이 막대하기 때문에 이를 견제하기 위해서라고도 볼 수 있다. 따라서 신흥국정부는 외국인 직접투자정책을 통해 자국민들이 다국적기업들의 현지법인 경영진에 많이 포함되도록 하거나, 또는 현지신흥국기업이 생산한 부품이 일정비율 이상 사용되도록 요구하거나, 또는 현지신흥국 기업과의 합작설립을 요구하기도 한다. 중국, 인도 등 신흥국정부는 거의 모든 산업에 걸쳐 현지기업과의 합작설립을 외국기업한테 요구한다. 일례로, 현대자동차는 1990년대 후반에 인도에 생산법인을 단독으로 설립하여 진출하였는데, 이는 합작으로 진출한 선진국 자동차기업들보다 훨씬 더 높은 수준의 현지부품 조달율과 현지기술자 및 경영진의 고용을 약속하였기 때문이다.

(3) 자본의 현지화

정권이 바뀔 경우 현지정부가 다양한 방법으로 다국적기업의 현지자회사 지분을 축소하도록 요구하는 경우가 있다. 국민경제적으로 중요한 산업의 경우 단독투자를 합작투자로 바꾸도록 종용하거나 합작투자의 외국인지분비율을 50% 미만으로 제한하기도 한다.

그림 6-1 정치적 위험의 유형

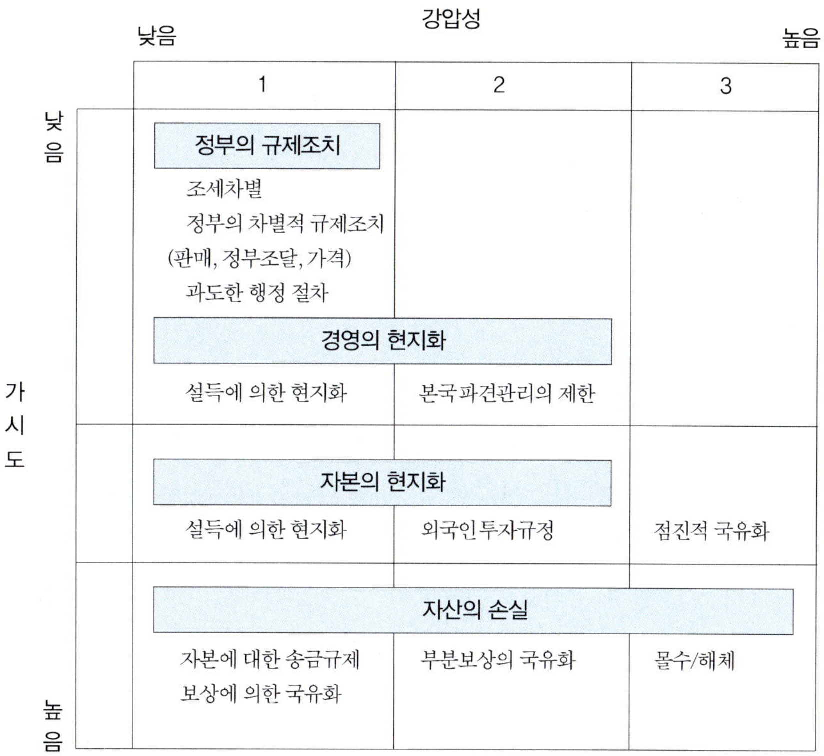

자료원: James, C. Leontiades, *Multinational Corporate Strategy: Planning for World Markets*, Lexington Mass: D. C. Heath & Co., 1995, p. 155.

(4) 자산손실

정치적 위험중에서 가시도와 강압성이 가장 높은 것이 자산손실이다. 과실송금을 규제하는 것부터 외국인 직접투자업체의 자산을 강제적으로 몰수 또는 수용하거나 국유화하는 것을 말한다. 군사쿠데타 또는 혁명에 의해 사회주의 또는 종교근본주의자들이 정권을 장악할 경우 다국적기업의 현지자산을 보상없이 또는 명목적으로 보상하고 수용하게 되면 다국적기업은 커다란 자산상의 손실을 겪게 된다. 예를 들면 이란의 회교혁명으로 인해 미국 다국적기업들은 이란자산이 국유화되어 커다란 손실을 입게 되었다.

2.3 정치적 위험의 원천과 영향

정치적 위험은 예상치 못한 정치적 변화에 의해서 발생하며, 정치적 이념의 차이, 사회적인 혼란, 정치적인 독립, 전쟁과 내란, 국제조약과 협정 등으로 인해 다국적기업은 많은 정치적 위험을 겪게 된다.

(1) 상반되는 정치적 이념

현지국가의 정당이나 정치적인 단체들이 서로 다른 정치이념을 갖고 정권투쟁을 전개할 때 정치적 위험이 발생할 가능성이 높다. 특히, 사회주의를 표방하는 정당이나 조직이 집권할 경우 국가기간산업을 국유화하거나 외국인투자기업의 경영과 자산을 현지화하려는 정책을 수립 및 시행할 가능성이 높다. 예를 들면, 2000년대 중반에 남미 볼리비아의 모랄레스정권과 베네수엘라의 차베스정권은 석유를 포함한 천연자원에 대한 국유화선언을 하여, 외국인투자기업들에게 막대한 피해를 입혔다. 한국의 포스코도 2011년 8월 세계 최대 리튬매장국인 볼리비아의 국영광업회사 코미볼과 리튬배터리 사업추진을 위한 합작회사설립계약까지 맺었지만, 2012년 볼리비아의 천연자원 국유화 선언으로 무산된 적이 있다. 볼리비아 정부는 2012년 동안에만 여섯 차례에 걸쳐 스페인기업에 대한 국유화조치를 발표했었다. 스페인 전력회사의 자회사 트란스포르타도라 데 엘렉트리시다드(Transportadora de Electricidad)를 국유화했는데, 이 회사는 볼리비아 전력공급망의 74%를 차지했다. 이어 2012년 12월 말에는 스페인 에너지기업소유 전력배급회사인 엘렉트로파스(Electropaz)와 엘페오(Elfeo), 서비스업체 카데브(Cadeb)와 에데세르(Edeser)를 연이어 국유화한 적이 있다.

(2) 사회적 불안과 무질서

치안상태가 불안하고 사회가 무질서해지면 외국인 직접투자기업이 과격한 집단의 표적이 되기 쉽다. 예를 들면 2011년 경제정책의 실패와 더불어 국민들의 민주화에 대한 욕구가 분출하면서, 30년 이상 장기집권하였던 리비아의 가다피의 퇴진을 요구하는 학생과 주민들의 시위가 리비아전국으로 확산되었다. 이때 시위하는 학생과 주민들은 주로 외국기업들의 사업체들을 약탈 및 방화하면서 자신들의 불만을 터뜨리기도 하고 일부 외국인투자기업들을 공격하기도 하였다.

(3) 기업 간의 이해관계

사업규모가 큰 특정사업이나 프로젝트를 수주하는 과정에서 또는 현지기업들과 현지시장을 놓고 치열하게 경쟁을 전개하는 과정에서 다국적기업과 현지기업의 이해관계가 부딪치게 된다. 이때 현지기업들은 정치적인 압력을 통해 다국적기업의 현지활동에 부정적인 영향을 주게 된다. 예를 들면 2000년 사우디아라비아에 진출한 한국기업들은 구미 다국적기업들과 결탁한 현지기업인들의 로비에 의해서 일부 경영진들이 뇌물수수사건으로 현지에서 구속되거나 현지건설 프로젝트에 참여하지 못하는 불이익을 당하기도 하였다.

(4) 정치적 독립

제2차 세계대전 이후 식민지에서 해방된 일부국가들이 자신들을 통치했던 국가로부터 정치적으로 뿐만 아니라 경제적으로 독립을 추구하는 과정에서 국민적인 적대감과 피해의식 때문에 옛날 종주국기업들의 자산을 수용하거나 국유화하는 경우가 있었다. 식민지가 없어진 오늘날 이러한 형태의 위험이 발생할 가능성은 거의 없지만 일부지역의 분리주의자들이 정치적 독립을 추구하는 과정에서 테러가 발생하거나 사회질서가 불안해지면서 정치적 위험이 발생할 가능성이 존재하고 있다.

(5) 전쟁 또는 내란

규모에 상관없이 전쟁이나 내란 또는 테러는 다국적기업의 경영활동에 부정적인 영향을 미치게 된다. 예를 들면 걸프만전쟁이나 이스라엘의 팔레스타인 침공은 현지에 진출한 다국적기업들에게 커다란 재산상의 피해를 주었을 뿐만 아니라 국제유가의 폭등을 초래하였다. 이라크에 진출한 한국건설업체들은 1990년 발생한 걸프만전쟁 등으로 커다란 피해를 입었다.

표 6-3 정치적 위험의 원천과 국제경영에 미치는 영향

정치적 위험의 원천	원천이 되는 집단	국제경영에 미치는 영향
• 상반되는 정치이념 • 사회적 불안과 질서 • 현지기업인 또는 외국 기업 인의 이해관계 • 정치적 독립과 주권선언 • 전쟁 또는 내란 • 새로운 외교관계형성	• 집권정부와 행정부서 • 의회내의 세력집단 • 일반대중집단(학생, 노동자, 소수민족 등) • 외국정부 또는 국가간의 연합기간·단체 • 전쟁상대국이나 내란지원하는 외국정부	• 재산몰수 • 재산수용 • 운용상의 규제(고용정책 소유정책, 시장점유율, 제품특성 등) • 계약의 일방적 파기 • 차별정책(조세, 하청 등) • 재산 또는 인명피해

자료원: S. H. Robock, K. Simmonds, *International Business and Multinational Enterprise*, Homewood, Ill : Richard D. Irwin, 2007, p. 291.

03 정치적 위험에 대한 관리

정치적 위험은 예측불가능한 정치적인 변화에 의해 초래되기 때문에 해외직접투자에 대한 사업타당성을 분석하는 시점부터 이에 대한 대응방안을 철저하게 관리하는 것이 필요하다. 정치적 위험은 다국적기업의 해외직접투자 뿐만 아니라 무역활동에도 영향을 미치지만 거의 대부분 해외직접투자와 관련하여 발생하기 때문에 이에 따르는 정치적 위험을 관리하는 방안을 살펴보기로 한다.

개별기업의 입장에서 현지국가의 정치에 개입하거나 영향력을 행사할 수는 없지만 해외직접투자하기 이전과 이후로 나누어 정치적 위험을 회피하거나 관리하는 방안들을 강구할 수 있다. 우선 해외직접투자의 사업타당성을 분석할 때 투자대상국의 정치적 위험정도를 평가하여 진출여부를 결정한 다음, 현지투자하기로 결정하였다면 위험정도에 따라 기대수익률 수준과 헷징방법을 결정하도록 한다. 정치적 위험이 높을수록 기대수익률을 높이고 외부헷징을 활용한다. 정치적 위험을 헷징하는 방안들은 기업내부와 외부에 걸쳐 다양한 방안들이 개발되어 왔는데, 투자후관리방안에서 차후 논의한다.

3.1 투자전 사전관리방안

(1) 진출포기여부결정

정치적 위험이 높아 관리할 수 없다고 판단이 될 때에는 현지투자를 포기하는 것이 바람직하다. 다국적기업의 입장에서 보면 투자할 대상국이 많기 때문에 정치적 위험을 관리할 수 있는 국가들을 선택하는 것이 보다 효과적이기 때문이다.

다국적기업은 정치적 위험의 영향정도에 따라 다음 4단계의 위험평가과정을 거쳐 최종적으로 진출여부를 결정할 수 있다. 첫 번째 단계는 현지국의 일반적인 정치불안정성을 분석하여 진출여부를 결정한다. 혁명, 체제전복, 정국동요 및 전쟁 등이 발생할 가능성이 높다는 판단이 들면 진출을 포기한다. 두 번째 단계는 투자프로젝트에 대한 소유권 및 통제위험정도를 평가한다. 강제적인 몰수와 수용, 국유화, 일방적인 재협상 및 계약철회 등이 발생할 가능성이 높다는 판단이 들면 진출을 포기한다. 세 번째 단계는 현지법인을 경영하는 과정에서 예상되는 운영위험을 분석한다. 수입규제, 수출의무, 로컬콘텐트규제, 가격통제, 현지주재원 인원규제, 노동법규 등의 운영위험을 분석하여 리스크프리미엄을 산출한다. 이들 프리미엄을 감안하여 산출된 예상투자수익률이 내부기준보다 낮으면 진출을 포기한다.

마지막 네 번째 단계는 현지법인의 수익을 이전하는데 따르는 예상위험을 분석한다. 배당금, 로열티, 수수료 등의 과실송금을 제한하거나 현지통화의 환율이 매우 불안정하면 이들 리스크 프리미엄을 계산한다. 이들 프리미엄을 고려하여 산출된 예상투자수익률이 내부기준보다 낮으면 진출을 포기한다. 만일 제안된 투자프로젝트가 정치적 위

그림 6-2 해외직접투자 결정과정에서의 정치적 위험평가

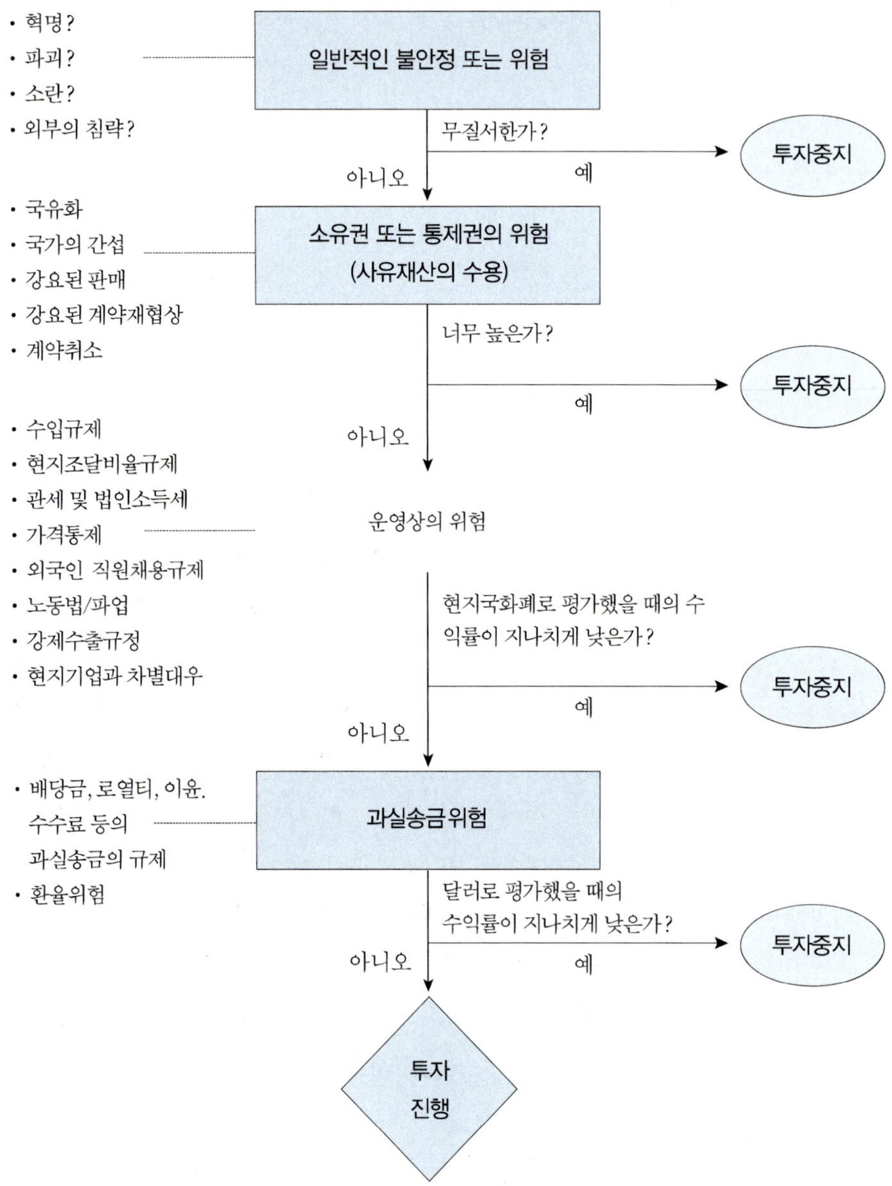

험의 4단계 심사과정을 무사히 통과하여 기업이 목표로 하는 투자수익률을 충족시킬 것으로 예상되면 최고경영자의 결재를 얻어 해당 프로젝트를 진행하게 된다. 이상의 논의를 요약한 것이 <그림 6-2>이다.

(2) 지분의 최소화

정치적 위험을 감안하여 산출된 예상투자수익률이 내부기준보다 높아 투자프로젝트를 진행하게 되면 정치적 위험으로 인한 예상손실을 최소화하는 방안이 있다. 이중에서 가장 일반적인 것이 현지투자액을 최소화하는 것이다. 현지금융기관으로부터 차입하거나 합작투자를 하게 되면 투자금액을 줄일 수 있어서 정치적 위험과 환위험에 노출될 가능성이 적어진다. 또한 현지금융기관이나 합작파트너의 이해관계 때문에 재산몰수나 수용 또는 국유화같은 정치적 위험을 줄일 수 있다. 정치적 위험이 너무 높다는 판단이 들면 현지투자하는 대신 라이센싱을 통해 현지시장에 진입할 수 있다.

(3) 국제적인 통합

현지법인의 경영활동을 본사 및 해외자회사들의 경영활동과 연계시켜 국제적으로 경영활동을 통합시키면 정치적 위험으로 인한 손실을 어느 정도 줄일 수 있다. 생산, 마케팅, 부품조달 등의 경영활동을 국제적으로 통합하여 현지자회사를 운영할 경우 현지정부가 현지자회사를 국유화한다고 해도 해당 회사를 제대로 가동할 수 없기 때문이다. 예를 들면 미국의 크라이슬러 자동차회사가 페루에 설립운영하였던 현지자동차 조립공장은 부품의 약 50%를 미국, 브라질, 아르헨티나 등에 있는 크라이슬러 자회사로부터 수입하여 자동차를 조립생산하였기 때문에 페루정부의 국유화 대상에서 빠질 수 있었다. 페루정부입장에서 볼 때 약 50%나 되는 관련부품을 크라이슬러로부터 조달받지 못하면 자동차 조립공장을 가동할 수 없고 따라서 국유화하는 이점이 거의 없었기 때문이었다.

(4) 보험가입

해외직접투자위험을 담보해 주는 공적보험 또는 사적보험에 가입하여 정치적 위험을 외부보험회사로 이전하는 방식이다. 세계 각국은 자국기업들의 해외직접투자가 급증하면서 정치적 위험에 노출될 가능성이 높아지고 피해 또한 많아지자 정부차원에서 해외직접투자보험을 개발하여 운영하고 있다. 한국의 경우에는 한국수출입은행에서 해외투자보험을 개발하여 한국기업들의 해외직접투자에 따르는 정치적 위험을 줄여 주고 있다.

(5) 현지국 정부보증과 투자보장협정

기업이 투자위험이 높은 지역으로 현지투자하려고 할 때 현지정부의 보증을 얻어 정치적 위험을 회피할 수 있다. 예를 들면 1990년대 일부 한국기업들은 국교정상화가 안된 상태에서 중국, 베트남, 미얀마 등의 사회주의국가들에 진출할 때 현지국정부로부터 투자를 보장하겠다는 약속을 확보하고 현지투자를 하였다.

또한 기업들은 투자하기 이전에 자국정부와 현지국정부 간에 투자보장협정이 체결되었는지 또는 이중과세방지협정이 체결되었는지를 확인하고 진출해야 한다. 한국은 거의 모든 무역상대국과 투자보장협정을 맺었으며, 미국과 일본 등 64개국과는 이중과세방지협정까지 맺었다. 투자보장협정은 전쟁, 수용, 송금제한 등 비상위험으로부터 해외직접투자자를 보호함으로써 협정체결국 간의 투자교류를 증진하고자 체결하는 협정으로서 내국민대우 및 최혜국대우의 보장, 국유화 및 수용의 금지, 전쟁, 폭동 등 긴급사태로 인한 손실의 보전, 투자원본 및 과실의 자유로운 송금보장, 투자분쟁발생시 해결절차 등이 포함되어 있다. 이중과세방지협정은 해외직접투자에 대한 국제적 조세처

표 6-4 정치적 위험을 관리하는 방안

구 분	내부관리방안	외부관리방안
투자이전	• 진출여부결정 • 지분의 최소화(현지차입, 합작투자, 경영관리계약 등) • 국제적인 통합(생산, 마케팅, 부품조달활동을 국제적으로 통합)	• 정부 또는 민간 해외투자보험 부보 • 현지정부보증 • 투자보장협정
투자이후	• 선량한 기업시민으로 행동 • 현지화 정책추진 • 적극적인 기술이전	• 정부 또는 민간 해외투자보험 부보 • 해외투자에 대한 국제협약
위험발생이후	• 적극적인 회수와 보상방안	

리의 단순화와 해외직접투자기업의 이중과세방지를 위하여 국가간에 체결하는 협정으로서 현지국에서 납부한 세금을 투자국에서 공제해 주는 제도를 말한다(한국수출입은행 홈페이지: www.koreaexim.go.kr).

3.2 투자후 사후관리방안

일단투자가 이루어지면 다국적기업의 교섭력이 현격하게 저하되기 때문에 투자이후의 정치적 위험을 관리하기 위해서는 현지경제발전에 기여하도록 적극 노력하여야 할 것이다. 또한 단순히 이익만을 위해 투자한 것이 아니라 공존공영의 이념하에 진출하였다는 점을 현지인들에게 널리 알리고 현지화를 적극 추진하는 한편, 정치적 위험이 발생할 경우에 대비해서 투자보험에 가입하거나 철수하는 것도 하나의 방법이다.

(1) 선량한 기업시민으로서의 역할

현지지역사회와 원만한 관계를 유지하여 현지기업에 대한 지지기반을 넓혀 나가야 할 것이다. 지역주민고용, 학교지원과 장학금지급, 인근도로건설, 각종 편의시설제공 등을 적극 전개하여 현지법인이 지역사회발전을 위해 노력하는 선량한 기업시민이라는 점을 인식시키는 것이 중요하다. 예를 들면 LG전자의 인도네시아 법인은 1997년 외환위기로 주민폭동이 발생하여 공장가동에 어려움을 겪고 있을 때 평소 원만한 관계를 유지하고 있었던 공장근로자, 인근주민들과 군부대 등의 도움으로 피해를 입지 않고 폭동사태를 피해갈 수 있었다. 다국적기업이 돈만 벌어 나가는 존재가 아니라 이익의 사회환원을 통해 지역사회발전과 성장을 위해 노력하는 존재라는 점을 부각시키는 것이 정치적 위험을 줄이는 하나의 방법이다.

(2) 현지화정책

부품업체나 관련업체들을 동반진출시키거나 현지업체로부터 부품과 소재를 공급받는 등의 방법을 통해 현지산업을 육성하는 한편 적극적인 기술지도와 관리기법 이전을 통해 현지업체들의 기술과 관리수준을 높여나가는 노력을 전개하는 것이 정치적 위험을 줄이는 하나의 방법이다. 단순조립형 투자보다는 일관생산체제를 구축하는 장기적인 투자를 통해 현지의 관련산업육성과 발전에 공헌하는 것이 필요하다.

(3) 적극적인 기술이전

현지에서 선발한 노동자들에 대한 기능, 기술 및 관리교육을 강화하여 관련기술들이 신속하게 현지인 또는 현지기업들에게 이전되도록 노력하는 한편, 다국적기업의 입장에서 보면 성숙표준화된 기술이지만 현지기업의 입장에서 보면 새로운 기술에 속하는 기술들을 적극 이전하도록 노력하는 것이 필요하다.

(4) 투자보험과 국제투자협약가입

투자한 이후 국내외 환경변화로 인해 정치적 위험이 제고될 경우 공적 또는 사적보험에 가입하거나 투자보장협정을 체결하도록 양국정부에 촉구하는 방법이 있다. 또한 해외직접투자에 대한 국제협약에 가입하는 방법이 있다. 마지막으로 정치적 위험이 너무 높다고 판단될 경우에는 사전에 계획된 절차에 따라 점진적으로 철수하는 것도 하나의 방법이다.

3.3 위험발생 이후관리방안

정치적 위험이 발생하였을 경우 다국적기업은 단계적으로 보상을 받는 또는 투자자산을 회수하는 방안을 강구하는 것이 필요하다. 국유화되거나 강제수용된 현지자산에 대해 빠른 시일내에 적절하고도 타당한 방법으로 보상을 받을 수 있도록 최선의 노력을 해야 한다. 이를 위해 다국적기업은 우선 현지정부와의 합리적인 협상을 통해 보상을 받아야 할 것이다. 이것이 여의치 않을 경우 본국정부 및 유사한 입장에 있는 외국기업들과 연합하여 현지국정부를 협상 테이블로 끌어내는 방법이 있다. 다음 단계로는 현지국법원, 본국법원, 국제사법재판소 등에 현지국을 제소하는 방안이 있다. 앞의 방법이 통하지 않을 경우 다국적기업은 경영권을 포기하고 잔존자산의 회수에 총력을 다해야 할 것이다.

표 6-5 정치적 위험발생이후의 관리방안

단 계	시행전략	전략의 내용
1단계	합리적인 협상	• 경제적 기여도 강조 • 투자철수의 경우 발생할 수 있는 부정적 효과강조 • 기업이 보유한 기술·자본의 제공 • 현지국경제에 도움을 줄 수 있는 장기적 사업계획제시
2단계	반강제적인 협상	• 본국정부에 개입요청 • 타외국기업과의 연대 • 관계개선을 위한 이익포기
3단계	법적구제조치의 강구	• 현지국법원에 제소 • 본국법원에 제소 • 국제사법재판소에 제소
4단계	경영권포기 및 잔존재산 회수	• 기업의 공개매각 • 기업자산의 재평가 및 회수가능 자산의 측정

토의과제

1. 정치적 위험이 발생하는 요인을 설명하시오.
2. 정치적 위험을 관리하는 방식을 설명하시오.
3. 한국기업의 사례를 바탕으로 정치적 위험의 발생요인, 측정방법 및 관리방안을 서술해보자.

참고문헌

- Boubakri, Narjess1 & Mansi, Sattar A. & Saffar, Walid, "Political institutions, connectedness, and corporate risk–taking," *Journal of International Business Studies*, 44(3), 2013, pp. 195–215
- Geert, B. & Harvey, Campbell R. & Lundblad, Christian T. & Siegel, Stephan. "Political risk spreads," *Journal of International Business Studies*. 45(4), 2014, pp. 471–493.
- Hillman, A. J. & Wan, W. P., "The Determinants of MNE Subsidiaries' Political Strategies: Evidence of Institutional Duality," *Journal of International Business Studies*, 36(3), 2005. pp. 322–340,
- Hood, J. & Nawaz, M. S., "Political Risk Exposure and Management in Multi–National Companies: Is There a Role for the Corporate Risk Manager?," *Risk Management*, 6(1), 2004. pp. 7–18,
- Levinsohn, A., "New Geopolitics Spotlights Political Risk Management", *Strategic Finance*, Jan, 2002.

제 3 부

해외시장진입전략

제 7 장

해외시장진입방법의 일반적 유형

학습 목표

국제경영의 주요 활동인 해외시장진출은 그 논리적 흐름으로 볼 때 '해외시장진출여부결정' → '진출시장선택' → '진입방법결정' 등의 순서로 이루어진다. 따라서 해외시장진출을 결정하고 목표시장이 선정되면 이제 그 목표시장에 어떤 방법으로 들어가는 것이 가장 적절할 것인가를 결정해야 한다. 이것이 바로 진입방법에 대한 결정으로서 국제경영활동에 있어 전략적으로 매우 중요한 의사결정영역이라 할 수 있다. 투자 및 자원의 배분과 관련된 장기적이며 전략적 결정일뿐만 아니라 시장진입의 성패를 가늠할 수도 있기 때문이다.

본 장에서는 우선 이러한 진입방법의 일반적 유형에 대해 간략하게 설명하고 이러한 대안들 중 하나를 선택할 때 고려해야 할 요인, 혹은 영향요인들에 대해 살펴보기로 한다. 수출 및 라이슨싱, 그리고 직접투자 등 주요 진입방법에 대해서는 각각 제8장과 제9장에서 보다 상세하게 설명할 것이다. 본 장의 학습목표는 다음과 같다.

- 시장진입전략의 일반적 절차와 의의를 이해한다.
- 수출, 라이슨싱을 포함한 각종 계약방식, 해외직접투자 등 진입방법의 일반적 유형에 대해 그 개념과 특징 등을 이해한다.
- 진입방법결정에 영향을 미치는 기업 내외부요인들은 무엇인지 살펴본다.
- 진입방법결정과 관련된 모델에 대해 알아본다.

도입사례

프랜차이즈 해외공략 새 트렌드 '마스터 프랜차이즈' 부상

국내 프랜차이즈 업체들이 국산브랜드를 수출하는 '마스터 프랜차이즈'(Master franchise) 전략으로 해외시장에 뛰어드는 사례가 늘고 있다. 마스터 프랜차이즈는 현지기업에 상표사용 독점권을 부여하고 사업노하우를 전수해 일정한 사용료를 받는 사업방식이다. 관련업계에 따르면 CJ푸드빌, 파리크라상, 제네시스BBQ그룹, LG생활건강, 카페베네, 크라제인터내셔날 등 주요 프랜차이즈 업체들은 이같은 방식으로 해외시장을 적극 공략하고 있다.

CJ푸드빌은 최근 캄보디아 식음료기업 CBM사와 뚜레쥬르의 마스터 프랜차이즈 계약을 맺고 현지시장에 진출하기로 했다. 작년(2010년)에도 필리핀 대형 리테일 기업인 EFC(Everyday Fraycheur Corp)과 해외시장진출을 위한 마스터 프랜차이즈계약을 체결하는 등 동남아시장공략에 적극적이다. EFC는 이탈리안 레스토랑, 커피브랜드, 화장품브랜드, 패션, 제약, 피트니스 등 해외 유명브랜드를 도입해 리테일사업을 운영중인 필리핀 최대그룹 중 하나인 VS그룹의 자회사로, 필리핀지역에서 베이커리 사업진출을 위해 뚜레쥬르와 파트너관계를 맺게 됐다. 필리핀의 베이커리 시장규모는 매년 30% 이상 증가하는 등 고속성장이 예상된다. 앞서 진출한 베트남에서도 연평균 72%의 매출증가를 기록하고 있다. CJ푸드빌 대표는 "베트남에서의 성공신화를 캄보디아에서 이어갈 계획이며, 동남아시장에서 '베이커리 한류'를 일으킬 수 있기를 기대한다"고 말했다.

SPC그룹의 파리크라상은 베트남과 싱가포르에 현지법인을 설립한 것과는 달리 중동지역의 경우 파리바게뜨의 마스터 프랜차이즈 사업을 추진했다. 제너시스 BBQ그룹은 지난 2003년 중국 상하이를 시작으로 미국, 중국, 일본, 스페인 등 57개국에서 마스터 프랜차이즈 방식으로 350여개 매장을 운영중이다. 브랜드 로열티를 비롯해 소스, 조리도구 등을 수출해 수입을 올리고 있다. 봉추찜닭을 운영하는 ㈜봉추푸드시스템도 2015년 1월 캄보디아의 마오왕 트레이딩 그룹(Maowang Trading Group)과 마스터 프랜차이즈 계약을 체결한 바 있다. 일본, 베트남, 중국에 이은 4번째 해외진출이다.

LG생활건강의 더페이스샵은 마스터 프랜차이즈 형태로 전환한 사례다. 더페이스샵은 최근 중국 시장에서 기존 홀세일(도매) 계약에서 마스터 프랜차이즈 형태로 계약을 변경해 본격적으로 사업을 시작했다. 이밖에 크라제인터내셔날이 호주와 대만지역에 이같은 방식으로 최근 진출했으며, 카페베네도 필리핀과 베트남에서, 오피스천국은 중동과 아프리카, 후스타일은 쿠웨이트, UAE(아랍에미리트) 등에 마스터 프랜차이즈 형태로 진출한 상태다. 삼겹살 프랜차이즈 '꽁돈'으로 알려진 위두는 싱가포르 'JP 페퍼다인 그룹'과 마스터 프랜차이즈 계약을 체결한 바 있다.

최근에는 국내 치킨업계의 해외진출이 활발하다. 국내 소비위축과 과열경쟁으로 더 이상 성장을 할 수 없다는 판단에서다. K푸드(식품한류) 열풍으로 한국치킨의 인기도 높아지면서 해외시장진출 적기라는 판단도 작용했다는 분석이다. 20일 관련업계에 따르면 굽네치킨은 올해(2019년) 하반기 호주진출을 위해 현재 물품수출 등을 협의 중이다. 1호 매장은 호주의 3대 도시 중 하나인 시드니에 들어선다. 매장은 이르면 10월, 늦으면 12월 오픈예정이다. 굽네치킨 관계자는 "K푸드열풍으로 한국치킨에 대한 수요가 커지고 있다"며 "호주의 경우 국내치킨 브랜드들의 진출이 활발하지 않기 때문에 현지인들의 관심이 뜨거울 것으로 기대하고 있다"고 설명했다.

많은 인종이 거주하는 호주는 식문화도 다양하다. 육류소비량이 세계 상위권에 속하는 나라이며 닭고기를 즐겨먹는다. 건강에 대한 관심으로 웰빙식품을 선호하는 추세가 늘어나고 있어 오븐구이 콘셉트의 굽네치킨이 큰 호응을 받을 것이란 게 회사내부의 평가다. 굽네치킨은 현재 해외 7개국에 16개의 매장을 갖고 있다. 2014년 홍콩을 시작으로 중국, 마카오, 일본을 넘어 인도네시아, 말레이시아, 베트남 등에 발을 내디뎠다. 마스터 프랜차이즈 방식으로 해외진출에 나서고 있는 굽네치킨은 매장이 안정적으로 운영되면 가맹사업을 확대해 매장을 점차 늘려나갈 방침이다.

bbq는 치킨 프랜차이즈업체 중 가장 많은 국가에 진출해 있다. 30여개국에 마스터 프랜차이즈 방식으로 진출, 300여개의 매장을 운영 중이다. 올해(2019년) 6~7월 경에는 캐나다진출도 앞두고 있다. 대만에서는 패밀리마트와 협약을 통해 숍인숍형태로 입점, 현재 5곳에서 시범운영 중이며 연내 7개까지 확대할 예정이다.

경쟁사보다 상대적으로 해외진출이 늦은 bhc는 현재 홍콩에 직영점 1개만 운영 중이다. 홍콩 직영점이 일 매출 700만원을 올릴 정도로 성공을 거둬 추가출점과 진출을 계획하고 있다. 후보군은 싱가포르, 두바이. bhc 관계자는 "외형적인 보여주기식 해외사업이 아닌 철저히 손익위주로 추진하겠다"고 강조했다.

네네치킨은 싱가포르, 호주, 홍콩, 말레이시아, 대만 등 5개 국가에서 총 35개의 매장을 운영 중이다. 다음 달엔 아랍에미리트에 진출예정이다. 첫 매장은 두바이에 오픈한다. 네네치킨 관계자는

"5개국의 현지인들의 반응이 뜨거우며 앞으로 안정적으로 해외사업을 운영해 나갈 것"이라고 말했다. 교촌치킨은 미국, 중국, 필리핀, 태국, 말레이시아, 인도네시아 등 6개 국가에 총 28개 매장을 운영 중이다.

외식업계 관계자는 "치킨은 가장 경쟁이 치열한 외식브랜드로 꼽히기 때문에 해외로 눈을 돌릴 수밖에 없는 상황"이라며 "특히 현지시장의 상황과 파트너사의 역량 등에 주로 영향을 받기 때문에 안착만 하면 수월하게 매장을 확대해나갈 수 있어 업체들의 발걸음이 분주하다"고 전했다.

이처럼 국내 프랜차이즈 기업들이 마스터 프랜차이즈 방식을 선호하는 이유는 직접 진출할 경우에 비해 현지상권분석 및 유통정보파악의 시행착오를 크게 줄일 수 있기 때문이다. 현지사정에 밝은 파트너사와의 협약을 통해 해외시장 관문을 쉽게 뚫을 수 있다는 것이다. 아울러 물류시스템 구축이나 까다로운 현지규제, 인력활용 등의 문제도 별로 걱정할 필요가 없다는 것도 장점이다.

실제 대한상공회의소가 지식경제부와 함께 전국 1400여개 프랜차이즈 가맹본부를 대상으로 조사한 결과, 해외진출방식으로 마스터 프랜차이즈를 선호하는 비율이 20.8%에 달했다. 이는 '현지가맹점 직접계약'(35.4%), '현지 파트너 합자'(30.2%) 등에 이은 것으로 점차 선호도가 높아지고 있다.

자료원: 조선일보, 2010년 12월 20일, 2011년 10월 20일 및 10월 23일자, 매일경제, 2015년 1월 19일, 아시아경제, 2019년 5월 20일자 기사를 수정・편집함

01 시장진입전략의 의의

1.1 시장진입전략의 일반적 절차

해외시장진출이라는 국제경영활동은 일반적으로 '진출여부에 대한 결정 → 진출시장의 선택 → 진입방법의 결정' 등의 과정으로 이어진다. 이미 해외시장에 진출하여 활동을 하고 있는 기업의 경우 추가적인 시장진출과 진입방법결정이 이루어질 수도 있고, 기존의 진출시장에 대해 진입방법의 변경이 검토될 수도 있다 (<그림 7-1> 참조).

(1) 해외시장진출 여부의 결정(Go/No Go Decision)

해외시장진출과 관련된 의사결정과정의 논리적 출발점은 해외시장진출 여부를 결정하는 일이다. 이미 해외시장을 대상으로 국제경영활동을 하고 있는 많은 기업의 경우 이 결정은 이미 내려져 다시 생각할 필요가 없는 것이지만 그들기업 역시 어떤 형태로든 이 결정과정을 거쳤음이 분명하다. 또한 이미 해외시장에 진출해 있는 기업의 경우라 해도 다른 제품/사업분야의 해외진출을 시도한다면 이 결정은 새로운 것일 수도 있다. 일반적으로 기업은 국내시장을 대상으로 경영활동을 전개하여 경험을 축적한 후 해외시장진출 가능성을 검토하게 된다. 해외시장에 대해 관심을 갖게 되는 동기는 국내시장의 성장한계, 과도한 경쟁, 규제, 국내에서의 성공에 힘입은 해외시장에서의 새로운 가능성타진 등 다양하다. 특히 국내시장의 협소로 인해 수출을 통한 경제성장에 주력해 온 한국으로서는 해외시장의 중요성이 더욱 크다 할 수 있으며, 이에 대한 기업의 관심 역시 아주 자연스런 현상이 되고 있다.

(2) 진출시장의 선택(Country Selection)

일단 해외시장진출 가능성에 대한 검토가 끝나 진출이 결정되면 그 다음단계의 의사

그림 7-1 해외시장진출 관련 의사결정흐름도

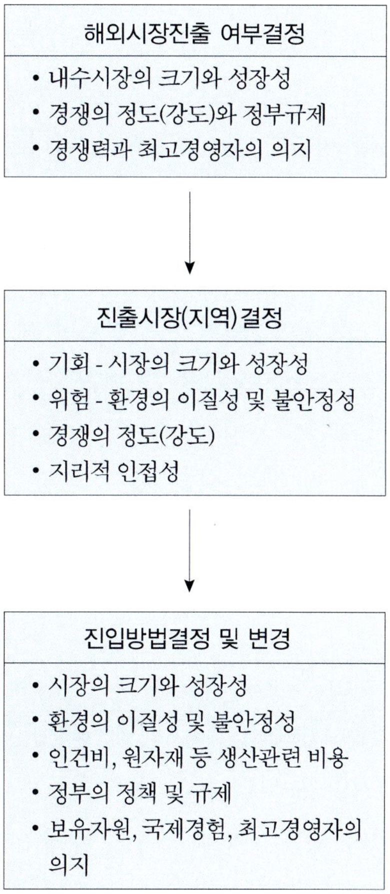

결정은 어떤 시장으로 진출하느냐, 즉 진출국가를 선정하는 일이다.

다른 제품/사업분야에서 해외시장에 진출해 있는 기업이라면 해당 국가시장이 일차적 후보지로 자연스럽게 떠오르겠지만 처음으로 해외시장진출을 계획하는 기업의 경우 진출시장을 선택하는 것은 해외시장개척의 성패를 좌우할 수 있는 중요하고도 신중을 요하는 문제이다.

진출시장을 선택함에 있어 전세계 모든 국가를 대상으로 검토작업을 벌인다는 것은 현실적으로 불가능하다. 따라서 대개 초기단계에서는 심층조사 및 분석을 요하는 국가들을 복수로 선정하고 이들 국가들을 대상으로 평가과정을 거쳐 진출국가를 선택하게 된다. 진출시장선정과정에는 기본적으로 '기회(opportunity)'와 '위험(risk)'이라는 두 가지 차원과 관련된 자료를 분석하게 된다. 기회란 현재 혹은 잠재적인 시장의 크기(market potential)를 말하며, 위험이란 정치, 경제, 사회문화적 환경 등의 이질성이나 불안정성을 의미한다. 경쟁의 양적, 질적강도는 기회와 위험의 양 측면을 모두 내포한다 하겠다. 궁극적으로는 이러한 여러 요소들을 종합적으로 고려하여 개별국가시장의 매력도(attractiveness)를 평가한 후 그 순위에 따라 진출시장을 선택하게 된다.

(3) 진입방법의 결정(Entry Mode Decision)

어떤 국가시장으로 진출할 것인가가 결정되면 이제 그 시장에 어떤 방법으로 들어갈 것인가, 즉 진입방법(entry mode)을 결정해야 한다. 해외시장진입방식은 크게 수출, 계약형태, 직접투자 등의 세 가지 유형으로 나눌 수 있다. 계약형태란 라이슨싱(licensing), 프랜차이징(franchising), 계약생산 등을 포함하며 직접투자(foreign direct investment)는 현지에서 직접생산활동을 하려는 것이다. 직접투자방식은 소유권 비율에 따라 단독투자와 합작투자로, 출발형태에 따라 기존 기업의 인수(합병)와 신규설립 형태로 구분할 수 있다.

진입방식을 결정하려면 해당 시장의 규모 및 성장 가능성, 정치적 위험, 무역장벽이나 외환송금규제와 같은 각종 규제, 전기, 도로, 항만, 통신 등과 같은 하부구조(infrastructure), 노동력의 양과 질 등에 대한 정보가 필요하다. 또한 기업의 목표와 동원 가능한 자본 및 기타 경영자원의 크기도 함께 고려되어야 한다.

이러한 진입방식에 대한 결정이 논리적으로 진출시장의 선택후에 이루어지는 것인가에 대해서는 그것이 일반적이라고 할 수는 있어도 반드시 그렇다고 하기는 어렵다. 왜냐하면 기업이 현실적으로 택할 수 있는 진입방법이 한정되어 있거나 특정방법을 선호 또는 고집한다면 이것이 시장선택에 영향을 줄 수 있기 때문이다. 예를 들어 기술유출위험에 매우 민감하게 반응하여 라이슨싱보다 직접투자를 선호한다면 외국기업의 직접투자를 아예 허용하지 않거나 많은 제한을 가하고 있는 국가는 진출검토대상에서 제외될 수 있다.

한편 특정시장에 대한 진입방법결정은 1회로 종료되는 것이 아니라 후속적인 결정, 즉 진입방법을 변경하는 결정이 이어질 수 있다. 예를 들어 일단 수출방식을 택하여 해당시장에 대한 충분한 경험을 축적하고 매출액이 일정 궤도에 이르면 현지에 생산시설을 갖추는 해외직접투자방식을 택할 수 있는 것이다. 물론 그 반대방향으로의 변경, 즉 직접투자방식을 택했다가 생산시설을 철수하고 수출방식으로 전환하는 경우도 발생할 수 있다. 처음부터 직접투자로 시작했다가 수출로 전환하는 경우도 있지만 '수출 → 직접투자 → 수출'로 변경되는 경우도 있다.

1.2 진입방법결정의 의의

시장진입방법의 결정은 일단 한번 이루어지면 단기간에 변경하는 것이 쉽지 않으며 대규모 경영자원의 투입이 필요할 수 있는 매우 중요한 전략적 결정이다. 진입방법을 잘못 선택하면 시장진출 자체가 실패로 끝나거나 더 큰 이익기회를 놓칠 수 있게 되며, 따라서 진입방법의 결정에는 충분한 사전검토와 신중한 접근이 요구된다.

대개 해외시장진출초기에 큰 위험부담없이 선택할 수 있는 진입방법은 수출이다. 처음부터 대규모 경영자원투입이 수반되는 직접투자를 무리하게 선택할 경우 예상보다 시장기회가 작거나 낯선 경영환경에 적응하지 못하여 커다란 실패로 끝날 가능성이 높다. 그러나 경우에 따라 수출은 시장입지의 조기구축이나 더 큰 이익기회를 살리지 못하는 결과를 가져올 수도 있다. 마찬가지로 라이슨싱 역시 자본투입이나 정치적 위험에 대한 노출이 적어 직접투자에 비해 선호될 수도 있지만, 기술유출이나 더 큰 이익기회의 상실이라는 기회비용으로 인해 잘못된 결정이 될 수도 있다. 예를 들어 계약방식(라이슨싱)에 의해 일본에 진출한 Disney사가 로열티수입은 안정적으로 얻었지만 도쿄 디즈니랜드의 개장 첫해(1984년)부터 이어진 호조에도 불구하고 그 이익은 모두 일본기업에 귀속되고 있다. 반대로 1992년 직접투자형태로 파리에 진출한 유로디즈니는 1993년과 94년에 각각 9억 7천만불과 3억 3천만불이라는 적자를 기록한 후 소규모흑자로 전환된 바 있다.

02 진입방법의 기본유형

2.1 진입방법의 유형

외국의 특정시장에 들어가는 방법은 제조업을 중심으로 살펴 볼 때 크게는 두 가지, 좀 더 나누면 세 가지의 기본유형으로 구분해 볼 수 있다 (<표 7-1> 참조). 우선 가장 기본적인 방법은 본국이든 제3국이든 목표시장국 이외의 생산기지에서 제조된 완제품을 수출하는 방법이다. 또 하나는 기술, 자본, 노동, 경영활동 등의 생산요소를 목표시장으로 이전하여 현지시장 국가에서 완제품을 생산하도록 하는 것이다. 호텔, 놀이공원, 병원 등 서비스산업의 경우에는 수출방식이 원천적으로 불가능하다. 소비자가 위치한 시장에서 직접공급되어야 하기 때문이다. 따라서 서비스업종의 해외진출은 생산요소의 이전을 통하는 수밖에 없다.

생산요소를 이전하는 방법은 다시 두 가지 유형으로 구분할 수 있다. 즉, 기술이나 특허권 등의 무형자산, 경영활동 등을 그 자체로서 현지에 있는 기업에게 대가를 받고 제공하는 방법과, 이들 생산요소를 현지에서 복합적으로 활용하여 제품을 직접생산하는 방법으로 구분되는 것이다.

전자, 즉 생산요소를 그 자체로서 현지업체에 제공하는 방법은 일반적으로 계약형태의 진입방식(contractual entry mode)으로 불리워지는데 이는 제공되는 자산의 내용, 기간, 대가의 지불방법 등을 계약에 의해 정하고 제공받는 업체가 자신의 책임하에 제품을 생산하여 판매하는 방식이다. 이러한 생산요소, 혹은 자산을 제공하는 업체는 현지의 경영활동에는 계약에 의한 사항외에는 관여하거나 책임을 지지 않으며 제공하는 자산자체에 대한 대가만을 받게 된다. 따라서 책임과 위험이 적고 안정적 수입이 보장되지만 현지시장에서의 통제권이 없고 투자수익의 기회도 없게 된다. 라이슨싱(licensing)이 이러한 진입방법의 대표적 예다.

후자의 방법, 즉 제반 생산요소와 경영자원을 하나의 패키지형태로 이전하여 현지에서 직접경영활동에 참여하는 가운데 제품을 생산, 판매하는 방식은 해외직접투자(foreign direct investment)로 일컬어진다. 이는 기술, 특허권, 경영노하우 등을 그 자체로서 개별적으로 이전하는 것이 아니라 이들을 복합적으로 이전한 후 노동을 중심으로 하는 현지의 생산요소를 결합하여 현지에서 제품을 직접생산하는 방법이다. 자신의 책임하에 경영활동이 수행되므로 위험이 수반되지만 통제권과 함께 높은 투자수익의 기회도 아울러 갖게 된다.

이상에서 간단히 설명한 세 가지의 진입방법유형을 그 세부유형과 함께 정리해 보면 <표 7-1>과 같다. 이들 각각에 대해서는 잠시뒤에 간략히 설명하기로 하자. 이들 중 수출 및 라이슨싱, 그리고 직접투자 등에 대해서는 각각 제8장과 제9장에서 별도로 상세히 설명할 것이다.

한편, 여기서는 해외'시장'진입방법, 즉 시장으로서의 특정국가에 진입하는 방법을 염두에 두고 설명하고 있지만, 실제기업이 외국에서 수행하는 국제경영활동에는 해당 국가가 시장으로서의 역할보다는 '조달(sourcing)기지'로서의 역할을 하는 경우도 많다. 본국이나 다른 외국에서 판매하거나 생산과정에 투입하기 위해 이루어지는 자원개발, 부품생산, 조립(완제품생산), 연구개발 등이 여기에 해당된다. 물론 이러한 활동은 기업 스스로 자회사를 통해 직접수행할 수도 있으며('make'), 다른 기업과의 계약을 통해 수행할 수도 있다('buy' 또는 outsourcing).

표 7-1 해외시장진입방법의 유형

<table>
<tr><th colspan="2">유형분류기준</th><th>유 형</th><th>구체적 예</th></tr>
<tr><td colspan="2">본국 혹은 제3국 생산 후
완제품수출</td><td>수출(export)</td><td>• 간접수출(indirect export)
• 직접수출(direct export)</td></tr>
<tr><td rowspan="2">생산요소의
이전 후
현지생산</td><td>생산요소의
일부이전</td><td>계약방식
(contractual
mode)</td><td>• 라이슨싱(licensing)
• 프랜차이징(franchising)
• 계약생산(contract manufacturing)
• 관리계약(management contracts)
• 턴키계약(turnkey contracts)
• BOT방식(build, operate, transfer)
• 기타</td></tr>
<tr><td>생산요소의
복합이전</td><td>해외직접투자
(foreign direct
investment)</td><td>• 단독투자(sole venture)와 합작투자(joint venture)
• 신설(greenfield investment)과
인수/합병(merger/acquisition)</td></tr>
</table>

2.2 수 출

수출(export)은 해외시장으로 진출하는 가장 기본적인 방법으로서 시장국가외의 지역에서 생산된 제품을 시장국가로 이전하여 판매하는 방법이다. 외국시장에 처음 진출하고자 하는 기업은 대부분 수출방법을 우선적으로 고려하는데 이는 다른 방법에 비해 위험이 비교적 적고 해외시장에 대한 큰 경험이 요구되지 않는 편이기 때문이다.

이러한 수출은 거래처(수입상) 접촉, 통관, 선적, 보험 등의 수출관련기능을 직접 수행하느냐, 아니면 외부기관을 통해 수행하느냐에 따라 직접수출과 간접수출로 구분할 수 있다. 또한 자신의 고유상표를 사용하느냐 아니면 주문업체의 상표를 사용하느냐에 따라 고유상표수출과 주문자상표부착(OEM)방식의 수출로 구분할 수 있다. 이들에 대해서는 제8장에서 보다 상세히 설명하도록 하자.

2.3 계약형태의 진입방법

계약형태의 진입방법(contractual entry mode)은 목표시장국내의 기업에게 기술이나 무형자산, 인력자원 등을 이전해 주는 계약관계를 통해 시장에 진입하는 방법이다. 이는 본질적으로 기술이나 특허권 등의 노하우(know-how) 이전과 그 대가수령을 통한 거래이므로 부수적으로 수출활동이 수반되는 경우가 있지만 제품을 판매하는 수출과는 구별된다. 아울러 지분참여없이 기술의 제공으로 일차적 책임이 끝난다는 점에서 해외직접투자와 구별된다.

수출도 아니고 지분소유에 의한 해외직접투자도 아닌 이러한 방식을 UN 산하기관인 UNCTAD에서는 '비지분방식(NEMs, non-equity modes)'에 의한 국제경영활동으로 정의하고 있다. 즉, NEMs란 초국적기업(TNC)이 특정국가(host country)의 다른 기업에게 지분참여없이 계약에 의해 일정수준의 통제권을 행사하며 경영활동을 수행토록 하는 것을 말한다.[1)] UNCTAD가 정의하는 NEMs에는 '시장'으로서의 외국에 진입하는 방식만이 아니라 '조달기지'로서의 외국에 들어가는 진입방식도 포함하고 있다. 본국으로

1) UNCTAD, *World Investment Report 2011*, p. 127.

역수입하거나 다른 나라에 수출하기 위해 외국의 업체에게 부품 혹은 완제품생산을 위탁하는 하청생산이 대표적 예다.

다음은 이러한 계약에 의한 진입방법의 대표적 유형에 대한 설명이다.

(1) 라이슨싱

넓은 의미로 해석해 볼 때, 국제라이슨싱(international licensing)이란 특정기업(licensor)이 가지고 있는 특허, 노하우, 상표 등과 같은 무형의 산업재산권을 일정 기간 동안 외국에 있는 다른 기업(licensee)에게 그 사용권을 부여하고 그 대가로 로열티나 다른 형태의 보상을 받도록 체결하는 계약을 말한다. 대개의 경우 이러한 무형자산이나 재산권이 적절히 사용될 수 있도록 기술적 지원이 수반되기도 하지만 뒤에서 설명할 프랜차이징에 비해 그 후속적인 지원의 범위는 좁은 편이며, 라이슨싱계약의 핵심은 무형자산자체의 사용권이전과 그 대가수수에 있다.

다른 진입방법과 마찬가지로 라이슨싱도 나름대로의 장단점을 지니고 있다. 가장 대표적인 장점으로 들 수 있는 것은 시장국의 수입장벽을 우회할 수 있다는 점이다. 최종제품에 대한 관세가 높거나 다른 형태의 수입규제가 있다해도 그러한 제품을 생산하는 데 필요한 무형자산에 대해서는 제한이 가해지지 않는 경우가 많이 있다. 수출에 의하다가 수입규제가 늘어나서 라이슨싱으로 전환하는 수도 있는데 이 경우 완제품대신 반제품을 상대기업(licensee)에 수출하게 될 수도 있다.

또 다른 장점은 직접투자에 비해 정치적 위험에 대한 노출이 적다는 점이다. 현지에 대한 자원투입이 적기 때문에 최악의 경우 잃게 되는 부분이 적게 되며, 현지국정부가 라이슨싱을 기술습득의 기회로 생각하는 경우가 많아 비교적 우호적인 태도를 보이게 된다.

진입방법으로서의 라이슨싱이 갖는 대표적인 단점은 현지시장에서의 마케팅전략에 대한 통제권이 적다는 점이다. 따라서 상대기업의 성과가 좋지 못해도 계약에서 허용할 경우에 한해 라이슨싱계약 자체를 해지하는 수밖에 없다.

또 하나의 간과할 수 없는 단점은 기술을 제공받는 업체가 기술제공업체의 경쟁자로 등장할 수 있다는 점이다. 소위 말하는 부메랑(boomerang)효과가 나타날 수 있는 것이다. 이러한 위험은 제3국 시장에서 뿐만 아니라 기술제공업체의 본국에서도 일어날 수 있는데 이는 라이슨싱이 정치적 위험은 낮을지 몰라도 궁극적으로 높은 경제적 위험에 직면할 수 있음을 의미한다 하겠다. 제공된 기술로 생산된 제품의 판매를 해당 시장국내로 한정하거나 라이슨싱계약기간의 종료후에는 해당 기술의 사용을 금지한다는 조항을 계약에 명시함으로써 이러한 상업적 위험을 줄일 수는 있다. 그러나 이러한 노력은 상대국정부에 의해 무위로 끝날 수 있고, 미국의 경우에는 그러한 계약자체가 반독점법(antitrust laws)에 의해 불법화되어 있기도 하다.

한편 대개의 경우 라이슨싱계약은 제공받는 기술이나 상표를 사용한 제품에 대해 계약기간 동안 상대기업이 국내시장에서 독점적 판매권을 갖게하는 경우가 많다. 따라서 기술제공기업은 계약기간 동안 해당 제품에 대해서는 다른 진입방법을 사용할 수 없게 된다. 라이슨싱에 대해서는 제8장에서 좀 더 상세히 설명할 것이다.

(2) 프랜차이징

프랜차이징(franchising)은 넓은 의미의 라이슨싱의 한 형태라 할 수 있다. 다만 프랜차이징은 제공기업(franchisor)이 상호, 상표, 기술 등의 사용권을 특정기업이나 개인(franchisee)에게 허용할 뿐만 아니라 상대방에 대해 조직, 마케팅 및 일반관리분야에서의 지원을 제공하며 원료를 공급하는 등 양자가 보다 지속적이며 포괄적인 관계를 유지한다는 점이 특징이라 하겠다. 대개 프랜차이지는 프랜차이저의 상호와 상표를 가지고 사업활동을 전개하며 후자가 마련한 정책과 절차를 따르는 것이 일반적이다. 그 대가로 프랜차이저는 수수료, 로열티, 혹은 다른 형태의 보상을 프랜차이지로부터 받게 된다.

좁은 의미의 라이슨싱이 주로 제조업과 관련된 생산기술이나 특허권 등을 대상으로 하는데 비해 프랜차이징은 패스트푸드를 비롯한 식음료산업과 호텔, 모텔, 자동차렌트 등의 서비스산업에서 활발히 이루어지고 있다.

UNCTAD의 조사에 따르면 프랜차이징을 통한 2010년 전세계 매출액은 2조 5,000억 달러에 이르며, 이 중 국제프랜차이징 매출액은 3,400억 달러 정도에 달할 것으로 추정되고 있다. 가장 대표적인 프랜차이징 업종으로는 소매점포, 레스토랑, 호텔, 비즈니스 서비스, 교육서비스 등이 있다. 매출액기준의 상위 10대 글로벌 프랜차이저는 대부분 미국에 기반을 두고 있으며(McDonald's, KFC, Subway, Burger King, Ace Hardware, Pizza Hut, Wendy's, Marriott Hotels 등), 일본(7－Eleven) 및 캐나다(Circle K Stores) 기업이 하나씩 포함되어 있다. 이 중 McDonald's와 KFC는 전세계 100개 국가이상에 진출해 있는 것으로 알려지고 있다. 최근에는 우리나라 기업들도 프랜차이즈방식을 통해 해외시장에 진출하는 사례가 늘고 있다(본 장의 '도입사례' 참조).

프랜차이징의 장점으로는 적은 자본지출로도 해외시장확산이 가능하다는 점과 표준화된 마케팅전략에 의해 독특한 이미지형성이 가능하다는 점, 그리고 정치적 위험이 낮다는 점 등을 들 수 있다. 한편 이 진입방법의 단점으로는 제공업체의 이익기회가 제한되고 상대기업에 대한 완전한 통제가 어렵다는 점, 그리고 프랜차이즈계약조건에 해당국정부의 제한이 가해질 수 있다는 점 등을 들 수 있다.

프랜차이징은 대개 수출이 곤란한 제품이나 서비스를 대상으로 하기 때문에 수출보다는 해외직접투자와의 비교를 통해 선택되는 진입방법이라 할 수 있다.

(3) 계약생산 및 서비스 아웃소싱

계약생산(contract manufacturing)은 라이선싱과 직접투자의 중간적 성격을 띠고 있지만 지분참여가 없다는 점에서는 직접투자와 확실히 구분된다. 이 방식은 한 기업이 진출대상국 내에 있는 다른 별개의 기업에게 일정한 조건하에 제품을 생산하도록 하고, 현지시장국이나 제3국에 대한 판매 및 마케팅은 자신이 직접담당하는 것을 말한다. 대개의 경우 원하는 명세에 따른 제품을 얻기위해 현지의 생산업체에게는 기술제공이나 기술적 지원이 이루어진다. 물론 이러한 기술이전은 별도의 공식적인 라이선싱 계약을 통해서 이루어질 수도 있다.

따라서 계약생산은 기술제공이라는 측면에서는 라이선싱과 비슷하고 현지생산과 마케팅이라는 점에서는 해외직접투자와 비슷하지만, 생산된 제품을 직접판매한다는 점에서 라이선싱과 다르고 생산에 대한 자본투자가 없다는 점에서 직접투자와 다르다.

계약생산은 상대적으로 적은 자금과 경영인력의 투입으로 조기에 시장진입을 할 수 있고, 일반적인 라이선싱과는 달리 애프터서비스를 포함한 마케팅활동의 통제권을 가질 수 있는 장점을 지니고 있다. 계약생산은 직접투자를 정당화하기에는 목표시장이 너무 작다거나 수출에 대한 제한이나 비용이 클 경우에 적당한 진입방법이라 하겠다.

반면에 적절한 현지생산업체를 찾는 것이 어렵거나 불가능할 수 있고, 그러한 기업이 존재한다고 해도 원하는 품질과 수량의 제품을 확보하기 위해서는 상당한 정도의 기술적 지원이 필요하다는 점은 계약생산의 단점으로 지적된다. 라이선싱과 마찬가지로 미래의 경쟁자를 키워주는 위험도 고려해 보아야 할 사항이다.

흔히 볼 수 있는 주문자상표부착방식(OEM, original equipment manufacturing)도 일종의 계약생산이라고 볼 수 있다. 그러나 발주자입장에서 볼 때 계약생산이 목표시장진입의 한 방법으로서 현지시장에서의 생산을 염두에 둔 것인데 비해, OEM방식은 시장진입방법으로서의 성격보다는 제품조달(product sourcing)방법의 일환으로 이해될 수 있다. 주문을 받아 제품을 생산하는 기업의 입장에서는 OEM방식도 수출의 한 형태로서 해외시장진입방법의 하나로 여길 수 있다.

기업이 자체적으로 수행하지 않고 계약을 통해 외국의 다른 기업에게 맡기는 외주(outsourcing)는 부품이나 완제품생산 등 제조활동에 국한되지 않는다. 최근 들어서는 IT(information technology) 및 업무처리(BPO, business process outsourcing)를 중심으로 하는 서비스부문에서도 해외아웃소싱이 활발하게 이루어지고 있다. IT, 회계, 재무, 인사관리와 같이 경영활동을 전반적으로 지원하는 업무나 고객서비스활동 등을 외국에 있는 기업에게 맡기는 것이다.

이러한 서비스 아웃소싱을 국제적으로 제공하는 대표적인 공급기지로는 인도(방갈로르, 뭄바이, 델리, 첸나이 등), 필리핀(마닐라, 세부 등), 중국(상해, 북경 등) 등 아시아 국가들이 꼽히고 있으며, 최근에는 폴란드, 아르헨티나, 이집트, 브라질 등도 부상하고 있다. 이러한 개발도상국 국가기업들 중 계약에 의해 외국기업 고객에게 서비스를 제공하는 대표적인 기업으로는 인도의 타타컨설팅(Tata Consultancy Services), 인포시스(Infosys Technologies), 위프로(Wipro) 등이 있다. 물론 특정 입지와 상관없이 IT 및 BPO 분야에서 글로벌 서비스 아웃소싱시장을 주도하는 업체들은 선진국기업들이며, 아이비엠, 휴렛패커드, 후지쯔, 엑센츄어 등이 여기에 해당한다.

(4) 관리계약

국제관리계약(management contract)은 계약에 의해 한 기업이 외국의 특정기업의 일상적인 경영활동을 대신 수행해 주고 그 대가를 받는 형태의 시장진입방법이다. 일반적으로 경영위임을 받는 사항은 일상적인 업무에 한정되며 신규투자나 장기기채(起債), 배당결정, 기타 중요한 경영정책상의 변화를 수반하는 결정은 제외된다. 따라서 이 방법은 신규사업이 아닌 기존의 영업활동에 국한되는 것이 일반적이다.

대개의 경우 관리계약은 그 자체의 독자적인 계약보다는 다른 형태의 진입방법과 결부되어 이루어지는 것이 일반적이다. 예를 들어 현재합작관계(joint venture)에 있는 기업에 대해 지분구조상 경영참여가 곤란할 경우 관리계약은 효과적인 경영참여방법이 될 수 있다. 합작이 예정된 기업의 경우에도 관리계약은 순조로운 경영권이양의 방편이 될 수 있다.

그 자체로만 볼 때 관리계약은 위험도가 아주 낮은 해외시장진입방법이라 할 수 있다. 그러나 수 역시 주어진 기간 동안 일정액의 수수료에 국한되며, 자사제품이 없기 때문에 현지시장에서의 장기적인 입지구축도 어렵다고 볼 수 있다.

관리계약이 상당히 보편적인 형태의 해외시장진입방식으로 통용되는 분야가 있는데 그것은 바로 호텔산업이다. 관리계약은 지분참여방식(해외직접투자)을 제외하면 호텔산업에서 해외시장에 진출할 때 프랜차이징과 함께 흔히 사용되는 방법중의 하나다. 일반적으로 선진국보다는 개발도상국에 진출할 때 프랜차이징에 비해 관리계약을 선호하며, 럭셔리호텔 등 고급호텔일수록 관리계약을 선호하는 경향이 있다. 브랜드에 걸맞은 서비스수준과 이미지의 통일을 유지하기 위해서는 유능하고 경험이 많은 파트너(franchisee)가 존재하거나 경영에 직접참여하는 것이 바람직하기 때문이다. 개발도상국에서는 선진국에 비해 유능한 파트너를 찾기 어려워 프랜차이즈방식을 선택하기가 상대적으로 더 어렵고, 고급호텔은 직접경영에 참여하여 높은 수준의 서비스를 유지할 필요성이 높은 것이다. 해외진출시 프랜차이징보다 관리계약을 더 선호하는 다국적 호텔그룹의 대표적인 예로는 하얏트호텔이 있으며, 이에 비해 베스트웨스턴은 전적으로 프랜차이징방식을 사용한다.

국제경영 이야기 7-1

삼성물산, 카자흐 銅제련업체 위탁경영 후 인수－자산가치 30억 달러 세계9위 카작무스社

삼성물산이 연간 매출 7억 달러, 영업이익 3억 달러 규모의 세계 9위 동(銅)제련 업체인 카자흐스탄의 카작무스(카작코퍼 코퍼레이션)를 인수했다. 카작무스의 공동대표로 선임된 삼성물산의 이사는 "카작무스 인수를 계기로 동제련사업 외에 석유와 가스 등 다른 원자재 개발사업에도 적극 참여할 계획"이라고 밝혔다.

삼성물산은 그 동안 위탁경영을 해온 이 회사에 약 7천억 원을 추가투자, 지분율을 20%에서 42.5%로 높여 최대주주지위를 확보함으로써 인수에 성공했다. 카작무스는 내달 10일 주주총회를 열고 이를 공식 의결할 예정이다.

삼성물산은 95년부터 카작무스를 위탁경영해 경영을 정상화시켰으며, 올해 위탁경영기한이 만료됐다. 카작무스의 올해 매출은 7억 1천 5백만 달러, 영업이익은 3억 2백만 달러에 달할 것으로 삼성은 전망했다. 제스카즈칸 등 3개의 공장으로 구성돼 있는 카작무스의 연간 동제련규모는 40만 톤으로 세계 물동량의 10%에 달한다. 각 공장은 동광산과 선광장, 제련소와 발전소 등 부대시설을 일관해서 갖추고 있다.

이 회사의 순자산가치는 30억 달러 규모로 추정되며 삼성지분에 해당되는 순자산만 12억 7천 5백만 달러(1조 4천억

원 상당)에 이른다. 삼성은 또 카작무스에서 생산되는 동의 전량해외판매권도 확보하게 됐다고 밝혔다.

인수과정: 삼성은 지난 95년 6월 카자흐스탄 정부로부터 파산 직전이었던 동제련업체 제스카즈칸 동콤비나트의 위탁경영을 5년간 의뢰받았다. 삼성은 이후 2억 5천만 달러의 자금과 10여 명의 전문인력을 투입, 생산시스템 개선과 경영혁신을 통해 위탁경영 2년 만에 흑자전환에 성공했다. 경영효율화 전략에 따라 인근지역에 위치한 발하쉬와 이리티쉬 콤비나트를 각각 인수, 생산규모를 35만 톤으로 확대했다. 안정적인 생산시설 가동을 위해 2곳의 발전소와 석탄광산을 추가로 매입하고 전선 등 완제품 공장까지 갖췄다. 이로써 동종업계중 세계 최초로 동관련 원재료에서부터 완제품까지의 수직계열화를 완성, 세계적 규모의 일관된 동생산체제를 갖춘 현재의 카작무스가 97년 7월 설립됐다.

성공요인: 카작무스는 현지기업화를 이뤄낸 종합상사 해외투자의 대표적인 성공사례로 꼽히고 있다. 카작무스는 고용인원이 카자흐스탄 전체 고용인구의 4.3%인 5만 9천여 명에 이르고, 수출액도 7억 달러로 카자흐스탄 총 수출액의 14%를 차지하고 있다. 카자흐스탄 전체 재정수입 중 카작무스의 세금비중이 4%나 된다.

삼성물산은 위탁경영권을 넘겨 받은 후 우선 6개월간 밀린 임금부터 지급했다. 그러면서도 단 한명의 근로자도 해고하지 않았다. 대신 생명의 위험을 무릅쓰고 기존의 '검은 거래선'을 과감히 차단했다. 또한 1천 6백여 대의 컴퓨터를 투입해 생산 및 원부자재 조달, 회계시스템을 전산화하고 일관 생산체제를 구축했다. 탁아소, 병원, 학교 등 지역사회를 위한 복지투자도 아끼지 않았다. 1톤당 생산단가를 1천 달러로 낮춰 원가경쟁력이 40%이상 높아졌다. 불과 5년만에 수익은 1,850% 증가했다. 지난해 말까지 공장 정상화를 위해 투입한 2억 5천만 달러 중 2억 3천만 달러를 이미 회수했으며, 연말까지 나머지 2천만 달러도 모두 회수할 계획이다.

카자흐스탄은 석유매장량 세계 2위, 가스생산량 세계 6위, 우라늄 생산량 세계 4위의 자원부국으로 지난 92년 한국과 수교를 체결했다.

삼성물산은 카작무스의 지분을 2001년 및 2004년에 모두 매각하였다. 한편 1983년 삼성물산에 입사한 샐러리맨 출신의 카작무스 위탁경영자 C씨는 2004년 삼성이 철수하자 삼성의 지분을 사들여 2005년 런던 증권거래소에 상장시킨 뒤 자신의 지분을 팔아 1조원대의 차익을 남긴 바 있다.

자료원: 한국경제, 2000년 6월 7일자 및 조선일보, 2012년 1월 5일자 기사내용 보완

국제경영 이야기 7-2 서울대병원, UAE 왕립종합병원 위탁운영

서울대병원이 아랍에미리트(UAE) 왕립 종합병원의 위탁 운영자로 선정됐다. 국내병원이 해외 종합병원의 운영권을 따낸 것은 처음이다. 보건복지부는 서울대병원이 2015년 4월 공식 개원할 UAE 왕립 쉐이크 칼리파 전문병원을 5년간 위탁운영하는 사업의 최종 운영자로 선정됐다고 밝혔다. 왕립 쉐이크 칼리파 전문병원은 라스알카이마 지역에 위치한 총 248병상 규모의 비영리 공공병원으로 암, 심장질환, 어린이질환, 응급의학, 재활의학 등에 중점을 둔 3차 병원이며, 대지 20만㎡ 규모에 지상 5층, 지하 1층 규모로 지어진다.

복지부는 서울대병원이 UAE로부터 5년간 약 1조원 이상 운영비를 지원받게 되며 칼리파 병원의 진료와 의료진 채용, 병원 정보시스템 구축을 비롯한 병원운영전반을 책임지게 된다고 설명했다. 위탁운영범위는 환자의 진단과 치료 등 임상분야, 식당운영과 의약품, 소모품관리 등 비임상분야, 재무관리와 예산계획, 집행 등 병원경영, 병원전체 정보

기술(IT) 시스템설치 및 운영 등 관리시스템 구축, 현지 의료인교육 등 경영전반이다. 국내 의료기관 중에는 보바스기념병원이 2012년 두바이 재활센터의 위탁운영권을 따낸 적이 있지만, 해외 종합병원급 의료기관의 위탁운영을 맡게 된 것은 처음이라고 복지부는 덧붙였다.

의사, 간호사, 의료기사 등 약 1420여명의 인력 가운데 약 200명(15~20%)을 서울대병원을 비롯한 국내에서 선발할 계획이어서 일자리 창출효과도 기대된다. 위탁운용 수수료는 성과에 따라 달라지지만 연간 70억~80억원 규모가 될 것으로 서울대병원측은 예측했다. 의료인력의 급여와 한국에서 파견하는 인력규모는 추후 협상을 통해 확정될 예정이다.

서울대병원 관계자는 "사실 경쟁이 극심했었다. 독일, 미국, 영국 등 세계 주요 병원들과 경쟁을 했지만, 서울대병원에서는 인력 20%를 직접 파견키로 약속했고, 의료서비스 향상을 위한 교육을 실시한다고 밝히는 등 차별화된 제안을 내세웠다"면서 "여기에 선진화된 의료시스템 구축까지 돕는다고 약속하니 결국 우리를 선택하게 된 것 같다"고 말했다. UAE 대통령실 실사단이 방한해 서울대병원 본원과 분당서울대병원, 보라매병원 강남센터를 방문해 실사를 하기도 했다. 이어 "이는 모두 후배들의 발판을 위한 국제사업이다. 이 사업만큼은 노조도 반대하지 않는다"면서 "위탁운영 기간인 5년 뒤 성공적인 스토리들이 무수히 쏟아질 것"으로 내다봤다. 무엇보다도 심사평가원 등 심사평가기관이 없어 의료에 대한 심사나 규제가 까다롭지 않은 점에 대해 엄지를 치켜세웠다.

자료원: 조선일보 2014년 7월 10일, 매일경제, 2014년 7월 10일, 메디컬업저버, 2014년 10월 23일 기사내용을 수정편집함

(5) 턴키계약

턴키계약(turnkey contract)은 일반적인 진입방법의 하나라기보다는 진출대상국정부, 혹은 상대기업의 요청에 의해 특정 산업분야에서 활용되는 해외시장진입방법이다. 대개 중화학공업분야의 공장이나 여타설비를 건설해 주고 가동직전의 단계까지 준비해 준 후 인도하는 방식으로서 보통 플랜트(plant)수출이라 일컫기도 한다. 여기에서 한걸음 더 나아가 발주자가 해당 프로젝트를 독자적으로 운영할 수 있도록 관리 및 기술상의 지원까지 제공하는 수도 있는데, 이러한 형태의 계약을 턴키플러스(turnkey plus)라 부른다.

턴키프로젝트는 그 규모자체도 클뿐 아니라 설비의 특징, 발주자의 요구사항 등이 매우 다양하기 때문에 어떤 표준화된 계약유형을 찾기는 힘들다. 따라서 계약체결시 세심한 주의가 요구된다. 또한 턴키계약은 계약당사자가 현지국정부인 경우도 많아 그 자체로서 정치적 위험에 노출된다고 볼 수 있다. 즉, 계약의 취소나 강제적인 재협상을 요구하기도 하며, 현지정부의 재량에 따라 청구가 가능한 입찰보증금이나 계약이행보증금 등을 은행의 지급보증과 함께 요구하는 수도 있다.

(6) BOT방식

BOT란 build, operate, transfer의 약자로서 공장이나 설비를 건설(build)한 후, 일정 기간 동안 직접운영(operate)함으로써 투자비 및 이익을 회수하고 설비를 현지정부나 기업에게 이양(transfer)하는 형태의 국제사업방식이다. BOT방식이 턴키계약과 다른 점은 후자의 경우 재원조달을 발주자가 하고 소유권도 발주자에 있으며 발주자의 대금지급이 투자자의 수입원이 되는데 비해, 전자는 투자자가 재원조달을 하고 소유권은 투자자에서 발주자로 이양되며 투자회수는 설비의 운영수익으로부터 이루어진다는 점이다 (<표 7-2> 참조).

표 7-2 턴키계약과 BOT방식의 비교

계약형태	재원조달	소 유 권	운영 및 관리	투자회수
턴키방식	발주자	발주자	발주자	발주자의 대금지급
BOT방식	투자자	투자자 → 발주자	투자자 → 발주자	운영수익

이 방식은 턴키프로젝트와 마찬가지로 건설이나 공장설비분야에서 활용되어 왔으며, 개발도상국의 기본통신사업분야 진출시 선진통신사업자들에 의해 사용되기도 하였다. 즉, 통신설비의 건설을 위한 투자재원조달, 전반적인 기획과 타당성조사, 교환기 및 전송설비의 구축, 이에 수반되는 각종 건설, 토목, 엔지니어링, 경영활동 등을 포괄적으로 담당하여 통신망을 구축한 후 직접통신사업을 영위하다가 현지에 이양하는 방식이 채택되는 것이다.

BOT방식은 실제운영기간 중의 수요증가나 영업성과에 따른 이익기회가 주어진다는 장점이 있는 반면에 이러한 이익이 보장된 것이 아니라는 단점을 가지고 있다. 투자회수기간이 길어 이에 따른 정치, 경제적 위험 또한 높은 것이다.

2.4 해외직접투자

위에서 설명한 수출이나 계약형태의 진입방법은 목표시장국 내에서의 생산활동을 위한 지분투자(equity investment)없이 현지시장을 대상으로 경영활동을 전개하는 것이었다. 이에 비해 해외직접투자(FDI, foreign direct investment)는 목표시장내의 제조 및 생산시설에 대한 지분참여와 함께 직접 경영활동을 담당하는 형태의 시장진입방법이다.[2] 이러한 제조 및 생산시설은 모든 부품을 본국(home country)에서 수입하여 단순조립과정만을 거치는 조립공장으로부터 모든 생산과정을 전부현지에서 해결하는 업체에 이르기까지 다양한 형태를 띨 수 있다.

해외직접투자의 요체는 복합적인 기업자원을 패키지형태로 이전한다는 점과 경영활동에 직접 참여하여 통제권을 행사한다는 점이다. 그런 점에서 볼 때 제품을 판매목적으로 이전하는 수출이나 제품생산에 필요한 무형자산자체를 이전하는 라이슨싱과 구별되며, 경영참가목적이 아닌 해외간접투자와 비교된다. 해외간접투자는 국내의 주식이나 채권투자와 마찬가지로 이자, 배당금, 자본이득수취를 목적으로 외국의 증권에 투자하는 국제증권투자(international portfolio investment)라 할 수 있다. 직접투자와 간접투자 모두 주식에 대한 투자로 나타날 수 있지만 근본적인 차이는 주된 투자목적을 경영권획득에 두느냐 아니면 경영참여의사가 없는 배당금이나 자본이득수취에 두느냐 하는 것이다.[3]

해외직접투자는 관리, 기술, 마케팅, 자본 및 기타 자산을 하나의 기업형태로 결합하여 목표시장에 이전하고 자신의 통제하에 두기 때문에 해당 기업이 가지고 있는 경쟁우위를 가장 잘 실현할 수 있는 시장진입방법이 될 수 있다. 또한 저렴한 노동력과 같은 현지시장국의 입지적 우위(location-specific advantage)를 활용할 수 있는 기회도 갖게 되며 수입장벽을 우회하는 수단이 되기도 한다. 현지소비자의 요구와 반응을 재빠르게 반영할 수 있다는 점도 현지생산의 장점이라 할 수 있다.

반면에 해외직접투자는 높은 위험을 수반하는 특징을 아울러 가지고 있다. 다른 진입방법에 비해 기업자원의 투입이 많고 이는 곧 위험에 대한 노출 역시 크다는 것을

---

2) 일반적인 의미에서의 해외직접투자가 제조나 생산공장에 국한되는 것은 물론 아니다. 예로 수출물량의 적극적인 현지마케팅을 위한 마케팅 현지법인도 해외직접투자의 범주에 속한다. 다만 여기서는 수출방식이나 라이슨싱을 포함한 계약형태 진입방법과의 근본적 차이를 설명하기 위해 현지생산을 강조하였다. 또한 해외직접투자는 시장진입방식으로서 뿐만 아니라 부품이나 완제품의 조달을 위해서도 흔히 이루어진다.

3) 직접투자와 간접투자를 개념적으로 구분하는 것은 비교적 쉬운 일이지만 구체적으로 몇 퍼센트 이상의 지분취득을 직접투자로 분류하느냐에 대해서는 명확한 객관적 기준이 없다. 통계 및 관리목적으로 사용되는 직접투자의 기준은 국가마다 다른데, 우리나라의 경우 의결권주식의 10% 이상 취득이라는 기준을 사용하고 있다.

의미한다. 특히 초기투자비가 많이 소요되고 투자회수기간이 길며, 미진한 성과나 전략수정으로 인한 투자철수가 용이하지 않기 때문에 직접투자의 결정은 신중한 판단을 요구한다.

해외직접투자는 투자기업의 지분확보비율에 따라 모기업이 100%의 지분을 가지고 전적인 경영권을 행사하는 단독투자(sole venture)와 다른 기업(대개의 경우 현지기업)과 지분 및 경영권을 공유하는 합작투자(joint venture)로 구분할 수 있다. 또한 기업의 설립형태에 따라 새로이 기업을 설립하는 경우(greenfield investment)와 기존 기업에 대한 인수 및 합병(acquisition/merger)으로 구분할 수도 있다. 여기서는 해외직접투자의 유형에 대해서만 간략히 설명하고 보다 자세한 설명은 제9장에서 하기로 한다.

(1) 단독투자와 합작투자

단독투자는 지분전체를 보유하고 100% 통제권을 행사할 수 있기 때문에 경영권을 장악하고 투자이익도 독점할 수 있는 장점이 있다. 그러나 그런만큼 위험부담역시 커지게 되며, 제품/산업분야와 투자대상국(host country)에 따라서는 단독투자를 허용하지 않거나 합작투자에 비해 불이익을 주는 경우도 있다.

이에 비해 투자지분을 다른 기업과 공유하는 합작투자는 과도한 투자비부담을 줄임과 동시에 적절한 합작선(partner)의 선정을 통해 자신의 약점과 부족한 부분을 보완해 줄 수 있는 장점을 가지고 있다. 사실상 합작투자는 정부규제에 따라 단독투자가 불가능하거나 제한이 가해지는 경우를 제외한다면 상호 보완관계에 있는 두 기업의 결합이라는 점이 그 근본취지요 요체라고 할 수 있다.

투자기업의 입장에서 볼 때 자신의 약점이란 자본과 경영자원의 상대적 부족, 투자대상국의 현지사정에 대한 경험과 이해부족 등을 예로 들 수 있으며, 경우에 따라서는 외국기업이라는 사실 자체가 현지국민들에게 부정적 이미지를 줄 수도 있다. 이 중에서도 현지의 전반적인 환경에 대한 이해부족이나 공급자, 고객, 노조, 은행, 정부관리 등과의 인간적 관계를 포함한 현지경영관행에 대한 경험부족은 외국기업으로서 피하기 힘든 약점이 된다. 이런 경우 적절한 현지기업을 투자파트너로 삼아 합작기업을 운영한다면 많은 문제가 해결될 수 있는 것이다.

그러나 이상적인 합작투자는 항상 '적절한' 파트너의 선정이라는 쉽지 않은 과제의 해결을 전제로 하며, 양자의 이해가 일치하여 이상적인 관계로 출발했다 해도 시간의 흐름에 따라 이해가 상충될 가능성이 항상 존재한다. 경영권을 분담하므로 효율적인 의사결정이 어려울 수 있고 독자적인 기술과 노하우가 합작선을 통해 외부로 유출될 위험도 있다. 투자이익을 나누어야 한다는 점도 단점이 될 수 있다. 이러한 문제들 때문에 일단 합작형태로 진출했다가 현지시장에 대한 이해와 경험이 축적되면서 단독투자로 전환하는 사례가 많이 나타나고 있다.

합작투자는 투자지분의 비율에 따라 50% 이상의 다수지분(majority ownership), 50 : 50의 동등지분(equal ownership), 그리고 50% 미만의 소수지분(minority ownership) 합작 등으로 구분할 수 있다. 상식적으로 본다면 다수지분을 보유해야 경영권통제가 가능한 것으로 생각할 수 있으나 반드시 그런것은 아니다. 소수지분의 경우에도 핵심기술의 보유나 명시적인 정관규정, 혹은 별도의 경영관리계약 등을 통해 직・간접적인 경영권행사가 가능할 수 있다.

(2) 신설과 인수/합병

위에서 설명한 단독투자와 합작투자와의 구분이 지분확보비율에 따른 것이라면 신설과 인수/합병은 투자대상기업의 설립형태에 따른 구분이다. 즉, 신설이란 기업을 처음부터 새로 세우고 경영활동을 전개하는 것을 말하며[4] 인수나 합병(M&A, merger and acquisition)은 이미 존재하고 있는 현지시장 국내의 기존 기업경영권을 확보하는 형태의 해외직접투자다.[5]

신설은 기업의 설립과 그 후의 경영활동 모두 계획에 따라 새롭게 진행할 수 있는 장점이 있는 반면, 시간적으로 오래 걸리고 자금부담도 커질 수 있는 단점을 가지고 있다. 이에 비해 기존 기업의 인수는 비교적 짧은 시간안에 사업을 전개할 수 있고 인수조건의 협상에 따라서는 자금부담도 경감할 수 있다. 또한 기존 기업이 가지고 있는 기술, 인력, 유통망, 거래관계, 마케팅능력 등의 제반자원을 활용할 수 있는 장점도 있다. 그러나 인수는 이러한 자산으로서의 측면뿐만 아니라 기존 기업의 문제점이나 결점 등의 부채측면도 그대로 인수하는 것이므로 세심한 사전조사가 필요하다. 또한 기존 기

---

4) 기업의 신설은 new establishment나 start-up 외에도 greenfield investment로 불려지고 있다.
5) 인수와 합병은 개념적으로나 법적으로 구별되지만 기존 기업을 투자나 사업확장의 대상으로 한다는 점에서 동일하며 통칭 M&A로 불리고 있다. 해외투자의 경우 현실적으로 합병보다는 인수가 거의 대부분을 차지하고 있다고 보아도 무방하다.

업이 보유하고 있던 유능한 기술 및 경영인력을 적절한 동기부여와 함께 효과적으로 유지, 관리해야 한다는 점도 기업인수의 중요한 과제가 된다. 인수 후 그러한 인력이 다른 기업으로 유출된다면 인수의 효과가 감소되기 때문이다.

국제경영 이야기 7-3

대우는 인수전문가?

"싸늘한 바르샤바의 토요일 아침, 대우-FSO에서 근무하고 있는 사람은 제복을 입은 경비원과 대우그룹의 창업자인 김우중 회장밖에 없다. 그는 폴란드 정부에 '21,000명의 직원들을 단 한명도 해고하지 않고 FSO 공장에 11억 달러를 투자하겠다'고 약속해 GM을 제치고 사회주의 시대의 산물을 얻게 되었다."

96년 5월 13일자 포춘지에 게재된 '대우의 대담한 유럽진출 (Daewoo's Daring Drive Into Europe)'이라는 기사의 일부이다. 인수 경쟁기업이 대우와 합작관계에 있었던 GM이었다는 점이 흥미롭다.

폴란드 최대 국영기업의 하나인 FSO(Fabryka Samochodow Osobowysh)를 인수하여 설립된 Daewoo-FSO Motor는 95년 11월 합작계약을 체결하고 96년 3월 본격 출범하였다. 대우의 티코와 에스페로, 그리고 FSO의 기존 차종인 Polonez 모델로 시작하였으나 곧이어 라노스, 누비라, 레간자 등 신제품 라인도 교체투입되었다. 출발은 대우측 지분이 44.5%였지만 단계적으로 늘려가도록 하였다.

1948년 설립되어 인수 당시 Polonez 모델로 자국시장의 33%를 점유하고 있던 FSO는 13개의 부품계열사와 성(城), 농장 등을 보유한 폴란드 최대의 국영자동차 공장이었다. 폴란드 내수시장자체는 물론 EU시장진출의 교두보라는 점에서 대우-FSO는 이미 인수한 루마니아의 Rodae와 폴란드의 FSL(상용차 중심)과 함께 동구 생산거점의 중심축 위치역할을 담당할 중요한 추진사업이었다.

대우가 GM을 제치고 인수에 성공한 중요한 이유중의 하나는 기존 종업원의 해고문제였다. 인수전문가다운 대우의 협상력이 발휘된 것은 물론이다. GM이 5년간 협상을 벌여 왔고, 국내의 타업체도 협상대열에 끼어있었지만 결국 협상 6개월만에 대우로 귀착되었다. 자본주의 경영방식에서 본다면 불필요한 인력을 감축하는 것은 당연한 것이지만, 폴란드 정부의 입장은 인원감축은 안된다는 것이었고 GM은 절반이하로 줄여야 한다는 입장이었다. 결국 대우가 폴란드 정부의 입장을 수용하고 FSO를 인수하게 되었다. 그러나 이 과정에서 김우중 회장은 국제협상의 대가답게 중요한 혜택을 얻어냈다. 향후 2년 동안 연간 11만 대 분량의 KD(knock down) 부품을 무관세로 수입할 수 있도록 한 것이다. 게다가 투자금액 11억 2천만 불도 일시에 나가는 것이 아니고, 향후 단계적으로 지분을 늘려가면서 지불되도록 하였다.

대우자동차는 본사에서 전개한 NAC라는 경영혁신 운동을 폴란드에서도 도입하였으며, 근로자들의 본사 OJT교육도 실시하였다. 과다한 인력문제는 생산규모의 대폭확대와 이를 지원하기 위한 3교대 운영체제도입 등으로 대처하도록 하였으며, 국내부품업체들의 현지 진출을 위해서도 적극지원을 모색할 방침이었다. 또한, 2만여 근로자들과의 융합을 위해서 '생일잔치 차려주기', '체육대회', '바르샤바대학 장학금지원' 등도 실시하였다.

대우자동차 해외진출의 큰 특징 중의 하나는 공장을 신설하기보다는 가능한 한 기존 공장을 인수한다는 것이다. 이것은 대우의 오랜 성장전략이자 단시간 내에 현지생산체제를 구축하는 지름길이기도 했다. 이러한 전략에 대해 대우의 최고경영진들은 다음과 같이 말한 바 있다.

"공장설비를 새로하면 너무 늦다. 우리는 사업전문가일 뿐 창업전문가일 필요는 없다."

"67년 창업 당시부터 해외시장개척에 관심을 기울여 와 해외시장개척의 노하우가 어느 기업보다도 많다. 이런 노하우를 바탕으로 진주가 들어있는 진흙밭을 싼 값으로 사서 훌륭하게 성장시켜 가는 것이 대우만의 능력이다."

과연 대우는 인수전문가인가? 인수자체만 놓고보면 그렇다고 할 수도 있다. 그러나 대우자동차가 1993년부터 수조원을 투입하며 구축한 세계적 네트워크는 그룹의 위기 및 와해와 함께 급속한 붕괴과정을 겪었다. 성공적인 인수 사례로 국내외에 소개되었고 폴란드 시장점유율 1위를 차지하기도 했던 대우-FSO의 운명도 마찬가지다. FSO는 우여곡절 끝에 우크라이나 기업에 매각되고 폴란드 정부가 소수지분을 보유하고 있었으나 2011년 3월 결국 문을 닫고 말았다.

자료원: 반병길 · 하영명 · 김형욱 · 김주헌 공저, 「한국기업의 세계화전략 사례연구」, 신원문화사, 1996, pp. 65~86 내용을 일부 수정

03 진입방법의 결정요인

주어진 목표시장에 어떻게 들어갈 것인가는 여러 요인에 의해 결정된다. 최고경영자의 판단과 의지가 결정적인 역할을 할 수도 있고 여러 복합적인 요인들을 나름대로 분석 종합하여 최적의 진입방법을 선택할 수도 있다. 진입방법결정에 영향을 미칠 수 있는 요인들은 크게 기업 내부적 요인과 외부적 요인으로 구분하여 생각해 볼 수 있다(<그림 7-2> 참조). 이들 내부요인과 외부요인에 대해 설명하면 다음과 같다.

3.1 기업내부요인

해외시장진입방법결정에 영향을 미치거나 제약요인으로 작용하는 기업내부적 요인(internal factors)에는 기업전체의 전반적 상황과 관련된 기업요소(firm-specific factors)와 해당 제품의 특성과 관련된 제품요소(product-specific factors)가 있다.

그림 7-2 해외시장진입방법결정의 영향요인

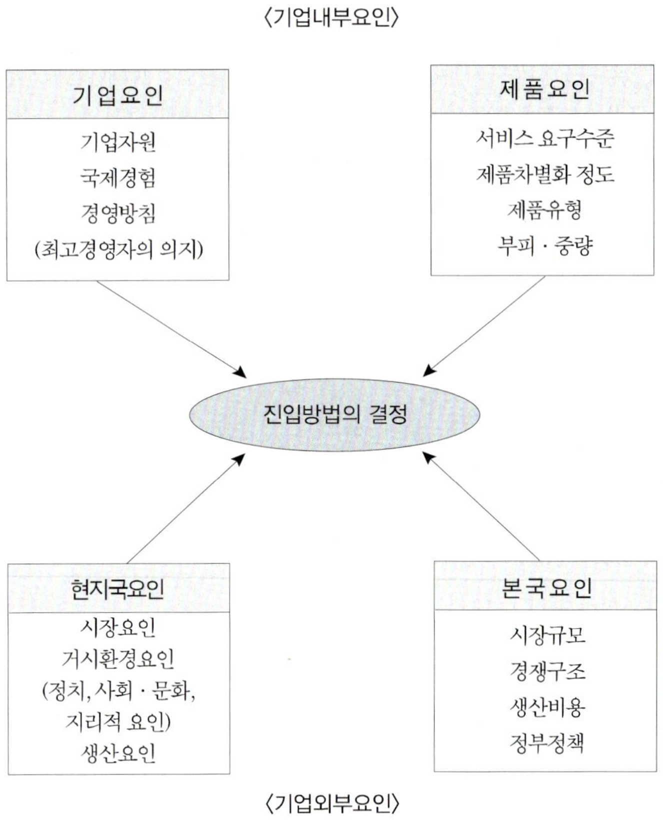

(1) 기업요인(firm-specific factors)

기업특성은 바로 다음에 설명할 제품특성과 달리 해당 제품과 관련된 요인이 아니라 기업의 인적 · 물적자원과 국제경영활동의 경험, 최고경영자의 의지, 경영방침 등과 같이 기업전체의 여건이나 상황을 말한다.

일반적으로 인력이나 자금, 기술 등의 기업의 제반자원이 풍부할수록 기업이 택할 수 있는 진입방법대안의 폭이 넓어진다고 볼 수 있으며, 그만큼 해외직접투자(FDI)와 같은 자원의 현지직접투입 가능성도 높아진다. 뚜렷한 기술능력이 없거나 인적, 물적자원이 부족한 경우 라이슨싱이나 직접투자는 가능한 선택대안이 되기 곤란한 것이다.

물론 이러한 자원의 직접투입은 위험에 대한 태도, 기업의 장기목표와 관련된 최고경영자의 의지와 방침과 같은 다른 기업요소의 영향도 받게 된다. 최고경영자의 경영방침은 과거의 경험이나 실적에 바탕을 둘뿐 아니라 개인적 성향에도 많은 영향을 받는다. 해외시장에서의 성공경험이 늘어날수록 직접개입의 정도가 높아질 것이며 공격적이고 적극적인 성향의 경영자일수록 위험회피형(risk aversion) 경영자에 비해 자원의 직접투입선호도가 높아질 것이다.

한편 위에서 언급한 성공경험 외에 일반적 의미에서의 국제경영활동경험도 직접 개입의 정도를 높여 주는 요인으로 작용한다. 일반적으로 해외시장에서의 경험증가는 불확실성과 인지된 위험수준을 감소시키며 이에 따라 기업은 보다 직접적인 자원투입과 함께 통제권을 행사할 수 있는, 이른바 내부화(internalization)를 추구할 가능성이 높아진다는 것이다. 여기서의 경험은 해당 목표시장에서의 경험은 물론, 기업의 일반적인 국제활동경험도 포함한다.

(2) 제품요인(product-specific factors)

기업전체의 상황외에 해당 제품과 관련된 요인도 해외시장진입방법 결정에 영향을 미친다. 제품의 특성상 고객과 근접해 있는 것이 바람직할 경우 기업은 단순한 수출보다는 판매법인/지점을 통한 수출이나 직접투자에 의한 현지생산/판매를 고려하게 된다.

고객과 근접해 있을수록 바람직한 경우란 제품의 구매과정이나 설치 및 사용과 관련하여 높은 서비스수준이 요구되는 경우가 대표적이다. 왜냐하면 원거리에서 소비자들의 서비스요구를 충족시키는 것은 그만큼 힘들게 되며 수입업자나 현지유통업자에게 일임할 경우 서비스가 제대로 이루어지는지 모니터하기가 곤란하기 때문이다. 따라서 사전 및 사후서비스의 필요성이 높은 제품의 경우 마케팅 현지법인이나 지점을 통한 수출, 혹은 현지직접생산을 택할 가능성이 높아진다. 서비스요구수준(service requirement)이 높은 제품의 경우 이러한 서비스를 제대로 수행하기 위해서는 고객에 가능한 한 근접하는 것이 유리한 것이다. 제품자체가 유형제품이 아닌 서비스일 경우, 즉 엔지니어링, 호텔, 관광 및 레저, 건설, 유통 등의 경우에는 수출이 원천적으로 불가능하며 현지직접진출이나 프랜차이징방법이 가능한 대안임은 물론이다.

제품의 차별화 정도(product differentiation)도 진입방법결정에 영향을 주는 제품요인으로 알려지고 있다. 그러나 그 영향의 방향에 대해서는 서로 상반된 주장이 병존한다. 즉, 차별화된 제품일수록 수출이 선호된다는 주장과 오히려 현지직접개입이 바람직하다는 주장이 그것이다. 일반적으로 차별화의 정도가 낮고 표준화된 제품일수록 가격경쟁이 심하기 마련이며 고도로 차별화된 제품은 가격경쟁압력이 적기 때문에 가격책정에 여유가 있게 된다. 전자의 논리는 바로 이러한 차별적 우위를 가진 제품은 여유있는 가격결정을 통해 수출에 따르는 수송비나 관세 등의 비용을 흡수하고도 경쟁력이 있다는 것이다. 따라서 굳이 현지생산을 고려할 필요성이 적을 수 있다. 반면에 후자의 논리는 고가격정책이 가능한 만큼 현지에 직접진출하여 소비자에게 근접함으로써 중간마진을 자사의 이익으로 흡수하는 것이 바람직하다고 본다.

제품의 가격에 비해 부피나 중량이 커서 수송비가 상대적으로 높은 제품은 수출이 바람직한 대안이 아닐 수 있다. 따라서 현지생산이 고려되어야 한다.

한편 제품생산에 필요한 기술의 특성이나 생산공정 상의 규모의 경제(economies of scale)도 고려해야 할 요인이다. 우선 라이슨싱이 가능한 기술인지, 가능하다면 라이슨싱에 의할 경우 기술의 유출위험은 없는지 등이 검토되어야 한다. 물론 기술유출위험과 이에 따르는 비용이 높을 때에는 라이슨싱은 가능한 선택대안에서 제외되어야 한다. 또한 생산과정에 있어 높은 규모의 경제가 발생하는 경우에는 국내에서 생산하여 수출하는 방식이 바람직할 수 있다. 물론 이 경우에도 현지시장규모가 충분히 크다면 직접투자도 가능한 대안이 될 수 있다.

3.2 기업외부요인

해외시장진입방법결정시 고려해야 할 기업외부요인(external factors)은 크게 현지시장국가요인(host country factors)과 본국요인(home country factors)으로 구분할 수 있다.

(1) 현지국의 시장요인

1) 시장규모

목표시장의 규모는 진입방법선택의 주요 고려요소가 된다. 소규모시장의 경우 많은 자원투입이 요구되는 직접투자를 통한 현지생산/판매나 판매법인설립은 경제성측면에서 정당화되기 힘들다. 따라서 단순수출방식이나 라이슨싱방식이 선호된다.

시장의 규모는 현재시장의 크기뿐만 아니라 성장가능성, 혹은 시장잠재력(market

potential)도 고려해야 한다. 시장의 현재규모는 작아도 성장가능성이 높고 조기입지구축이 바람직하다면 보다 직접적인 진입방법을 선택할 수 있는 것이다.

2) 경쟁구조

현지시장국 내의 경쟁자 수나 이들의 상대적 경쟁력도 진입방법결정의 고려요인이 된다. 일반적으로 수출은 소수의 지배적 경쟁기업이 시장을 장악하고 있는 경우보다는 주도적 경쟁자가 없는 다수경쟁체제에서 선호되는 방식이다. 독과점시장의 경우 효율적인 경쟁을 위해서는 직접적인 진입방식이 바람직할 수 있다.

3) 유통구조 및 관습

시장국의 유통경로가 구조적으로 본국과 다르거나 유통관습 등의 경로행태가 매우 다르다면 직접투자나 판매법인/지점을 통한 수출은 쉽게 택할 수 있는 진입방법이 아니다. 반면에 적절한 유통업자(수입상, 도매상)가 존재하지 않거나 이미 다른 경쟁기업과 독점적으로 연결되어 있다면 마케팅법인이나 지점설치를 고려할 수밖에 없을 것이다.

(2) 현지국의 거시환경요인

목표시장국가의 정치, 경제, 사회, 문화, 지리적 환경 등은 진입방법의 선정에 중요한 영향을 미친다. 주요 영향요인들에 대해 살펴보면 다음과 같다.

1) 정치적 위험/안정성

정치적으로 불안정한 국가, 즉 정치적 위험도가 높은 국가시장에 대해서는 수출이나 라이슨싱방식이 선호되는 것이 일반적이다. 직접투자는 많은 인적·물적자원의 투입을 필요로 하며, 이는 곧 단순한 시장상실 뿐만 아니라 투자자산의 회수불가 가능성을 내포하고 있기 때문이다.

2) 정부정책 및 규제

현지시장국 정부의 각종 경제정책이나 규제는 시장진입방법결정에 직접적인 영향을 미칠 수 있는 중요한 변수다. 우선 무역(수입)에 대한 관세 및 비관세장벽이 높을 경우

수출을 진입방법으로 택하는 것은 어렵게 되며, 수입장벽을 우회할 수 있는 직접투자나 라이슨싱을 고려하게 된다. 또한 기업설립이나 활동에 대한 일반적 정책, 외국인투자에 대한 각종 제한 및 규제조치, 외국인투자유인책(incentives) 등은 직접투자를 진입방법으로 고려할 때 중요하게 검토해야 할 사항들이다.

참고로 현대자동차에 제공된 미국 앨라바마주의 인센티브내용이 <국제경영 이야기 7-4>에 나타나 있다.

국제경영 이야기 7-4

땅도 세금도 공짜 – 현대자동차에 대한 앨라배마주(州)의 파격 인센티브

"현대자동차는 오늘부터 우리 가족이 됐습니다. 앨라배마는 온 가족이 새 신부를 맞는 기분으로 현대차를 환영합니다." "미국에 있는 친구들에게 전화를 걸어 모두 현대차를 사라고 하겠습니다." 2002년 4월 16일 미국 남동부 앨라배마주 몽고메리시에서 열린 현대차 공장기공식에서 단 시글먼 주지사는 어린아이처럼 기뻐했다.

현대는 왜 앨라배마로 갔을까? 켄터키 등 6~7개 주들과 경합을 벌인 앨라배마주가 현대차 공장을 유치하는데 성공한 비결은 상상을 초월하는 파격적인 인센티브를 제시했기 때문이다. 현대차가 공장을 설립하는 대가로 받는 인센티브는 부지매입비용 등 초기 공장건립비용 1억 2800만 달러와 향후 20년간 세금감면 등을 모두 합쳐 2억 5280만 달러에 이른다. 하지만 금전적 대가보다 더욱 중요한 것은 현대의 기업활동을 자유롭게 보장하는 친(親)기업적 환경 때문이었다는 분석이다.

파격적인 인센티브

앨라배마주는 현대차 공장 부지매입 비용 3400만 달러를 부담키로 했다. 또 공장용수 및 하수처리시설비(2100만 달러), 진입로 건설비(1500만 달러), 광고비(1000만달러), 직원교육장 설립 및 장비구입비용(7180만달러) 등 공장설립과 가동에 필요한 비용을 전액 지원한다.

공장설립 후에는 세금까지 면제해 준다. 현대차 앨라배마 공장은 20년간 6.5%에 이르는 법인세(약2900만 달러)를 한푼도 내지 않는다. 또 연간 5.8%인 재산세는 10년간 면제받고, 지역개발에 따른 세금과 건물·장비들을 구입할 때 내는 소비세도 면제된다. 헨리 맙리 앨라배마주 재무담당관은 "현대가 주에 내는 세금은 교육세가 유일하다"고 말했다.

친(親)기업적 환경

앨라배마주는 또 금전적인 인센티브 외에 두 가지 정책적인 지원을 약속했다. '노조없는 공장을 만들어 주겠다'는 것과 '근로자 직업교육을 지원하겠다'는 것이었다. 현대차 앨라배마 공장에는 노조 대신 '노사관계 부서'를 두기로 했다. 단 시글먼 주지사는 "앨라배마주는 물론 노조를 허용하고 있지만 노조에 가입하는 근로자 수가 적고, 파업이 일어난 적도 한번도 없다"며 "이전에 설립한 벤츠공장에도 노조가 없다"고 말했다.

치열했던 유치경쟁

앨라배마주가 현대차에 관심을 가진 것은 2001년 9월부터였다. 켄터키, 테네시, 조지아 등 6~7개 주의 주지사들이 현대차 공장을 유치하기 위해 서울을 다녀왔다는 소식이 전해진 후 뒤늦게 유치경쟁에 뛰어들었다. 시글먼 주지사는 11월 서울로 날아가 양재동 현대차를 방문, 정몽구(鄭夢九) 회장과 김동진(金東晋) 사장을 만났다. 그후 5개월 동안 앨라배마주는 현대차 공장을 유지하기 위해 총력을 기울였다. 현대차를 상대로 한 로비 뿐만이 아니었다. 현대차 공장을 유치하려면 상당한 특혜를 줘야 한다는 점을 앨라배마 주민들에게 알리고 설득했다. 또 공무원들에게는 다른 주들보다 빨리 일을 처리하는 행정적인 지원을 독려했다.

앨라배마주는 켄터키주와 결정 1주일 전까지 엎치락뒤치락하는 피말리는 경쟁을 벌였다. 현대차가 정해놓은 공장유치 제안서 접수일을 불과 일주일 앞둔 3월 20일쯤 켄터키주는 "현대차 공장건설에 1억 2300만 달러의 인센티브를 제공하겠다"고 전격적으로 제안했다. 이는 이전까지 앨라배마주가 제시한 공장건설 금액 '1억 1800만 달러'를 훨씬 능가하는 액수였다. 켄터키주의 인센티브 제안을 받은 현대차 경영진은 공장입지를 켄터키주로 정하기로 잠정 결정했다. 하지만 앨라배마주는 곧바로 1000만 달러 규모의 추가적인 지원안을 제시하고 나왔다. 특히 '노조없는 공장을 만들어 주겠다'는 약속은 켄터키로 기울었던 현대차 경영진의 마음을 돌려놓는데 결정적인 역할을 했다. 앨라배마주와는 달리 켄터키주는 유니온숍(노조조합원인 근로자가 노조를 탈퇴하면 기업주가 해고해야하는 노조형태)을 택하고 있어 주정부가 노조설립을 막을 수 없는 실정이다.

벤츠공장 유치 노하우

앨라배마주가 외국 자동차 공장을 유치한 것은 이번이 처음이 아니다. 지난 93년 독일 메르세데스 벤츠가 'M클래스' 공장을 미국에 짓겠다고 발표하자 암호명을 '로즈우드(Rosewood)'로 하는 유치작전을 개시했다. 경쟁 상대는 미국내 30개 주였다. 당시 앨라배마 주정부와 주의회, 대학, 기업, 주민자치회 등은 저마다 공장유치를 위해 뛰었다. 대학은 농민들을 자동차 공장근로자로 바꾸는 교육을 맡았고, 독일 주재(駐在) 경험자들은 벤츠공장에서 일할 미국 근로자들에게 독일어를 가르쳤다. 주정부는 벤츠공장에서 고속도로에 이르는 진입로를 뚫어주고 '메르세데스 드라이브' 라는 이름을 붙여주었다. 앨라배마주는 또 2억 5330만 달러의 인센티브를 제공, 벤츠공장유치에 결국 성공했다. 앨라배마주는 또 99년에는 일본혼다의 오딧세이 자동차공장도 유치했다.

앨라배마주가 얻는 경제효과

앨라배마주가 이처럼 파격적인 인센티브를 제공하면서 현대차 유치에 나선 것은 주의 경제력을 키우고 주민 소득을 높이기 위해서다. 농업이 주된 산업인 앨라배마주의 주민의 1인당 소득은 미국의 50개 주 가운데 최하위권에 머물고 있다. 단 시글먼 주지사는 "현대차 공장을 설립하면 2005년까지 6000개의 새로운 일자리가 생기고 앨라배마주가 얻는 경제적인 효과는 약 2억 8000만 달러에 이른다"고 설명했다.

현재 상황

2005년 5월에 가동을 시작한 현대자동차 앨라배마 공장은 부품업체를 포함한 협력업체의 동반진출도 이끌어 현지 고용확대에 기여함은 물론 우리나라 중소기업의 글로벌화에도 기여하고 있다. 지역평균을 훨씬 넘는 급여와 후한 복리후생 탓에 현대차 직원들은 주민들에게 선망의 대상이다. 앨라배마공장의 애슐리 프라이 생산부사장은 "현대차 유니폼을 입고 거리에 나가면 록스타 대접을 받는다"며 "사람들이 다가와 입사하려면 어떻게 해야 하느냐고 묻는다"고 말했다.

현대자동차는 이 지역의 문화마저 바꿨다. 많은 협력업체가 이주하면서 거주하는 한인 수도 수천 명에 달해 음식점과 상점 등 한국식 문화가 하나의 현상으로 자리잡았다. 한국식 미용실 앞에 현지 주민들이 줄을 서 기다리는 일도

앨라배마공장 10년 일지

2015년 5월 20일 준공 10주년
2014년 5월 7세대 쏘나타 생산
2013년 11월 연산 39만9500대 체제
2012년 3월 NU엔진 생산시작
2010년 12월 연간생산 30만대 체제
2010년 11월 아반떼 생산시작
2009년 11월 누적생산 100만대
2008년 9월 쎄타엔진 생산시작
2006년 3월 싼타페 생산시작
2005년 5세대 쏘나타 생산시작
2005년 5월 20일 그랜드오프닝 행사
2004년 4월 16일 기공식
2004년 1월 5일 생산라인 작업시작
2002년 4월 1일 공장부지 발표

2005년 5월 20일 앨라배마 공장 그랜드오프닝 행사

있을 정도다. 앨라배마주 개발국장은 "현대차와 협력업체 직원들이 많은 급여를 받아 지역경제와 문화발전에 핵심적으로 기여하고 있다"고 말했다. "현대차와 관련된 자동차 생산은 몽고메리 지역 최대의 산업으로서 시는 물론 주경제에도 엄청난 영향을 미친다. 몽고메리 공항에 내리면서 현대차 공장 지붕에 있는 회사 로고를 볼 때면, 앨라배마에서 만들어진 자동차가 전국, 전 세계로 팔려 나간다는 사실에 주지사로서 뿌듯하다. 현대차 덕분에 몽고메리의 한인 커뮤니티도 발전하고 있어 고맙다. 한국식당과 비즈니스가 속속 들어서면서 몽고메리가 문화적으로 다양해지고 발전할 수 있는 토대가 마련되고 있다." 로버트 벤틀리 앨라배마 주지사의 말이다.

2015년 가동 10주년을 맞은 현대자동차 몽고메리 공장은 앨라배마주 총생산의 2%를 차지할 만큼 앨라배마 경제에서 차지하는 비중이 크다. 특히 몽고메리시에서는 정몽구 현대차회장의 이름을 따 '몽구메리'라는 별칭으로 불리울 만큼 현대차는 절대적인 비중을 차지한다.

앨라배마공장은 쏘나타와 싼타페를 주력차종으로 연간 40만대를 생산할 수 있으며 10년간 총 290만대를 생산했다. 준공당시 11억달러 투자액에 2000명을 고용하는 공장에서 현재는 누적투자액 18억달러에 3600여명을 고용하고 있다. 현대차그룹 계열사와 협력업체까지 포함하면 고용규모는 6000여명이 넘고 직간접을 포함한 일자리창출효과는 3만 5000개에 이른다.

자료원: 조선일보, 2002년 5월 7일, 머니투데이, 2011년 2월 21일, 조선일보, 2012년 1월 6일, 아시아경제, 2015년 5월 27일 기사 및 최근 언론보도를 편집하여 정리함

특정 산업분야에 대한 외국인투자의 제한 또는 금지규정, 과실송금 등을 제한하는 외환규제, 원료, 부품, 인건비 등의 현지화(local content)율 규제, 일정비율 이상의 수출을 요구하거나 국내시장 점유율을 제한하는 등의 성과규제(performance requirement), 조세상의 특혜를 비롯한 각종 투자유인책 등은 조사·검토해야 할 대표적인 변수들이다. 참고로 <표 7-3>은 삼성이 추진했던 국내의 종합화학생산기지 건설과 영국윈야드 지역의 복합생산기지구축과 관련된 양국 정부의 인허가절차 및 인센티브내용을

표 7-3 한국과 영국의 민자유치 경쟁력 비교 예

계약형태	한국에서의 투자경험	영국에서의 투자경험
사업명	• 삼성종합화학 생산기지	• 윈야드 삼성복합생산기지
대상지	• 충남 대산지역	• 영국 북잉글랜드 윈야드지역
토지가격	• 20만원/평	• 5천원/평
토지매입	• 사업자 매입	• English Partnership이 매입 • 부지조성 후 매입가격 분양
인허가	• 사업시행자에 의한 처리 • 1,000개 이상의 인허가 도장 • 100개 이상의 인허가 서류	• 공무원의 현장처리
인프라조성	• 도로, 항만 등 모든 인프라사업자 시행	• 부지까지 인프라 정부건설 • 부지진입 고가도로 정부건설 • 도로, 하수처리비 분담
중앙정부보조	• 없음	• 기술이전시 투자비의 20%에 해당하는 현금 지불
지방정부보조	• 없음 • 기회이익 사회환원차원에서 기부금납부 종용(30억)	• 총투자비의 31% 보조 • 고용 및 교육보조비(550만원/인) • 미숙련자 훈련지원비(630만원/인) • 교육시설지원비 • 지방정부지원팀 구성 • 노사관계지원
기 타		• 협력업체 구축망지원 • 대학에 산학협동프로그램 개설 • 주재원가족을 위한 개방대학 • 단지 주변에 주거단지와 골프장 3개 복합개발

보여 주고 있다. 과거의 사례이기는 하지만 외자유치와 관련된 정부정책측면에서의 우리나라의 경쟁력은 크게 개선되었다고 보기 어렵다.

3) 사회 · 문화적 환경

가치관, 언어, 사회구조, 생활양식 등과 같은 사회문화적 환경이 본국과 매우 다를 경우 현지에서 경영활동을 직접영위하는 것은 여러모로 어려울 수 있으므로 직접투자보다는 수출이나 라이슨싱과 같은 비지분(非持分)방식에 의한 시장진입이 선호된다. 이른바 문화적 거리, 혹은 심리적 거리(cultural, 혹은 psychic distance)가 짧을수록, 다시 말해 문화적, 혹은 심리적 유사성이 높을수록 직접투자방식이 선호된다는 것이다.

4) 지리적 거리

목표시장국이 지리적으로 멀리 떨어져 있을 경우 수출에 의한 시장진입은 과도한 수송비부담으로 인해 현지국제품과의 경쟁에서 불리할 수 있게 된다. 이 경우 부품상태로의 수출이 수송비를 많이 절감할 수 있다면 부품을 수출한 후 현지에서 조립하는, 이른바 KD(knock-down) 방식에 의한 현지조립생산방식을 검토해 볼 수 있다. 물론 부품조달을 포함하는 전반적인 현지생산도 검토대상이 된다.

그러나 지리적 거리가 멀수록 직접투자보다는 수출이나 라이슨싱방식이 선호된다는 주장도 가능하다. 왜냐하면 지리적 거리도 위에서 설명한 문화적 거리와 마찬가지로 직접적인 경영활동이나 통제를 어렵게 할 수 있기 때문이다. 교통과 정보통신기술의 발달로 인해 지리적 거리에 따른 통제의 어려움이 줄어들고 있기는 하다.

5) 거시경제지표

물가상승률과 환율의 변화 움직임 등도 진입방법결정에 영향을 준다. 이들 변수는 직접투자의 타당성(feasibility)분석에서 고려되어야 하는데 예를 들어 현지화폐단위로 표시된 수익성이 아무리 높아도 해당 통화가 지나치게 평가절하된다면 직접투자의 경제적 타당성은 약화될 수 있는 것이다. 국제수지, 외채부담 등도 환율변화를 어느 정도 예측할 수 있게 한다는 점에서 고려해야 한다. 이들 변수는 정부의 외환통제정책에 영향을 주기도 한다.

(3) 현지국의 생산관련요인

생산비에 영향을 미치는 제반요소들, 예를 들어 노동력, 원자재, 에너지와 같은 생산요소의 양과 질, 그리고 도로, 항만, 통신 등과 같은 사회간접자본의 실태 등은 직접투자에 의한 현지생산방식을 검토할 때 중요하게 고려해야 할 요소들이다. 물론 현지생산비가 적게 들수록 직접투자가 선호되는 경향은 높아질 것이며, 생산비가 과도하다면 수출이나 라이슨싱 등이 선호될 것이다.

(4) 본국요인(home country factors)

본국관련 요인들은 의사결정자가 이미 알고 있는 경우가 많아 추가적인 자료수집이나 조사활동을 필요로 하지는 않지만 진입방법결정에 영향을 미치는 것은 사실이다. 다음은 주요 본국요인들에 대한 설명이다.

1) 시장규모

국내시장의 규모가 작은 경우 국내시장만으로는 규모의 경제(economies of scale) 효과를 보일 수 있는 적정 생산규모를 달성하기 곤란할 수 있다. 따라서 본국에서의 대량생산과 내수시장규모를 초과하는 물량의 적극적인 수출이 해외시장진입방식으로 우선적으로 고려될 가능성이 높다. 반면에 국내시장의 규모가 충분히 크다면 해외시장에 대한 초기의 관심이 상대적으로 적게되지만, 일단 해외시장에 진출하기로 한다면 적극적인 자원투입을 검토할 가능성이 상대적으로 높다. 넓은 국내시장을 기반으로 일정 규모이상성장했을 수 있기 때문이다.

2) 경쟁구조

국내시장이 과점적 경쟁구조로 형성되어 있을 경우 한 기업이 과점적 균형을 위협하는 행동을 취하면 경쟁기업들은 이를 모방하는 경향이 있다. 특히 해외직접투자는 과점적 경쟁구조를 깨는 것으로 인식되며 경쟁기업들은 선도기업을 따라 유사한 지역으로의 직접투자를 선택하게 되는 것이다. 이러한 유형의 직접투자를 흔히 과점적 반응(oligopolistic reaction), 혹은 선도기업추종(follow-the-leader)현상으로 설명하고 있다.

3) 생산비용

목표시장국가에 비해 국내생산비가 높을 경우 수출보다는 직접투자에 의한 현지생산을 선호하게 된다. 인건비상승이나 화폐의 평가절상 등은 해외생산에 눈을 돌리게 하는 대표적인 생산비 상승요인이다. 국내생산비용의 증가는 시장국 내 현지생산외에 제3국 수출이나 국내수입을 위한 직접투자도 검토하게 한다. 이 경우의 직접투자는 시장진입방법보다는 소싱(sourcing)기지 구축으로서의 의미가 더 크다.

4) 정부정책

기업의 해외활동에 대한 자국정부의 규제나 정책은 현지국정부의 외국기업활동에 대한 정책에 비해 그 중요성이 덜하다고 할 수 있으나, 경우에 따라서는 해외시장진입방법결정에 중요한 영향을 미칠 수 있다. 국제수지의 악화방지를 염두에 둔 자본유출의 억제정책이나 고용감소를 우려한 생산시설 이전의 제한 등은 직접투자에 의한 해외시장진출을 억제하는 효과를 가져오며, 이중과세방지협정체결이나 투자위험에 대한 정부지원 등은 직접투자를 긍정적으로 고려할 수 있게 해 준다. 수출에 대한 금융지원 등도 고려해야 할 사항이다.

04 진입방법결정 모델

위에서 설명한 것처럼 진입방법결정에는 매우 다양한 요인들이 영향을 미치며, 경영자는 이러한 요인들을 종합적으로 고려하여 적절한 진입방법을 선택해야 한다. 그러나 모든 요인들을 동시에 고려하는 것은 현실적으로 불가능하며 몇몇 주요 변수들이 고려대상이 되는 것이 일반적이다. 여기서는 복잡한 변수와 상황을 비교적 단순화하여 의사결정에 도움이 될 수 있도록 하는 진입방법의사결정 모델을 소개하기로 한다.

4.1 러그만(Rugman) 등의 단순모델

대부분의 기업들은 위험부담이 적고 자원투입이 별로 요구되지 않는 수출을 일차적인 해외시장진입방식으로 고려한다. 그러나 처음부터 커다란 무역장벽이 존재하거나, 일단 수출에 의해 시장진입을 한 후 무역장벽이 나타나 수출이 불가능하거나 여의치 못하게 되면 라이슨싱이나 직접투자와 같은 다른 대안을 검토하게 된다.

이 단계에서 기업이 관심을 가지는 사항으로 기술유출위험이 있는데, 만약 자신이 보유한 기술이 유출되어 기술에 바탕을 둔 경쟁우위가 잠식될 가능성이나 그로 인한 피해가 크지 않을 것으로 판단된다면 라이슨싱방식을 모색하게 된다. 반대로 기술유출위험이 클 것으로 판단된다면 많은 자원의 투입을 필요로 하더라도 해외직접투자를 검토하게 된다 (<그림 7-3> 참조).

러그만 등이 제시한 이 의사결정모델은 현상을 매우 단순화하여 간편하고 신속한 의사결정에 도움이 되도록 하는 장점이 있다. 그러나 그 단순성으로 인해 보다 중요할 수 있는 다른 요인들을 의사결정에서 배제하고 있다는 한계를 지닌다. 또한 목표시장에서 기업의 능력을 최대한 적극적으로 활용할 수 있는 방법을 찾기보다는 소극적이고 수동적인 대응차원에서 진입방법을 결정한다는 단점도 가지고 있다.

그림 7-3 진입방법결정 단순모델

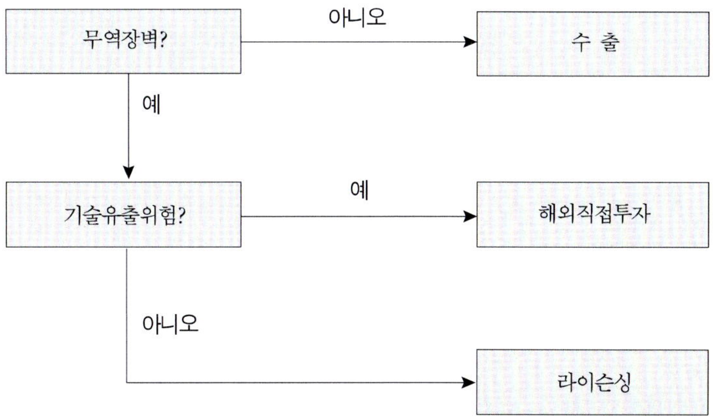

자료원: Alan Rugman, D. J. Lecraw & L. D. Booth, *International Business: Firm and Environment*, McGraw-Hill, 1986, p. 130.

4.2 허쉬(Hirsch)모델[6)]

이 모델은 수출, 라이슨싱, 해외직접투자 등 3개의 주요 진입방법을 대안으로 하여 각각에 수반되는 비용을 비교분석함으로써 최적의 진입방법, 즉 비용을 최소화할 수 있는 방법을 선택하도록 한다. 이 모델은 시간의 흐름에 따른 관련 비용의 변동추이를 감안함으로써 동태적 입장에서의 의사결정에도 도움이 된다.

6) S. Hirsch, "An International Trade and Investment Theory of the Firm," *Oxford Economic Papers*, 28, 1976, pp. 258~270에 기초하여 일부 수정된 Alan Rugman, *Inside the Multinationals*, Columbia University Press, 1981 및 Franklin Root, *International Trade and Investment*, South-Western Publishing Co., 1984의 내용을 참조하였음.

우선 각 진입방법과 관련된 비용을 살펴보자. 수출은 국내에서 완제품을 생산하여 해외시장국가로 보내는 방법이다. 따라서 국내생산비와 추가적인 수출마케팅비용이 수출방식에 소요되는 비용이다. 국내생산비를 Pd로, 운송, 보험, 관세, 커뮤니케이션 비용 등 수출마케팅비용을 M으로 나타내자. 따라서 수출과 관련된 비용은 (Pd+M)이 된다.

라이슨싱은 시장국에 있는 현지기업에게 기술을 제공하고 그 기업이 현지에서 생산하여 판매하도록 하는 방식이다. 기술제공 기업입장에서는 자신의 기술이 외부기업에 공개됨으로써 독점적 가치가 감소하게 되며, 이 기술이 제3자에게 유출될 가능성도 배제할 수 없다. 따라서 해외시장국내에서의 생산비를 Pf, 기술공개 및 유출과 관련된 비용을 K라고 하면 라이슨싱과 관련된 비용은 (Pf+K)가 된다.

마지막으로 해외직접투자는 해외시장국에서 직접생산하여 판매하는 방식이다. 여러 가지로 익숙하지 못한 외국에서 직접생산 및 마케팅활동을 담당하려면 현지자회사의 관리·조정·통제라는 추가적인 비용이 발생하며, 현지상황에 익숙한 현지기업에 비해 여러 가지 불리한 상황도 맞을 수 있다. 이처럼 외국기업으로서 추가적으로 부담해야 하는 비용을 외국비용(cost of foreignness)이라 하고 F로 표시하자. 따라서 해외직접투자와 관련된 비용은 현지생산비와 외국비용을 합한 (Pf+F)가 된다.

각 진입방법에 수반되는 비용을 정의했으므로 이제 이들 비용의 크기를 서로 비교하면 비용이 최소화되는 진입방식을 택할 수 있다. 이 모델에 의한 진입방식결정방식은 <표 7-4>에 요약되어 있다.

표 7-4 허쉬(Hirsch) 모델에 의한 진입방식결정

선택되는 진입방식	선택조건	선택조건의 내용
수 출	(Pd + M) < (Pf + K) (Pd + M) < (Pf + F)	수출이 라이슨싱 및 직접투자보다 비용이 작을 경우
라이슨싱	(Pf + K) < (Pd + M) (Pf + K) < (Pf + F)	라이슨싱이 수출 및 직접투자보다 비용이 작을 경우
해외직접투자	(Pf + F) < (Pd + M) (Pf + F) < (Pf + K)	직접투자가 수출 및 라이슨싱보다 비용이 작을 경우

Pd : 본국에서의 생산비, Pf : 해외시장국에서의 생산비
M : 수출마케팅 비용(운송, 보험, 관세, 커뮤니케이션 비용 등)
K : 기술공개 및 유출과 관련된 비용(기술적 우위의 잠식 비용)
F : 외국비용(현지생산에 따른 자회사의 관리·조정·통제비용, 외국기업으로서 낯선 환경에서 겪는 추가적 비용 등)

이제 이 모델에서 사용되고 있는 관련비용이 시간이 흐름에 따라 어떻게 변화하며, 이에 따라 최적의 진입방식이 어떻게 변화하는지 살펴보자. 수출마케팅비용 M은 본국과 시장국사이의 운송, 보험, 관세 등의 비용인데 이러한 비용은 시간이 지나도 크게 감소할 이유가 많지 않다. 그러나 진출시장국 및 현지투자환경에 대해 갖는 경험과 지식에 의해 좌우되는 외국비용 F는 시간이 지남에 따라 해당 기업이 현지경험을 축적하면서 크게 감소할 가능성이 많다. 한편 기술유출비용 K는 기술을 제공받는 기업과 다른 현지기업들이 이 기술을 얼마나 잘 체득하여 활용하느냐와 제3국 시장과는 얼마나 잘 분리되어 있느냐, 즉 기술의 제3국 유출가능성이 어느 정도냐에 따라 영향을 받는다. 이 비용 역시 해당 기술의 모방이 증가하고 보편화되는 정도가 높아짐에 따라 크게 감소하게 된다.

해외시장진출 초기에는 현지국에 대한 경험과 지식이 부족하기 때문에 외국비용이 높은 것이 일반적이다. 또한 초기독점적 기술이 유출되면 그 피해가 매우 크기 때문에 기술보호의 필요성 또한 매우 높으며, 따라서 기술유출비용 역시 매우 높다. 따라서 초기의 M, K, F의 상대적 크기는 M 〈 F 〈 K 의 순서가 되며, 수출이 가장 바람직한 진입방법으로 선택될 가능성이 높게 된다. 그러나 수출을 통한 현지경험이 증가함에 따라 F가 감소하여 M보다 작아지게 되며 이 시점에서 해외직접투자가 선택된다. 현지생산비용(Pf)이 국내생산비용(Pd)보다 저렴할 경우에는 특히 그러하다. 시간이 더 경과하여 다른 기업들이 기술 및 제품관련 지식을 어느 정도 모방하고 나면 K는 F 이하로 감소하게 된다. 따라서 기업은 기술을 현지기업에게 제공하는 라이슨싱을 검토한다.

그러나 위에서 설명한 '수출 → 직접투자 → 라이슨싱'이라는 순차적 과정이 일반적으로 꼭 맞다고 볼 수는 없다. 기술의 특성, 현지정부의 무역 및 외국인 투자정책, 현지의 각종 투자환경 등에 따라 M, K, F 등의 초기 크기는 물론 시간의 흐름에 따른 감소속도가 달라질 수 있기 때문이다. 또한 이 모델은 각 진입방법과 관련된 비용에 초점을 맞춤으로써 각 진입방법이 창출하는 수익이 동일하다는 가정을 암묵적으로 하고 있는 셈인데 이는 현실적이지 못하다. 진입방법별 위험의 차이 역시 고려하고 있지 못하다. 따라서 이 모델을 실제로 활용하기 위해서는 여타비용, 수익, 위험요소들을 추가적으로 고려하는 것이 바람직하다.

4.3 점진적 과정모델

이 모델은 시간의 흐름에 따른 통제(control)와 위험(risk)부담에 대한 기업의 태도 변화에 초점을 맞추어 점진적으로 변화해 가는 과정으로서 진입방법결정을 설명한다. 진입방법을 선택하는 의사결정모델로 볼 수는 없으나, 시간의 경과에 따라 어떻게 진입방법이 진화되는지를 보여주고 있다. 국제경영활동을 시작한 기업이 비교적 예측가능한 과정에 따라 진입방법을 점진적으로 변경해 나간다는 것이다.

기업은 해외활동에 대한 통제의 범위를 점차 늘려 나가기를 원한다. 그러나 통제범위를 늘리기 위해서는 보다 많은 자원을 현지시장에 투입해야 하며 이는 곧 시장위험 및 정치적 위험을 더 부담해야 하는 것을 의미한다. 기업은 해외시장에서 경쟁할 수 있다는 자신감이 축적되면서 통제와 위험회피 간의 상반관계(trade-off) 속에서 통제쪽을 점차 선호하는 방향으로 이동하게 된다. 따라서 통제의 범위는 적지만 위험부담이 별로 없는 간접수출로부터 시작하여 위험수준이 가장 높지만 통제범위 역시 가장 큰 단독투자형태의 해외직접투자로 진입방법을 점차 변경해 나간다. 경험을 축적함에 따라 해외시장에서의 자원투입과 개입수준(commitment)을 점진적으로 높여 나가는 것이다(Johanson & Vahlne, 1977)

제조업체의 진입방법결정이 점진적으로 변화하는 과정이 <그림 7-4>에 나타나 있다. 규모 및 기업자원의 제약 때문에 판매지점이나 법인을 통한 수출단계 이상으로 진화하지 못하는 기업도 있으며, 그렇지 않은 기업은 합작투자나 단독투자를 통한 현지생산단계로 진화한다. 물론 서비스업체의 경우 수출이 가능한 시장진입방식이 아니기 때문에 제조업체와는 다른 진화경로를 거치지만, 위험부담을 더 하면서 통제범위를 확장하는 방향으로 진화한다는 점은 동일하다.

기업의 국제화과정은 점진적 과정모델이 설명하는 바와 같이 자원투입과 통제범위를 확대하는 방향으로 단계적으로 이루어지는 것이 일반적이다. 다시 말해 국내시장에서 탄생하여 기반을 구축하고 성장을 하다가 해외로 점차 시장기반을 넓혀 나가는 것이다. 그러나 최근 설립초기부터 글로벌 시장전체를 목표로 하여 모든 전략 및 운영을 글로벌하게 수행하는 기업들이 나타나고 있는데, 이들을 'Born Globals' 혹은 'Mininationals' (대기업인 Multinational Corporation과 비교하여)라 부른다. 이들은 규모는 크지 않지만 하이테크나 지식기반자원, 혁신적인 사고와 탄력적 조직문화를 바탕으로 초기부터 스스로 세계시장을 창출하면서 공략하는 특징을 지니고 있다. 기존의 이론만으로는 이들의 글로벌화를 설명하기 어려워 이들의 행태를 설명하려는 새로운 시도와 연구가 이루어지고 있다. 온라인 게임업체들은 이러한 Born Global 기업의 대표적 예다.

그림 7-4 제조업체의 진입방법결정의 진화과정

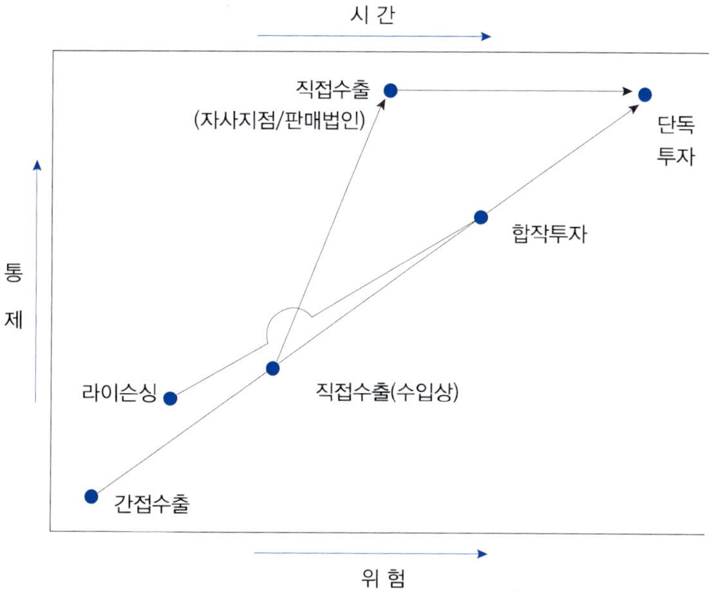

자료원: Franklin Root, *Entry Strategies for International Markets*, Lexington Books, 1994, p. 39.

토의과제

1. 기업의 해외시장진입전략의 일반적 절차와 그 의의를 설명하시오.
2. 해외시장진입방법의 대표적 유형인 수출, 라이슨싱, 해외직접투자 등에 대해 그 주요 개념 및 특징과 장단점을 비교하여 설명하시오.
3. 해외시장진입방법 결정에 영향을 미치는 기업내부요인을 기업차원과 제품차원으로 구분하여 설명하시오.
4. 해외시장진입방법 결정시 고려해야 할 시장국(현지국)의 제반요인들을 열거하고 이들이 어떻게 영향을 미치는지 예를 들어 설명하시오.
5. 해외시장진입방법 결정과 관련된 허쉬(Hirsch)모델의 주요 내용과 특징을 설명하고 이를 비판해 보시오.

참고문헌

- Hirsch, S., "An International Trade and Investment Theory of the Firm," *Oxford Economic Papers,* 28, 1976, pp. 258~270.
- Johanson, Jan & Jan Erik Vahlne, "The Internationalization Process of the Firm－A Model of Knowledge Development and Increasing Foreign Market Commitments," *Journal of International Business Studies,* 8(1), 1977, pp. 23~32.
- Root, Franklin, *International Trade and Investment,* South－Western Publishing Co., 1984.
- Root, Franklin, *Entry Strategies for International Markets,* Lexington Books, 1994.
- Rugman, Alan, *Inside the Multinationals,* Columbia University Press, 1981.
- Rugman, Alan, D. J. Lecraw & L. D. Booth, *International Business: Firm and Environment,* McGraw－Hill, 1986.

제 8 장

수출 및 라이슨싱

학습목표

수출은 해외시장으로 진출하는 가장 기본적인 방법으로서 국제화 초기단계의 기업은 대개 수출을 일차적인 시장진입방식으로 고려한다. 비교적 위험이 적을뿐 아니라 자본 및 경영자원투입, 그리고 현지시장에 대한 경험이 크게 요구되지 않는 편이기 때문이다. 그러나 풍부한 국제경험을 축적하고 전세계적인 조직망을 갖춘 후에도 수출은 여전히 기업의 대표적인 국제경영활동으로 남아 있다. 라이슨싱 역시 큰 위험부담없이 안정적인 수익을 확보할 수 있는 시장진입방법이다. 본 장을 학습한 후에는 다음과 같은 사항을 이해하게 될 것이다.

- 수출의 개념과 전략적 동기
- 고유상표와 주문자 상표방식 등 수출의 유형 및 전략적 대안
- 수출업무와 관련된 기본적인 실무적 절차 및 기초개념
- 라이슨싱의 개념과 의의 및 장단점
- 라이슨싱계약의 주요 내용 및 비용/수익분석

도입사례

하청업체는 옛말, 자체기술로 글로벌제휴의 파트너가 된 한국의 패션제조기업

나이키, 언더아머, 룰루레몬… 이 브랜드들의 공통점은 무엇일까? 바로 한국의 제조기술이 들어간 제품을 판매하는 글로벌 브랜드라는 것이다. 미국을 대표하는 패션업체인 이들은 한국의 주문자상표부착생산(OEM, original equipment manufacturing), 혹은 제조자개발생산(ODM, original design/development manufacturing) 업체를 파트너로 두고 의류를 생산하고 있다. 나이키의 경우 디자인과 마케팅은 직접하지만, 제조와 기술개발은 외부에 맡긴다. 예컨대 나이키가 점프력이 좋은 러닝화를 만들어 달라고 주문하면 ODM 업체가 제품을 연구・개발해 만드는 식이다. 공기가 주입된 운동화밑창을 구체적으로 설계해 제작을 요구하기도 하는데, 이는 OEM이라고 한다.

패션시장의 진정한 강자는 럭셔리가 아니다. 럭셔리 브랜드의 제품을 국내생산하는 OEM 업체야말로 패션산업을 이끄는 '소리없는 강자'들이다. 이들은 점점 더 단순한 하청업체가 아닌, 높은 기술을 보유한 ODM으로 세계 패션시장에서 영향력을 높이고 있다. 국내 OEM업체들은 전세계 패션시장의 소리없는 강자로 주목받았다. 이들은 단순한 의류제조 하도급업체가 아닌, 글로벌 브랜드에 수준 높은 디자인과 기술을 제안하는 파트너로서 견고한 성장세를 보였다. 국내의류 OEM 빅3로 불리는 글로벌세아, 한세실업, 영원무역의 경우 2015년 매출 1조 5천억 원을 돌파하며 거대기업으로 올라섰다.

○ 단순 하청수준에서 차별화된 기술력을 갖춘 ODM업체로 글로벌 위상확보

국내 의류제조업은 초기엔 단순한 하청수준이었지만, 2000년에 접어들면서 ODM 방식으로 확대됐다. OEM이 단순히 주문내용에 맞춰 생산하는 것이라면, ODM은 주문자의 요구에 맞춰 디자인과 기술을 자체적으로 개발해 제품을 만든다. ODM이 떠오른 이유는 빠르게 변하는 시장상황 때문이다. 특히 10년 전부터 패스트 패션(fast fashion)이 부상하면서 패션업체들은 ODM 의존도를 높이게 됐다. 빨리 많은 신제품을 내놔야 하는 브랜드로선 단순 하도급업체가 아닌 스스로 개발해 신제품을 제안해주는 파트너가 절실해졌다.

2003년부터 ODM으로 전환한 한세실업은 요즘 격세지감을 느낀다. 한세실업은 '미국인 3명 중 1명은 우리 옷을 입는다'는 광고로 유명한 국내의류 제조수출업체로, 나이키, 갭 등에 30년 넘게 의류를 공급하고 있다. 나이키와 갭이 내놓아 선풍적인 인기를 끌었던 후드집업 재킷을 이 회사가 만들었다. 한세실업 관계자는 "ODM 초기만 해도 글로벌 브랜드에 우리가 디자인한 옷을 보여주면 문전박대를 당했다. 너희가 뭔데 디자인을 하느냐는 투였다. 하지만 2010년대 들어 태도가 바뀌었다. 단가와 스피드를 넘어 디자인과 품질까지 만족시키면서, 하청업체가 아닌 파트너로 대우하기 시작했다"고 말했다.

이 회사는 2003년부터 디자인 연구소를 설립하고 제품연구개발(R&D)에 주력하고 있다. 디자인팀과 원단개발팀 등 R&D 인력은 80여 명으로, 전체 직원수의 13%에 달한다. 2008년에는 뉴욕 맨해튼에 미국 현지인들로만 구성된 디자인 사무소를 차렸다. 한세실업은 이를 기반으로 연간 40만 장의 샘플을 만들어 글로벌 브랜드에 제안하고, 3억 장의 의류를 납품한다. H&M, 자라, 월마트, 타겟 등이 주 거래처다.

○ **기술력 탄탄한 ODM 업체, 글로벌 브랜드의 든든한 지원군으로**

ODM은 OEM과 비교해 많은 장점을 갖고 있다. 제품개발을 통해 로열티를 받을 수 있고, 유통업체와 대등한 관계를 유지할 수 있다. 차별화된 기술력이 있다면 개발한 제품을 여러 구매자에게 판매할 수도 있다. 기술력이 탄탄한 ODM 업체는 신규 브랜드의 든든한 지원군이 되기도 한다. 세계 핸드백업계에서 시몬느는 브랜드 론칭을 준비하는 업체라면 반드시 거쳐야 하는 플랫폼이 됐다. 도나카란뉴욕(1988년), 마크제이콥스(2000년), 마이클코어스(2002년)가 처음 핸드백을 만들 때, 코치가 아시아생산을 시작할 때 모두 시몬느에 손을 내밀었다.

시몬느는 연간 6만 개의 샘플을 만들어 브랜드에 제안한다. 이 회사는 지난 30년 동안 18만 개의 핸드백패턴과 디자인 아카이브를 만들었다. 전 세계 핸드백의 10%, 미국 핸드백시장의 30% 물량을 수출하는 핸드백 매출 세계 1위 제조업체로, 지난해 1조 1천억 원의 매출을 거뒀다. 박은관 시몬느 회장은 R&D의 중요성을 짚었다. "핸드백은 지난 30년간 황금알을 낳는 거위였지만 몇 년 전부터는 너무 많은 제품과 브랜드가 경쟁을 벌이고 있다. 그래서 더 혁신이 필요하다." 2년 전부터 시몬느는 ODM에 혁신을 더한 의미로 IDM(Innovative Design Manufacturing) 업체라 불리고 있다. 이는 여성 속옷 제조업체 레지나미라클과 함께 단 두 곳만 가진 호칭이다.

○ **온라인 쇼핑부상과 다품종 소량생산요구에 R&D 혁신 필수**

국내의류 ODM 업체들이 주목받기 시작한 것은 2008년 외환위기 이후다. 전 세계적인 경기불황과 SPA 브랜드의 활약으로 국내 패션유통업체들이 부진에 늪에 빠졌을 때, 조용히 수출물량을 키워가던 의류 ODM 업체들은 패션업계의 새로운 강자로 부상했다. 고성장을 지속하던 OEM 업계는 최대 수출국인 미국기업들의 실적부진에 따라 2015~2016년 사이 실적이 둔화했다. 신영증권에 따르면 국내 OEM업체 상위 10개를 합산한 영업이익은 2015년 6천 700억 원대 규모였지만, 2016년 5000억 원대로 뚝 떨어졌다. 미국의 대표적인 패션기업인 갭(GAP)을 비롯한 글로벌 패션기업들이 구조조정에 돌입하거나 파산하면서 수주가 줄어든 것이다. 전문가들은 미국 소비회복과 의류업체의 실적완화에 따라 올해 실적이 반등할 거로 전망한다.

최근 글로벌 패션업체들은 생산방식을 소품종 대량생산에서 다품종 소량생산으로 전환하는 추세다. 한 수출업계 관계자는 "올해 들어 품목당 주문량이 준 대신 추가주문요구가 많아졌다. 일부업체는 시즌오더에서 월별오더로 주문방식을 바꿨다"라고 말했다. 생산방식이 바뀐데는 가치소비와 온라인 쇼핑부상 등 소비트렌드 변화의 연향이 컸다. 특히 온라인쇼핑이 대세가 되면서, 패션업체들이 오프라인 점포를 접고 재고를 줄이기 시작했는데, 이는 반응생산과 단 납기오더의 보편화로 이어졌다. 실제로 오프라인 매장을 운영할 경우 품목당 1천 만장에서 4천 만장 이상을 주문해야 하지만, 온라인 매장에선 몇천 장이나 몇만 장이면 충분하다.

이런 흐름에 따라 온라인 비즈니스로 대응에 나선 기업도 있다. 다운점퍼의 소재가 되는 동물털을 가공하는 태평양물산은 올해 온라인 B2B 유통플랫폼을 준비 중이다. 블랙야크, 디스커버리 등과 거래하는 이 업체의 국내 다운 점유율은 60%에 달한다. 태평양물산 관계자는 "4차산업 시대에 맞는 유통플랫폼이 필요하다는 판단에 기획하게 됐다"라며 "kg 단위의 소량으로 주문하는 중소 업체들과 거래할 수 있는 온라인 쇼핑몰을 구축하고 있다"고 밝혔다.

자료원 : 조선일보, 2017년 8월 14일

01 수출의 개념 및 동기

1.1 수출의 개념과 의의

우리가 다 아는 대로 수출(export)은 재화(goods)를 외국에 판매하는 행위 혹은 경영활동을 말한다. 눈에 보이지 않는 서비스(service, 혹은 invisibles)에 대해서도 수출 혹은 수입이라는 용어를 사용할 수는 있지만, 일반적으로 수출이라 하면 눈에 보이는 유형상품(merchandise, 또는 tangible/visible goods)의 해외판매를 의미한다. 전통적으로 수출은 원자재든 부품이든 최종제품이든 판매자체를 목적으로 하는 것이 일반적이었지만, 최근에는 원자재나 부품을 가공이나 조립목적으로 해외자회사에 판매하는 이른바 기업내무역(intra-firm trade)의 비중이 크게 늘고 있다.

수출은 해외시장으로 진출하는 가장 기본적인 방법으로서 외국시장에 처음 진출하는 기업은 대개 수출을 일차적인 시장진입방식으로 고려한다. 이는 직접투자에 의한 현지생산이나 라이슨싱 등의 다른 방법에 비해 비교적 위험이 적을 뿐 아니라 자본 및 경영자원투입, 그리고 현지시장에 대한 경험이 크게 요구되지 않는 편이기 때문이다. 그러나 풍부한 국제경험을 축적한 후에도 수출은 여전히 기업의 대표적인 해외시장진입방법으로 자리잡고있으며, 각국의 수입에 대한 관세 및 비관세장벽이 점차 낮아지면서 국내 혹은 제3국 생산 후 해외판매라는 수출의 매력성은 줄지 않고 있다. 물론 수입장벽의 증가는 기업으로 하여금 현지생산을 고려하게 한다. 참고로 우리나라의 30대 수출국과 수출입액규모가 <표 8-1>에 정리되어 있다.

1.2 수출의 전략적 동기

수출은 기본적으로 기업성장전략의 일환이다. 기업의 성장은 제품과 시장이라는 두 가지 차원에서 살펴볼 때 <그림 8-1>에서 보는 바와 같이 네 가지 경로에 의해 이루어진다. '시장침투전략'은 기존 시장, 예를 들어 국내시장에서 기존 제품으로 성장을

표 8-1 우리나라의 30대 수출국(2018년 실적 기준, 단위: 천 달러)

순 위	국 가	2018년		2017년		2016년	
		수출액	수입액	수출액	수입액	수출액	수입액
	계	604,859,657	535,202,428	573,694,421	478,478,296	495,425,940	406,192,887
1	중 국	162,125,055	106,488,592	142,120,000	97,860,114	124,432,941	86,980,135
2	미 국	72,719,932	58,868,313	68,609,728	50,749,363	66,462,312	43,215,929
3	일 본	48,622,098	19,643,385	47,753,839	16,176,992	32,630,457	12,495,154
4	홍 콩	45,996,441	1,997,322	39,112,281	1,879,331	32,782,449	1,614,845
5	싱가포르	30,528,580	54,603,749	26,816,141	55,124,725	24,355,036	47,466,592
6	베트남	20,783,511	16,738,374	14,898,398	18,072,988	12,220,455	16,403,201
7	대 만	15,606,221	5,884,707	15,055,543	4,947,847	11,596,286	4,189,284
8	인 도	12,037,254	3,569,396	10,593,713	3,702,312	7,278,420	3,228,542
9	인도네시아	11,782,182	7,974,345	11,651,939	8,904,693	12,458,894	6,806,348
10	멕시코	11,458,233	5,090,068	10,932,591	4,407,479	9,720,804	3,695,371
11	호 주	9,610,425	20,718,640	19,861,647	19,159,711	7,500,743	15,175,870
12	러시아	9,372,657	20,853,971	8,483,847	19,748,687	6,442,963	18,917,005
13	필리핀	8,993,879	10,205,684	8,044,985	8,714,718	7,533,347	7,507,773
14	브라질	8,833,195	11,161,192	8,403,680	9,570,960	6,608,530	8,285,343
15	사우디아라비아	8,504,994	5,582,443	7,467,041	5,204,674	6,481,531	4,562,808
16	마샬 군도	7,320,899	17,504,050	6,906,618	12,039,530	4,768,751	8,640,613
17	태 국	6,358,760	6,809,491	8,121,800	6,319,224	6,288,403	5,212,314
18	말레이지아	5,980,358	1,188,879	6,154,872	781,802	5,385,010	742,405
19	독 일	5,743,231	5,753,279	4,717,661	5,042,593	4,884,917	3,942,541
20	아랍에미리트연합	4,883,693	3,908,060	5,505,232	3,702,337	4,456,543	3,444,723
21	터어키	4,775,167	6,896,946	4,649,290	6,141,584	3,820,901	4,229,489
22	영 국	4,588,472	9,287,378	5,388,883	9,557,058	5,869,962	6,941,053
23	네델란드	4,493,008	6,302,771	3,757,903	5,695,573	3,163,433	5,424,665
24	카나다	4,333,707	673,268	3,116,364	628,246	2,912,120	541,374
25	슬로바키아	3,951,951	26,335,761	5,147,056	19,590,480	5,643,867	15,741,673
26	이 란	3,540,796	5,879,163	2,994,673	5,745,778	2,468,057	5,843,135
27	폴란드	3,246,213	1,496,229	2,795,324	1,273,459	2,426,491	1,073,241
28	이탈리아	3,027,371	2,504,152	2,790,573	1,953,078	2,328,644	2,004,620
29	리베리아	2,874,937	1,629,754	4,678,529	1,287,844	3,509,299	1,656,459
30	파나마	2,719,313	187,508	2,772,780	177,076	2,926,365	219,251

자료원: 국가통계포털(http://kosis.kr)

추구하려는 전략이다. 따라서 매우 빠르게 성장하는 시장이 아닌 한 치열한 경쟁을 수반하게 되며 수익성의 악화로 이어지기 쉽다.

'제품다각화전략'은 기존 시장을 무대로 하되 지속적인 제품다각화를 통해 성장을 추구하는 전략이다. '시장개발전략'은 기존 제품을 중심으로 신규시장, 예를 들어 해외시장에 진출함으로써 성장을 도모하는 전략으로 수출이 여기에 해당된다. '경영다각화전략' 역시 수출을 포함하는데 이는 제품과 시장 모두를 다각화하려는 것이며, 대부분의 기업들은 이 경로를 통해 지속적인 성장을 추구하고 있다. 수출의 전략적 동기를 보다 구체적으로 살펴보면 다음과 같다.

그림 8-1 성장전략의 경로

		시장	
		기존시장	신시장
제품	기존제품	시장침투전략	시장개발전략
	신제품	제품 다각화전략	경영다각화

첫째, 수출을 통해 과잉생산물을 처분하거나 유휴생산시설을 활용할 수 있다. 아울러 보다 적극적으로 대량생산을 통한 규모의 경제(economies of scale)를 추구할 수 있다. 특히 국내시장이 협소한 경우 내수만을 위한 생산규모로는 규모의 경제를 달성할 수 없기 때문에 해외시장진출을 적극적으로 추진하게 된다.

둘째, 수출은 고수익을 달성하는 방편이 되기도 한다. 국내시장이 성숙기에 도달해 있거나 경쟁이 치열할 경우 대개 수익성이 낮아지기 마련인데, 성장기이거나 경쟁이 아직 치열하지 않은 해외시장이 존재한다면 수익성을 추구할 수 있는 좋은 활동무대가 될 수 있다.

셋째, 수출은 시장다각화를 위해 시도될 수 있다. 다양한 시장에 진출할 경우 한 시장에서의 성과가 좋지 않을 경우 다른 시장에서의 높은 성과로 보충할 수 있는 여지가 생기기 때문에 지리적 다변화(diversification)를 통한 위험분산효과를 얻을 수 있다.

넷째, 수출은 시장잠재력을 점검(test)해 볼 수 있는 좋은 기회가 된다. 본격적인 수출을 시작하기 전, 혹은 대규모 자원투입과 위험이 수반되는 직접투자를 결정하기 전에 소규모로 시도되는 수출은 자사제품의 경쟁력이나 시장의 반응을 점검해 보는 방법이 될 수 있다.

다섯째, 앞에서 잠시 언급했지만 수출은 최종판매가 아닌 해외자회사에 대한 원자재나 부품의 공급을 목적으로 이루어지기도 한다. 오늘날 범세계적 차원에서 생산 및 마케팅활동을 전개하는 많은 다국적기업들은 원자재나 부품을 다양한 국가에서 조달하여 전세계에 흩어져 있는 부품 및 조립공장에 보내게 되는데 본사(headquarters)-자회사(subsidiary)간, 혹은 서로 다른 자회사 간에 이루어지는 이러한 수출입을 기업내무역(intra-firm trade)이라 부른다. 물론 최종판매목적의 완제품을 해외의 마케팅 현지법인에 수출하는 형태의 기업내 무역도 가능하다.

02 수출의 전략적 대안

2.1 간접수출과 직접수출

수출은 사전단계로서의 시장조사나 거래처접촉, 계약체결, 그리고 실무적 절차인 통관, 선적, 보험 등 수출관련업무를 기업내부조직인 수출담당부서가 직접담당하느냐, 아니면 외부의 전문업체를 통해 수행하느냐에 따라 간접수출과 직접수출로 구분할 수 있다. <그림 8-2>는 대체적인 수출경로의 주요 유형을 보여주고 있는데 간접수출과 직접수출의 근본적인 차이는 수출과 관련된 업무와 기능을 대신 수행해 주는 외부조직이 국내에 존재하고 있느냐 하는 것이다.

그림 8-2 수출경로의 주요 유형

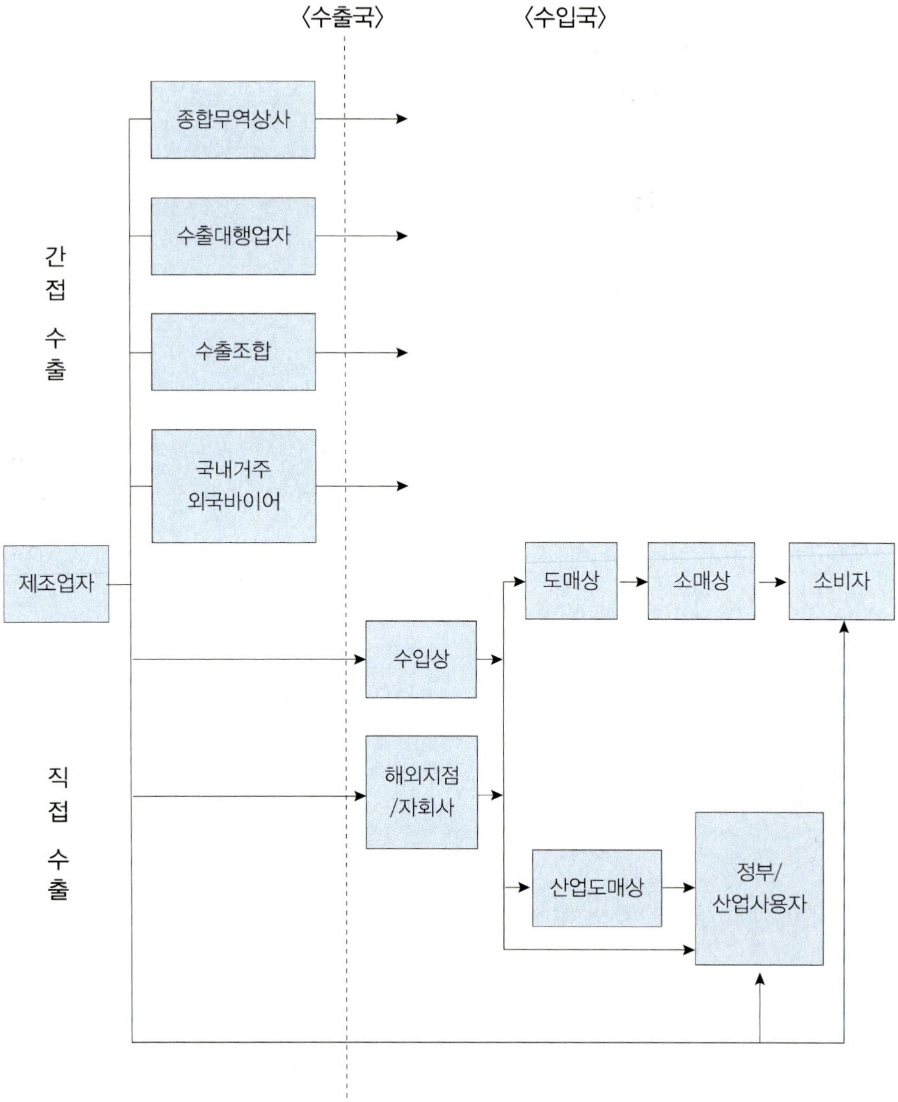

(1) 간접수출

간접수출(indirect export)이란 앞서 말한대로 기업내부에 수출관련 부서를 두고 스스로 수출업무를 관장하는 것이 아니라 국내무역업체나 국내에 들어와 활동하고 있는 외국무역상을 통해 수출업무를 처리하는 방식이다. 따라서 추가적인 인력이나 자본투

표 8-2 간접수출과 직접수출의 비교

유 형	개 념	장 점	단 점
간접수출	국내외의 전문무역업체나 해외 바이어를 통한 수출	• 전문무역업체의 경험과 지식 활용 • 인력과 자본부담 경감	• 경험축적 기회상실 • 해외시장정보 습득기회 제한 • 통제력 약화
직접수출	자체 수출관련 부서(계열무역회사 포함)를 통한 수출	• 국제시장 경험 및 지식축적 • 유리한 계약조건 가능 • 통제력 강화	• 자금 및 인력부담 • 시장정보수집 및 적극적 마케팅 노력 필요

입이 별로없이도 수출을 할 수 있고 전문적인 무역업체를 활용한다는 장점이 있는 반면 경험을 축적하거나 실질적인 해외시장정보에 접할 수 있는 기회는 제한된다 (<표 8-2> 참조).

간접수출은 수출이라는 진입방법 중에서 적극적인 대안으로 고려된다기보다는 직접수출방식을 택하기 어려울 때 사용된다고 보는 것이 일반적이다. 무역실무에 대한 전문적 지식이나 해외시장에 대한 경험이 부족할 경우, 또는 수출물량자체가 얼마 되지 않을 경우에 직접수출업무를 담당한다는 것은 현실적으로 어렵거나 경제적이지 못하며 이 때 간접수출이 차선책으로 고려되는 것이다. 우리나라에서 간접수출의 주요 창구로 활용되어 온 전문수출업체로 종합무역상사가 있는데 이에 대해서는 잠시 뒤에 간략히 설명하기로 하자.

(2) 직접수출

직접수출(direct export)은 제조업체 자체의 수출관련 부서나 계열무역회사를 통해 수출업무를 직접수행하는 방식이다. 따라서 그만큼 추가적인 자금, 인력, 시간적 노력이 필요하며 적극적인 시장정보수집과 마케팅노력이 요구된다. 수출활동이 보편화되어 있는 오늘날에는 대기업은 물론 중소규모의 기업들도 이 직접수출방식을 택하고 있는 경우가 많다.

그러나 수출국내에서의 수출관련업무를 자체적으로 해결한다는 점에서는 똑같은 직접수출이지만 현지수출시장에 어느 정도 적극적으로 개입하느냐 하는 것은 그 다음 단계의 문제로서 그 개입정도의 폭은 매우 넓은 편이다. 구체적인 마케팅활동과 노력의 정도는 차치하고 조직, 혹은 유통경로측면에서만 본다면 직접수출은 크게 두 가지 유형으로 구분할 수 있다 (<그림 8-2> 참조).

그 하나는 현지의 수입상에 수출하는 것으로 일단 현지시장에의 직접적인 개입을 끝내는 것이다. 이 경우 수출시장에서의 성패는 얼마나 유능한 수입상과 거래하느냐에 많은 영향을 받는다. 따라서 적절한 현지유통업자를 선정하는 것이 매우 중요하다. 다른 하나의 유형은 현지시장에 보다 적극적으로 개입하는 것으로서, 수출시장국에 판매지점(branch)이나 자회사(subsidiary)형태의 마케팅법인을 설치하여 현지유통을 포함한 마케팅활동을 수행하도록 하는 것이다. 현지시장에의 개입정도가 높은 만큼 책임과 위험의 범위도 커지며 시장조사나 시장정보수집의 필요성도 커지게 된다.

(3) 종합무역상사

위에서 잠시 언급한 대로 종합무역상사(GTC, general trading company)는 수출입을 전문적으로 대행해 주는 업체로서 우리나라에서는 1975년 정부의 수출주도정책에 의해 수출지원을 목적으로 설립되었다. 과거 국제경험을 갖춘 전문인력이나 기업이 부족한 상태에서 종합무역상사는 우리나라의 수출을 주도적으로 이끌어 경제성장의 견인차 역할을 해온 것이 사실이다. 그러나 많은 제조업체들이 국제경험 및 수출경험을 축적하면서 대행수수료 부담이 따르는 종합상사를 활용하는 대신 직접수출업무를 처리하게 되면서 종합무역상사의 역할과 기능이 상당히 축소되고 있는 것이 요즈음의 현실이다.

우리나라의 종합무역상사는 일본의 총합상사(總合商社, sogo shosha)를 모델로 설립된 것으로 알려지고 있는데, 수출, 수입, 내수, 3국간 거래[1)]등을 골고루 균형있게 발전시켜온 일본과 달리 우리나라의 종합상사는 정부의 수출드라이브 정책에 따라 수출위주로 발전해 왔다. 사실은 이러한 수출위주전략이 오늘날 우리나라 종합상사가 어려움을 겪고 있는 중요한 이유가 되기도 한다. 일반 제조업체는 물론 그룹내의 계열제조업체조차 종합상사에게 수출을 대행시키기보다는 자체적으로 해결하려는 경향이 늘고 있기 때문이다. 따라서 최근의 우리나라 종합상사들은 전세계적인 조직망과 정보망을 활용하는 3국간 거래, 자원개발, 대형연계 프로젝트추진 등을 통해 활로를 모색하고 있

---

1) 3국간 거래란 자국이 아닌 다른 두 나라 사이의 생산자(판매자)와 수요자(구매자)를 연결하여 수출입을 성사시키고 담당하는 것을 말한다. 예를 들어 우리나라의 무역업체가 베트남산 철강을 현지에서 바로 미국으로 수출하도록 한다면 3국간 거래가 된다.

는 중이다.

2.2 고유상표와 주문자상표부착에 의한 수출

(1) 고유상표와 주문자상표수출의 개념

수출을 상표(brand)전략과 관련하여 구분하면 고유상표에 의한 수출과 주문자, 즉 바이어가 요구하는 상표를 부착하여 수출하는 방식으로 나누어 볼 수 있다. 고유상표 수출은 말 그대로 기업이 생산한 제품에 자체상표를 부착하여 수출하는 것으로서, 자신의 이름으로 자신의 책임하에 생산 및 수출마케팅 활동을 하게 된다. 따라서 제품에 대한 시장의 반응이 기업에 직접적으로 연계되어 나타나는 만큼 제품의 품질수준은 물론 브랜드파워(brand power)를 포함한 마케팅능력과 마케팅활동을 뒷받침할만한 인적, 물적자원이 전제되어야 한다. 자체적인 의사결정범위가 넓고 책임과 능력이 필요한 만큼 일반적으로 높은 수익성을 기대할 수 있다.

반면에 주문자상표, 즉 OEM 상표(original equipment manufacturer's brand)에 의한 수출은 다른 제조업체나 유통업체가 요청하는 제품설계 및 명세(specification)에 따라 생산하여 그 주문자의 상표로 수출하는 것을 말한다. 따라서 제품개발이나 마케팅활동보다는 주문에 의한 생산활동에 기업의 관심과 능력이 집중되며, 최종소비자는 해당 제품의 상표 소유자가 아닌 생산기업과의 직접적인 연계관계를 인식할 수 없게 된다.

(2) 주문자상표수출의 의의 및 한계

국제적인 마케팅능력이 부족한 상태에서 수출이나 대량생산이 가능할 수 있다는 점에서 OEM 상표도 나름대로의 장점을 가지고 있다. 특히 시장개척초기에는 판매경로 및 시장에 대한 접근이 쉽지 않기 때문에 OEM방식은 적절한 시장개척수단이 될 수 있다. 그러나 최종 소비자들로 구성된 실질적인 시장기반구축이 불가능하다는 점과 협상력의 열세로 인해 불리한 거래조건과 낮은 수익성을 감수해야 한다는 점에서 궁극적으로 OEM상표는 특별한 경우를 제외하고는 바람직한 선택이 될 수 없다. 주문자가 항상 조달가격, 즉 생산업체의 수출가격에 민감하게 대응하며 공급업체전환을 무기로 가격협상에서 유리한 입지에 서는 것이 일반적이기 때문이다. 결국 자신이 직접마케팅 및 판매활동을 수행하지 않기 때문에 해외주문자에 대한 의존도가 심화되고, 경로 내에서의 협상력도 낮아질 수밖에 없다. 주문자상표에 의한 수출은 향후 고유상표로의 전환을 염두에 둘 경우 자신의 잠재적 시장을 미리 다른 업체의 상표로 잠식해 놓는 결과를 낳을 수도 있다.

많은 우리 나라 기업들이 해결해야 할 시급한 국제마케팅과제 중의 하나가 바로 OEM상표로부터 고유상표로 전환하는 일이다. 기업이 고유브랜드를 부착하고 성공을 거두기 위해서는 자체적인 기술력을 바탕으로 하는 제품력이 뒷받침되는 것은 물론 최고경영자의 강력한 의지 또한 대단히 중요하다. 규모가 그리 크지 않으면서도 고유브랜드로 국제적 입지를 구축해 가고 있는 홍진HJC(오토바이 헬멧), CAS(전자저울), YG－1(금속절삭공구), 락앤락(밀폐용기), 영안모자(모자), 쓰리세븐(손톱깍이) 등은 바로 이러한 점을 실례로 보여주고 있다.

수세적이고 종속적인 하청업자 관계가 아닌 상태에서의 OEM수출은 전략적 제휴의 일환으로 활용될 수도 있다. 제품력과 기술력이 협상력(bargaining power)의 원천이 되어 대등한 관계속에서 유통 및 마케팅능력이 있는 기업과 협력할 수 있는 것이다. 노스페이스(Northface) 제품의 40% 정도를 OEM으로 공급하는 영원무역이나 역시 의류제품을 전세계 주요 바이어에 공급하는 한세실업 등이 대표적인 예다(<8장 도입사례> 참조).

2.3 대응무역

일반적인 국가간의 거래, 즉 수출입거래는 각각의 개별적인 거래에 대해 대금이 결제됨으로써 완결되는 것이 원칙이다. 그러나 외화(hard currency)의 부족, 공장이나 시설물구입시 그 산출물의 판로위험 등의 이유로 직접적인 대금지급 이외의 의무를 거래상대방에게 요구하는 경우가 있다. 이러한 형태의 거래, 즉 판매자가 구매자에게 제품이나 서비스를 제공하고 그 대가로 제품이나 서비스를 받거나, 구매할 것을 약속하거나, 어떤 다른 형태의 기여를 제공할 것을 약속하는 거래를 대응무역(countertrade), 혹은 구상무역이라고 한다.

그림 8-3 대응무역의 유형분류

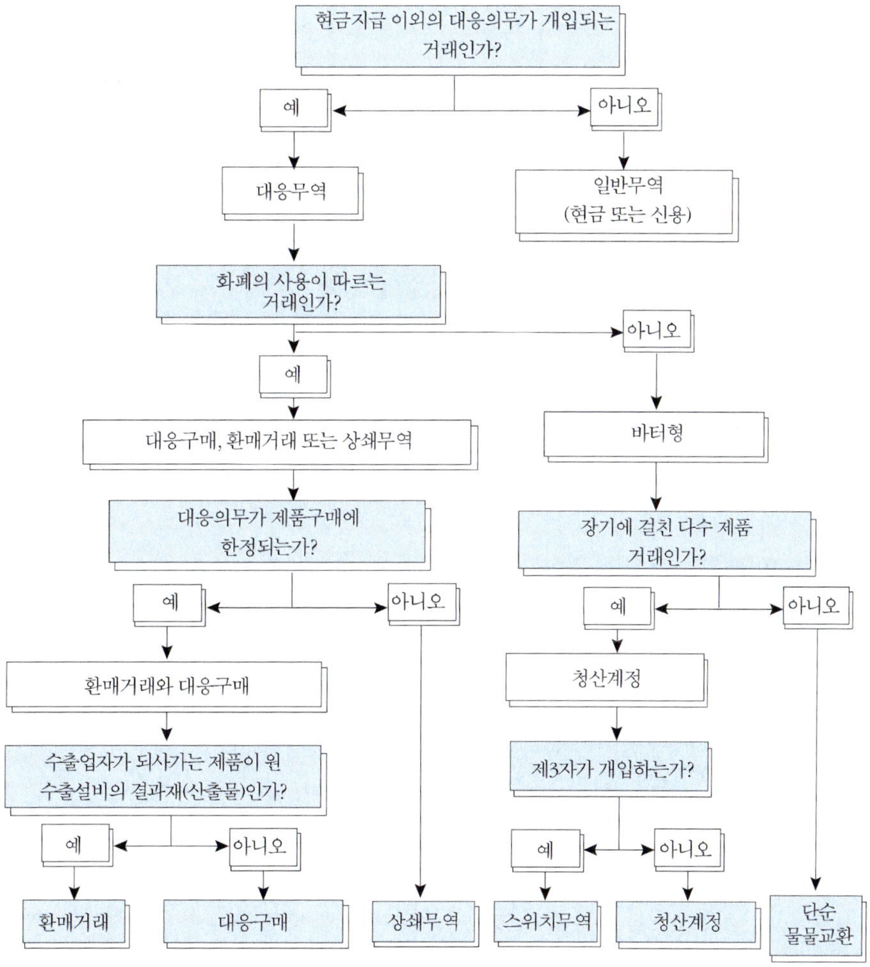

자료원: Jean-Francois Hennart, "Some Empirical Dimensions of Countertrade," *Journal ofInternational Business Studies*, Vol. 21, No. 2, 1990, p. 245.

대응무역은 크게 단순물물교환(simple barter), 청산계정(clearing arrangement), 스위치무역(switch trading), 환매거래(buy-back), 대응구매(counterpurchase), 상쇄무역(offset) 등으로 구분된다. 앞의 세 가지는 개별적인 거래에 대해 대금지급없이 물물교환이 이루어진다는 공통점이 있으며, 뒤의 세 가지는 원래거래에 대해서는 일단 대금지급이 이루어지지만, 원래 거래에서의 판매자가 다른 형태의 대응의무를 진다는 공통점이 있다(<그림 8-3> 참조).

(1) 단순물물교환(simple barter)

단순물물교환, 혹은 바터무역이란 가장 초보적인 대응무역의 형태로서 화폐를 사용하지 않고 재화나 용역을 직접맞교환하는 것을 말한다. 매 거래마다 맞교환할 재화나 용역의 종류와 수량을 정하는 계약이 이루어지며, 주로 경화(hard currency)가 부족한 국가의 요청에 의해 이루어지는 경우가 많다.

(2) 청산계정(clearing arrangement)

청산계정은 넓은 의미의 바터무역의 한 형태로서 일정 기간 동안 단일계약에 의해 재화나 용역을 교환하고, 기간이 만료되는 시점에서 서로 교환한 재화나 용역의 가치에 차이가 있을 경우 그 차액을 정산하는 방식을 말한다. 차액정산은 경화로 이루어질 수도 있고 추가적인 재화나 용역의 제공으로 이루어질 수도 있다. 단순물물교환의 경우 매 거래마다 계약이 이루어지는 데 비하여 청산계정에 의한 바터거래는 일정 기간 동안 단일계약에 의해 다수의 교환이 이루어지고 차액만을 기간만료시에 정산한다는 차이가 있다.

(3) 스위치무역(switch trading)

스위치무역은 청산계정거래에 제3자가 개입하는 형태로 이루어진다. 기간만료 후 차액을 양 당사자 간에 정산하는 것이 아니라 제3자에게 양도하는 것이다. 청산계정상의 흑자국(혹은 채권국) A는 적자국(채무국) B로부터 재화나 용역을 제공받을 수 있는 권리(청산계정상의 차액)를 제3자에게 양도한다.

이 권리를 취득한 제3자(스위치교역상)가 이를 처리하는 방법은 다양하게 나타날 수 있다. 한 예로 C국으로 하여금 B국 제품을 구매하도록 하고 그 대금은 자신이 수취하여 수수료를 제외하고 이를 원래의 채권국인 A에게 지급할 수 있을 것이다. 혹은 C로부터 수취한 대금을 바로 A국에 지급하는 것이 아니라, A국이 원하는 제품을 공급할 수 있는 D국에 지불하고 그 대신 D국이 A국에 그 제품을 공급하게 할 수도 있다.

(4) 환매거래(buy - back)

환매거래는 수출자가 기술이나 플랜트 등을 수출하고 그 설비로부터 생산된 제품 중 일정량을 구매할 것을 약속하는 거래형태다.

기술이나 플랜트수출, 즉 원거래에 대해서는 일단 대금지급이 이루어지며, 수출자는 자신이 수출한 기술 및 설비로부터 생산된 산출물을 구매하는 대응의무를 지게 된다. 수출자가 산출물구매를 약속함으로써 플랜트를 수입한 업체나 국가는 플랜트 및 산출물품질에 대한 불안감을 덜 수 있고, 판로개척에 대한 부담도 덜게 된다.

(5) 대응구매(counterpurchase)

대응구매 역시 원 거래와 대응거래 모두 대금지급이 각각 경화로 이루어진다는 점에서는 환매거래와 동일하다. 그러나 환매거래의 경우 원거래의 수출자가 구매하는 제품이 자신이 수출한 설비로부터 생산된 제품인 데 비하여, 대응구매의 경우 자신이 수출한 플랜트나 제품과 관련이 없는 제품을 구매한다는 점에서 차이가 난다.

대개 원거래의 수입자는 수출자에게 요구할 대응구매품목리스트(shopping list)를 작성하여 제시하며, 원거래의 수출자는 그 리스트중에서 대응구매품목을 선정하여 구매하게 된다.

(6) 상쇄무역(offset)

상쇄무역은 원거래의 수출자가 대응의무를 진다는 점에서 환매거래 및 대응구매와 유사하지만, 그 대응의무의 내용이 특정재화나 용역의 구매에 국한되지 않는다는 점에서 다르다. Offset 거래는 무기구입과 관련하여 발생하는 경우가 많은데 전투기, 탱크 등의 무기를 구매하는 국가에서 수출자에게 어떤 형태로든 대응의무나 기여를 요구하게 된다. 이러한 대응의무의 대표적인 예로는 현지조립, 현지부품조달, 기술이전 등이 있으며 일반적인 재화나 용역의 구매를 요구하기도 한다. 우리나라 정부의 무기구입도 대개 상쇄무역의 형태로 이루어지는 경우가 많다.

03 수출업무의 실무적 절차

수출입업무는 기본적인 이론적 토대와 함께 실무적 지식과 경험이 많이 요구되는 분야다. 여기서는 수출업무를 중심으로 기초개념과 실무적 절차 등을 간략히 설명하도록 하겠다.

3.1 수출의 일반적 절차

(1) 사전조사 및 거래제의

이미 기존의 거래선(수입업체)이 있거나 상대방의 적극적 수입요청에 의하는 경우를 제외하면 수출활동은 시장조사 및 거래처 발굴로 시작된다. 이는 기업이 직접 담당하기도 하지만, 특히 중소업체의 경우에는 한국무역협회, 대한무역투자진흥공사(KOTRA), 한국무역보험공사 등 외부무역관련 기구를 활용하는 경우가 많으며 주한외국대사관이나 개별국가의 상공회의소도 정보창구가 될 수 있다.

잠재적인 거래선 명단이 작성되면 회사 및 거래희망내용을 간략히 소개하는 자기소개서나 거래제의서(circular letter, 혹은 business proposal)를 발송한다. 이를 받은 상대방중 관심이 있는 업체가 문의사항을 제기하면 이에 대해 답신하는 조회(inquiry) 과정을 거치게 되며, 아울러 상대방의 신용상태를 확인하는 신용조사(credit inquiry)를 해야 한다.

국제경영 이야기 8-1

오늘 만든 우유, 이틀 만에 중국 안방배달

"페리호 위동이 어제 오후 5시 인천 연안부두를 출발해 오늘 오전 10시 신선한 우유를 싣고 칭다오(靑島)항에 도착했어요. 대관령 목장에서 짠 우유가 이튿날 아침 서울가정에 배달되는 것과 크게 다르지 않아요." KOTRA 칭다오무역관 P 대리의 말이다. 잠시 뒤 우유를 실은 냉장트럭이 칭다오시내와 베이징, 상하이 등지로 출발했다. 이 우유는 중국 시장에서 국내가격의 두 배가 넘는 가격으로 팔린다. 특히 지난해 9월 터진 멜라민 우유사태 이후 한국산 신선제품 수요가 늘면서 국내 우유업계가 중국시장 공략에 적극 나서고 있다.

[서울우유가 중국으로 가는 과정]
(인천항 → 상하이)

칭다오 도착 3일 전	선적서류 도착(서울 본사 → 칭다오 세관), 통관 절차 시작
도착 1일 전	서울우유 생산, 인천항 선적
도착 당일	09:00 선박 도착(인천항 → 칭다오항) 10:00 하역 10:30 선적 리스트 검사 13:00 제품 검사(해관원) 15:00 샘플 채취 정밀검사 16:00 통관 완료 17:00 유통업체, 제품 인수 20:00 칭다오 발송(냉장트럭)
도착 이튿날	10:30 상하이 도착 12:30 상하이 상점 도착

우유는 그동안 중국 시장진출이 근본적으로 불가능했다. 보통 통관에 4일, 상품검사에 9일이 소요돼 제품을 넘겨받는 데 아무리 빨라도 13일 이상 걸렸기 때문이다. 유통기한이 최장 9일 가량인 신선우유는 통관도 마치기 전에 폐기해야 할 판이었다. 그런데 서울우유는 어떻게 이런 문제점을 극복할 수 있었을까? 바로 KOTRA 물류센터 덕택이다.

칭다오 무역관이 우유통관에 관심을 보인 것은 2008년 5월. KOTRA는 약 2개월간 해관(海關·세관)과 상품검사국 등을 쫓아다니며 방법을 모색하던 중 사문화돼 있던 '집중통관 신고제도'를 발견했다. 부패하기 쉽거나 긴급을 요하는 품목은 우선통관이 가능하다는 규정이었다. KOTRA의 인지도와 신뢰를 높이 평가한 칭다오 해관은 마침내 한국산 신선제품에 이 제도를 적용하기로 했다. 상품이 도착하기 전에 세관은 미리 특급우편으로 전달받은 화물서류를 기초로 필요한 서류작업을 시작한다. 화물이 도착하면 곧바로 검수 · 검역이 이뤄진다. KOTRA 칭다오 무역관장은 "13일 이상 걸리던 통관작업이 하루만에 가능해졌다"며 "이로써 중국은 한국의 우유뿐만 아니라 고추장, 심지어 배추까지 팔 수 있는 가까운 시장이 됐다"고 말했다.

자료원: 중앙일보, 2009년 3월 30일 기사내용을 수정·편집함

국제경영 이야기 8-1

한국산 흰우유, 중국수출 재개 '청신호'

원유과잉공급으로 분유 재고량이 사상 최대치를 기록하고 있는 가운데, 지난해 중단됐던 중국수출이 재개되면 벼랑 끝에 내몰렸던 낙농가와 유업계의 숨통이 어느정도 트일 전망이다. 특히 중국내에서 '명품 우유'로 대접받는 한국산 우유가 수출되면 'K-푸드'의 세계화 첨병역할을 톡톡히 할 것으로 점쳐지고 있다.

중국 정부, 국내 5개사 실사: 한국산 우유의 수출 재개 여부를 위해 중국 실사단이 현재 국내유업체들의 생산공장을 방문 실사 중에 있다. 서울우유 경남 거창 공장을 시작으로 매일유업(전북 고창), 데어리젠(강원 원주), 삼양식품(강원 원주), 연세우유(충남 아산) 순으로 실사가 이뤄진다. 우유수출을 위해 실사를 신청한 5개 업체외에도 기존 발효유와 커피제품을 중국에 수출하고 있는 동원F&B(전북 정읍)와 남양유업(충남 천안)도 후속 점검차원에서 방문한다.

중국 정부는 2014년 5월 한국산 흰우유(살균유)에 대해 전면 수입을 금지시켰다. 한국 우유가 중국 정부에서 규정한 살균기준에 적합하지 않다는 이유에서다. 중국 정부는 살균유의 기준을 HTST(high temperature shot time) 살균공법에 의해 생산된 우유로 한정하고 있다. HTST 공법이란 75도 이상에서 10분 내외로 살균하는 공법을 의미한다. 살균온도가 132도가 넘게되면 멸균유에 해당한다. 하지만 중국의 기준과 달리 국내 살균유는 UHT(ultra-high temperature) 살균 공법(130도 이상에 1~2초간 살균)으로 생산된다.

이같이 대중국수출이 전면 중단되면서 국내유업계는 농림축산식품부 주최하에 중국 정부가 요구하는 위생기준에 맞는 살균유를 시험생산한 후, 관련 데이터를 보내 중국정부의 심사를 받아왔다. 국내 우유소비 감소로 분유 재고량이 사상 최고치를 기록하고 있는 가운데, 낙농가와 유업계가 생존을 위해서는 중국수출이 필수적으로 이뤄져야 하기 때문이다.

유업계, 중국수출 낙관: 일단 유업계는 중국수출 재개에 대해 낙관적으로 전망하고 있다. 이미 시험생산 데이터를 중국정부에 보내 서류심사를 통과했고, 이번 실사는 최종 확인차원에서 방문했다고 보고 있다. 농림축산식품부도 중국정부에 최대한 빠른 수출재개를 요구하고 있어, 실사가 성공적으로 이뤄지면 수개월 이내로 수출이 이뤄질 전망이다. 업계관계자는 "실사가 마지막까지 이뤄져야 결정이 되겠지만, 중국 정부가 국내유업체들이 시험생산한 데이터에 만족해 한 것으로 알고 있다"며 "업계에서는 대중국 수출재개를 시간문제로 보고 있다"고 말했다. 수출재개는 공급 과잉고민에 빠진 국내유업계의 새로운 돌파구가 될 것이라는 분석이다.

지난해 수출이 중단되기 전까지 중국에서 한국산 우유는 '명품 우유'로 불려지며 6000원 이상(1ℓ)에 팔렸다. 연세우유는 연간 200억원 가량 수출을 했으며, 서울우유도 60억원에 이르렀다. 때문에 내수 시장에서의 재고부담을 해결할 수 있는 가장 큰 방안으로 떠오르고 있다. 출산율 저하와 우유를 대체할 수 할 수 있는 식품들이 넘쳐나면서 국내의 우유 소비량이 점차 감소하고 있기 때문이다.

자료원: 아주경제 2015년 1월 28일 기사내용을 수정 · 편집함

(2) 청약 및 승낙

청약(offer)이란 매도인(매수인)이 매수인(매도인)에게 일정한 조건으로 매매계약을 체결하고 싶다는 의사를 제시하는 것을 말하며, 매도청약(selling offer)과 매수청약

(buying offer)으로 구분된다. 청약을 받은 상대방은 이를 거절할 수 있으며 일부 수정 후 다시 제의하는 반대청약(counter offer)의 과정을 여러 번 되풀이할 수도 있다. 원청약이든 반대청약이든 상대방이 이를 수락하는 것을 승낙(acceptance)이라 하는데, 승낙은 청약의 모든 조건에 동의하는 것을 말하며 계약을 성립시키고자 하는 의사표시이다. 따라서 청약과 달리 승낙은 취소될 수 없다.

(3) 계약체결

청약과 반대청약, 그리고 승낙의 과정을 통해 합의된 무역거래조건은 계약체결(contract) 과정을 통해 확정된다. 수출입계약서에 일반적으로 포함되는 내용은 잠시 뒤에 설명하기로 하자.

(4) 통관 및 선적

수출계약이 체결되면 이제 계약의 이행과정이 이어진다. 수출계약의 이행은 결국 수출물품의 인도와 대금의 회수과정이라고 볼 수 있는데, 구체적인 인도방법과 대금회수방법은 물론 본 계약에 명시되어야 한다. 수출물품을 해상으로 운송할 경우 수출통관과정을 거쳐 선적이 완료되면 선하증권(B/L, bill of lading)이라는 선적서류를 받게 되는데 이것은 뒤에 설명할 신용장과 함께 수출대금회수과정에 꼭 필요한 부속서류다. 선하증권은 운송계약을 증빙하는 운송품의 선적 및 수취의 증거서류이며, 운송품에 대한 재산권이 인정되는 권리증권이다. 선하증권은 최종적으로 수입업자에게 전달되어 운송회사로부터 물품을 찾는 데 사용된다.

(5) 대금회수

수출통관 및 선적이 완료되면 수출업자는 제반서류를 갖추어 이를 거래 외국환은행에 제시하는, 이른바 네고(Nego, negotiation)과정을 통해 수출대금을 회수한다. 계약에 명시된 구체적인 대금결제방법에 따라 다르지만 수출업체로부터 선적서류를 입수한 수출업자의 거래은행은 이를 수입국에 위치한 수입업체의 거래은행(신용장 개설은행)에 송부하고 수출대금을 상환받게 된다. 또한 수입업체는 수입대금을 자신의 거래은행에 지불하고 선적서류를 받아 수입물품을 찾음으로써 수출절차가 완료되게 된다. 대표적인 결제방법과 신용장 등에 대해서는 뒤에서 다시 설명할 것이다.

3.2 수출(입)계약의 기본내용

무역계약은 구두로 이루어져도 성립되지만 계약내용을 명확히 하고 향후에 있을지도 모를 분쟁에 대비하기 위해서는 문서화하는 것이 바람직하다. 무역계약도 계약자유의 원칙에 따라 계약당사자의 합의에 따라 그 내용을 정할 수 있다.그러나 계약이행과 관련된 모든 사항을 구체적으로 명시하는 것은 현실적으로 불가능하기 때문에 정형화된 국제무역관습을 따르기도 한다.

무역계약조건의 대표적 예로는 품질조건, 수량조건, 가격조건, 포장조건, 선적조건, 보험조건, 지급조건 등이 있다. 품질조건은 제품품질의 결정방법 및 시기, 품질의 증명방법 등을 명시하는 조항이며, 수량조건은 수량의 단위와 수량의 검사(결정)시기 등을 규정한다. 가격조건은 표시통화와 가격에 포함되는 수출입비용의 여러 항목들을 수출업자와 수입업자 중 누가 부담하느냐를 정한다. 비용과 위험을 누가 부담하느냐를 정형화해 놓은 것이 Incoterms상의 정형거래조건인데 이에 대해서는 잠시 뒤에 설명하기로 하자. 포장조건은 포장의 방법과 각종 식별표시 등을 명시하며 선적조건에는 선적시기와 방법 등이 포함된다. 보험조건에는 담보위험과 기간, 보상범위 등 선적화물의 보험과 관련된 사항이 포함되며, 지급조건은 지급시기와 방법 등 수출입대금의 결제와 관련된 사항을 규정한다. 지급조건에 대해서도 잠시 후에 좀 더 상세히 설명할 것이다.

이 외에도 무역계약서에는 분쟁의 처리와 관련된 사항을 포함시키는 것이 바람직하다. 계약의 일부 혹은 전부가 이행되지 않아 손해를 입은 당사자가 클레임(claim)을 제기하는 방법과 기한을 명시하는 클레임조항이나, 분쟁해결과 관련된 중재(arbitration)조항과 준거법(governing law) 등도 명시할 수 있다.

3.3 INCOTERMS

무역계약서에 구체적으로 명시되지 않는 조건은 대부분 국제적인 무역관습을 따르게 된다. 이러한 관습의 통일을 위해 국제상업회의소(ICC, International Chamber of Commerce)가 정형화된 거래조건을 정하고 각각에 대하여 해석규칙을 제정하였다. 이것이 바로 '국내 · 국제무역조건의 사용에 관한 ICC규칙(ICC Rules for the Use of Domestic and International Trade Terms)'으로 INCOTERMS(International Commercial Terms)라고 불리고 있으며, 1936년에 제정된 후 대략 10년 주기의 개정을 거쳐 현재는 INCOTERMS 2010이 사용되고 있다.

INCOTERMS는 가격조건과 인도조건기능을 가지고 있다. 계약가격에 포함되는 부대비용의 범위와 매매당사자 간의 권리의무이전시점을 나타내기 때문이다. INCOTERMS 2010에는 11가지의 정형거래조건이 포함되어 있는데 이를 간략하게 정리하면 <표 8-3>과 같으며, 이 중 실무에서 대표적으로 사용되는 FOB와 CIF조건에 대해 설명하면 다음과 같다.

(1) FOB(Free on Board, 본선인도) 조건

FOB란 물품이 지정선적항에서 본선에 선적될 때까지의 모든 위험과 비용을 매도인이 부담하는 조건으로 해상운송 또는 내수로 운송에만 사용된다. 따라서 운송비, 보험료, 수입통관 절차 및 비용은 매수인이 부담하며, 수출통관절차 및 비용은 매도인부담이다.

(2) CIF(Cost, Insurance and Freight, 운임보험료 포함인도) 조건

CIF란 선적항에서 물품을 본선에 인도할 때까지의 모든 관련비용과 목적항까지의 운임 및 보험료를 매도인이 부담하는 조건이다. 다만, CIF에서 매도인은 단지 최소조건으로 부보하도록 요구될 뿐이어서 보다 넓은 보험의 보호를 원한다면 매수인은 매도인과 명시적으로 그렇게 합의하든지, 아니면 스스로 자신의 추가보험을 들어야 한다.

운임과 보험료를 매도인이 부담하므로 수출가격이 동일하다면 FOB 조건보다 CIF 조건이 수출업자에게 비용면에서 불리하다. 운임과 보험료는 매도인이 부담하지만 매

표 8-3 Incoterms 2010의 주요 내용(매도인과 매수인의 위험 및 비용부담)

	유 형	매도인	수출통관	지정 장소 또는 터미널	선적항	선 상	목적항	지정장소 또는 터미널	수입통관	매수인 (수입자)
모든 운송 수단	EXW(Ex Works) 공장인도									
	FCA(Free Carrier) 운송인인도									
	CPT(Carriage Paid To) 운임지급인도									
	CIP(C & Insurance Paid To) 운임보험료지급인도									
	DAT(Delivered At Terminal) 도착터미널인도									
	DAP(Delivered At Place) 도착장소인도									
	DDP(Delivered Duty Paid) 관세지급인도									
해상 및 내수로 운송	FAS(Free Alongside Ship) 선측인도									
	FOB(Free On Board) 본선인도									
	CFR(Cost & Freight) 운인포함인도									
	CIF(C, Insurance & Freight) 운임보험료포함인도									

주: 음영처리된 부분이 메도인의 부담을 나타내며 각 유형의 위 부분은 위험부담을, 아래 부분은 비용부담을 의미함

자료원: LEMAN USA(www.lemanusa.com) 자료를 수정 · 편집함

도인의 위험부담은 선적항에서 물품이 본선에 선적되는 시점에서 끝난다.

3.4 지급조건

수출입계약의 핵심적 내용은 해당 물품을 안전하게 인도하고 그 대금을 확실하게 받는 것이다. 수출업자 입장에서는 매수인(수입업자)이 멀리 떨어져 있고 신용상태를 확신할 수 없는 경우가 많아 지급조건을 명확히 해 놓을 필요가 있다. 수출업자는 미리 대금을 받은 후에 물품을 보내는 것이 가장 안전하고, 수입업자는 물품을 받은 후에 대금을 지급하는 것이 가장 안전하겠지만, 현실적으로는 어느 방법도 가능하지 않아 다른 형태의 다양한 결제방법들이 사용되고 있다.

(1) 지급조건의 유형

지급조건은 우선 그 시기에 따라 선지급, 동시지급, 후지급 또는 연지급 등으로 구분된다. 선지급은 물품의 인도전에 대금을 지급받는 방식으로 실무상 자주 사용되지는 않는다. 동시지급은 약정된 물품이나 서류를 인도할 때 대금지급이 이루어지는 것으로서, 실제로 많이 사용되는 방법으로는 서류가 은행을 통해 제시될 때 대금이 지급되는 지급도(D/P, document against payment)방식과 일람출급 신용장(Sight L/C)방식이 있다.

지급조건을 그 방법에 따라 구분하면 현금, 수표송금, 환(transfer)결제, 환어음(bill of exchange)방법 등이 있다. 환어음이란 채권자(수출업자)가 채무자(수입업자) 혹은 그 거래은행을 지급인으로 하여 발행하는 어음으로서, 수입업자를 지급인으로 하는 경우는 다음에서 설명하는 것처럼 지급도(D/P)와 인수도(D/A, document against acceptance)로 구분된다. 한편 수입업자의 개설은행을 지급인으로 하여 환어음을 발행하는 경우는 그 은행이 지급을 확약하는 신용장(L/C, letter of credit)을 기초로 하는데 신용장에 대해서는 잠시 뒤에 좀 더 상세히 설명하기로 하자.

(2) D/P와 D/A 조건

D/P와 D/A 조건은 위에서 설명한 대로 수입업자를 지급인으로 하여 환어음을 발행하고 이를 은행을 통해 추심(collection)하는 대금결제방법이다. 수출상은 신용장없이 매매계약에 따른 물품을 먼저 선적하고, 선적서류(B/L 등)에 수입상을 지급인으로 하여 발행한 환어음을 첨부하여 자신의 거래은행(추심의뢰은행)을 통해 수입업자의 거래은행(추심은행)에 추심을 의뢰한다. 수입업자의 거래은행은 추심환어음과 선적서류가 도착하였음을 수입업자에게 통지하고, 수입업자가 대금을 바로 지급하거나(D/P 조건의 경우) 지급을 약속하는 인수(acceptance)를 하면(D/A 조건의 경우) 선적서류를 넘겨준다. 대금을 결제한(혹은 결제를 약속한) 수입업자는 선적서류를 가지고 운송업자로부터 물품을 수령하고 수출업자는 추심은행과 추심의뢰은행을 통해 수출대금을 수령한다.

D/P 및 D/A 조건은 은행이 대금지급을 약속하는 것이 아니라 추심절차를 대행해주는 역할만 하므로 수출대금의 확보측면에서는 미흡할 수 있다. 수입업자가 대금지급이나 인수를 거절하면 추심이 불가능하기 때문이다. 물론 이 경우 선적서류가 수입업자에게 인도되지는 않기 때문에 물품까지 잃을 염려는 없다. 그러나 오늘날 거래방식이 다양해지고 국제적인 상호신용상태가 향상되면서, 그리고 다국적기업의 국제적 내부거래(intra-firm trade)가 증가함에 따라 추심결제방식의 비중이 점차 늘어가고 있는 추세다. 신용장개설에 따른 번잡성과 비용부담도 이러한 추세의 한 원인이다.

3.5 신용장

D/P와 D/A 조건은 수입업자를 지급인으로 하여 환어음을 발행하는 것이고, 따라서 수입업자의 대금지급 보장성이 떨어진다는 점은 이미 설명한 바 있다. 이 문제를 해결해 주는 것이 바로 신용장(L/C, letter of credit)이다. 신용장은 수입업자(개설의뢰인)의 거래은행(개설은행)이 일정한 조건하에 수출업자(수익자)에게 신용장 상의 금액을 지급하겠다고 약속하는 편지로서, 수출업자나 그의 지시를 받은 거래은행(매입은행)이 신용장에 명기된 조건과 일치하는 서류(B/L, 보험증권 등)를 제시하면 신용장 개설은행이 그 대금을 지급한다.

신용장에 의한 거래는 수입상의 신용과 관계없이 개설은행의 신용으로 대금지급이 약속되므로 수출업자입장에서는 대금회수가 확실한 방법이다. 추심과정을 거치는 D/P, D/A방법과 달리 선적 후 수출자 소재지은행에서 바로 대금을 회수할 수 있으며, 수출물품제조에 필요한 무역금융을 활용할 수 있다는 장점도 있다. 수입업자입장에서는 대금지급이 확실하다는 것을 근거로 가격협상에서 유리한 입장에 설 수 있으며, 신용장에 최종선적일과 유효기일이 명시되어 있어 계약상품이 적기에 도착하는 것을 확신할 수 있는 장점이 있다. 반면에 일반적으로 물품인도 전 개설은행에 일정금액을 예치해야 하기 때문에 자금부담이 있게 된다. 또한 수출자가 실제로 물품을 선적하지 않거나 계약과 상이한 물품을 인도하고서도 신용장조건과 일치하는 서류를 제시하기만 하면 은행이 대금을 지급하기 때문에 서류의 사기성에 대한 위험부담을 안게 된다는 단점이 있다.

신용장에는 여러 기준에 따른 다양한 형태가 있으나 일반적인 신용장방식에 의한 거래절차를 설명하면 다음과 같다 (<그림 8-4> 참조).

그림 8-4 신용장거래의 주요 과정

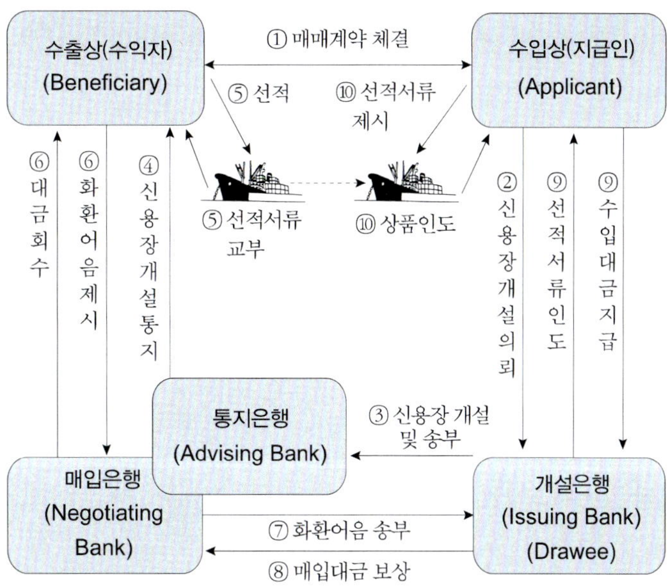

자료원: 삼성물산 사내자료

① 수출상과 수입상 사이에 신용장에 의한 지급조건으로 매매계약을 체결한다.

② 수입상은 자신의 거래은행에 신용장의 개설을 의뢰한다.

③ 신용장 개설은행(issuing bank)은 수출상의 소재지에 있는 자신의 환거래은행, 즉 통지은행(advising bank)에 신용장을 송부한다.

④ 통지은행은 신용장의 수익자(beneficiary)인 수출업자에게 신용장의 도착을 통지한다.

⑤ 수출업자는 수출물품을 선적하고 선적서류(선하증권, B/L)를 받는다.

⑥ 수출업자는 환어음을 발행하고 신용장에서 요구하는 서류(선하증권, 보험증권, 상업송장 등)를 첨부하여 자신의 거래은행인 매입은행(negotiating bank)에 환어음의 매입을 의뢰한다. 매입은행은 환어음을 매입하고 수출대금을 수출업자에게 지급한다. 이 과정을 통상 네고(Nego)라고 부른다.

⑦ 매입은행은 수출업자로부터 매입한 환어음과 선적서류를 수입국에 있는 개설은행 앞으로 송부하고 환어음매입대금을 청구한다.

⑧ 개설은행은 매입은행에게 환어음매입대금을 보상한다.

⑨ 개설은행은 선적서류의 도착을 수입상에게 통보하고 개설의뢰인인 수입상으로부터 수입대금을 결제받은 후 선적서류를 인도한다.

⑩ 수입상은 개설은행으로부터 인도받은 선적서류를 선박회사에 인도하고 물품을 수령한다.

04 라이슨싱

4.1 라이슨싱의 개념과 의의

라이슨싱(licensing)이란 제7장에서 설명한 대로 특정기업(licensor)이 자신의 기술, 특허, 상표권, 혹은 기타 지적재산권을 다른 기업(licensee)에게 사용하도록 허락하고 그 대가로 로열티(royalty)를 받는 일종의 계약이다. 라이슨싱은 기술을 제공하는 업체에게는 기술이전(technology transfer)을 통한 시장진입전략의 일환으로서, 수출이나 직접투자에 비해 해외시장에 대한 개입을 비교적 덜 요구하는 전략대안이다. 라이슨싱 계약은 직접투자형태로 이미 해외시장에 진입해 있는 자신의 자회사(subsidiary)와도 이루어질 수 있다. 이 경우의 라이슨싱은 시장진입을 위한 전략대안이라기보다는 특허 기술이나 상표권에 대한 법적권리를 확보하려는 수단, 혹은 추가적인 수익창출기회의 성격을 지닌다. 물론 자회사소유를 통한 권리확보도 가능하지만, 자회사와의 명시적 계약을 통한 법적권리를 확보하면 배당금송금에 대한 현지정부의 외환규제가 있다 하더라도 로열티라는 우회적인 이익확보수단이 생기게 된다. 한편 기술을 제공받는 업체로서는 라이슨싱이 선진기술도입을 통한 제품생산 및 판매전략의 일환으로 자체기술 개발의 대안으로 사용될 수 있다.

그렇다면 라이슨싱은 어떤 이점을 가지고 있으며, 이 방식이 직접투자 등의 다른 해외시장진입방법에 비해 선호되는 기업 내외부의 여건이나 상황은 무엇일까? 다음은 이에 대한 설명이다.

첫째, 라이슨싱은 수입장벽이나 직접투자에 대한 규제를 우회할 수 있는 수단이 된다. 완제품을 수출하다가 수입장벽으로 인해 라이슨싱으로 전환하더라도 경우에 따라서는 해당 시장에 대한 수출을 지속할 수도 있다. 완제품 대신 중간재나 부품을 기술도입 기업(licensee)에게 수출할 수 있기 때문이다.

둘째, 정치적 위험에 대한 노출이 적기 때문에 정치적 위험이 높은 국가에 진입할 때 직접투자보다 선호될 수 있다. 현지정부가 선진기술도입을 위해 외국기업의 직접투자보다는 기술이전계약, 즉 라이슨싱에 호의적인 태도를 보이는 경우도 많으며, 라이슨싱은 현지실물자산에 대한 투자가 없기 때문에 정치적 위험과 관련된 최악의 상황인 몰수(confiscation)나 수용(expropriation) 염려가 없다. 라이슨싱 수입, 즉 로열티를 받지 못하는 상황이 온다해도 그 손실은 생산시설의 몰수나 수용에 비할 바가 못된다.

셋째, 라이슨싱은 직접투자나 적극적인 현지마케팅을 수반하는 수출에 필요한 자본, 경영자원, 해외시장경험 및 지식이 부족할 경우, 혹은 부족하지는 않더라도 이러한 자원을 적극적으로 투입할 의사가 없을 경우에 효과적인 시장진입방법이 된다. 목표시장의 잠재력이 크지 않거나 불확실할 때 본격적인 자원투입 대신 라이슨싱이 고려될 수 있다.

넷째, 제공된 기술로부터 파생되는 기술 역이전(technology feedback) 가능성이 예상된다면 라이슨싱은 더욱 매력적인 전략대안이 될 수 있다. 즉, 기술도입업체(licensee)

가 해당 기술에 기반을 둔 개량기술을 개발하거나 새로운 연구개발결과를 얻고, 기술제공업체(licensor)가 이를 이용할 수 있다면 원기술의 제공업체는 로열티수입외에 새로운 기술습득과 연구개발결과를 활용하는 기회도 갖게 된다. 물론 이러한 사항들은 구체적으로 계약에 명시되어야 한다. 두 기업이 각자의 관련기술이나 연구개발결과를 서로 이용할 수 있도록 하는 교차 라이슨싱(cross-licensing)은 시장진입이나 로열티수입이 아니라 연구개발결과의 공유를 애초의 목표로 삼을 수도 있다.

다섯째, 라이슨싱은 해당 기술이 기술도입업체를 미래의 경쟁자로 키울 가능성이 적을 때 사용되는 것이 일반적이다. 따라서 핵심기술보다는 주변기술이 라이슨싱의 대상이 되는 것이 보통이다. 또한 기술발전속도가 매우 빨라 기술제공업체가 기술도입업체에 비해 지속적으로 기술적 우위를 유지할 가능성이 높을 때 사용된다. 기술도입업체가 해당 기술을 바탕으로 경쟁자로 나서기 전에 새로운 기술을 또 앞서 개발할 수 있기 때문이다. 해당 기술이 보편화, 진부화(obsolete)되는 속도가 빠르다면 기회가 있을 때 이를 최대한 활용하고자 하는 유인이나 압력을 느끼기도 한다.

4.2 라이슨싱의 한계 및 위험

위에서 라이슨싱이 선호되는 상황이나 여건, 라이슨싱이 가지는 장점 등을 설명하였지만 이 방법 역시 나름대로의 한계를 지니고 있고 위험도 내포하고 있다. 따라서 여기서는 라이슨싱방식의 한계와 위험에 대해 설명하기로 하자.

첫째, 아주 당연한 사실이지만 우선 라이슨싱은 상대기업이 관심을 가질만한 기술이나 기타 지적재산권이 없는 기업에게는 애초부터 시장진입방법의 대안으로 고려될 수 없다.

둘째, 위 '라이슨싱의 개념과 의의'에서 이미 시사한 대로 라이슨싱에는 자신이 보유하고 있는 기술이나 지적재산권이 유출될 가능성이 상존한다. 최소한 일정부분의 기술이 기술도입업체(licensee)에게 계약상 합법적으로 이전되며, 이를 바탕으로 기술도입업체가 궁극적으로 기술제공업체의 경쟁자로 부상할 수 있다. 이른바 부메랑효과가 나타날 수 있는 것이다. 이는 라이슨싱이 정치적 위험에 대한 노출은 적지만 궁극적으로 상업적 위험(commercial risk)에 대한 노출은 매우 클 수도 있음을 의미한다. 경우에 따라서는 기술도입 기업의 부주의나 고의에 의해 해당 기술이 제3자에게 유출될 가능성도 존재한다. 기술도입업체가 세계시장에서 경쟁자로 성장할 위험을 줄이기 위해 해당 기술을 사용한 제품판매를 기술도입업체의 국내시장으로 한정하는 방법을 택하기도 한다. 그러나 이러한 계약이 현지국정부에 의해 불법으로 규정될 수도 있으며, 계약위반에 대한 법률적 제재에는 많은 금전적, 시간적 손실이 따를 수 있다는 사실 또한 인식해야 한다.

셋째, 기술제공업체가 기술도입업체의 생산 및 마케팅활동에 대한 통제권을 충분히 행사할 수 없다. 따라서 만일 기술도입업체가 제품의 품질수준을 유지하지 못한다면 기술제공업체의 명성에 흠이 될 가능성이 있으며, 품질수준에 문제가 없다하더라도 마케팅능력의 부족이나 태만 등으로 기술제공업체가 원하는 만큼의 마케팅성과를 올리지 못할 가능성도 있다. 이 경우 기술제공업체는 계약이 허용하는 바에 따라 라이슨싱 계약을 해지하거나 밀접한 협력관계를 통해 성과개선을 모색하는 것 외에 더 높은 성과를 강제할 별다른 대안이 없게 된다.

넷째, 라이슨싱은 바로 위에서 설명한 대로 기술도입업체의 성과수준에 대한 통제를 할 수 없을 뿐만 아니라, 해당 시장에서 라이슨싱 이외의 다른 진입방법을 사용할 수 없다는 한계를 지닌다. 라이슨싱 계약이 기술도입업체에게 해당 기술이나 상표를 사용한 제품의 자국내생산과 판매에 대해 계약기간 동안 독점적 권한을 부여하는 것이 일반적이기 때문이다. 이것은 다른 진입방법을 사용하지 못하는 데 따르는 기회비용(opportunity cost)이 클 수도 있음을 의미한다. 이러한 기회비용을 완화하는 한 가지 방법은 기술도입업체가 일정 수준의 성과를 내지 못할 경우 계약을 해지할 수 있도록 하거나 지분인수를 통해 합작투자 형태로 전환할 수 있도록 하는 조항을 라이슨싱 계약에 삽입하는 것이다.

다섯째, '저위험-저수익(low risk-low return)'원칙을 반영하는 것이기는 하지만 절대규모에 있어서의 수익은 일반적으로 수출이나 직접투자에 비해 크지 않다고 할 수 있다. 라이슨싱의 주 수익원인 로열티비율은 과거의 계약, 업계의 관행, 경쟁상황, 현지국정부의 규제 등에 의해 제한되는데 특별한 경우를 제외하고는 5%대를 넘지 않는 것이 보통이다. 그러나 로열티수입의 절대적 규모가 적다고 단정할 수는 없으며, 직접적인 위험수준이 낮다는 점에서의 상대적 수익과 로열티 이외의 다른 수익 또한 고려되어야 한다. 라이슨싱과 관련된 기타 수익과 비용은 아래에서 다시 설명하기로 하자.

4.3 라이슨싱의 비용/수익분석

라이슨싱 역시 반드시 재무적 측면에서의 비용/수익분석(cost/benefit analysis)결과에 의해서가 아니라 전략적 동기 및 목표에 따라 결정될 수 있지만, 라이슨싱과 직접적으로 관련된 비용과 수익구조를 파악하고 이해하는 것은 매우 중요하다. 다음은 라이슨싱과 관련된 수익과 비용의 주요 항목들이다.

국제경영 이야기 8-2

세계 스마트폰 업계의 특허전쟁 – 퀄컴, 그리고 삼성과 LG

퀄컴은 미국의 작은 반도체회사다. MS나 인텔과는 비교할 수 없는 회사지만 세계 휴대전화시장에서는 무시못할 존재다. 한국 휴대전화업체에는 특히 '슈퍼 갑'이다. 한국이 휴대전화를 수출할수록 퀄컴의 주머니는 두둑해진다. '재주는 삼성과 LG전자가 넘고 돈은 퀄컴이 챙기는' 셈이다. 퀄컴의 위세는 4세대 휴대전화시장에서도 계속된다. 퀄컴이 4세대 통신망인 롱텀에볼루션(LTE) 시대에도 로열티를 계속 챙기기 때문이다. 퀄컴 의존도를 줄이는 게 한국 휴대전화 업계의 숙제다.

우리나라는 2세대통신 CDMA를 세계 최초로 상용화했지만 퀄컴에 대한 로열티문제를 피할 수는 없었다. 매년 퀄컴에 지불하는 수억달러의 로열티는 원천기술을 보유하지 못한 데서 오는 어쩔 수 없는 선택이었다. W-CDMA라는 3세대에서도 사정은 크게 달라지지 않았다. 한국은 1993년 퀄컴과 공동으로 무선통신기술(CDMA · 코드분할다중접속)을 개발하고 세계 최초로 상용화하면서 내수제품의 경우 판매가의 5.25%, 수출제품의 경우 판매가의 5.75%를 퀄컴에 지급한다는 계약을 맺었다. 또 당시 퀄컴은 한국에 최혜국 지위를 보장한다고 약속했다. 최혜국 대우란 다른 국가기업에 한국보다 더 좋은 조건으로 기술과 제품을 제공하지 못한다는 의미다.

문제는 퀄컴이 이 최혜국 지위보장약속을 과거에도 제대로 지키지 않았다는 점이다. 예를 들어 지난 2004년 퀄컴이 중국업체와 맺은 계약조건이 알려져 큰 파문이 일었다. 당시 퀄컴은 중국업체와 내수의 경우 한국의 절반수준인 판매액의 2.65%를 특허료로 받는다는 계약을 맺었다. 수출제품의 경우 명목 특허료율이 판매액의 7%로 한국보다 높았지만, 이 역시 판매량이 10만 대 이상일 경우, 특허료율이 5%까지 떨어질 수 있도록 했다. 당시 국내기업들은 퀄컴을 항의 방문하는 등 거세게 반발했다. 정부와 국회도 퀄컴에 특허료 조정을 요청했다. 그 결과 내수 5.25%, 수출 5.75%란 명목 특허료율은 변화가 없었지만 다양한 리베이트(rebate) 제도를 시행한 덕에 실제 지출하는 특허료가 상당히 감소한 것으로 알려졌다.

국내 제조사들은 4세대 이동통신에서는 퀄컴의 '지배'에서 벗어나기 위해 집중적인 투자를 해왔다. 가장 적극적인 업체는 LG전자다. LG전자는 퀄컴보다 앞서 2008년 4세대 통신칩을 세계 최초로 개발한 뒤 롱텀에볼루션 특허확보에 집중해 왔다. LG전자에 따르면 미국 특허분석기관 테크아이피엠(TechIPM)이 미국특허청(USPTO)에 등록된 단말기 및 기지국 관련 LTE · LTE-A 표준필수특허를 대상으로 분석한 결과 LG전자가 가장 많은 특허를 등록한 것으로 조사됐다.

[주요 업체의 LTE/LTE-A 표준특허 점유순위]

순위	2015.1	2014.8	2013.5	2012.6
1	LG	LG	LG	LG
2	삼성	삼성	삼성	노키아
3	퀄컴	퀄컴	모토로라	삼성
4	구글(모토로라)	인터디지털	노키아	모토로라
5	에릭슨	구글(모토로라)	퀄컴	노텔
6	노키아	노키아	인터디지털	인터디지털
7	애플	에릭슨	TI	퀄컴
8	인터디지털	블랙베리	Innovative Sonic	TI
9	블랙베리	Innovative Sonic	ZTE	에릭슨
10	파나소닉	ZTE	에릭슨	RTRI

자료: TechIPM사 발표시점 기준

한편 우리나라 스마트폰 제조업체에 '스마트폰의 두뇌'라고 할 수 있는 애플리케이션 프로세서(AP)를 공급해 한해 수조원의 로열티를 받고 있는 퀄컴이 중국정부로부터 강력한 특허료 인하 압박을 받고 있다. 중국정부는 퀄컴을 반독점법 위반혐의로 조사하면서 특허료를 절반수준으로 인하할 것을 요구하고 있고, 퀄컴도 이를 받아들일 가능성이 큰 것으로 전해졌다. 국내제조업체들은 퀄컴이 중국 스마트폰 업체에서 받는 특허료를 내리면 우리도 같은 수준으로 특허료를 내리기 위해 공정위 제소, 소송제기 등 법적대응 검토에 들어갔다. 세계 시장에서 중국과 치열하게 경쟁하고 있는 상황에서 중국업체만 특허료를 내리면 가격경쟁력 측면에서 큰 타격을 받을 수밖에 없다는 것이다.

AP 분야 세계 1위 업체인 퀄컴은 자사 AP가 들어간 스마트폰 판매가의 약 5%를 특허료로 요구한다. 문제는 이 액수가 워낙 크다는 것이다. 예를 들어 2013년 삼성전자 스마트폰 매출액은 924억 220만 달러(약 102조 616억원, 시장조사업체 SA 자료)로 매출액의 5%는 약 5조 1000억원에 달한다.

자료원: 한국경제, 2011년 9월 28일, 경향신문, 2011년 11월 24일, 아시아경제, 2015년 1월 12일, 조선일보, 2015년 1월 14일 기사내용을 수정·편집함

(1) 라이슨싱의 수익

라이슨싱의 대표적인 수익항목은 매출액의 일정비율로 정해지는 로열티이다. 따라서 이 수익은 해당 시장의 잠재력과 기술도입업체의 마케팅능력, 그리고 로열티비율에 따라 결정된다.

시장 잠재력은 기술제공업체의 시장선택과 관련된 문제로 객관적인 시장 잠재력평가가 매우 중요한 과제가 된다. 기술도입업체의 마케팅능력은 기술제공업체 입장에서

통제할 수 있는 여지가 많지 않기 때문에 대상 업체선정에 각별한 주의를 기울여야 한다. 로열티비율은 쌍방의 협상과 상황을 반영하여 결정되며 계약에 명시될 사항이다. 매출액에 따른 경상로열티(running royalty) 외에 라이선싱으로부터 창출될 수 있는 수익을 정리하면 <표 8-4>와 같다. 이들이 계약내용이나 라이선싱의 성격에 따라 달라질 수 있음은 물론이다.

표 8-4 경상 로열티 이외의 라이선싱 수익항목

수익항목	비고
• 일시불(lump-sum) 로열티	• 경상 로열티 대신, 혹은 병행사용
• 기술지원료 (technical-assistance fee)	• 제공기술과 관련된 지원 (교육훈련 포함)
• 엔지니어링 혹은 건설비용	• 설비건설 참여 및 지원
• 배당금	• 지분참여의 경우
• 수출	• 장비, 원재료, 부품 등의 수출
• 구매후 재판매	• 업체가 생산한 제품판매
• 대여료	• 기계 및 장비임대
• 경영지원 수수료	• 경영참여 혹은 컨설팅

(2) 라이선싱의 비용

라이선싱 계약에 따른 기술의 이전과정 및 관련 서비스의 제공에 수반되는 비용은 크게 기회비용(opprotunity cost), 초기착수비용(start-up cost), 유지비용(ongoing cost) 등으로 구분할 수 있다. 기회비용은 라이선싱 방식을 택함으로써 포기하게 되는 다른 진입방식으로부터의 수익가능성 상실분을 의미한다. 초기착수비용은 라이선싱 계약을 준비하기 위한 사전비용과 계약개시 후 정상화되기까지의 초기발생비용, 그리고 유지비용은 라이선싱 계약기간 동안 지속적으로 발생하는 비용을 말한다. 이들을 간략히 정리하면 <표 8-5>와 같다.

표 8-5 라이슨싱 계약과 관련된 비용

수익항목	비고
기회비용 • 기존 수출 및 기타 수익의 상실 • 가능한 미래수익의 상실	• 향후 전략방향 및 계획에 따라 평가
초기 착수비용 • 목표시장 조사비용 • 기술도입업체(licensee) 선정비용 • 특허 및 상표권 등록비용 및 각종 서류준비비용 • 기술변경 및 적응비용 • 교육훈련비용 • 엔지니어링, 건설, 설비설치 서비스 • 기계, 장비 등의 공급	• 시장조사 및 대상업체선정 비용을 제외한 초기비용은 해당 기술 패키지의 복잡성과 기술도입업체의 기술수용능력에 크게 좌우됨 • 초기착수비용 전부, 혹은 일부를 일시불(lump-sum)로 기술도입업체에게 요구하는 것이 일반적
유지비용 • 정기적 교육훈련비용 • 현지 특허권, 상표권 유지비용 • 생산제품의 품질관리 및 검사비용 • 감사 및 점검비용 • 마케팅, 구매 및 기타 비기술관련 서비스 • 경영지원 • 기술도입 업체와의 접촉유지비용 • 분쟁해결비용 • 라이슨싱 관리직원 유지비용	• 라이슨싱 사업의 수익성이 확보되고 계약이 정상적으로 유지되도록 하기 위한 제반비용임

4.4 라이슨싱 계약의 주요 내용

쌍방의 협의과정이 성공적으로 마무리되면 라이슨싱 계약이 체결된다. 라이슨싱 계약은 기본적으로 계약당사자 확인, 대상기술, 기술제공자의 의무, 기술도입자의 의무 등을 기술하는데 계약서에 포함되는 주요 내용을 정리하면 다음과 같다. 물론 구체적인 내용은 계약 당사자의 합의에 의해 달라질 수 있다.

(1) 계약 당사자

- 계약 당사자에 대한 명확한 기술(이름, 주소 및 관할지, 주 사업장 위치 등)
- 계약 당사자, 계약의 목적, 각자의 역할 등을 상술하는 전문(前文)

(2) 대상기술

- 라이슨싱의 대상이 되는 산업재산권(특허, 상표, 노하우 등)의 정의 및 이에 대한 설명
- 제공되어야 할 노하우 및 이의 이전방법
- 원자재, 장비, 부품 등의 공급

(3) 사용조건

- 대상기술의 사용영역
- 제조 및 판매가 허용되는 국가(시장)범위
- 제조 및 판매의 독점권 허용여부 및 범위
- 제3자에 대한 서브라이슨싱(sublicensing) 허용여부 및 방법
- 기업비밀보호조항
- 경쟁제품 및 경쟁기술사용의 배제
- 제품표준 및 품질수준의 유지
- 성과의무 (로열티 하한선, 매출액, 광고 및 판촉비지출 등)
- 신제품 및 신기술에 대한 기술노입자(licensee)의 권리
- 보고의무
- 기술제공자(licensor)의 감사 및 검사권리 (생산과정, 품질검사 등)

(4) 보상관련

- 지급화폐
- 현지세금납부의무
- 로열티지급방법 및 비율/금액 (경상 및 일시불 로열티)

- 기술지원료
- 판매 및 구매
- 기술도입자로부터의 기술/제품 개선사항 역이전(technology feed-back, flowback, or grantback)
- 기타

(5) 기타 조항

- 준거법
- 계약기간 및 계약갱신
- 계약의 취소 및 종료
- 분쟁해결절차
- 계약에 대한 정부의 승인의무

경영사례 연구

유럽시장에서 이기기 위해 미국시장을 걸어도 될까?

골웨이 프린츠(Galway Prints Ltd.)사의 마케팅담당 이사인 프랭크 오루크(Frank O'Rourke)가 제안을 처음 내 놓았을 때만 해도 디자이너들은 농담일 것으로 생각했다. 그러나 이사가 그 아이디어를 진지하게 고려하고 있다는 것을 알고 나서 디자이너들은 매우 걱정되고 염려스러웠다.

오루크가 제안한 계획은 결국 유럽시장에서 입지를 구축하기 위해 크고 이익이 나는 미국시장 판매를 줄여야 한다는 것을 의미했다. 이 아일랜드 회사는 현재 생산량의 90% 정도를 미국시장에 판매하고 있다. 지난 수년간 디자이너들은 미국시장에 대한 '감'을 형성해 왔다고 생각했다. 그들이 만들어 내는 제품은 미국인의 기호에 알맞게 특별히 디자인되었다. 실은 제품이 너무 미국적이어서 유럽대륙에 판매하려는 과거의 노력이 별로 성공적이지 못한 바 있었다. 따라서 유럽시장에서 기반을 잡으려면 완전히 새로운 제품라인이 디자인되어야 하고 첫 해에는 손실을 감수해야 할 터였다.

오루크는 최근 미국출장을 다녀온 뒤 모든 계란을 한 광주리 안에 담고 있다는 생각에 신경이 많이 쓰이게 되었다. 그는 호황을 구가하는 미국시장의 매출이 조만간 급격하게 하락할지도 모른다는 느낌을 받고 돌아왔다. 그는 "우리와 매출규모가 유사한 다른 의류회사들도 최근 수요의 둔화를 경험하고 있다"면서, "고객들이 가격협상을 보다 엄격하게 하기 시작했으며, 대형고객 둘은 금년에 약속한 구매량을 채울 수 없을지도 모른다고 말했다. 이러한 변화들이 그 자체로 심각한 수준은 아니지만 급격한 침체 가능성에 대비해야 한다고 생각한다"고 주장했다.

골웨이 프린츠의 CEO인 데스몬드 놀란(Desmond Nolan)은 다른 지역에서의 매출을 확대하기 위해 이미 최선을 다하고 있는 중이라고 밝히면서, "그러나 그건 시간을 요하는 일이다. 우리 제품은 늘 미국시장을 목표로 해 왔다"고 말했다. 디자이너들 중 두 사람을 빼고는 모두가 다 그때까지 전적으로 미국시장에 매달려 왔다.

오루크는 현재로서는 안정적인 미국시장을 희생하고서라도 시장다변화 프로그램에 속도를 내야

할 시간이 왔다고 느꼈다. 그의 계획은 결국 현재의 단편적인 추진에서 벗어나 다른 시장에 필요한 다양한 제품들을 개발할 수 있도록 생산시설을 확충하고 더 많은 디자이너들을 채용하는 것을 의미했다. 그러나 금년의 디자인 및 생산주기를 감안할 때 공장을 확장할 시간은 없었다.

이익의 감소

오루크는 20명의 디자이너 중 5명, 그리고 이와 비례한 수만큼의 기계들도 유럽국가들을 위한 디자인개발에 즉각 추가적으로 투입되어야 한다고 생각했다. "그렇게 하면 금년에 훨씬 낮은 이익을 내게 될지도 모릅니다. 하지만 유럽대륙시장에서 우리가 입지를 구축할 수만 있다면 나중에 미국시장에서의 큰 침체를 감내할 수 있는 훨씬 좋은 위치에 놓이게 될 것입니다. 만약 우리가 기다리다가 미국 비즈니스가 붕괴하게 되면 유럽시장에서 효과적인 캠페인을 론칭하기가 불가능할 만큼 우리의 상황이 취약하게 될 수 있어요."

수석 디자이너인 리암 머피(Liam Murphy)는 오루크를 이렇게 비난했다. "구매자와 경쟁사들이 이야기하는 어두운 전망에 대해 과민반응을 보이고 있어요. 맞아요, 업계의 우리 친구들은 우리가 자기들한테 전장을 넘겨주고 떠나버리는 것을 보고 싶겠죠. 우리가 유럽을 쳐다보면 안 된다고 말하는 게 아니에요. 하지만 왜 그렇게 서둘러야 하죠? 미국시장이 하루밤 사이에 변하지는 않아요. 그 모든 이익과 매출을 날려 버린다면 당연히 우리가 미쳤다고 생각할 주주들도 있을 겁니다."

대륙확장

또 다른 디자이너는 미국 비즈니스가 침체될 것이라는 오루크의 신념은 사실에 근거하여 입증되어야 할 것이라고 지적했다. 그리고 그는 이렇게 주장했다. "미국사업을 잃게 될 것이라고 확신할 수 있는 유일한 길은 우리가 스스로 그것을 경쟁기업들에게 넘겨 줘 버리는 것입니다. 그리고 일단 시장을 잃게되면 절대로 다시 찾아오지 못해요. 확대되는 모든 물량을 대륙시장으로 돌리면 안 될까요? 그렇게 하면 양쪽시장을 다 얻을 수 있을 겁니다."

회의를 마친 후 놀란 사장은 오루크의 계획과 이에 대한 광범위한 반대의견에 대해 생각했다. 시장추세에 대한 오루크의 감각은 항상 정확했었고 새로운 사업을 성공적으로 도입할 수 있게 해주었었다. 놀란은 현재의 방식으로는 새로운 시장에 침투해 들어갈 수 없을 것 같다는 점을 인정했다. 그리고 오루크가 미국 이외의 시장에서 새로운 제품을 판매할 수 있을 것이라 확신했다. 그러나 오루크의 계획을 따른다고 하면, 자신들의 의지에 반해서 스타일을 변경해야 하는 상황에서 기존의 디자이너들이 과연 수용할 만한 제품을 만들어 낼 수 있을까?

축소된 주문

이 문제를 골똘히 생각하고 있을 때 비서가 오루크로부터 온 긴급메모를 가지고 들어왔다. 미국에서 세 번째로 큰 규모의 고객이 이미 요청했었던 잠정 주문량을 '시장 불확실성 때문에' 35% 축소하겠다고 지금 막 통보해 왔다는 것이다. 과연 놀란은 미국시장이 점차 축소될지언정 향후 1~2년 동안 붕괴되지는 않을 것이라는 데에 내기를 걸어야 할까? 그렇게만 된다면 미국의 기존 사업을 잃지 않고도 시장다변화를 달성할 수 있을 터였다.

토의과제

1. 수출의 전략적 동기는 무엇인지 설명하시오.
2. 주문자상표(OEM) 방식에 의한 수출의 개념과 의의, 그리고 그 한계와 문제점을 설명하고 이를 극복하기 위한 방안을 설명하시오.
3. 대응무역(countertrade)의 유형인 환매거래(buy-back), 대응구매(counterpurchase), 상쇄무역(offset)에 대해 공통점과 상이점을 중심으로 설명하시오.
4. 신용장(letter of credit)의 개념과 의의를 설명하고 신용장방식에 의한 수출의 절차를 간략히 정리해 보시오.
5. 라이슨싱(licensing)이 다른 진입방법에 비해 갖는 장점, 그리고 이에 수반될 수 있는 위험과 한계점에 대해 설명하시오.

참고문헌

- 김주헌, 국제마케팅: 환경과 전략, 제5판, 문영사, 2016.
- 이장로, 문희철, 이춘수, 국제마케팅, 무역경영사, 2013.
- 정홍주, 이영수, 국제통상의 이해, 문영사, 2007.
- Beamish, Paul W., J. Peter Killing, Donald J. Lecraw & Allen J. Morrison, *International Management: Text and Cases,* 2nd ed., Irwin, 1994.
- Hennart, Jean-Francois, "Some Empirical Dimensions of Countertrade," *Journal of International Business Studies,* 21(2), 1990, pp. 243~270.
- Root, Franklin, *Entry Strategies for International Markets,* Lexington Books, 1994.

제 9 장

해외직접투자

학습목표

해외직접투자는 오늘날 다국적기업의 일반화된 국제경영활동으로 자리잡고 있다. 직접투자는 대규모 기업자원의 투입을 필요로 하고 투자대상국(host country)에 다양한 형태의 영향을 미치기 때문에 기업은 물론 정부입장에서도 매우 중요한 관심사항이 아닐 수 없다. 특히 최근에는 합작투자와 인수합병이 주요 직접투자수단으로 등장하면서 이에 대한 관심과 이해의 필요성이 더욱 증가하고 있다. 본 장에서 다루어질 내용과 학습목표를 정리하면 다음과 같다.

- 해외직접투자의 개념과 전략적 동기를 이해한다.
- 직접투자를 설명하는 여러 이론에 대해 학습한다.
- 해외직접투자의 한 유형인 합작투자에 대해 그 개념과 의의, 파트너선정문제, 실무적 차원에서의 점검사항 등을 알아본다.
- 최근 그 중요성과 빈도가 급속히 증가하고 있는 인수에 대해 전략적 의의 및 동기, 유형 및 장단점, 그리고 인수전략의 추진단계를 학습한다.
- 해외직접투자가 본국(home country)과 투자대상국(host country)에 미치는 영향에 대해 살펴보고, 직접투자에 대한 정부의 정책을 알아본다.

도입사례

해외투자 55조, 기업들 '脫한국'

대기업과 중소기업 모두 국내투자는 줄이면서 해외투자는 늘리는 '엑소더스(exodus · 대탈출)'가 가속화하고 있다. 국내설비 투자증가율이 외환위기이후 최저치를 기록하더니, 지난해 기업의 해외직접투자(FDI)는 사상 최고치를 경신했다. 해외직접투자는 우리나라 기업과 개인이 외국에서 기업을 인수하거나 현지법인을 세우려고 부지매입과 공장건립 등에 쓴 돈이다. 한국은행 총재도 기업의 국내투자부진을 공개적으로 경고하고 나섰다.

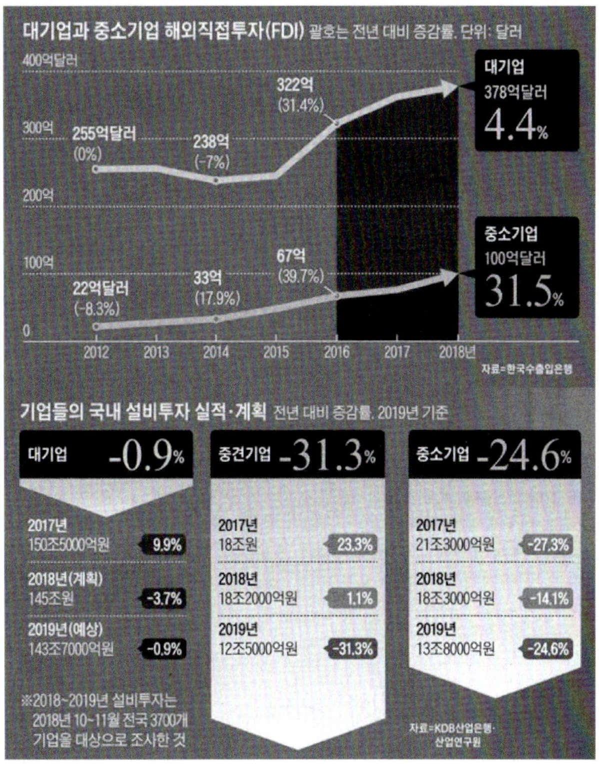

○ **중소기업의 FDI도 첫 10조원 돌파**

한국수출입 은행에 따르면 2018년 우리나라 대·중소기업의 해외직접투자액은 478억 달러(약 55조5,000억 원)로 관련 통계작성이 시작된 1980년 이후 최고치를 기록했다. 2017년의 438억달러보다 9.1% 늘어났다. 이 중 중소기업의 해외직접투자가 100억달러(약 11조 6,000억 원)로 처음 10조원을 돌파했다. 재작년의 76억 달러보다 31.5% 폭증한 것이다. 대기업의 해외직접투자는 같은 기간 4.4%가 늘어 역대최고인 378억 달러(약 43조 9,000억 원)를 기록했다. 한국경제연구원은 "국내기업의 해외직접투자금액이 급증하면서 최근 10년간 해외로 빠져나간 순투자금액은 2196억 달러(약 255조 원)에 달한다"고 밝혔다.

○ **국내 설비투자는 큰 폭 줄어**

반면 기업들의 국내투자는 큰 폭으로 줄고 있다. 올해 1분기(1~3월) 국내설비투자 증가율은 외환위기 이후 21년 만에 최저치인 −10.8%에 머물렀다. 기록적인 설비투자감소는 우리 경제에 직접적인 타격을 줘 지난 1분기 경제성장률은 10년 만에 최저인 −0.3%로 내려앉았다. 이주열 한국은행 총재는 26일 은행장들과 간담회를 갖고 "1분기 마이너스 성장의 주된 요인 중 하나가 기업투자부진"이라고 지목했다. "대외경제여건이 가장 큰 원인"이라며 해외 탓을 한 청와대와 다른 해석을 한 것이다. 이 총재는 "현 상황을 엄중히 볼 필요가 있다"며 "기업투자심리가 되살아나야 성장흐름의 회복을 앞당길 수 있다"고 강조했다.

국내기업들의 해외 엑소더스(대탈출)는 최근 들어 걷잡을 수 없이 확산되고 있다. 25일 LG전자가 연간 500만대 규모의 경기도 평택 스마트폰 생산라인을 모두 베트남 하이퐁으로 옮겨간다고 발표했다. SK그룹도 지난해 베트남에 5,000억 원대 투자를 한 데 이어 올해도 1조 2,000억 원을 추가로 투자하기로 했다. 현대차그룹은 지난달 인도 최대차량 호출서비스 업체 올라에 3억 달러(약 3,480억 원)를 투자하기로 했다. 이들을 따라 국내중소기업들도 옮겨가면서 산업생태계 자체가 한국을 떠나가는 현상이 나타나고 있다. 대기업은 과잉규제 때문에 신사업투자기회를 못 찾아서, 중소기업은 최저임금급등과 근로시간감축 등 급격한 노동시장환경변화 때문에 어쩔 수 없이 한국을 떠나고 있다는 지적이다.

○ **무너지는 제조업… 기업들은 해외로**

기업들의 국내설비투자가 저조하다는 것은 성장동력이 꺼져가고 있다는 얘기다. 주요 국가산업단지 공장가동률은 올 들어 70%대, 서울지역 산단공장가동률은 60% 초반까지 떨어졌다. 그 결과,

지난달 전체취업자 수가 1년 전 같은 달보다 25만명 늘어나는 동안 제조업취업자는 10만 8,000명 줄었다. 제조업취업자는 작년 12월 이후 넉 달 연속 10만명 이상씩 감소하고 있다.

기업들이 돈이 없어서 설비투자를 꺼리는 건 아니다. 기업정보업체 재벌닷컴에 따르면, 작년 말 기준 우리나라 자산상위 10대 그룹계열 상장사 95곳이 가진 현금은 250조 원에 육박(248조 3,830억 원)한다. 2017년보다 12.2% 늘어난 사상최대다. 하지만 국내투자보다 해외로 향하는 기업이 많다.

중소기업 해외투자는 특히 2015년부터 2018년 사이 3년 만에 2배로 늘었다. 중소기업계는 글로벌 가격경쟁력 유지, 대기업과의 동반이전, 국내시장의 위축 등을 이유로 꼽는다. 최저임금급등과 주당 52시간 근로제가 이를 가속화하고 있다. 수도권의 자동차 부품업체 A사 대표는 "공정자동화로 10년은 더 국내공장을 유지할 수 있다고 생각했는데, 최저임금급등과 근로시간단축으로 인해 생산단가가 크게 올라 해외이전을 앞당길 수밖에 없었다"고 말했다.

○ **새로운 산업정책 필요**

전문가들은 다른 산업과의 연관성이 높은 운송·기계장비 등 제조산업을 다시 일으킬 대책이 시급하다고 지적한다. 한국은행의 한 금통위원은 "미국 · 독일 · 일본 등 강대국들이 제조업을 홀대하지 않는 건 한번 무너지면 경제가 다시 일어설 수 없기 때문"이라며 "기업들이 사업하기 어려운 걸림돌을 치워야 한다"고 말했다.

대표적인 게 세금문제다. 작년 대기업들의 세전이익은 3% 늘어나는 데 그친 반면, 법인세로 낸 돈은 18.8% 증가했다. 정부는 작년 과세표준 3000억원 초과구간을 신설하면서 해당 구간 법인세율을 22%에서 25%로 높였다. 우리나라와 달리 미국(35% → 21%), 프랑스(33.3% → 25% 계획), 일본(30% → 23.2%) 등 주요국은 최근 거꾸로 법인세율을 낮춰 기업하기 좋은 환경을 만들어줬다. 기업을 적폐로 몰아붙이는 분위기도 국내투자를 위축시키고 해외투자를 늘리는 요인으로 꼽힌다. 한 중견기업 대표는 "노조와 정치권으로부터 '악인' 취급을 당하며 자존감이 많이 떨어졌는데, 최근 베트남 방문에서 영웅대접을 받으니 '투자해야겠다'는 생각이 들었다"고 말했다.

자료원: 조선일보, 2019년 4월 27일

01 해외직접투자(FDI)의 개념과 동기

1.1 FDI의 개념과 의의

해외직접투자(FDI, foreign direct investment)란 앞에서 설명한 대로 기업이 보유하고 있는 생산요소 및 경영자원을 하나의 패키지형태로 해외로 이전하여 직접경영활동을 전개하는 형태의 시장진입방식이다. 일반적으로 해외시장진입방법의 하나로 설명되고 있지만 해외직접투자가 시장진입방법으로서의 의미만 있는 것은 물론 아니다. 투자대상국이 시장으로서의 의미보다는 부품 혹은 완제품의 생산과 조립, 즉 조달(sour-cing)기지로서의 의미가 더 큰 경우도 많기 때문이다. 범세계적 조달(global sourcing), 혹은 범세계적 생산(global production)을 위한 해외직접투자의 경우 시장진입방법(entry mode)의 하나로서, 다시 말해 수출이나 라이슨싱과 비교되어 선택되는 대안으로서 설명하려는 시도는 적절치 못하며, 오히려 생산의 입지결정(location decision)측면에서 접근해야 할 것이다.

또한 해외직접투자는 수출 및 라이슨싱 등과 함께 대표적인 시장진입방식의 하나로 배타적 선택대안으로서의 성격도 가지고 있지만 상호 보완적 성격도 가지고 있다. 직접투자의 증가가 수출을 대체한다고만 볼 수 없는 것이다. 실제로 오늘날 전세계 무역량의 상당부분은 직접투자가 없었다면 발생하지 않았을 것들이다. 오늘날 대부분의 다국적기업들은 원자재조달, 부품생산 및 조달, 완제품조립 등을 세계 각국에 분산하여 수행하고 있다. 따라서 다국적기업 시스템내부, 즉 본사와 자회사들 사이에 원자재와 부품 등의 물동량이 많아질 수밖에 없다. 이른바 기업내 무역(intra-firm trade)이 활발하게 이루어지는 것이다. 따라서 활발한 해외직접투자의 증가는 무역, 즉 수출입의 증가로 이어지기도 한다.

투자하는 기업입장에서 볼 때 해외직접투자의 요체는 자본참여와 함께 경영활동에 직접참여하고 통제권(control)을 행사한다는 점이다. 따라서 투자에 대한 이익의 기회와 권한을 갖게되지만 그만큼 책임과 투자손실의 위험이 수반되는 것은 물론이다. 해외직접투자는 투자기업 당사자는 물론 투자대상국(host country)과 본국(home country)

에도 다양한 형태의 영향을 미친다. 대규모자본의 유출입과 기술, 인력, 경영의 국가간 이전이 양국의 경제, 사회, 문화에 상당한 정도의 파급효과를 미치는 것이다. 각국 정부가 자국기업의 해외투자, 외국기업의 자국내 직접투자에 대해 각종 정책수단을 통해 규제를 가하거나 유인(incentive)을 제공하는 것은 바로 이 때문이다.

참고로 최근 6년간 연말기준의 해외직접투자와 외국인직접투자잔액 현황을 보여주는 지역별 국제투자대조표(IIP, International Investment Position) 가 <표 9-1>에 나타나 있다. 한편 산업통상자원부 보도자료에 따르면 2017년 1년간 우리나라에 들어온 외국인직접투자금액(신고기준)은 229억불 정도에 이르는데, 이 중 68% 정도가 신규설립투자(greenfield investment)였으며 32%가 M&A형 투자였다

표 9-1 우리나라의 해외직접투자 및 외국인직접투자현황(2012~2017년, 단위: 억불)

항목별	지역별	2012년	2013년	2014년	2015년	2016년	2017년
해외직접투자 (outward FDI)	총액	2,028.8	2,388.1	2,605.0	2,859.3	3,102.2	3,605.7
	미국	361.3	427.9	501.5	572.5	693.2	841.1
	중국	494.6	674.6	672.7	698.6	713.5	802.8
	일본	42.8	56.7	56.0	52.5	58.7	65.4
	유럽연합	282.3	342.7	379.5	416.0	412.0	494.7
	동남아	397.9	401.1	456.9	559.8	598.9	699.8
	중동	27.9	27.8	32.0	25.0	20.3	32.1
	중남미	149.0	167.5	199.1	215.7	266.3	304.1
	기타	273.0	289.9	307.4	319.3	339.2	365.7
외국인직접투자 (inward FDI)	총액	1,578.8	1,808.6	1,794.4	1,795.4	1,888.8	2,294.0
	미국	302.2	327.7	332.5	342.2	337.1	371.6
	중국	20.1	55.4	51.5	66.1	76.4	84.2
	일본	421.8	485.1	484.6	452.2	442.9	484.9
	유럽연합	609.7	619.6	597.0	611.1	650.4	834.3
	동남아	117.2	138.2	156.4	179.7	219.8	280.5
	중동	4.3	23.1	11.6	21.1	23.9	35.5
	중남미	27.2	30.2	30.7	29.8	47.6	95.0
	기타	76.4	129.3	130.1	93.1	90.7	107.9

자료원: 국가통계포털(http://kosis.kr), 지역별 국제투자대조표

1.2 FDI의 전략적 동기

기업의 해외직접투자 동기는 산업 및 기업에 따라 매우 다양하게 나타난다. 이들을 유형화해 보면 시장추구, 자원추구, 생산효율증대 등으로 크게 구분할 수 있을 것이다. 물론 이러한 직접투자의 동기는 서로 배타적인 것이 아니며 복합적인 동기에 의해 해외직접투자가 이루어지기도 한다.

(1) 시장추구

새로운 시장을 추구함으로써 기업의 성장과 수익성을 도모하려는 것은 해외시장진출의 가장 일반적인 동기라 할 수 있다. 다만 여기서는 새로운 해외시장에 진출하는 방법이 수출이나 라이슨싱 등이 아니라 왜 해외직접투자냐 하는 것이 설명되어져야 할 것이다. 우선 라이슨싱은 현지에서의 마케팅활동을 직접담당하지 않기 때문에 적극적인 시장추구의 대안으로 볼 수 없는 측면이 있다. 따라서 주로 수출과 비교하여 직접투자가 갖는 시장추구동기를 설명하기로 한다.

일반적으로 생산 및 마케팅활동은 시장에 근접하여 수행하는 것이 바람직하다. 소비자의 반응, 경쟁기업의 반응을 효과적으로 생산과 마케팅에 반영할 수 있기 때문이다. 따라서 현지시장의 규모, 보다 정확하게는 자사제품의 판매가능성이 충분히 크지 않을 때 현지직접투자는 경제성이 없지만, 시장의 확대와 경험의 축적 등으로 여건이 성숙될 때 직접투자를 검토하는 것은 당연하다. 시장국내에 민족주의(nationalism)와 결합된 자국생산제품의 선호경향이 있다면 더욱 그러하다. 현지시장까지의 수송비가 생산비나 제품의 최종가격에서 차지하는 비중이 클 경우에도 직접투자가 해외시장진출의 바람직한 대안이 된다.

한편 무역장벽의 회피도 해외직접투자의 중요한 동기로 언급되고 있는데 이 역시 시장추구동기의 일환으로 볼 수 있다. 최근 WTO체제의 출범으로 무역장벽이 점차 낮아지고는 있지만 아직도 선·후진국을 막론하고 다양한 형태의 수입제한이 존속하고 있는 실정이다. 정도의 차이(예: 관세율)와 가시성의 차이(예: 수량제한 〉 관세장벽 〉 통관절차의 까다로움) 등이 있을 뿐이다. 시장국가에 수입장벽이 있을 경우 해당 시장에 진출하는 현실적인 방법은 라이슨싱 혹은 직접투자를 통한 현지생산이다. 수입장벽은 절대적인 크기만이 아니라 상대적인 크기도 문제가 된다. NAFTA나 EU와 같은 지역경제통합은 전체적인 무역장벽완화의 추세를 따르고 있다고는 해도 역외국가의 입장에서는 역내국가에 비해 상대적으로 높은 장벽을 가지고 있다고 볼 수 있다. 따라서 목표시장국가 혹은 인근의 역내국가에 직접투자형태의 진출을 하게 된다. 미국시장을 주 목표로 하는 많은 외국기업들이 멕시코에 직접투자형태로 진출하는 것이 대표적 예다.

(2) 자원추구

원유, 철광, 원목, 커피 등의 천연자원을 주요 원재료로 사용하고 있는 기업들은 이러한 자원을 직접채굴, 개발, 가공하기 위해 해외직접투자를 수행하기도 한다. 원재료의 안정적인 공급을 위한 수직적 통합(vertical integration)이라 할 수 있다. 특히 원유의 경우 주요 부존지역이 주요 수요국가와 다르기 때문에 이러한 수직적 통합으로서의 직접투자가 많이 발생하고 있다. 자원개발을 위한 해외투자는 원자재의 안정적인 공급이라는 측면외에 수송비절감차원에서도 이루어진다. 원재료형태로 수송하는 것보다 1차 가공을 거친후에 수입하는 것이 수송비를 절감할 수 있기 때문이다.

천연자원부존지역에 대한 직접투자는 자원자체를 개발한 후 국내에 수입하려는 의도뿐만 아니라 이를 원자재로 사용하는 최종제품을 생산하기 위해서도 이루어진다. 국내피아노제조업체가 인도네시아에 생산시설을 구축한 것은 저렴한 인건비와 함께 원목의 안정적인 근거리공급을 염두에 둔 것이기도 하다.

자원의 개념을 확장하면 자원추구동기는 천연자원개발을 위한 직접투자외에도 다양한 해외투자를 설명할 수 있다. 그 대표적 예가 기술 및 정보습득을 목표로 하는 해외투자다. 특히 개발도상국 국가기업들의 선진국투자 중 기술습득을 목표로 하는 투자를 많이 발견할 수 있다. 우리나라 기업들도 미국 및 유럽의 첨단분야기업이나 연구소들의 밀집지역에 연구소를 설립하거나 기존 기업을 인수한 사례들이 있는데 이들은 주로 기술이나 정보습득을 주요 목표로 하는 해외투자라 볼 수 있다. 저렴한 인건비를 염두에 두고 풍부한 노동력보유국가에 생산기지를 구축하는 것이나 투자대상국(host country) 정부의 각종 인센티브제공에 따른 해외투자도 자원추구형 해외직접투자로 분류할 수 있을 것이다.

(3) 생산효율추구

오늘날 거대 다국적기업의 해외직접투자는 효율적인 입지선정, 혹은 지리적 배치(geographical configuration)를 통해 범세계적인 비용 효율성(global cost efficiency)을 달성하려는 의도로 이루어지는 경우가 많다. 여기서의 비용이란 각종 부품의 직접적인 생산비, 조립비용은 물론 부품공장과 조립공장 사이의 수송비, 시장국가까지의 수송비, 그리고 국가간 이전에 따른 관세, 각국의 환율이 고려된 비용 등을 모두 포함한다. 따라서 단순히 저렴한 인건비나 풍부한 노동력활용만을 추구하는 것보다는 훨씬 종합적이고 복잡한 분석을 필요로 한다. 물론 국내 인건비상승을 피해 노동집약적 산업을 노동력이 풍부한 국가로 이전시키는 단순한 저임금추구형 해외투자도 상당히 많다. 생산효율을 추구하는 해외투자는 시장진입방법으로서의 의미보다는 조달(sourcing)기지로서의 의미가 더 큰 경우가 많다.

(4) 경쟁적 반응

기업의 해외직접투자는 시장이나 생산효율을 추구하려는 적극적 동기뿐 아니라 경쟁기업의 선도적 행동에 대한 반응의 형태로도 나타난다. 이러한 해외투자를 반드시 수동적이라고 할 수는 없겠지만 국내경쟁기업의 해외진출, 혹은 국내시장을 포함한 자신의 주요 시장에 대한 외국경쟁기업의 공세에 대한 방어적 성격을 많이 가지고 있다. 특히 경쟁기업의 행동에 민감한 반응을 보이는 과점상태의 경쟁구조 하에서 이러한 해외투자가 많이 나타나는데, 경쟁기업의 선도적 해외진출에 불안을 느끼고 유사한 지역 혹은 다른 지역으로의 투자를 고려하게 된다.

한편 외국의 경쟁기업이 국내시장에 진출하거나 해외의 다른 주요 시장에서 경쟁하게 될 경우 그 방어책으로 해당 기업의 모국으로 진출하는 경우도 있다. 많은 기업에 있어 본국시장은 해외시장개척에 필요한 재원을 확보해 주는 기반시장이기 때문이다. 따라서 경쟁기업의 모국시장에 진출하여 해당 기업의 안정적 재원확보를 견제내지 억제할 수 있다면 훌륭한 방어전략이 될 수 있다. 특히 해당 본국시장이 글로벌경쟁에 심하게 노출되어 있지 않은 경우 이러한 안정적인 '안방시장'에 침입하는 것은 적어도 커다란 견제효과를 거둘 수 있을 것이다.

02 FDI이론

무역이론이 무역의 발생원인, 패턴 등을 설명하는 것과 마찬가지로 해외직접투자가 왜, 그리고 어떤 형태로 발생하는지를 이론적으로 설명하려는 노력이 많은 학자들에 의해 이루어져 왔다. 직접투자가 단순한 자본의 국가간 이동이 아니라 자본, 기술, 경영 등 생산요소의 복합적 이전이라는 점에서 FDI이론은 산출물의 이동을 설명하는 무역이론이나 단일 생산요소의 이전에 초점을 맞추는 자본이동론의 관점과 구별된다. 여기서는 FDI를 설명하는 대표적 이론에 대해 살펴보기로 한다.

2.1 독점적 우위이론

독점적 우위(monopolistic advantage)이론은 해외직접투자를 설명하는 가장 대표적인 이론 중의 하나로 볼 수 있다. 이 이론이 직접투자에 대해 가졌던 첫 번째 의문은 현지기업에 비해 여러모로 불리한 입장에 있는 외국기업이 어떻게 투자를 하여 직접 경영활동에 참여하고 경쟁력을 갖출 수 있겠느냐 하는 것이었다.

외국기업은 현지기업에 비해 현지사정에 익숙하지 못하다. 현지국(host country)의 정치경제적인 환경, 기업경영활동에 영향을 미치는 각종 법규 및 제도, 사회문화적인 환경 등이 본국과 현저하게 다를 수 있을 뿐 아니라 현지유통경로에의 접근, 대(對)정부관계 등에서도 취약할 수 밖에 없다. 경우에 따라서는 현지국 정부가 외국기업에게 불리한 차별적인 제도를 운영하기도 한다. 낯선 환경 혹은 차별적인 대우 때문에 외국기업이 추가적으로 부담해야 하는 비용을 흔히 외국비용(cost of foreignness)이라는 포괄적인 개념으로 통칭하는데, 이러한 외국비용에도 불구하고 직접투자를 하려면 이를 극복할 수 있는 어떤 것, 즉 독점적 우위를 보유해야 한다는 것이 독점적 우위이론의 핵심이다. 이러한 독점적 우위는 기술력 혹은 특허권, 제품차별화, 경영 및 마케팅노하우, 시장접근성 혹은 판매권, 저렴한 자본조달비용, 규모의 경제 등 다양한 형태로 나타날 수 있다.

독점적 우위이론은 해외직접투자를 이론적으로 설명하려는 본격적 시도로서의 큰 가치를 가지고 많은 기여를 한 것이 분명하지만 몇가지 한계를 지니고 있다. 우선 이 이론은 'how', 즉 '어떻게 현지기업에 비해 불리한 외국기업으로서 직접투자를 통해 현지기업과 경쟁할 수 있느냐'에 대해서는 설명해 주고있지만, 그 답이 되는 독점적 우위를 'why', 즉 '왜 굳이 다른 방법이 아닌 직접투자를 통해 활용하느냐' 하는 것은 설명하지 못한다. 다시 말해 독점적 우위가 있다는 것은 해외직접투자를 가능하게 하는 필요조건은 되지만, 이 우위를 수출이나 라이슨싱 등을 통해서도 활용할 수 있다는 점에서 직접투자의 충분조건은 되지 못한다.

또한 개발도상국 혹은 제3세계 국가기업들의 선진국에 대한 직접투자도 이 이론으로는 설명하기가 곤란하다. 왜냐하면 이들이 일반적으로 인정할 수 있는 독점적 우위를 보유하고 있다고 볼 수 없는 경우가 많기 때문이다. 외국비용의 문제, 즉 애초부터 외국기업으로서 불리한 점을 가질 수밖에 없다는 전제에도 다소 문제가 있다. 사실 해외직접투자가 나타나기 시작한 초기, 그리고 그 이후 상당기간 동안에는 이러한 외국비용의 문제가 심각할 수도 있었을 것이다. 그러나 글로벌화가 진전되면서 '과연 단지 외국기업이라는 이유만으로 현지기업에 비해 불리하다는 전제가 타당한가?'라는 질문에 명확하게 'yes'라고 답하기가 어려워진 것이 사실이다. 또한 외국기업의 투자를 유치하기 위해 각국 정부가 제시하는 유인제도(incentives)는 경우에 따라 외국비용을 상쇄하고 남을 수도 있을 것이다.

2.2 내부화이론

독점적 우위이론이 'how'의 문제에 초점을 맞추고 있어 'why' 문제에 대한 답을 제시하지 못하고 있다는 점은 바로 위에서 언급하였다. 내부화이론(internalization theory)은 바로 이 'why'의 문제, 즉 독점적 우위 혹은 경쟁우위를 왜 외부시장을 이용하여 판매하지 않고 자신이 직접 외국에 진출하여 활용하는 방법을 택하느냐 하는 문제에 답을 제시하고자 한다.

기업이 보유하고 있는 자산을 활용하는 방법, 즉 거래(transaction)를 위해 택할 수 있는 통로는 기본적으로 외부시장(market)과 기업내부조직(hierarchy)이다. 그런데 문제가 되는 독점적 우위의 성격상 외부시장을 이용하는 것이 불가능하거나 외부시장을 통한 거래에 높은 비용(transaction cost)이 수반되는 경우가 많다. 이 경우 기업은 이러한 독점적 우위를 직접 활용하려는, 즉 내부화(internalization)의 대안을 모색하게 된다는 것이 내부화이론의 핵심이다. 즉, 재화와 용역의 국가간 이전이 시장이 아닌 기업내부조직을 통해 이루어지는 것이 해외직접투자라는 것이다.

그렇다면 왜 특정자산에 대해 적절한 외부시장이 존재하지 않거나 거래비용이 과다하게 발생하는 것일까? 외부시장이 불완전한 경우의 전형적인 예는 기술이나 지식과 같은 무형자산이다. 이러한 자산은 오랜 시간과 높은 비용을 투자하여 개발되지만 일단 개발이 되고 나면 공공재(public goods)적 성격을 갖는다. 그런데 공공재는 추가비용의 부담없이 제3자에게 공급될 수 있다. 즉, 한계비용이 제로(0)이며, 따라서 시장가격형성이 불가능하다. 따라서 기업은 내부시장을 형성함으로써 시장의 불완전성을 극복하려 한다. 또한 라이슨싱이라는 시장을 통한 거래를 택한다 해도 거래상대방이 기회주의적으로 행동할 가능성이 있으며, 이를 감시하고 모니터하는 것은 많은 비용을 수반하게 되기 때문에 내부화를 검토하게 된다.

내부화이론은 외국시장에 진출하고자 하는 기업이 왜 직접투자를 택하는지에 대해 이론적인 답을 제시하고 있다는 점에서 큰 의의를 가지며 독점적 우위이론이 지니는 한 한계를 극복하고 있다. 그러나 내부화이론은 직접투자를 라이슨싱과 대비시켜 설명하는데 치중하고 있어 또 하나의 시장거래인 수출과의 비교 및 선택문제는 충분히 설명하지 못하고 있다.

2.3 절충이론

절충이론(eclectic theory)은 Dunning에 의해 주창된 것으로서 기존의 이론들이 해외직접투자의 한 측면만을 설명하고 있다는 점을 감안하여 이들을 종합하려는 시도로 볼 수 있다. 즉, 직접투자를 포괄적으로 설명하기 위해서는 첫째, 외국비용에도 불구하고 어떻게 직접투자가 가능한가? (how), 둘째, 기업이 보유하고 있는 경쟁우위를 왜 시장이 아닌 기업내부조직, 즉 직접투자를 통해 활용하는가? (why), 셋째, 직접투자의 대상이 되는 현지국은 어디인가, 즉 어디로 진출하는가? (where) 등에 대한 답을 종합적으로 제시할 수 있어야 한다는 것이다.

절충이론에 의하면 수출, 라이선싱, 직접투자 등의 시장진입방법 중에서 직접투자를 선택하려면 독점적 우위라는 기업특유의 우위(ownership-specific advantage), 내부화의 우위(internalization incentive advantage), 그리고 투자진출국의 입지특유우위(location-specific advantage) 등 세 가지의 우위가 종합적으로 연계되어야 하며, 이들 중 하나라도 부족하다면 직접투자의 선택을 설명할 수 없게 된다. 예를 들어 기업이 자신만의 독점적인 우위는 가지고 있고 내부화우위도 있지만 현지국의 입지우위가 없다면 국내에서 생산하여 수출하는 것이 바람직하며, 기업특유의 우위와 현지국의 입지우위는 있지만 내부화우위가 없다면 외부시장을 통한 라이선싱이 바람직한 대안이 된다. 결국 이 세 가지 우위를 모두 갖추어야 직접투자를 통한 현지생산이 선택된다는 것이다(<표 9-2> 참조).

절충이론은 독점적 우위이론과 내부화이론은 물론 입지선정과 관련된 입지이론 등을 모두 포괄하여 해외직접투자를 종합적으로 설명한다는 점에서 큰 의의가 있다. 수출, 라이선싱, 직접투자라는 대표적인 해외시장진입방식을 모두 고려하는 상태에서 다른 두 대안이 아닌 직접투자를 선택하게 되는 조건과 상황을 체계적으로 설명하고 있는 것이다. 이러한 종합적 성격으로 인해 절충이론이 해외직접투자의 일반이론이라는 주장도 제기되고 있으나 바로 그 종합성 때문에 비판도 제기되고 있다. 기존 이론들을 한데 모아 잘 포장한 것에 불과하다는 일부 지적이 그것이다.

표 9-2 해외시장진입방법의 선택 (Dunning의 절충이론)

우위 / 진입방법	기업특유우위 Ownership	내부화우위 Internalization	입지우위 (Foreign) Location
해외직접투자	○	○	○
수 출	○	○	×
계약방식(라이선싱 등)	○	×	×

자료원: John H. Dunning, *International Production and the Multinational Enterprise*, London: George Allen & Unwin, 1981, p. 111.

2.4 과점적 반응이론

과점적 반응이론(oligopolistic reaction theory)은 합리성에 기초한 경제적 분석보다는 기업의 행동적인 반응, 전략적인 반응으로 해외직접투자를 설명하려는 이론이다. 과점산업에 속한 기업들은 경쟁기업의 행동에 매우 민감하며 현 상태의 균형을 유지하고자 하는 특성이 강하다. 따라서 어느 한 기업이 이러한 균형을 깰 수 있는 행동을 취하면 이에 대한 방어적 반응으로 유사한 행동을 택한다는 것이다. 해외직접투자도 마찬가지여서 과점산업의 어느 한 경쟁기업이 해외에 직접투자를 하면 나머지 경쟁기업들도 같은 국가에 자회사를 설치하는 방어적 투자를 하게 된다. 이것이 바로 해외직접투자를 설명하는 과점적 반응이론이다.

과점적 반응이론은 과점산업의 경쟁기업들이 해외의 특정국가에 연이어 진출하는 현상을 잘 설명해 주고 있다. 선도기업을 따라서 (follow-the-leader) 특정국에 집중적으로 해외투자가 몰리는, 이른바 밴드웨건(band wagon) 효과로 직접투자를 설명하는 것이다. 그러나 이 이론은 방어적 투자행동만을 설명하고 있기 때문에 선도기업의 최초 해외직접투자가 왜 일어나는지는 설명하지 못한다.

2.5 제품수명주기이론

버논(Raymond Vernon) 등에 의해 개발된 제품수명주기(product life cycle) 이론은 시간이라는 차원을 도입하여 시간의 흐름에 따라 무역 및 직접투자가 이루어지는 현상 및 패턴을 설명하고 있다. 이 이론이 일차적인 관심을 가진 국가는 미국이었으며, 왜 미국기업들이 수출로 시작하여 직접투자로 전환하는지를 단계적으로 설명해 준다.

제품수명주기 모델에 의하면 미국기업들은 미국시장을 위해 개발된 혁신적 제품으로 우선 수출시장에서 독점적 우위를 누리게 된다. 제품의 표준화가 아직 이루어지지 않은 도입기 단계에서는 R&D부서, 공급업자, 소비자 등과 인접한 곳에서 생산활동을 수행하는 것이 초기의 디자인변경, 생산공정개선, 마케팅활동 등에 유리하며, 따라서 해외에서의 생산비가 비록 저렴하다고 해도 미국내에 생산시설을 유지하는 것이 바람직하다.

그러나 제품의 표준화가 진전되는 성장기에는 생산비가 관심사로 등장하게 되며 미국기업들은 저임금을 이용할 수 있는 해외생산을 검토하게 된다. 미국기업들의 일차적 해외투자는 현지생산이 규모의 경제를 달성할 수 있는 다른 선진국시장을 대상으로 하며, 이러한 해외투자는 수출시장을 현지생산자들에게 빼앗기지 않으려는 방어적 동기를 바탕으로 한다. 시장이 현지생산을 정당화할 만큼 충분히 크지 않을 경우 여전히 미국내 생산을 통한 수출도 이루어진다.

제품이 성장기를 지나 성숙기, 쇠퇴기에 이르면 본격적인 가격경쟁이 나타난다. 이에 따라 기업들로서는 생산비절감이 더욱 중요한 관심사항이 되며, 미국기업들은 초기의 해외투자지역이었던 다른 선진국으로부터 임금이 더욱 저렴한 저개발국가로 생산시설을 이전한다. 이 단계에서는 전세계적으로 수요가 확산되어 다른 선진국기업은 물론 특히 저개발국가기업들도 자국수요충족을 위해 해당 제품을 생산한다. 뿐만 아니라 이들은 가격경쟁력을 활용해 미국시장에 대한 수출도 하게 된다. 따라서 미국기업은 수입제품으로부터의 자국시장방어를 위해서도 저 생산비국가로의 생산시설이전을 촉진하게 된다.

03 FDI의 유형

3.1 FDI의 일반적 유형

제7장에서 설명하였듯이 해외직접투자는 지분율에 따라 단독투자(sole venture, 또는 wholly owned subsidiary)와 합작투자(joint venture)로, 설립형태에 따라 신규설립(new establishment, 또는 greenfield investment)과 기존 기업의 인수 및 합병(M&A, merger and acquisition)으로 구분된다. 각각의 개념과 장단점 등은 이미 앞에서 간략하게 살펴보았으므로 여기서는 파트너 선정과 공동의사결정이라는 독특한 과제를 안게되는 합작투자와 최근 그 비중과 중요성이 크게 늘고 있는 M&A에 대해 좀 더 자세하게 설명하기로 하자.

3.2 합작투자

(1) 합작투자의 개념과 의의

합작투자(joint venture)란 간단히 말해 두 개 이상의 기업이 지분을 공동으로 소유하며 경영의사결정에도 공동으로 참여하는 것을 말한다. 해외진출전략으로서의 합작투자는 국내의 다른 기업이나 제3국의 다른 기업을 파트너로 하는 경우도 있으나, 대개의 경우 현지기업을 파트너로 하여 자본과 경영자원을 결합하고 공동의 이익을 실현하고자 하는 것이 일반적이다. 합작투자는 지분구성에 따라 다수지분(majority), 소수지분(minority), 동등지분 등으로 구분할 수 있으며, 새로운 기업을 설립하는 신규설립은 물론 현지의 기존 기업지분의 일부를 취득하는 인수(acquisition)형태도 가능하다.

합작투자는 단독투자에 비해 경영권 혹은 통제권의 범위가 작을 수밖에 없다. 소수지분의 경우에는 특히 그러하다. 단독투자의 경우 스스로의 판단에 의해 자신의 전략을 집행하며 그 결과로 나타나는 모든 이익은 자신의 것이 된다. 물론 위험과 손실도 자신의 몫이다.

단독투자는 전세계적으로 스스로의 통일된 재무 및 회계시스템을 사용할 수 있으며 범세계적 관점에서 자회사전체의 전략과 활동을 조정하고 통합하는 것을 보다 용이하게 한다. 그러나 합작투자의 경우 범세계적 관점에서의 조정과 통합은 본질적으로 쉽지 않다. 합작투자를 결정한 다국적기업으로서는 해당 합작법인이 자신의 전세계 다국적기업시스템, 즉 상위시스템의 한 구성부분으로 인식하고 싶은 것이 일반적이며, 현지파트너로서는 해당 합작법인이 그 자체로서 중요하기 때문에 양자 사이에 이해관계 불일치 가능성이 상존하기 때문이다. 예를 들어 다국적기업은 이익을 배당금의 형태로 본사에 송금하기를 원하는데 현지파트너는 합작법인에 재투자하기를 원할 수 있으며, 다국적기업은 다른 국가에 있는 자회사와의 거래에 있어 그 자회사에 유리한 방향으로 이전가격책정을 원할 수 있지만 현지파트너는 자신과 관계가 없는 다른 자회사를 위한 이전가격책정에 찬성할 이유가 전혀 없다. 그렇다면 직접투자형태로 해외시장에 진출하려는 기업이 왜 100% 단독투자가 아닌 합작투자를 선택하는 것일까? 기본적으로는 합작투자를 선택할 수밖에 없는 상황이거나 합작투자가 보다 바람직하다고 판단하기 때문이다. 이에 대해 좀 더 구체적으로 설명하면 다음과 같다.

첫째, 아직도 많은 국가, 특히 개발도상국들은 분야에 따라 외국기업의 단독투자를 허용하지 않는 경우가 많다. 이 경우 해당 국가에 진출하려는 다국적기업은 100% 단독투자를 선호하더라도 차선책으로 합작투자를 선택할 수밖에 없다.

둘째, 자본 및 기타 경영자원을 분담함으로써 투자위험을 분산할 수 있으며 상호 보완적인 경영자원의 결합을 통해 시너지효과(synergy effect)를 창출할 수 있다. 이러한 장점은 현지파트너는 물론 본국 및 제3국 기업을 파트너로 하는 합작투자에도 적용된다.

표 9-3 국내 외국인합작투자의 단독투자 전환사례

합작법인명	외국투자기업	한국파트너	합작투자 연도	초기 지분구성 (외국:한국)	단독투자 전환연도
농심켈로그[1]	Kellog(미)	농심	1980	50:50	1998
유니레버코리아[2]	Unilever(영, 네)	애경유지	1985	50:50	1993
한국3M	3M(미)	두산	1977	60:40	1996
한국네슬레[3]	Nestle(스)	농어촌개발공사 두산	1979 1987	50:50 50:50	1996
한국바스프[4]	BASF(독)	효성	1980	50:50	1998
		한화(한양)	1988	50:50	1997
한국존슨[5]	Johnson & Son(미)	개인 투자자	1979	50:50	1986
한국HP	HP(미)	삼성	1984	55:45	1998
한국P&G	P&G(미)	서통	1989	60:40	1992
한국코닥	Kodak(미)	두산	1989	51:49	1996
한국화이자	Pfizer(미)	중앙제약	1969	50:50	1998
한국후지제록스	Fuji Xerox(일)	동화산업	1974	50:50	1998

주 : 1) 농심켈로그는 단독전환이 아니라 켈로그의 지분이 90%로 증가한 경우임
2) 합작법인 '애경산업'의 유니레버측 지분은 애경유지가 전부 인수하고 유니레버는 별도의 단독법인 유니레버코리아를 설립함(1993)
3) 농어촌개발공사와의 합작은 '한서식품'이었으며 1981년 두산으로 합작선 변경 → '네슬레식품'으로 사명 변경(1988) → 두산과의 별도합작(1987) '한국네슬레'에 흡수합병(1993) 과정을 거침
4) 한화바스프우레탄(1997), 효성바스프(1998) 지분을 인수한 후 기존의 바스프코리아를 포함한 3사를 합병하여 한국바스프 설립(1998)
5) 1972년 100% 단독투자인 '존슨주식회사' 설립 → 50:50 합작 '한국존슨'(사명변경, 1979) → 단독전환(1986)의 과정을 거침

셋째, 적절한 현지파트너 선정을 통해 현지의 제반경영환경 및 관행에 대한 이해, 지식, 경험의 부족을 보완할 수 있다. 단독투자가 허용되는 상황에서 합작투자를 선택하는 가장 중요한 이유는 바로 이 부분에서의 현지파트너의 공헌이다. 해당 시장에서의 경험과 지식이 부족할 경우 현지의 부품공급자, 유통기관, 고객, 금융기관, 정부관리 등과의 접촉이나 관계를 원만하게 이끌어나가기 곤란할 가능성이 높으며 이것이 곧 투자의 실패로 이어질 가능성도 있다. 현지경험과 지식의 부족이 합작투자의 주요 이유라는 점은 많은 기업들이 처음에 합작투자의 형태로 진출했다가 경험을 축적한 후 단독투자로 전환하는 사례를 통해서도 알 수 있다 (<표 9-3> 참조).

물론 오랜 시간이 경과하여 현지시장에서의 충분한 경험을 축적한 후에도 장기적인 합작 및 제휴관계를 유지하는 기업도 많다. 합작 및 제휴를 주요 글로벌전략방향의 하나로 삼고있는 코닝(Corning)이나, 50년 이상 합작관계를 유지하고 있는 일본의 후지필름과 미국의 제록스 간의 일본내 합작법인 후지제록스(Fuji Xerox), 한국의 신도와 일본의 리코(Ricoh)간의 한국내 합작법인 신도리코 등이 대표적 예다.[1] 다국적기업의 해외시장진입방법으로서가 아니라 현지기업의 자본 및 기술도입 필요성에 의해 주도된 합작투자의 경우에는 오히려 시간이 지남에 따라 현지기업쪽으로의 지분이동이나 단독투자전환이 이루어질 수도 있다. 합작관계의 지속 혹은 어느 일방으로의 지분이전에 영향을 미치는 중요한 요인의 하나는 시간의 흐름에 따른 파트너간 협상력의 변화다. 예를 들어 합작투자형태로 해외시장에 진입한 다국적기업이 현지에서 경험을 직접 축적하고 현지파트너로부터 지식 및 정보를 습득한 이후에는 현지파트너의 협상력이 감소하는 것이 일반적이다. 현지파트너의 기여가 현지경험 및 지식에 국한될 경우에는 특히 그러하다.

넷째, 현지기업과의 합작투자를 통해 외국기업의 이미지를 줄일 수 있으며 이것은 현지소비자 및 정부와 보다 우호적인 관계를 형성하는데 도움이 될 수 있다.

---

1) 1962년 50 : 50 동등지분으로 출발한 후지제록스의 경우 일반적인 패턴과 달리 2001년 3월 일본의 후지필름이 제록스가 보유한 지분 중 절반을 인수하여 현재는 후지 : 제록스의 지분구성이 75 : 25다. 한국의 신도리코는 1969년 50 : 50으로 시작하여 65 : 35(1988년), 75 : 25(1995년), 82.5 : 17.5(1996년), 80 : 20(1998년) 등 한국측 파트너 쪽으로의 전반적인 지분이동이 있었다. 2007년 11월 이후 16%의 지분을 보유하고 있던 리코는 2013년에 이 중 대부분을 매각한 바 있다.

(2) 합작투자와 전략적 제휴

합작투자는 서로 다른 두 기업이 공동의 이익을 실현하기 위하여 자본과 경영자원을 결합하고 협력과 공동의 노력을 기울인다는 점에서 전략적 제휴(strategic alliance)의 일환이라 볼 수 있다. 다만 합작투자가 지분참여와 별도의 법인설립을 전제로 하는데 비해, 광의의 전략적 제휴는 합작투자는 물론 지분참여없이 사업이나 부문별계약에 의해 이루어지는 모든 협력관계를 포함한다는 점에 차이가 있다. 물론 전략적 제휴를 좁게 해석하여 지분참여없는 협력관계만을 의미하는 것으로 보는 경우도 있다.

합작투자와 전략적 제휴는 서로 다른 기업이 공동의 목표를 위해 자원을 결합한다는 점과, 적절한 파트너 선정 및 그 이후의 파트너와의 신뢰관계가 성공에 매우 중요하다는 점, 그리고 상호협력과 신뢰가 매우 중요한 한편 갈등과 경쟁관계 역시 병행될 수밖에 없다는 점에서 그 이론적 배경과 접근방법, 전략적 시사점 등이 유사하다고 할 수 있다. 따라서 제12장에서 다룰 전략적 제휴와 관련된 내용 중 상당부분이 합작투자에도 그대로 적용될 수 있다. 아래에서는 합작투자의 성공에 일차적으로 중요한 파트너 선정요인에 대해서 간략하게 설명할 것인데, 이 내용은 전략적 제휴의 파트너 선정에도 적용될 수 있으므로 합작투자 및 전략적 제휴에서 설명하는 각각의 내용을 상호보완적으로 이해하는 것이 바람직하다.

(3) 합작투자의 파트너 선정

합작투자나 전략적 제휴는 종종 결혼에 비유되기도 한다. 서로 다른 두 당사자가 만나 공동의 목표를 위해 서로 노력하는 일이기 때문이다. 그 과정에서 상호보완과 이해, 그리고 협력이 필수적인 덕목으로 등장하며 불가피하게 수반되는 갈등을 어떻게 극복하고 해결하느냐가 성패를 좌우한다는 점도 합작투자와 결혼 모두에 적용된다. 따라서 자신의 부족한 부분을 보완해 주고 원활한 협력관계를 유지할 수 있는 적절한 파트너를 선정하는 것이 성공적인 합작투자와 결혼생활을 반 이상 보장해 주는 지름길이라고 해도 과언이 아니다. 합작투자의 적절한 파트너선정기준을 정하는 일은 적절한 배우자를 고르는 기준을 정하는 것과 유사한 측면이 있지만, 모든 것을 초월할 수 있다고도 여겨지는 사랑이라는 요소가 빠져있기 때문에 더욱 객관적일 필요가 있다. 주요 선정기준으로는 기술능력 및 자원의 상호보완성, 상호 필요성, 상대적 규모차이, 전략 및 경영방침의 적합성과 양립가능성, 커뮤니케이션 장벽, 경영자(팀)의 양립성, 상호 신뢰 및 몰입도 등이 있는데 이들에 대해 설명하면 다음과 같다.[2)]

첫째, 파트너 선정의 일차적 기준은 기술 및 경영자원의 상호 보완성(complementarity), 즉 각자의 부족한 부분을 보완해 줄 수 있는 능력이 서로에게 있느냐 하는 것이다. 만일 이러한 보완적 자산과 능력이 없다면 합작투자의 존재의의는 찾기 힘들게 되며, 따라서 상호 보완성은 합작투자의 최소요건 혹은 전제조건이라고 할 수 있다. 이와 관련하여 서로의 필요성, 혹은 상호 의존성도 고려해야 할 요인이다. 파트너끼리의 상호보완적 자산은 기본전제이지만 이러한 기술이나 자원의 필요성과 상호 의존성정도에는 차이가 많을 수 있다. 상호 의존성이 너무 작을 경우 난관을 극복하는 합작관계의 장기적 존속이 어려울 수 있으며, 반대로 너무 클 경우, 특히 어느 일방만의 의존성이 비대칭적으로 클 경우도 불안정한 관계로 이어질 가능성이 높다.

둘째, 기술 및 경영자원의 상호 보완성과 함께 전략적 적합성(strategic fit) 역시 파트너 선정시 대단히 중요한 요인이다. 예를 들어 투자회수시기 및 수준에 대해 서로 다른 전략적 목표를 가진 파트너끼리의 결합은 이해관계의 불일치와 갈등으로 합작투자의 조기청산 등 실패로 끝날 가능성이 높다. 한 파트너는 신속한 시장접근과 높은 배당금을 원하는데 다른 파트너는 단기적인 재무적 보상 대신 기술이전이나 장기적인 시장입지구축을 추구한다면 이 합작투자는 성공할 가능성이 낮을 수밖에 없다. 따라서 파트너기업이 합작투자를 통해 실현하려고 하는 전략적 목표가 무엇인지 정확하게 이해할 필요가 있으며, 이것이 자신의 전략적 목표와 보완적인 양립이 가능한지 충분히 검토해야 한다.

셋째, 예외적인 경우도 많이 있지만 합작투자는 어느 정도 이상 되는 비슷한 규모의 기업끼리 이루어질 때 장기적 성공 가능성이 높다. 소규모기업끼리의 결합은 각자의 약점을 보완하기보다는 강화시킬 가능성이 있으며, 규모의 차이가 지나치게 클 경우 한 파트너의 일방적 지배내지 독주가능성이 있어 바람직하지 않다.

넷째, 파트너 선정시 고려해야 할 또 하나의 중요한 요인은 일상적인 경영방침(operating policies)이나 관행의 유사성 혹은 양립가능성이다. 원가배분을 포함한 회계처리시스템, 휴가제도, 부채의존성향, 의사결정방법 등 각종 경영기능상의 정책이나 관

---

2) 이 부분은 J. Michael Geringer, "Partner Selection Criteria for Developed Country Joint Ventures," *Business Quarterly,* Summer, 1988, pp. 55~62의 내용을 주로 참조하여 수정・보완한 것임

행이 다를 경우 마찰과 갈등이 일상적으로 반복될 수 있으며, 결국 파국으로 이어질 가능성이 있다.

다섯째, 서로 다른 배경을 지닌 두 기업이 결합되는 합작투자의 특성상 원활한 커뮤니케이션은 효율적인 합작투자경영에 필수적인 요소다. 커뮤니케이션 장벽이 존재할 경우 양자간의 차이점에서 오는 문제가 더욱 악화될 수 있기 때문이다. 커뮤니케이션 장벽은 언어를 포함한 국가 및 민족문화의 차이는 물론 기업문화의 차이로부터도 올 수 있다. 따라서 유사한 사회문화적 배경과 유사한 기업문화를 가진 파트너를 선정하는 것이 공식·비공식적 커뮤니케이션, 그리고 언어·비언어적 커뮤니케이션 모두를 원활하게 하는데 도움이 되며 궁극적으로 성공적인 합작투자결과로 이어질 가능성이 높다.

여섯째, 조화로운 양립이 가능한 경영팀을 가진 파트너를 선정하는 것이 중요하다. 친밀한 관계를 유지하고 의기투합할 수 있는 경영자나 경영팀을 만나는 것은 합작투자의 협상과정은 물론 성공적인 합작투자경영에 매우 중요한 요소가 된다. 원칙적으로 합작투자는 양사의 공식적인 절차에 따라 결정되고 운영되지만, 현실적으로 합작법인에 파견되거나 합작투자경영에 관여하는 양 파트너 본사경영자들 사이의 개인적 관계는 합작투자의 성공에 대단히 중요하다. 아울러 이러한 개인적 특성으로 인해 합작과 관련된 주요 경영자(팀)가 장기적으로 그 직책을 유지할 가능성도 파트너 선정과정에서 고려할 필요가 있다.

일곱째, 합작투자의 결성과 운영은 장기적으로 볼 때 파트너 경영자들 사이에 의례적인 관계 그 이상을 요구한다. 그것은 바로 서로간의 신뢰(trust)와 몰입(commitment)이다. 법적인 계약과 각종의 공식적 협약을 문서로 작성할 수는 있지만 서로간의 신뢰와 합작투자에 대한 몰입이 없다면 그 투자는 성공하기 힘들기 때문이다. 상대방이 나의 기술이나 기업비밀을 취득한 후 향후거래에서는 자신을 배제할 가능성이 있다고 염려하거나, 자신을 속인다고 느끼는 상태로는 성공적인 합작관계가 유지될 수 없다. 상호신뢰는 합작투자 결성 후 서로의 노력에 의해 구축되기도 하지만 애초부터 신뢰할 만하고 합작투자에 깊숙이 몰입할 수 있는 파트너를 선정하는 것도 중요하다.

(4) 합작투자결정시 고려해야 할 점검사항

합작투자와 관련된 의사결정을 할 때 고려해야 할 주요 점검사항(checklist)을 표로 정리하면 <표 9-4>와 같다.

표 9-4 합작투자(joint venture) 결정시 주요 점검사항(checklist)

구 분	점검사항(checklist)
1. 합작투자의 목적	• 자사의 주요 목표 및 전략 • 현지 파트너의 주요 목표 및 전략 • 양사 목표의 상호조정
2. 각 파트너의 공헌	• 현지 환경에 대한 지식 • 현지 공급자, 고객, 기타 관련집단과의 인적교류 및 접촉 • 현지 정부와의 관계 및 영향력 • 현지 위상 및 명성 • 기존 설비 및 시설 • 자본 • 경영, 생산, 마케팅 능력 • 기술력 및 산업재산권 • 기타
3. 현지정부의 역할	• 각종 법규, 규제 및 정책 • 행정적 유연성 • 해당 합작투자에 대한 관심 • 합작투자승인 요건
4. 소유구조(지분율)	• 다수지분 • 소수지분 • 동등지분 • 기타 특별협의
5. 자본구조	• 합작투자의 법적 성격 • 자본금 및 부채 • 향후 증자여부 및 규모 • 지분 이전에 대한 제한
6. 경 영	• 이사회 구성 및 지명 • 임원지명 및 권한 • 주재원 파견 • 조직구조
7. 생 산	• 생산설비 설계 및 건설 • 기계 및 장비의 공급과 설치 • 생산활동 • 품질검사 • 연구개발(R&D) • 교육훈련

8. 재 무	• 회계 및 통제시스템 • 운전자본 • 자본지출 • 배당 • 각 파트너가 공급하는 제품에 대한 가격책정 • 차입 및 부채에 대한 지급보증 • 조세
9. 마케팅	• 제품계열(product line), 상표마크 및 상표명 • 목표시장 및 잠재력 • 유통경로 • 촉진 • 가격 • 마케팅조직
10. 계약관계	• 현지국의 기업관련 법규 • 정관 • 계약사항(라이슨싱, 기술지원, 경영계약 등) • 분쟁해결절차 및 방법

자료원: Franklin R. Root, *Entry Strategies for International Markets*, Lexington Books, 1994, pp. 174~175.

(5) 합작관계의 정리

합작투자나 전략적 제휴는 그 성과나 당사자들의 전략적 목표에 따라 장기간 지속되기도 하지만 시간이 흐름에 따라 그 관계가 정리되는 수순을 밟는 경우도 많다. 앞서 합작투자가 결혼에 비유되기도 한다는 설명을 하였는데 마찬가지로 이혼에 이르기도 한다는 말이다. 합작관계가 정리되는 주요 배경요인은 다음과 같다.

첫째, 각 파트너가 인식하는 합작의 상대적 중요성이 서로 다를 수 있다. 나는 중요하게 생각하는데 상대방은 더 이상 중요하게 생각하지 않는 상태에 이르면 그 관계는 지속되기 어렵다.

둘째, 합작을 통해 달성하고자 하는 목표가 상이하여 양립할 수 없게 되기도 한다. 앞서 합작으로 시작하여 단독투자로 전환하는 사례가 많다는 설명을 하였는데, 이는 현지파트너의 경험을 활용한다는 목표가 어느 정도 달성된 후에는 현지에 더욱 개입하여 통제하고자 하는 새로운 목표가 생기게 되고, 이것이 현지파트너의 목표나 이해관계와 양립하기 곤란하기 때문이다.

셋째, 의사결정권한이나 통제와 책임범위에서 갈등이 발생할 수 있다. 전반적인 통제권은 지분율에 의해 대체로 결정되지만 지분율에 큰 차이가 없는 경우에는 혼선이 발생할 수 있다. 또한 합작법인의 의사결정이 파트너(의 본사나 제3국의 자회사)에 큰 영향을 미칠 수도 있는데 이를 일일이 사전에 협의하거나 통보하기가 쉽지 않다.

넷째, 합작에 대한 상대적 기여나 합작으로부터의 상대적 이득에 대한 인식차이나 의심이 생길 수 있다. 기여는 내가 더 하는데 이득은 상대방이 더 가져간다는 의심이다.

다섯째, 전반적인 문화적 차이에서 오는 오해나 갈등이 문제가 될 수 있다. 문화적 차이는 기업문화와 국가(사회)문화차원에서 모두 발생할 수 있는데, 파트너 선정과정에서 충분히 고려되었다 하더라도 예상치 못한 갈등이 생기기도 하고 문제되지 않았던 차이가 상황의 변화에 따라 문제로 인식되기도 한다.

결국 합작관계의 종결은 갈등, 신뢰상실, 이해관계의 불일치 등으로 인해 나타나게 되는데, 파트너 선정이라는 출발선부터 잘못된 만남이었을 수도 있고 시간과 상황의 변화에 따른 결과일 수도 있다.

한편 합작관계의 정리는 계획이나 예상과 상관없이 나타나기도 하지만 애초부터 예상된 수순에 따라 진행되기도 한다(월풀 사례 참조). 또한 우호적인 상황에서 상호합의에 따라 진행되기도 하지만 비우호적인 상황이나 분쟁을 겪으면서 진행되기도 한다. 합작관계의 종료는 합작법인자체의 청산, 상대방 파트너의 지분인수, 제3자 매각 등 다양한 형태로 나타날 수 있다.

국제경영 이야기 9-1

월풀(Whirlpool)의 합작 및 인수에 의한 유럽시장진출

월풀(Whirlpool)은 세계 13개 국가에 생산시설을 갖추고 170여 국가에 제품을 공급하는 가전분야(home appliances)의 대표적인 다국적기업이다. 그러나 유럽진출 초기만 해도 현지 소비자들에게 월풀이라는 브랜드는 별로 알려지지 않았었다. 초기의 낮은 인지도에도 불구하고 비교적 단기간에 월풀이 유럽에서 기반을 구축할 수 있었던 것은 현지에 이미 잘 알려져 있던 필립스(Philips)의 가전부문을 성공적으로 인수한 것(1989, 1991)이 주효한 것으로 볼 수 있다.

네덜란드에 기반을 두고 있는 필립스는 1980년대 들어 지나치게 분산된 사업 포트폴리오를 재구성하기 위하여 리스트럭처링(restructuring)을 실시하였다. 필립스사의 경영진은 사업 포트폴리오에 대한 재구성 결과 가전기기 사업부문이 성과도 가장 나쁘고, 기업의 발전을 위해 필수적이지 않다는 결론을 내리게 되었다. 당시 필립스의 가전기기 부문은 9개의 브랜드를 가지고 있었고, 5개국에 생산시설을 보유하고 있었으나 세계수준에 도달하기 위해서는 많은 설비투자가 추가로 요구되고 있었다. 또한 이 사업부문의 과거성과는 좋지 않았으나, 세계수준의 디자인 노하우, 전 유럽에 걸친 유통망, 유럽시장에 잘 알려진 브랜드 등 무형의 자산가치는 매우 높은 상태였다.

한편 미국내의 사업기반을 국제적으로 확장하려는 계획을 가지고 있던 월풀은 유럽시장에서의 낮은 브랜드 인지도가 유럽진출의 걸림돌이라는 사실로 고민을 하고 있었다. 월풀은 이러한 문제를 해결하는 방법으로 기존 브랜드 인수를 결정하고 그 대상으로 필립스를 선택하였다. 월풀은 필립스사의 가전기기 부문의 잠재적인 가치를 높게 평가하여,

1989년에 가전기기 사업지분의 53%를 3억 8천만 달러에 인수함으로써 필립스와의 합작투자를 실시하였다. 이 합작투자는 필립스가 보유한 나머지 47%의 지분을 3년 내에 월풀에서 인수한다는 조건하에 실시된 것이었다. 합작투자를 실시한 후 월풀은 모든 공장에서 사용되는 부품을 표준화하였고, 재고를 1/3이상 감축하는 등 생산공정의 대폭적 개선을 통해 기업의 원가구조를 개선하였다. 또한 전 유럽에 걸친 적극적인 마케팅 활동을 수행함으로써 유럽시장에 성공적으로 진입하였다.

필립스 역시 합작사업에 적극적으로 참여하여 월풀의 마케팅 의사결정에 자문으로 참여하였고, 월풀이 자체정보 지원시스템을 갖출 때까지 자사의 IT(정보기술) 설비를 공유토록 하였다. 또한 합작투자기간 동안 월풀의 제품이 필립스-월풀(Philips-Whirlpool) 전자기기로 브랜드를 사용할 수 있도록 함으로써 월풀의 브랜드가 필립스 브랜드의 후광을 입으며 전 유럽시장에 확산될 수 있도록 하였다. 이러한 이중 브랜드전략은 1998년까지 지속되었는데 월풀 브랜드가 유럽 소비자들에게 잘 알려지기에 충분한 기간이었다.

필립스와 월풀의 합작기업에 대한 적극적인 참여와 노력에 힘입어 합작기업의 시장가치는 크게 높아졌다. 결국 월풀은 1991년 필립스가 보유하고 있던 나머지 47%의 지분을 6억천만 달러에 인수하여 월풀의 단독법인으로 전환하였고, 필립스는 1989년에 가전 사업부를 매각하려 했던 때보다 2억 7천만 달러를 더 받고 가전기기 산업에서 성공적으로 철수할 수 있었다. 리스트럭처링을 위한 필립스의 '합작(지분의 부분매각) → 완전매각' 과정과 효과적인 유럽시장진출을 위한 월풀의 '합작(현지기업 지분의 부분인수) → 완전인수'과정이 성공적으로 마무리된 것이다.

월풀은 필립스의 마케팅 전문가들의 도움으로 유럽유통망에 대한 이해를 높일 수 있었고, 필립스의 수준 높은 마케팅 기법을 획득할 수 있었다. IT와 브랜드 지원 역시 큰 도움이 되었다. 리스트럭처링의 과정으로 가전 사업부문을 매각하고 그 분야에서 철수하려던 필립스로서는 가능한 한 높은 가격을 받기를 원했고, 보유지분의 매각가격은 합작투자의 성공여부에 달려 있으므로 합작기업의 가치를 높이기 위한 필립스의 적극적인 도움이 있었던 것이다. 이것은 합작투자를 성공으로 이끈 브랜드 강화와 공장폐쇄, 공급선 합리화와 같은 중요한 경영의사결정을 합작기업에 대한 소유권을 완전히 획득하기도 전에 월풀이 주도적으로 실시할 수 있었던 배경으로 작용하였다.

자료원: LG경제연구원, 주간경제, 354호, 1996년 3월 21일 및 월풀 홈페이지(www.whirlpoolcorp.com)

3.3 인수 및 합병(M&A)

(1) M&A의 개념과 의의

직접투자는 새로운 기업을 설립하는 형태(greenfield investment)로도 이루어지지만 기존 기업을 인수·합병하는 경우도 많다. 합병(merger)이란 한 기업이 다른 기업을 흡수하여 한 개의 기업이 되는 것을 의미하며,[3] 인수(acquisition)란 기존 피인수기업을 그

3) 한 기업이 다른 기업을 완전히 흡수하여 하나가 되는 것을 흡수합병이라 하고, 통합된 두 기업 모두 완전히 소멸된 채 제3의 새로운 기업이 탄생하는 것을 신설합병이라 한다.

대로 존속시키면서 경영권을 확보하는 것을 말한다. 이처럼 합병과 인수는 개념적·법적으로 구분되지만 기존 기업을 투자나 사업확장의 대상으로 한다는 점에서는 동일하며 M&A로 통칭되고 있다. 인수 및 합병은 국내 및 국제를 가릴 것 없이 기업의 성장, 다각화, 해외진출전략 등의 일환으로 그 빈도나 금액에 있어 매우 빠르게 성장하고 있다. 비교적 단시간에 외형적 목표를 달성할 수 있는 장점을 지녔기 때문이다.

2013년 한 해 동안 이루어진 국제(cross-border) M&A는 금액기준으로 약 3,490억불 정도에 이르는데, 일반기업이 아닌 사모펀드(private equity funds)나 헷지펀드(hedge funds)에 의해 이루어지는 국제 M&A 비중도 약 20% 내외가 될 것으로 추정되고 있다. 전통적으로 개발도상국이나 전환경제(중앙계획경제에서 시장경제로) 국가들은 M&A보다는 신규설립(greenfield investment)에 의한 외국인투자를 선호하는 경향이 있다. 전세계 국제신규설립 투자의 68% 정도가 이들 국가를 대상으로 하는 데 비해, M&A 투자는 31% 정도만이 이들 국가에서 이루어진다. 그러나 국제 M&A 시장에서 투자자로서의 이들 국가의 중요성은 점점 증가하고 있다.[4)]

한편 UNCTAD의 『World Investment Report 2018』에 따르면 2017년의 국제 M&A 건수는 7,000여개에 달했으며 금액기준으로는 6,940억 달러 정도인 것으로 나타났다. 같은 해 신규설립을 통한 해외직접투자(greenfield FDI) 프로젝트건수는 16,000여개, 금액은 7,200억 달러였다.

그러나 국제 M&A는 이처럼 활발하게 이루어지고 많은 기업들이 선호하고 있음에도 불구하고 대상기업의 선정과 협상, 그리고 인수·합병 이후의 통합과정상의 준비부족이나 어려움으로 인해 실패로 끝나는 경우도 매우 흔하다.

해외직접투자의 방법으로서는 합병보다 인수가 일반적으로 많이 나타나고 있는 형태라고 할 수 있으며, 따라서 여기서는 인수를 중심으로 설명하도록 한다. 이러한 설명은 합병에도 대체로 적용될 수 있다.

(2) M&A의 전략적 동기

미국의 증권가를 중심으로 성행했던 기업자체에 대한 투기 및 투자목적의 인수를 제외한다면, 대부분의 기업인수는 피인수기업이 보유하고 있는 경영자원 및 자산의

---

4) UNCTAD, *World Investment Report 2014*, pp. 7-18.

표 9-5 2010년 상위 20대 국제(cross-border) M&A 거래 내용

순위	금액 (10억불)	피인수기업	피인수기업 국적	피인수기업 업종	인수기업	인수기업 국적	인수기업 업종	인수지분 (%)
1	27.0	TNK-BP Ltd	버진아일랜드(영국)	원유/천연가스	OAO Neftyanaya Kompaniya Rosneft	러시아	원유/천연가스	50
2	27.0	TNK-BP Ltd	버진아일랜드(영국)	원유/천연가스	OAO Neftyanaya Kompaniya Rosneft	러시아	원유/천연가스	50
3	21.6	Sprint Nextel Corp	미국	통신	SoftBank Corp	일본	통신	78
4	19.1	Nexen Inc	캐나다	원유/천연가스	CNOOC Canada Holding Ltd	캐나다	투자	100
5	18.0	Grupo Modelo SAB de CV	멕시코	몰트 음료	Anheuser-Busch Mexico Holding S de RL de CV	멕시코	몰트 음료	44
6	9.4	Ping An Insurance(Group)Co of China Ltd	중국	생명보험	Investor Group	태국	투자	16
7	8.5	Elan Corp PLC	이일랜드	바이오	Perrigo Co	미국	제약	100
8	8.3	DE Master Blenders 1753 BV	네덜란드	커피	Oak Leaf BV	네덜란드	투자	85
9	7.7	Kabel Deutschland Holding AG	독일	케이블TV	Vodafone Vierte Verwaltungsgesellschaft mbH	독일	통신	77
10	6.9	Fraser & Neave Ltd	싱가포르	탄산음료	TCC Assets Ltd	버진아일랜드 (영국)	투자	62
11	6.0	Neiman Marcus Group Inc	미국	백화점	Investor Group	캐나다	투자	100
12	5.8	Activision Blizzard Inc	미국	소프트웨어	Activision Blizzard Inc	미국	소프트웨어	38
13	5.7	Canada Safeway Ltd	캐나다	식료품점	Sobeys Inc	캐나다	식료품점	100
14	5.3	Bank of Ayudhya PCL	태국	은행	Bank of Tokyo-Mitsubishi UFJ Ltd	일본	은행	72
15	4.8	MIP Tower Holdings LLC	미국	부동산투자	American Tower Corp	미국	부동산투자	100
16	4.8	Smithfield Foods Inc	미국	정육포장	Shuanghui International Holdings Ltd	중국	정육포장	100
17	4.4	Springer Science+Business Media SA	독일	출판	Investor Group	영국	투자	100
18	4.4	BNP Paribas Fortis SA/NV	벨기에	은행	BNP Paribas SA	프랑스	증권	25
19	4.3	Avio SpA-Aviation Business	이태리	항공기엔진	General Electric Co{GE}	미국	전력	100
20	4.2	Siam Makro PCL	태국	식료품점	CP ALL PCL	태국	식료품점	64

획득과 이러한 자산의 내부적 창출에 비교되는 시간적 절약을 목적으로 한다. 인수기업이 관심을 가지는 피인수기업의 자산으로는 자신의 자산과 경영자원을 보완해 줄 수 있는 제품라인, 기술 및 기술인력, 브랜드, 지리적 시장기반, 유통망, 원자재 및 부품 등이 있다. 이중에서 어느 것이 인수의 주된 목적이냐에 따라 아래에서 설명하는 대로 인수의 유형이 구분될 수도 있다. 이러한 자원은 대개 복합적으로 연결되어 있거나 기업조직과 인력에 체화되어 있기 때문에 개별자원이 아닌 기업전체를 인수하게 된다. 기업인수는 이미 활동하고 있는 피인수기업의 경영자원과 역량을 일거에 획득하는 것이므로 시장진입에 소요되는 시간을 줄일 수 있는데 바로 이점이 인수의 또 하나의 중요한 전략적 동기가 된다.

국제경영 이야기 9-2

LG전자 '제니스(Zenith)', M&A 실패작서 'AI거점' 재탄생

LG전자의 인수 · 합병(M&A) 역사에서 실패작으로 남을 뻔 했던 '제니스(Zenith)'가 LG전자의 미래를 책임질 인공지능(AI) 연구 · 개발(R&D) 거점으로 다시 태어났다. 제니스 R&D법인은 캐나다 토론토와 함께 AI연구 거점역할을 맡음과 동시에 AI분야에서 가장 중요한 인재확보임무를 맡는다. 관련업계에 따르면 LG전자는 미래 역점사업으로 AI를 육성하는 가운데 과거 인수했던 제니스를 적극 활용하고 있다. 제니스는 23년 전인 1995년 LG전자가 인수한 미국 가전업체로 특히 디지털 TV 관련 원천기술을 다수 확보하고 있던 회사였다. 현재는 LG전자의 AI 연구센터 중 하나인 캐나다 토론토 AI센터 설립을 위해 제니스를 활용하고 있다.

23년 동안 제니스의 명맥은 이어져오고 있지만 전자업계를 비롯해 경영학계에서도 LG전자의 제니스 인수는 대표적인 외국기업 M&A 실패사례로 꼽힐만큼 이른바 '흑역사'에 해당한다. LG전자는 이런 제니스를 그간 여러차례 구조조정해 미국 실리콘밸리에 있는 본사법인(Zenith Electronics Corporation)과 펜실베니아에 있는 법인(Zenith Electronics Corporation of Pennsylvania)만 남겨두고 있다. 특히 제니스 본사법인은 순수 미국자본으로 설립된 정통 미국회사라는 정체성을 유지하며 그동안 LG전자의 북미시장 거점역할을 맡아왔다. 2018년 6월 말 기준으로 자산규모도 1조 원을 넘는 수준으로 LG전자 미국법인과 유럽법인에 이어 해외법인으로선 규모도 상당하다.

문제는 실적이다. LG전자가 제니스를 인수한 첫 해부터 적자를 기록하더니 4년 뒤인 1999년에는 미국법원에 기업회생계획을 내야했을 정도로 경영이 어려워졌다. 이후에도 지속적인 구조조정과 LG전자의 자금투입으로 회생절차를 진행했고 대부분의 생산설비와 법인들을 매각하고 실리콘밸리와 펜실베니아 법인만 남은 것도 이 과정 때문이었다. 두 법인은 R&D 역할만 맡는 수준에서 정리됐다. 제니스는 시장에서 독보적으로 보유하고 있던 디지털TV 원천기술 덕에 R&D 분야에서만큼은 살아남을 수 있었다. 글로벌 TV 제조사들에 이 같은 원천기술을 팔아 실적을 내 왔던 것. 하지만 그마저도 크지 않은 규모고 기업회생절차에 많은 비용과 시간이 소요된 상황이라 여전히 실패한 M&A라는 꼬리표를 떼지 못했다.

하지만 최근들어 확실한 분위기 반전이 감지된다. LG전자가 AI사업을 본격화한 올해 특히 제니스를 활용하는 움직임이 시작됐다. 서초 R&D센터에 이어 글로벌 R&D 각축장이라 할 수 있는 실리콘밸리에 첫 글로벌 AI센터를 연 LG전자가 이번엔 캐나다 토론토에 AI 거점을 세우면서 인근에 위치한 제니스 R&D법인을 끌어들인 것이다. 캐나다 토론토 센터 인력도 제니스를 중심으로 충원되고 있다. 전세계 권위있는 연구자들이 손에 꼽히는 수준일만큼 인재 구하기가 어려운 AI분야에서 LG전자는 이미 R&D전문으로 역할을 하고 있는 제니스를 핵심기지 삼아 인재확보에 나섰다.

LG전자는 독자적으로 개발한 AI브랜드 '씽큐(ThinQ)'를 최신가전과 스마트폰 등에 탑재하며 AI분야에서 시장을 선도하고 있다. 올초 열린 'CES 2018'과 지난 8월 열린 'IFA 2018' 등 글로벌 전시회에서도 씽큐를 앞세운 AI 전략을 강조하며 내년 본격적인 AI사업확대를 예고하고 있다. 이를 위해 실리콘밸리와 토론토 등 두 글로벌 AI 연구거점에 더욱 무게를 실을 것이란 관측이다.

자료원: 뉴데일리경제, 2018. 9. 27

(3) M&A의 유형

기존 기업의 인수는 제품의 다양화, 시장의 다변화, 기술 및 유통망과 같은 특정사산의 획득 등 다양한 목적을 위해 이루어진다. 이처럼 다양한 목적을 가지는 인수는 그 외형적 결과에 따라 수직적 인수, 수평적 인수, 제품확장형 인수, 시장확장형 인수, 복합형 인수 등 다섯 가지 유형으로 구분될 수 있는데 다음은 이에 대한 설명이다 (<표 9-6> 참조).[5)]

첫째, 수직적 인수(vertical acquisition)는 수직적 통합형태로 이루어지는 인수를 말한다. 원자재나 주요 부품을 공급하던 기업을 인수하는 것이 후방통합(backward vertical integration)형 인수며, 고객이나 유통망을 인수하는 것은 전방통합(forward vertical integration)형 인수다. 디즈니(Disney)사가 Capital Cities/ABC를 인수한 것이나 우리나라의 진도가 미국의 퍼볼트를 인수한 것은 각각 엔터테인먼트 및 모피유통산업으로의 전방통합형 인수라고 할 수 있다.

둘째, 수평적 인수(horizontal acquisition)는 유사한 시장에서 유사한 제품라인을 보유한 기업, 즉 기존의 경쟁자를 인수하는 것을 의미한다. 경쟁이 제한되는 결과를 낳을 수 있기 때문에 각국의 반독점관련 기관으로부터 제재를 받을 수 있다. 인수가 아닌 합병의 경우였지만 Mobil과 Exxon의 결합이나 Benz의 Chrysler 인수, 최근 활발하게 이루어진 우리나라의 은행간 인수합병은 규모의 확대 및 시장지배력 향상을 위한 수평적

5) 이 분류는 인수나 합병이 경쟁에 미치는 영향을 평가하는 미국의 연방거래위원회(FTC, Federal Trade Commission)의 분류기준에 따른 것이다.

표 9-6 M&A의 유형

유 형	내 용
수직적 M&A	기존의 공급자 혹은 고객(유통망 포함) 대상
수평적 M&A	기존의 경쟁자 대상
제품확장형 M&A	제품라인을 보완하기 위한 M&A
시장확장형 M&A	시장을 확대·보완하기 위한 M&A
복합형 M&A	전략적 연관관계가 별로 없는 기업대상

M&A로 볼 수 있다.

셋째, 제품확장형 인수(product extension acquisition)는 제품라인이나 브랜드, 혹은 기술분야를 확대·보완하기 위한 인수를 말한다. 다각화를 통한 성장전략의 일환으로 단기간에 제품다각화를 이룰 수 있다는 장점이 있으며, 기존 기업전체가 아닌 특정 제품라인 혹은 사업부만을 인수하는 경우도 있다. Whirlpool이 유럽에서 Philips의 가전부문을 인수한 것(1989)은 Philips의 높은 현지브랜드 인지도를 활용하기 위한 의도가 컸으며, LG전자가 미국의 Zenith를 인수한 것(1995)은 디지털TV와 멀티미디어 산업응용에 필요한 디지털신호처리 및 압축기술, 그리고 Zenith의 브랜드 이미지를 획득하기 위한 것이었다. 국내에 진출해 있는 한국존슨은 삼성제약의 살충제생산공장과 '에프킬라' 브랜드를 인수함으로써(1998) 단번에 국내 살충제시장의 선두주자로 부상하였다. 당시 삼성제약은 살충제시장의 45% 이상을 점유하던 선두업체였다.

넷째, 시장확장형 인수(market extension acquisition)는 시장의 지리적 확대를 위해 특정 시장에 기반을 두고 있는 기업을 인수하는 것을 말한다. 단기간에 제품라인확대를 모색하는 제품확장형과 마찬가지로 단기간에 시장의 지리적 영역을 확대하려는 의도로 이루어진다. 제품확장형과 시장확장형 인수는 집중적(concentric) 인수로 불리기도 한다. 유사한 시장(제품확장형)이나 제품/기술(시장확장형)에 집중하면서 제품/기술과 시장의 확장을 목표로 하기 때문이다. 영국기반의 Vodafone이 미국의 AirTouch를 인수합병하고 독일의 Mannesmann을 인수한 것은 이동통신서비스를 미국과 유럽전지역으로 확대하기 위한 것이었고, 대우자동차가 동구권이나 제3세계 지역을 중심으로 인수전략에 나섰던 것은 이 지역에서의 시장입지구축을 목표로 한 것이었다. 폴란드의 FSO 인수는 대우자동차의 유럽시장진출을 위한 대표적 인수사례다.

다섯째, 마지막으로 복합형 인수(conglomerate acquisition)는 전혀 다른 산업에 속한 기업, 즉 전략적 연계성이 별로 없는 기업을 인수하는 것으로서 최근에는 다른 유형에 비해 그 사례가 많지 않다.

(4) M&A의 장단점

해외직접투자전략 대안으로서의 인수는 신규설립과 비교되는 투자대안이다. 따라서 신규설립과의 비교를 중심으로 인수의 장단점을 설명하면 다음과 같다.

첫째, 인수를 통한 시장진입의 가장 큰 장점은 이미 앞에서도 시사한 바와 같이 시간적으로 신속하게 해외시장에 진입할 수 있다는 점이다. 이미 시장과 제품기반을 가지고 활동하고 있는 기존 기업을 활용할 수 있기 때문이다. 따라서 일반적으로는 투자회수기간도 짧아진다고 할 수 있지만 경우에 따라서는 성공적인 안착이 예상외로 늦어질 수도 있음을 인식해야 한다. 인수의 협상과정이 지연되거나 인수 후 인수기업과 피인수기업 간의 통합과정, 즉 조직, 인사, 각종 정책 등을 조율해나가는 과정이 정상적인 경영활동을 제약할 수 있기 때문이다.

둘째, 인수는 진출국가에서 시장을 통해 쉽게 구할 수 없는 자원을 획득할 수 있는 기회가 된다. 대개 이러한 자원은 경영이나 기술측면에서의 인적자원능력인 경우가 많은데 신규설립기업에 이러한 인력을 충원하는 것이 쉽지 않기 때문에 인수를 선호하게 된다. 기업인수의 본질은 바로 그 기업이 보유하고 있는 '사람'을 인수하는 것이라고 보는 견해도 바로 이 때문이다. 그러나 이러한 인수의 장점은 곧바로 사라져 버릴 수도 있음에 주의해야 한다. 인수 후 피인수기업의 기존 인력이 회사를 떠날 가능성이 있기 때문이다.

셋째, 인수는 새로운 제품라인을 추가할 수 있는 기회가 된다. 위 '인수의 유형'에서 살펴본 바와 같이 제품라인 확대를 위한 제품확장형 인수도 인수의 주요 유형인 것은 분명하지만, '시장'진입방법(entry mode)으로서의 인수는 대개 지리적 다변화를 위한 시장확장형에 해당된다. 따라서 이 경우 새로운 제품라인의 추가는 인수의 주요 동기나 목적이라기보다는 부수적인 장점이 될 수 있다. 그러나 이러한 장점 역시 단점으로 돌아설 가능성이 있음을 인식해야 한다. 추가되는 새로운 제품분야에서의 경험이 부족할 경우 제품라인의 추가는 부담으로만 작용할 수 있기 때문이다. 따라서 시장진입방법으로서의 인수를 고려할 경우에는 유사하거나 양립이 가능한 제품라인을 보유한 기업을 인수하는 것이 바람직하다.

넷째, 인수는 경우에 따라서는 매우 저렴한 가격으로 사업확장이나 시장진입을 꾀할 수 있는 수단이 된다. 피인수 기업이 자금부족 등의 어려운 상황에 처해 매각대상으로 알려져 있는 경우에는 협상력이나 시간측면에서 열세에 놓이는 경우가 많다. IMF 외환위기 이후 우리나라 기업들이 이른바 '헐값매각' 논란속에서 외국기업에게 인수된 사례는 바로 이러한 가능성을 시사해준다.

기존 기업의 인수를 통해 시장에 진입하는 전략은 위에서 설명한 것처럼 중요한 장점을 가지고 있지만 단점이나 한계점 역시 지니고 있다. 인수의 장점이 곧 단점으로 연결될 수도 있다는 점은 이미 위에서 간략히 언급하였으므로 추가적인 사항을 설명하면 다음과 같다.

우선 인수대상기업을 찾아서 평가하는 일이 현실적으로 대단히 어려운 과제라는 점이 지적된다. 투자기업의 구미에 맞는 기업이 목표시장에 존재하느냐 하는 것도 문제려니와, 괜찮아 보이는 인수대상후보기업이 발견된 후 이를 객관적으로 평가하는 것도 매우 어려운 문제다. 회계처리기준이 다르거나, 재무제표가 고의로 왜곡되어 있다거나, 부정적인 사실이나 문제점이 은폐되어 있을 가능성이 있기 때문이다. 명확하고 객관적인 평가가 철저하게 이루어지지 않을 경우 인수 후에 피인수기업이 안고 있었던 문제점들이 노출되어 심각한 문제에 봉착할 수 있게 된다. 고의적 은폐가 아니라 하더라도 경우에 따라서는 인수 후 신규투자에 버금가는 시설개선투자가 필요할 수도 있다.

위에서도 잠시 언급하였지만 인수후의 양사통합과정은 인수의 성패를 가늠할 수도 있는 매우 중요한 과정이다. 그러나 서로 다른 역사와 경험, 문화적 배경을 가진 두 기업의 통합과정은 결코 쉬운 일이 아니며, 이 과정에서 인수의 주요 실질적 목표였던 인력자원이 떠날 수 있다는 점은 인수전략의 커다란 한계라고 할 수 있다. 이러한 인력자원에는 경영자, 기술 및 R&D 인력, 일반근로자 등이 모두 포함되는데, 특히 피인수기업의 기술력이 인수의 주요 동기였을 경우 기술인력의 이탈은 인수목적의 근본을 허무는 치명적인 사태가 된다.

한편 인수(및 합병)에 대한 정부의 정책 및 규제는 인수의 현실적인 한계나 단점으로 작용할 수 있다. 투자대상국(host country)입장에서는 외국기업이 기존의 자국기업을 인수하는 것보다는 신규투자에 의한 기업설립을 선호하는 것이 일반적이다. 신규투자에 의한 기업신설이 기존 기업의 인수보다 경제적 기여도가 높다는 인식때문이다. 따라서 인수의 협상이나 인가과정은 신규설립보다 까다로운 편이며 정부의 승인을 받지 못할 가능성도 신규설립에 비해 높다고 할 수 있다. 특히 선진국의 경우 독점금지원칙에 위배될 가능성 때문에 인수에 의한 외국기업의 자국시장진입을 허용하지 않을 수 있으며, 미국처럼 자국기업의 해외기업인수에도 반독점정책을 적용하는 경우도 있다.

국제경영 이야기 9-3

M&A와 관련된 흥미로운 통계자료

- 모든 인수의 23%에서만 자본비용(cost of capital)이 보전되었다.
- M&A 거래가 발표된 시점에서 30%의 회사에서만 주가가 상승하였다.
- 피인수기업 경영진의 47%가 인수 첫해에 회사를 떠났으며, 75%는 3년 이내에 회사를 그만두었다.
- M&A 거래에서 기대된 시너지(synergy) 효과가 실제로 실현된 경우는 30% 정도에 지나지 않았다.
- M&A 직후 첫 4~8개월 동안은 생산성이 50% 정도까지 감소할 수도 있다.
- CEO(Chief Executive Officer)와 CFO(Chief Financial Officer)는 M&A의 가장 큰 실패요인으로 '사람 문제'와 '문화적 이슈'를 지적하였다.
- 신규 합병회사의 경영자들은 자사의 재무적 성과에 대해 평균 C-의 평가를 내렸다.

자료원: Timothy Galpin & Mark Herndon 공저, 한국 왓슨와이어트 M&A팀 번역·감수, 「성공적인 M&A로의 초대」(*The Complete Guide to Mergers and Acquisitions*), 도서출판 무한, 2001, pp. 22~23.

(5) M&A전략의 추진단계

기존 기업의 인수는 많은 전략적 장점에도 불구하고 철저한 사전준비와 사후통합과정을 거치지 않으면 실패로 끝날 가능성이 높다. 인수전략은 크게 계획 및 전략수립단계, 사전준비단계, 협상 및 계약단계, 사후통합단계 등 4단계로 추진된다 (<그림 9-1> 참조).

계획 및 전략수립단계에서는 인수의 전략적 목표를 분명히 하고 추진절차 및 일정 등 전반적인 추진계획을 수립한다. 규모확대(성장), 제품이나 지역의 다각화, 시장점유율 확대, 기술획득, 특정시장에서의 입지구축, 조달이나 유통의 효율화 등 인수의 목표를 명확하게 설정하고 이것이 기업의 전반적인 전략적 목표와 어떻게 부합되는지 평가해야 한다. 목표를 명확히 하는 것은 인수가 인수자체를 위한 것이 아니라 전략적 목표달성을 위한 대안임을 분명히 인식하는 것이기도 하다. 아울러 전반적인 전략적 목표를 달성하는 데 있어 자사의 강점과 약점은 무엇인지도 분석되어야 한다. 강점을 살리고 약점을 보완하는 방향으로 인수전략이 수립되어야 하기 때문이다.

그림 9-1 M&A 전략의 추진단계

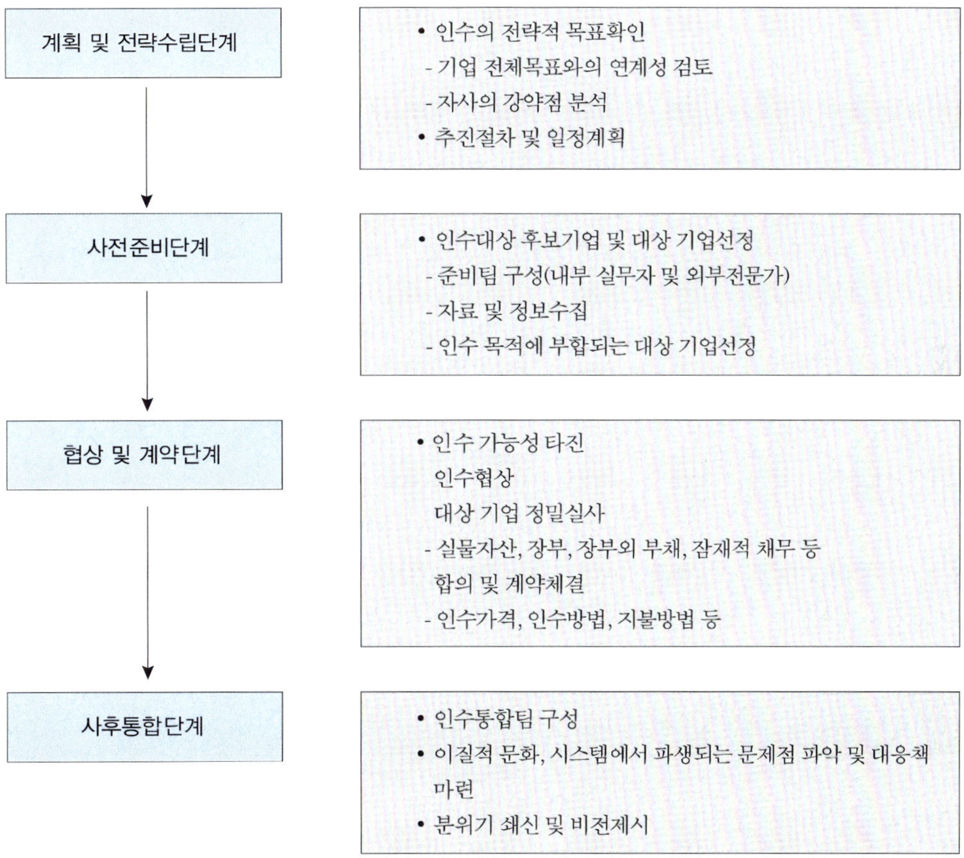

자료원: 김동환·김종천·김안생, 「21C 최신 M&A: 이론과 실제 및 전략」, 무역경영사, 2000, p. 239를 수정·보완함

두 번째 단계인 사전준비단계는 앞에서 확정된 인수의 전략적 목표를 달성할 수 있는 인수대상 기업을 결정하는 단계로서, 후보기업을 선정하기 위한 자료와 정보를 수집하고 최종적으로 인수대상 기업을 결정하기까지의 과정이다. 이를 위해 기업은 내부 실무자와 변호사, 회계사, 컨설턴트, 금융전문가 등 외부전문가로 별도의 팀을 구성하는 것이 일반적이다. 자료 및 정보를 수집하는 과정에서 이러한 사실이 누설되면 협상이 시작되기도 전에 가격이 오르거나 정보가 왜곡될 수 있으므로 유의해야 한다.

국제경영 이야기 9-4

장밋빛 벤츠-크라이슬러 합병과 그 결말

'가장 이상적인 기업결합', '고급브랜드+대량생산기술', '생산라인 중복도 없어', '시너지 효과 막대', 'GM-포드 위협할 듯'… 1998년 벤츠와 크라이슬러의 합병이 발표되자 일부 우려의 시각도 있었지만 언론보도에 나타났던 희망 섞인 문구들이다.

다임러 벤츠와 크라이슬러의 합병은 세계 자동차산업에 엄청난 파급효과를 불러올 수 있는 「이상적인 결합」으로 꼽힌다. 뉴욕타임스는 자동차산업 전문가의 말을 인용, '지역적으로나 생산라인 측면에서 가장 균형을 갖춘 진정한 범세계적 기업의 탄생'평가하기도 했다.

우선 다임러 벤츠는 고급브랜드 시장에서 독보적인 지위를 구축하고 있으며, 크라이슬러는 미니밴, 지프, 경트럭 등 대중적인 제품에서 강세를 나타내고 있어 생산라인이 거의 겹치지 않는다. 또 벤츠의 최첨단 고급기술과 크라이슬러의 경제적인 대량생산기술도 상호 보완적인 성격이 강하다. 뿐만 아니라 지역적으로도 양사의 결합은 시너지 효과를 높일 수 있는 구도를 갖추고 있다. 벤츠의 북미(북미) 시장점유율은 1% 미만이며, 크라이슬러 역시 유럽시장 점유율이 1%에 불과, 경쟁업체에 크게 뒤진다.

그러나 새로 탄생하는 다임러-크라이슬러사(사)는 북미와 유럽시장에서 강력한 거점을 확보하고 있을 뿐 아니라, 1만달러대의 저가모델에서부터 13만달러대의 최고급모델까지 완벽한 생산라인을 갖추게 된다. 이 때문에 전문가들은 다임러-크라이슬러가 생산대수 기준으로 세계 제5위의 업체에 '불과'하지만 GM과 포드를 위협하는 강력한 경쟁사가 될 것으로 전망하고 있다.

양사의 결합은 합병형식을 취하고 있지만 실질적으로는 다임러벤츠가 크라이슬러를 인수하는 형태다. 독일 슈투트가르트와 미국 미시간주 오번 힐스의 기존 본사를 그대로 유지하지만 다임러-크라이슬러는 법적으로 독일기업이 된다. 이에 따라 이사회 위에 경영감독위원회를 두는 독일식 경영체제가 도입된다. 또 이튼 회장은 3년간의 공동회장 임기가 끝나면 경영감독위원회로 자리를 옮기고 슈렘프 회장이 경영전권을 행사할 것으로 알려졌다. 양사의 합병은 제조업체로서는 사상 최대 규모일 뿐 아니라 외국기업 간의 합병에서도 사상 최대규모다. 전례가 없는 일인 만큼 양사 이사회가 6일 합병계획을 승인했지만 실제합병이 성사되기까지는 많은 고비가 남아있다. 특히 양사의 판이한 기업문화가 최대 걸림돌로 지적되고 있다. 경우에 따라서는 프랑스의 르노와 스웨덴의 볼보의 경우처럼 중도에 좌초할 가능성도 배제할 수 없다.

그러나 이러한 '세기의 합병'은 2007년 종언을 고하게 된다. 5월 14일 다임러크라이슬러는 크라이슬러를 미국 최대 사모펀드(소수의 투자자로부터 모은 자금을 주식·채권 등에 운용하는 펀드) 중 하나인 서버러스(Cerberus) 캐피털에 매각한다고 발표했다. 매각금액은 74억 달러. 1998년 인수금액인 360억 달러의 5분의 1의 가격이었다. 미국 미시간주 디트로이트시를 본거지로 한 크라이슬러는 40년전만 해도 GM, 포드와 함께 빅3를 형성하며 미국 자동차시장을 석권한 회사다. 당시 빅3는 미국에서 팔리는 자동차 10대중 9대를 생산했지만, 점차 일본과 독일, 한국 등에게 시장의 절반을 내주고 말았다.

메르세데스-벤츠를 만들어내는 다임러가 크라이슬러를 인수할 때만 해도 두 회사의 합병은 '세기의 결합'으로 불렸다. 다임러는 닷지트럭에서 벤츠까지 글로벌제국을 기대했다. 그러나 수년간 이어진 고유가(高油價)로 인해 크라이슬러의 주력차종인 SUV·픽업트럭판매가 급감했고, 밀어내기식 할인정책의 남용으로 브랜드 이미지도 실추됐다. 합병을 이끈 위르겐 슈렘프 전 다임러크라이슬러 회장은 실적부진으로 2005년 사임했고, 9년 뒤 크라이슬러는 '천덕꾸러기'가 되고 말았다.

서버러스의 크라이슬러 인수는 미국 자동차업계의 노사관계에 새로운 쟁점이 될 전망이다. 서버러스같은 사모펀드 회사는 기업을 인수한 뒤 구조조정으로 수익성을 높인 뒤 비싼값에 되파는 수법을 사용하기 때문이다. 결국 크라이슬러 역시 대규모 비용삭감이 불가피한 상황이고, 이는 근로자들에 대한 의료비와 연금 지원 축소로 이어질 가능성이 크다. 크라이슬러 노조와 전미자동차노조(UAW)도 강력히 반발할 조짐이다.

크라이슬러의 내부자료에 따르면 지금시스템이 계속될 경우 2009년이면 크라이슬러의 시간당 평균 노동비용은 94.77달러가 될 전망이다. 반면 도요타나 혼다 등 일본업체들은 50.50달러라고 한다. 이런 비용차이의 반 이상이 퇴직자에 대한 연금, 의료보험, 생명보험 등과 관련돼 있다는 것이다. 세계 2차 대전 이후 크라이슬러를 비롯한 미국 자동차 메이커들은 인플레이션에 따른 임금인상을 억제하기 위해 근로자들에게 연금과 보험혜택이라는 당근을 제공했다. 결국 크라이슬러가 부담해야 할 연금 및 보험료 누적액은 눈덩이처럼 불어나 약 170억 달러가 됐고 이번 매각협상에서도 최대 걸림돌로 작용했다.

왜 이러한 일이 벌어졌을까? 대표적인 원인의 하나로는 인수 후 통합작업의 실패가 꼽힌다. 합병당시 업계에서는 다임러의 기술력이 크라이슬러에 흘러들고, 크라이슬러의 빠르고 효율적인 경영전략이 다임러에 스며들면 엄청난 시너지 효과를 낼 것으로 예상했다. 하지만 두 회사간 문화적 차이가 모든 기대를 산산조각냈다. 다임러벤츠는 독일식 기업 문화, 예컨대 규칙적이고 규율을 강조하는 문화였다. 반면 크라이슬러는 직원들의 자율을 존중해주는 유연한 조직 문화가 베어 있었다. 그런데도 합병주체인 다임러는 크라이슬러의 모든 조직을 통제하려 들었고, 그럴수록 크라이슬러 직원들의 만족도는 떨어지고 성과도 추락했다. 크라이슬러의 우수한 인재들이 좌천되거나 해고됐고, 이를 본 경영진과 기술 인력들이 잇달아 회사를 떠났다.

참고로 피산상태에 빠졌던 크라이슬러는 2009년 이탈리아의 자동차 그룹 피아트에 의해 부분적으로 인수되었고, 2014년에 완전 인수되었다. 전미자동차노조(UAW)가 보유한 크라이슬러 자분 41.5%를 피아트가 추가로 매입한 것이다.

자료원: 조선일보, 1998년 5월 8일, 2007년 5월 26일, 2008년 3월 1일 기사를 수정 편집함

세 번째 단계는 인수대상으로 선정된 기업과의 접촉을 통해 인수가능성을 타진하고 인수가격, 인수형태 등 구체적인 인수관련 내용을 협상하고 계약을 체결하는 단계다. 인수대상 기업의 매각의사가 확인되어 구체적인 협상과정에 들어가면 상대방의 매각 의도를 파악하는 것이 협상을 유리하게 이끌고 드러나지 않은 문제점을 파악하는 데 도움이 된다. 이 단계에서는 인수대상 기업의 내부자료 및 인수대상 자산에 대한 정밀 실사도 이루어지는데, 인수대상 자산의 실제 존재여부와 상태는 물론 향후 수익창출 가능성, 장부에 나타나지 않은 부채, 환경문제와 같은 잠재적인 채무의 존재 여부 등도 확인해야 한다. 인수여부의 최종결정과 인수가격조건 등의 협상에 결정적인 영향을 미칠 수 있으므로 많은 시간과 노력을 기울여서라도 철저하게 조사하는 것이 필요하다. 인수가격과 지불방법 등 구체적인 내용이 합의에 이르면 계약을 체결한다.

성공적인 인수전략의 마지막단계는 인수 후 인수기업과 피인수기업 간의 통합과정이다.[6] 인수에 의해 법적으로는 자회사 혹은 하나의 회사(합병의 경우)가 되었지만 사회문화적 배경, 기업문화, 조직구조, 업무방식 등이 서로 나른 두 기업이 하나의 시스템으로 융화되는 것은 인수의 실질적인 성패를 좌우할 수 있는 중요하면서도 어려운 과제다. 특히 피인수기업의 기존 인력이 불안이나 심리적 거부감 등으로 회사를 떠나거나, 남아 있더라도 패배감이나 불안감을 느끼는 상황이라면 사후통합문제는 더욱 심각할 수 있다. 따라서 인수통합팀을 구성하여 두 기업의 이질성에서 올 수 있는 각종 문제점과 위험요소를 파악하고 적절한 대응책을 마련해야 하며, 기존 인력이 불안감 없이 동기부여가 될 수 있도록 분위기쇄신과 새로운 비전을 제시해야 한다.

국제경영 이야기 9-5

인수·합병의 성공을 위한 checklist

- 구매기업(인수기업)은 경쟁기업이 입찰가격을 너무 높게 올리지 못하게 할 수 있는 차별적인 능력이나 가치를 제시할 수 있는가?
- 해당 M&A는 다각화나 기타 주요 이슈와 관련된 건전한 전략과 일치하는가?
- 피인수기업의 사업과 경영활동(예: 기술적 능력)에 대한 정확한 예측과 평가를 했는가?
- 인수대상 기업의 규모는 다룰 만한 적절한 수준인가?
- 인수기업과 피인수기업 사이에 경영 및 시장측면에서의 시너지효과가 존재하는가?
- 피인수기업과 자본, 시장, 기술 등을 공유할 충분한 자세가 되어 있는가?
- 결합된 자산의 생산성을 높이기 위한 계획이 서 있는가?
- 인수기업(구매자)과 피인수기업(판매자)은 서로 양립할만한 문화를 가지고 있는가?
- 인수기업과 피인수기업은 결합된 조직에 대해 분명한 비전을 공유하고 있는가?
- 이러한 비전은 현실에 바탕을 두고 있는가?
- 양사의 핵심역량을 적절히 결합하고 조절할 수 있는가?
- 최고경영층이 새로운 조직의 공통선(共通善)을 위해 자신의 목소리를 낮출 수 있는가?
- 통합과정에 도움이 될 수 있는 효과적인 커뮤니케이션 프로그램을 가동할 수 있는가?
- 새로운 비전을 실행하는데 필요한 신속한 통합을 위해 노력을 아끼지 않을 것인가?

자료원: Alexandra Reed LaJoux, *The Art of M&A Integration*, McGraw-Hill, 1998, p. 11.

6) M&A 이후의 통합과정은 흔히 PMI(post-merger integration)라는 용어로 다루어지고 있다.

04 FDI와 국가

다국적기업의 국제적 활동이나 FDI[7]는 개별기업활동의 일환이지만 이러한 활동은 해당 기업의 본국(home country)은 물론 현지국(host country)에 많은 영향을 미친다. 이러한 영향은 긍정적일 수도 있으며 부정적일 수도 있다. 따라서 본국으로서든 현지국으로서든 각국 정부는 FDI의 긍정적 영향이나 효과를 극대화하고 부정적 영향을 최소화하기를 원한다. 그리고 이를 위해 각종 규제나 정책수단을 활용한다.

그러나 FDI가 본국이나 현지국에 미치는 영향이나 효과는 다양하게 나타날 수 있지만 사실 이러한 영향이 FDI에 의한 것인지 다른 요인에 의한 것인지 판단하는 것은 쉽지 않은 일이다. 또한 FDI의 순효과를 측정하기 위해서는 투자가 발생하지 않았을 경우와 비교해야 하는데, 실제로 일어나지 않은 상황에 대해 여러 가정을 전제로 추정하는 것은 그 가정에 따라 상반된 결과가 나타날 가능성이 있기 때문에 현실적으로 매우 어려운 일이다. 한편 FDI의 영향에 대한 논의는 대체로 선진국을 본국으로, 후진국이나 개발도상국을 현지국으로 상정하는 경우가 많았다는 점도 염두에 두어야 한다. 여기서는 FDI가 본국과 현지국에 미칠 수 있는 영향에 대해 개괄적으로 살펴보고 FDI와 관련된 정부의 정책에 대해 설명하기로 한다.

4.1 FDI가 현지국에 미치는 영향

(1) 경제적 영향

외국기업의 투자가 현지국에 미치는 경제적 영향에 대해 설명하면 다음과 같다.

---

7) 다국적기업과 FDI가 동의어로 사용되지는 않는다. 다국적기업의 활동이 FDI만을 의미하지 않으며 FDI가 다국적기업에 의해서만 이루어지는 것도 아니기 때문이다. 그러나 여기서는 편의상 이를 혼용하기로 한다.

1) 자본의 이동 및 국제수지효과

FDI가 현지국에 미치는 가시적 영향의 대표적인 예는 자본의 이동이다. 특히 초기 투자자본의 유입은 국제수지개선에 즉각적인 긍정적 효과를 가져오기 때문에 외화부족 국가로서는 매우 반가운 일이 아닐 수 없다. 그러나 FDI가 현지국의 국제수지에 미치는 영향은 초기투자자본에 국한되지 않는다. 우선 긍정적인 영향요인으로는 국내생산에 따른 수입대체효과나 수출효과와 같이 무역과 관련된 효과가 있으며, 추가투자자본의 유입이 이어질 수도 있다. 한편 원료나 부품의 수입, 배당금이나 라이슨싱 로열티의 지급 등은 현지국의 국제수지에 부정적인 영향을 미치는 요인들이다.

2) 고용의 창출

FDI를 통한 외국기업의 국내진출은 현지국의 고용창출에도 긍정적인 영향을 미칠 수 있다. 고용창출효과는 저개발국이나 선진국 모두 환영하는 일이지만 특히 최근에 실업문제가 주요 정치사회적인 문제로 등장하고 있는 선진국에서 매우 중요하게 고려되고 있다. 삼성전자의 영국진출이나 현대자동차의 미국 앨라배마주 진출에 현지정부로부터 각종 인센티브가 제공되고 지역사회의 커다란 환영을 받았던 것은 현지의 고용창출효과에 거는 기대가 컸기 때문이기도 하다.

3) 경쟁조성 vs. 경제력 지배

수입에 의해서든 직접투자에 의해서든 외국기업의 국내 진출은 국내시장에서의 경쟁을 촉진시킨다는 긍정적 효과를 가져올 수 있다. 직접투자에 의한 진출은 수입에 비해 경쟁측면에서의 파급효과가 더욱 크다. 경쟁의 증가는 소비자입장에서 신제품 이용가능성의 증가, 품질향상, 가격인하 등으로 이어질 수 있으며 산업전체적으로는 생산성의 증가라는 긍정적 효과로 나타나게 된다. 그러나 국내기업의 경쟁력이 취약한 상태에서의 수입시장개방이 무리라는 '유치산업보호론'이 시사하듯이, 직접투자에 의한 외국기업의 진출도 국내기업의 경쟁력이나 전반적인 여건이 성숙되지 못한 상태에서는 외국기업이나 자본에 의한 국내경제력 지배나 독점기업화로 이어질 수도 있다. 결국 직접투자가 현지국에 미치는 경쟁측면에서의 효과는 해당 국내산업의 크기, 산업 및 개별기업들의 경쟁력 수준, 정부의 경쟁관련정책, 그리고 효과의 측정기간 등에 따라 매우 다르게 나타날 수 있을 것이다.

4) 경제성장기여

외국기업의 국내진출은 유휴생산자원의 활용, 국내잠재시장의 창출, 수출시장개척 등을 통해 현지국의 경제성장에 긍정적 기여를 할 수 있다. 아울러 이러한 효과는 해당 산업뿐만 아니라 전후방산업에 파급되어 나타날 수도 있다.

5) 기술이전

다국적기업의 해외직접투자로부터 현지국에 기대되는 또 하나의 효과는 기술이전이다. 특히 자체적인 기술개발이 불가능한 상황이거나 시간과 비용이 많이 소요될 수 있는 개도국이나 후진국입장에서는 선진국기업의 국내활동을 통해 습득할 수 있는 기술은 커다란 매력이 아닐 수 없다. 그러나 기술이전효과는 해당 기술의 성격이 국내경제 발전단계나 기술상황에 적합할 때 극대화될 수 있으며, 해당 투자기업의 기술제공의지나 태도에도 크게 영향을 받는다. 아울러 현지국입장에서 이러한 기술이전에 지나치게 집착하는 것은 자체적인 R&D노력을 저하시키는 결과를 가져올 수도 있다.

(2) 사회문화적 영향

외국기업의 현지국진출과 활동은 현지에 사회문화적 파급효과도 가져온다. 우선 긍정적인 측면에서는 전반적인 지역사회개발을 들 수 있으며, '선진국 → 개도국' FDI의 경우 경제성장에 대한 적극적 자세, 개방적 · 동적 사회로의 전환, 사회내의 수평적 · 수직적 이동기회의 증대 등을 가져올 수 있다. 외국기업의 경영문화의 영향으로 국내기업의 경영문화나 근로자의 직무가치(work values)가 변화될 수도 있다. 그러나 전통적 가치에 대한 침해나 파괴와 같은 부정적 영향도 나타날 수 있으며, 국내의 엄격한 환경규제를 피해 공해산업을 해외로 이전시키는 경우에는 현지에 공해발생이라는 사회문제를 야기시키기도 한다.

(3) 정치적 영향

외국기업의 국내직접투자는 현지국의 대외적 이미지에 긍정적 영향을 줄 수 있다. 투자를 결정했다는 것은 그만큼 해당 국가의 안정성이나 투자대상국으로서의 매력을 인정한 것이고, 이는 곧 대외신인도의 향상을 의미하는 것이기 때문이다. 경우에 따라서는 본국정부의 자국기업보호정책이 현지국의 대외군사적 위협으로부터의 보호막으로 작용할 가능성도 있다. 그러나 또 한편으로는 이러한 본국정부의 관여가 현지국에 대한 간섭이나 주권침해로 나타날 수도 있다. 본국정부가 아니라 하더라도 투자기업의 규모나 영향력이 큰 경우에는 이 기업의 세계전략이 현지국정부의 경제정책과 충돌을 일으킬 가능성도 상존한다. 기본적으로 이들 다국적기업은 세계적 관점(global perspective)을, 현지국정부는 국가적 관점(national perspective)을 전략과 정책수립에 반영하기 때문이다.

4.2 FDI가 투자국(본국)에 미치는 영향

(1) 자본의 이동 및 국제수지효과

FDI가 자본의 이동, 혹은 국제수지측면에서 본국에 미치는 영향은 상당부분 현지국에 미치는 영향과 반대로 생각하면 된다. 즉, 초기투자 및 추가투자자본은 국제수지 상의 유출로, 배당금이나 라이슨싱 로열티는 유입으로 나타난다. 한편 현지생산 및 조립을 위한 장비, 부품, 원자재 등의 수출이 수반되는 경우, 그리고 해외에서의 적극적인 마케팅 및 서비스활동으로 모기업관련 제품의 수출이 증가할 경우 본국의 국제수지는 플러스효과를 얻게 된다. 그러나 기존의 '국내생산 후 수출'형태의 해외시장공급방식이 '현지생산 후 공급'으로 전환됨에 따라 수출의 감소가 나타날 수 있으며, 국내생산기지 이전으로서의 해외진출은 완제품의 역수입으로 나타날 수도 있다.

(2) 고용효과

국내기업의 해외진출과 관련하여 본국입장에서 우려하는 사항 중의 하나가 생산시설이전에 따른 고용감소효과다. 특히 해외의 저렴한 노동력이 FDI의 주요 동기가 되는 노동집약적 산업의 경우 국내고용감소 효과가 크게 나타날 수 있으며, 이러한 이유로 관련산업의 노조가 자국기업의 해외생산을 적극 반대하기도 한다.

그러나 FDI가 본국의 국내고용에 미치는 전체적인 영향은 그렇게 단순히 생각할 일은 아니다. 우선 위에서 설명한 대로 해외생산에 따른 추가적인 수출증대가 이어질 경우 이에 따른 관련산업에서의 고용증가가 나타날 수 있으며, 해외활동을 효율적으로 관리하고 조정할 수 있는 본사관리요원의 수요증가도 나타날 수 있다. 또한 생산시설을 해외에 이전한 기업이 이를 국내에 그대로 두었다고 가정할 때 발생할 수 있는 결과도 고려해야 한다. 국내인건비 및 제반생산비의 상승으로 수출시장에서의 가격경쟁력이 지속적으로 감소한다면 결국 공장문을 닫아야 하는 상황이 올 수도 있기 때문이다. 따라서 FDI로 인해 나타나는 본국의 고용효과는 해당 산업이나 기업내의 파급효과와 고용의 질적구조의 변화, 산업간의 고용구조조정 등의 측면에서 종합적으로 판단해야 한다.

(3) 생산시설의 해외이전

국내기업의 해외직접투자는 기존 생산시설의 이전과 신규투자, 즉 생산시설의 확대 두 가지 모두 가능하다. 신규투자 역시 국내에서 할 수도 있다는 점에서 FDI는 적어도 단기적으로는 생산시설의 해외이전이라는 외형적 특성을 갖는다. 따라서 제조업의 공동화(空洞化)를 우려하는 시각도 있다. 그러나 생산시설의 해외이전문제 역시 위 고용효과에서도 설명하였듯이 국내생산이 장기적으로 국제경쟁력을 유지하며 존속할 수 있느냐 하는 문제를 따져봐야 한다. 오히려 생산시설의 해외이전이 장기적으로는 해당 기업의 국제경쟁력 강화와 국내산업구조의 고도화로 이어질 수 있기 때문이다.

(4) 정치적 측면

국내기업의 해외투자결정은 정부의 외교정책이나 정치적 고려와 반드시 일치하지는 않는다. 과거 우리나라에서도 사례를 찾아볼 수 있듯이 정부의 외교정책적 고려에 의해 충분한 경제적 타당성 분석없이 기업의 해외투자가 결정될 수도 있으며, 거꾸로 경제적 동기에 의한 해외진출이 정부의 외교정책에 반하는 경우도 있다. 어느 경우든 기업의 해외직접투자가 정치적 파급효과를 가져올 수 있음을 의미한다.

위의 예처럼 기업의 이해와 정부의 이해가 불일치하는 경우가 아니라 하더라도 기업의 해외투자는 자국정부에 정치적 영향을 미칠 수 있다. 다국적기업이 거대한 규모와 경제적 영향력을 바탕으로, 그리고 해외에서의 자국기업보호라는 명분을 내세워 정부의 정책에 영향을 미칠 수 있기 때문이다.

4.3 정부의 FDI정책

각국 정부는 유출(outward)로서의 FDI든 유입(inward)으로서의 FDI든 이의 긍정적 효과를 최대화하고 부정적 효과를 가능한 한 줄이기를 원한다. 그러나 일반적으로 FDI 관련 정책은 투자대상국(host country) 입장, 즉 외국기업의 국내투자와 관련하여 논의되는 것이 보통이다. 국내파급효과가 보다 직접적일 뿐 아니라 정부의 정책수단이 국내에 한정되는 경우가 많기 때문이다. 외국기업의 국내직접투자와 관련된 정부의 정책은 아래에서 설명하는 대로 크게 유인(incentive)제공과 규제로 구분할 수 있다 (<표 9-7> 참조). 직접투자형태로 해외시장진입을 고려하는 기업은 해당 국가정부의 관련 정책, 즉 외국인투자에 대한 규제 및 유인 등을 면밀히 검토해야 한다.

표 9-7 외국기업의 국내직접투자에 대한 현지국정부의 유인 및 규제정책

구 분		내 용
투자유인	보조금 지급	• 공장부지 무상공여 혹은 저가분양 • 도로, 시설 등 인프라건설 혹은 비용제공 • 직원 교육훈련비 지원 • 기타 보조금지급 • 장단기 저리금융 제공
	세제상의 지원	• 일정기간 각종 조세감면 혹은 이연 • 특별 감가상각허용
	투자환경의 개선	• 효율적 행정처리 (one-stop service) • 노조설립제한 • 협력업체 구축망 및 산학협동 프로그램 지원 • 투자안전보장 및 이중과세방지 협정체결
투자규제	소유 및 지분제한	• 외국인 투자사전심사제도 • 외국인 투자금지 • 외국인 투자소유지분율 제한
	성과에 대한 규제	• 수출의무규정 • 현지(국산)부품 사용의무 • 내국인 고용의무 • 수입제한 • 과실송금제한(이자 및 배당금) • 이전가격통제

(1) 투자유인정책

외국기업의 국내투자에 대한 정부의 유인제공은 외국인투자가 국내경제에 미치는 긍정적인 영향때문이다. 대개 후진국은 자본이나 기술도입, 그리고 고용창출 등을 중요하게 고려하고 있으며, 실업률이 주요 정치, 사회적 이슈가 되는 선진국은 고용창출효과에 큰 관심을 두고 외국기업투자를 환영하는 분위기다. 외국인투자에 대한 유인은 직접적인 보조금지급에서부터 조세 및 회계처리 등 제도적 측면에서의 우대, 행정처리상의 편의제공 등 다양하게 나타난다.

우리나라의 삼성전자가 영국 윈야드지역에 복합생산기지를 위한 직접투자를 결정할 당시 현지지방정부가 고용 및 교육보조비와 미숙련자 훈련지원비 등을 보조해 준 바 있으며, 부지진입 고가도로를 건설해 준 것은 물론 단지내의 도로와 하수처리비를 분담하는 인센티브를 제공했다. 각종 인허가관련 행정처리는 공무원이 현장을 직접 방문하여 처리해 주었다. 현대자동차의 미국 앨라배마주 투자에도 현지주정부의 상당한 투자유인책이 제공되었다. 공장부지매입비용, 하수처리시설비, 진입로건설비 등을 전액 지원하고, 향후 20년간 6.5%의 법인세와 10년간 5.8%의 재산세를 면제해 주기로 한 것 등이 그 예다(<국제경영 이야기 7－4> 참조).

외국기업의 투자유치와 함께 각국 정부가 신경 쓰고있는 일 중의 하나는 해외에 진출해 있는 자국기업을 다시 국내로 불러들이는, 이른바 리쇼어링(reshoring)을 위한 정책개발이다. 해외에 진출한 국내기업의 이른바 유턴(U－turn)은 현지국(host country) 입지우위의 약화에 기인하는 바가 크지만, 결국 국내(home country) 상황과의 비교결과에 따라 결정된다고 볼 수 있다. 현지의 상이한 경영환경에 대한 부담이 예상보다 커지거나, 인건비상승 등 현지비용증가요인이 발생하거나, 본국과 주요 시장국 사이에 FTA가 체결되어 국내생산 후 수출이 종합적으로 더 유리하다고 판단되는 경우 등이 여기에 해당된다.

정부의 자국기업 리쇼어링을 지원하기 위한 정책도 기업의 국내유턴을 촉진하는 요인이 되는데, 참고로 <표 9－8>은 주요 국가의 이러한 정책을 보여주고 있다. 독일의 유명 스포츠웨어업체인 아디다스가 1993년 중국과 동남아로 생산기지를 이전한 지 23년만인 2016년 본국으로 돌아와 안스바흐공장에서 신발을 생산하기 시작한 것은 리쇼어링의 대표적 사례다. 아디다스의 이러한 결정은 스마트공장 도입으로 원가절감이 가능했기 때문인데 여기에는 정부의 스마트팩토리(smart factory) 지원정책도 한 몫을 한

표 9-8 해외 주요국의 리쇼어링 투자유치관련 정책

구 분	미 국	일 본	독 일	대 만
규제개선	규제 One in, Two out	국가전략특구지정 신산업규제완화	규제 One in, One out	외국인 노동자 유입제한완화
법인세율	35%→15%(계획)	30%→23.4%	26.4%→15.8%	25%→17%
지원정책	• 공장이전비용 20% 감면 • 해외수익 송금세 인하(35%→10%) • 지역주민 고용시 최대 3000불 조세감면	• 지자체별 투자보조금 지원 • 글로벌기업 R&D사업 5년간 20% 소득공제	• 인더스트리 4.0 전략 지원 • R&D 보조금 최대 50% 지급	• U턴 장려 20개 업종 R&D 보조금 • 생산기지이전 행정경비 정부전액부담 • 최초 2년간 임대료 100% 면제

자료원: 헤럴드경제, 2019. 5. 9 기사.

국제경영 이야기 9-6

국내 U턴을 위한 외국정부의 기업유치전, 한국은?

해외로 떠난 기업을 국내로 되돌리기 위한 우리나라 정부의 'U턴(리쇼어링)기업지원책'이 제대로 실효를 거두지 못하는 반면 미국과 일본, 독일 등 주요 선진국은 과감한 세제개편과 규제개혁으로 해외 생산시설의 국내복귀를 주도하고 있다. 전문가들은 근시안적인 U턴 지원제도보다는 근본적으로 경쟁국 수준의 노동시장 유연화와 규제완화 등 기업 경영환경개선이 필요하다고 지적한다. 이는 떠난 기업을 되돌리는 것뿐만 아니라 앞으로 나갈 기업을 막을 수 있는 방도이기 때문이다.

한국의 리쇼어링(reshoring) 정책이 지지부진한 흐름을 이어가는 가운데 세계 각국의 '기업유치전'은 활발히 이뤄지고 있어 대조된다. 가장 대표적인 국가는 미국이다. 자국 우선주의와 보호무역주의를 내세운 도널드 트럼프 대통령은 법인세를 35%에서 21%(최종계획 15%)로 감면하고, 규제를 1개 만들 때 2개를 없애는 'One in, Two out' 제도를 도입해 리쇼어링을 적극 추진하고 있다. 특히 공장이전 비용 20% 감면, 해외수익 송금세 인하(35%→10%), 지역주민 고용시 최대 3000달러 조세감면 등 과감한 세제지원으로 미국계 기업의 U턴을 유도하고 있다. 여기에 해외 생산제품의 미국 역수출에 35% 관세를 부과하면서 해외기업의 미국내 기업투자도 압박하고 있다. 그 결과, GM과 포드 등 미국계 자동차 업체들은 멕시코 공장 신·증설계획을 중단했고, 한국 삼성전자와 LG전자, 일본 도요타와 소프트뱅크, 중국 알리바바 등 외국계 기업의 미국내 투자를 끌어냈다.

일본의 아베 신조 총리는 경기부양정책인 '아베노믹스'에 기반해 국가전략특구를 지정, 신산업규제를 완화하고 법인세를 30%에서 23.4%로 인하했으며 지자체별 투자보조금을 적극 지원하고 있다. 이에 화답해 혼다 자동차는 도쿄 인근에 300억엔을 투자하는 등 30년만에 일본내 공장을 증설했고, 베트남과 홍콩에 있는 오토바이 생산기지 일부를 일본에 재이전했다. 파나소닉과 NEC, 소니, 다이킨공업 등은 중국에 있던 공장을 일본으로 이전하거나 자국내 투자를 대폭 확대했다.

유럽연합(EU)의 맏형 독일은 스마트 팩토리와 미래형 연구개발 보조금 지원을 골자로 하는 '인더스트리 4.0 전략'을 통해 규제 하나를 추가하면 하나를 없애는 'One in, One out'을 도입하고 R&D 보조금을 최대 50%까지 지급하고 있다.

법인세율 역시 26.4%에서 15.8%로 완화했다. 독일 유명 스포츠웨어 업체 아디다스가 23년만에 본국으로 돌아와 지난 2016년부터 안스바흐 공장에서 신발을 생산하고 있는 것도 스마트팩토리 지원책덕분이다.

아시아에서는 반도체 등 전자산업 생태계가 탄탄한 대만이 일찌감치 생산시설을 국내로 이전하는 기업에 파격적인 지원을 펼쳐왔다. 대만정부는 법인세를 2010년 25%에서 단계적으로 17%까지 내렸고, 상속세율도 2009년 50%에서 10%로 대폭인하했다. 이같은 노력은 애플의 최대 협력사이자 세계 최대 전자제품 위탁생산업체인 폭스콘이 2014년 대만에 애플전용 디스플레이 공장을 건설하고 2년간 총 800억달러 투자계획을 밝히는 데 큰 몫을 했다.

한 경제단체 관계자는 "작년 말 나온 우리 정부의 U턴기업 종합지원책에는 R&D 투자 인센티브가 빠졌다"며 "대만의 경우 'U턴 장려 20개 업종'을 선정해 해당 분야 기업이 돌아올 경우 파격적인 R&D 지원으로 실질적 성과를 거뒀다"고 말했다. 이어 "미국과 대만 등은 국적에 제한을 두지 않고 거의 동일한 조세감면 인센티브를 주며 기업 유치전을 벌였다"며 "적어도 우리와 경쟁하는 국가수준의 기업환경이나 규제환경을 마련해 U턴기업뿐 아니라 앞으로 나갈 기업을 방지해야 한다"고 강조했다.

자료원: 헤럴드경제, 2019. 5. 9

것으로 알려지고 있다(<국제경영 이야기 9-6> 참조). 동남아공장에서는 운동화 100만 켤레를 생산하는 데 근로자 600명이 필요했으나 이를 10명이 담당하는 독일의 스마트공장으로 이전한 것이다. 맞춤형 운동화제작기간도 20일에서 하루로 단축되었으며 스마트폰 주문 하루이틀 후 배송이 가능하다고 한다. 기술환경과 정부정책 등의 변화로 이루어지는 선진국기업들의 리쇼어링은 세계 산업분업체제의 구조개편을 의미하기도 한다.

현지국(host country)정부의 투자유인책은 기업의 해외직접투자결정 자체는 물론 입지결정시에도 중요하게 고려되어야 할 사항이다. 물론 다른 여러 요인들이 종합적으로 고려되어야 하는 것은 당연하지만, 투자대상 후보국가들의 다른 고려요인들이 유사할 경우 현지정부의 인센티브 제공은 결정적인 역할을 할 수도 있다. 기업의 협상력과 협상기술에 따라서는 복수국가를 대상으로 보다 유리한 유인책을 이끌어내는 것도 가능하다.

(2) 투자규제

1) 소유권 및 투자지분에 대한 규제

외국인투자에 대한 현지국정부의 규제는 크게 외국인투자 자체(혹은 소유권)에 대한 규제와 성과관련 규제로 구분할 수 있다. 먼저 외국인투자 자체에 대한 규제는 다시 외국인에 의한 투자 혹은 소유를 원천적으로 금지하는 경우와 허용은 하되 지분율을 일정비율 이하로 제한하는 경우로 나뉜다.

이러한 규제는 개발도상국이나 후진국으로 갈수록 더욱 심하지만, 선진국을 포함한 거의 모든 나라가 최소한 부분적으로라도 시행하고 있다. 대개 외국기업의 소유나 투자가 금지되거나 지분율에 대한 제한이 가해지는 분야는 국가안보에 직결되거나 국가경제와 사회에 중대한 영향을 미친다고 여겨지는 산업으로서 전기, 수도, 항공, 통신, 방송, 금융산업 등이 그 예다. 그러나 투자 및 지분율에 대한 이러한 규제는 점차 제거되거나 완화되는 것이 세계적인 추세라고 할 수 있다. 우리나라의 경우 현재 우편, 국방, 원자력발전, 행정, 라디오 및 지상파 TV 분야에 외국인투자가 허용되지 않고 있으며(제외 혹은 미개방), 신문 및 정기간행물 출판, 유선 및 위성방송, 유무선통신서비스, 항공서비스 등에 부분적인 제한이 이루어지고 있다.[8)]

2) 경영활동에 대한 규제

일단 외국기업의 국내투자를 허용한 후에도 현지국정부는 외국기업의 국내활동에 대해 일정한 규제를 가하는 경우가 있다. 이른바 성과규제(performance requirements)라고 총칭되는 것들이다. 이러한 규제는 국내시장진입 후의 활동에 대한 제한이지만 때로는 이를 전제로 투자를 허용하기도 한다. 성과규제의 대표적 예로는 생산량이나 매출액의 일정 비율 이상을 수출하도록 요구하는 것과, 일정 비율 이상의 현지부품이나 원자재를 사용하도록 하는 현지부품사용규제(local contents rule) 등이 있다. 현지부품 사용을 요구하는 것과 함께 부품이나 원자재, 완제품 등의 수입을 제한하는 경우도 있으며, 일정 규모 이상의 고용창출이나 현지인의 관리직참여를 요구하기도 한다.

한편 외환규제를 통해 배당금지급을 규제하는 과실송금규제를 가하는 경우도 있으므로 주의해야 한다. 투자활동을 통해 창출된 이익을 본사로 송금하지 못하는 것은 매우 심각한 경영활동규제라고 할 수 있다. 이 경우 기업은 이익을 현지에 재투자하거나 본사와의 라이슨싱 계약 및 경영컨설팅 계약 등을 통해 로열티나 수수료형태의 자금이

---

8) 외국인투자에 대한 제한 내용은 외국인투자촉진법(제4조 제4항) 및 그 시행령(제5조 제10항)에 따라 산업통상자원부 장관이 매년 통합하여 공고하도록 되어 있다(2018년의 경우 4월 3일자 산업통상자원부 공고 제2018-191호, 산업통상자원부 홈페이지 www.motie.go.kr 참조).

전방법을 찾게 된다.

(3) 조세문제

기업의 투자 및 경영활동을 지원하면서 동시에 조세수입을 확보해야 하는 각국 정부입장에서는 자국기업의 해외법인이나 외국기업 국내법인의 이익과 거래관계가 지대한 관심사가 아닐 수 없다. 각국 정부는 조세수입을 극대화하기 위해 조세권이 미치는 범위, 즉 조세관할권(tax jurisdiction)을 가능한 한 확대하기를 원한다. 조세관할권에 대한 원칙은 크게 두 가지로 구분되는데 하나는 소득이나 이익이 발생한 물리적 위치에 따라 결정되는 국경주의(territorial tax jurisdiction)이고, 또 다른 하나는 발생위치에 상관없이 자국기업이나 자국인이 창출한 이익에 대해 과세하는 국적주의(national tax jurisdiction)이다. 국경주의를 따를 경우 외국기업의 국내창출이익은 과세대상이 되며, 국적주의를 따를 경우 외국기업의 국내이익에 대해서는 과세하지 않으나 자국기업의 해외이익에 대해서는 과세하게 된다. 그러나 현실적으로 모든 국가가 외국기업의 국내이익은 물론 자국기업의 해외이익에 대해서도 과세하기를 원하기 때문에 이중과세(double taxation) 문제가 따른다. 이러한 문제는 국가간의 쌍방협정인 이중과세방지협정, 혹은 자국기업이 해외에서 이미 세금을 납부한 이익에 대해서는 국내로 송금되더라도 해외에서 납부한 세금만큼 공제해주는 외국납부세액공제(tax credit) 제도 등으로 어느 정도 해결되고 있다.

한편 국내에서 활동하는 다국적기업에 대한 과세와 관련하여 각국 정부는 이전가격(transfer price) 조작여부를 면밀히 주시하고 있다. 이전가격이란 본사와 자회사, 혹은 자회사 간에 이루어지는 거래에 대한 가격을 말하는데 이의 조작을 통해 세금을 회피할 가능성이 있기 때문이다. 예를 들어 세율이 높은 A국에서 활동하는 자회사가 세율이 낮은 B국의 본사로 부품, 완제품, 기술 등을 수출하거나 이전할 경우 정상적인 시장가격(arm's length price)보다 싸게 판매하고, 반대로 수입의 경우에는 비싸게 구매한다면 A국 자회사의 장부상이익은 줄어들고 B국 본사의 장부상이익은 늘게 되어 전체적인 세금을 줄일 수 있게 된다. 이 경우 A국 정부는 조세수입이 감소하게 되어 이전가격 조작여부에 대한 조사를 원할 수 있고 그 결과에 따라 세금을 추징하기도 한다.

경영사례 연구

국제적 이미지를 강조하기 위해서 해외에 새로운 공장을 지어야 하는가?

플로켐(Flochem)은 연간 6천만불의 매출액을 올리는 영국의 화학회사다. 그 정도면 거대한 글로벌 기업들이 주도해 나가고 있는 화학산업에서는 비교적 규모가 작은 편이다. 플로켐은 비료, 농약, 약품 등 세 개의 사업부문을 가지고 있는데, 각 부문에서 그들이 선택한 사업영역에서는 확실한 입지를 구축하고 있다.

플로켐에는 영국 이외의 해외판매를 담당하고 있는 국제사업부가 있다. 이 회사의 프리스틀리(Jonathan Priestley) 전무는 500만불 규모의 동물사료 첨가물 신규 공장의 입지에 대한 제약사업부와 국제사업부 간의 의견충돌로 인한 문제에 직면하고 있다.

제약사업부 부서장인 록(John Lock)은 새 공장이 영국의 북동부지역에 건설되어야 한다고 생각한다. 제약사업부의 주요 공장들과 가깝기 때문이다. 반면에 2년 전에 국제사업부가 신설되면서 부서장으로 외부에서 영입된 벨기에 출신의 루삭(Henri Lussac)은 새 공장이 네덜란드에 지어져야 한다고 주장하고 있다.

지금까지 국제사업부의 역할은 영국에서 만들어진 제품의 마케팅과 유통으로 제한되어 있었다. 프리스틀리에게 이러한 의견충돌문제가 알려질 즈음에는 사실관계에 대한 면밀한 조사가 많이 이루어졌었다. 그룹 전체의 전략계획을 조정하는 역할을 담당하는 경영학 전공의 젊은 보좌관은 다음과 같이 양 측의 입장을 정리하여 프리스틀리에게 보고했다.

록(Lock)은 현재 그의 본거지 근처에 새로운 공장이 들어서야 한다고 주장한다. 생산기술이 새로운 것이고 어렵기 때문이다. 공장가동 초기에 위기상황이 발생할 경우 이를 해결하기 위해서는 자신이 지휘하는 기술지원팀과 연구원들이 바로 도울 수 있도록 가까이에 있어야 한다는 것이다.

록은 또한 유럽대륙으로의 진출은 기업의 첫 해외직접투자인데, 외국에 공장을 짓게되면 기술혁신을 중시하는 벤처기업으로서는 여러 어려움에 봉착할 것이 분명하다고 주장한다. 공장의 해외이전은 기술적인 측면에서 좀 더 용이한 경우에 가능하다는 것이다.

게다가 영국의 북동부는 유럽대륙으로 수출하기 위한 좋은 입지라고 할 수 있다. 부근의 북해 해변에 위치한 컨테이너 항구는 제품을 선적하고 유럽대륙의 주요 항구로 수출하기 위한 시설을 잘 갖추고 있다.

마지막으로 록은 이렇게 결론 내리고 있다. 제약사업부는 회사에서 가장 높은 자본수익률과 1인당 생산량 실적을 보이고 있다. 그런데 네덜란드나 벨기에에 공장을 짓게되면 엄격한 경영통제 수준을 유지하지 못할 가능성이 높다는 점이 염려된다.

록이 이런 불안감을 갖는 것은 새로 건설될 공장이 제약사업부 소속임에도 동료인 벨기에 출신의 루삭이 이끌고 있는 국제사업부가 공장운영에 관여하고 싶어한다는 의구심 때문이기도 하다.

루삭은 록이 제기한 논거에 조바심을 내고 있다. 그는 록을 글로벌 경영환경에서 편협한 섬나라 근성을 가지고 있는 영국인으로 간주한다. 루삭은 이런 저런 구실을 붙여 반복적으로 프리스틀리의 런던 사무실에 나타나서 그의 주장을 펴곤 한다. 미리 알리지도 않고 불쑥 나타나는 경우도 종종 있었다.

루삭은 이렇게 주장한다. 우선 마케팅 담당자들이 새 공장 생산물량 중 적어도 60%가 영국이 아닌 유럽시장에서 판매될 것으로 예측하고 있다. 그들은 유럽경제공동체가 커져 가면서 농업효율성을 증대하기 위한 노력이 지속될 것이라는 점도 예견하고 있다.

위와 같은 실질적인 논거는 플로켐이 유럽에 더욱 적극적으로 진출해야 한다는 루삭의 주장에 큰 힘을 실어 주고 있다. 그는 단지 제품을 수출하는 것만으로는 더 이상 충분하지 않다고 주장한다. 루삭은 사업성만 있다면 유럽에 공장을 몇 개 더 세우기를 원한다.

루삭은 이러한 장기적인 문제는 별도로 친다 하더라도, 영국에서의 노사분규와 유럽의 화학플랜트들에서 달성되고 있는 높은 1인당 생산량에 대해 관심을 가질 필요가 있다고 한다. 또한, 공장건설 프로젝트가 극복해야 할 장애요인이 적어서 완공이 더 빨라질 것으로 예상한다.

기술적 전문성은 문제가 되지 않는다. 문제가 발생하면 전문가들이 영국에서 날아오면 된다. 공장을 운영하고 감독하기 위한 적당한 인력은 네덜란드나 벨기에에서 구할 수 있다.

잘 정리된 양측의 주장을 살펴본 후 프리스틀리는 양쪽의 주장에 다 일리가 있다고 지적했다. 그에게는 새로운 공정플랜트를 건설하고 운영하는 어려움이 가장 중요한 걱정거리다. 회사는 5년 전 영국에서 마지막으로 건설했던 신규 공장때문에 어려움을 겪은 바 있다. 처음 3년 동안 생산은 계획보다 늦어졌고 비용도 더 많이 들었다. 그래서 록의 신중한 접근이 마음에 와 닿았다.

반면에 프리스틀리는 루삭의 장기적인 안목에도 마음이 끌렸다. 두 사람 중에서는 과거 기록을 볼 때 록이 더 효과적인 경영자로 보인다고 인정할 수밖에 없다. 세밀한 부분까지 냉혹하게 챙겨보는 눈, 그리고 원가와 목표를 계획 수준에 정확히 맞추려는 열정을 가지고 있는 사람이기 때문이다.

호각지세로 보이는 두 주장을 앞에 놓고 프리스틀리는 지금 시점에 유럽에 투자하는 결정이 미칠 장기적인 영향에 대해 궁금해 한다. 그것은 회사에 어떤 의미를 주는 것일까? 회사는 더욱 국제화된 상황에 대응할 수 있도록 적절한 조직구조를 갖추고 있는가? 공장이 네덜란드에 세워진다면 누가 공장을 경영하고, 록과 루삭은 어떤 식으로 함께 일해야 하는가?

토의과제

1. 해외직접투자의 개념과 전략적 동기에 대해 설명하시오.
2. 해외직접투자를 설명하는 Dunning의 절충이론(eclectic theory)에 대해 설명하시오.
3. 국제합작투자(joint venture)의 개념과 의의를 설명하시오.
4. 합작투자 파트너 선정시 고려해야 할 사항, 즉 파트너 선정기준에 대해 설명하시오.
5. 해외직접투자의 한 유형인 인수(acquisition)에 대해 그 전략적 동기와 장단점 등을 설명하시오.
6. 인수의 유형을 구분하여 설명하시오.
7. 해외직접투자가 투자대상국(host country)에 미치는 경제적 영향에 대해 설명하시오.

참고문헌

- 김동환·김종천·김안생, 21C 최신 M&A: 이론과 실제 및 전략, 무역경영사, 2000.
- Daniels, John, Lee Radebaugh & Daniel Sullivan, *International Business: Environments and Operations*, 15th ed., Pearson, 2015.
- Dunning, John H., *International Production and the Multinational Enterprise,* George Allen and Unwin, 1981.
- Dunning, John H., "The Eclectic Paradigm of International Production: A Restatement and Some Possible Extensions," *Journal of International Business Studies,* 19(1), 1988, pp. 1~31.
- Geringer, J. Michael, "Partner Selection Criteria for Developed Country Joint Ventures," *Business Quarterly,* Summer, 1988, pp. 55~62.
- Hill, Charles W. L., *International Business: Competing in the Global Marketplace*, 10th ed., McGraw-Hill, 2015.
- Hymer, Stephen H., "*The International Operations of National Firms: A Study of Direct Foreign Investment*", Ph.D. Thesis, 1960 (published by MIT Press under the same title in 1976).
- Kindleberger, Charles. P., *American Business Abroad: Six Lectures on Direct Investment,* Yale University Press, 1969.
- Knickerbocker, F. T., *Oligopolistic Reaction and Multinational Enterprise,* Cambridge, MA: Harvard University Press, 1973.
- LaJoux, Alexandra Reed, *The Art of M&A Integration,* McGraw-Hill, 1998.

- Root, Franklin, *Entry Strategies for International Markets,* Lexington Books, 1994.
- Rugman, Alan, "A New Theory of the Multinational Enterprise: Internationalization Versus Internalization," *Columbia Journal of World Business,* Spring 1980, pp. 23~29.
- Rugman, Alan, "Internalization as a General Theory of Foreign Direct Investment: A Re–Appraisal of the Literature," *Weltwirtschaftliches Archiv,* 116, 1980, pp. 365~379.
- Timothy Galpin & Mark Herndon 공저, 한국 왓슨와이어트 M&A팀 번역 · 감수, 「성공적인 M&A로의 초대」(*The Complete Guide to Mergers and Acquisitions*), 도서출판 무한, 2001.
- United Nations, *World Investment Report 2014.*
- Vernon, Raymond, "International Investment and International Trade in Product Cycle," *Quarterly Journal of Economics,* May 1960, pp. 190~207.
- Wells, Louis T. Jr., "A Product Life Cycle for International Trade?" *Journal of Marketing,* 32, July 1968, pp. 1~6.

제 4 부

국제경영전략

제 1 부 국제경영과 다국적기업

제 1 장 국제경영과 국제경영학에 대한 이해

제 2 장 기업의 국제화와 다국적기업에 대한 이해

제 2 부 국제경영환경과 관리

제 3 장 국제통상환경과 관리

제 4 장 국제금융환경과 관리

제 5 장 국제문화환경과 관리

제 6 장 국제정치환경과 관리

제 3 부 해외시장진입전략

제 7 장 해외시장진입방법의 일반적 유형

제 8 장 수출 및 라이슨싱

제 9 장 해외직접투자

제 4 부 국제경영전략

제10장 글로벌 경영전략

제11장 글로벌 경쟁전략

제12장 글로벌 제휴전략

제 10 장

글로벌 경영전략

학습목표

전 세계시장을 무대로 경쟁하고 있는 글로벌기업들은 서로 상반된 압력에 직면하고 있다. 앞서 살펴본 세계무역 및 금융질서는 전 세계적인 통합의 중요성을 강조하는 반면, 각국은 여전히 서로 다른 정치적 · 문화적 환경을 갖고 있으며 다국적기업들은 이러한 환경에 대응하기 위해 현지국 환경의 특성에 적응해야 할 필요성을 느낀다. 이와 같이 글로벌기업들에게는 글로벌화와 동시에 현지화를 달성해야 하는 상반된 목표가 동시에 존재한다. 이 장에서는 이러한 경영환경에 직면한 기업들이 세계 곳곳에 존재하는 인적, 물적자원 그리고 자금 및 정보 등의 다양한 경영자원의 집중·분산 또는 통합 · 조정을 통해서 범세계적인 경쟁에 대처하고 글로벌 경영환경의 위협 및 기회 등의 새로운 국제적인 도전에 성공적으로 대응하기 위하여 절대적으로 필요한 글로벌 경영전략에 대해 살펴보게 될 것이다.

이 장을 읽은 후 여러분은 다음 사항을 이해할 수 있어야 한다.

- 글로벌 경영전략의 의미와 과제를 이해한다.
- 규모의 경제, 범위의 경제, 경험곡선, 부가가치사슬의 개념을 이해한다.
- 글로벌 경영전략의 여러 가지 개념적 모델을 이해한다.

도입사례

빵 본고장 파리서 통한 허영인의 뚝심…파리바게뜨 '문전성시'

K베이커리 승부 20년…

허영인 회장, 매년 파리 찾아 한국식 빵 '코팡' 꾸준히 선보여 소보로빵·단팥빵 등 인기메뉴로 연내 3호점…내년엔 빵공장도 프랑스 파리 1구에 있는 파리바게뜨 샤틀레점. 지난 26일 찾아간 이곳은 점심시간 전후로 발디딜 틈없이 붐볐다. 나이 지긋한 동네사람들부터 인근시청에 근무하는 직장인까지 가게밖으로 긴 줄이 이어졌다. 하루평균 찾는 사람은 600~700명. 샤틀레점은 SPC그룹의 유럽시장확장을 위한 실험장이다. 파리바게뜨가 빵을 제조해 납품하는 레스토랑도 50개를 넘어섰다. 프랑스에 첫 점포를 연지 5년 만에 SPC그룹은 프랑스에 3호점을 내기로 했다. 내년에는 북서부 브르타뉴지역에 생지(빵 반죽)공장도 세운다.

○ **韓 식품회사 유일 프랑스 성공스토리**

프랑스는 한국 외식브랜드의 불모지로 꼽힌다. 유럽에서도 가장 수준 높은 식문화를 자랑하기 때문에 엄두조차 못 내는 게 식품업계의 현실이다. '빵의 본고장'이라 베이커리 브랜드에는 진입장벽이 더 높다는 게 업계인식이었다. 허영인 SPC그룹 회장(사진)이 "배우기만 하던 나라에 가서 우리 빵으로 제대로 된 승부를 해야한다"고 선언한 건 20년 전이다. 한국에서 파리바게뜨 법인을 세운 지 10년 만인 1998년 프랑스 릴에 현지사무소를 설립했다. 밀과 기계를 수입하면서 시장을 두드렸다. 2006년 프랑스법인을 설립하고 프랑스 원맥을 들여와 국내에 정통 바게트를 출시했다. 품질에 자신이 생길 때까지 기다렸고, 2014년 7월 1호점인 샤틀레점을 냈다. 파리 샤틀레점과 오페라점(2호점)은 모두 반죽을 사와 굽기만 하는 스낵 매장이 아니라 매장에서 반죽부터 제조까지 하는 브랑제리 형식이다. 까다롭기로 유명한 프랑스 유기농인증도 유지하고 있다.

허 회장은 "처음부터 이류가 아닌 일류 브랜드로 가야한다"고 했다. 1~2년 동안은 부침이 있었다. 한국식 빵인 '코팡'과 프랑스식 바게트문화를 접목하는 게 관건이었다. 허 회장은 1년에 3~4회 이상 현장을 챙기며 뚝심있게 기다렸다. 지난해부터 본격적인 성과가 나기 시작했다. 월평균매출은 첫해에 비해 20% 이상 올랐다.

글로벌 거래소 하이브리드블록 코인빗과 전략적 업무협약체결

○ **철저한 현지화+고급화 통했다**

파리바게뜨가 파리에 안착한 비결은 현지화와 고급화다. 소비자의 취향을 파악한 뒤 신제품을 빨리 내놓는 한국식 기업문화도 큰 역할을 했다. 파리의 다른 빵집들이 전통적인 방식의 획일화된 빵을 판다면, 파리바게뜨는 메뉴를 계절과 유행에 맞춰 재빨리 바꾸는 방법을 썼다. 두 개 프랑스 지점에서 근무하는 직원 28명은 전원 프랑스인이다.

정재우 SPC그룹 프랑스점포 사업법인 총괄은 "바게트문화를 가진 셰프들에게 새로운 주문을 하면 처음에는 다들 의아해했다"며 "지금은 단팥빵, 소보로빵 등 코팡을 찾는 단골이 늘면서 다 함께 팀을 이뤄 연구개발(R&D)을 하고 있다"고 말했다. 현지인들은 제철과일이나 유행하는 식재료 등으로 바뀌는 신제품을 만나는 재미로 이곳을 찾는다고 했다. 2개월 전에는 한국에서 흔한 빵인 피자빵을 선보여 호응을 얻고 있다.

개점때부터 점장으로 일하고 있는 실비 카이요 샤틀레점장은 "프랑스의 다른 빵집과 비교해 늘 새롭고 신선한 메뉴가 많다는 평가 때문에 인근에 사는 사람들은 모르는 사람이 없다"며 "좋은 브랑제리의 기준인 바게트, 그것으로 만든 바게트 샌드위치가 특히 맛있다는 평가를 받고 있다"고 말했다. SPC그룹의 해외매장은 지난해 300개를 넘어섰다. 글로벌시장을 공략해 2030년 매출 20조원, 세계 1만 2,000개 매장을 운영하겠다는 게 목표다.

자료 : 한경닷컴, 2018년 10월 29일

01 글로벌 경영전략의 과제

오늘날 범세계적으로 경영활동을 전개하고 있는 다국적기업들이 직면하고 있는 글로벌 경영환경은 예전의 그것과 성격이 전혀 다르다. 최근 들어 기업을 둘러싼 경영환경은 빠르게 변화하고 있으며 복잡한 양상을 보이고 있기 때문이다. 이러한 변화속에서 다국적기업들은 기업의 성장과 생존을 위해 글로벌 경영전략을 수행하고 있다. 이 장에서는 글로벌 경영전략의 의미와 기본과제에 대해서 살펴보고, 기업활동을 전 세계적으로 배치하는데 필요한 기본적인 배경개념에 대해서 살펴보기로 한다. 이를 바탕으로 기업의 구체적인 글로벌 경영전략을 결정하는 데는 어떠한 모델들이 사용되는지 살펴보게 될 것이다.

먼저, 전 세계시장을 무대로 경쟁하고 있는 글로벌기업들이 직면하고 있는 기본과제에 대하여 살펴보면 다음과 같다.

1.1 글로벌 경영전략의 기본과제

최근에 국제경영활동을 수행하는 기업들은 지역별대응을 요구하는 현지화(localization)와 더불어 범세계적 규모의 경제의 활용을 요구하는 범세계화(globalization)라는 글로벌 경영환경의 변화를 동시에 경험하고 있다.

글로벌화의 압력은 사업활동에 있어서의 규모경제의 확대나 소비자 니즈의 동질화, 관세 및 비관세장벽의 완화, 정보혁명 등의 요인들에 의해 높아진다. 반면 현지화에 대한 요구는 환율변동에 의한 위험, 지역경제통합, 보호무역주의의 강화, 정치・사회・문화적인 차이, 이질적인 유통경로 등에 의해 높아진다.

문제는 이러한 글로벌화와 현지화의 압력이 일정하게 나타나는 것이 아니라 산업과 제품에 따라서 또는 국가와 지역에 따라서 다양하게 나타난다는 점이다. 때문에 적절한 합의점을 찾기 위해서는 사업의 특성과 지역의 특성을 감안하여 압력수준이 어느 정도인지를 면밀히 파악하여야 한다.

또한, 압력수준과 기업의 전략목표를 잘 조화시키는 것이 필요하다. 기업의 전략목표가 글로벌 효율성추구냐, 글로벌 학습추구냐에 따라 글로벌통합과 현지화의 수준이 달라질 수 있다. 글로벌 효율성 제고를 위해서는 사업활동의 집중·통합수준을 높여 규모나 범위의 경제를 취하여야 할 것이다. 반면, 글로벌학습을 추구하려면 다양한 지역에 사업활동을 배치하는 것이 학습기회를 확대하는 데에 유리하게 작용할 수 있다. 이와 같이 기업의 목표가 어디에 있느냐에 따라서 글로벌화냐 현지화냐의 상반관계(trade－off)가 발생할 수 있다.

이 문제를 극복하기 위해서는 결국 전략적 융통성(strategic flexibility)의 발휘가 핵심이 되는데 이것은 한 제품의 생산 및 판매에 관여되는 여러 기능 중 규모의 경제에 민감한 기능은 한 곳으로 집중시켜 관리하는 반면, 현지화에 충실해야 할 기능들은 각국에 분산시키는 이원적인 접근방법을 취하는 것이다. 즉, 두 가지 성격이 다른 기능들 간의 적절한 국제간분업 및 긴밀한 연계를 추진함으로써 규모의 경제이점은 그 이점대로 살리고, 그리고 지역적 차별화요구는 그 요구대로 수용함으로써 문제의 난국을 푸는 묘안이 되는 것이다. 향후 두 가지 세계경제조류를 헤쳐나가야 할 우리 기업들도 그들의 글로벌 경영활동에 있어 이와 같은 융통성 있는 전략을 발휘할 수 있는 방안을 적극 모색해야 할 것이다.

결국, 글로벌전략을 모색할 때에는 산업과 제품, 국가와 지역에 따른 글로벌화와 현지화의 압력, 기업전략목표, 그리고 경쟁우위의 원천을 명확하게 하고 이들을 잘 조화시키는 것이 필요하다. 이것이 글로벌경쟁에서 살아남기 위한 필요조건이며, 성공한 글로벌기업들에게서 얻을 수 있는 교훈이다.

그러면 다음 절에서는 구체적으로 이러한 문제를 접근하는데 도움이 되는 주요 배경이론을 소개하고자 한다.

02 글로벌 경영전략의 배경이론

글로벌 경영전략을 수립하기 위해서는 먼저 다음의 주요 이론적 개념에 대한 파악이 우선되어야 한다. 글로벌 경영활동을 수행하는 기업들은 적어도 다음 네 가지 개념의 이해와 응용을 통해 글로벌 경영전략을 수립하여야 한다. 이하에서는 다음의 네 가지 주요 개념 즉, ① 규모의 경제, ② 범위의 경제, ③ 경험곡선, ④ 부가가치사슬의 개념을 설명하고자 한다.

2.1 규모의 경제

우리는 일부산업에는 소수 대기업들에 의한 시장지배가 나타나고 어떤 산업에서는 중소기업들이 많이 활동하고 있는 것을 종종 볼 수 있다. 이와 같이 산업의 집중도에 영향을 미치는 요인으로 규모의 경제(economies of scale)를 들 수 있다. 규모의 경제란 투입량을 증가시킬 때 산출량이 투입량증가비율 이상으로 증가하는 것을 말한다. 달리 말하면, 산출량이 증가할수록 단위당 투입비용이 비례 이상 감소하는 것을 의미한다. <그림 10-1>은 전형적인 규모의 경제의 예를 보여 준다.

<그림 10-1>에서 보는 바와 같이 산출량이 최소효율규모(minimum efficient scale)까지 늘어날수록 산출량의 증가에 따라 단위당 평균비용은 감소한다. 이와 같이 규모의 경제는 생산설비의 규모에 따라서 발생하기도 하지만 구매, R&D, 유통, 광고와 같은 활동에서도 뚜렷하게 나타난다.

그림 10-1 규모의 경제와 최소효율규모(MES)

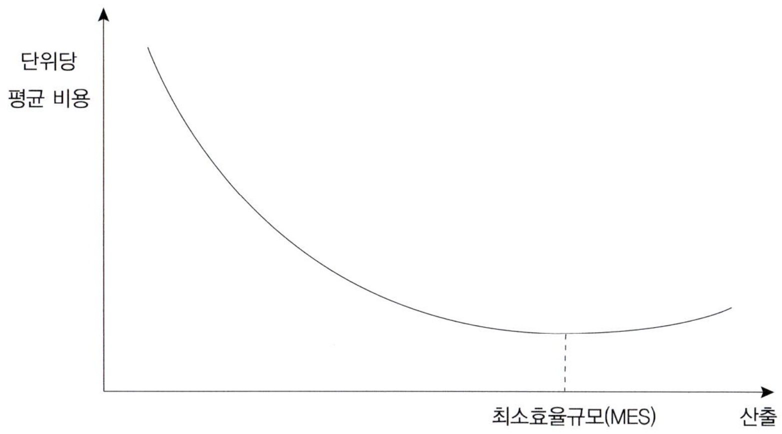

규모의 경제는 다음과 같이 세 가지 주요 원천에서 발생한다.

- 기술적 특성
- 투입요소의 비분할성
- 전문화의 이득

첫째, 규모의 경제는 기술적 특성에서 비롯한다. 우리가 흔히 자연독점이라고 부르는 전력, 통신산업은 기술상의 특징 때문에 하나의 기업이 전국의 전력과 통신의 네트워크를 운영하는 것이 효율적이다. 만일 시내전화 서비스를 한국통신 이외에 여러 업자가 난립하여 운영한다면, 한 기업이 전화선을 가설한 뒤 또 다른 기업이 집집마다 또 다른 전화선을 가설하는 중복투자가 일어날 수도 있다.

둘째, 규모의 경제는 투입요소의 비분할성에서 발생한다. 비분할성(indivisibility)이란 생산에 필요한 투입요소를 일정량이하로는 구매할 수 없는 경우를 말한다. 예를 들어, 트럭은 한 대 또는 두 대 단위로 구입할 수 있는 것이지, 트럭의 반 또는 1/3을 구입할 수는 없다. 슈퍼컴퓨터 역시 한 대 또는 두 대 단위로만 살 수 있다. 만일 내가 슈퍼컴퓨터를 하루 2시간만 필요하다면 단지 2시간을 이용하기 위해 이를 산다는 것은 비용상감당하기 힘든 것이다. 그러나 만일 같은 처지에 있는 10명이 모여서 이 슈퍼컴퓨터를 공동구매하여 활용한다면 훨씬 규모의 경제를 살릴 수 있다.

셋째, 규모의 경제는 전문화의 이득을 구현해 낸다. 대량생산체제는 많은 투입요소를 필요로 하고 이는 개별생산활동에서 전문화를 촉진시켜 주기도 한다. 전문화로 인한 규모의 경제는 전통적인 조립생산체제의 산업에서 두드러지지만, 지식 및 정보집약적인 산업에서도 나타난다. 예를 들어 대형투자신탁회사나 컨설팅회사, 소프트웨어개발회사에서는 직원들을 산업별 또는 시장별, 업무별로 특화시킬 수 있기 때문에 소규모기업에 비해 전문화에서 생기는 이점을 훨씬 더 많이 활용할 수 있다.

어떤 특정 자본집약적인 산업이나 연구집약적인 산업의 경우에는 반드시 대규모생산이 이루어지는 경우에만 효율성이 확보된다. 대형제트엔진생산의 경우가 여기에 해당되는데, 제트엔진의 경우에는 연구개발 및 생산에 있어서 규모의 경제가 너무 중요하기 때문에 전세계적으로 General Electric, Pratt & Whitney, Rolls-Royce의 세 기업만이 살아남게 되었다. 자동차산업의 경우에도 규모의 경제를 달성하지 못한 소규모기업들은 살아남지 못하고 대규모 자동차기업에 의해서 인수되었는데, 영국의 Jaguar와 스웨덴의 Volvo가 인도, 중국기업에게 매각된 것, 미국의 AMC/Jeep가 Chrysler에게 인수된 것, 영국의 Rover가 BMW에게 인수된 것 등은 모두 규모의 경제효과를 확보하지 못했기 때문이다.

국제경영 이야기 10-1

글로벌 수소전지社 인수한 중국 … 수소차 충전소도 짓기 힘든 한국

[오늘의 세상]

中, 세계 선두업체 최대주주로 일본도 "수소차 육성" 도쿄선언

수소연료전지 특허만 130개를 갖고 있는 캐나다 업체 발라드가 지난 8월 중국에 팔렸다. 중국 최대 디젤엔진 업체인 웨이차이가 지분 19.9%를 사들여 최대주주가 됐다. 발라드는 수소차의 심장이라는 '연료전지'의 글로벌 선두업체이다. 발라드는 웨이차이에 연료전지 핵심기술을 이전하고, 2021년까지 중국 수소트럭 · 버스에 들어갈 전지를 공동생산하기로 했다.

구영모 자동차부품연구원 팀장은 "중국이 수소차경쟁에 본격적으로 뛰어든 신호탄"이라며 "중국이 선도업체와 비슷한 고효율의 장거리 운행이 가능한 연료전지를 개발하는 것은 시간문제"라고 말했다.

이미 '수소사회'를 국가어젠다로 선정한 일본은 지난달 23일 주요 20개 국가정상이 참여하는 G20 회의에 앞서 'G20 수소에너지 장관회의'를 열고 '도쿄선언문'을 발표했다. 도쿄선언문은 글로벌 주요국들이 수소기술 관련규제 · 규약 · 기준을 단일화하는 데 협력한다는 내용이다. 프랑스가 2015년 파리기후변화협약으로 온실가스 감축의제를 주도했듯, 일본이 수소기술 '표준화'를 주도하겠다는 것이다.

한국은 세계 최초로 수소차를 양산하고 현존하는 세계 최고의 수소차를 출시한 나라지만, 한 · 중 · 일이 치열하게 벌이는 수소차 표준경쟁에서는 밀릴 수 있다는 경고음이 울리고 있다. 한국은 각종 규제와 인식부족으로 수소충전소

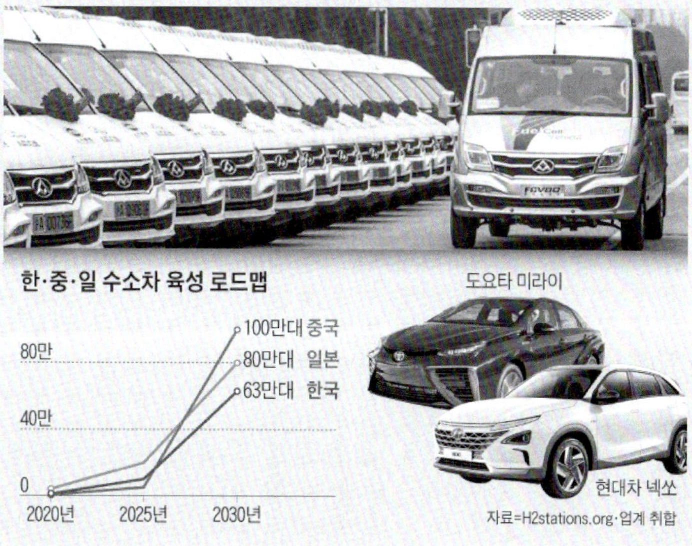

하나 제대로 짓기 어려운 상황이다.

특히 뒤늦게 뛰어든 중국이 위협적인 것은 물량공세로 국제표준을 선도할 수 있기 때문이다. 심각한 대기오염문제를 안고 있는 중국은 '움직이는 공기청정기'로 불리는 수소차에 주목, 2030년까지 100만 대 보급목표를 발표했다. 중국이 이 목표를 200만 대 이상으로 수정할 것이란 얘기가 업계에서 나오고 있다.

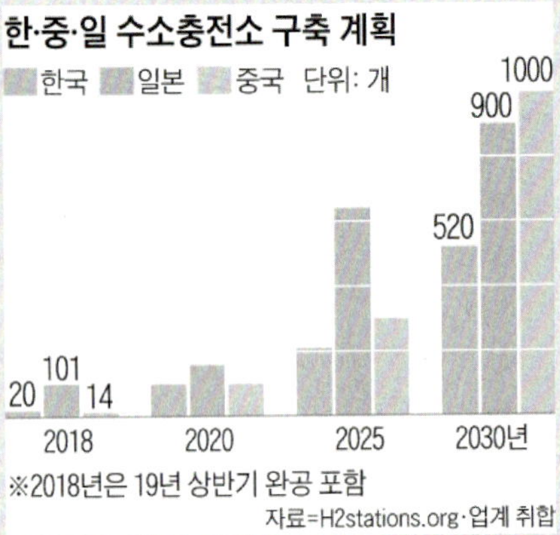

엄석기 한양대 교수는 "한·중·일 수소차 표준경쟁이 시작됐다"며 "한국이 자동차 분야에서 세계 최고기술을 먼저 확보한 건 수소차가 처음인데, 이러다가 최고기술을 갖고도 표준경쟁에서 밀릴 수 있다"고 말했다.

중국의 '수소차 굴기'가 무서운 이유는 각종 규제로 막혀있는 한국과 달리, 정부가 밀어붙이면 엄청난 속도로 충전소를 짓고 수소차를 보급할 수 있다는 점이다. 중국은 이미 수소차를 생산하는 기업이 10여 개에 달하고 세계 최대 수소버스 생산공장도 갖고 있다. 작년 한 해에만 수소버스 900대, 수소트럭 200대를 생산했다. 올해에는 2000대 추가생산이 예상된다. 이미 중국은 수소충전압력이 350바(bar)인 수소차에만 6000만원 상당의 보조금을 지급하고 있다. 효율이 더 높은 700바 급인 한국·일본의 수소차 수입은 막고 있다. 한국 배터리업체에 보조금지급을 막아 자국 전기차와 배터리업체를 육성하는 것과 같은 정책이다.

일본 아베 신조 총리는 2014년 말 도요타가 최초 수소차 '미라이'를 출시했을 때 1호 고객이 됐다. 아베 총리는 이듬해 1월, 차를 직접 몰고 거리로 나가 시민들을 만났다. 일본은 2020년 도쿄올림픽을 '수소올림픽'으로 명명하고, 도쿄 전역에 수소버스를 100대 운영하겠다는 계획이다. 올림픽 때까지 수소차를 4만 대로 늘리고, 충전소는 160개까지 짓기로 했다. 일본은 친환경에너지 생태계를 구축하는 '수소사회' 청사진도 그리고 있다.

○ 기술은 세계 최고… '규모의 경제'밀려

수소차는 한국이 세계 최고기술을 갖고 있다는 평을 받는다. 현대차는 1998년부터 수소차개발에 착수, 2013년 세계 최초의 양산 수소차 투싼ix를 출시했다. 지난 3월엔 완충 시 주행거리(609㎞)가 전 세계 수소차 중 가장 긴 넥쏘를 내놓았다. 소음도 적고 전지효율도 세계 최고라는 평을 받았다.

이 차의 수소연료전지는 국내협력사 300여개 (1차 150개)와 협업해 만든 것으로, 부품 국산화율이 99%에 이른다. 한국의 수소차와 수소연료전지가 전 세계에 팔리면, 국내부품사들도 함께 '글로벌표준'이 되고 수출시장이 열리는 것이다. 시장조사업체 IHS에 따르면 글로벌 수소차 시장규모는 올해 5만 대에서 2022년 26만 대, 2030년에는 220만 대로 커질 전망이다.

그러나 한국은 규모의 경제에서 밀리고 있다. 2014년부터 판매를 시작한 도요타 미라이의 글로벌 총 누적 판매량은 5300여 대다. 혼다의 클래리티는 2016년 출시 이후 2000여 대가 팔렸다. 그보다 먼저 출시된 투싼 ix35의 5년간 판매 실적은 1000여 대에 불과하다.

규모의 경제가 중요한 이유는 수소전지 기술력이 상향 평준화되면, '원가경쟁'이 승부를 좌우한다. 막대한 개발비용에 비해 판매량이 미미하니 현대차를 비롯한 협력사들은 수익을 내지 못하고 있다. 대량판매와 생산이 가능해야 수익을 내고 가격을 낮춰 시장을 압도할 수 있다.

수소차개발을 먼저 시작한 도요타는 현대차가 넥쏘로 최고의 기술력을 선보이자, 이를 뛰어넘는 모델개발에 박차를 가하고 있다. 업계에 따르면 현대차의 수소차 전담인력은 300여 명이지만, 도요타는 1000여 명에 달한다. 도요타는 2020년 미라이의 후속모델을 출시해 생산능력을 지금의 10배인 3만 대로 늘리고, 가격은 현재의 절반수준으로 낮추겠다고 했다. 국내 수소차 전문가인 김세훈 현대차 상무는 "현대차 연료전지는 효율이 세계 최고이고 원가도 경쟁사 대비 낮아 경쟁력이 있지만, 양으로 밀어붙이는 중국·일본에 언제 따라 잡힐지 모르는 상황"이라고 말했다.

○ 유럽·미국도 추격 중… 인프라 더 좋아

수소연료전지에 대한 개발을 초기부터 해왔던 유럽과 미국도 수소차시대를 준비하고 있다. 아우디는 현대차에 손을 내밀어 동맹을 맺었고, 벤츠는 포드, 폴크스바겐은 발라드, GM은 혼다, BMW는 도요타와 손잡고 수소차를 개발하고 있다. 메르세데스-벤츠는 자사 최초의 수소차인 GLC F-CELL을 연내 출시한다. 업계관계자는 "2022~2025년 사이에 대다수 완성차업체가 수소차를 양산할 것"이라고 전망했다.

유럽의 수소차 기술력은 한국·일본에는 밀려 있지만 인프라는 한·중·일보다 앞서 있다. 전 세계 수소충전소 320여 개 중에 140여 개가 유럽에, 70여 개가 북미에 있다. 특히 독일은 내년 상반기까지 충전소가 100여 개 구축된다. 유럽과 미국이 당장은 도요타와 현대차를 수입해 쓰고 있지만, 인프라가 잘돼있어 언제든 자국업체들이 비슷한 수준의 차량을 개발하면 판매량을 금방 뒤집을 수 있다.

한국 정부도 2020년 1만 대, 2025년 10만 대, 2030년 63만 대 보급계획을 세워 놓고 있다. 하지만 좀 더 과감한 정책이 필요하다는 지적이 많다. 김준범 울산대 교수는 "일단 한국에서 성공한 모델임을 보여줘야 해외에서도 호응을 얻을 수 있다"며 "전국적으로 수소충전소 300개 정도를 조기에 갖춰야 수소차보급과 충전소 수익성 확보의 선순환이 가능하고 세계시장을 주도할 수 있다"고 말했다.

자료원: 조선일보 2018년 12월 10일

2.2 범위의 경제

범위의 경제성(economies of scope)란 한 기업이 두 가지 제품을 동시에 생산할 때 소요되는 비용이 별개의 두 기업이 각각 한 제품씩 개별적으로 생산할 때 소요되는 비용의 합보다 훨씬 작다는 것을 의미한다.

이러한 범위의 경제성을 기업들은 '시너지'라는 이름으로 불러왔다. 범위의 경제성이 나타나는 이유는 두 제품의 생산과정에서 공통적으로 투입되는 생산요소가 있기 때문이다. 즉 어떤 투입요소가 이 두 가지 제품의 생산에 공통적으로 사용될 때, 한 기업이 두 제품을 함께 생산하는 것이 각각의 제품을 각각 다른 기업에서 생산할 때보다 훨씬 투입요소비용이 적게 소요되는 것이다.

<그림 10-2>는 사업A와 사업B가 가치사슬상의 기술개발, 물류, 구매 및 마케팅 활동을 공유함으로써 범위의 경제를 추구하는 실례를 보여주고 있다.

예를 들어, Nike는 전세계에 점포를 가지고 조깅화 및 농구화를 주력으로 판매해 온 운동화 전문생산기업이었다. 이들이 이러한 분야에서 사업을 다각화하기 위해서 골프화나 스포츠의류 사업에 뛰어들 때에 기존의 유통망과 점포에 관한 비용을 절감할 수 있는 것이다. 즉 Nike는 기존의 유통망을 통하여 스포츠의류와 골프화 등을 매장으로 운반할 수 있으며, 그 매장에 디스플레이 함으로서 유통과 판매, 서비스의 분야에서 범

그림 10-2 범위의 경제

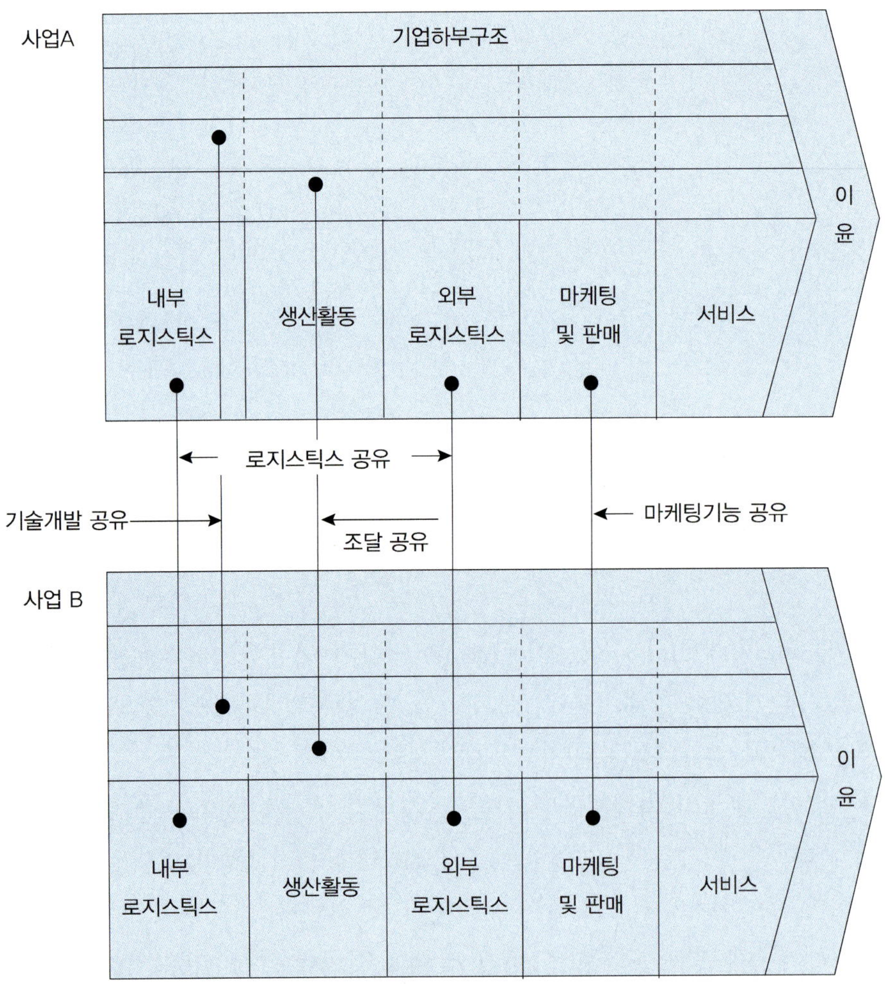

위의 경제효과를 볼 수 있는 것이다. 이는 단지 눈에 보이는 유형자원을 활용할 뿐만 아니라 Nike가 가지고 있는 브랜드명이나 기업의 명성, 기술에 관한 부분에도 영향을 준다. 소비자들은 품질에 대한 정확한 정보가 없을 때, 그 브랜드나 기업의 이미지, 명성 등으로 미루어 품질을 짐작하게 된다. 따라서 Nike가 가지고 있던 유명브랜드, 명성, 기술은 기존의 사업분야에서 다른 사업분야로 쉽게 이전될 수 있을 것이다.

2.3 경험곡선효과

다음에 살펴볼 경험곡선효과(experience curve effect) 또는 학습곡선효과(learning curve effect)는 기업의 비용우위를 결정하는 아주 중요한 요인이다. 이는 누적생산량이 매번 2배로 증가함에 따라 평균비용은 일정한 비율로 떨어진다는 개념이다.

이같은 경험곡선효과는 일찍이 1968년에 BCG(Boston Consulting Group)에서 연구 · 발표한 이래 1970년대와 1980년대 초기까지 경영전략의 사고에 많은 영향을 끼쳤다. 경험곡선효과는 2차대전 중, 항공기생산과정에서 처음발견되었고, 그후 냉장고생산에서부터 보험산업, 장거리 전화산업에 이르기까지 누적생산량이 증가함에 따라 상당히 규칙적으로 그 비용이 하락한다는 사실이 발견되었다. 경험곡선효과는 생산공정에 있는 작업자들이 생산과정을 반복하면서 작업효율성을 높이는 방법을 고안하고, 낭비와 비효율을 없앰으로써 생산성을 높이기 때문에 발생한다. 또한, 축적된 경험은 공정을 개선하거나 제품재설계를 통하여 생산비용을 절감할 수 있게 해 준다. 이와 같은 경험곡선효과는 생산공정 및 제품의 개선에서 발생하므로 경험곡선의 기울기는 생산공정이 복잡할수록, 또는 부품수가 많을수록 커지는 경향이 있다. 반도체와 항공기제작산업에서 경험곡선의 기울기가 특히 가파른 것은 이를 반영하는 것이다.

BCG의 경험법칙에 따르면 누적생산량이 2배로 됨에 따라 평균비용은 일정한 비율로 떨어진다. 이 같은 비용의 감소를 도표로 나타내면 <그림 10-3>과 같다. 누적생산량이 증가함에 따라 평균비용이 감소하는 곡선으로 나타나게 된다.

이러한 경험곡선효과는 실제로 경영전략의 수립에 중요하다. 경험곡선과 같이 생산량이 누적됨에 따라서 비용이 체계적으로 감소한다면, 경쟁기업에 비해 비용우위를 가질 수 있는가의 여부는 누가 먼저 산출량을 늘릴 수 있는가에 달려 있다. 즉 생산량을

그림 10-3 경험곡선

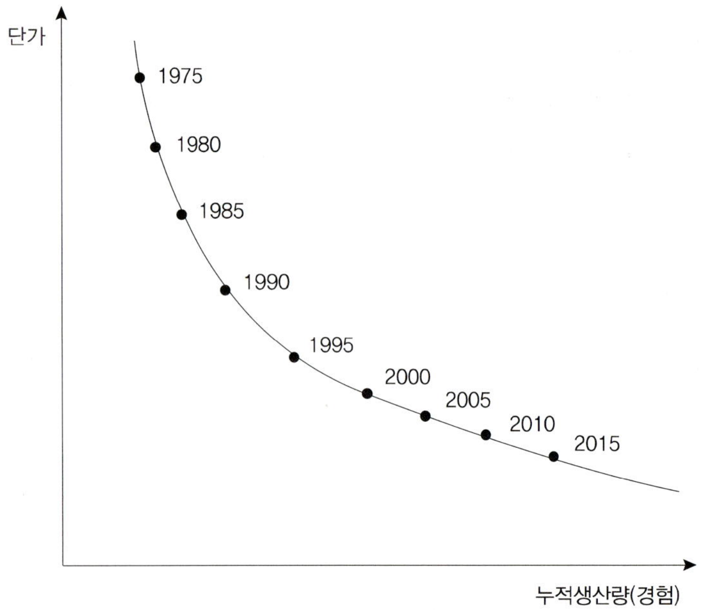

더 빨리 증가시켜서 경험곡선효과를 최대한도로 활용하는 기업이 낮은 비용을 발판으로 가격을 낮추면 후발기업은 결국 비용상의 불리함으로 인해서 그 기업과 경쟁할 수 없게 된다.

예를 들어, 과거 McDonnell Douglas가 Boeing에게 인수되기 전, 항공기제작산업에서 Boeing은 전세계 항공기시장의 60%를 점유하고 있었고 McDonnell Douglas는 단지 10%만 차지하고 있었다. Boeing은 McDonnell Douglas보다 매년 생산량이 6배나 많으므로, 장기적으로 보면 Boeing은 McDonnell Douglas보다 비용을 훨씬 낮출 수 있었을 것이다. 이와 같이 경험곡선효과에 근거한 가격경쟁은 BCG가 시장점유율을 강조해왔던 이론적 배경을 제시하여 주고 있다.

이 경험곡선효과는 시장이 급속히 성장하고 있는 반도체산업이나 컴퓨터산업에 있어서도 잘 적용될 수 있다. 그러나 한 가지 유념할 사실은 꼭 시장점유율을 전략적으로 최우선시 하는 것이 능사는 아닐 수 있다는 점이다. 이는 포드와 GM의 경쟁에 있어서 시장점유율을 우선적으로 고려했던 포드의 T카가 GM의 소비자의 적절한 욕구를 파악하여 다양한 차종을 제공했던 전략에 참패했던 예에서 볼 수 있다.

2.4 부가가치사슬

부가가치사슬(value chain)은 한 기업의 활동을 하나의 단순총체로 보지 않고 각기 상이한 경제적 특성을 가진 기능의 집합으로 보는 개념으로서 한 제품이 기업에 의해 생산되어 소비자에게 판매됨으로써 창출되는 부가가치의 구성과정을 해당제품의 연구개발, 부품의 생산, 제품조립, 마케팅 및 애프터서비스와 같은 제기능들의 집합으로 보는 것이다.

부가가치활동은 크게 기본적 활동(primary activities)과 지원활동(support activities)의 두 가지로 구분된다. <그림 10-4>의 밑부분에 나열되어 있는 활동들이 기본적 활동으로서 제품제조의 물리적 과정과 판매 그리고 구매자에게 전달되는 물적유통과정과 애프터서비스 활동이 포함된다. 어떤 기업에서든 기본적 활동은 <그림 10-4>에서와 같이 다섯 가지의 범주로 나누어진다.

각각의 내용을 좀 더 자세하게 살펴보면 다음과 같다.

- **내향 로지스틱스**(inbound logistics) : 제품생산에 필요한 원자재의 관리와 관련된 가치활동으로서, 공급업자로부터 원자재를 공급받아 이것을 제품생산부서에 넘겨주는 제반활동
- **생산활동**(operation) : 원자재를 가공, 조립하여 제품을 완성시키는 가치창출활동

그림 10-4 부가가치사슬

- **외향 로지스틱스**(outbound logistics) : 완제품의 재고관리, 주문처리 및 구매자에 대한 인도 등 완제품의 물적유통과 관련된 가치창출활동
- **마케팅 및 판매**(marketing and sales) : 구매자로 하여금 제품을 구입하도록 유도하여 제품을 판매하는 가치창출활동
- **서비스**(service) : 제품의 가치를 보수, 유지하는 가치창출활동

한편, 지원활동은 기본적 활동과 다른 지원활동을 보조해 주는 활동으로, 구매되는 투입요소에 대한 조달지원, 기술, 인적자원관리와 기타 회사전반에 걸친 기능을 포괄하여 설명되어진다. 그런데 <그림 10－4>에서 지원활동에 점선이 그려진 것은 이들 활동이 개별활동을 지원하기도 하지만 동시에 전반적으로 전체가치사슬을 지원하기도 하기 때문이다. 다만 기업하부구조는 특정활동만을 지원하지 않고 전체가치사슬을 지원한다.

- **기업하부구조**(firm infrastructure) : 일반관리, 기획, 재무, 회계, 법률관계, 정부관계, 품질관리 등 가치사슬전반을 보조하는 활동
- **인적자원관리**(human resource management) : 인적자원의 채용, 임용, 교육훈련, 인력개발 및 보상활동
- **기술개발**(technology development) : 제품 및 공정의 개선을 위한 제반활동
- **조달**(procurement) : 기업의 가치사슬내에 필요한 원자재구매활동

가치사슬이 지닌 전략적 시사점은 부가가치사슬을 구성하는 각 기능이 경제적 특성을 달리함으로써 학습효과, 규모의 경제, 범위의 경제에 대한 감응도(sensitivity)가 다르다는 것이다. 또한 각 기능의 경제적 특성에 따라 소비자와 밀착되어 수행되는 분야(downstream 기능)와 소비자와 떨어져서 행해질 수 있는 분야(upstream 기능)가 구별될 수 있다.

03 글로벌 경영전략의 모델

글로벌 경영전략을 수립한다는 것은 국가들 간의 비교우위(comparative advantage)와 기업의 경쟁우위(competitive advantage)를 최적으로 결합하는 것이다. 국가특유의 우위라고 불리는 비교우위는 기업의 부가가치사슬(value chain)상의 특정한 활동을 어느 국가에서 수행할 것인지에 대한 의사결정시에 중요하다. 기업특유의 우위라고 불리는 경쟁우위(차별화우위 또는 원가우위)는 부가가치사슬상의 여러 활동 중에서 어떤 활동에 기업의 자원과 노력을 집중하여 경쟁력을 확보할 수 있는가에 대한 의사결정에 영향을 미친다.

다음으로는 이상에 대하여 좀 더 구체적으로 연구된 글로벌 경영전략의 모델들을 소개하고자 한다.

3.1 Integration - Responsiveness 모델

앞서, 이장의 서두에서 다국적기업들은 범세계적 통합(global integration)과 지역별 대응(local responsiveness)의 두 가지 압력을 동시에 받으면서 이에 적절하게 대응하는 것이 필요하다고 설명하였다. 처음 살펴보게 될 이 모델은 바로 이러한 두 가지 요소를 축으로 하여 기업이 경영활동을 범세계적으로 통합할 것인가 아니면 지역별로 대응할 것인가에 따라서 세 가지 대응전략으로 구분하고 있다. 기업은 자신이 속하여 있는 산업의 특성을 고려하고, 현재 기업이 가지고 있는 핵심역량의 정도를 가늠하여 다음의 세 가지 전략중에서 자사에게 합당한 전략을 수행할 수 있을 것이다.

즉, ① 범세계적 통합전략(global integration strategy), ② 지역별 대응전략(local responsiveness strategy), ③ 절충형태의 다중초점전략(multi-focal strategy)을 들 수 있다(<그림 10-5>참조).

범세계적 통합전략은 다국적기업의 여러 자회사가 본사에 의해서 직접적으로 지휘, 통제를 받으며 특히 생산이나 판매면에서 자회사들 간에 긴밀한 상호 의존성을 갖는

그림 10-5 범세계적 통합과 지역별대응의 압력

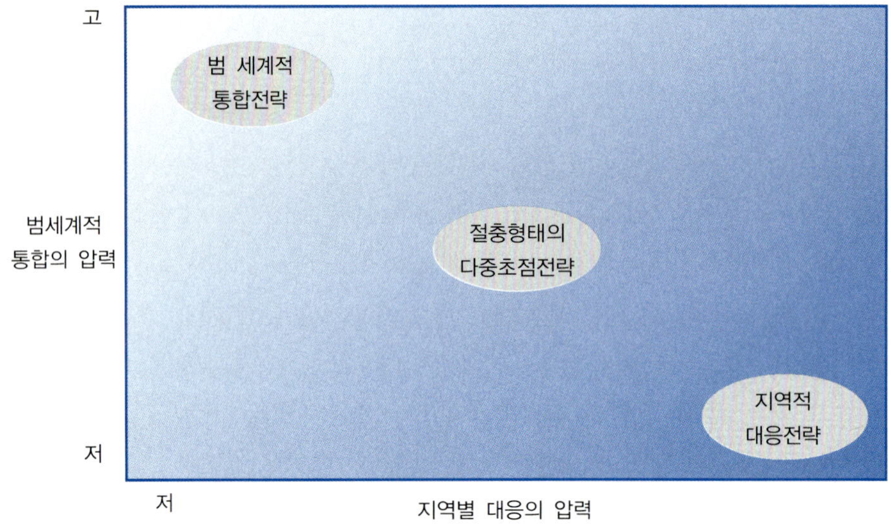

자료원: Prahalad and Doz, The Integration-Responsiveness grid, 1987

경우의 전략을 말한다. 통합의 필요성은 비용절감과 투자의 효용극대화이며 이를 위해 임금이 싼 국가에 공장을 설립하여 타국시장으로 선적하고 규모의 경제를 실현하기 위해 대규모의 전문화된 공장을 건설한다. 이 전략은 보통 중앙집권적 조직구조를 가진다.

지역별 대응전략은 개별국가의 환경에 맞추어 마치 그 나라의 기업처럼 현지국에서 자율적으로 활동하도록 하는 것을 말한다. 따라서 자회사는 현지의 경쟁사나 소비자의 요구에 대응하여 독자적으로 자원의 실행결정을 내리게 된다. 따라서 지역별 대응전략은 주로 분권적 조직구조를 요구하게 된다.

다중초점전략은 범세계적 통합전략과 지역별 대응전략 간의 중간에 위치하는 전략으로서, 공장규모나 기술과 같은 전략은 중앙집권으로 관리하고, 제품인도나 각 지역별 고객에 대한 서비스는 지역별로 대응하는 것이다. 따라서 이 전략에서는 범세계적인 통합과 지역별 대응의 필요성이 동시에 고려된다. 이는 자회사들 간의 독자적인 자율경영원칙 하에서 각 지역의 자회사간 조정과 상호협력을 촉진하는 것을 의미한다. 즉, 연구개발의 우선 순위를 조정하고 범세계적 소비자에 대한 가격결정을 조정하며 본사에서 자회사로 혹은 자회사 간에 기술이전을 촉진하는데 그 특징이 있다.

3.2 부가가치활동의 배치와 조정모델

이 모델은 기업의 경쟁력의 원천은 R&D, 생산, 마케팅, 애프터서비스 등의 주요 부가가치활동의 효율성을 제고하는데 있음을 강조하고, 저원가와 차별화라는 경쟁우위를 달성하기 위해 각 기능들의 활동을 범세계적으로 배치하고 조정하는 모델이다. 앞서 본 IR모델은 외부적 요인들에 대한 기업의 대응전략으로서 글로벌화의 압력과 지역별 대응의 두 가지 압력에 따라서 기업의 전략을 결정짓지만, 이 모델은 자사가 가지고 있는 내부적 활동의 배치와 조정을 통하여 기업의 경쟁우위를 창출할 수 있는 전략을 세부적으로 구분하여 보여주고 있다.

가치활동의 배치(configuration)라는 개념은 전세계를 대상으로 수행되는 가치사슬 내의 각 활동들이 얼마만큼 특정국에 집중되어 있는가 또는 분산되어 있는가를 의미하고, 가치활동의 조정(coordination)이란 개념은 각 국가에서 수행되는 가치사슬 간의 상호 조정정도를 의미한다.

따라서 가치사슬의 집중은 본국을 중심으로 소수지역에 각 가치활동을 집중배치하는 것을 의미하며, 분산은 각 기업의 가치활동을 분산시켜 극단적으로는 모든 진출지역에 본사와 동일한 가치사슬(value chain)을 갖는 자회사를 두는 것을 의미한다. 그리고 높은 조정수준이라는 것은 높은 통제(가치활동의 통합)를 추구하는 중앙집권식 경영을 말하며, 낮은 조정수준은 높은 자율성을 추구하는 분권화된 경영방식을 시사한다. 예를 들면 한국, 미국, 영국에 세 개의 생산공장을 가지고 있는 기업의 경우 세 개의 공장을 각각 완전히 자율적으로 운영할 수도 있고, 아니면 똑같은 생산방식과 부품 등을 사용하게 함으로써 본사에서 철저하게 통제할 수도 있다. 가치활동의 범세계적인 배치와 조정을 구체적으로 나타내면 <그림 10-6>과 같다.

각 전략을 구체적으로 살펴보면 다음과 같다. 첫째, 순수글로벌전략(pure global strategy)은 기업의 부가가치사슬의 활동 중 규모의 경제효과가 큰 활동들을 집중하여 기업활동의 배치가 지역적으로 집중되어 있고 기업의 범세계적인 활동을 본사에서 강하게 통제하는 전략을 말한다. 이는 전세계 주요 지역에 소수의 자회사를 설치해 주고 이러한 소수의 자회사를 본국의 본사가 조정·통제하는 체제를 의미한다. 대표적인 예로 일본과 한국의 대부분의 다국적기업을 들 수 있다. 이러한 전략은 저원가를 달성하는데 유용한 전략으로 1960~70년대에 저원가에 따른 경쟁우위를 누리고자 했던 도요

그림 10-6 부가가치활동의 배치와 조정

자료원: Michael E. Porter. Competition in Global Industries, Harvard Business Press, 1986.

타와 같은 기업들이 많이 채택했던 글로벌전략이다.

둘째, 개별국가중심전략(country-centered strategy)은 각국에 자회사를 설치해 두고 자회사의 운영은 자회사에게 일임함으로써 본사와 자회사 간의 긴밀한 협조관계가 없는 형태이다. 이 전략은 개별국가에의 적응이 중요한 다국내적 산업(multidomestic industry)의 기업이 추구하는 전략이다. 이러한 전략을 실행한 예로서, GM은 90년대까지 세계도처에 생산시설을 설립하여 가치창출활동을 지역적으로 분산배열하고 상표까지도 지역별로 달리 사용하여 현지국중심의 국제경쟁전략을 펼쳤다.

셋째, 고도의 해외직접투자전략(high FDI strategy)은 대부분의 가치활동을 각국에 분산배치하는 면에서는 개별국가중심전략과 유사하나 분산된 가치활동의 조정측면에서는 철저한 중앙통제 및 조정을 행하는 점에서 다른 측면을 가지고 있는 형태이다. 이러한 전략을 수행하는 대부분의 기업들은 세계 여러 지역에 직접투자를 통하여 자회사를 설립한 후 강력한 통제로써 이들을 하나의 기업으로 묶는 방법을 취하고 있다. 예로서, Nike의 경우를 살펴보면 가치창출활동을 전세계적으로 분산시켰지만 상표나 마케팅기법과 같은 가치창출활동은 엄격하게 조정하는 전략을 선택했었다.

넷째, 수출중심전략(export strategy)은 지역적으로 집중화되어 있으나 전체적인 기업활동의 조정이 약한 수출위주의 마케팅전략을 사용하는 것을 의미한다. 이러한 전략을 추구하는 기업의 예는 과거의 수출지향적인 한국기업과 현재의 대부분의 중국기업들이라고 볼 수 있다. 과거의 한국기업은 한국에서 생산한 후 자신의 브랜드없이 주로 주문자 상표부착방식(OEM)으로 수출하는 형태로 해외영업을 해 왔다.

그러나, 이러한 여러 가지 글로벌전략의 유형을 살펴볼 때, 주의해야 할 점은 어느 유형의 전략이 다른 유형보다 반드시 우수한 것은 아니라는 점이다. 기업이 글로벌전략을 추구할 것인가 또는 개별국가중심전략을 추구할 것인가는 그 기업이 속한 산업의 특성 및 기업이 가지고 있는 능력 등에 따라 좌우된다.

예를 들어 자동차용 윤활유산업은 국가마다 운전기준, 기후, 법률상황 등이 다르기 때문에 윤활유의 기본적인 합성비율과 첨가된 혼합물이 상이하다. 또한 각국의 유통경로도 상이하기 때문에 대부분의 경우 자동차용 윤활유산업은 개별국가중심전략을 추구하는 경우가 많다. 이에 비해 선박용 윤활유는 글로벌산업의 성격을 갖고 있다. 왜냐하면 배는 세계 어느 곳이든 자유롭게 다닐 수 있으며, 정박하는 곳 어디에서라도 같은 윤활유를 구할 수 있어야 하기 때문이다. 따라서 Shell과 Exxon과 같이 선박용 윤활유 사업에서 성공한 기업들은 순수글로벌전략을 추구하고 있다. 또 다른 예로 호텔산업은 각 국가마다 소득수준이 다르고 문화적 차이가 존재하기 때문에 개별국가중심전략을 추구하는 경우가 많다. 그러나 특급호텔의 경우는 주요 고객들이 전세계를 여행하며 활동하는 기업고객이기 때문에 전세계 어디를 가더라도 동일한 수준의 서비스를 제공할 수 있어야 한다. Hilton, Sheraton, Intercontinental 등과 같은 특급호텔들은 전세계적인 예약시스템을 갖추고 세계 어디서나 같은 수준의 서비스를 제공할 수 있는 세계적인 체인망을 갖춘 호텔들이다. 따라서 이러한 특급호텔산업은 순수글로벌전략을 취한다고 볼 수 있다.

즉, 배치와 조정의 매트릭스내에 있는 전략 중 어떤 것을 선택하여 실행하는가 하는 것은 어떤 전략이 자사의 국제적인 경쟁우위를 확보하는 데에 효과적인가에 따라서 결정되기 때문에 자사에게 가장 유리한 전략을 선택하기 위해서는 가치활동의 지역적 집중에 따른 장단점과 분산된 가치활동의 조정 및 통제에 따른 장단점을 이해해야 한다. 이러한 장단점을 잘 인식하고 기업 및 산업특성에 알맞게 가치활동을 전세계에 배치 및 조정하여 글로벌 경영전략을 수립해야 한다.

국제경영 이야기 10-2

베트남 홀린 K푸드…"SNS 좋아하는 2030 공략"

파리바게뜨 · 돈치킨 등 현지화 집중…베트남서 인기
롯데리아 베트남진출 19년만에 첫 흑자…매장 250곳으로 확대

"파리바게뜨 신짜오!"(안녕하세요 파리바게뜨입니다)

지난 20일 오후 4시 베트남 호찌민 시내에 위치한 파리바게뜨 까오탕점. 빵과 밀크티를 시켜놓고 담소를 나누거나 노트북 작업을 하고 있는 젊은이들이 눈에 띄었다. 이곳은 SPC그룹이 2012년 문을 연 베트남 1호 매장이다.

베트남은 프랑스 식문화가 보편화된 곳으로 빵과 커피문화가 발달했다. 인구 9600만명의 60%가 30세 이하인 젊은 나라로 구매력이 높은 소비자층이 증가하고 있다.

까오탕점이 들어선 호찌민 3군 지역은 현지 베이커리와 글로벌 브랜드 베이커리가 밀집돼 있다. 응웬티민카이 도로와 까오탕 도로사이는 의류점, 극장, 전자상가 등이 밀집한 유흥상권으로 젊은이들의 유동인구가 많은 곳이기도 하다. 파리바게뜨는 뚜레쥬르, ABC베이커리, 브래드톡 등과 함께 베트남 4대 베이커리로 안착하면서 지난해 약 15%의 매출성장을 이끌었다.

○ '초코붐 패스트리' 인기…입에 초콜릿 묻은 모습 SNS 올리자 매출급증

지금까지 베트남 파리바게뜨에서 가장 많이 팔린 빵은 초코붐 패스트리(3만 5000동). 우리나라 돈으로 1,650원. 빵 한개에 꽤 비싼가격이지만, 이 빵이 시그니처(대표 상품)가 된 것은 '재미와 즐거움'을 좋아하는 베트남 젊은이들의 마음을 꿰뚫었기 때문이다. 빵을 먹으면서 입 주변에 초콜릿이 묻은 장면을 사진으로 찍어 소셜네트워크서비스(SNS) 등에 올리는 것이 유행처럼 번졌다.

박세환 SPC 베트남사업부 차장은 "재미있는 것을 좋아하는 베트남 젊은이들의 특성을 감안해 현지화를 위해 많은 노력을 기울였다"며 "베트남 시장을 잡지 못하면 동남아 시장진출이 수월하지 않은 만큼 공을 많이 들이고 있다"고 했다.

파리바게뜨는 베트남 호찌민 5개, 하노이 3개 등 총 8개 점포를 운영하고 있다. 규모의 경제가 이뤄지지 않아 아직까지 흑자를 내지는 못하지만 고급 베이커리 전문점으로서 입지를 탄탄히 구축하고 있다는 평가다.

SPC는 파리바게뜨 매장을 연내 호찌민 10개, 하노이 6개 등 총 16개로 늘릴 계획이다. 오는 5월에는 1만세대가 입주하는 호찌민 최대 규모 아파트 '빈홈센트럴파크' 상가에 문을 연다. 현재는 모두 직영점으로 운영되지만 향후에는 가맹점도 모집할 계획이다.

○ 베트남 진출 19년만에 흑자 낸 롯데리아… 돈치킨도 현지서 인기

베트남 외식사업에 가장 적극적으로 뛰어든 국내 프랜차이즈는 롯데리아다. 롯데리아는 현재 250개의 매장을 운영중이다. 이중 20%가 가맹점이다. 롯데리아는 베트남에 진출한지 19년만인 지난해 처음으로 흑자를 냈다.

이날 오후 6시쯤 방문한 롯데리아 쩐흥다오점. 약 100평 규모로 하루 평균 350명이 방문하는 이곳의 한달 매출은 약 6000만원. 110곳의 좌석이 꽉 차 있었다. 매장 3층에선 초등학생으로 보이는 아이 5~6명이 생일파티를 하느라 분주했다.

롯데리아는 치킨을 좋아하는 베트남 국민들의 특성에 맞춰 버거류(20%)보다 치킨류(40%)의 비중을 늘렸다. 후라이드를 비롯해 간장치킨, 매운맛치킨, 오븐치킨 등 종류도 다양하다. 이원택 롯데리아 베트남법인 부장은 "호찌민 시내중심가는 임대료가 상당히 비싼편"이라며 "가맹점은 보통 외곽중심지에 자가건물을 보유한 건물주들이 많이 운영하는 편"이라고 말했다.

다음날인 21일 오후 2시. 호찌민 시내 호퉁마우점에 위치한 돈치킨을 찾았다. 외국인과 현지인들로 자리는 꽉 채워졌다. 매장에 들어서자마자 대형스크린에서 한국의 인기아이돌 레드벨벳의 히트곡 '빨간맛'이 흘러나왔다.

베트남은 텍사스치킨 등 수많은 치킨업체가 치열한 경쟁을 벌이고 있지만, 그 가운데서도 돈치킨의 인기가 높다. 구운치킨 한마리에 25만동(1만 1,800원)으로 현지인들에게는 고가음식이다. 돈치킨은 치킨뿐만 아니라 떡볶이, 김치볶음밥, 잡채 등을 판매하며 철저하게 한국식 음식을 표방했다. 현지에선 치킨 한류바람이 불면서 이러한 전략이 잘 맞아 떨어졌다.

호찌민에서 대학을 졸업한 남정우씨(28)는 "돈치킨이 치킨만 팔았다면 인기를 얻지 못했을 것"이라며 "베트남 국민들이 좋아하는 한국음식들을 같이 판매하면서 현지에서 큰 인기를 얻고있다"고 설명했다.

베트남에서 현재 10개 매장을 운영하고 있는 돈치킨은 하노이에서 가맹점 모집을 시작했다. 돈치킨 관계자는 "현지반응이 좋아 앞으로 100호점까지 매장을 늘릴 것"이라고 말했다.

이들은 베트남 프랜차이즈 사업에 실패하지 않기 위해서는 입지분석에 많은 시간을 투자해야 한다고 조언했다. 현지 입맛에 맞는 제품 개발도 중요하다.

박세환 차장은 "주변에 유동인구가 많다고 해서 매출이 늘 것으로 생각하면 오산"이라며 "아파트, 오피스텔 등 주변상권을 철저히 분석해야 실패하지 않는다"고 강조했다. 그는 또 "호찌민과 하노이 등 지역에 따라 직원들의 성향도 다르기 때문에 현지 직원과의 소통도 중요하다"고 말했다.

자료원: 조선일보 2018년 4월 24일

3.3 Total Global Strategy 모델

앞에서 살펴본 두 가지 모델들은 기업의 외부적 환경에 관한 변수만을 고려하거나, 또는 기업의 부가가치활동의 집중, 분산 또는 배치, 조정에 따라서만 전략적 선택을 제시하기 때문에 그 전략적 선택이 제한적인 폭을 가질 수 있다. 그러나 여기서 살펴보게 될 Total Global Strategy 모델은 기업의 내외부적 요인을 모두 고려하여 전략을 선택하고, 전략의 실행에 있어서 다양한 글로벌 전략수단들을 제시해 줄 뿐만 아니라 기업의 조직화능력도 감안한다는 점에서 보다 포괄적인 모델이다. 즉, 하나의 전략적 선택모델이라기보다는 글로벌전략의 전체적인 틀을 제시해 준다는 특징이 있다.

이제부터 George S. Yip이 제시한 Total Global Strategy에 대하여 구체적으로 살펴보도록 하자. Yip은 국제화전략과 글로벌전략의 개념이 다름을 먼저 강조한다.

국제화전략을 사용하면 기업은 각국의 현지화압력에 의하여 결국 현지국가별로 서로 다른 전략과 접근방법을 채택하는 결과를 낳게 될 수도 있다. 그러나 이러한 국가간 전략의 차이는 글로벌한 관점에서 볼 때는 생산원가, 품질, 소비자 선호도, 경쟁 수단 등에서 불리한 결과를 초래할 수 있다. 이러한 국제화전략이 갖는 문제점을 극복하고 세계시장에서의 경쟁우위를 확보하기 위하여는 각국의 영업을 통합관리하는 글로벌전략이 필요하게 된다. 그렇다면 이와 관련하여 "전략의 어떠한 부문이 글로벌화되어야 하는가?"라는 질문을 하게 된다. 동 질문에 답하기 위해 먼저 산업여건 또는 '산업글로벌화 촉진요인들(industry globalization drivers)'을 체계적으로 분석하고, 글로벌화의 장점과 단점을 평가하며, 글로벌전략을 실행할 때 사용하는 다양한 '글로벌 전략수단들(global strategy levers)'을 이해하여야 한다. <그림 10-7>은 글로벌전략을 분석하고 개발하는 데 활용할 수 있는 기본구조를 보여 준다. 그림에서 산업글로벌화 잠재력은

그림 10-7 Total Global Strategy 모델

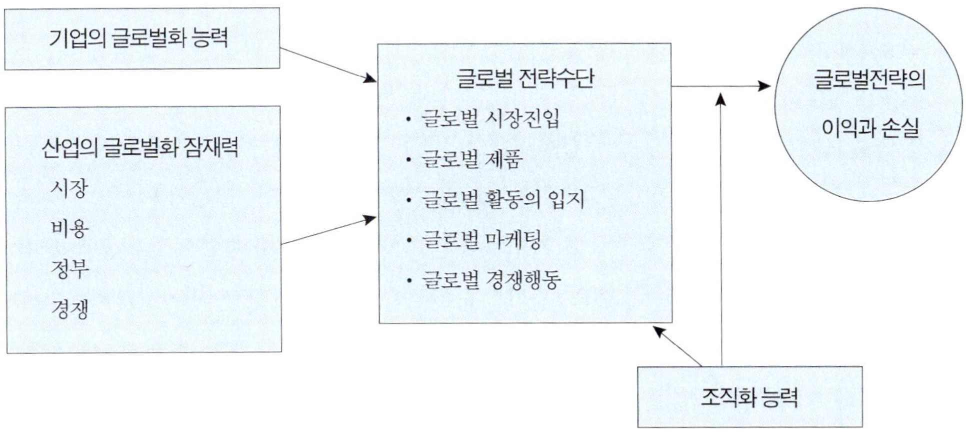

자료원: George S. Yip and G. Tomas M. Hult, Total Global Strategy, Pearson, 2012.

산업의 여건 또는 사업의 규모 경제성 등에 의해 외부적으로 결정된다고 할 수 있으며, 글로벌 전략수단은 세계경영을 위하여 선택가능한 전략대안들을 의미한다. 즉, 글로벌화의 실질적인 이익을 얻기 위해서는 산업의 글로벌화 잠재력 및 현 기업의 글로벌화 능력을 고려하고 이에 적합한 글로벌 전략수단을 선택해야 하는 것이다.

수립된 글로벌전략을 실천할 수 있는 조직의 능력 또한 글로벌전략의 이익수준을 결정하는데 중요한 영향을 미친다. 더욱이 이러한 능력은 글로벌전략수단의 선택에도 영향을 미치게 된다.

각각의 세부적인 사항에 자세히 살펴보면 다음과 같다.

(1) 기업의 글로벌화 능력

글로벌전략을 수행하기 위해서 가장 우선적으로 고려되어야 될 점은 과연 해당기업이 글로벌전략을 수행할 수 있는 경쟁적 지위와 자원들을 지니고 있는지를 확인하는 것이다.

(2) 산업의 글로벌화 잠재력

두 번째로 고려할 요인은 해당 산업의 글로벌 잠재력을 분석하는 것이다. 산업글로

벌화를 촉진하는 요인은 시장요인, 비용요인, 정부요인, 경쟁요인 등 크게 네 가지 그룹으로 분류가능한데, 이들 네 그룹의 요인들은 산업글로벌화의 잠재성에 영향을 미치는 주요 산업환경요소가 된다.

다른 분류방법도 가능하겠지만 이상과 같은 분류는 글로벌화의 원천을 구별하여 경영자들로 하여금 손쉽게 글로벌화 현상을 다룰 수 있게 하는 장점이 있다. 각 개별산업은 이러한 요인들에 의하여 글로벌 잠재력의 수준이 각기 결정된다.

글로벌화의 시장요인은 소비자행동, 유통채널구조, 마케팅의 특성에 따라서 달라질 수 있으며, 비용요인은 규모의 경제, 범위의 경제에 대한 민감성, 수송비요인 등 산업의 경제적, 기술적 특성에 의해 영향받는다. 정부요인은 무역규제, 투자규제 등으로 개별국가들이 제정한 법규에 따라 결정되며, 경쟁요인은 경쟁자의 행동에 따라 달라진다.

이러한 네 그룹의 요인들은 각각 개별산업의 특성에 따라 상대적 영향력이 서로 다르며, 동시에 시간의 흐름에 따라 변화할 수 있다. 즉, 소비재산업에서는 시장요인이 해당산업의 글로벌 잠재력에 더 큰 영향을 미치는가 하면, 반도체같은 부품산업에서는 비용요인의 영향이 더 중요하다.

(3) 글로벌 전략수단

앞서 살펴본 기업의 글로벌화 능력과 산업의 글로벌화 잠재력을 고려하여 이에 적합한 글로벌 전략수단을 선택하여야 한다.

다국가전략은 개별현지국에서의 경쟁우위, 판매, 이익을 극대화함으로써 세계사업성과의 극대화를 추구하는 전략인 반면, 글로벌전략은 현지국별 사업의 공유(sharing) 및 통합(intergration)을 통해 세계사업성과의 극대화를 추구하는 전략이다. 물론 두 전략의 중간적 위치도 가능하다. 완전히 글로벌화된 전략을 추구하는 기업은 글로벌 시장참여, 글로벌제품 및 서비스, 글로벌활동입지, 글로벌마케팅, 글로벌 경쟁행동 등 다섯 가지 글로벌 전략수단을 최대한 활용할 것이다. 글로벌전략은 다차원적이어서 전략을 수립하기 위해 여러 분야에서의 선택을 요한다. 어떤 분야에서는 글로벌한 관점과 개별국가적 관점의 양극단 사이에서 선택이 필요한 경우도 있다. 글로벌전략을 수립하고 실행하는 수단은 다음과 같이 크게 다섯 가지 분야로 나누어 볼 수 있다.

1) 시장참여(market participation)

세계의 수많은 국가 중 어느 시장에 진출할 것인가를 결정하는 문제이다. 다국가적 시장참여전략에서는 개별국가별로 판매액과 이익의 관점에서 잠재력을 평가하여 진입 대상 국가를 선정한다. 반면 글로벌 시장참여전략에서는 글로벌 이익의 관점에서 개별적으로 보면 별로 매력적이지 못한 시장이라도 글로벌 전략적 시각에서는 중요성을 가질 수 있다는 것을 의미한다. 글로벌 경쟁자의 본국시장과 같은 것이 하나의 예가 될 수 있다.

2) 제품 및 서비스(product/service)

세계시장을 대상으로 사업을 함에 있어 여러 국가들에 동일한 제품을 공급할지 또는 각기 차별화된 제품을 제공할 것인지를 결정하는 문제와 관련된다. 다국가적 제품전략하에서는 국가별로 판매되는 제품 및 서비스를 개별 현지국의 요구를 감안하여 이에 맞춘다. 이에 반해 글로벌 제품전략하에서는 본사에 의해 제품을 표준화함으로써 원가절감을 꾀한다.

3) 부가가치활동의 입지(location of value-adding activities)

연구개발부터 A/S까지 기업전체 부가가치사슬상에 위치한 각각의 기업활동을 어느 국가에 위치시킬 것인가의 의사결정문제와 관련된다. 다국가전략을 택한 기업은 가치활동의 대부분을 진출한 국가마다 반복하여 위치시키는 반면, 글로벌전략을 추구하는 기업은 가치활동사슬을 활동별로 분리하여 서로 다른 국가에서 전문적, 일괄적으로 수행하게 된다. 즉, 연구개발은 A국가에서, 부품생산은 B국가, 조립은 C국가식인 것이다.

4) 마케팅(marketing)

세계시장을 상대로 사업을 하는 데 있어 서로 다른 국가에서 브랜드, 광고 및 기타 마케팅요소를 어느 정도 표준화해야 하는지의 문제와 관련된다. 글로벌 마케팅전략을 추구한다는 것은 전 세계시장에 걸쳐 공통적인 마케팅접근방법을 적용한다는 것을 의미한다. 마케팅환경의 차이에 따른 장애가 있다 하더라도 국가간 공통된 욕구를 충족시킬 수 있는 제품이라면, 공통적인 마케팅 프로그램으로 세계시장에 판매를 확산시킬 수 있다.

5) 경쟁행동(competitive moves)

세계시장을 상대로 사업을 하는데 있어 개별국가에서의 경쟁적 행동을 얼마나 전세계적 경쟁전략과 연계하여 수행할 것인가 하는 문제와 관련된다. 다국가전략을 수행하는 기업은 국가별로 독립된 경쟁자들을 상대로 경쟁한다. 한편 글로벌 경쟁전략을 수행하는 기업들은 여러 국가에 걸쳐 통합된 경쟁행동을 보이게 된다는 면에서 전자와 구별된다. 즉, 국지전 경쟁입장이 아니라 전 세계시장을 대상으로 하는 전면적 입장을 가지는 것이다. 따라서 이런 특정시장에서는 전 세계적 경쟁우위를 위해 특정기업에 대해 출혈경쟁도 불사하는 태도이다.

(4) 조직화능력

조직화능력이란 글로벌전략을 개발하고 실행하는 능력을 말하는 것이다. 전략을 실행한다는 것은 항상 대단히 어려운 일이다. 특히 글로벌전략의 실행은 다수의 해외 자회사들이 관련되기 때문에 더욱 어려운 과제가 된다. 더욱이 글로벌전략의 핵심은 전략의 내용보다는 오히려 글로벌하게 경영을 통합하는 과정에 있다. 글로벌전략을 실행하는 과정에서 혼란이 야기되거나 어려운 문제에 직면할 수 있기 때문에 전략추진상 위험성도 따르게 된다.

바로 이런 실행의 문제가 세계시장의 제품라인을 합리화내지 글로벌화하려는 기업의 시도에 대한 장애요인으로 작용한다. 글로벌전략을 효율적으로 개발하고 실행하는 기업의 능력을 결정하는 것은 다음의 네 가지 조직 및 경영요소라 할 수 있다.

- **조직구조**(organization structure) : 회사내 보고체계를 의미한다.
- **경영관리과정**(management process) : 사업이 원활히 운영되도록 하는 계획수립, 예산설정, 정보시스템 구축과 같은 기업활동을 말한다.
- **인력**(people) : 경영자 및 모든 종업원들을 포함하는 세계사업에 종사하는 인적자원을 말한다.
- **문화**(culture) : 기업내 조직원의 행동을 안내내지 유도하는 가치관과 규칙들을 포함한다.

이상에서 살펴본 글로벌전략이 가장 성공적인 전략이 되려면 글로벌화의 정도가 너무 지나치지 않으면서도 부족하지 않게 조화를 이뤄야 한다. 전략글로벌화의 수준이 산업의 글로벌 잠재력(globalization potential)과 조화를 이루는 것이 이상적이다. 글로벌 잠재력이 낮은 산업에 속해있는 사업은 글로벌화의 정도가 낮은 전략을 채택해야 하는 반면, 글로벌 잠재력이 높은 산업에 속한 사업은 보다 글로벌한 전략을 추구해야 한다. 만약 그 산업이 갖고 있는 글로벌 잠재력보다 낮은 수준에서 글로벌전략을 실행한다면, 그 사업은 글로벌 전략적 불이익(global strategic disadvantage)을 감수하여야 한다. 예컨대 제품표준화를 통한 원가절감과 같은 잠재적 글로벌이익을 상실하게 된다. 반대로 산업이 갖고 있는 글로벌 잠재력보다 높은 수준의 글로벌전략을 실행한다면 그 사업은 다국가 전략적 불이익(national strategic disadvantage)을 감수하여야 한다. 즉, 제품이나 프로그램을 현지에서 요구하는 만큼 글로벌화의 수준을 낮추지 않는다면 이에 따른 불이익이 있게 되는 것이다.

경영사례 연구

바이오테크놀로지의 노하우를 이용하여 획기적인 의료제품을 최근에 개발한 한국의 중견기업이 유럽시장을 공략하기로 결정하였다. 공략하는 방법으로 다음의 네 가지 옵션을 고려하고 있다.

옵션 1 : 한국에서 그 의료제품을 생산하고 해외판매 에이전트로 하여금 마케팅을 하게 하는 방법
옵션 2 : 한국에서 그 의료제품을 생산하고 유럽에 판매 자회사를 설립하는 방법
옵션 3 : 유럽 대규모회사와 전략적 제휴를 체결하고 합작투자 (50% 대 50%)를 통해 유럽에서 그 의료제품을 같이 생산하고 마케팅은 그 합작투자 파트너에게 맡기는 방법
옵션 4 : 유럽에 단독투자로 진출하여 그 의료제품의 생산과 마케팅을 직접하는 방법

유럽에 각종시설을 설립할 때 소요되는 비용은 이 기업이 감당할 수 있다는 가정하에 위의 네 가지 옵션중에서 어떤 것이 가장 좋은 글로벌전략이 될 것인가?

토의과제

1. 글로벌 경영전략의 개념을 설명하라.
2. 범세계화와 현지화라는 상반된 국제경영환경의 변화에 대한 우리나라 기업들의 대응 전략을 논의해보라.
3. 글로벌 경영전략의 여러 개념적 모델들 간의 차이점과 공통점을 설명해보라.
4. 글로벌 전략경영의 개념적 틀을 사용하여, 특정기업(각자 스스로 선택)의 경영전략을 수립하여 보라.
5. 국내경영을 하는 기업보다 글로벌경영을 주로 하는 기업들에게 규모의 경제, 범위의 경제, 그리고 경험효과가 왜 더 큰 영향을 미칠 수 있는지, 그 이유를 설명하라.

참고문헌

- 장세진, 글로벌 경쟁시대의 경영전략, 박영사, 2002.
- George S. Yip and G. Tomas M. Hult, Total Global Strategy, Pearson, 2012.
- Glueck, William, F and Jauch Lawrence R., *Strategic Management and Business Policy*, McGraw－Hill, 1989.
- Hax, Arnoldo. C. and Hajluf, Nicolas, *Strategic Management*, Englewood Cliff, NJ: Prentice－Hall, 1984.
- Leontiades, James. C., *Multinational Corporate Strategy*, Boston, MA:Lexington Books, 1985.
- Lim, E. N. & Das, S. S. & Das, A,, "Diversification Strategy, Capital Structure, and the Asian Financial Crisis(1997~1998): Evidence from Singapare Firms," *Strategic Management Journal*, Vol. 30, No. 6. 2009, pp. 577~594.
- Porter, Michael E., *Competition in Global Industries*, Boston, MA:Harvard Business School Press, 1986.
- Porter, Michael E., *Competitive Advantage,* New York, The Free Press, 1985.
- Porter, Michael E., *Competitive Strategy,* New York, The Free Press, 1980.
- Prahalad and Doz, The integration－responsiveness grid, 1987.
- Yip, George S., *"Total Global Strategy,"* Englewood－Cliff, NJ:Prentice－Hall, 1992.

제 11 장

글로벌 경쟁전략

학습목표

최근 몇 년 동안 세계 주요산업에 속한 기업들의 M&A가 활발하게 이루어지면서 막대한 자산 규모를 가진 거대기업들이 속속 등장하고 있다. '1등이 아니면 생존할 수 없다.'는 명제하에 기업 간의 '헤쳐 모이기'가 끊임없이 진행되고 있는 것이다. 이처럼 글로벌경쟁이 '다수의 소규모 기업간 경쟁'에서 '소수의 거대집단간 경쟁'으로 변화하면서, 기업들은 그 어느때 보다도 경쟁환경에 유연하게 대처할 수 있는 능력을 필요로 하게 되었다. 지속적인 생존과 성장을 위한 효율적이고도 효과적인 경쟁전략의 중요성이 증대되고 있는 것이다.
따라서 본 장에서는 점차 치열해져 가는 글로벌경쟁에서 기업들이 소기의 목적을 달성하기 위해서는 어떤 전략을 수립하고 실행해야 하는지 살펴보도록 하자.
이 장을 읽은 후 여러분은 다음 사항을 이해할 수 있어야 한다.

- 경영전략의 기본틀을 이해한다.
- 글로벌 경쟁상황에서 경영전략의 기본틀이 어떻게 확장되는지를 이해한다.
- 선도기업이 추진할 수 있는 경쟁전략에는 무엇이 있는지를 이해한다.
- 도전기업이 추진할 수 있는 경쟁전략에는 무엇이 있는지를 이해한다.
- 글로벌 경쟁전략의 행동유형에는 어떠한 것들이 있는지를 이해한다.

도입사례

네이버 · 카카오 日서 사업영역확장

네이버, 라인에 7517억원 투자… 모바일결제 가능한 '쇼핑고' 출시
증권투자부터 보험상품판매도

국내대표 인터넷기업 네이버 · 카카오가 일본에서 웹툰에 이어 핀테크(금융기술) · 택시호출 서비스 등 다양한 모바일 서비스분야로 사업을 다각화하면서 시장공략에 박차를 가하고 있다.

일본 웹툰시장에서 네이버 · 카카오의 자회사인 라인과 카카오재팬이 운영하는 웹툰서비스는 시장점유율 1 · 2위를 각각 기록하며 전체 점유율 40% 가까이 차지하고 있다. 네이버가 지난 2013년, 카카오가 2016년 일본 웹툰시장에 진출한 뒤 얻은 성과다.

최근 두 회사는 일본시장에 증권 · 보험서비스와 택시호출, 간편결제 서비스를 도입하며 사업영역을 확장하고 있다. 정보기술(IT) 업계관계자는 "일본 만화시장이 오프라인 서점에서 모바일로 넘어가는 과도기에 국내기업들이 재빠른진출로 시장을 선점한 것처럼, 향후 성장 가능성이 큰 핀테크 · 모빌리티(이동성) 사업분야에 적극적인 투자를 하고 있다"고 말했다.

○ 간편결제 · 차량호출 서비스 신규사업

지난 7일 라인은 일본에서 QR코드(가격 · 제품정보를 담은 사각형 코드)를 활용한 모바일 결제 서비스 '쇼핑고'를 출시했다. 라인 앱(응용프로그램)을 통해 스마트폰 카메라로 QR코드를 비추면 상품을 결제할 수 있고, 가맹점 근처에 가면 스마트폰으로 할인정보를 안내받을 수도 있다.

라인관계자는 "현재 286개 가맹점을 2021년까지 2만개 이상으로 늘리겠다"고 밝혔다. 라인은 또 지난 10월 자전거나 여행, 스키 등 약 59개의 보험상품을 선택할 수 있는 라인보험과 최소 10만엔(약 99만원)으로 주식에 투자할 수 있는 스마트 투자서비스를 시작했다. 내년엔 노무라홀딩스와 함께 라인증권 서비스, 미즈호은행과 신용평가 · 대출서비스도 시작할 예정이다. 네이버는 이 같은 신규 서비스확대를 위해 지난 9월 라인에 7517억원을 투자했다.

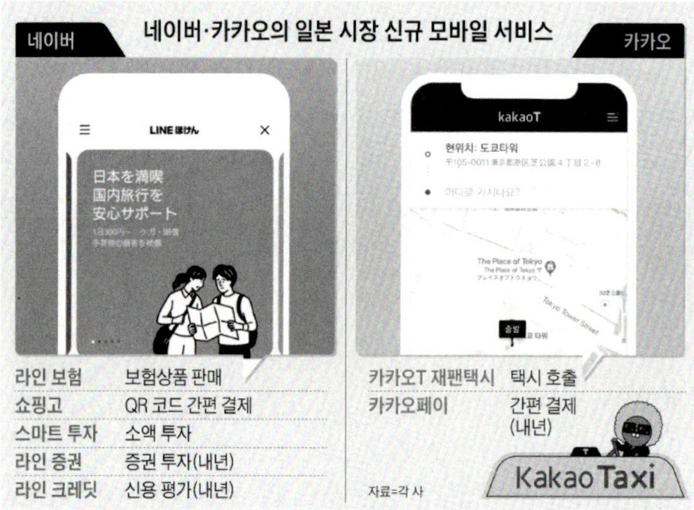

카카오는 택시호출 서비스와 간편결제 서비스로 시장공략에 속도를 내고 있다. 카카오모빌리티는 150억원을 투자해 일본 택시호출 서비스업체 재팬택시와 함께 지난 6일 택시호출 서비스 '카카오T 재팬택시'를 시작했다. 한국뿐 아니라 일본이용자들도 카카오T 앱을 이용해 한국과 일본에서 택시를 호출할 수 있게 했다. 카카오페이 관계자는 "내년 1분기 안에 한국 사용자들이 일본에서 쓸 수 있는 간편결제기능을 도입한다"며 "가맹점은 중국 알리페이와 협력해 구축할 계획"이라고 말했다. 이 밖에도 카카오는 이달안으로 도쿄에 캐릭터상품을 파는 카카오프렌즈 매장 2개를 열고 카카오브랜드와 서비스를 적극적으로 홍보할 계획이다.

○ 일본의 모바일 서비스확대도 한국기업에 기회

일본 정부가 오는 2020년 도쿄올림픽을 앞두고 간편결제 서비스와 차량공유 서비스 인프라를 확대하는 것도 국내기업엔 기회가 되고 있다. 일본에서 신용카드나 간편결제를 이용한 비(非)현금 결제비율은 전체의 18% 정도로 한국(89%)보다 훨씬 낮다. 이에 일본 정부는 2025년까지 비현금 결제비율을 40%까지 끌어올리겠다는 계획이다. 또 택시 서비스를 개선하기 위해 카풀서비스를 허용하면서 최근 현지 차량공유 스타트업(초기 벤처기업) 아지트가 도쿄에서 시범서비스를 시작하고 일본 소프트뱅크와 중국차량 공유업체 디디추싱이 합작한 디디모빌리티재팬도 오사카에서 택시배차 앱을 내놨다.

네이버는 카카오가 한국에서 1위 모바일 메신저 카카오톡의 영향력을 발판으로 간편결제같은 금융서비스를 확장했던 전략을 일본시장에 그대로 적용하고 있다. 일본내 사용자 7800만 명에 달하는 현지 1위 모바일 메신저인 라인메신저를 이용해 다양한 금융서비스를 이용할 수 있게 한 것이다.

네이버 라인관계자는 “한국을 비롯해 일본, 대만, 태국, 인도네시아, 미국, 영국 등 7개 국가 스마트폰 사용자 5000여 명을 대상으로 핀테크관련 설문조사를 벌인 결과, 일본이 모바일 금융서비스에 대한 이해가 가장 낮은 것으로 나타났다"며 "그만큼 일본은 쉽고 편리한 모바일 금융서비스가 성장할 가능성이 큰 시장”이라고 말했다.

카카오는 국내에서 쌓은 택시호출 서비스 노하우를 바탕으로 일본에서 차량공유·간편결제 서비스를 확대한다는 계획이다. 카카오 관계자는 “일본의 택시시장은 연간 16조원대 규모로 세계에서 가장 큰 시장으로 꼽힌다”며 “재팬택시와 기술력과 노하우를 협력해 일본에서도 택시호출문화를 바꾸는 혁신을 일으키겠다”고 말했다.

자료: 국민일보, 2018년 12월 18일

01 경쟁전략수립의 주요 요소들

우리는 앞장에서 글로벌 경영전략을 살펴보았다. 본 장에서는 글로벌기업이 경쟁기업들과 세계시장에서 경쟁함에 있어 어떠한 경쟁전략을 수행해야 경쟁우위를 계속 유지해 갈 수 있는지 '경쟁'에 논의의 초점을 맞추었다. 글로벌경영에 있어서는 자사가 아무리 막강한 선두기업이라고 할지라도 경영환경과 경쟁기업에 효과적으로 대응하지 못하면 글로벌 경쟁에서 뒤쳐지게 된다. 따라서 기업은 지속적인 발전을 위해 그 어느 때보다 글로벌 경쟁전략을 필요로 하게 되었다.

그림 11-1 경쟁전략수립시 고려해야 할 요소

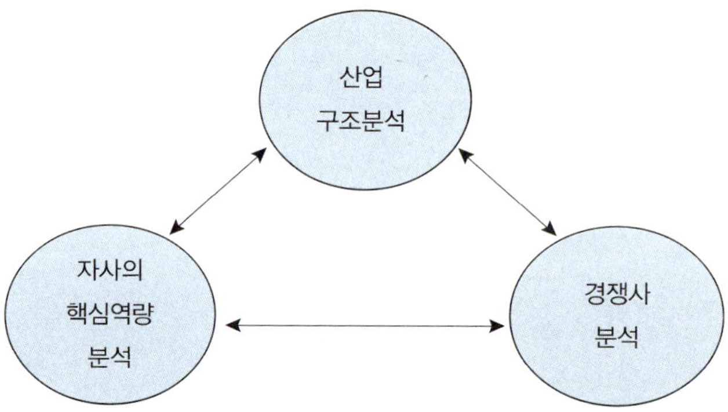

<그림 11-1>은 경쟁전략을 수립할 때 고려해야 할 세 가지 주요 요소를 보여주고 있다. 경쟁전략을 수립할 때 고려해야 할 첫 번째 요소는 산업구조를 분석하여 해당 산업의 특성을 이해하는 것이다. 이를 통해 우리는 각 산업특유의 성공요인과 미래 변화양상을 파악할 수 있다. 두 번째 요소는 자사의 핵심역량을 분석하는 일이다. 자사가 경쟁사에 대해서 어떻게 하면 경쟁우위를 유지할 수 있는가를 파악하기 위해서는 자사가 가진 핵심역량에 대한 이해가 필요하다. 마지막 요소는 경쟁기업을 이해하는 것이다. 경쟁전략이란 경쟁자의 약점에 자신의 강점을 집중하는 것이므로 경쟁기업에 대한 깊은 이해가 필요하다. 만일, 한 기업이 시장점유율을 늘릴 목적으로 가격인하를 시작

했는데 이에 맞서는 경쟁기업이 같은 폭으로 가격을 인하한다면 양 기업 모두 자신의 이윤만 줄어들 뿐, 시장점유율은 변하지 않게 될 것이다. 다시 말해 경쟁전략은 경쟁기업의 행동에 따라 기민하게 달라질 필요가 있는 것이다.

이처럼 산업구조분석, 자사의 핵심역량분석, 경쟁사의 전략에 대한 분석이 행해져야만 효과적인 경쟁전략을 수립할 수 있게 된다. 이제 경쟁전략의 주요 요소들을 구체적으로 하나씩 살펴보자.

1.1 산업구조분석

산업구조는 기업이 직면하고 있는 여러 환경중에서 가장 중요한 환경이라고 할 수 있다. 기업의 환경이라고 하면 기업의 행동방식과 경영성과에 영향을 주는 여러 가지 요소들을 말하는데, 정치적 환경, 경제적 환경, 사회적 환경, 기술적 환경 등 다양한 환경이 있다. 그러나 이러한 많은 기업환경 중에서 가장 중요한 것은 경영에 직접적으로 관련된 관계로서 고객, 공급자, 경쟁기업들 간의 관계를 포함한다. 이처럼 한 산업의 고객, 공급자, 경쟁자와의 관계가 산업환경을 구성하고, 이러한 주체들 간의 관계를 구체적이고 유기적으로 분석하는 것이 산업구조분석인 것이다.

(1) 산업구조분석의 목적

산업구조를 분석하는 목적은 다음과 같다.

첫째, 해당산업에서 다섯 가지 경쟁요인(기존 기업 간의 경쟁, 잠재적 진입자, 대체재, 구매자, 공급자)이 어떻게 상호작용하고 있는지 분석함으로써 경쟁의 양상을 보다 구체적으로 파악할 수 있다.

둘째, 다섯 가지 경쟁요인을 분석함으로써 이들이 산업전반의 매력도에 어떤 영향을 미치는 지를 파악하게 된다. 결과적으로 해당산업의 전반적 수익률, 즉 산업의 매력도도 파악할 수 있다.

셋째, 현재의 상황뿐만 아니라 각 경쟁요인들이 어떻게 동태적으로 상호작용하여 어떻게 변화해 나갈 것인가를 밝혀줌으로써 궁극적으로 미래 산업환경을 예측할 수 있다.

즉 산업구조분석의 목적은 산업매력도를 결정짓는 다섯 가지 구조적 경쟁요인을 설명하고 앞으로 산업구조가 어떻게 전개될 것인가를 밝혀줌으로써 글로벌전략을 수립하는 데 따르는 기회와 위협을 파악하는 것이다.

(2) 산업구조분석의 내용

Michael E. Porter 교수는 1980년 자신의 저서 "Competitive Strategy"에서 산업구조를 분석하는 기법을 처음으로 제시하였다. 그는 다섯 가지의 경쟁요인에 의해 산업의 수익률이 결정된다고 하였는데 기존 기업 간의 경쟁, 잠재적 진입자와의 경쟁, 대체재와의 경쟁, 구매자의 교섭력, 공급자의 교섭력이 이에 해당한다.

그림 11-2 Porter의 산업구조분석 모델

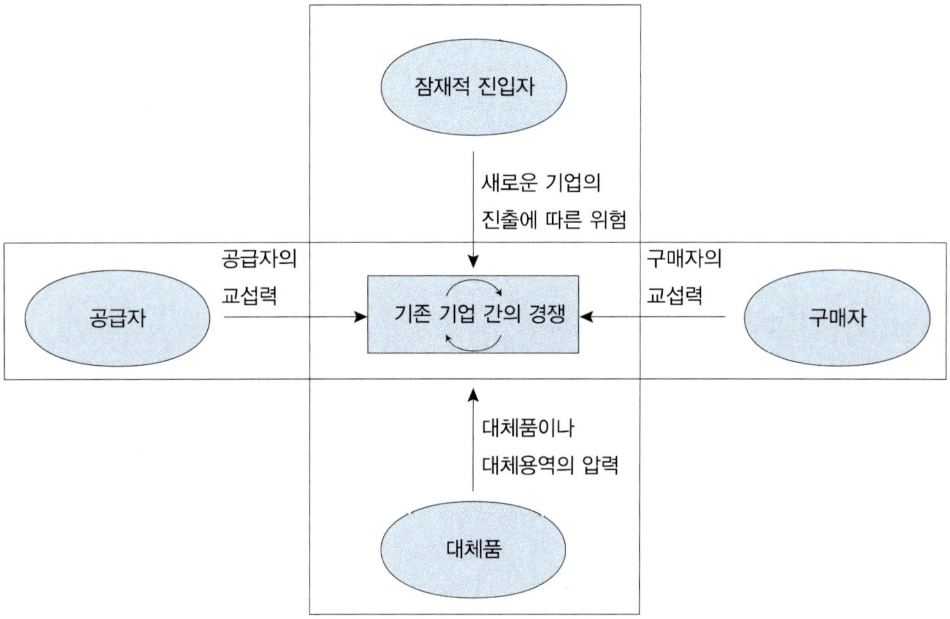

1) 기존 기업 간의 경쟁

기존 기업 간의 경쟁은 동일산업에 속하는 기업 간의 경쟁을 말하는데, 이는 경쟁에서 유리한 위치를 차지하려는 여러 가지 전략, 즉 가격인하, 광고, 신제품개발, 고객서비스강화 및 제품보증 등의 형태로 전개된다.

동일산업에 속한 기업의 수가 적고 각 기업의 시장점유율이 높다면 산업의 집중도가 높다고 하는데, 이처럼 집중도가 높을수록 산업의 전반적인 수익률은 높아지게 된다. 한편, 산업의 집중도가 낮아서 그 산업이 경쟁적일수록, 즉 많은 기업들이 경쟁에 참여할수록 산업의 수익률은 낮아지게 된다.

2) 잠재적 진입자의 위협

어느 산업에 새로운 기업들이 진출할 때 이들 기업은 상당한 자원과 능력을 확보하고, 이를 이용해서 시장을 확보하려는 강한 의욕을 가지는 것이 보통이다. 이 같은 조건을 갖춘 신규기업이 진출하면 가격이 하락하거나 부대비용이 상승해서 기존 기업의 수익성을 떨어뜨릴 가능성이 높아진다.

어느 산업에 새로이 진출하는 기업이 주는 위협의 정도는 그 산업에 내재된 진입장벽과 신규진출기업이 예상되는 기존 업체들의 여러 가지 형태의 대응방법에 의하여 좌우된다. 진입장벽이 낮고 신규진출기업이 자신의 진출에 대해 기존 기업들이 보복적 대응을 하지 않을 것이라고 예상할 경우에는 그 산업에 새로운 기업이 진출하기가 쉬워지게 되어 신규진출기업이 주는 위협이 강해지기 마련이다. 즉, 잠재진입자의 위협이 클수록 해당산업의 수익률은 낮아지게 된다.

3) 대체품의 압력

특정산업에서 경영활동을 벌이고 있는 기업들은 넓은 의미에서 대체품을 생산하는 산업들과도 경쟁을 벌이고 있는 셈이다. 왜냐하면 자신이 목표로 삼고 있는 고객중 일부가 대체품을 구입하게 됨에 따라 그만큼 고객을 잃어버리기 때문이다. 다시 말해서 우리 제품을 구입하던 고객이 다른 제품을 구입한다면 그 제품이 우리 제품과 동질적인 제품이건 전혀 성질이 다른 제품이건 관계없이 경쟁상대가 되는 것이다. 따라서 경영자는 경쟁자의 범위를 보다 포괄적으로 고찰해 보아야 한다. 일반적으로 대체재의 위협이 크면 클수록 해당 산업의 전반적 매력도/수익성은 떨어지게 된다.

4) 구매자의 교섭력

구매자들은 가격인하, 품질향상, 또는 서비스증대를 요구하거나 경쟁기업들을 서로 대립시키는 행위 등을 함으로써 산업의 수익성을 감소시킬 수 있다. 자동차 타이어 산업의 경우 주요한 소비자는 자동차 제조업체들이고 따라서 이들은 막강한 교섭력을 발휘해 가격할인을 요구하는 등 타이어 제조업체의 수익성에 큰 영향을 주고 있다고 할 수 있다. 이처럼 구매자의 교섭력이 클수록 해당 산업의 매력도, 수익성은 낮아진다.

5) 공급자의 교섭력

공급자들은 자사의 교섭능력이 강할 때 가격을 높임으로써 자사의 이윤폭을 넓힐 수 있다. 가령 공급자의 규모가 구매자보다 상대적으로 크거나, 구매자가 필요로 하는 제품에 대한 원가정보를 자세히 가지고 있거나, 구매자들이 공급선을 바꾸는데 많은 전환비용이 든다면 공급자는 교섭력을 제고시킬 수 있다. 강력한 공급자들은 이와 같은 방법으로 특정산업의 수익을 잠식할 수 있다. 따라서 자신보다 상대적으로 우월한 힘을 가지고 있는 공급자가 원료나 부품의 가격을 인상할 때, 이 비용증가분을 판매가격에 반영시키지 못하는 경우 자신의 수익성을 낮출 수밖에 없다. 즉, 공급자의 교섭력이 클수록 해당산업의 매력도/수익성은 떨어진다.

1.2 경쟁기업분석

(1) 경쟁기업분석의 틀

경쟁기업분석의 중요성은 개별산업의 특성에 따라 크게 달라진다. 집중도가 낮은 산업에 속한 기업들은 대체로 동질적인 제품을 생산하여 판매하므로 제품의 가격은 시장에 의해서 결정되어진다. 따라서 개별기업의 전략이나 행동이 경쟁환경에 미치는 영향은 미미하다. 그러나 집중도가 높은 산업, 특히 과점적인 성격을 지닌 산업에서는 경쟁환경이 소수기업에 의해 좌우되기 때문에 이들 주요 경쟁기업을 분석하는 것은 대단히 중요하다. 예컨대 산업집중도가 높은 DRAM 반도체산업의 경우, 미국의 Micron과 한국의 삼성전자, Hynix가 다양한 종류의 제품을 개발하며 전세계 반도체시장에서 치열한 시장점유율 확보경쟁을 벌이고 있다.

이러한 과점적인 성격을 지닌 산업에서는 한 기업의 전략이 경쟁기업의 전략적 대응과 밀접한 관계를 갖고 있으며, 따라서 기업이 전략을 수립할 때 다른 경쟁기업의 반응을 예상하지 않고서는 적절한 경쟁전략을 수립할 수가 없다.

결국 경쟁기업을 분석하는 목적은 경쟁기업의 미래전략을 예측하고, 자사의 새로운 전략에 대한 경쟁기업들 반응을 예측하는데 있다고 할 수 있다. 이를 위해서는 다음의 네 가지 요소를 파악해야 한다.

- 경쟁기업의 현재 전략
- 경쟁기업의 미래 목표
- 경쟁기업의 주요 가정
- 경쟁기업의 경영자원

(2) 경쟁기업분석의 내용

1) 경쟁기업의 현재 전략

경쟁기업분석의 출발점은 경쟁기업이 현재 어떤 전략을 취하고 있는가를 분석하는데 있다. 이를 위해서는 경쟁기업의 의도한 전략(intended strategy)과 실현된 전략(realized strategy)을 구분해야 한다. 기업이 실제로 의도하는 바가 무엇인가 그리고 대외적으로 무엇을 할 것이라고 공표하고 있는가가 의도한 전략(intended strategy)이고, 또 실제로는 어떻게 하고 있는가가 실현된 전략(realized strategy)이다.

우리는 후자에 분석의 초점을 두어야 한다. 다시 말해 경쟁기업이 최근 얼마나 많은 설비투자를 하였는지, 신제품이 언제 출시될 예정인지, 해외기업과 전략적 제휴를 추진하고 있는지 등의 정보를 가지고 경쟁기업이 앞으로 어떤 전략을 취할 것인지를 어느 정도 예측할 수 있는 것이다. 예를 들어 한 자동차 생산업체가 중국에 공장부지를 매입하였다면 곧 생산설비투자를 할 것이란 것을 예측할 수 있다.

경쟁기업의 현재 전략과 더불어 과거의 전략도 자세히 살펴보아야 한다. 경쟁기업이 과거에 특정한 전략을 수행했다가 실패했다면 그러한 경험에 의해 미래에는 그와 유사한 전략을 사용하지 않을 것이라고 쉽게 예상할 수 있기 때문이다.

2) 경쟁기업의 미래 목표

경쟁기업의 미래 목표를 파악하면 경쟁기업이 현재 상황과 결과에 만족하는지, 또 그러한 성과를 바탕으로 기존의 전략을 수정할 가능성이 있는지 그리고 다른 기업들의 움직임에 대응하는 태도 등을 예측할 수 있다. 장기적인 이윤극대화를 목표로 하고 있는 기업과 단기적인 이윤극대화를 목표로 하고 있는 기업은 모든 조건이 같더라도 추

그림 11-3 경쟁기업분석의 틀

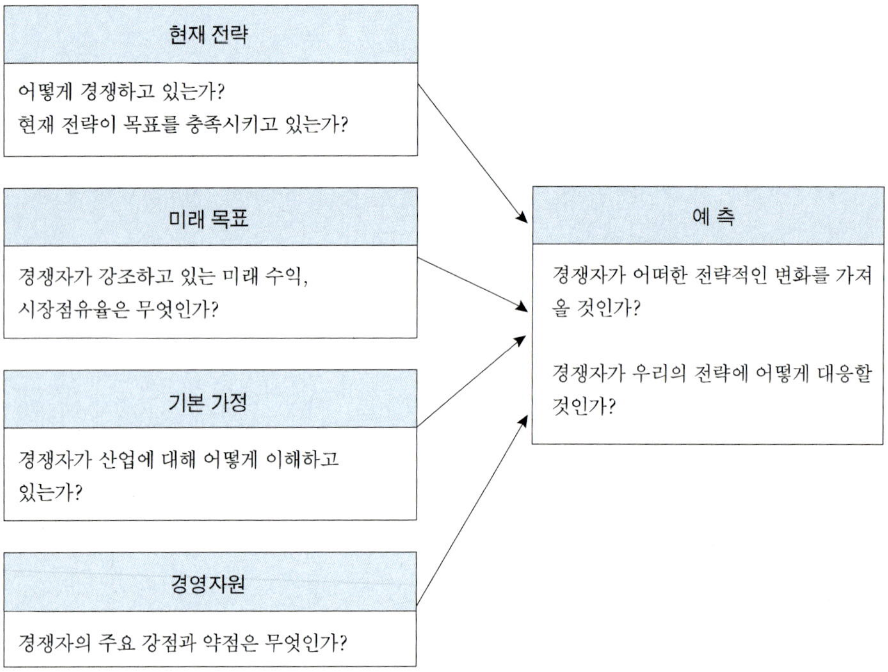

구하는 전략은 다를 것이다.

예를 들어 단기적 이윤극대화를 추구하는 대표적인 기업인 Hanson은 배터리회사인 EverReady를 인수하고 나서 대부분의 유럽시장에서 자회사를 철수시켰다. 치열한 시장경쟁이 재무적 목표를 달성하는데 바람직하지 않다고 생각했기 때문이다. 이에 따라 과거 EverReady가 점하고 있던 시장을 경쟁기업인 Duracel에게 양보하게 되었다. 이에 비해 장기적 이윤극대화를 중시하는 P&G는 자사의 시장을 고수하기 위해 경쟁기업이 물러날 때까지 몇 년이고 가격경쟁과 함께 광고와 판촉면에서 장기적인 경쟁을 서슴치 않는 것으로 유명하다.

이처럼 경쟁기업의 목표를 제대로 간파하면 경쟁기업이 취하는 전략적 조치가 진심에서 나온 것인지 아닌지를 판단하는데 큰 도움을 준다.

3) 경쟁기업의 주요 가정

경쟁기업이 앞으로 새로운 전략을 추구할 것인가, 또는 자사의 전략적 행동에 대해 어떤 반응을 보일 것인가 하는 것은 해당 산업에 대한 경쟁기업의 가정과 인식에 의해서 결정된다.

예컨대, 1960년대 미국 자동차산업의 주요 기업들은 소형자동차는 수익성이 없는 사업이라고 생각하였다. 이러한 믿음은 그때까지 소형자동차시장에서 큰 이익을 보지 못한 경험을 통해 형성된 것이었다. 그러나 이런 믿음으로 인해 일본과 유럽의 자동차 회사들이 미국의 소형자동차시장을 공략하였을 때 미국기업들은 쉽게 소형차시장을 내놓는 결과를 초래했다.

4) 경쟁기업의 경영자원

경쟁기업의 미래전략을 예측하기 위해서는 경쟁기업의 자원과 능력에 대한 객관적인 평가가 이루어져야 한다. 경쟁기업이 보유하고 있는 자원에 대한 분석없이, 경쟁기업을 자극할 수 있는 전략을 실행하게 되면 경쟁기업의 반격으로 그 전략이 실패할 가능성이 높기 때문이다. 왜냐하면 경쟁기업이 자사의 시장지위를 어느 정도까지 위협할 수 있는가 하는 것도 경쟁기업이 보유하고 있는 자원과 능력에 의해서 좌우되기 때문이다.

가령, 막대한 자금동원력을 가진 기업을 상대로 가격경쟁을 하게 되면 자본력이 부족한 기업은 결국 재무적으로 불리할 수밖에 없게 된다. 따라서 경쟁기업이 보유하고 있는 경영자원과 능력, 다시 말해 재무자원, 인력, 브랜드충성도, 기술력 등을 객관적으로 평가해야 하는 것이다.

5) 경쟁자에 대한 예측

경쟁기업분석을 통해 우리는 다음과 같은 두 가지의 도움을 얻을 수 있다.

첫번째는 경쟁기업이 앞으로 어떤 전략적 변화를 시도할 것인가를 예측할 수 있다. 경쟁기업이 소비자의 선호변화나 신규기업의 진입, 정부규제조치의 변화에 따라 향후에 어떠한 활동을 취할지를 예측할 수가 있는 것이다.

그리고 두번째는 자사의 전략변화에 대해 경쟁기업이 어떻게 반응할 것인가도 예측할 수 있다. 경쟁기업의 현재 전략과 미래 목표를 정확히 이해하고 경쟁기업의 경영자원을 정확히 분석하면 우리 기업의 행동에 대해 경쟁기업이 어떻게 반응할 것인가를 쉽게 예측할 수 있는 것이다.

국제경영 이야기 11-1

구글 · 아마존 CES의 '보이지 안는 손'

이번 주인공은 구글 · 아마존 - 거의 모든 전시제품에 AI 탑재

구글-아마존 인공지능 음성 비서

구글 어시스턴트 Google Assistant		아마존 알렉사 amazon alexa
1600개	제휴기업	3500개
1만종	기기 종류	2만종
삼성·LG 스마트폰, 뱅앤올룹슨 스피커, 샤오미 공기 청정기 등	탑재 제품	하만카돈 스피커, 보스 헤드폰, HP·에이서 노트북 등
10억대	판매량	1억대

9일(현지 시각) 세계 최대 IT(정보기술) 전시회인 CES가 열리고 있는 미국 라스베이거스 컨벤션센터. 미국 최대 인터넷기업 구글은 그 바깥에 야외부스를 차렸다. 부스이름은 구글의 인공지능 음성비서 호출명인 '헤이 구글'. 1672㎡(약 500평) 규모의 전시장에 들어서자 구글의 인공지능을 탑재한 LG전자 사운드바, 뱅앤올룹슨 스피커, 월풀 오븐 등 100종 이상의 제품이 빽빽하게 전시돼 있었다.

세계 인공지능 스피커 시장 1위인 아마존은 대형부스없이 라스베이거스 시내 곳곳에 소규모부스를 여럿 차리는 분산전략을 택했다. 글로벌 자동차 업체들이 포진한 컨벤션센터에는 중소기업 수준의 작은 '아마존 알렉사 자동차'부스를 차렸다. 여기서 2.5km 떨어진 베네시안호텔 '아마존 알렉사' 전시장에는 자사 인공지능을 탑재한 제휴기업 제품 100여 종을 전시했는데 지도를 보고 찾아온 관람객들로 입구부터 붐볐다.

○ 인공지능으로 CES 장악한 구글 · 아마존

전 세계 주요 기업의 CEO(최고경영자)부터 핵심 임원까지 총출동한 CES에서 구글 · 아마존은 여느 기업과는 180도 다른 행보를 보이고 있다. 두 회사의 CEO가 불참한 것은 물론 다른 글로벌기업처럼 컨벤션센터내에 대형부스를 마련하지도 않았다. 구글은 전시장에 롤러코스터를 설치하고 아마존은 전시장 곳곳에서 바나나를 무료로 나눠주는 색다른 모습을 보였다.

외신들은 그러나 "구글과 아마존이 이번 CES의 주인공"이라고 평가했다. CES에 참가한 거의 모든 기업이 자사 제품에 구글과 아마존의 인공지능을 탑재했다. 실제로 삼성 · LG, 샤프 · 파나소닉(일본), 하이얼 · 창홍(중국) 등 전 세계 주요 가전기업의 전시부스에는 어김없이 '아마존 알렉사', '구글 어시스턴트' 등 두 회사의 인공지능 홍보문구가 붙어 있었다.

게다가 구글은 CES 개막 전날인 7일 "구글의 인공지능이 탑재된 기기 판매량이 이달 말 10억대를 넘어설 것"이라고 깜짝 발표했다. 작년 5월 5억대였던 판매기록이 8개월 만에 두 배로 늘어났다. 안드로이드 스마트폰을 넘어서 전 세계 1,600개 기업의 가전 1만종에 구글 인공지능을 탑재한 것이다. 반면 아마존은 알렉사를 탑재한 제품의 누적판매는 1억대 수준이지만 제휴범위는 구글의 2배다. 현재 전 세계 3500개 기업, 2만종 이상의 제품에 아마존의 알렉사를 탑재하고 있다.

○ 다음 경쟁무대는 자동차

아마존과 구글은 이번 CES에서 부스입구에 일제히 차(車)를 전시하며 다음 경쟁무대는 자율주행차가 될 것임을 예고했다. 차에서 음성명령으로 집 안의 모든 가전을 조종하고 반대로 집에서도 "차 시동 걸어줘"라는 식으로 자동차에 명령을 내릴 수 있다. 아마존은 이번 전시회에서 차를 타고 회사에 출근한 이용자가 음성을 통해 자율주행차에 다양한

명령을 내리는 모습을 시연했다. 자동차가 알아서 가까운 카풀요청을 수행해 돈을 벌고, 가까운 상점에서 식료품을 받아오고, 배터리가 떨어지면 전기차 충전소를 찾아가 충전하는 식이다. 이번 CES에서 구글은 자사와 협업한 미국 포드 차량을, 아마존은 독일 BMW · 아우디와 중국 전기차업체 바이튼의 차량을 전시했다.

독자적인 인공지능 음성비서를 보유한 삼성전자(빅스비)와 LG전자(씽큐)도 이번 CES에서 일제히 구글 · 아마존과의 인공지능협력을 강화한다고 발표했다. 독자적인 인공지능은 유지하되, 이용자 편의를 위해 구글 · 아마존의 인공지능 탑재를 확대하겠다는 전략이다. CES에 참가한 한 IT 업계 관계자는 "스마트폰 사업에서 구글에 운영체제(OS)를 내주며 주도권을 빼겼던 경험을 되풀이 하지 않기 위해 양사가 경쟁사와 협력도 하면서 독자생존하는 전략을 펼치고 있다"고 말했다.

자료: 조선일보, 2019년 01월 11일

1.3 자사의 핵심역량분석

기업이 산업내에서 추구하고자 하는 목표에 도달하기 위한 글로벌 경쟁전략을 개발하기 위해서는 자기자신에 대한 능력을 철저히 분석해야 한다. 자사에 대한 분석없이 단순히 환경이 부여하는 좋은 기회만을 쫓아서 경쟁한다면 치열한 글로벌 경쟁에서 경쟁우위를 점하기 어려울 것이다. 따라서 글로벌 경쟁전략을 수립하기 위해서는 자신의 핵심역량(core competences)을 철저하게 분석해야 한다.

대부분의 경영자들은 자사에 대해서 잘 알고 있다고 믿는다. 그러나 불행히도 대부분의 경우 자사의 역량을 올바르게 파악하고 있는 경영자는 생각처럼 많지 않다. 과거의 역량이 아직도 그 기업의 역량으로 남아 있다고 판단하지만 이미 그 역량이 경쟁우위에 아무런 도움도 안 되는 경우가 많다. 그 이유는 기업의 역량은 계속 존재하는 것이 아니라, 산업의 글로벌화와 새로운 경쟁자의 등장, 고객의 욕구변화 등에 따라 항상 변하기 때문이다.

(1) 핵심역량의 개념

핵심역량(core competences)이란 과거에 그 기업을 이끌어 왔으며 또한 적절하게 전환되거나, 추가의 역량을 축적시키면서 미래성장의 견인차역할을 할 수 있는, 기업 내부에서 공유되고 있는 기업특유의 총체적인 능력, 기술, 지식, 문화 등을 의미한다.

지금까지 우리는 기업의 외적인 규모나 장비, 자금력 등과 같이 눈으로 보고 측정할 수 있는 것만을 가지고 기업의 능력을 평가하곤 했다. 그러나 좋은 기업이미지, 축적된 기술, 축적된 소비자정보, 구성원들의 창의성, 도전정신, 유통경로에 대한 영향력, 부품 공급업체와의 우호적인 관계, 창의적이고 도전적인 기업문화 등도 기업의 경쟁력을 결정짓는 절대적으로 중요한 핵심역량이다. 실제 대차대조표 상에 나타나 있지 않거나 눈에 잘 보이지 않는 것이 경쟁우위의 유일하고도 현실적인 원천이 되는 경우도 적지 않다. 즉 핵심역량이란 <그림 11-4>에서 보는 바와 같이 기업의 근저에 흐르는 나무의 뿌리에 해당하는 것이다.

그림 11-4 경쟁우위의 근원으로서의 핵심역량

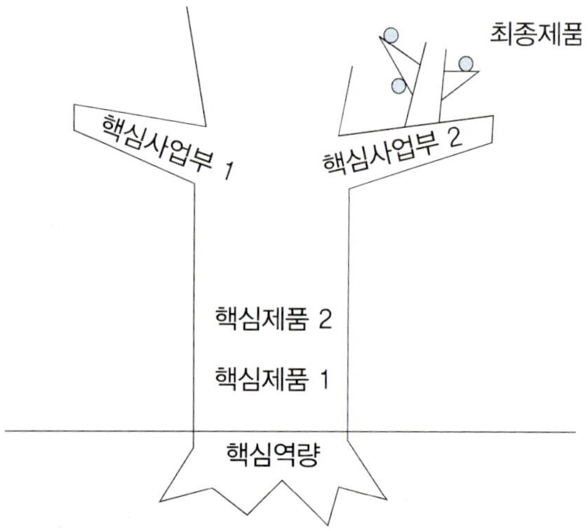

자료원: C. K. Prahalad and Gary Hamel, "The Core Competence of the Corporation", *Harvard Business Review*, May–June 1990, p. 82.

(2) 핵심역량의 특성

전사적으로 공통된 기술과 능력이 하나로 집결된 핵심역량은 다음과 같은 특징을 갖고 있다.

첫째, 현재 수행하는 많은 사업들의 바탕이 되는 능력, 지식, 기술, 문화 등으로 공통된 경쟁기반이다.

둘째, 핵심역량은 특정기업이 보유하고 있는 우월적인 내부역량으로서 경쟁사들이 쉽사리 흉내낼 수 없는, 차별화되고 독특한 것이다. 핵심역량은 외부에서 쉽게 사들일 수 없으며, 오직 기업내부에서 장기간에 걸쳐 만들어 지는 것이기 때문에 이러한 역량을 소유한 기업은 외부경쟁자에 대해서 강력한 우위를 갖게 되는 것이다. 왜냐하면 외부경쟁자가 그와 유사한 역량을 갖기 위해서는 상당한 시간을 필요로 하기 때문이다.

셋째, 이러한 핵심역량을 이용하여 관련 혹은 비관련분야로 다각화의 기회를 마련할 수 있다. 미래로 통하는 출구라고 할 수 있는 핵심역량의 힘은 핵심역량을 이용하여 새로운 사업으로 나갈 수 있을 때 나타난다. 예를 들어 롤러베어링 분야의 세계적인 제조업체인 SKF는 자사의 핵심역량을 '베어링'으로 정의할 수 있었겠지만 그럴 경우 새로운 시장에 접근할 기회가 제한된다는 것을 알았다. 왜냐하면 SKF의 성장이 전적으로 롤러베어링의 용도창출에 의존할 수밖에 없기 때문이다. SKF가 핵심역량의 판단기준을 제품의 관점에서 역량의 관점으로 전환하면서 여러 가지 새로운 성장의 기회가 나타났다. 즉, SKF는 내마모성 핵심기술(마찰을 증가시키거나 감소시키기 위해 물질들이 어떻게 작용하는가에 대한 이해)과 정밀엔지니어링 핵심기술을 그들의 핵심역량으로 파악하여 이와 관련된 새로운 제품분야로 성공적으로 진출하고 있다.

1.4 경쟁전략의 수립

(1) 본원적 경쟁전략

Porter는 경쟁전략은 기본적으로 다음의 질문들에 답하는 과정에서 나온다고 보았다.

- **경쟁우위** : 낮은 비용에 바탕을 둔 경쟁을 할 것인가, 아니면 제품과 서비스를 다양화하여, 비용이 아닌 서비스나 제품의 질을 바탕으로 하여 경쟁을 할 것인가?
- **경쟁범위** : 주요 경쟁자들과 광범위한 모든 시장에서 전면적인 경쟁을 할 것인가? 아니면 시장의 규모는 작지만 안전하고 높은 수익을 올려 줄 수 있는 좁은 시장에 집중하여 경쟁할 것인가?

즉, 경쟁전략을 결정짓는 요소로서 두 가지의 경쟁우위(competitive advantage)가 있다. 저원가(lower cost)우위는 기업이나 사업부가 경쟁자들보다 제품을 더 효율적으로 설계·생산하여 시장에 내놓을 수 있는 능력을 말한다. 차별화우위(differentiation)

그림 11-5 Porter의 본원적 전략의 유형

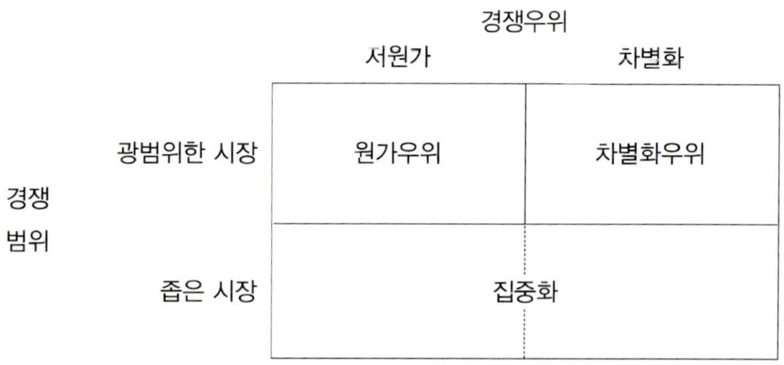

자료원: Micheal E. Porter, Competitive Strategy: Techniques for Analyzing Industries and Competitors, Simon and Schuster, Free Press, 2008.

는 구매자에게 제품의 질이나, 제품의 특성, 애프터서비스 측면에서 독특하고 뛰어난 가치를 제공해 줄 수 있는 능력을 말한다.

이러한 본원적 전략을 결정하기 전에 기업은 생산할 제품의 다양성 정도, 유통채널의 설정, 서비스를 제공해야 할 소비자의 선정, 제품을 팔아야 할 지역의 선정, 그리고 경쟁을 해야 할 회사와 산업의 선정 등이 먼저 고려되어야 한다. 즉, 회사나 사업부는 광범위한 시장(broad target)을 선정할 수도 있고 좁은 시장(narrow target)을 설정할 수도 있는데, 이것은 각 기업이 나름대로 가진 자원의 특성을 이해하여야 결정 가능한 것이다.

이러한 두 종류의 목표시장과 두 종류의 경쟁우위를 합치면 네 가지 종류의 전략이 도출된다. 광범위한 시장을 목표로 저원가우위나 차별화우위를 사용할 때 각각 원가우위전략과 차별화전략이라고 부르며, 비교적 좁은 시장을 목표로 할 때의 전략은 앞의 두 전략과 경쟁범위를 제외하고는 내용상 차이가 없으므로 집중(focus)전략이라고 한다. 그러나 두 가지를 구별한다면, 원가집중(cost focus)과 집중차별화(focused differen-tiation) 전략이라고 부를 수 있다.

(2) 글로벌경쟁에의 적용

Porter는 어떤 산업이 글로벌산업으로 성장하고 있을 때, 기업이 그 산업내에서 선도적인 위치를 차지하기 위해서는 가치활동의 적절한 배열과 조정을 통해 경쟁우위를

그림 11-6 범세계적 산업의 전략대안

시장의 범위 \ 지리적 범위	범세계적	개별국가중심
넓음	범세계적 저원가 또는 차별화전략 (global cost leadership or differentiation)	보호된 시장침투전략 (protected markets)
좁음	범세계적 세분화전략 (global segmentation)	현지시장 적응전략 (national responsiveness)

자료원: Michael E. Porter, *Competition in Global Industries*, Boston, MA: Harvard Business School Press, 1986.

확보해야 한다고 주장하면서 <그림 11-6>과 같은 네가지 전략대안을 제시하고 있다. 전세계를 대상으로 경영활동을 수행할 것인지 아니면 특정지역의 특정국가에서 수행할 것인지에 따라 구분한 것이 '지리적 범위'이고, 해당산업에 존재하는 모든 세분시장에 제품을 제공할 것인지 아니면 특정 세분시장에만 제품을 제공할 것인지에 따라 구분한 것이 '시장의 범위'이다.

1) 범세계적 저원가 또는 차별화전략(Global Cost Leadership or Differentiation)

범세계적 저원가 또는 차별화전략이란 광범위한 제품라인에 걸쳐 경쟁하기 위해 기업가치활동을 지역적으로 집중하며 또한 가치활동을 강력하게 통제하는 형태의 전략이다. 즉, 각 개별시장을 독립된 개개의 시장으로 보지 않고 하나의 범세계적 시장으로 보고 전략을 수립한다. 이는 범세계적 관점에서 경쟁 및 시장기회를 파악하며 표준화를 통한 규모의 경제, 범위의 경제를 추구하고 글로벌소싱(global sourcing)도 추구한다. 예를 들면 광범위한 제품을 출하하면서 도요타처럼 저원가전략에 의존하는 기업도 있고 Apple과 같이 차별화전략에 의존하는 기업도 있다.

2) 범세계적 세분화전략(Global Segmentation)

범세계적 세분화전략이란 자동차산업의 Mercedes-Benz와 같이 특정 세분시장을 대상으로 하여 범세계적 경쟁전략을 추구하는 것이다. 즉, 기업의 자원이 한정되어 있을 경우, 범세계적 시장의 특정시장을 목표시장으로 하는 전략이다. 그러므로 이 전략은 비교적 자원능력이 제약된 소규모의 다국적기업에 적합한 전략일 뿐만 아니라 대개 순수국내기업이 향후 범세계적 저원가 또는 차별화전략을 추구하는 세계기업으로 도약하기 위한 과정중 첫번째 단계에서 채택하는 전략에 해당한다.

3) 보호된 시장침투전략(Protected Markets)

보호된 시장침투전략이란 관세, 쿼터, 수출자율규제, 보조금 등을 통하여 정책적으로 보호를 받는 산업내에서 넓은 세분시장을 대상으로 하는 전략이다. 각 나라 안에서의 경쟁이 서로 독립적인 산업, 즉 한 국가안에서의 경쟁이 여타국가에서의 경쟁에 무관한 식품산업과 같은 산업에서 수행되는 전략이다. 경쟁우위를 유지하기 위해서 정부로부터의 지속적인 보호가 필요하다. 즉, 범세계적 경쟁이 현지정부의 정책적 간섭으로 인해 개별 국가적 경쟁으로 변화되었기 때문에 일종의 지역적 적소전략이라고도 할 수 있다.

4) 현지시장 적응전략(National Responsiveness)

현지시장 적응전략은 현지국의 독특한 시장상황으로 인하여 생겨나는 세분시장에 선별적으로 진출하는 전략이다. 즉, 각국의 현지시장의 불규칙한 수요에 부응하여 한정된 자원을 특정시장에 집중하는 전략이다. 특정국가내의 수요가 어느 정도 클 때 그리고 제품, 유통경로, 마케팅 등의 측면에서 국가별 차이가 상당히 존재할 때 추구되는 제품별 적소전략이다.

국제경영 이야기 11-2

한미약품 中 공장, 24시간 가동모자라 연내 2배로 증설

베이징(北京) 동북에 있는 왕징(望京)에서 차로 30분 거리에 있는 '북경 한미약품' 공장. 지난 11일 중국 소아감기약 1위인 나얼핑(纳尔平) 등 시럽제를 만드는 1층 생산라인 위에 붙은 작은 패널에 분당 255란 숫자가 반복되고 있었다. 성인기 공장장은 "분당 생산량(병 기준)"이라며 "빈 병 투입에서부터 시럽을 생산해 담고 설명서까지 넣어 포장하는 150미터 라인대부분을 자동화했다"고 말했다. 이 정도 제약시설은 중국에서 존슨앤존슨의 상하이(上海)공장 정도라는 게 성 공장장의 귀띔이다.

일요일만 쉬고 24시간 가동해 작년엔 생산능력보다 500만병 많은 6500만병을 생산했다. 오는 3월 인근 보세구에 세운 사옥으로 사무공간을 모두 옮기고 비게 되는 2층 전체를 연말까지 생산공장으로 개조해 생산능력을 연간 1억

2,000만병으로 늘릴 계획이다. 공장 옆에는 8월에 완공될 9층짜리 무인창고 공사가 한창이다. 인근 건물을 임대해 쓰는 지금보다 연간 2000만위안(약 33억 원)의 창고 비용을 절감하고 자동화 덕에 인위적인 품질문제발생 소지를 차단한다고 회사측은 설명했다.

중국 어린이 의약품시장 1위 업체 북경 한미약품의 임해룡 총경리(CEO)는 "중국에서 한미약품이 만든 18개 제품을 접하는 아동들이 한달에 1000만명에 이른다"고 말했다. 장호원 부총경리는 "출시 25년된 유산균 정장제 마미아이(妈咪爱) 판매량이 작년까지 40억 스틱으로 지구둘레를 8바퀴 반 돈 수준, 5억명의 아동이 복용할 수 있는 규모"라고 설명했다.

마미아이 출시 2년 뒤인 1996년 설립된 북경 한미약품은 지난해 13억 7000만위안(약 2233억 원)의 매출을 기록했다. 2001년부터 현지 공장을 가동하면서 본사 매출의 35%를 책임지는 성장축으로 성장했다. 2018년 성장률은 7.3%로 2017년의 16%에 비해 절반이하로 줄었다. 의약품 매출만 보면 12% 늘어 작년 중국 병원 의약품시장 성장률(3.2%)의 4배 수준에 달했다.

올해는 생산시설확충과 함께 2008년에 세운 연구소 주도로 중국발(發) 신약 성과 내기에 속도를 낸다. 정철웅 북경한미약품 연구소장은 "10년 이내에 50여개 신제품을 내놓을 예정으로, 이중 신약은 올해 임상 1상에 들어가는 것을 포함해 3개 정도 출시한다는 목표를 세웠다"고 말했다. 다국적 제약사들이 꺼린 틈새시장, 아동용 제약에 집중한 덕에 중국시장에 안착했지만 지속성장을 위해서는 성인 약 시장에서도 진검승부가 필요하다고 보기 때문이다. 아동 약은 전체 제약시장의 5%에 불과하다.

○ '농촌으로 도시 포위' 마오쩌둥 전술통할까

임성기 한미약품 회장은 한중 수교전인 1988년부터 중국을 왕래하면서 어린이들이 성인용 약을 쪼개 복용하는 걸 보곤 어린이 의약품 시장에 주목했다고 한다. 임해룡 총경리는 "복용용량이 부정확해 안전한 아동약의 시장이 커질 것으로 봤다"며 "개발과 임상난이도가 높고 판매가격이 낮은데다 전체 제약시장에서 차지하는 비중이 작아 대부분의 선발제약사들이 기피하는 시장이라는 사실도 아동용 시장에 먼저 승부수를 띄운 배경"이라고 말했다.

1994년 마미아이를 내놓아 유산균 정장제 시장 1위에 올라선 한미약품은 10년만인 2004년 소아감기약 나얼핑과 소아 진해거담제 이탄징(易坦静)을 출시해 모두 해당 시장 1위로 키웠다. 다국적 제약사들의 주고객인 중국의 3급 병원(1000병상)보다는 규모가 상대적으로 작은 2급병원(200~1000병상)을 우선 공략했다.

중국에서 아동용 약과 중소규모 병원을 먼저 뚫은 한미약품의 전략은 마오쩌둥(毛澤東)이 국민당 세력이 취약한 농촌을 먼저 장악한 뒤 도시를 공략한 '농촌포위도시전략(農村包圍城市戰略)'을 떠올리게 한다.

마오쩌둥의 전술을 떠나 후발주자면서도 세계 최대 통신장비업체와 유통업체로 각각 성장한 화웨이나 월마트가 선발업체들의 관심 영역 밖인 지방의 소도시(틈새 시장)부터 장악해 도시(주류시장)를 파고 들어간 전략과 다르지 않다.

임 총경리는 "정면승부의 시기가 오고 있다"며 "중국에서 앞으로 갈 길은 소화기계, 호흡기계, 고혈압 당뇨항암 등 성인질환 관련 신약"이라고 말했다. 메창안(美常安·정장제)과 리동(利动·변비약) 같은 소화기계 약물은 작년 11월 중국 국가기본약물에 올랐다. 오는 7월엔 자체 기술력과 마미아이 브랜드 영향력을 활용해 유산균이 포함된 영유아용 로션 화장품도 내놓을 계획이다.

○ 중국연구소, 분소가 아닌 글로벌연구기지

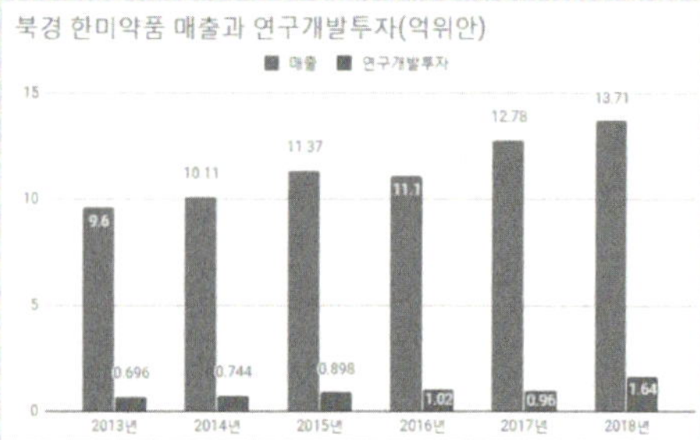

북경한미약품 3층에 위치한 연구소에 올라서니 실험실 안에 있는 비글독 원숭이 등의 모습을 영상을 통해 실시간으로 확인할 수 있었다. "원숭이만 72마리가 있는데 어지간한 동물원보다 많다"(임 총경리)고 한다. 정철웅 연구소장은 "중국에서는 실험용으로 원숭이를 구하는 게 한국보다 쉬운데다 비용도 낮다"고 전했다.

연구인력은 169명으로 북경 한미 전체 인력의 12.8%에 해당한다. 연구인력의 60%가 베이징대 칭화대 선양약대 난징약대 등 명문대 인재들로 구성됐다.

북경 한미약품은 지난해 연구개발에 1억 6400만위안(약 267억원)을 투입했다. 매출의 12%에 달했다. 정 소장은 "매년 매출의 10%이상을 투자하고 있다"며 "2011년에 외자기업으로 처음 베이징시 지정 기업 연구개발센터로 지정 받았다"고 소개했다. 그는 "50여개 이상의 신제품을 개발중으로 올해부터 매년 평균 4개 약품 허가를 추진하고 있다"고 전했다.

신약연구도 속도를 낸다. 권세창 한미약품 사장은 미국 샌프란시스코에서 지난 9일(현지시간) 열린 'JP모건 헬스케어 콘퍼런스'에서 "전 세계 폐암환자의 40% 이상이 거주하는 중국에서 포지오티닙의 독자임상을 추진하겠다."고 밝혔다. 포지오티닙은 한미약품이 스펙트럼에 기술 수출한 비소세포폐암 치료제다. 스펙트럼이 올해 연내승인을 목표로 일정을 진행 중이며 임상 2상 결과를 바탕으로 FDA 시판허가를 신청할 계획이다. 한미약품은 2022년 중국에서의 시판 허가를 목표로 올해 상반기 중국 임상승인을 신청할 계획이다.

북경한미약품은 특히 이중항체 플랫폼 '펜탐바디'를 적용한 새로운 표적-면역 항암 신약의 글로벌 임상도 올해 4분기부터 시작할 수 있을 것으로 본다. 중국 바이오업체인 이노벤트바이로직스와 손잡고 진행중이다. 2017년 JP모건 컨퍼런스에서 처음 공개된 펜탐바디 기술은 표적항암제와 면역항암제의 효능을 합칠 경우 암세포 박멸효과를 극대화할 수 있다는 북경한미의 아이디어에서 출발한 것이다.

연구 성과는 특허 증가로도 나타난다. 북경한미약품이 출원해 획득한 특허는 지난해 18건으로 2015년 5건의 3배를 넘었다.

○ 생산·연구·영업 현지화 올인

임해룡 총경리는 "1320명의 인력 가운데 주재원은 8명"이라고 전했다. 한미약품의 현지화 노력을 보여주는 대목이다. 사드(고고도 미사일 방어체계) 갈등의 영향을 받긴 했지만 중국전역을 커버하는 현지 영업인력 덕에 어려움을 극복할 수 있었다.

장호원 부총경리는 "800명의 영업인력이 하이난섬에서부터 신장의 우루무치까지 중국 300개 도시 9000개 병원 15만명의 의사를 상대로 대면(對面) 영업을 하고 있다"며 "대리상을 통해 접근하는 다른 다국적 제약사와 접근이 다르다"고 설명했다.

장 부총경리는 "중국은 땅이 커서 한국식의 맨투맨 영업이 힘들지만 태블릿 PC에 기반한 모바일 오피스로 전국망을 구축했다"며 "대면 영업은 브랜드의 신뢰도를 유지할 수 있다는 장점이 있다"고 말했다. 영업직원의 69%가 의약학전공자로 매달 케이스스터디를 학습하는 등 교육을 강화하고 있다.

매주 수요일 온라인 심포지엄 개최 등 학술마케팅도 오프라인보다는 온라인에 집중에 성과를 보고 있다. 실시간의 질의응답을 하는 이 프로그램에 평균 2000~3000명의 의사가 시청한다.

북경한미약품은 올해 경영슬로건을 '질(質), 승(勝)'으로 정했다. 컴플라이언스의 질, 제품의 품질, 직원의 소질, 임상과 학술의 질 등 4대 질 향상에 집중하겠다는 것이다.

임 총경리는 "중국에서 지난해 가짜백신같은 사건으로 품질이 회사생존을 좌우하는 이슈가 되고 있다"며 "외자기업이기 때문에 품질은 물론 환경이나 안전생산윤리경영은 생존에 직결된 문제"라고 말했다. 시진핑 정부 집권이후 강화된 반부패 운동으로 윤리경영의 중요성이 커졌다는 설명이다. 그는 "공장이 24시간 돌아가는데 한번의 실수만 생겨도 큰 문제가 될 수 있다"며 "매일 매일이 긴장"이라고 전했다.

○ 고객과 직원의 마음을 얻었다

북경한미약품은 어린이 약품으로 성장한 기업답게 생활이 어려운 아동돕기에 특화한 사회적책임(CSR) 활동을 벌이고 있다. 본사의 사랑의 헌혈을 본딴 헌혈운동도 하지만 뇌성마비 고아 재활센터, 중증장애자만 있는 고아원인 아동희망의 집, 감옥에 간 부모의 자녀가 있는 태양촌, 의사가 없는 무의촌 등에 응급약 세트를 보내거나 무료진료봉사를 하고 있다. 응급약 세트에는 한미약품의 약뿐 아니라 다른 회사의 약도 함께 담아 보낸다. 제품홍보수단이 아닌 마음을 담아 보내는 채널인 것이다.

임 총경리는 "CSR은 직원의 자발적인 참여로 자원봉사단을 운영하고 우수 봉사상을 연간 1회 시상하고 있다"며 "CSR는 회사에 대한 자긍심을 주는 내부소통의 채널이기도 하다"고 말했다. 회사 직원의 단결에 효과가 있다는 것이다.

북경한미약품은 10년내 10억달러(약 1조 1200억원) 매출을 달성한다는 목표를 세웠다. 지난해 매출의 5배 수준이다. 중국에서서는 최근 민생개선 정책영향으로 약품입찰가와 의료보험수가가 떨어지고, 병원제로마진 정책이 이어지면서 병원 의약품시장의 성장세가 떨어지고 있다.

임 총경리는 "아동약 및 산부인과약의 장려정책과 2자녀 출산장려 정책, 고령화, 의료보험확대 등으로 의약품시장은 완만하지만 꾸준한 성장을 이어갈 것"이라며 "복제약에 집중하는 3,000여개 제약사와 차별화할 수 있는 신약개발과 성인용 시장으로 확장해 지속가능한 성장동력을 확보하겠다"고 밝혔다.

자료: 조선일보, 2014년 01월 14일

02 산업선도기업과 도전기업의 글로벌 경쟁전략수립

한 산업내에는 많은 경쟁자들이 존재하지만 이들의 경쟁적 지위는 대개 차이가 나게 마련이다. 다시 말해 어떤 기업은 산업내의 평균수익률 이상을 달성하며 산업을 주도하는 반면, 어떤 기업은 최소한 산업내의 평균 수익률만이라도 달성하고자 끊임없이 선도기업에 도전하기도 한다. 따라서 본 절에서는 앞 절의 주요 내용을 바탕으로, 산업내에 있는 기업들을 이분법적으로 선도기업과 도전기업으로 분류하여, 각기 다른 경쟁 포지션에 있는 기업들이 수행할 수 있는 전략을 살펴보고자 한다.

2.1 선도기업의 경쟁전략수립

선도기업은 항상 신규진입자와 시장지위의 재조정을 노리는 기존 경쟁자로부터 공격을 받게되어 있다.

이들 도전기업의 공격을 막아내기위해 선도기업은 효과적인 방어전략을 구사해야 하는데, 이러한 방어전략은 도전기업의 향후 수익성파악에 영향을 주어 도전기업으로 하여금 공격이 별다른 매력이 없다고 결론을 내리게 하거나, 아니면 위협이 적은 전략을 선택하게 하는 것을 목표로 한다. 그러나 방어전략을 수행하려면 많은 비용이 들기 마련이며, 회사의 시장지위의 장기적 지속성을 제고하기 위하여서는 단기적인 이익을 포기할 수도 있다. 이제 선도기업이 수행할 수 있는 전략을 하나씩 살펴보자.

(1) 구조적인 장벽의 강화(Raise Structural Barriers)

진입장벽은 잠재적인 진출기업이 공격할 수 있는 길을 차단하는 수단이 될 수 있다. 이런 방법들은 기업의 현재의 위치를 소극적으로 고수하려는 것뿐만이 아니라, 도전기업이 보기에 움직이는 타겟(moving target)이 되도록 하여 상대하기가 더욱 어렵게 만드는 것이다.

유통업자들과 독점적인 계약을 맺어 유통채널을 차단한다거나, 특허나 라이센싱을 통하여 대체기술을 선점하는 것, 또는 공해와 관련된 정책적인 기준을 높이도록 정부를 유도하는 것 등이 이에 해당한다.

(2) 예상되는 보복의 증대(Increase Expected Retaliation)

이것은 도전기업에게 보복의 위협을 증가시키는 것이다. 목적은 경쟁의 결과가 얻는 것보다는 비용이 클 것이라는 것을 보여줌으로써 공격을 포기하게 만들거나, 보복을 피하기 위해 공격의 수위를 낮추도록 유도하는 것이다. 예를 들어, 앞으로 예상되는 수요 이상의 생산설비를 갖추겠다는 계획을 공표하거나, 공격하기 힘든 상대라는 기업 이미지를 제고하기 위해 약한 도전기업의 움직임에 대해 강한 공격을 가하는 경우가 그것이다.

(3) 공격유인의 축소(Lower the Inducement for Attack)

시장을 방어하는 세번째 방법은 도전기업이 시장에 진입함으로써 얻을 수 있는 수익에 대한 기대치를 낮추는 방법이다. Southwest 항공은 의도적으로 가격을 낮게 책정하고 끊임없이 비용을 줄이는 방법에 투자를 하여 지속적으로 낮은 가격을 유지함으로써, 도전기업이 그러한 낮은 가격으로 경쟁할 때 이윤이 나기 어렵다는 판단을 하게 만든다.

한편 도전기업이 해당 산업구조에 폭발적 성장전망이 있다고 믿으면 아무리 장벽이 높아도 공격해 오기 마련이다. 이러한 인식하에 선도기업은 기업내부에서 계산해낸 현실적인 성장예측을 공표한다거나 경쟁자에 의한 비현실적인 가정에 의문을 던지는 제3자의 조사를 지원하는 등의 방법으로 도전기업의 가정을 좀 더 현실적인 것으로 만들려는 시도를 해야 한다.

국제경영 이야기 11-3

"SK하이닉스처럼 자본쏟아야"… '박정호발 콘텐츠전쟁' 막올랐다

박정호 SK텔레콤 사장이 새해부터 파격적인 행보로 미디어 사업부문확대에 나서고 있다. SK텔레콤이 미래 먹거리로 선포한 4대(통신 · 미디어 · 보안 · 커머스) 사업역량강화의 일환이다.

박 사장은 우선 세계 최대 가전박람회 'CES 2019'에서 엑소 · 소녀시대 등으로 유명한 SM엔터테인먼트와 콘텐츠 협력방안 논의를 했다. 또 미국 지상파 방송사 '싱클레어' 방송그룹과 합작회사를 설립해 콘텐츠 공급로(路)도 다졌다. SK브로드밴드 온라인 동영상 서비스(OTT) 옥수수 사업부를 지상파 OTT 푹 사업부와 합병해 콘텐츠 플랫폼도 만들기로 했다.

SK텔레콤은 이 같은 과정을 통해 콘텐츠, 플랫폼과 소비자 접점인 공급로를 계열화하며 콘텐츠사업의 기초를 다졌다. 통신업계는 연초부터 몰아치는 SK텔레콤의 속도전에 '박정호식 콘텐츠전쟁'의 서막이 올랐다는 평가도 있다.

SK텔레콤은 8일(현지 시각) 미국 라스베이거스에서 열린 세계 최대 가전 박람회 'CES 2019'에서 이수만 SM엔터테인먼트 총괄 프로듀서와 합작으로 공동 부스를 차렸다고 9일 밝혔다. 향후 SM엔터테인먼트 콘텐츠와 SK텔레콤 기술이 합쳐진 서비스가 나올 예정이다. SK텔레콤은 가상현실(VR) 기기를 쓰고 가상현실에서 영화를 함께 보고 채팅하는 '소셜VR'과 홀로박스 모습의 인공지능(AI)도 CES에서 선보였다. AI나 5세대(G) 통신 같은 기술을 융합한 콘텐츠 · 플랫폼으로 향후 5G 시장을 선도하고 종합정보통신기술(ICT) 기업으로 성장하기 위해서다.

8일에는 미국지상파 싱클레어 방송그룹과 3300만달러(약 370억원) 규모 합작회사를 차리기로 협약했다. 싱클레어 방송그룹은 2017년 기준 미국내가구단위 시청점유율 40%를 차지하고 있다. 올해안에 세워질 합작회사는 방송망과 통신망의 이종 결합을 통해 새로운 형태의 미디어 콘텐츠를 선보일 예정이다. 예를 들어 TV에서 본인 취향에 맞는 광고를 보고 차 안에서 지상파 방송을 보거나 내비게이션 지도를 무선으로 업데이트 하는 식이다. 향후에는 이를 기반으로 콘텐츠를 공급해 미국 방송시장까지 진출할 가능성도 높다.

3일에는 SK브로드밴드 옥수수 사업부를 따로 빼내 지상파의 푹 사업부와 합병하여 신설법인을 차리기로 했다. 지상파가 보유한 콘텐츠 제작역량과 통신사의 콘텐츠수급 · 공동제작역량으로 성장할 방침이다. 글로벌 OTT 플랫폼을 만들어 '아시아 넷플릭스'가 되는 게 목표다.

박 사장은 8일(현지 시각) 미국 라스베이거스에서 열린 기자 간담회에서 "옛날에 하이닉스가 반도체를 잘 만들었지만 채권단이 돈을 안 줘 어려웠었다"며 "하지만 투자를 더해 사이클이 바뀌니 경제효과가 커졌다. 지금 콘텐츠산업에 자본이 제대로 투하될 시점으로 본다"고 말하기도 했다.

콘텐츠 · 플랫폼 확장을 위해 인수합병같은 전방위적으로 세를 넓히는 모양새다. 머리 · 몸격인 플랫폼(옥수수 · 푹 합병)과 다리격인 콘텐츠 공급로(싱클레어 합작), 팔 격인 콘텐츠(SM엔터테인먼트 · 지상파) 같은 퍼즐이 단계적으로 맞춰지고 있는 셈이다. 박정호 사장이 구상하는 퍼즐이 완성되면 'SK하이닉스급 신화'가 또 쓰여지는 것 아니냐는 기대 섞인 관측도 나올 정도다. 박정호 사장은 2012년 하이닉스(현 SK하이닉스) 인수를 성공시킨 인수합병(M&A) 전문가다.

통신업계 관계자는 "2019년부터 박정호 사장의 파격적인 행보에 통신업계 모두 이목이 쏠린 것으로 알고 있다"며 특히 업무협약 위주로 콘텐츠 산업전반의 내용이 언급되면서 새로운 판을 꾸릴 것이라는 전망이 나온다.

자료: 조선일보, 2019년 01월 10일

2.2 도전기업의 경쟁전략수립

선도기업을 성공적으로 공격하기 위해서는 통찰력 있는 전략이 요구된다. 다시 말해서 도전기업은 선도기업의 경쟁우위요소를 무력화하기 위해서 선도기업의 전략과는 다른 독특한 전략을 찾아야 하고, 선도기업의 보복에 대한 장애를 예상하고 준비하여야 한다. 선도기업을 상대로 사용된 성공적 전략들을 검토해 보면 산업의 종류에 따라 큰 차이를 보이기는 하지만, 다음의 세 가지 공격방법이 가능함을 알 수 있다.

(1) 재배열(Reconfiguration)

재배열은 비록 선도기업과 동일한 경쟁범위를 갖고 경쟁을 하기는 하나 전혀 새로운 방법으로 경쟁할 수 있게 해 준다. 즉, 도전기업은 원가를 낮추거나 차별화를 증진시키기 위해 개별가치활동을 선도기업과는 다르게 수행하거나 전체사슬을 재배열한다. 만일 재배열이 선도기업에 타격을 주는 무기가 되려면 이러한 가치사슬의 재배열은 선도기업이 쉽게 모방하기 어려운 지속적인 경쟁우위요소이어야 한다. 가치사슬 상의 어떤 활동도 재배열의 대상이 될 수 있으므로 재배열될 수 있는 가치활동이 많으면 많을수록 선도기업을 능가하는 도전기업의 경쟁우위가 오래도록 유지될 가능성이 높아진다. 재배열이 선도기업을 성공적으로 공격한 사례들은 많지만 가장 대표적인 것이 물류활동과 서비스활동의 가치사슬재배열이다.

과거 FedEx는 항공소화물 운송부문에서 가치시슬을 재구성했다. Emery, Airbone 등과 같은 경쟁자들은 여러 다른 크기의 화물을 모아 이를 다른 항공운항사의 비행기로 수송하여 수신자에게 보냈다. 그러나 FedEx는 특급소화물만을 취급하면서, 자사의 비행기로 본부가 있는 멤피스로 일단 보내 거기서 분류를 하고, 이를 목적지로 보내 트럭으로 배달했다. 이같은 효율적인 물류시스템 재구축을 통한 가치활동의 재배열은 FedEx가 경쟁사에 비해 보다 많은 원가를 절감할 수 있도록 했다.

(2) 재정의(Redefinition)

선도기업을 공격하는 두번째방법은 경쟁범위를 재정의하는 데에 있다. 경쟁범위를 줄이면 목표에 가치사슬을 맞추는 반면, 경쟁범위를 넓히면 상호 관련성의 성취 혹은 통합의 이득을 가져오게 한다. 한 회사의 활동범위는 경쟁우위에 지대한 영향을 미치게 되는데, 도전기업은 경쟁의 기본 범위를 축소하여 특정 세분시장에 국한시킨다거나, 자사의 전·후방통합을 하는 등의 방법으로 경쟁의 범위를 재정의 할 수 있다. 과거 Canon은 Xerox에 대항하여 소형 한정기능 복사기에 초점을 맞추어 제품을 집중화했다.

(3) 순수지출(Pure Spending)

선도기업을 공격하기 위하여 마지막으로 사용이 가능한 위험천만한 방법이 바로 순수지출에 의한 방법이다. 순수지출은 저가격설정 및 대규모광고 등을 통하여 시장점유율, 누적판매량 혹은 상표인지도에서 좋은 성과를 얻기 위한 투자에 드는 비용이다. 충분한 투자를 함으로써 도전기업은 목표로 삼았던 시장점유율, 판매량 또는 명성을 얻어 상대적 원가지위나 차별화에 도달할 수 있다.

이러한 순수지출방안을 채택한 도전기업은 선도기업과 다른 전략을 사용하지도 못하고 유사한 전략을 더 잘 수행하지도 못하지만, 단지 풍부한 자원이나 또는 언제라도 투자할 수 있는 마음의 자세로 선도기업에게 위압을 줄 뿐이다. 그렇지만 선도기업의 경쟁우위를 이런 식으로 상쇄하려 하려는 것은 종종 비싼대가를 치르기도 하며 실패하는 경우도 자주 있다. 만일 선도기업이 원가우위나 차별화우위를 가지고 있다면 이러한 선도기업들의 풍부한 재력이 도전기업의 전략을 무력한 것으로 만드는 것이 보통이다. 선도기업은 또한 그들의 위치를 지키기 위해서는 막대한 규모의 투자도 단행할 용의가 있는 경우가 대부분이기 때문이다.

그러므로 순수지출전략은 도전기업이 무한대의 액수를 투자할 능력의 소유자이거나 선도기업이 그 산업에 더 이상 돈을 투자할 의향이 없을 경우에 한해 성공 가능성이 높아진다. 경우에 따라서는 재력이 튼튼한 선도기업이라 해도 자신의 입지에 만족하거나, 조직내에 문제가 자주 발생하거나, 다른 사업에 우선 순위를 두고 있거나, 혹은 현금을 회수해야 하는 등의 내부적인 압력을 가질 수 있기 때문이다.

국제경영 이야기 11-4

일곱 번째 LCC탄생...치열해지는 하늘길 경쟁

일곱 번째 LCC 탄생 앞두고 "새 비행기로 더 멀리"
국토부 신규 LCC 심사 중 더 큰 비행기 앞다퉈도입
경쟁과열에 소비자 피해도

부산에 사는 직장인 김주리씨는 시간 날 때마다 저비용항공사(LCC) 항공권을 검색한다. 단돈 3만원짜리 제주도 왕복항공권부터 16만원에 대만을 오가는 국제선 항공권까지 싼값에 표를 살 수 있어서다. 김씨는 최근 이스타항공의 부산발 싱가포르행 항공권도 샀다. 김씨는 "그간 LCC 항공사에서 찾아보기 힘들었던 부산~싱가포르 왕복노선이 새로 생겨 구매했다"면서 "다양한 노선이 새로 생기는 것 같아 소비자 입장에서 좋다"고 말했다.

국내 LCC들이 신기종을 도입하고 신규 노선을 대폭 늘리는 등 경쟁에 나서고 있다. 올해 상반기 신규 LCC가 시장에 진입할 것으로 보이면서 시장 점유율을 빼앗기지 않기 위한 각사의 움직임이 치열하다.

국내 LCC들은 신규 항공기를 대거 도입하고 있다. 가장 먼저 포문을 연 것은 이스타항공이다. 이스타항공은 지난해 12월 21일 국내 최초로 미국 보잉의 'B737 맥스8'을 들여왔다. 이 기종은 연료 소비효율이 좋아진 덕분에 항속거리(이륙부터 연료를 전부 사용할 때까지의 비행거리)가 6500㎞로 길어졌다. LCC들이 주로 운용해 온 B737-800NG보다 1000㎞ 더 비행할 수 있다. 티웨이항공은 올해 같은 기종을 4대, 제주항공은 2022년 이후 최대 50대를 들여오기로 했다. 에어부산과 에어서울은 에어버스의 신 기종 'A321 네오'를 도입할 예정이다.

더 멀리 날 수 있게 된 항공사들은 중장거리 신규 노선을 적극적으로 발굴 중이다. 기존 국내선과 일본, 중국, 태국 방콕 등에 머무르던 취항지를 싱가포르, 인도네시아 발리, 말레이시아 쿠알라룸푸르 등지로 확장해 더 긴 노선을 개척한다는 전략이다. 최근 에어부산과 이스타항공이 부산~싱가포르 신규 노선을 발굴해 전세기를 띄우기 시작했다.

LCC들은 자사만 단독으로 취항하는 '시그니처' 노선 개발에도 힘쓴다. 특히 최근에는 지방공항에서 출발하는 노선을 잇따라 만들고 있다. 업계 1위인 제주항공이 지난 한 해 개설한 21개 신규 노선 중 9개 노선이 12월 한 달 동안 개설됐다. 에어서울도 작년 12월 인천에서 출발해 일본 삿포로와 필리핀 보라카이를 잇는 노선을 취항했다.

LCC의 경쟁력인 특가 운임경쟁도 계속 되고 있다. 1월 기준 제주항공은 김포~제주 노선을 2만 4,700원에, 인천~노쿄 등 국제선 노선을 7만 3,900원에 판다. 티웨이항공은 5만~6만원대에 대구에서 일본도시로 갈 수 있는 항공권을 판매하고 있다. 에어부산은 1월 8일부터 부산~제주 편도 항공권을 1만 4,500원, 부산~마카오 항공권을 5만 5,300원에 판매한다.

O 중대형기 도입해 대형항공사 자리넘봐

이렇게 LCC들이 신기종 신노선 발굴에 열을 올리는 것은 올해 안에 신규 사업자가 등장할 것으로 예상되기 때문이다. 현재 국내 LCC 시장에는 제주항공 · 진에어 · 티웨이항공 · 에어부산 · 이스타항공 · 에어서울 등 6개사가 영업하고 있다. 여기에 1분기 중 1~2개 회사가 신규 LCC로 선정될 가능성이 있다. 국토부는 지난해 11월 플라이강원 · 에어프레미아 · 에어로K · 에어필립 등으로부터 LCC 면허 신청서를 받고 심사를 진행하고 있다.

항공업계 관계자들은 LCC 간 경쟁심화로 소비자선택의 폭이 넓어질 것으로 보고 있다. 각사가 가격경쟁에 열을 올릴 가능성이 크기 때문이다. 한 LCC 회사 관계자는 "다양한 프로모션 등을 통해 가격인하정책을 펼 수밖에 없어 한편으로는 소비자에게 유리하지만 다른 한편으로는 비용압박을 느낀 LCC들이 기존 서비스를 줄일 가능성도 있다"고 말했다.

한편 소비자의 피해 사례도 적지 않아 주의가 필요하다. 지난해 12월 직장인 김경진(가명)씨는 광주출장을 가려고 소형항공사 '에어필립'의 비행기표를 샀다가 황당한 일을 겪었다. 14일 오후 7시 50분 김포에서 출발해 광주에 도착할 예정인 비행기였는데, 불과 탑승 6시간 전에 항공사로부터 카카오톡 메일을 받았다. 안전점검으로 인해 결항이니 대체편으로 버스를 제공하겠다는 것이었다. 다른 대안을 찾지 못하면 김포공항으로 가서 항공사에서 제공해주는 버스를 타고 광주로 갈 수밖에 없는 상황이었다. 김씨가 구매한 돌아오는 항공편마저 같은 이유로 결항이라는 통보를 받았다.

김씨는 "한 시간이면 갈 거리를 버스로 무려 3시간 30분 만에 갔다"며 분통을 터뜨렸다. 한국소비자원에 따르면 지난 5년간 항공권 피해 구제건수는 총 1797건에 달한다. 에어필립은 면허권 신청서를 낸 4개 회사 중 유일하게 운항실적을 내고 있는 회사다. 지난해 6월부터 50인승 소형비행기로 광주~김포노선을 운영 중이다. 왕복 3만 8,000원에 광주를 오갈 수 있다. 최근에는 무안에서 블라디보스토크, 오키나와를 오가는 국제선 노선도 신설했다. 하지만 지난해 11월 모기업 대표이사가 불법주식거래혐의로 구속되는 등 운영난에 시달리고 있다. 한 항공업계 관계자는 "국토부의 심사에 영향을 미칠 가능성이 있다"고 말했다.

자료: 조선일보, 2019년 01월 05일

2.3 글로벌경쟁에의 적용

지금까지 한 산업내에 있는 기업들을 이분법적으로 선도기업과 도전기업으로 분류하여 그들이 각기 수행할 수 있는 방어전략과 공격전략을 살펴보았다. 여기서는 이들

그림 11-7 글로벌경쟁 하에서 기업의 경쟁전략

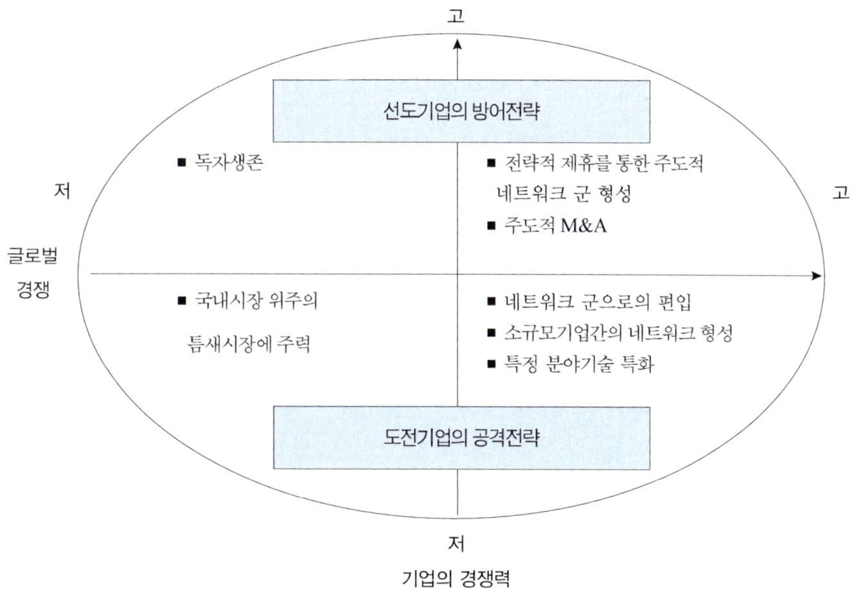

내용에 더하여 시각을 글로벌경쟁으로 확대하여, 기업의 글로벌 경쟁력 정도와 기업이 처해있는 산업의 글로벌경쟁 정도의 두가지 차원으로 구분한 다음의 네 가지 전략을 살펴보자.

<그림 11-7>처럼 글로벌경쟁 정도가 높은 산업군에 위치해 있으면서 기업의 글로벌 경쟁력도 있는 일사분면에 속해있는 기업의 경우에 선택할 수 있는 전략적 대응방안은 크게 두 가지로 들 수 있다. 먼저 주도적인 전략적 네트워크 군을 형성함으로써 도전기업에 대한 진입장벽을 형성함과 동시에 시장에서 주도적 위치를 더욱 확고히 하는 전략과, 경쟁업체 및 동종업체 또는 이종업체의 M&A를 통하여 선도기업의 위치를 더욱 확고히 하는 전략이 그것이다.

둘째, 이사분면에 위치하는 기업들은 글로벌시장에서 자사의 경쟁우위가 확보되어 있고 글로벌경쟁의 환경변화도 심하지 않으므로 자체적인 독자생존을 통하여 시장에서 확고한 위치를 확보함으로써 향후의 시장변화에 대비하는 것이 선택대안이 될 수 있다.

셋째, 삼사분면에 위치하는 기업들은 글로벌시장에서 기업의 경쟁우위도 확고한 것이 아니고 글로벌경쟁 정도 또한 심하지 않으므로 무리한 국제시장진출보다는 국내시장위주의 전략을 수행하고, 동시에 포화되어 가는 국내시장에서 틈새시장을 공략함으로써 국내시장에서의 우위확보와 함께 앞으로 예상되는 글로벌기업의 국내시장진출시 차별화할 수 있는 경쟁력을 확보하는 것이 시급하다고 할 수 있다.

마지막으로 사사분면에 속한 기업들은 첫째로, 일사분면에 위치한 기업들이 주도적으로 만들고 있는 거대 네트워크 군에 편입함으로써 그 우산 아래에서 비를 피하면서 기업의 역량을 키워나가는 방법을 고려해 볼 수 있다. 물론 네트워크 안에서 기업의 역량을 키운다고 설명하였지만, 이 네트워크 군에 편입하기 위해서는 좋은 파트너로서 자격이 있다고 인정될 만한 기업의 핵심역량을 보유하고 있어야 하는 것이 선결조건이라 할 수 있다.

둘째로, 거대기업의 네트워크에 들어가서 오히려 기업의 핵심역량을 잃고 하청업체로 전락할 가능성이 있다면, 차라리 자사의 특성과 역량을 살려 소규모 2, 3위군 기업들과의 제휴를 통하여 새로운 세력으로서 성장해 나가는 것도 좋은 전략대안이 될 수 있다.

셋째로, 기업의 한정된 경영자원을 분산시키기 보다는 향후 유망한 산업부문에 집중투자함으로써 해당 분야의 기술을 특화시키는 전략도 고려해 볼 수 있다. 이미 대부분의 산업마다 뛰어난 경쟁력을 지닌 전문 글로벌기업들이 존재하고 있기 때문에 기업규모가 작은 기업이 여러 산업분야에 관여하여서는 결코 이들과 경쟁할 수 없다. 따라서 기업의 자원을 집중하여 핵심역량을 강화하는 것이 보다 현명한 전략이라고 하겠다.

03 글로벌 경쟁전략의 행동유형

지금까지 글로벌기업들이 경쟁전략을 수립하는 과정에 대해서 살펴보았다. 이제 3절에서는 글로벌기업들이 실제 경쟁에 처해 있을 때 어떤 행동유형을 취할 수 있는지를 실제 사례와 함께 살펴보자. 중요한 것은 이러한 행동유형들은 상호 배타적이지 않으며 차례로, 또는 동시에 사용되어져 왔던 것들이다. 따라서 글로벌환경에서 경쟁하는 기업들은 다음의 행동유형 중 복수의 방안을 채택할 수도 있다.

3.1 국가간 보조(Cross Subsidy)

해당사업에서 국가간(즉, 지사간)에 자금, 인력 등 경영자원을 보조해 주는 것을 국가간 보조라고 한다. 특정국가가 글로벌경쟁에 있어서 중요한 시장이라고 할 때, 기업의 입장에서는 그 시장에 참여하지 않을 수 없다. 전략국가시장은 매출 및 이익면에서 중요한 시장, 글로벌고객의 모국, 경쟁기업의 모국, 경쟁기업의 전략시장, 기술혁신 및 연구개발이 활발한 시장 등을 의미한다. 이러한 전략국가시장에서 일정지위를 유지할 필요가 있는 경우 경쟁자들의 공격을 막아내기 위해서 일시적으로 추가적인 자금이 필요하고, 이 자금은 여타 국가들에서의 사업으로부터 보조받는 것이다.

사업을 여러 국가에서 수행하는 기업들은 이따금 전략국가의 중요성을 간과한다. 왜냐하면 자사가 진출한 현지국에서의 시장점유율, 매출, 수익성만을 추구하다 보면 '당장은 큰 이익을 못 보아도 글로벌차원에서 전략적으로 중요한 전략시장'을 간과하는 우를 범하기 때문이다. 따라서 글로벌차원의 경쟁우위를 획득하기 위해서는 전략국가시장으로의 진출이 개별시장의 중요도를 넘어서도록 글로벌차원에서 평가되어야 한다.

3.2 순차적 행동(Sequential Move)

글로벌차원의 통합된 경쟁전략을 수행하기 위해서는 가격변경이나 신제품출시 등과 같은 경쟁적 행동들의 실행시기를 국가간에 조정해야 한다. 즉 경쟁우위를 획득하기 위한 행동들이 계획된 순서에 따라서 이루어져야 한다는 것이다. 이러한 순차적 행동을 하는 이유는 다음과 같다.

첫째, 글로벌차원에서 경쟁우위를 획득하기 위해서는 많은 자원이 필요하기 때문이다. 따라서 제한된 자원을 가장 효과적으로 사용하기 위해 글로벌 경쟁행동들의 실행시점을 잘 계획해야 한다. 예컨대 미국, 독일 그리고 일본에서 동시에 가격경쟁을 하기 힘들다. 특히 그 대결이 각국에서 서로 다른 경쟁자와 이루어지고 있다면 더욱 힘들다. 이 경우 경쟁행동을 어떻게 순차적으로 해야 할 것인가를 글로벌차원에서 결정해야 한다.

둘째, 글로벌차원의 순차적 행동을 통해 한 국가의 경험을 다른 국가에 적용시킬 수 있기 때문이다. 예를 들어 적절한 순서로 시장에 진입하여 경험을 점진적으로 축적함으로서 경쟁적 우위를 더욱 강화시킬 수 있다. 공략하기 힘든 시장에 성급하게 진입하는 것은 해당시장에서의 성과뿐만 아니라 글로벌 전체사업에 나쁜 영향을 미칠 수도 있다. 따라서 공략하기 쉬운 주요 시장을 자회사 간 지원, 역공격 등을 사용하여 경험을 축적한 다음, 보다 큰 시장에 진입을 순차적으로 할 수 있을 것이다.

국제경영 이야기 11-5

핀테크 · 웹툰 · 소셜미디어 · AI… 글로벌진격하는 네이버

국내포털 '네이버' 의존도 낮추고 해외시장으로 무게중심 옮겨
글로벌 메신저 '라인'을 앞세워 아시아서 온라인 금융시장공략

지난 10월 25일 열린 네이버 3분기 실적 설명회. 이날 한성숙 네이버 대표는 "기존 사업의 성장여력이 줄어드는 상황에서 글로벌 사업자들 간 경쟁은 더욱 치열해지고 있다"며 "해외시장에 대한 도전을 지속하며 경쟁력을 확보해 나가겠다"고 말했다. 국내에서만 매달 3000만명이 들어오는 포털 네이버에 안주하지 않고 해외사업확장에 박차를 가하겠다는 것이다.

국내 최대 인터넷기업 네이버가 해외시장으로 진군하고 있다. 일본 재(子)회사 라인을 중심으로 아시아권에서 인터넷은행, 가상화폐 등 금융시장공략에 나서는 가운데 웹툰, 동영상, 소셜미디어 등 신규 서비스도 글로벌시장에서 연이어 성과를 내고 있다. 내년 초 미국 라스베이거스에서 열리는 세계 최대 IT(정보기술) 전시회 CES에도 처음 참가해 그동안 개발한 최첨단 테크제품을 선보일 예정이다.

○ 아시아에선 온라인 금융시장 공략

올해 네이버는 자회사 라인을 전면에 내세워 아시아 지역의 인터넷은행, 가상화폐 등 온라인 금융시장에 적극적으로 진출하고 있다. 실탄은 무려 1조 5,000억 원이다. 라인은 지난 9월 신주발행을 통해 모회사인 네이버의 7517억원 투자를 포함해 전략적 투자자에게서 이 같은 현금을 확보했다.

라인의 대만 현지법인인 라인파이낸셜타이완은 지난달 21일 타이베이 후방상업은행, 중신은행(CTBC), 타이완 스탠다드차타드은행, 타이완 유니언은행과 인터넷 은행진출을 위한 컨소시엄을 구성했다. 이어 일주일 뒤 라인은 일본에서 금융그룹 미즈호파이낸셜그룹과 업무제휴를 맺고 인터넷은행 라인뱅크를 합작설립한다고 밝혔다. 이달 12일에는 라인파이낸셜(라인의 자회사)이 태국 카시콘은행과 합작해 인터넷은행 카시콘라인을 내년 하반기에 선보인다는 계획

을 발표했다.

금융전략의 핵심은 모바일 메신저 서비스인 '라인'이다. 우리나라 카카오톡과 같은 서비스인 라인은 현재 월간이용자가 1억 6,500만명에 달하며 이 중 일본이 7,600만 명, 태국이 4,400만 명이다. 이용자들이 스마트폰의 라인 앱(응용프로그램)에서 간편결제나 송금, 증권서비스를 하도록 유도하려는 것이다.

가상화폐사업의 글로벌거점은 싱가포르와 홍콩에 두고 있다. 지난 7월 싱가포르에 가상화폐 거래소 비트박스를 설립한 데 이어 홍콩에서 가상화폐와 블록체인 스타트업(초기 벤처기업)에 투자하는 벤처캐피털인 언블락 벤처스를 설립했다.

○ 자율주행차 · 로봇과 같은 기술전 세계 테크놀로지 혁신경쟁에도 뛰어들어

웹툰 · 동영상 · 소셜미디어와 같은 신규 서비스도 미국 · 일본 · 베트남 등에서 글로벌 성공 가능성을 보여주고 있다. 웹툰은 이미 전 세계 이용자 5000만명을 넘어서며 세계 1위 자리를 예약한 상태다. 웹툰은 온라인전용으로 그려진 만화를 의미하며, 미국 등 해외에서는 유사한 장르가 없는 미개척분야다. 네이버는 자회사 네이버웹툰에 2100억원을 출자해 미국 · 일본 · 홍콩 웹툰시장개척에 나선 상태다. 일본에서는 라인망가라는 브랜드로 온라인 만화시장 1위 자리를 꿰찼다. 라인망가는 웹툰과 함께 출판만화를 그대로 온라인으로 옮겨놓은 콘텐츠도 함께 서비스하고 있다.

한때 선풍적인 인기를 끌었던 네이버의 소셜미디어인 밴드는 미국 10대 젊은 층을 공략하고 있다. 미국 10~20대들이 페이스북 탈피현상이 두드러지는 가운데 100만 명 정도가 밴드이용자로 유입된 것이다. 동영상 서비스인 브이라이브도 지난달 베트남에서 월 이용자 수 650만 명을 돌파했다.

자율주행차 · 로봇 등 세계 기술혁신경쟁에도 뛰어들었다. 미국의 통신칩업체 퀄컴테크놀로지와 지난달 로봇, 자율주행기술개발 협약을 맺은 데 이어 내년 초에는 두 회사가 함께 개발한 기술을 IT 전시회 'CES 2019'에서 공개할 계획이다. 올 8월에는 프랑스 법인에 2589억원을 투입해 유럽 현지 스타트업 인수에도 나서고 있다. 네이버관계자는 "참신한 아이디어나 서비스로 승부하는 시대는 지났다"며 "인공지능이나 자율주행분야 등 핵심기술 혁신분야에서 글로벌경쟁사들과 어깨를 나란히 할 정도의 기술을 확보해야 한다"고 말했다.

자료: 조선일보, 2018년 12월 27일

3.3 역공격(Counter Attack)

역공격은 한 국가내의 경쟁자의 공격을 그 경쟁자의 주요 시장에서 대응함으로써 방어하는 전략이다. 역공격의 핵심은 경쟁자가 가장 손해를 볼 수 있는 주요 거점시장에 보복하는 것이다. 역공격을 이해하기 쉬운 예는 두개 기업의 본국이 관여되어 본국에서 공격받은 기업이 상대방의 본국에 보복하는 것이다. Kodak이 Fuji Film의 미국 내 공격에 대응해 일본시장으로 침투한 것이 전형적인 예가 될 수 있다.

3.4 선제공격(Preemption)

글로벌경쟁에서 선제공격을 가장 먼저 사용하는 회사가 더 큰 경쟁우위를 갖게 된다. 표준화된 제품을 가장 먼저 출시한 글로벌기업은 산업표준에 절대적 우위를 가질 뿐만 아니라 이를 통해 고객의 인지도도 제고시킬 수 있게 된다. 또한 글로벌상표와 광고를 선점하는 기업은 이미지 제고와 높은 고객선호도를 향유할 수 있을 것이다. 과거 VCR 산업에서 Sony와 Matsushita는 글로벌제품을 가장 먼저 시장에 출시하여 주요 국가시장을 선점하였다. 또한 임금이 저렴한 동남아시아에 효율적인 생산네트워크 등을 결합하여 미국시장을 포함하여 글로벌시장에서 강력한 경쟁위치를 확보했다. RCA, Zenith, GE 등과 같은 미국경쟁자들은 이러한 일본기업들과 싸움할 생각조차 해 보지 못했다. 이들 미국기업들이 동남아시아에서 생산과 부품구매 네트워크를 구축할 즈음에는 이미 일본제품들의 시장위치가 확립된 이후였기 때문이다.

한편 서비스지역과 고객 수에서 세계 1위의 이동통신기업인 Vodafone은 전세계 29개국, 약 1억 8천 8백만 명 이상의 고객에게 이동통신서비스를 제공하고 있다. 과거 Vodafone은 최대 신흥시장인 중국으로의 진출강화를 목적으로, 중국의 이동통신사업자인 China Mobile의 홍콩법인(CMHK)에 출자를 해 외국사업자로는 최초로 중국시장 진입을 위한 교두보를 마련하였다. 진입형태는 Vodafone이 China Mobile의 자금조달을 돕는 형식을 취하고 있지만, 궁극적인 목적은 기술부분에 있어서 비동기식을 표준으로 채택하도록 하기 위한 전략으로 보여진다. 그러므로 Vodafone이 China Mobile과의 협력을 통해 시장규모가 큰 중국시장으로 진출한 것은 결국 여타 경쟁자들에 대해 무선인터넷을 포함한 차세대 글로벌 비즈니스에서 규모경제와 기술표준을 선점하기 위한 선제공격이라고 평가할 수 있는 것이다.

3.5 경쟁자 - 지역조합

개별 글로벌 경쟁자들과 효과적으로 경쟁하기 위해서는 그들이 진출해 있는 각 국가(또는 지역)별로 공격, 방어, 협력 등의 경쟁적 행동들을 달리 하여야 한다. 아무리 뛰어난 기업이라 할지라도 자사가 진출한 모든 지역에서 성공을 거두기는 대단히 어렵기 때문에, 특정 경쟁자가 유독강세를 보이는 국가에서는 직접경쟁을 회피하고 오히려 약세인 국가를 적극공격하는 등의 경쟁자-국가별 조합전략을 수행하면 경쟁적 우위를 더욱 강화시킬 수 있는 것이다.

<표 11-1>은 한 특정기업에 대한 예시이다. 이 기업은 전 세계적으로 하나의 경쟁자, 즉 Westminter PLC를 전면적인 공격의 대상으로 삼고 있다. 또 다른 경쟁자인 Tokugawa K. K.에 대한 전략은 전세계적으로 방어유지이다. 마지막으로 다른 경쟁자들인 Copeland, Inc.와 Schumann AG에 대해서는 지역에 따라 변하는 선택적 전략을 채택하고 있다.

표 11-1 경쟁자-지역조합에 대한 전략: 예시

경쟁자	지 역			
	북미	남미	유럽	극동
Copeland, Inc. (코프랜드)	방어	기회를 보아 공격	직접 경쟁회피	전면 공격
Westminster PLC (웨스트민스터)	전면 공격	전면 공격	전면 공격	전면 공격
Schumann AG (슈만)	기회를 보아 공격	방어	직접 경쟁회피	진입 선점
Tokugawa K. K. (도쿠가와)	방어	방어	방어	방어

경영사례 연구

재무적인 위험을 무릅쓰고 경쟁자와 싸워야하나?

Abonos Ceres SA社는 라틴 아메리카에서 오랜 역사를 지닌 비료 제조회사이다. 이 가족기업은 선대경영 때부터 업계에서 확고한 명성을 쌓아왔다. 농업 종사자들에게는 너무도 잘 알려져 있어, 광고나 마케팅이 거의 필요없을 정도였다. 농부라면 모르는 사람이 없을 정도의 브랜드였다. 그러나 이처럼 확고한 시장에서의 지위가 위험에 처해있다. 미국의 한 화학회사가 Abonos Ceres SA의 위협적인 경쟁자로 부상하고 있다.

"그 미국인들은 공정한 경쟁에는 관심이 없어. 어떻게든 시장을 지배하려고만 들지." Abonos의 사장인 Roman Tique가 말했다. Tique와 그의 동생은 Abonos의 창업자 손자이다. Tique는 동생과 함께 회사를 경영하고 있으며, 여동생과 셋이서 똑같이 회사지분을 갖고 배당금에 의존해 편안하게 살고 있다.

어느 날, 비료생산의 주요 원료인 인산염(phosphate)을 공급하고 있는 Veta Fina社의 사장인 Leon Rampa는 미국의 거대 화학회사로부터 인수제의를 받았다고 이들 두 형제에게 알려왔다. 이 미국 화학회사가 제의한 인수금액은 천억달러라고 한다. Abonos의 주요 시장인 안데스 공동체(Andean Pact: 볼리비아, 콜럼비아, 에콰도르, 페루, 베네수엘라 등 남미 5개국이 설립)에서의 시장 기반을 확장하려는 전략의 일환으로 이 미국 화학회사는 Veta Finat를 인수하려 한다는 것이었다.

Rampa는 Tique 형제에게 자기는 사실상 미국회사의 인수제의를 받아들이기로 했지만, Abonos가 천억달러에 자기회사를 먼저 인수할 기회를 주겠다고 알려왔다. 사실 Rampa의 제의는 전략적으로 타당해 보였다. 가끔씩 공급부족에 시달려온 Abonos는 비료생산의 주요 원료인 인산염(phosphate)을 안정적으로 공급받을 수 있다는 것이 상당히 매력적이었다. 그러나 문제는 높은 가격이었다. 천억달러를 조달하기 위해서는 동원할 수 있는 모든 재무적 자원을 사용해야 했다. 농부들이 비료를 구매할 때 제공하는 외상구매금액과 기간도 대폭 줄여야 했다. 또한 Abonos는 주주인 3명의 창업자 손자손녀들에게 돌아가는 배당금도 2년 동안 줄 수가 없다. 2년 후 배당이 다시 실시되더라도, 몇 년 동안은 이전의 절반밖에는 배당을 할 수가 없을 것이었다. 그러고도 Abonos는 은행의 차입금 때문에 현금흐름(cash flow)의 문제에 직면할 가능성도 있었다.

Abonos가 Veta Fina의 인수에 성공하더라도, 이 미국 화학회사가 성공적으로 시장에서 기반을 잡을 가능성은 상당했다. “이 미국회사가 시장에서 기반을 잡게 되면, 어떤 수를 쓰든지 우리를 시장에서 몰아내려고 할거야.” Tique가 동생한테 말했다. “이 미국회사는 수년 전에도 멕시코에서 현지기업보다 40% 저렴한 가격으로 비료를 판매하여 멕시코기업들을 모두 시장에서 몰아냈지. 그런 다음에는 비료가격을 경쟁전의 가격으로 인상한 거야.”

시장에서 미국 화학회사와의 일전을 앞에 둔 Tique 형제는 어떤 결정을 내려야할지 몰랐다.

출처: *The Best of Dilemma & Decision from International Management, compiled by the editors of International Management*, McGraw-Hill, New York, 1985

토의과제

1. 석유화학, 항공, 정보통신, 미디어, 금융, 반도체, 가전, 컴퓨터 산업 등 세계 주요 산업을 한 가지 선택하여 그 산업을 Poter의 산업구조분석 틀에 맞추어 분석해 보시오.
2. 글로벌산업에서 경쟁열위에 있는 후발기업이 추진할 수 있는 전략에는 어떠한 것이 있을지 설명해 보시오.
3. 특정 글로벌산업을 선택한 후, 해당 산업내의 한국기업들이 앞으로 글로벌 경쟁환경에 효과적으로 대응하고, 성장하기 위해서는 어떤 글로벌 경쟁전략을 수행해야 할지 설명해 보시오.

참고문헌

- 남대일, 닷컴기업의 돌파구 인수합병과 제휴, LG주간경제, 2001. 6.
- 장성원, 한국산업의 경쟁력 현상과 과제, 반도체산업, 삼성경제연구원, 2001. 5.
- 장세진, 글로벌 경쟁시대의 경영전략, 박영사, 2002. 3.
- 정성래, 최근 우리나라 기업들의 전략적 제휴사례, 전경련, 2000. 6.
- 박팔현, 전자업체사례로 본 선발기업 따라잡기, LG주간경제, 2002. 4.
- 박팔현, 대기업과 벤처의 공생시대, LG주간경제, 2000. 8.
- Arend, R., "Reputation for Cooperation: Contingent Benefits in Alliance Activity," *Strategic Management Journal*, Vol. 30, No. 4. 2009, pp. 371~385.
- Bleeke and Ernst, *Collaborating to Compete*, John Wiley & Sons, 2000.
- Christensen and Rayor, The Innovator's Solution, *Harvard Business Press,* 2003
- Ohmae Kenichi, "The Global Logic of Strategic Alliances", *Harvard Business Review,* Mar, 1989.
- Kang and Sakai, "Thomson Finicial Securities Data : *International Strategic Alliance: Their Role in Industry Globalization,* STI Working Paper", OECD, 2000
- Yoshino and Rangan, *Strategic Alliance: An Entrepreneual Approach to Globalization*, Harvard Business Press, 1995.

제 12 장

글로벌 제휴전략

학습목표

가속화되는 경영환경변화와 글로벌화에 따른 무한경쟁속에서 기업은 적대적 경쟁 이외에도 협력적 관계를 모색해야만 하는 시대가 왔다. 제휴전략은 지금까지 기업의 생존을 위해 선택된 전략이며 앞으로도 더욱 관심이 집중될 기업의 성장전략이라고 할 수 있다. 현재 다국적기업들 대부분은 거미줄같이 복잡한 제휴관계 속에서 성장하고 있다. 본 장에서 살펴보게 될 제휴전략에 대한 고찰은 기업의 핵심역량을 가장 효율적으로 활용하기 위하여 또는 기업의 부족한 역량을 보충하기 위하여 제휴전략을 어떻게 활용할 것인가를 제시하여 준다.
이 장을 읽은 후 여러분은 다음 사항을 이해할 수 있어야 한다.

- 제휴전략의 의미와 정의에 대해 이해한다.
- 글로벌기업들의 제휴전략의 변화추세를 이해한다.
- 제휴전략의 배경은 무엇인지 이해한다.
- 전략적 제휴의 유형과 각각의 특징에 대하여 이해한다.
- 제휴전략의 성과를 결정하는 주요 결정요인을 이해한다.

도입사례

‘AI시대’ 대기업끼리 협업 못하면 공멸

도요타도 CES에서 위기감
데이터 확보와 異種 협업‘과제’
‘승자독식’ 업계특성 대비해야

1월 7일(현지시각) 미국 라스베이거스에서 열린 ‘2019 CES’ 행사장. 190cm 장신에 푸른 눈의 미국인이 일본 도요타자동차 행사의 메인 발표자로 무대에 올랐다. 그는 도요타의 인공지능(AI) · 자율주행기술 자회사 TRI(Toyota Research Institute)의 길 프랫 최고경영자(CEO)였다.

도요타는 2015년 1조원을 투자해 미국 실리콘밸리에 TRI를 설립했고, 미국의 AI · 로봇기술 권위자인 프랫 CEO를 비롯해 최고 인력들을 스카웃했다. 작년 CES 행사는 도요타의 수장인 도요다 아키오(豊田章男 · 63) 사장이 주재했다. 하지만 이번엔 아키오 사장이 아예 나타나지도 않았다.

그를 대신해 도요타를 대표했던 이는 TRI의 리더 프랫 CEO였다. 그는 도요타그룹 내에서 ‘펠로우(fellow)’라는 임원직책도 맡고 있다. 34만 명이나 되는 도요타에서 임원은 단 23명뿐인데, 그중 펠로우는 단 한 명이다. CES에서 도요타가 AI개발 자회사의 사장을 전면에 내세운 것은 다가올 AI시대에 대한 일본 거대기업들의 위기감을 그대로 드러낸다. 자동차산업의 최강자 도요타로서도 AI시대는 미지의 영역이기 때문이다.

한국기업들도 예측불가한 AI시대에 명확한 생존전략을 제시하지 못하고 난관에 봉착한 모습이 역력하다. 조성배 연세대 컴퓨터과학과 교수는 "AI분야에서 한국기업들이 방향을 못 잡으면서 '일단 투자부터 하자'는 '투자버블'을 조성했다"고 했다. 그는 또 "재원이 충분한 구글, 소프트뱅크 같은 기업들은 이렇게 해도 위험이 덜하지만, 네이버 등 한국기업은 그만큼의 투자를 할 순 없어 언젠간 밀릴 수 있다. 전략적 접근이 글로벌기업보다 더 절실하다"고 말했다.

글로벌기업들의 AI시대 헤게모니 싸움속에서 한국기업 중 △투자와 인력의 투입 △데이터 축적 전략 △플랫폼 전략 등에서 확실한 그림을 가진 주체들이 거의 존재하지 않는다는 것이다. AI시대 한국기업의 위기 그리고 생존을 위해 이들이 택해야할 대안 3가지를 짚어봤다.

위기 1 | 글로벌기업보다 데이터 양 절대적으로 부족
대안 1 | 한국기업, 데이터 모으려면 진입장벽부터 깨야

한달 이용자가 19억명에 달하는 동영상 플랫폼 유튜브에는 1분마다 300시간 길이의 영상들이 전 세계에서 등록된다. 영상을 올릴 수 있는 사람이 갖춰야 할 자격요건 등 제약요소도 없다. 이렇게 올라온 영상들에 댓글은 매일 약 800억개가 달린다. 유튜브는 이런 방대한 데이터를 모으고 분석한다.

데이터를 AI로 분석해 맞춤형 추천 서비스를 제공, 더 많은 사용자들이 더 오랫동안 체류하도록 유도한다. 유튜브가 이유없이 무료로 서비스를 제공하는 것은 당연히 아니다. 유튜브는 대신 어마어마한 양의 영상이용기록을 얻게 된다. AI는 확보한 데이터의 양이 많을수록 더 좋은 성능을 얻을 수 있다.

반면 한국 최대 포털사이트 네이버의 영상 플랫폼 네이버TV의 현주소는 참담하다. 모바일 앱 분석업체 와이즈앱에 따르면 2018년 7월 국내 안드로이드 스마트폰 사용자기준 네이버TV의 사용자 수는 월 387만 명으로, 유튜브(3047만 명)의 8분의 1 수준이다.

네이버TV가 유튜브에 대항할 수 있는 유일한 콘텐츠는 각 방송사들로부터 확보한 방송프로그램의 독점클립이다. 이마저도 달갑게 소비하는 이용자들은 많지 않다. 게다가 네이버TV에 개인채널을 개설하려면 △네이버 블로그의 이웃 수 △카페의 회원 수 △유튜브채널 구독자 수 셋 중 하나가 300명을 넘어야 한다. 구글계정을 만들면 바로 콘텐츠를 올릴 수 있는 유튜브와 비교하면 네이버TV는 콘텐츠 생산자에게 진입장벽을 쳐놓은 셈이다.

한국기업들이 가지고 있는 데이터조차 활용하지 못하고 있다는 의견도 나온다. 조 교수는 "한국기업들은 선뜻 가지고 있는 데이터를 다른 회사와 공유하겠다고 나서지 않는 데다, 데이터를 보여주는 것에 알레르기 반응을 일으키기도 한다"고 지적했다

위기 2 | 각자 도생에 놓인 한국의 '리딩 컴퍼니'들
대안 2 | 이종기업 간 협업, 한시가 급하다

지난해 일본 산업계를 뒤흔든 소식은 도요타와 소프트뱅크가 손을 잡은 것이다. 이들은 AI를 활용한 미래차사업을 함께할 합작회사를 설립한다. 일본 제조업을 대표하는 도요타가 통신사 소프트뱅크에 먼저 협력을 제안한 것이 전해지면서 더욱 충격은 컸다. 콧대 높은 자동차 명가조차도 AI 시대에 IT업체와 협력하지 않으면 도태될 수 있다는 위기의식을 느꼈다는 분석이다.

도요타와 소프트뱅크의 만남은 일본경제를 이끄는 기업들의 통 큰 만남으로 더욱 주목받았다. 도요타는 일본 제조업에서 압도적 1위, 소프트뱅크는 통신업에서 선두권을 달리는 일본의 '리딩 컴퍼니'들이다. 지금 당장은 각자 도생해도 충분히 먹고살 수 있지만, 미래를 위해 하나가 되기로 한 셈이다.

반면 한국의 '리딩 컴퍼니'들 간 파격적인 협업의 사례는 아직이다. 한국의 주요 대기업들은 외국기업 혹은 스타트업과 협업하고 있다. 지난해 11월 네이버는 미국 반도체업체 퀄컴의 자회사 퀄컴테크놀로지와 자율주행 등 첨단기술개발을 위한 업무협약(MOU)을, 이번 CES에서 LG전자는 마이크로소프트와 AI자율주행 소프트웨어를 개발하기 위해 손을 잡았다고 발표했다.

현대자동차는 인공지능 관련 해외 스타트업에 투자하고 있다. 삼성전자는 최근 자사 스마트 TV에 구글·아마존과 클라우드를 연동해 AI 생태계를 확대했다. 전문가들은 삼성전자, 현대자동차, LG전자, 네이버 등 한국경제를 대표하는 리딩 컴퍼니들의 통큰 협력이 절실하다고 경고하고 있다.

위기 3 | 다가오는 승자독식시대 … 패스트팔로어의 자리없다
대안 3 | 장악하든지, 올라 타든지 명확한 플랫폼전략 세워야

AI가 플랫폼사업의 성격이 강한 분야라는 점은 한국기업에 기회이자 위기이다. 플랫폼 비즈니스는 다른 서비스들과 고객을 이어주는 연결고리역할을 한다. AI 플랫폼을 지배하는 기업은 쇼핑부터 자동차운행, 음악감상 등 사용자의 실생활에 긴밀하게 녹아들 수 있다는 의미다. 이를 통해 쌓이는 행동 데이터로 사용자의 생활양식을 분석해 맞춤 서비스를 제공할 수 있다. 애플의 시리를 시작으

로 아마존의 에코, 구글의 어시스턴트 등 글로벌기업들의 AI비서 서비스가 출시돼 경쟁을 벌이고 있다.

우리 기업들은 이와 유사한 서비스를 제공한다. 네이버가 클로바를, 카카오가 카카오아이를, 삼성이 빅스비를 선보이고 있으나 딱히 선두기업은 없다. 전문가들은 후방에서 AI기술개발을 하고 있는 부문들도 마찬가지라고 지적한다. 'IBM 왓슨을 몇 년 안에 따라잡겠다'는 '패스트 팔로어(fast follower)' 전략과 같은 과거의 성공 방정식에 인식이 머물러 있다는 것이다.

조성배 교수는 "애국심 때문에 성능이 떨어지는 제품을 쓰는 시대는 지났다"면서 "아직 기술개발 초기단계라 여러 서비스가 경쟁하고 있지만, 결국 성능 좋은 AI서비스를 제공하는 단 하나의 승자가 시장을 독식할 것"이라고 말했다.

'가장 우수한' AI를 제공하는 전략과는 별개로 '틈새시장'을 공략해야 한다는 의견도 나온다. 조 교수는 "도토리 키재기차원의 경쟁보다는 '어떤 플랫폼에 얼마나 제대로 올라탈 것인가'에 관한 전략적 연합을 고려하는 것도 방법"이라고 말했다.

자료: 조선비즈, 2019년 01월 13일

01 제휴전략의 개념

이 장에서 살펴보게 될 제휴전략 또는 전략적 제휴는 1980년대 중반이후 등장하였다. 가속화되는 경영환경변화와 글로벌화에 따른 무한경쟁 속에서 기업은 적대적 경쟁 이외에도 협력적 관계를 모색하는 새로운 조류가 탄생하게 되었고, 이는 지금까지 가장 각광을 받아온 기업의 생존전략이며 앞으로도 더욱 관심이 집중될 기업의 성장전략이라고 할 수 있다.

기업의 경영환경이 악화되면 불필요한 기업간 출혈경쟁은 상처투성이의 패자만 낳게 되는 결과를 가져올 수도 있다. 기업이 지속적인 성장을 하기 위해서는 경쟁기업과의 경쟁뿐 아니라 협력을 통해서 공생을 꾀하는 지혜도 필요한 것이다. 이러한 기업의 제휴전략은 기업의 경쟁력이 없거나 경쟁에서 뒤쳐진 기업의 선택방안이 아닌 각 산업의 리더들이 선택하는 새로운 성장전략인 것이다.

본 장에서 살펴보게 될 제휴전략에 대한 고찰은 기업의 핵심역량을 가장 효율적으로 활용하기 위하여 또는 기업의 부족한 역량을 보충하기 위하여 제휴전략을 어떻게 활용할 것인가를 제시하여 준다. 기업은 제휴전략을 잘 활용함으로써 기업의 핵심역량을 더욱 강화하여 시장에서의 입지를 확고히 할 수 있을 뿐 아니라, 기업의 부족한 자원과 역량을 제휴를 통하여 얻어 빠른 시간에 경쟁기업보다 경쟁우위를 가질 수 있다. 또한 제휴전략을 성공으로 이끌기 위한 성공요인을 살펴봄으로써 실제의 기업간 제휴가 성공에 이를 수 있는 방안을 모색하여 본다.

1.1 제휴전략의 정의

우리가 흔히 말하는 제휴전략 또는 전략적 제휴(strategic alliance)는 경쟁관계에 있는 기업끼리 일부 사업 또는 기능별 활동부문에서 일시적인 협조관계를 갖게 되는 것을 의미한다.

'제휴는 또 다른 형태의 경쟁이다.'라는 표현과 같이 기업의 제휴는 일반적으로 동종 산업에 있는 경쟁관계의 기업과의 수평적 형태로 나타나는 것이 대부분이다. 이러한 제휴전략은 기업공동의 목적을 추구하기 때문에 나타나게 된다. 두 개 또는 그 이상의 기업들은 각 기업의 목표에 부합하는 공동의 목적을 위해 이러한 제휴를 하게 되는 것이다. 대부분의 전략적 제휴들은 상당히 구체적이고 명확하게 제시된 목적을 수행하기 위하여 설립된다. 제휴전략은 기업의 상호 보완적인 자산을 제휴를 통하여 얻기 위함이고 이러한 자원을 최대한 활용하기 위함이다. '상호 보완성' 즉, 파트너끼리 상호이익을 위하여 경영자원들을 공유, 교환, 통합하는 조직적인 접근을 제휴전략이라 할 수 있다.

국내기업의 사례를 살펴보면, 초창기 삼성브랜드의 디지털카메라를 제조했던 삼성테크윈이 일본의 PENTAX와 전략적 제휴를 맺고 공동개발을 하기로 합의를 하였다. 삼성테크윈은 기술적 우위로 전세계 디지털카메라 시장점유율을 상당수 확보하고 있는 일본의 디지털카메라 메이커들과 경쟁하기 위하여 PENTAX의 기술력 확보를 목적으로 전략적 제휴를 하였다. 그리고 PENTAX는 장기적인 적자로 인하여 하락한 기업이미지의 쇄신차원에서 경쟁기업인 Sony를 위협하는 삼성의 브랜드를 활용하기 위하여 전략적 제휴를 하게 되었다.

또한, 세계적으로도 디지털카메라 업체들의 제휴가 활발히 진행되고 있는데, 소니와 미놀타의 '기술제휴', 올림푸스, 후지, 코닥 및 파나소닉이 공동렌즈사용을 위해 제휴한 '포써드'등이 있다. 세계 유수의 디지털카메라 제조기업들이 제휴를 하게 된 이유는 바로 기업의 공동의 목적을 추구하기 위해 서로가 상호 보완적인 자원을 가지고 있어, 제휴를 통하여 시너지효과를 볼 수 있기 때문이다.

또한, 제휴전략은 각 기업들이 독립성을 유지한다는 점에 있어서 기업인수합병(M&A)과 차별성을 가지고 있다고 할 수 있다. 기업인수합병도 역시 넓게 정의한다면 전략적 제휴의 일종이라고 할 수 있다. 그러나 전략적 제휴는 한 기업이 다른 기업의 지배나 통제를 받는 것이 아니라 공동분야에 있어서 협력을 하지만, 각 기업은 지속적인 경쟁관계일 수도 있으며 상호 별개의 독립체라는 것을 명심하여야 한다.

많은 사람들이 전략적 제휴는 경쟁관계이기 보다는 협조의 성격이 강하다고 믿고 있다. 그러나 이는 잘못된 생각이다. 전략적 제휴의 가장 근본적인 목적은 경쟁에 있지 협조에 있지 않다. 즉, 다른 경쟁기업과 제휴를 한다는 것은 경쟁기업과 협조체제를 구축하는 것 그 자체가 목적이 아니다. 보다 근본적인 목적은 제휴관계 이외의 기업들과 효과적으로 경쟁하기 위하여 그 제휴기업과 일시적으로 협조하는 것에 불과하다.

다음의 <표 12-1>을 보면 전통적 기업협력의 관계는 시간이 지나면서 점차 단순한 경제적 보완이 아닌 범세계적 경쟁우위확보를 목적으로 변하여 가고 있으며 협력관계는 수직적 관계에서 점차 수평적 네트워크로 변화하고 있으며 그 경쟁관계도 치열해질 뿐만 아니라 협력분야도 더욱 다양해지고 있음을 알 수 있다.

표 12-1 전세계 전략적 제휴의 성격변화

구 분	전통적 기업협력	전략적 제휴
협력목적	• 경제적 보완	• 범세계적 경쟁우위확보
협력관계	• 주로 선 · 후진국간 수직적 분업관계 • 경쟁미약	• 주로 선진국 경쟁기업간의 수평적 네트워크 • 경쟁치열, 제휴기업 간에도 부분경쟁 • 기술표준설정, 기술교환, 공동개발 · 생산
협력분야	• 기술이전 및 생산하청 등 단순협력	광범위하고 복합적

국제경영 이야기 12-1

LG유플러스, 구글과 VR콘텐츠제작 공동투자

하현회 부회장 "5G시대 확실한 서비스 될 것"

LG유플러스가 구글과 손잡고 가상현실(VR) 콘텐츠를 공동제작한다.

하현회 LG유플러스 (14,550원▼ 100 -0.68%)부회장은 지난 9일(현지시각) 미국 라스베이거스에서 열린 세계 최대 가전박람회 CES 2019 현장에서 기자간담회를 열고 구글과 공동투자해 3차원 VR 콘텐츠를 제작하고 관련 생태계를 확대해 나가겠다고 밝혔다.

하현회 부회장은 "글로벌 파트너를 체결하면서 5G 시장을 이끌어 나가는 것이 LG유플러스가 산업의 중심에 서는 것"이라며 "이를 포함해 스마트시티, 스마트홈 등 영역에서도 LG유플러스가 글로벌 파트너를 체결하는 것이 지금부터 사업화를 성공시키는 중요한 과제라고 생각한다"고 말했다.

LG유플러스와 구글은 VR 생태계가 활성화될 수 있도록 협업한다. 각각 절반씩 자금을 투자해 VR 콘텐츠가 활성화될 수 있는 마중물이 될 수 있을 정도로 콘텐츠를 제작하고 세계 시장에 유통한다는 방침이다. LG유플러스가 지난해 투자한 VR 콘텐츠 제작사의 기술을 활용해 콘텐츠를 만들고 구글은 유튜브를 통해 이를 세계 시장에서 독점제공한다.

LG유플러스 VR 전용 플랫폼을 만들고 공동제작 콘텐츠를 국내에서 공급할 예정이다. VR헤드셋 등 하드웨어 측면에서도 구글과 함께 협력해 프로모션에 나설 예정이다. 공동제작한 콘텐츠는 구글의 VR 플랫폼 데이드림 외에도 모든 VR 기기에서 즐길 수 있도록 한다는 방침이다.

LG유플러스가 구글과 협력하는 것은 이번이 처음은 아니다. 이미 구글 안드로이드 TV 운영체제(OS)를 채택한 셋톱박스를 선보였다. 유튜브 구글키즈와 같은 IPTV 서비스도 출시했다. LG유플러스는 넷플릭스, 구글과 같은 글로벌 IT 기업과 협력해 콘텐츠 경쟁력을 강화하고 있다.

하 부회장은 "두 회사가 펀드를 조성해 올 상반기 중 3D VR 파일럿 콘텐츠제작하고 향후 지속 확대한다"며 "LG 유플러스는 콘텐츠 기획을 책임지고 구글은 유튜브를 통한 글로벌 플랫폼을 갖는 것으로 합의했다"고 말했다.

그는 이어 "증강현실(AR)과 VR이 고객에게 5G 가치를 확실하게 보여줄 서비스를 해줄 수 있다고 본다"며 "LG 유플러스가 이 부분에서 경쟁할 수 있게끔 해나가는 게 중요 목표이기 때문에 구글과 전략적 제휴를 맺었다"고 덧붙였다.

LG유플러스와 구글은 구체적인 투자규모와 수익배분조건은 공개하지 않았다. 하 부회장은 "VR과 AR 관련 생태계 구성을 위한 일정 규모의 충분한 금액으로 투자계획을 가지고 있다"며 "특히 케이팝(K-POP) 등과 관련된 한류 콘텐츠 영상에 관심을 두고 있다"고 말했다.

이번 투자를 시작으로 LG유플러스는 지속해서 콘텐츠확대에 나서며 VR 개방형 플랫폼, IPTV 전용 VR 등도 서비스할 예정이다. 구글은 케이팝, 드라마, 게임, 1인 미디어, 웹툰 등 한류 콘텐츠를 확보하게 된다.

하 부회장은 이날 간담회 전에 CES 2019 전시관을 둘러봤다. 이와 관련해 하 부회장은 "인공지능(AI)이 빠른 시일 내 지능 범위를 뛰어넘는 초지능 시점까지 가는 것이 눈앞임을 확인했다"며 "통신업체 대표로서는 빠른 대응이 중요하다고 보고 AI, 로봇, 드론 등이 5G와 맞물려 빛을 볼 수 있을 거라고 본다"고 말했다.

자료 : 조선일보, 2019년 01월 11일

02 제휴전략의 배경

그렇다면 이와 같은 제휴전략이 근래에 급격하게 증가하게 된 배경은 어디에 있는지 살펴보아야 할 것이다. 근본적인 이유는 기업이 경쟁해야 하는 시장자체의 정의가 확대된 것이라 할 수 있다. 시장환경의 변화와 더불어 기술환경과 경쟁환경의 변화라는 세 가지 측면에서 제휴전략의 배경을 살펴보도록 하자.

2.1 시장환경변화

전략적 제휴의 증가를 이끄는 주요한 시장환경변화로는 글로벌화와 지역화의 대두를 들 수 있다. 최근의 시장환경은 신자유주의의 대두와 통신, 운송수단의 발달 등으로 인해 기업이 접하게 되는 시장이 Domestic 시장이 아닌 Global 시장으로 확대되고 있다. 과거와는 달리 더 다양한 소비자의 니즈를 고려해야하는 '시장의 폭'이 확대된 것이다. 그리고 이러한 시장환경에서 경쟁우위를 갖기 위해서는 기업은 타기업과의 전략적 제휴를 이용하여 신속한 속도로 확대된 시장을 장악해야 한다. 즉, 각 시장단위로 더 나은 경쟁우위를 갖고 있는 기업과 전략적 제휴를 성사함으로써 혼자 할 때 보다 더 빨리 더 많은 시장을 차지하는 것이다.

최근의 시장환경의 또 다른 특징은 글로벌화 이외에도 특정지역에 국한하여 이루어지는 지역경제통합의 물결의 주류를 들 수 있다. 대표적인 지역경제통합의 유형은 자유무역협정(FTA)을 통한 것이다. 2015년 6월 현재 WTO에 통보되고 발효중인 지역무역협정(RTA)은 총 398건으로 이 중 자유무역협정(FTA)이 230건으로 가장 많은 비중을 차지하고 있으며, 서비스협정은 128건, 개도국간 특혜협정은 15건, 관세동맹(Customs Union)은 25건으로 나타났다. 이와 같은 지역경제통합 하에서는 역외권의 기업들은 시장진출시에 여러 가지 제약을 받게된다. 이러한 문제를 해결할 수 있는 방법으로 전략적 제휴가 주목받고 있다. 전략적 제휴가 다국적기업의 시장진출시 대안으로 사용되는 것이다.

2.2 기술환경변화

기술의 발전은 일정기간은 연속적이지만 어느 정도의 기간이 지나면 도태되고 전혀 다른 차원의 새로운 기술이 기존의 기술을 대체하게 된다. 이러한 기술대체현상은 하버드 대학의 클레이튼 크리스텐슨(Clayton M. Christensen) 교수에 의해 와해성 기술(disruptive Technology)로 이론화되었고 존속성 기술과 같이 성능과 기능을 부분적으로 개선하는 점진적 혁신이 아닌 기존과는 전혀 다른 속성을 요구하는 새로운 시장니즈에 맞추는 기술혁신으로 정의된다.

예를 들어 휴대폰의 성능적 측면에 있어 '더 나은 휴대폰'을 개발하는 것은 점진적 혁신으로 분류되지만 휴대폰이 가진 '소통'이라는 소비자 니즈를 더욱 강화한 스마트폰은 와해성 혁신으로 분류된다. 만약 스마트폰이라는 새로운 기술환경이 변화한 이후에도 이에 적응하지 못하고 계속적으로 일반 휴대폰을 생산한다면 그 기업은 살아남기 어렵다. Apple의 스마트폰 등장에 제대로 대응하지 못한 노키아, 모토로라, LG전자의 사례가 이를 잘 대변해 주고 있다. 이와 같이 와해성 기술은 기존의 산업지도와 업계 판도를 일시에 바꾸는 파괴력을 보유하며, 기술의 Life Cycle을 단축시키는 결과를 초래하고 있다. 이러한 Life Cycle 단축에 맞춰 적시적소에 적응하지 못하는 기업은 도태되고 망할 것이다.

기술환경에 있어서의 Life Cycle 단축은 기업의 입장에서 R&D 비용의 부담으로 작용한다. 하지만 기업의 입장에서 기술변화에 따른 R&D 개발비용을 단독으로 부담하기에는 무리가 있다. 그렇기 때문에 기술환경변화에 걸맞는 기술인프라를 확보하기 위하여 전문적인 벤더(Vendor)와의 제휴가 필수적이다. 물론 이런 기술역량 모두를 개별기업이 모두 보유할 수도 있지만 이는 자원에 대한 효율성과 업무의 생산성을 고려했을 경우 기술분야별로 전문업체와의 제휴/아웃소싱을 고려하는 것이 보다 효과적이다.

2.3 경쟁환경변화

시장환경변화에서 확인하였듯이 기업의 경영무대가 세계화가 되어 경쟁이 심화됨에 따라 일부기업에 의한 시장과점화라는 현상이 대두되게 된다. 결국은 거대 네트워크간 경쟁하는 메가컴피티션(mega competition)이 전개되게 된다. 즉, 메가컴피티션이란 소수 거대집단간 경쟁현상을 말한다. 특정 산업분야에서 강력한 경쟁력을 갖춘 두 기업이 서로의 장점을 배우고 시장지배력을 강화하기 위해 기업간 초대형합병을 시도하여 그룹간의 경쟁을 하는 것이다. 이러한 메가컴피티션은 주로 기업인수합병과 전략적 제휴를 통하여 이루어지는데, 이는 대륙을 초월하여 이루어지고 있으며, 전 산업으로 급속히 확산되고 있는 세계적인 현상이라고 말할 수 있다. 이러한 경쟁환경의 재편속에서 기업은 제한된 기업자원과 핵심역량을 보완하기 위해 경쟁기업 또한 마다하지 않고 협력을 통해 경쟁력을 키우고 있다.

현재 가장 뚜렷한 환경변화를 보여주는 산업인 항공산업의 변화를 살펴보면 이러한 현상을 쉽게 살펴볼 수 있다. 세계유수의 항공업체들은 스타얼라이언스, 스카이팀, 원월드라는 총 3개의 BIG체계로 변화되었고 항공동맹이라는 전략적 제휴체제를 바탕으로 Start Alliance의 경우 총 192개국, 1,330개가 넘는 공항에 서비스를 제공하고 있다.

그림 12–1 항공산업의 전략적 제휴현황

자료원: G자료원: 스타얼라이언스 & 스카이팀 홈페이지

국제경영 이야기 12-2

항공사들, '조인트벤처'로 '하늘길' 확보에 나선다

항공사들은 경쟁이 심화되면서 각 항공사의 이해관계에 효과적으로 부합하는 '조인트벤처' 운영을 통해 수익성 향상을 꾀하고 있다.

항공운송산업은 네트워크의 확대가 경쟁력 확보에 필수적인 산업이다. 그동안 항공사들은 '항공동맹'을 중심으로 다양한 협력관계구축하면서 생존해 왔다.

KDB산업은행의 '항공사의 생존전략 ,조인트벤처' 리포트에 따르면 항공동맹 소속 항공사들은 회원사 간 항공사 마

일리지 공유, 전 세계 공항라운지 및 게이트공유가 가능했다. 이는 항공사간 효과적인 공동마케팅의 중요한 수단으로 자리잡아 왔다. 세계 3대 항공동맹으로 스타얼라이언스, 스카이팀, 원월드 등을 들 수 있다.

하지만 항공동맹은 저비용항공사의 시장 점유율이 증가하면서 항공동맹 회원사의 점유율 또한 감소하며 입지가 좁아졌다. 2016년 유플라이(U-Fly), 밸류얼라이언스 항공동맹이 설립되면서 저비용항공사간 협력관계가 확대되고 있다.

이에 따라 항공사들은 보다 강력한 협력관계인 조인트벤처설립을 생존전략으로 채택하고 있다. 항공사들은 시너지를 창출하고 자원의 효율적 사용 및 비용절감효과를 누리기 위해 조인트벤처를 운영하고 있다.

항공사간 조인트벤처는 두 개 이상의 항공사가 마치 한 회사와 같이 출발 · 도착시간, 운항편 조정 등을 통해 스케줄을 최적화하고 공동마케팅 · 영업활동을 강화하며 이에 따른 재무성과를 공유하는 높은 수준의 협력단계를 말한다.

대부분의 조인트벤처는 같은 항공동맹 안에서 이뤄진다.항공사들의 주요 조인트벤처를 보면 북대서양 노선에선 에어캐나다+루프트한자 +유나이티드(스타 얼라이언스)와 델타+에어프랑스 · KLM+ 알이탈리아(스카이팀) 등이 조인트벤처를 출범시켜 성공을 거둔 바 있다.

태평양 노선엔 델타+대한항공(스카이팀)이 올해 조인트벤처시행으로 회사 수익증대를 기대한다. 내년 4월부터는 인천~보스턴 노선과 인천~미네아폴리스 노선에 신규 취항하며 한국과 미국간 하늘길을 더욱 넓혀 승객편의를 높일 예정이다. 그 외 전일본공수+유나이티드(스타 얼라이언스)도 2011년 조인트벤처를 설립했다.

대부분의 조인트벤처는 대서양횡단, 태평양횡단 등 장거리 노선위주다. 하지만 최근엔 중단거리 노선의 조인트벤처 협약도 이뤄지고 있다.저비용항공사와는 부가서비스 등에서 질적 차이가 있음에도 네트워크확대, 파트너사의 거점 지역에서 증가하는 항공수요에 대응키 위해 조인트벤처 협약체결이 증가하고 있다.

중단기 노선의 조인트벤처 추진은 2017년 5월 델타항공-아에로멕시코 항공이 조인트벤처를 맺어 미주지역운항을 시작됐다. 올해 7월 델타항공-캐나다 저비용항공사 웨스트젯과 협약체결했으며, 원월드 일본항공, 스카이팀 중국동방항공 중-일 노선의 협약도 올 7월 체결됐다.

항공사들의 조인트벤처를 통한 운임 · 스케줄조율, 수익공유는 향후 오픈스카이와 LCC들의 홍수에 맞설 생존전략으로 예상되며 항공사 간에 지속적으로 확대될 것으로 보인다.

자료: 데일리팝 2018년 11월 1일

03 제휴전략의 목적

앞서 살펴본 국경없는 경제(borderless economy)와 기술환경의 변화, 경쟁변화로 특징지워지는 환경변화는 기업들의 경영전략에 커다란 영향을 미쳤다. 모든 기업들은 활동무대를 전세계로 확대하지 않으면 안되게 되었으며 전세계를 대상으로 생산요소를 동원하여 제일 적합한 곳에서 상품을 생산한 다음, 이를 세계의 모든 소비자들에게 판매하는 다국적기업을 지향하지 않으면 어떤 기업도 생존하기가 어렵다는 것이다. 그러나 기업이 혼자의 힘만 가지고 전세계를 상대로 한 기업활동을 벌이기는 쉽지 않다. 전세계를 무대로 기업활동을 하다보면 고정생산비, 연구개발비, 판매비용 등이 눈덩이처럼 불어나기 마련인데 개별기업의 한정된 경영자원을 가지고는 이를 감당할 수가 없기 때문이다. 이에 따라 다른 기업들과 전략적 제휴를 맺어 그 기업의 경영자원을 최대한 활용함으로써 규모의 경제를 실현하는 것이 매우 중요해 진다. 전략적 제휴를 통해 여러 기업이 공동으로 대규모의 생산설비를 갖춘다든가, 대형연구개발 프로젝트를 수행하면 적은 비용으로도 전세계를 대상으로 한 생산, 기술개발, 판매 등의 활동을 전개할 수 있게 된다. 이러한 전략적 제휴는 우리가 첨단산업이라 부르는 산업분야에서 활발하게 이루어지고 있으며, 이러한 현상은 점차적으로 모든 산업으로 확산되는 추세에 있다. 각 기업별로 제휴전략을 선택하는 데에는 각각의 목적이 조금씩 상이하겠지만 공통적인 제휴전략의 목적을 요약해 보면 다음과 같다.

- 자원과 위험의 공유
- 신제품개발과 시장진입의 속도단축
- 산업표준의 선택
- 유연성 확보

3.1 자원과 위험의 공유

자사가 참여하는 모든 분야에서 경쟁기업보다 경쟁우위를 가질 수 있을 만큼 충분한 경영자원을 가진 기업은 존재하지 않는다. 따라서 기업은 기술, 유통망, 생산설비 등 자사의 다른 경쟁기업과 전략적 제휴를 통하여 부족한 경영자원을 확보할 수 있다. 위에서 설명하였듯이 모든 산업에서 기술발전과 생산시설의 자동화에 따라서 연구개발비용과 생산시설투자에 소요되는 비용은 막대해졌다. 예를 들어 메모리형 반도체의 생산라인의 설치비용은 1~2조 원이 될 정도로 막대한 비용이 소요된다. Ford는 Mondeo라는 새로운 자동차모델을 개발하는데 연구개발비로 3년에 걸쳐 50억 달러를 투자하였다. 이렇게 반도체, 자동차분야에서는 대규모 연구개발 및 생산시설투자가 소요됨에 따라 많은 전략적 제휴가 일어나고 있다.

연구개발과 관련된 대기업 간의 합종연횡은 90년대 초반부터 활발히 이루어졌다. 92년 7월 당시 메모리형 반도체 256M DRAM의 개발을 위해 Toshiba, Siemens, IBM 등 3사가 기술제휴를 맺은 바 있으며, 이후 플래쉬메모리, 마이크로프로세서 등 반도체 전 분야에 걸친 공동연구개발 활동이 활발히 전개되었다. 파트너와의 제휴관계구축 여부가 반도체사업의 경쟁력을 좌우할 수 있다는 견해가 지배하게 되면서, 반도체업체들간 짝짓기경쟁이 치열하게 전개되었던 것이다.

컴퓨터의 핵심부품인 마이크로프로세서에서 세계시장을 장악하고 있는 Intel은 신기술개발에 따르는 위험부담을 경감하기 위한 방안으로 벤처기업과의 네트워크구축을 적극 활용하고 있다. Intel이 마이크로프로세서와 인터넷 등의 분야를 대상으로 하여 출자하고 있는 벤처의 수는 약 300여개에 이르는 것으로 알려지고 있다.

역시 연구개발투자가 중요한 항공기산업에서도 Boeing은 Mitsubishi중공업과 긴밀한 제휴관계에 있으며, Boeing의 가장 큰 경쟁사인 Airbus는 Boeing사에 효과적으로 대응하기 위하여 영국과 프랑스, 스페인, 독일의 항공기제작기업들이 컨소시엄형태로 설립한 기업이다. 이와 같이 연구개발투자비용과 생산비용이 큰 산업에서의 전략적 제휴는 높은 고정비용에 대한 투자와 그에 따른 위험을 낮추는 효과를 갖고 있다.

국제경영 이야기 12-3

삼성, 앙숙 애플과 한 배 타다

오늘 개막… 글로벌기업들, 동맹을 찾아라

스마트폰 최대 라이벌인 삼성전자와 애플이 애플 콘텐츠 서비스를 삼성TV에 싣는 전략적 제휴를 체결해 세계를 깜짝 놀라게 했다. 미국 포브스는 “애플과 삼성은 스마트폰과 태블릿PC 시장에서 이빨과 발톱으로 서로를 공격해왔다”면서 “두 테크 라이벌이 함께 전 세계공략에 나선 것”이라고 평가했다.

8일(이하 현지 시각) 미국 라스베이거스에서 개막하는 세계 최대 정보기술(IT) 전시회 ‘CES(Consumer Electronics Show) 2019’가 글로벌기업 간 합종연횡(合從連橫)의 장이 되고 있다. 5세대(5G) 통신과 인공지능(AI), 자율주행차 등 기존에 없던 미래 산업이 현실화되면서 국내외 기업들은 더 많은 파트너를 확보해 기술경쟁력을 끌어 올리고 시장을 선점하는 데 사활을 걸고 있다. 글로벌기업 최고경영자(CEO)들도 라스베이거스에 속속 모여 우군(友軍)을 찾기위한 연쇄회동을 갖고 있다.

○ 적과의 동침나선 기업들

삼성전자는 6일 “삼성전자 스마트TV에 애플의 ‘아이튠즈(i Tunes) 무비 · TV쇼’와 ‘에어플레이2’ 기능을 탑재한다”고 발표했다. 아이튠즈 무비 · TV쇼는 넷플릭스의 비디오 콘텐츠 서비스와 유사한 것으로 영화와 TV프로그램을 구매해 시청하는 일종의 콘텐츠장터이다. 애플의 아이튠즈가 애플기기 이외의 제품에 탑재되는 것은 이번이 처음이다. 에어플레이는 애플기기에 저장된 영상과 사진을 TV와 같은 외부기기에 보여주는 기능이다.

이번 제휴로 애플은 TV 시장 점유율 1위인 삼성 TV를 활용해 성장동력인 콘텐츠 사업확대에 박차를 가할 수 있게 됐다. 삼성전자는 애플이 보유한 콘텐츠를 소비자들에게 공급해 TV 시장 영향력을 확대할 계획이다. 삼성전자측은 “삼성의 TV와 애플의 콘텐츠라는 서로의 강점이 시너지(상승 효과)를 낼 것”이라고 했다.

LG전자는 이번 전시회에 아마존의 AI 비서 ‘알렉사’를 탑재한 TV를 선보였다. LG전자는 자체 AI 서비스인 ‘LG 씽큐’를 보유하고 있지만 지난해 구글의 AI 비서 ‘구글 어시스턴트’를 스마트폰과 TV에 적용한 데 이어 올해는 알렉사까지 채택한 것. 구글의 검색기술, 아마존의 쇼핑데이터 등을 최대한 활용해 AI 경쟁력을 끌어올리겠다는 전략이다. SK텔레콤도 SM엔터테인먼트와 협업한 소셜 VR(가상현실)기술을 이번 CES에서 시연하고, 5G 통신시대를 대비해 글로벌 지도업체인 히어와 공동개발하고 있는 초정밀 지도기술도 공개한다. 올해 처음으로 CES에 부스를 차린 네이버는 미국 퀄컴과 협업해 개발한 로봇기술을 시연한다.

이번 CES에는 전혀 다른 분야의 기업과 손잡고 새로운 사업에 도전하는 기업들도 대거 등장했다. 독일 타이어 업체인 콘티넨탈은 중국 인터넷업체 바이두와 함께 개발한 자율주행차와 자율주행 소프트웨어를 공개한다. 일본 부품업체

덴소도 내비게이션 전문업체 톰톰과 함께 자율주행 시스템을 선보인다. 아우디는 미디어기업인 디즈니와, 도요타는 전기차용 서비스개발을 위해 아마존·디디추싱·피자헛·우버 등과 협력한다고 밝혔다.

○ 219인치, 롤러블… 신개념 TV 등장

산업경계 허무는 글로벌기업 합종연횡

삼성전자·애플	삼성 스마트 TV애 애플 아이튠즈 탑재
LG전자·아마존·구글	LG 스마트폰·TV에 아마존과 구글 AI탑재
SK텔레콤·히어	자율주행차용 초정밀 지도 공동 개발
콘티넨탈·바이두	자율주행차 및 자율주행 소프트웨어 공개
덴소·돔돔	자율주행 시스템 시연
도요타·디디추싱·피자헛	전기차용 서비스 공동 개발

한편 세계 TV 시장을 양분하고 있는 삼성전자와 LG전자는 CES 개막을 앞두고 올해 출시할 TV 신제품과 신기술을 공개했다. 삼성전자는 6일 라스베이거스 아리아 호텔에서 마이크로 LED(발광 다이오드) 기술을 적용한 75인치부터 219인치에 이르는 다양한 크기의 TV를 선보였다. 이 제품은 초소형 LED 반도체를 이어 붙여 제작하는 TV로 크기와 모양의 제약이 없다. 이날 행사에서 삼성전자는 벽에 부착된 마이크로 LED TV가 자유자재로 분리됐다가 합쳐지면서 다양한 형태로 변하는 기술을 시연하기도 했다. 한종희 사장은 "고객들의 주문에 따라 공급을 시작한 상황"이라며 "중소형 디스플레이에도 마이크로 LED를 적용할 계획"이라고 했다.

LG전자는 CES 전시 입구부스에 OLED(유기발광다이오드) 디스플레이 패널 260장을 이어 붙인 초대형 OLED 폭포를 설치했다. 또 세계 최초의 롤러블(돌돌 마는) TV인 'LG 시그니처 OLED TV R'을 처음으로 공개한다. 65인치 크기인 이 TV는 사용하지 않을 때는 상자 속으로 말려 들어가 공간 활용도를 극대화한 데다 운반도 쉬워 TV의 개념을 바꿨다는 평가를 받고 있다.

자료: 조선일보, 2019년 01월 08일

3.2 신제품개발과 시장진입의 속도단축

신제품개발의 초기단계로부터 시장에서 제품화되는 데 소요되는 시간은 경쟁이 심화됨에 따라서 계속적으로 단축되어 왔다. 경쟁기업에 비해서 더 빠르게 제품을 내어놓는 기업일수록 이로 인한 높은 수익을 보장받을 수 있고 여러 가지 초기진입자의 우위를 누릴 수 있기 때문이다. 일본의 가전산업과 자동차산업이 미국에 대해서 경쟁우위를 가질 수 있었던 근본적인 원인 역시 일본기업들이 훨씬 유연한 조직구조를 기반으로 미국기업보다 더 빠르게 신제품을 개발하여 시장에 내놓았기 때문이었다. Clark과 Fujimoto는 자동차산업에서 빨리 신제품을 내어놓는 제품개발속도가 일본기업들이 미국기업에 비해서 더 높은 경쟁우위를 가질 수 있었던 중요요인이라고 밝혔다. Stalk은 이 같은 일본기업의 신제품개발속도를 '시간에 의한 경쟁우위(time-based competition)'라고 정의하였다.

이처럼 시간에 의한 경쟁우위가 중요해짐에 따라 모든 기업들이 갖고 있는 공통적인 고민은 어떻게 하면 경쟁자보다 빨리 신제품을 개발하여 시장에 내놓을 수 있는가와 동시에 어떻게 하면 경쟁기업이 진입하기 전에 새로운 시장에 먼저 진입할 것인가의 문제이다. 더군다나 기업들이 필요한 모든 경영자원을 자체적으로 보유하고 있지 못한 상태에서 신규사업에 진출하려고 할 경우, 이러한 전략적 제휴의 필요성은 더욱 높아진다.

3.3 산업표준의 선택

많은 산업에서 전략적 제휴를 시도하는 목적중의 하나는 기술의 표준화를 이루는 것이다. 대표적인 것이 바로 전자, 정보산업에서의 사실상의 표준획득이다. 사실상의 표준(de facto standard)이란 공식적으로 국제기구나 공공기관에서 표준으로 결정한 바는 없지만 비공식적으로 시장에서 우월한 지위를 인정받은 제품이나 서비스를 말한다.

1998년 미국에서 처음으로 HDTV(디지털방송)가 방송된 후 높은 선명도의 HD영상에 대응하기 위한 새로운 대용량 광디스크, 즉 차세대 DVD가 필요했다. 이러한 차세대 DVD표준채택을 위한 기업들의 경쟁이 치열했던 것이다. 그 경쟁의 중심에는 Sony가 주도하고 Dell, HP, 히타치, LG전자, 파나소닉, 삼성전자 등이 지원하는 블루레이(Blu-ray)와 도시바, NEC, 산요, Microsoft, 인텔 등이 지원하는 HD-DVD가 있었다. 초기에는 블루레이(Blu-ray)가 데이터 저장용량이 최대 50GB로, 30GB 수준인 HD-

DVD보다 월등히 앞섰고, 디스크보호용 카트리지를 장착하는 등 기술적인 면에서 우위를 점하고 있어서 블루레이(Blu-ray)진영의 승리로 표준이 지정될 것이라는 의견이 지배적이었다. 하지만, 2003년 11월 DVD 포럼에서 도시바의 HD-DVD를 차세대 DVD 규격으로 공식승인하면서 상황이 반전되었다. 그 이유는 HD-DVD가 저장용량은 뒤처지더라도 DVD와 호환이 가능하고 기존 DVD 생산라인을 활용할 수 있어 생산비를 절감할 수 있다는 점이 어필되었기 때문이다. 이에 대응하여 블루레이(Bluray)진영은 자신들의 진영에 20세기 폭스사를 합류시키고, HP와 Dell, TDK등 PC와 저장전문업체들을 끌어들임으로써 영향력을 한층 강화시키고 있어 비록 표준은 HD-DVD가 채택되었다고 하나 사실상의 표준은 블루레이가 되었다.

3.4 유연성 확보

전략적 제휴가 중요하게된 또 한 가지 이유는 기업이 전략적 제휴를 통해 기업의 유연성을 확보할 수 있기 때문이다. 전략적 제휴를 통한 유연성 확보의 한 가지 예는 새로운 시장의 진출뿐만 아니라 기존의 사업부분에서 철수할 때에도 유용한 전략으로 사용된다는 점이다. 대표적인 예로 1989년에 실시된 Philips와 Whirlpool 간의 가전기기 분야의 합작투자를 들 수 있다. 1980년 말에 Philips는 지나치게 분산된 사업포트폴리오를 재구성하기 위하여 리스트럭처링을 실시하였다. Philips사의 경영진은 사업포트폴리오에 대한 재구성결과 가전기기사업 부문이 성과도 가장 나쁘고, 기업의 발전을 위해 필수적이지 않다는 결론을 내리게 되었다. 이때 미국내의 사업기반을 국제적으로 확장하려는 Whirlpool이 Philips의 가전기기부문의 잠재적인 가치를 높게 평가하여, 1989년에 가전기기 사업지분의 53%를 3억 8천만 달러에 인수함으로써 Philips와의 합작투자를 실시하였다. 이 합작투자는 Philips가 보유한 47%의 지분을 3년 내에 Whirlpool에서 인수한다는 조건하에 실시된 것이었다. Philips와 Whirlpool의 합작기업에 대한 적극적인 참여와 노력에 힘입어 합작기업의 시장가치는 크게 높아졌다. 결국 Whirlpool은 1991년에 나머지 47%의 지분을 6억천만 달러에 인수하였고, Philips는 1989년에 가전사업부를 매각하려 했던 것보다 2억7천만 달러를 더 받고 가전기기산업에서 성공적으로 철수할 수 있었다. 이처럼 리스트럭처링을 위해 전략적 제휴를 활용할 수도 있다.

리스트럭처링 등 기업의 전략적인 목적달성을 위하여 특정 사업체를 매각하려는 합작투자는 양 쪽 파트너 모두에게 일반적인 기업매각과는 다른 이점을 제공하게 된다. 즉 전략적 제휴를 통하여 사양화된 사업을 합작투자로 전환하면 이는 사업의 전망이 다시 좋아지면 합작투자를 기반으로 하여 언제든지 확장을 할 수 있는 콜옵션(call option)을 갖는 것과 마찬가지이고 전망이 나빠지면 합작투자 파트너에게 지분을 팔고 쉽게 철수할 수 있는 풋옵션(put option)을 갖는 것과 마찬가지이다. 결국 기업이 탈퇴를 할 때에도 전략적 제휴는 기업에게 옵션을 갖고 있는 것과 같은 유연성을 준다.

04 제휴전략의 주요 유형

4.1 전략적 제휴의 범주

Yoshino와 Rangan(1995)은 전략적 제휴의 유형을 다음의 <그림 12-2>와 같이 다양한 여러 형태로 분류하였다.

먼저 기업간 관계에 따라서 계약협정과 지분협정으로 크게 나눈다. 그리고 계약협정은 다시 전통적 계약과 비전통적 계약으로 구분하였으며 이중 전통적 계약으로 간주하는 정상구매·판매계약이나 프랜차이징, 라이슨싱 등은 전략적 제휴의 범주에서 제외한다. 한편 지분협정은 법인유무에 따라서 <그림 12-2>와 같이 분류하며, 이 중 전략적 제휴의 범주로 정의하는 부분은 비전통적 계약, 법인비신설, 법인신설 중에서 비자회사성격의 합작투자로 한정하고 있다.

특히, 지분협정형태의 전략적 제휴는 법인이 비신설되는 경우의 소수지분투자 및 지분교환의 방식과 함께 법인이 신설되는 경우의 50:50 또는 불균형 합작투자의 경우만을 일컫는다. 점차 전략적 제휴가 기업의 전략에 중요한 역할을 담당하게 되고, 또한 제휴를 통해 보다 높은 성과를 거두기를 원한다면 이러한 방식을 사용함으로써 제휴관계를 더욱 공고히 할 수 있다. 일부기능에만 국한된 계약협정과 달리 지분협정은 기업활동의 여러 분야에 걸친 종합적인 협력관계가 필요할 때 실행하는 경우가 많다.

그림 12-2 전략적 제휴의 범주

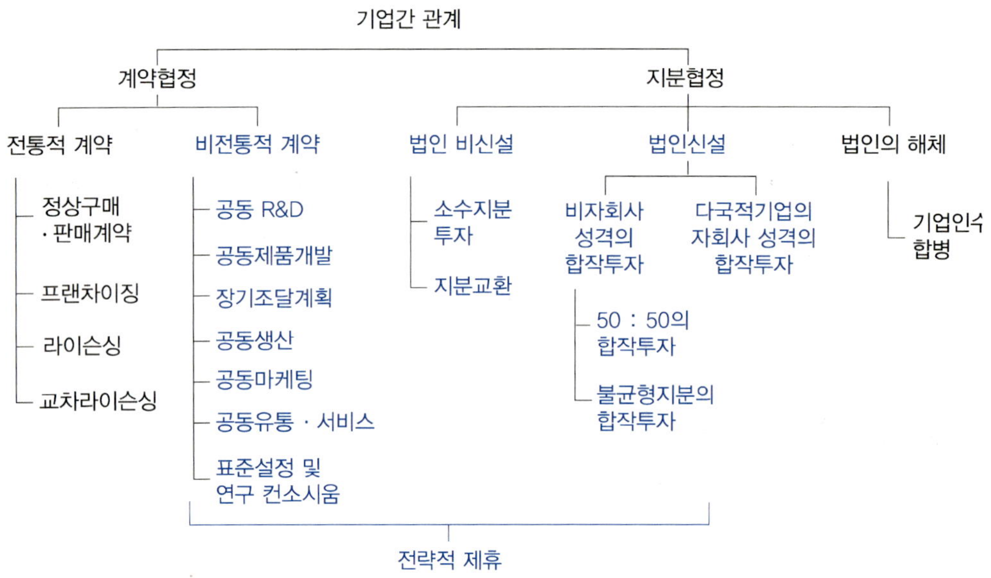

4.2 전략적 제휴의 주요 유형별 특성

전략적 제휴는 기업의 모든 활동에 대해 이루어질 수 있는데, 특히 기술, 조달, 생산, 판매활동 등에서 활발하게 일어난다.

기술분야에서의 전략적 제휴는 참여기업들이 각자 보유하고 있는 기술을 상호교환하거나 새로운 기술을 공동개발할 목적으로 추진된다. 기업들은 기존에 가지고 있던 기술들을 상호교환해서 이용하는가 하면 인력, 자본 등 연구개발자원을 분담해 새로운 기술을 공동으로 개발하기도 하는데, 이를 공동연구개발이라고 한다. 공동연구개발은 두 기업 사이에 추진되는 양자적 형태로부터 다수의 기업이 참여하는 컨소시엄(consortium)을 구성하는 형태에 이르기까지 다양하다.

조달분야에서는 부품이나 제품을 장기간에 걸쳐 안정적으로 확보하기 위해 전략적 제휴가 이루어진다. 특히 전세계를 무대로 활동하는 다국적기업들의 경우 최소의 운송비용으로 부품 및 제품을 원활하게 조달하는 일이 매우 중요하기 때문에 전략적 조달제휴에 적극적이다. 조달제휴의 범주에 속하는 것으로 부품조달, 생산위탁, 외부소싱 등을 들 수 있다. 부품조달은 2개 이상의 기업이 중간재를 포함하여 제품생산에 필요한 각종 부품을 상호보완적으로 공급하는 것을 말한다. 종래에는 선발기업과 후발기업 간의 하청관계위주로 부품조달이 이루어졌으나 최근에는 상호 보완적·쌍무적 형태의 제휴가 늘어나고 있다. 한편 생산위탁은 구비품목을 다양화하기 위해 상대기업으로부터 자사에게 부족한 제품을 공급받는 식의 제휴이다. 생산위탁이 이루어지기 위해서는 제휴기업이 자사보다 유리한 가격으로 동등한 품질이상의 제품을 공급할 수 있어야 한다. 생산위탁을 적절히 활용할 경우 기업은 경영자원을 자신있는 품목에 집중투자하면서도 품목의 다양성을 유지함으로써 전체적인 경쟁력을 제고할 수 있다. 마지막으로 외부소싱은 단순 외주가공을 통해 제품을 조달하는 것을 말한다. 제휴기업에게 모든 부품을 공급한 뒤 이를 단순히 조립·가공하여 제품을 완성토록 한 뒤, 완성된 제품을 공급받는 형태이다.

생산분야에서의 전략적 제휴는 생산비용을 낮춰 제품의 가격경쟁력을 높이고, 각종 무역장벽을 피해 상대지역 시장으로의 진입을 쉽게 함으로써 기업의 시장지배력을 강화하기 위해 추진된다.

생산제휴는 한 쪽이 다른 쪽으로부터 부품이나 제품을 일방적으로 제공받는 조달제휴와 달리 비교우위의 경영자원을 상호공급하여 제품을 공동생산하는 방식이다. 대표적인 생산제휴로는 공동생산, OEM(주문자상표부착방식), 세컨드소싱(second sourcing) 등이 있다. 공동생산은 글자 그대로 제휴에 참여한 기업들이 공동으로 특정제품을 만드는 것이다. 이때 각 기업은 노동, 자본, 기술 등 생산요소 중 상대방에 비해 우위에

표 12-2 전략적 제휴의 유형과 특성

유 형	목 적	종 류	특 성
기술제휴	기술의 공동개발과 상호교환	공동기술개발, 기술도입 및 교환, 특허공유, 연구참여	• 기술력격차 해소 용이 • 신기술·제품의 공동개발 • 생산·판매제휴로 발전
조달제휴	범세계적 조달활동으로 비용절감 및 조달 원활화	생산위탁·수탁, 부품조달, 단순외주가공	• 기업의 글로벌화와 연계
생산제휴	생산비 절감 및 자사 브랜드의 시장지배력 강화	공동생산, 생산위탁·수탁, OEM. 세컨드 소싱	• 합작형태로 공동판매단계로 발전
판매제휴	상대국 시장접근 및 판매강화	공동브랜드, 판매위탁, 공동규격 설정	• 판매지역·제품의 선택적 활용으로 Cross Marketing

있는 요소를 제공한다.

OEM으로 널리 알려져 있는 주문자상표부착방식도 브랜드이미지가 강한 기업과 생산능력은 있지만 브랜드이미지가 약한 기업간에 이루어지는 일종의 전략적 제휴이다. 브랜드이미지가 강한 기업은 자기 브랜드는 없지만 나름대로 생산능력을 가지고 있는 기업에게 생산을 위탁하여 제품을 만들고, 그 제품에 자사 브랜드를 부착・판매함으로써 브랜드이미지를 더욱 강화시킨다. 반면에 생산을 위탁받은 기업은 상대방의 브랜드를 이용해 자신의 생산능력을 최대한 발휘한다.

세컨드소싱은 기술력이 뛰어나 특정 제품의 세계시장을 장악하고 있는 기업이 늘어나는 수요를 독자적으로 감당하기 어려운 경우, 타사에 기술을 제공하여 위탁생산함으로써 부족한 공급분을 충당하려 할 때 이용되는 제휴방식이다. 세컨드소싱은 생산을 위탁한다는 면에 있어서는 OEM과 비슷하다. 그러나 자사의 기술을 제공하여 철저히 통제하고, 그 대신 생산된 제품의 판매권을 수탁업체에 부여한다는 점에서는 상당한 차이가 있다.

판매제휴는 경로・노하우 등 제휴기업의 판매능력을 활용, 상대시장에 보다 쉽게 접근하는 동시에 상대시장에서의 판매를 확대할 목적으로 이용되는 전략적 제휴이다. 판매제휴에는 일반적으로 공동브랜드 이용, 위탁판매, 공동규격설정 등이 있는데 다른 분야에서의 제휴와 달리 특정지역에 대해 선택적으로 제휴활동이 이루어진다.

공동브랜드 이용은 기업이 특정지역에 처음 진출할 때 주로 사용되는 제휴방식이다. 소비자들에 대한 이미지가 좋고 판매능력이 뛰어나 현지기업과 함께 현지인들에게 친숙한 느낌을 줄 수 있는 공동브랜드를 만들어 이용함으로써 현지판매를 강화한다. 위탁판매는 공동브랜드 이용과 달리 자사의 독자적 브랜드를 그대로 사용하면서 제휴기업의 유통망과 유통노하우를 활용하는 방식이다. 위탁기업은 수탁기업의 뛰어난 판매능력을 이용해 시장지배력을 강화하고, 수탁기업은 위탁기업으로부터 판매이익 중 일정분을 보장받는 한편 제품의 구색을 갖춘다는 이점을 얻게 된다. 한편 공동규격설정은 두 기업이 각각 상대기업의 현지판매능력을 이용, 상대시장에서의 판매활동을 강화하기 위해 추진하는 제휴방식을 말한다. 서로 공동의 상품규격을 설정하여 특정 판매지역이나 제품에 대해 자유롭게 크로스마케팅을 전개한다.

국제경영 이야기 12-4

"만리장성넘어 해외로"… 중국의 원자력 굴기

원자력산업에서도 '중국 굴기(崛起 · 우뚝 일어섬)'가 나타나고 있다. 국제원자력기구(IAEA)에 따르면 중국은 올 6월 기준 40기의 원자력 발전소를 운영중이다. 세계에서 가장 많은 17기의 신규 원전을 건설중이다. 오는 2030년이면 중국 내 원전이 100기를 돌파할 것이라는 전망이 나온다.

중국은 자국내 전력수요증가와 석탄발전에 따른 공해문제를 해결하기 위해 원전에 집중하고 있다. 최근에는 해외와의 기술 · 사업제휴와 글로벌 시장공략에도 속도를 내고 있다. 닛케이아시안리뷰는 "중국의 약진은 세계 원자력 산업계에 위협이 되고 있다"면서 "중국의 원자력기술은 저렴하면서도 기술적으로 선진국에 뒤지지 않는다"고 전했다.

○ 중국, 2040년이면 세계 원자력 발전 30%차지

IAEA에 따르면 세계 원자력 발전량은 2016년 2611테라와트시(TWh)에서 2040년 3844TWh로 약 47% 증가할 전망이다. 선진국의 원자력 발전수요는 재생에너지 사용증가와 전기사용감소로 줄고 있다. 하지만 아시아태평양 지역의 원자력 발전수요는 여전히 증가하고 있는 상황이다.

실제 아시아태평양 지역 원자력 발전량은 2016년 470TWh에서 2040년 1798TWh로 약 4배 수준으로 늘어날 전망이다. 이중 중국의 원자력 발전량은 2016년 213TWh에서 2040년 1102TWh으로 대폭 증가할 것으로 예상됐다.

중국이 2040년이면 세계 원자력 발전량의 30%를 차지하는 것은 물론 '원자력 초강대국' 자리에 우뚝 설 것이라는 전망이 나오는 이유다.

중국이 원전건설에 박차를 가하는 이유로는 크게 세 가지가 꼽힌다. 중국은 급속한 산업화로 매년 전력수요가 늘어나는 국가다. 국제에너지기구(IEA)에 따르면 중국 내 전력수요는 오는 2040년까지 연 평균 2.2% 증가할 것으로 예측됐다.

중국은 스모그문제로 석탄발전 의존도를 낮추고 있는데, 원전, 태양광, 풍력 등을 대안으로 내세우고 있다. 특히 원전이 수십조~수백조원에 달하는 국가산업이라는 점에서 자국의 기술과 자본력을 무기로 해외수출에 박차를 가하고 있다.

○ 미국·프랑스와 손잡고 최신 원자력 기술개발

중국은 가격경쟁력과 금융(자금조달)을 무기로 신흥국가에서 원전사업기회를 노리고 있다. 2016년 케냐와 이집트에 3세대 원전 '화룽 1호' 수출을 위한 양해각서(MOU)를 체결했다.

중국핵공업집단(CNNC)은 파키스탄 원전시장을 독점하며 2013년부터 원전 4기를 건설했다. 올 5월에는 우간다 에너지부와 원자력사업에 협력하기로 했다. 우간다를 포함한 동아프리카 국가들은 경제성장과 전력수요증가로 약 10기의 원전건설을 검토하고 있다. CNNC는 사우디아라비아와 아르헨티나와의 협력에도 공을 들이고 있다.

닛케이아시안리뷰는 "중국은 다양한 기술과 전문지식을 흡수함으로써 해외시장진출을 준비해왔다"고 전했다. 실제 중국 남부 광동성에 위치한 태산원전은 프랑스 원자력 회사인 아레바가 개발한 원자로를 사용했다. 1호기가 175만킬로와트(kW)의 전기를 생산할 수 있어 세계에서 가장 강력한 원자로로 평가받는다. 태산원전에는 중국이 70%, 프랑스 전력회사 EDF가 30%의 지분을 투자했다.

지난해 10월 빌 게이츠 미국 마이크로소프트(MS) 공동창업자가 이끄는 원자로 설계회사 테라파워는 CNNC와 4세대 원자로 기술을 연구하기 위한 조인트벤처를 설립했다. 리커창 중국 총리는 조인트벤처에 대해 "첨단기술분야에서 중국과 미국의 협력을 선도하는 프로그램"이라고 설명했다.

카네기국제평화기금의 마이크 힙스 수석연구원(핵정책프로그램)은 "중국이 원자력분야에서 아주 놀라운 기술적 발전을 이루지는 못 했지만, 해외에서 도입한 기술을 개선시키고 있다"고 말했다. 중국은 원자력안전과 효율만 중요시하는 것이 아니라 지식재산권 확보에도 신경을 쓰고 있다.

일각에서는 원자력이 국가안보와 밀접한 관련이 있기 때문에 중국의 약진을 경계하는 목소리도 나오고 있다. 테피아연구소는 "일본, 미국, 프랑스 같은 선진국들이 자국에 원전을 짓지 않아 수출 경쟁력이 약화됐다"면서 "일본이 새로운 원전을 건설하기 위해 중국기술을 수입하는 상황이 벌어질 수도 있다"고 전했다.

자료: 조선일보, 2018년 07월 13일

국제경영 이야기 12-5

폭스바겐·포드, 오는 2022년 중형 픽업트럭 출시계획..'동맹'결성

폭스바겐과 포드가 협력을 발표했다. 두 회사는 이를 통해 2022년 공동개발한 중형 픽업트럭을 시장에 선보일 계획이다.

폭스바겐그룹과 포드는 16일(현지 시각) 공식입장을 내고, 상업용 밴과 중형 픽업트럭을 공동개발하겠다고 밝혔다. 이는 전기차와 자율주행차를 포함한 광범위한 제휴협력의 첫 단계라는 점도 두 회사측의 설명이다.

폭스바겐과 포드는 이를 통해 규모의 경제달성과 효율성 증가를 기대하고 있다. 차량설계에 대한 투자를 공유해 비용을 절감할 수 있기 때문이다. 두 회사의 상용차 판매량은 연간 120만대 수준이다.

두 회사는 이를 통해 2022년 출시 예정인 중형 픽업트럭을 공동 개발하고, 유럽시장을 염두한 상업용 밴의 설계도 함께 하게 된다. 업계는 중형 픽업트럭과 상업용 밴 수요가 향후 5년간 지속적인 증가세를 보일 것으로 예상하고 있다.

허버트 디이스(Herbert Diess) 폭스바겐그룹 회장은 "폭스바겐과 포드는 전세계 수백만 명의 고객들에게 더 나은 서비스를 제공하기 위해 우리의 공동자원, 혁신역량과 상호보완적 시장포지션을 활용할 것"이라며 "이번 제휴는 우리의 경쟁력을 개선하기 위한 초석이 될 것"이라고 덧붙였다.

짐 헤켓(Jim Hackett) 포드 회장은 "이번 제휴는 시간이 지남에 따라 두 회사가 가치를 창출하고 고객과 사회의 요구를 충족시키는 데 도움이 될 것"이라며, "양사가 상당한 효율성을 도모하고 체질을 개선하는 데에는 물론, 차세대 모빌리티시대를 만들어가는 데 협력할 수 있는 기회를 제공한다"고 말했다.

한편, 폭스바겐그룹과 포드는 이날 자율주행차, 모빌리티 서비스, 전기차에 대한 협업을 검토하기 위한 양해각서(MOU)도 체결했다. 두 회사는 이 외에도 추가적인 협업 또한 고려하고 있지만, 상호 지분인수와 같은 거래는 염두하고 있지 않다는 입장이다.

자료: 조선일보, 2019년 01월 16일

05 제휴전략의 성과

5.1 전략적 제휴의 Life Cycle

전략적 제휴도 제품수명주기와 같이 형성-성장-안정-쇠퇴의 과정을 거쳐서 변화한다. 형성기에는 서로의 제휴가능성을 타진하고, 성장기에는 상호 협력이 시작되고 목표달성을 위해 최선을 노력을 다하는 시기라 할 수 있다. 안정기에는 제휴사 간의 연결이 탄탄하고 양사가 만족을 하는 시기이다. 성숙/쇠퇴기에는 관계가 성숙되었고 환경 혹은 전략의 변화에 따라 관계가 손상되기 시작한다. 이 시기에 새로운 관계설정을

그림 12-3 전략적 제휴의 Life Cycle

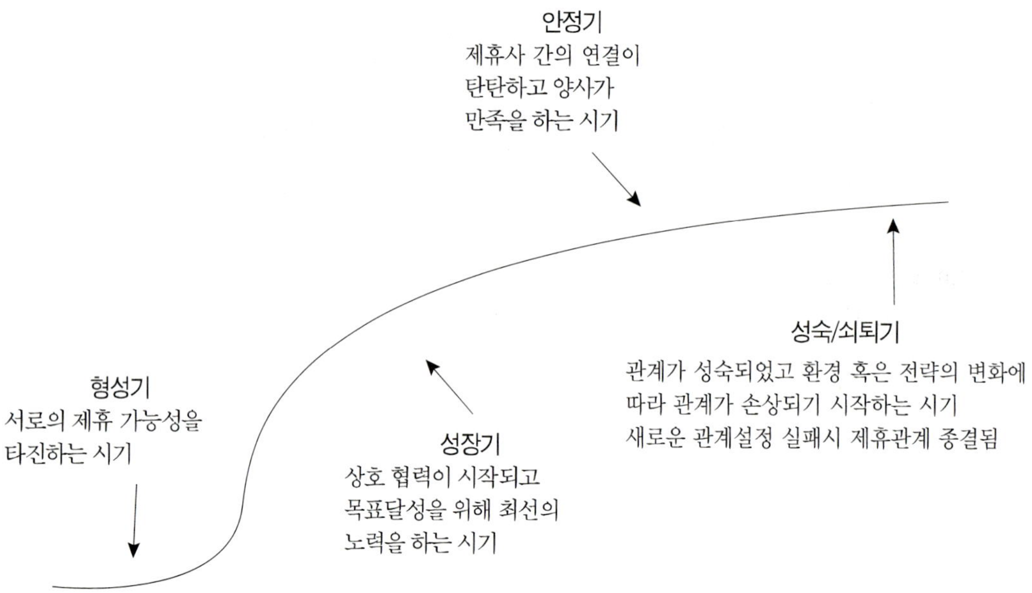

하지 못할 경우에는 제휴관계가 종결된다. 이러한 사이클을 그림으로 살펴보면 <그림 12-3>과 같다.

5.2 제휴전략의 성과

앞에서 보았듯이 제휴전략을 통하여 기업은 상호보완적인 경영자원을 공유함으로써 기업의 전략적 목적에 한 발 더 다가설 수 있는 여러 제휴의 장점을 살릴 수 있다.

그러나, 실제의 현실을 살펴보면 기업이 전략적 제휴를 성공으로 이끌기는 무척이나 어렵다는 것을 알 수 있다. 그 기업이 추구하려던 처음의 목표를 달성하였는가와 전략적 제휴를 통하여 자신이 투자하였던 자금이나 시간 등의 비용을 회수하였는가를 살펴보면 기업의 제휴전략이 결코 쉬운 일이 아닌 것만은 확실하다. 그러나 전략적 제휴는 지역적, 기술적, 제품별 중복이 없을수록 훨씬 성공할 가능성이 높다. <그림 12-4>에 나타나 있는 것처럼 지역시장 간의 중복이 최소일 경우에 훨씬 성공할 확률이 높다. 만일 양 제휴선이 동일한 지역에서 높은 시장점유율을 갖고 있을 경우, 이런 제

그림 12-4 지역시장의 중복과 전략적 제휴의 성과

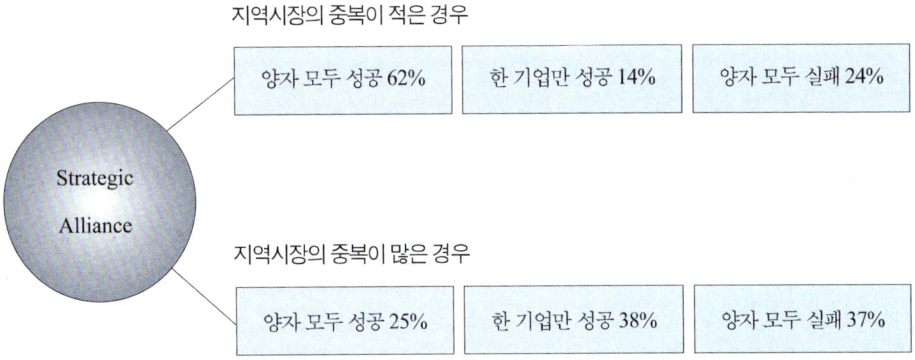

자료원: Bleeke and Ernst, *Collaborating to Compete*, John Wiley & Sons, 2000, p. 20.

휴관계는 종종 경쟁적인 갈등을 겪게 된다. 중복이 없을수록 서로 이해관계의 갈등을 피할 수 있기에 두 기업 모두 성공을 위해 매진할 수 있기 때문이다.

또한 투자회사들의 지분율이 50대 50일 때가 지분율이 불균등할 때의 제휴보다 성공할 확률이 더 높다. <그림 12-5>에 따르면 50대 50의 지분소유가 불균등 지분소유보다 성공할 확률이 높게 나타나고 있다. 이것은 제휴파트너에 비해 지분을 더 많이 소유한 기업은 제휴에서 의사결정을 자신이 독점하려는 경향을 보이거나, 상대파트너의

그림 12-5 소유구조와 전략적 제휴의 성과

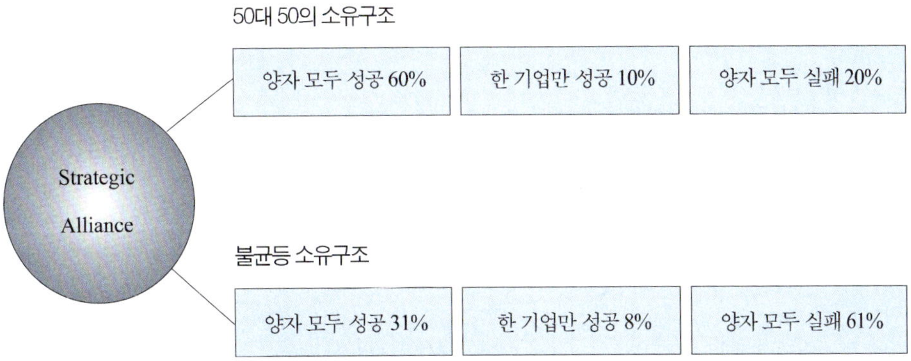

자료원: Bleeke and Ernst, *Collaborating to Compete*, John Wiley & Sons, 2000, p. 28.

이익에 반해서 자신만의 이익을 더 챙기려는 경향을 보이기 때문이라고 한다.

이와 같이 지분을 많이 가진 기업이 의사결정을 독점하고 자신의 이익만을 추구할 때, 상대편 파트너 기업은 열심히 노력하기보다는 수동적으로 끌려 다니거나 제휴가 자신에게 별다른 도움이 안 된다는 것을 깨닫고 제휴를 끝내려고 한다. 결과적으로는 이 제휴에 참가한 두 기업 모두 실패를 경험하게 되는 것이다.

균등한 소유구조의 제휴가 더 성공하기 쉽다는 것은 몰입성과 관련이 된다. 즉 소유권이 불균등하게 규정되어 있을 경우, 소유권에서 열세에 있는 기업은 제휴를 성공적으로 이끌어 가기 위해서 열심히 일하려고 하지 않을 것이기 때문이다. 오히려 50대 50으로 균등하게 소유권을 보유하고 있을 때 제휴는 더 성공하기가 쉽다.

그렇다면 이러한 실패는 어디에 기인하는 것일까? 지역시장중복이나 소유구조의 경우를 제외하고도 전략적 제휴의 실패이유는 여러 가지가 있을 것이다. <그림 12-6>에서 보듯이 국제간 전략적 제휴 70%는 실패할 확률을 보여 왔다. 실패의 30%는 구조적인 문제에 기인하며 실패의 70%는 협력관계의 문제에 기인하고 있다. 구조적인 문제는 상호보완성, 규모, 그리고 지위 등이며, 협력관계의 문제는 기업특성들의 조화, 신뢰성, 몰입도, 문화, 그리고 의사소통 등의 이슈들이 실패의 주된 요인이 되고 있는 것이다.

그럼 여기서 전략적 제휴가 실패하는 주요 요인에 대해서 좀 더 살펴보도록 하자.

그림 12-6 소유구조와 전략적 제휴의 성과

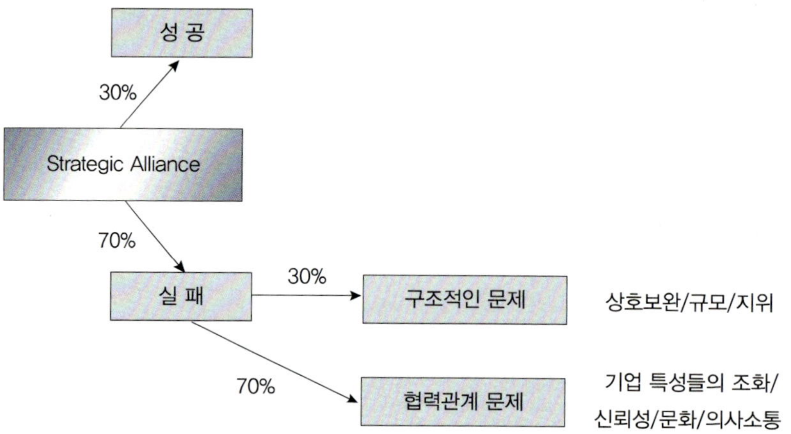

자료원: Murphy, A. and G. Kok, Leap into the Future "*Managing Differences*", EFQM Conference 7th, KPMG Alliances, 2000.

첫째, 불분명하고 측정하기 어려운 목표설정은 제휴자체를 어렵게 만들고 제휴가 이루어지더라도 상대기업과의 견해 차이로 인해 갈등이 증폭되게 된다. 제휴를 하는 것 자체가 목적이 아니라 기술획득, 시장점유율 제고 등을 달성하는 것이 진정한 제휴의 목적임을 잊지 말아야 한다.

둘째, 자사의 능력을 과대포장하거나 상대회사의 역량에 대한 과도한 기대는 실제 협력과정에서 불신과 갈등을 만들게 된다.

셋째, 상대기업의 기회주의적 행동을 너무 우려하거나 자사의 이익에만 눈이 어두우면 상호불신과 기만이 생기기 쉽고 이는 제휴를 실패로 만든다.

넷째, 이익과 경쟁력의 원천이 되는 자체 핵심역량을 보유하지 못한 상황이라면 제휴사업을 주도할 수도 없고 제휴관계도 오래가지 못한다.

다섯째, 파트너의 핵심역량흡수에 소홀한 경우이다. 전략적 제휴는 상대기업의 핵심역량을 얼마나 효과적으로 흡수하는가의 여부에 따라 한 기업만이 이익을 볼 수도 있고 양자가 모두 손해를 보기도 한다. 전략적 제휴를 이유로 기술력 제고에 노력하지 않으면 제휴의 목적을 달성하지 못할뿐 아니라 장기적으로 자사의 경쟁력을 약화시키는 결과를 초래한다.

여섯째, 조화되지 않는 기업문화에 대한 이유이다. 특히, 요즈음 관료적이고 사내정치가 우선하는 경향이 강한 대기업과 기업가정신이 충만한 벤처기업의 협력시 이러한 문제가 빈번히 발생하고 있다.

마지막으로, 경영진의 무관심이다. 경영진의 지속적인 관심과 지원이 없는 전략적 제휴는 실패로 끝날 확률이 높다.

국제경영 이야기 12-6

M&A와 비교해본 전략적 제휴의 장점

일부 산업의 경우 M&A보다 제휴관계의 성공확률이 높다

세계적인 컨설팅 회사인 맥킨지는 전세계에 걸쳐 다양한 제휴관계(단순제휴, 지분참여, 합작투자 등 5억 불 이상)에 포함되어 있는 2,100여 개의 회사를 조사한 결과 전체기업중 52% 이상이 전략적 제휴관계 이후 시장가치의 현격한 변화를 경험했으며, 이중 70%가 시장가치의 증가로 이어졌다고 한다. 특히 빠른 기술변화를 경험하고 있는 첨단산업과 미디어산업의 경우 M&A보다 제휴관계의 성공확률이 훨씬 높았다고 한다. 또한 신규 사업전개에 있어서도 제휴 관계가 유용한 수단임을 밝히고 있다.

[전략적 제휴와 M&A의 성공확률]

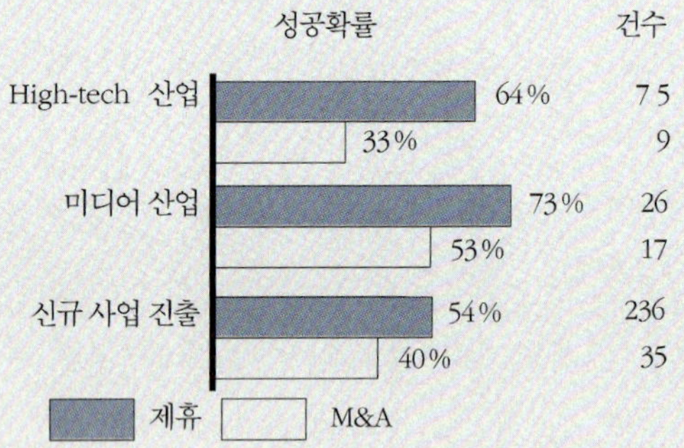

* M&A 제휴발표 이전 5일, 이후 5일 총 11일 주가변동을 통해 시장평균변동 대비 초과수익률을 올린 경우 성공적 거래로 규정

자료 : Mckinsey Quarterly 2000 Number. 3.

그렇다면 M&A에 비해 각종 제휴관계의 성공확률이 높은 이유는 무엇인가?

첫째, M&A에 비해 불확실성이 낮은 반면 각종 노하우 및 고객기반활용은 용이하다. 왜냐하면 조직과 전략의 큰 틀을 유지하면서 시너지 창출의 가능성이 큰 분야를 중심으로 협력 관계를 모색하기 때문이다. 따라서 시너지 창출과 관계없는 불필요 자산까지 떠안을지 모르는 M&A보다는 불확실성이 낮다. 또한 기존 고객 및 공급사와의 관계도 안정적으로 유지할 수 있으므로 기존 유/무형 자산의 훼손가능성이 작다. 특히 해외시장진출에는 제휴관계가 더욱 효과적이다. 민족감정이 강한 국가에서 현지기업에 대한 M&A는 국민감정을 건드려 기존 기업이 가지고 있던 브랜드파워가 훼손되고, 고객기반의 심각한 손상이 있을 수 있다. 그러나 현지기업과의 우호적 제휴관계는 현지기업의 시장 경험과 고객기반을 그대로 활용할 수 있는 장점이 있다.

둘째, M&A에 비해 위험부담이 훨씬 작다. 단순한 전략적 제휴관계의 경우 재무적 부담이 전혀없고, 일부 지분 투자를 한다 하여도 그 총액은 M&A에 비해 작다. 설사 제휴관계가 실패할 경우에도 퇴출장벽이 낮다. M&A의 경우 몸집이 너무 커져 새로운 구매자를 찾아 제 가격을 받는 것이 어려운 일이지만, 지분참여의 경우 참여한 지분을 되팔거나 제3의 구매자에게 양도하는 등 다양한 퇴출경로를 찾을 수 있다. 특히 우리나라처럼 자본시장이 협소하여 퇴출장벽이 높은 경우 M&A는 지나치게 위험한 선택일 수 있다.

셋째, M&A에 비해 확장 가능성이 크다. 두 기업의 합병에도 수많은 문제가 도사리고 있는데, 참어기업의 수를 3~4개까지 늘리는 것은 물리적인 한계가 있다. 그러나 제휴의 경우 제휴의 성격에 따라 대상기업의 수를 빠르게 늘려갈 수 있다. 이러한 정점을 잘 활용하면 기술변화가 빠르고 상품주기가 짧은 산업에서 표준을 선점하는데 유리하다.

넷째, 법률적 유연성이다. 각종 외부적 요인으로 M&A 자체가 불가능할 수도 있기 때문이다. 특히 개발도상국에 대한 진출의 경우 해외투자에 대한 각종 규제로 인해, 현지기업과 제휴를 맺어야 하는 경우가 있다.

경영사례 연구

Wil-Mor Technologies, Inc.

1991년 2월 윌슨(Wilson Industries, Inc.)의 최고 경영자 데이비드 맥닐(David McNeil)은 윌슨의 북미 자동차사업부 대표인 론 벅스(Ron Berks)와 함께 의논 중이었다. "론, Wil-Mor 합작투자 건이 호전되어 보이지 않는군" 하고 맥닐이 말했다. "3년이 지나도 여전히 돈을 잃고 있지않나? 무슨 일인가?" 합작투자의 한 일원이자 이 투자를 시작한 윌슨의 이사인 벅스는 문제가 있음을 깨달았지만 무엇을 해야 될지 몰랐다. 합작투자의 매니저들은 이 문제를 신경 쓰지 않을 뿐 아니라, 그들은 사업확장에 대해서 말하고 있었다. 윌슨의 합작투자 파트너인 일본인들은 심지어 수익성에 대해 의논하는 것 조차 원치 않았다. 그들이 신경 쓰는 것은 비용절감과 합작투자의 가장 큰 고객을 행복하게 만드는 것뿐이었다. 맥닐은 뭔가를 해야 된다고 강조하며 다음과 같이 덧붙였다. "우리가 이 투자를 시작하였을 때 당신은 가동한지 2년이 되면 손익분기점에 도달한다고 예측하지 않았소. 3년이 지났는데도 그 가까이 조차 가지 못하고 있잖소?"

Wilson Industries, Inc.

디트로이트에 1923년 설립된 윌슨은 자동차와 가전제품 관련 플라스틱과 금속성 부품을 제조하는 업체였다. 1990년 총 매출액은 3억 6천만 달러였고 이중 2억 1천만 달러는 북미 자동차사업부에서 달성했다. 여기서 휠 카버(wheel trim cover), 범퍼(bumper reinforcement), 플라스틱 트림(plastic trim), 배터리 받침대(battery trays)와 같은 플라스틱 부품을 생산하였다. 포드와 크라이슬러가 윌슨의 매출액의 80%를 차지했고 나머지는 General Motors에게 팔렸다. 몇 년 동안 자동차사업부 매출액은 일정하게 유지됐으며 수익은 감소하는 추세였다.

최근 몇 년 동안, 윌슨은 자동차 생산활동을 국제화하려는 조치를 취하였다. 1983년, 독일에 수출을 하기 시작했으며 영국에서 조그만 공장을 사들였다. 게다가 Wil-Mor외에 1988년에는 윌슨 제품을 공급하기 위해 호주에 합작회사를 설립했다.

The Automobile Industry

1980년대에 북미 자동차산업은 급격하게 변했다. 그 변화의 원동력은 선도 경쟁자로서 일본 생산자들의 출현이었다. 1981년에 북미에서는 일본의 조립공장이 없었으나 1990년쯤 일본인이 가동하는 조립공장이 미국에 9개, 캐나다에3개가 되었다. 1990년 이들 공장에서 180만대의 자동차가 생산되었고, 그것은 북미 생산총량의 20%가 넘는 생산량이었다. 1990년 후반부까지 "Transplants"라고 일컬어지는 일본의 조립공장은 현장에 복합생산능력(combined capacity)을 갖고서 매년 230만대의 자동차를 생산하겠다고 발표했다. Transplant생산과 모든 국가에서 수입된 양을 합하면 북미에서 판매되는 수량의 40%가 넘는 양에 달한다. Transplant 생산능력의 증대로 몇몇 산업전문가들은 1990년대에 북미자동차 생산능력이 수요를 3백만대 이상 초과하게 될 것이라고 예측했다.

일본의 3대 자동차기업인 혼다, 닛산, 도요타는 "또 하나의 Big 3"로 일컬어진다. 그 Big 3는 종합적인 자동차 생산자가 되면서 차량의 디자인과 엔지니어링, 조립까지 현지에서 수행하였다. 그 예로서 도요타는 1992년에 자동차부품의 75%를 현지인 북미에서 조달하였고, 닛산은 1992년 6백명을 고용하게 될 디트로이트시 주변에 현대적인 엔지니어링 센터를 건설하고 있었다. 혼다는 약75%의 부품과, 25%내지 30%의 장비와 공구를 현지에서 조달하고 있었다. 그리고 1990년 처음으로 일본에서 수입하여 판매한 차량보다 북미에서 생산한 차량을 더 많이 판매하였다.

Automotive Suppliers

일반적으로 자동차는 1만여개의 부품으로 구성된다. 자동차 산업의 초기단계에는 자동차 메이커가 가능한 많은 부품을 내부에서 조달하려고 했었으나 1950년대에 이르자 독립된 공급업자들로부터 부품의 아웃소싱이 일반화되었다. 부품공급업자들은 청사진을 받아 계약서에 입찰가를 매기도록 요구받았다. 가장 낮은 가격을 붙인 입찰자가 보통 일년간 계약을 수주했다. 1980년대는 세계의 모든 자동차 회사가 어느 정도 아웃소싱을 이용하고 있었는데, General Motors는 내부조달 부품이 70%에 이르는 가장 많이 통합된 회사였다. 반면 사브(Saab)는 25%수준이었다.

1980년대, 북미에서는 아웃소싱을 늘렸고 거래하는 부품공급업자들의 수를 상당히 줄였다. 완성차 메이커와 부품공급업체간의 관계는 계층구조로 바뀌기 시작하였다. 1차(first－tier) 공급업자들은 자동차 메이커들과 직접 거래하고, 점차적으로 새로운 시스템과 부품을 고안하는 데에도 함께 참여하였다. 그리고 수많은 제2차 협력업체들의 운영을 조정하였다. 일본 생산자들이 사용하는 이러한 계층구조적 접근방식의 이점은 자동차 메이커들이 제한된 수의 기업과 거래를 할 수 있고 디자인과 엔지니어링에 있어 각 업체들과 밀접하게 운영할 수 있다는 점이었다.

아웃소싱으로의 전환과 다층 공급자의 조정 등의 추세 외에 日本 부품공급산업은 다음과 같은 두드러진 특징을 지니고 있었다. 첫 번째 특징은, 자동차 메이커들이 부품공급을 Just－in－time방식을 강요하고 디자인과 엔지니어링에 투자를 확대하도록 했다. 두 번째, 연구개발, 새로운 설비,

고용인 교육에 대한 비중 있는 요구 때문에 부품공급업자부문에서 합병이 두드러졌다. 셋째, 부품공급업자들의 관심이 국내시장에서 해외투자로 옮겨졌다. 그 예로서, 일본에 기지를 둔 3백여개 이상의 회사들이 북미에서 공장을 가동하기 시작했는데 그 대부분이 1987년과 1988년에 이루어졌다.

이러한 Transplant 자동차 메이커들의 북미로의 이주는 日本 부품공급업자들이 지역에 공장을 설립하게 된 주요 원인이 되었다. 한편, 상당수의 부품공급업자들은 자신들의 부품을 미국 국내자동차 메이커들에까지 판매하게 되었다. 이와 같은 외국계 부품공급업자들의 진출과 그에 따른 경쟁과 초과생산능력이 북미 자동차 부품업체들에게 커다란 도전이 되었다. 미국 부품공급업자의 한 고위 매니저는 다음과 같이 말했다.

계속되는 일본 회사들의 진입과 초과생산능력, 그리고 부품통합과 자동차 회사들의 한 시장으로의 집중공략 등으로 인하여 다가오는 5년간은 끔직한 상황에 처할 것이다. 즉 많은 부품공급업자들이 사라지게 될 것이다.

The Transplants

1980년대 중반까지 전통적인 북미 시장이 침체되면서 월슨을 포함한 많은 부품공급업자들은 이 시장의 Transplants에 공급하는 것이 잠재적으로 수익성이 높을 것이라고 보았다. Transplants는 현지부품조달(local content)의 의무를 갖고 있었으며 급속도로 생산능력을 증가시켰으나, 불행히도 북미 현지회사들에게는 日本 자동차 메이커에 부품공급업자가 되는 것이 매우 어려운 일이 되었다. 왜냐하면 북미회사들은 일본식의 Just-in-time 재고시스템이나 융통성 있는 생산에 대한 수요 등에 친숙하지 못했기 때문이다. 게다가, 미국의 자동차 메이커와는 다르게 일본의 자동차 메이커들은 거의 자신들의 부품공급업자들을 바꾸지 않아서 더욱 문제가 어려웠다. 한 예로, 도요타의 부품공급업자는 1950년대 이후 실질적으로 바뀐 적이 없다. 그들 대부분이 부분적으로 자동차 메이커들의 소유였으며 계열사(Keiretsu)의 일부로서, 밀접한 관계를 맺고 있었다. 닛산의 미국 현지공장의 대표가 설명하였다.

미국과 日本 공급업자간의 관계는 그다지 바뀔 것 같지 않습니다. 우리의 기업철학은 일단 공급업자가 결정되면 크게 잘못을 하지 않는 한 끝까지 우리의 부품공급업자로 여긴다.

일본회사는 부품공급업자 관계에 있어 신용과 협력에 상당한 중요성을 부여한다. 한 부품공급업체의 실무자가 말했다.

북미 부품공급업자 관계는 매우 적대적이다. 부품공급업자는 자동차 메이커가 준 청사진으로 일하기 때문에 청사진의 일부가 맞지 않으면 고객에게 꿰어 맞추도록 내버려 둔다. 혼다와 우리 기업과의 관계는 부품을 공급하는 한 상호보완적이다. 청사진은 단지 시작점에 불과하다. 부품이 반드시 자동차에 맞아야 하지만, 그렇지 않을 경우에는 혼다 측에서 "자동차를 제대로 만들기 위해서 우리가 함께 할 수 있는 것이 무엇입니까?" 라고 물을 것이다. 만일 General Motors에 150여개의 불량품을 선적한다면 General Motors는 문제가 있으니 빨리 고치라고 말했을 테고 혼다의 경우에는 문제가 생겼으니 우리가 어떻게 도울 수 있겠습니까? 라고 말할 것이다. 일본 고객은 부품공급업자가 위협받거나 당황하도록 힘을 앞세우지 않을 것이다. 일단 협력관계가 되면 함께 해결하려고 노력할 것이다.

북미에서 부품공급계약이 취소될 위협으로 인해 자동차 메이커와 부품공급업자간에 서로 신뢰하지 못하는 시스템을 만들어냈다. 반대로 일본식은 상호 의논과 협상을 바탕으로 장기간의 관계를 유지하고 있다. "일본식 시스템은 불신의 악순환을 협동의 선 순환으로 대체한다" 라는 연구결과가 있었다.

물론 일본자동차 메이커들은 부품공급업자들을 대체 할 수 있고 또 과거에도 그러했었다. 공급업자가 더 이상 정확하고 양질의 표준에 미치지 못하거나, 비용과 품질이 향상될 수 없다는 것이 분명해질 때 日本 메이커들은 미국의 메이커들처럼 새로운 부품공급업자를 찾는 듯 하였다. 차이점으로는 일본 자동차 메이커는 북미의 상황에서 전형적이라고 인정되는 것 이상의 노력을 부품공급업자를 돕는데 보인다는 것이다.

The JV Formation

1983년 론 벅스는 북미시장에서 Transplant 점유율이 계속 성장하리라고 확신하여 Transplant공장에 부품공급 가능성을 탐색하였다. 일본에 몇 번 다녀와서 오하이오주에 있는 혼다 아메리카와 의논을 시작해 보았으나 성과없이 몇 해가 지난 뒤, 그는 일본회사와 아무런 협력관계를 맺지않은 미국부품공급업체는 日本 Transplant에 접근하는 것이 사실상 불가능함을 인식하게 되었다.

그러는 동안에, 일본의 자동차산업은 계속 성장하였다. Transplant 자동차 메이커는 그간 형성된 부품공급업자와의 관계를 유지하면서 또한 늘어난 현지부품조달이 보다 중요하다는 정치적 압력 때문에 일본 부품공급업자에게 북미에서 공장을 세우도록 권유하였다. 몇몇의 큰 부품회사는 이미 공장을 세웠지만 대부분은 그렇지 못하였다. 북미에 새로운 공장을 설립한다는 것의 위험성과 日本 자동차 메이커들이 현지 부품공급 파트너를 구해야 한다는 압력으로 인해 많은 日本 부품공급업자들이 미국 파트너와 합작투자를 형성하도록 부추겼다.

1985년 후반에 벅스는 처음 합작투자의 실행 가능성을 고려해보았다. 합작투자 파트너로써 확실한 선택은 모로타 제조회사였다. 몇 해 동안 윌슨은 모로타와 라이센싱 협의서로 관계를 맺어왔다. 모로타는 1950년 설립된 조그만 전기모터 제조업체였다. 제품으로는 재봉기계와 소형 가전용품 그리고 자동차산업에 필요한 여러 가지 플라스틱 부품들이었다. 자동차관련기기 판매의 약 70%를 도요타에 공급했고 그 다음으로 닛산, 혼다, 미쯔비시의 순이었다. 도요타는 모로타주식의 10%를 소유하고 있다. 한국에서의 합작투자를 제외하고는 모로타는 국제경험을 갖고 있지 않다.

벅스는 모로타가 북미에 공장을 세우려고 하는 것을 알고 있있다. 1986년초반에 그는 모로타사장과 계약을 체결하고 그 해 7월 일본에서 모임을 갖고 나서 도요타가 모로타에게 합작투자를 실행할 것을 권유했다는 것을 알아냈고 또한 모로타는 "국제적으로 미숙하고 미국에 오는 것을 몹시 두려워하고 있으며, 특히 미국의 노동인력을 다루는 일에 대해 걱정하고 있다는 사실을 알게 되었다" 마침내 두 회사는 합작투자를 실행하는데 협력할 것을 동의했다.

The JV Agreement

윌슨과 모로타간의 합작투자 논의는 1986년 후반부터 시작되어 6개월 뒤에 동의서가 체결되었고Wil- Mor Technologies, Inc. (Wil- Mor)라고 이름 붙였다. 초기에 벅스는 약 70%의 소유권을 갖고자 했으나 만일 윌슨의 소유권이 더 크다면 도요타측에 문제가 될 것이라고 생각했다. 그리하여 50대 50의 소유권으로 나누고 윌슨이 공장부지와 노동력을 관리하는데 책임지고 모로타는 설비획득과 설치에 책임지도록 협정을 맺었다. 모로타는 일본과 미국에서 초기 엔지니어링 제공과 노동력 훈련과정을 돕기로 하였다.

합작투자 대표는 모로타에서, 그리고 General Manager는 윌슨에서 임명하였는데 이들이 그 출발을 책임지게 되었다. 그리고 각 회사마다 세 명의 이사가 합작투자위원회에 포함되었다.

윌슨에서는 벅스, 자동차사업부 부대표, 그리고 합작투자의 General Manager가, 모로타에서는 모로타 대표이사, 전무 그리고 합작투자 대표가 포함된다.

벅스는 합작투자의 잠재력에 열정을 보였으며 1987년 상반기 합작투자 발표 이후, 이번의 합작투자가 윌슨의 매우 중요한 전략적 책략이라는 생각을 갖고 있었다. 즉 이번 합작이 윌슨 현업의 연장으로서 시장점유율을 증가시킬 것이고, 또한 신 성장시장으로의 진출기회도 제공할 것으로 보았다. 또한 윌슨이 파트너인 日本기업으로부터 배우는 기회가 될 것이며 몇 년 이내에 일본으로 부품을 역수출할 수 있으리라는 기대를 갖고 있었다.

Start-up

벅스는 합작회사의 General Manager는 경험있는 미국 매니저이어야 한다고 생각하여 윌슨에서

30년 동안 일해오고 최근에 설립된 공장의 매니저로 활약한 58세의 댄 존슨(Dan Johnson)을 임명하였다. 아키오 사키야(Akio Sakiya) 합작회사 대표는 55세로 그의 모든 경력을 모로타와 함께 했었고, 비록 엔지니어였지만 합작투자 대표가 되기전에 재정담당의 부 대표였다.

존슨은 공장부지 선택의 임무를 받고, 조지타운에 있는 새로운 도요타공장 가까이 있는 남쪽 루이스 빌의 조그만 마을인 켄터키 엘리자베스 타운(Kentucky Elizabethtown)을 선택했다. 합작투자의 초기투자 규모는 1,820만달러였다. 각 회사는 3백만 달러를 지불하고 나머지 1,220만 달러는 각 파트너의 보증으로 차입하여 충당했다.

합작투자 공장은 모로타가 이용하는 생산시스템을 기초로 하고 대부분의 장비 및 설비는 일본 것이었다. 모로타가 기술자 팀 구성을 맡았다. 이 팀은 기계설비 배치와 인력개발훈련을 책임지고 있었다. 존슨과 사키야가 함께 인력을 채용했는데 제조업에 대한 경험이 거의 없는 젊은 인력에 중점을 두었다. 그 이유는 나쁜 습관이 없을 것이라는 모로타의 생각 때문이었다. 양쪽 회사는 노동조합을 원하지 않았다.

General Motors와 도요타 간의 합작투자인 NUMMI와의 수주계약을 시작으로 이 합작투자회사는 1988년 공장을 가동하기 시작하였고, 조지타운에 설립된 도요타의 새로운 자체공장으로부터도 수주를 받았다. 모든 계약내용은 플라스틱 트림부품을 공급하는 것이다. 초기출발은 천천히 시작됐고 몇 달 동안 일주일에 이틀 또는 사흘분량의 일거리만 있었다. 이와 같은 출발은 윌슨이 바랬던 것보다 더 느린 것으로 이것은 "가동에 앞서 훈련"이라는 모로타의 태도 때문이었다.

JV Management

합작투자경영은 양사가 함께 하였다. 윌슨은 공장가동, 인력개발, 회계관리, 마케팅 매니저를 두었는데 그 중 누구도 일본어를 할 수 없었고 Transplants에서의 경험도 없었다. 모로타는 엔지니어링 매니저, 품질관리 매니저와 마케팅 매니저를 두었다. 그 중 마케팅 매니저를 빼고는 국제경험을 갖고 있는 사람이 없었고 단지 약간의 영어능력을 갖고 있었다. 대표를 포함한 일본인 경영인은 3년에서 5년간의 비자를 갖고 있어 비자기간 종료후에는 일본 본사로 되돌아가야 했다. 반면 미국 매니저는 계속 자리를 지키고 있었다. 궁극적으로 일본 매니저들은 추후 합작투자 내부에서 승진한 미국인으로 대체될 것으로 기대되었다.

합작투자는 순조롭게 시작되지 못하였다. 일본 매니저들은 완전한 기술적 책임을 주장하였고 General Manager인 존슨이 기술적 측면에 관여하는 것을 인정하지 않았다. 이렇게 야기된 여러 가지 문제는 일본측이 북미에서 새 공장을 설립하는 데 있어 기본적인 면에 익숙하지 않았기 때문이었다. 그들은 그들의 방식대로 공장을 운영할 것을 주장했고 부품공급업자 선택방법 역시 마찬가지였다. 존슨은 북미식 접근방법이 이용됐다면 일년에 약 25만 달러를 절약했을 것이라고 추정했다. 그러나 일본측은 부품공급업자를 가격조건에 따라 결정짓는 것이 아니라 윌슨과 모로타에 유능한 공급업자인가에 더 초점을 두었다.

합작투자가 시작되었을 때 일본 매니저들은 처음에는 미국 노동력이 양질의 생산품을 만들지 의심스러워 했고 그들이 기계를 적절히 운용할 수 있을지 궁금해 했다. 그래서 노동자들을 매우 힘들게 몰고 갔다. 몇 번이고 사키야는 공장에서 그가 본 것에 대해 화가나서 일본말로 노동자들을 호되게 꾸짖었다.

존슨은 일본 매니저들이 고의적으로 그를 경영관리프로세스에서 따돌리는 것을, 그리고 규칙적으로 회의를 열지만 미국인은 제외된다는 것을 알게 되었다. 양측이 함께한 회의가 있을 때면 영어를 일본어로 번역해야 될 필요성 때문에 몇 시간씩 지속되곤 하였다. 게다가 일본인들은 일본 본사에 매일 팩스를 보내고 저녁때와 주말마다 사교적 모임을 갖곤 하였다. 그 결과 미국진영과 일본진영으로 나뉘는 결과가 되었다.

1989년 3월쯤, 론 벅스는 심각한 경영상의 문제가 있음을 확신했다. 도요타와의 계약이 순조롭게 진행됨에도 불구하고 공장은 여전히 생산능력에 훨씬 못 미치고 있었다. 미국인과 일본인은 거의 대화를 나누지 않기 때문에 함께 내린 결정이 거의 없었다. 미국 매니저는 원료공급, 인적자원, 회계와 재정을 중시하는 반면 일본측은 생산디자인, 품질, 가격과 판매에 초점을 맞췄다.

벅스는 이 상황을 모로타사장과 논의하고 합작투자 대표와 이사를 교체하기로 결정하였다. 신임이사인 스티브 이스톤은 46세로 전 공장 매니저로 최근까지 윌슨 본사의 국제사업부서에서 일하고 있었다. 그리고 신임대표는 51세의 테드 가와지마(Ted Kawajima)로 국제경험과 뛰어난 영어회화 실력을 소유한 공학자였다.

The New Management Team

신 경영팀은 전보다 좋은 출발을 하였고 이스톤과 가와지마는 열성 골퍼였다. 정규적으로 함께 골프를 하고 몇몇의 다른 매니저들도 합류하였다. 점차적으로 미국과 일본 캠프 사이의 긴장은 풀어지기 시작하였다. 비록 일본인은 계속 팩스를 일본 본사에 보내기는 했지만 그들만의 모임 횟수는 줄어들고 있었다.

합작투자는 도요타와의 새로운 계약을 따냈고 마쯔다와 포드에게도 손을 뻗치고 있었다. 처음에 모로타가 부분적으로 도요타 소유이기 때문에 합작투자로부터 부품을 사는 것은 결과적으로 경쟁상대를 돕는다고 믿었던 General Motors는 Wil－Mor와의 거래를 달가워하지 않았으나 NUMMI

관계를 통해 General Motors와의 초기 계약도 성사되었다. 그러나 일본 부품공급업자가 북미에서 자리를 잡아감에 따라 GM의 우려는 사라져서 1990년에 Wil－Mor는 성공적으로 몇 건의 GM계약을 따내었다. 합작투자의 고객판매 비율은 약 80%가 도요타, 10%가 GM, 나머지 10%는 NUMMI로 이루어졌고 새로운 자동차메이커를 열성적으로 찾고 있었으며 또한 도요타가 그렇게 하도록 부추겼었다.

합작투자에서 매년 매출액은 이제 3천만 달러에 다다랐으며 3백명에 이르는 직원과 공장가동도 생산능력에 근접하였다. 합작투자가 여전히 적자를 내고 있었지만 이스톤과 가와지마는 확장 가능성을 고려하고 있었다.

Head Office Concerns

론 벅스는 호전된 경영상태에 기뻐했으나 나빠져만 가는 재정상태를 문제 삼았다. 합작투자가 이익을 올리려면 일반적으로 2년 내지 3년이 걸릴 것이라고 알고 있었다. 즉 모로타의 예상대로라면 1989년 말에는 적어도 손익분기점에 도달하고 1990년에는 이익이 있을 것이었다. 그러나 1992년 초반, 합작투자는 여전히 매월 10만 달러 적자를 내고 있었다.

더욱 큰 문제는, 1990년 11월에 가진 합작투자 위원회 모임에서 모로타의 경영자들이 이것을 문제삼지 않는 것이었다. 사실 그들은 손실액이 그다지 많지 않음을 오히려 기뻐하는 것 같았다. 위원회 모임에서 벅스가 운영에 관한 질문을 했을 때 가와지마는 기대치에 도달하고 있으며 도요타의 품질기준을 초과하고 있다고 대답했고 계속해서 원가를 줄여야 하며 모로타의 일본공장 부품과 일치되는 질적 수준까지 가려면 아직도 멀었다고 덧붙였다. 벅스가 화가 나서 이익이 생기려면 몇 년이 더 걸리는지 물었을 때 가와지마가 대답했다.

이익은 분명 중요하나 수익성을 성취하려면 반드시 자동차 메이커들의 기준에 만족할만한 기반이 있어야만 합니다. 우리는 도요타와 좋은 관계를 갖고 있고 이제 GM과의 관계도 만들어가고 있으며 현재 매우 좋은 상황에 있습니다.

벅스는 합작투자의 이익에 관한 일본측의 기대를 분명하게 이해하지 못하고 그들은 단지 제품의 품질에만 관심을 두지 돈을 버는데는 무관심한 것 같다며 회의장을 떠났다.

Easton's Perspective

스티브 이스톤은 그의 사장인 벅스가 합작투자성과에 대해 염려하는 것을 알고 다음과 같이 설명했다.

파트너간에는 미묘한 알력이 존재한다. 모로타는 미국에서 시장점유율과 품질을 끌어 올리는 한 기꺼이 투자를 할 것이다. 바로 지금 그들의 주요 관심사는 고객서비스와 품질향상이지 이익이 아니다. 그리고 오랫동안 이 시장에 남아 있도록 노력하고 도요타가 북미생산능력을 확장할 거라는 사실도 알고 있다. 모로타는 기꺼이 기다려서 돈을 벌어들이기로 결심했고 저렴한 가격에 품질 좋은 제품이 있는 한 이익은 저절로 생겨날 것이라고 믿고 있다. 가격은 문제가 되지 않으며 우선 코스트가 향상되어야 한다는 접근태도를 갖고 있다.

합작투자가 형성됐을 때 양 파트너는 가격과 예상되는 순이익이 동시발생적이라 생각했지만 분명 잘못된 가정이었다. 윌슨은 빨리 이익을 내고자 했기 때문에 장기투자에 대해 회의적이었다. 합작투자를 돈을 벌어들이는 한 방법으로 보고 2, 3년 이내 이익을 기대했었다. 모로타는 합작투자가 약 5, 6년간 돈을 벌지 못할 것이라고 예상했었으나 윌슨에 이 사실을 알려주지 않고 어떤 사업계획도 준비하지 않았다.

이스톤은 합작투자가 형성될 때 벅스가 그의 과제를 제대로 수행하지 않은 것이 문제원인의 일부라고 의심하면서 말하였다.

합작투자는 무언의 신뢰감으로 출발하였으며 각 파트너간에는 어떤 기대를 갖고 있었다. 윌슨은 더 조속한 제품생산과 더 높은 효율을 기대했다. 한가지 분명한 것은 도요타가 고객이 되리라는 것이었다. 벅스는 도요타 사업의 한 몫은 차지하는 것은 매우 좋은 일이며 수익성이 높을 것이라고 기대했지만 불행히도 윌슨에서는 누구도 Transplants에 공급함으로써 얻는 잠재적 수익성에 대해 정확히 생각하지 못했다.

우리가 Big3에서 벌어들인 순이익과 같은 양을 도요타에게 얻어낼 수 없는 것이 현실이다. 도요타에게 판매하는 것보다 GM에게 파는 부품에서 더 많은 돈을 벌어들인다. 많은 부품공급업자들이 Transplant 사업은 가격이 너무 낮기 때문에 수지맞는 사업이 아니라고 말하기 시작하였다.

이스톤은 또한 윌슨이 합작투자에 대해 약간 분개하고 있음을 알고 있고 합작투자의 뛰어난 학습기회를 배우고자 하는 데 의지가 없음을 감지하였다.

나는 다른 윌슨 매니저들에게 합작투자공장을 방문하여 무엇을 하는지를 보도록 초청하였으나 약간의 반응만 있었고 우리에게 어떤 분개심이 있는 듯 하였다. 윌슨에 기업미팅 참가 당시 사람들에게 우리가 무엇을 하는지 그리고 합작투자가 질적 기준에서 다른 공장보다 앞서고 있음을 보여주었다. 불량률에 있어도 우리는 다른 윌슨공장과 비교하여 10배나 좋았다. 윌슨은 품질에 대해 말하지만 우리는 실행에 옮긴다. 합작투자와 도요타와의 관계는 윌슨이 그들 능력에 의심을 품게 하는 상황으로 몰고 갔다. 벅스는 도요타가 고객이기를 바라며 도요타의 구매 관리자가 윌슨공장에 방문해 줄 것을 요청했으나 대답은 냉혹하였다. 벅스의 태도는 “이들은 부당하다”였다.

벅스는 윌슨에 약간의 변화가 필요하다는 것을 인식했으나 민감한 문제들을 기피했다. 윌슨이 도요타의 사업을 따내기 위해서는 수 많은 장애물을 가로질러야만 하는 것이 현실이었으나 윌슨의 최고경영자 층은 이 사실을 모르는 것 같았다. 윌슨은 초일류 제조업이 무엇인지조차 알지 못한다는 것이 내가 믿는 바이다.

양사간의 관계에 대해서 이스톤은 다음과 같이 언급하였다.

가와지마와 모로타 이사들은 벅스가 합작투자의 성과에 대해 기뻐하지 않는다는 것을 알아차렸으나 윌슨과의 관계를 장기적인 시각으로 보았다. 그들은 북미에서 성공하고자 했고 윌슨도 그렇게 생각할 것이라고 추측했다. 윌슨이 합작투자의 막을 내리려는 뜻을 표현한다면 가와지마와 다른 모로타 이사들은 경악할 것이고 심한 모욕감을 느낄 것이다. 두 파트너 사이의 돈독한 관계가 합작투자의 성공에 중요하다고 그들은 전망했다.

The Current Situation

데이비드 맥닐과의 회의로 벅스가 곤경에 처하게 되었다. 그는 윌슨 본사에서 돈을 계속 잃고 있기 때문에 합작투자에 반대하는 입장이 점점 커가고 있다는 것을 알았다. 몇몇 매니저들은 모로타의 능력에 의심을 품기 시작하고 새로운 공장을 세우고 확실한 고객이 있어도 돈을 벌지 못하는데 어떻게 그들로부터 무엇을 배우기를 바라겠느냐고 논쟁하였다.

맥닐은 나머지 윌슨공장에서 버는 만큼의 투자에 대한 보답이 합작투자에도 있기를 바랬으나 벅스는 그때가 언제쯤이 될지 몰랐다. 지난 주 이스톤과의 모임에서 이스톤은 Wil-Mor가 Transplant와 Big 3 모두에게 제일의 부품공급업자가 될 잠재능력을 지니고 있다고 벅스를 확신시켰고 게다가 빠른 확장이 요구된다고 덧붙였다. 벅스는 맥닐이 합작투자가 이윤을 내기전에는 결코 또 다른 자본투자를 인정치 않으리라는 것을 알았다. 그러나 이스톤은 확장없이는 합작투자가 시장점유율을 잃게되고 이익을 보려면 더 긴 시간이 걸릴지도 모를 것이라고 주장했다.

론 벅스는 무엇을 어떻게 해야 할지 고심하였다. 윌슨이 합작투자를 끝내면 손실을 줄일 수도 있거나, 혹은 윌슨의 지분을 약 20%로 내리면 상황이 나아질 수도 있을 것이라고 생각했다. 그것은 윌슨의 손실액을 줄이고 모로타와의 관계도 유지시키게 될 것이다. 결정이 무엇이든 간에 맥닐이 뭔가 곧 집행되기를 기다리고 있다는 것을 벅스는 알고 있었다.

토의과제

1. 갈수록 증가하고 있는 글로벌기업의 전략적 제휴의 정의와 특성에 대하여 설명해 보시오.
2. Off－line의 전통적 다국적 기업의 전략적 제휴는 전 산업으로 확대/증가되어 가고 있다. 그러면, online사업 영역의 글로벌기업의 전략적 제휴현황은 어떠한지 그리고 앞으로의 전망에 대하여 토론해 보시오.
3. 전략적 제휴의 배경에 대하여 설명해 보시오.
4. 전략적 제휴의 주요유형과 그에 따른 특징을 설명해 보시오.
5. 전략적 제휴를 성공으로 이끌기 위한 방법에 대하여 제시해 보시오.

참고문헌

• Bartlett, Christopher A. and U. Srinivasa Rang, Caterpillar Tractor Co, *Harvard Business Review,* 1985.

• Bartlett, Christopher A. and U. Srinivasa Rang, Komatsu Ltd., *Harvard Business Review,* 1985.

• Bowen, H. P. and Wiersema, M. F., "Foreign－Based Competiton and Corporate Diversification Strategy," *Strategic Management Journal*, Vol. 26, No. 12. 2005, pp. 1153~1171.

• Fites,V. Donald, "Make Your Dealers Your Partners", *Harvard Business Review,* March－April 1996, pp. 84~95.

• Porter, Michael E., *Competitive Strategy: Technigues for Analyzing Industries and Competitors*, New York: The Free Press, 1980.

• Porter, Michael E., *Competitve Advantage: Creating and Sustaing Superior Performance*, New York: The Free Press, 1985, pp. 482~536.

• Porter, Michael E., *Competition in Global Industries,* Boston, MA: Harvard Business School Press, 1986.

• Prahalad, C. K. and Gary Hamel, "The Core Competence of the Corporation", *Harvard Business Review,* May－June 1990, p. 82.

• Yip, S. George, *Total Global Strategy*, New Jersey: Prentice Hall, 1992.

국 문 색 인

ㄱ

ㅊ

ㅌ

영 문 색 인

E

F

G

H

I

저자소개

■ 김주헌

• 서울대학교 경영대학졸업 경영학사, 경영학 석사
• Indiana University(Bloomington) 경영학 박사
• 한국통신 마케팅연구실장, 숙명여대 경영학부 교수, 기획처장 역임
• 한국국제경영관리학회(2011년) 회장
• 한국경영교육인증원 부원장 역임
• 현재, 차의과학대 데이터경영학과 교수(융합과학대학 학장)

■ 최창범

• 중앙대학교 경영대학 졸업, 경영학사
• Thunderbird 대학원 졸업, 경영학 석사
• University of Western Ontario 대학원 졸업, 경영학 박사, Ph. D
• 현재, 중앙대학교 경영학부 교수

■ 이재혁

• 고려대학교 경영대학 및 대학원 졸업, 경영학사, 석사
• 미국 Ohio State University 대학원 졸업, 경영학 박사
• 미국 San Jose State University 조교수
• 고려대학교 사회적기업센터 소장, 지속가능경영 연구그룹장, 중남미연구소 위원
• 한국전략경영학회 회장
• 현재 고려대학교 경영대학 교수

■ 전용욱

• 서울대학교 경영대학 졸업
• Northwestern University 석사(회계학, 경영과학 전공)
• MIT 박사학위(국제경영학 전공)
• 중앙대학교 국제경영대학원 및 경영전문대학원 원장 역임
• 한국 경영학회 회장(2010년)
• 삼성그룹, SK그룹, 현대차그룹의 자문교수로 활동
• Hynix 반도체, 신성 ENG, 신용보증기금, 동부 CNI 사외이사 등 활발한 학회활동 및 사회활동
• 우송대학교 부총장겸, SolBridge International School of Business 학장역임
• 세종대학교 대외 부총장역임
• 현재 숙명여자대학교 석좌 교수겸 글로벌 사회교육원장

국제경영

2019년 8월 5일 1판 1쇄 인쇄
2021년 3월 10일 1판 2쇄 발행

저 자 김주헌 · 최창범 · 이재혁 · 전용욱
발행인 류재식 · 박용범
발행처 도서출판 북넷

서울시 용산구 효창원로 70길46(대신빌딩 2층)
등 록 2010년 6월 7일(제2010－000069호)
전 화 (02)395－2341
팩 스 (02)395－2303

정가 32,000원

ISBN 979－11－86947－42－5 e-mail : book2341@naver.com